同期有氧和力量训练

科学基础与实践应用

Concurrent Aerobic and Strength Training

Scientific Basics and Practical Applications

[德] 莫里茨·舒曼
[挪] 本特·R.朗内斯塔德 主编
汪 军 主译
周 石 周 越 审校

北京体育大学出版社

策划编辑： 王英峰
责任编辑： 孙 静
责任校对： 邓琳娜
版式设计： 久书鑫

北京市版权局著作权合同登记号：01-2022-5297
First published in English under the title
Concurrent Aerobic and Strength Training : Scientific Basics and Practical Applications, edited by Moritz Schumann and Bent R. Rønnestad, editon: 1

图书在版编目（CIP）数据

同期有氧和力量训练 ：科学基础与实践应用/（德）莫里茨·舒曼，（挪威）本特·R.朗内斯塔德主编 ；汪军主译. -- 北京 ：北京体育大学出版社，2023.2

书名原文：Concurrent Aerobic and Strength Training : Scientific Basics and Practical Applications

ISBN 978-7-5644-3795-4

Ⅰ. ①同… Ⅱ. ①莫… ②本… ③汪… Ⅲ. ①气体代谢(运动生理)－运动训练②力量训练 Ⅳ. ①G804.21 ②G808.14

中国国家版本馆 CIP 数据核字(2023)第 006187 号

［德］莫里茨·舒曼
［挪］本特·R.朗内斯塔德 主编
汪 军 主译

同期有氧和力量训练：科学基础与实践应用

TONGQI YOUYANG HE LILIANG XUNLIAN: KEXUE JICHU YU SHIJIAN YINGYONG

出版发行： 北京体育大学出版社
地　　址： 北京市海淀区农大南路 1 号院 2 号楼 2 层办公 B－212
邮　　编： 100084
网　　址： http://cbs.bsu.edu.cn
发 行 部： 010–62989320
邮 购 部： 北京体育大学出版社读者服务部 010–62989432
印　　刷： 三河市龙大印装有限公司
开　　本： 787mm×1092mm　1/16
成品尺寸： 185mm×260mm
印　　张： 22.5
字　　数： 499 千字
版　　次： 2023 年 2 月第 1 版
印　　次： 2023 年 2 月第 1 次印刷
定　　价： 168.00 元

译　　序

有氧耐力和力量是运动员运动表现的两大基本身体素质。多数竞技运动项目既需要运动员具备强大的有氧耐力素质，又需要他们具有良好的力量素质。因此，在运动训练实践中，同时提高运动员的耐力和力量素质就显得尤为重要。有氧和力量同期训练的实践已有数十年历史，但是相关方面的科学研究时间尚短且研究结果仍存在争议。来自德国的莫里茨·舒曼（Moritz Schumann）教授和来自挪威的本特·R.朗内斯塔德（Bent R. Rønnestad）教授组织了全球最顶尖的同期训练理论研究和实践应用专家共同编写了 *Concurrent Aerobic and Strength Training：Scientific Basics and Practical Applications* 论文合集，对相关理论研究和实践应用进行了详细论述，为该领域的训练实践提供了大量的科学证据。

鉴于此，我们组织课题组全体师生共同翻译了该论文合集，旨在为运动训练和健康领域从业人员提供广泛且深入的指导。该论文合集共有 6 个模块，首先对近几十年关于同期训练的研究进行了简要的历史回顾。除此之外，第一部分阐述了有氧耐力和力量训练的生理学适应。第二部分对干扰效应进行了讨论。第三部分主要阐述了同期训练在方法学上的困境。第四、五部分主要阐述了同期训练在特定人群中的应用情况。每一部分都对该领域的未来发展趋势进行了展望，并给出了与其相关的重要参考文献，读者可据此进行拓展性阅读。

该译著参译人员主要有鲁杰明、郝秀娟、尚文亚、周旭、乔旭、王爱景、张锋、臧峰、田浩楠、杜伟、李金娟、曾书浓等；审校由澳大利亚的周石教授和北京体育大学的周越教授完成。在成书后期，我们得到了王宁、高翔、李高峰、季加伟、古鸿毅、李彪和庞翔升等同学的帮助。后期的审校和出版过程得到了北京体育大学出版社的大力支持，在此一并感谢。

鉴于原著由来自欧美、澳大利亚和亚洲的近 40 名专家共同完成，他们在写作用词上有不同的习惯，而且包含大量的专业术语，在翻译过程中，我们在尽量忠于原文的基础上，进行了适当的中文修饰，以使译著读起来更加流畅、易懂。但由于我们英文和专业水平所限，本书难免存在疏漏和不足之处，恳请读者指正。

2022 年 10 月 15 日于北京

前　言

耐力和力量是运动员运动表现的基础，也被认为是普通人群健康体适能的基本要素。此外，全世界对运动训练的各种建议中均强烈推荐有氧和力量训练，以增强体适能、改善健康状况及预防一生中慢性病的发生。然而，有氧和力量训练会产生不同的生物学适应，两者结合起来可能会导致训练适应能力受损。因此，为不同人群制订同期进行的有氧和力量训练计划需要有特殊的考虑。

通常，运动和健康专业人士及体育从业者比较关注最佳的同期训练模式，以最大限度地提高有氧能力和肌肉适应能力。关于同期有氧和力量训练一些最常见的问题存在争议，例如，是否应该在同一天安排有氧和力量训练？在一节训练课中先做耐力训练是否会对后续力量训练的质量有负面影响，因而影响长期训练的适应效果？此外，力量训练对团体和个人项目中运动表现的重要性还没有被教练员和运动员充分接受。

尽管同期训练在实践中得到应用已经数十年了，但是相关方面的科学研究时间尚短。实际上，直到 1980 年相关研究才开始。当时罗伯特 • C.希克森（Robert C. Hickson）发现同期进行高强度跑步和力量训练时，运动员的力量发展可能会受到影响，但耐力发展不会受到影响[1]。自从其开创性研究以来，这种被称为“干扰效应”的现象引发了研究者广泛而深入的科研兴趣。

有趣的是，与早期的观察结果正好相反，近年来的研究发现同期训练并不一定会损害神经和肌肉方面的适应。更确切地说，神经和肌肉方面的适应似乎与不同的训练计划安排和生物学易感性有关。一些科学研究显示，力量训练对耐力运动员提高有氧运动能力有帮助。

在同期有氧和力量训练研究开始 40 多年后，现在已有大量关于此课题的科学研究。然而，在健身和健康领域，以及在一些高水平教练员和运动员中，存在着大量的错误设想，其中很多没有科学依据。《同期有氧和力量训练：科学基础与实践应用》一书的写作目的是：通过全面综述近年来有关同期训练的研究，阐明针对体适能和运动表现进行同期训练的观念。

本书共分为 5 个部分，包括 27 章，旨在为运动和健康专业的学生、运动科学家、教练员、各项目运动员及那些对同期有氧和力量训练感兴趣的人士提供广泛而深入的指导。

本书开篇对最近几十年关于同期训练方面的研究进行了简要的历史回顾。第一部分对耐力和力量训练在生理学和神经肌肉方面的适应进行了讨论。第二部分对干扰效应的最新解释进行了讨论。第三部分主要阐明了同期有氧和力量训练在训练方法学上的困境。第四、五部分旨在将前面几部分中所讨论的理论实际应用到特定人群，包括儿童、老年人和各专项运动员。

在撰写此书的过程中，我们有幸与世界顶级的研究者和教练员一起，为运动训练领域这一“热门学科”提供了一部独特的专著。我们优先考虑使本书易于阅读和理解，同时也希望为运动员的日常训练实践提供有科学依据的指导。我们衷心希望读者在阅读本书的时候能分享我们的喜悦。

莫里茨・舒曼，于德国科隆

本特・R.朗内斯塔德，于挪威利勒哈默尔

参考文献

[1] Hickson R C. Interference of strength development by simultaneously training for strength and endurance. Eur J Appl Physiol Occup Physiol. 1980; 45(2–3): 255–263.

目　录

第三部分 同期有氧和力量训练的方法学考量

第四部分 整个生命周期中的同期有氧和力量训练

第五部分　同期有氧和力量训练与运动表现

1 关于同期有氧和力量训练科学的简要历史回顾

莫里茨·舒曼（Moritz Schumann），本特·R.朗内斯塔德（Bent R. Rønnestad）

1.1 引言

在人类历史上，马可·波罗（Marco Polo）、克里斯托弗·哥伦布（Christopher Columbus）和埃德蒙·希拉里（Edmund Hillary）爵士等先驱都试图探索过人类存在的极限，渴望拓展限制人类运动表现的生物学因素的边界也成为运动科学家不断研究的动力。自古以来，运动就是人类活动的一部分。然而，直到 20 世纪初，人们才第一次科学地探索由规律体育锻炼所诱发的生物学适应过程。克罗（Krogh）作为运动科学的先驱，在 1910—1920 年开发了第一批深入探究身体活动的生理学设备，其中包括电磁自行车测功仪和气体分析仪。这两种设备使他得以研究碳水化合物和脂肪作为肌肉收缩能量来源所占的比例[1]。克罗也最先证明了毛细血管可以驱动肌肉运动时的有氧氧化[2]。几年后，他还因此获得了诺贝尔生理学或医学奖。这些最初的发现也引发了一些其他突破性的探索，如诺贝尔奖获得者、英国人 A.V.希尔（A.V. Hill）在 1922 年发现肌肉可以产生热量。后来罗杰·班尼斯特（Roger Bannister）在 20 世纪 50 年代和本特·萨尔廷（Bengt Saltin）20 世纪 60 年代的研究工作[3,4]都被认为是现代运动科学研究的基础。

渐进式抗阻训练也是在 20 世纪发展起来的。事实上，在第二次世界大战期间，大多数医生认为力量训练可能对健康不利。他们赞同某位著名报纸专栏作家的观点：“极度用力在任何形式的体育锻炼中都不适宜，对心脏也没有好处。”[5]然而，仅仅几年之后，托马斯·L.德洛姆（Thomas L. Delorme）发表了第一篇关于渐进式超负荷抗阻训练的科学论文。他将渐进式抗阻训练（多组数，10RM）用于受伤军人的康复训练。德洛姆的著作《渐进式抗阻运动：技术和医学应用》和他发表的大量科学论文被认为是进行科学力量训练的理论基础，他的研究一直持续到第二次世界大战正式结束后很长一段时间。第一篇关于力量训练用于健身目的的论文发表于1946年的《物理疗法评论》(*The Physiotherapy Review*)。这篇文章认为，年轻女性每周训练5天，在短短4周内就能将她们的最大力量提高一倍以上，这一发现在当时确实具有突破性意义[6]。因此，在随后的数年里（20世纪70—80年代），关于力量训练的研究得到了进一步的普及，例如帕沃·科米（Paavo Komi）[7]、迈克尔·H.斯通（Michael H. Stone），威廉·J.克雷默（William J. Kraemer）及凯霍·哈基宁（Keijo Häkkinen）在20世纪80年代[8,9]的开创性研究。

1.2 同期训练与"干扰效应"

直到1980年，首批关于有氧和力量结合训练的论文才得以发表。希克森发现，当高频率的大强度跑步和力量同期训练（没有训练经历的受试者，每周11次训练）超过6～8周时[10]，力量（而非耐力）的发展可能会被影响。事实上，这项研究的结论表明：运动员同时进行剧烈的耐力活动时，其力量可能会受到削弱。更值得注意的是，希克森还得出结论：尽管做了大量有氧和力量训练，这种力量的削弱并不是疲劳所致，其背后可能的机制仍有待阐明。自从其开创性研究以来，这种现象就被称为"干扰效应"。

1985年，达德利（Dudley）和贾米尔（Djamil）重新审视了希克森最初的观察结果。他们进行了一项训练频率较低的研究（即每周各进行3次有氧训练和抗阻训练），而且训练时间更短，只有7周[11]。该研究主要发现，"干扰效应"只出现在快速（高角速度）运动中，而慢速运动不受其影响。因此，快速力量增加可能更易受到同期有氧训练的影响。但需要承认的是，也许7周的持续训练时间太短，还不能表明对最大力量发展的影响，因为在希克森的研究中，同期训练组的力量增加在6～8周后才开始达到稳定水平[10]。

大约10年后，早期关于有氧和力量训练不相容的结论受到了挑战，第一批关于不同同期训练模式产生的影响不同的论文发表。当力量训练和有氧运动在间隔较短的时间内进行时，有氧运动引起的机体疲劳可能会损害运动员在随后的力量训练过程中产生力量的能力[12,13]。事实上，正如希克森[12]在最初的研究中所观察到的，由此导致的力量训练"质量"受损（绝对力量增加较慢），可能导致慢性神经肌肉适应受到影响。有趣的是，在这项研究中，未经训练的学生在力量训练前进行跑步运动时，只有下半身力量的增加受到轻微影响，而上半身力量的增加没有受到影响。这表明"干扰效应"是一种局部现象，而不是对全身都有影响。

大约在同一时间，塞尔（Sale）等人通过肌肉组织取样[14]，全面观察了同日进行同期训练与非同日交替进行同期训练的效果。在他们的研究中，年轻男性受试者每周进行两次同期训练，共持续20周。虽然在交替训练组中，最大力量的提高幅度要大得多，但在肌肉肥厚和有氧能力的改善方面，两组之间没有明显差异。然而，交替训练组柠檬酸合酶的活性有所增加，这可能有利于提高总的有氧能力和最大摄氧量百分比利用率。

1993年，科林斯（Collins）和斯诺（Snow）[15]通过设计其他实验，进一步扩展了早期的研究结果。他们采用不同的训练顺序（有氧运动在前或者在后）观察比较生理学适应，这种效应现在被理解为“顺序效应”[16,17]。在这项研究中，男性和女性受试者在7周的时间里，每周进行3次这两种顺序的训练。研究发现，在短期训练后，神经肌肉和心肺功能的适应似乎与训练顺序无关。此外，尽管训练顺序不一致，科林斯和斯诺实际上并没有观察到有氧和力量训练在强度（即质量）上有什么差异[15]。

多年后，哈基宁等人[18]的研究使同期训练得到进一步发展。他们证实了这样一个假设：在为期21周的训练中，训练量可能是干扰程度的一个关键因素。这项研究发现最大力量发展似乎没有受到影响。经过7周的训练后，快速力量发展就达到了稳定水平，这也证实了1985年达德利和贾米尔的研究结果，即有氧训练更易影响到爆发力的增加，而不是最大力量的增加。事实上，直到今天，这种现象仍然备受关注[18,19]。

随着分子科学的发展，深入研究同期训练过程中信号通路存在的潜在干扰机制成为可能，这又是一个里程碑。在最初提出的干扰效应背后的机制中，阿瑟顿（Atherton）等人[20]提出了“AMPK-PKB 开关”假设。这个假设是基于一个模型：对啮齿动物用电刺激模拟耐力和力量训练。他们提出耐力性刺激导致 AMPK 激活，最终抑制 mTOR 的活性，从而抑制蛋白质的翻译起始和延伸[20]。这一假设在随后的综述文章中得到了进一步的论证，例如科菲（Coffey）与霍利（Hawley）[21]及霍利[22]等研究者的综述。尽管有证据表明这一解释过于简单，但它至今仍是研究者正在研究的假设之一[23]。

1.3 力量训练和有氧运动表现

在最初的研究中，希克森得出结论：耐力运动员在日常训练中同时进行力量训练，其成绩几乎没有得到提高[10]，然而，在另一篇论文中，未经训练的男性在进行10周的纯力量训练后，使用自行车测功仪达到力竭的时间几乎增加了一倍，但最大摄氧量（$\dot{V}O_{2max}$）没有明显提高[24]，而用跑步机测试的效果要差很多。因此结论是：骑车运动能力的改善主要归因于最大力量的增加，而不是氧化能力的提高。此外，本研究的受试者之前没有接受过任何训练，因此，任何类型的训练都可能使运动表现有所提高。

1988年，希克森在他之前的研究基础上，将力量训练纳入耐力运动员的日常训练中，并得出结论：至少在需要动用快肌纤维的耐力运动（即短时间、无氧耐力性运动）中增加力量训练可能会使成绩得到提高[25]。此外，运动员没有明显的耐力运动表现下降的迹象，体重和大腿围也保持不变（虽然本研究缺少在干预期间进行耐力训练的对照组）。因为体重的增加可能会影响负重项目运动表现（比如耐力跑），所以肌肉质量的过度增加，特别是肌肉肥大等，现在仍然是耐力运动员和教练员们的顾虑，尽管这缺乏依据。

在随后的几年里，力量训练对有氧运动效果的影响一直没有引起研究者太大的研究兴趣。然而，帕沃莱宁（Paavolainen）等人[26]和霍夫（Hoff）等人[27]1999年的研究为通过力量训练提高越野滑雪运动员的运动经济性和整体耐力表现提供了证据。与希克森早期的研究相似，这些研究也表明运动表现的提高与最大摄氧量无关，而与神经肌肉特征的变化有很大关系。在帕沃莱宁等人的研究中，5 公里跑步成绩的改善实际上与更短的触地时间有关，也就是与更经济的跑步模式有关。

有趣的是，尽管到 20 世纪末只有少数研究观察了耐力运动员力量训练的效果，但这些研究大多数都认为力量训练有助于耐力运动表现的提高。然而，一部关于运动训练与营养策略的教科书对这一观点有相当大的异议。书中“成功的耐力运动表现的训练技巧”一章讨论了游泳、划船、越野滑雪和耐力自行车等运动项目中力量训练的效果，认为有规律的抗阻训练不会对耐力运动员的表现产生有益的效果，反而可能会限制那些“有益的”、有专项运动特异性的训练量。此外，“反对那些训练有素的耐力运动员将抗阻训练纳入他们的正常训练以提高耐力表现的证据似乎很充分”[28]。虽然提到了希克森等人的早期研究，但该书进一步建议，“对于在他们自己所选定的项目中，能产生高功率输出的训练有素的运动员进一步增加力量训练对提高耐力运动表现并不那么重要。对最高水平竞赛来说，力量和爆发力自身对取得好成绩没有像发展正确的运动技术那样重要。至少，现代训练研究不支持使用抗阻训练计划来提高训练有素的耐力运动员的成绩”[28]。

虽然这一观点现在仍被许多教练员和运动员所认同，但大量积累的研究证据表明，力量训练是成功提高运动表现的一个组成部分，在耐力运动中也是如此。因此，现在是时候来总结规律性力量训练对于提高运动成绩的效果了，也就是讨论同期训练“该做”和“不该做”的内容，以便向运动专业人员、教练员和运动员表明有氧和力量训练相结合对最佳运动表现和健康的重要性。

参考文献

[1] Rehberg P B. August Krogh, November 15, 1874–September 13, 1949. Yale J Biol Med. 1951; 24 (2): 83–102.

[2] Krogh A. The number and distribution of capillaries in muscles with calculations of the oxygen pressure head necessary for supplying the tissue. J Physiol. 1919; 52 (6): 409–415.

[3] Bannister R G. The effects on the respiration and performance of adding oxygen to the inspired air during exercise. J Physiol. 1953; 120 (4): 66–67.

[4] Christensen E H, Hedman R, Saltin B. Intermittent and continuous running. (A further contribution to the physiology of intermittent work.) Acta Physiol Scand. 1960; 50: 269–286. https://doi.org/10.1111/j.1748-1716.1960.tb00181.x.

[5] Todd J S, Shurley J P, Todd T C. Thomas L. DeLorme and the science of progressive resistance exercise. J Strength Cond Res. 2012; 26 (11): 2913–2923. https://doi.org/10.1519/JSC.0b013e31825adcb4.

[6] Houtz S J, Parrish A M, Hellerbrandt F A. The influence of heavy resistance exercise on strength. Physiotherap Rev. 1946; 26 (6): 299–304.

[7] Komi P V, Buskirk E R. Reproducibility of electromyographic measurements with inserted wire electrodes and surface electrodes. Electromyography. 1970; 10 (4): 357–367.

[8] Häkkinen K, Komi P V. Electromyographic changes during strength training and detraining. Med Sci Sports Exerc. 1983; 15 (6): 455–460.

[9] Stone M H, Byrd R, Tew J, Wood M. Relationship between anaerobic power and olympic weightlifting performance. J Sports Med Phys Fitness. 1980; 20 (1): 99–102.
[10] Hickson R C. Interference of strength development by simultaneously training for strength and endurance. Eur J Appl Physiol Occup Physiol. 1980; 45 (2–3): 255–263.
[11] Dudley G A, Djamil R. Incompatibility of endurance- and strength-training modes of exercise. J Appl Physiol (Bethesda, MD: 1985). 1985; 59 (5): 1446–1451. https://doi.org/10.1152/jappl.1985.59.5.1446.
[12] Craig B W, Lucas J, Pohlman R, Stelling H. The effects of running, weightlifting and a combination of both on growth hormone release. J Strength Cond Res. 1991; 5 (4): 198–203.
[13] Lee, A.; Craig, B W; Lucas, J; Pohlman, R; Stelling, H (1990): The effect of endurance training, weight training and a combination of endurance and weight training upon the blood lipid profile of young male subjects. In: J Strength Cond Res 4 (3), S. 68–75.
[14] Sale D G, Jacobs I, MacDougall J D, Garner S. Comparison of two regimens of concurrent strength and endurance training. Med Sci Sports Exerc. 1990; 22 (3): 348–356.
[15] Collins M A, Snow T K. Are adaptations to combined endurance and strength training affected by the sequence of training? J Sports Sci. 1993; 11 (6): 485–491. https://doi.org/10.1080/02640419308730017.
[16] Schumann M, Eklund D, Taipale R S, Nyman K, Kraemer W J, Häkkinen A, et al. Acute neuromuscular and endocrine responses and recovery to single-session combined endurance and strength loadings: “order effect” in untrained young men. J Strength Cond Res. 2013; 27 (2): 421–433. https://doi.org/10.1519/JSC.0b013e31827f4a10.
[17] Taipale R S, Häkkinen K. Acute hormonal and force responses to combined strength and endurance loadings in men and women: the “order effect”. PLoS One. 2013; 8 (2): e55051. https://doi.org/10.1371/journal.pone.0055051.
[18] Häkkinen K, Alen M, Kraemer W J, Gorostiaga E, Izquierdo M, Rusko H, et al. Neuromuscular adaptations during concurrent strength and endurance training versus strength training. Eur J Appl Physiol. 2003; 89 (1): 42–52. https://doi.org/10.1007/s00421-002-0751-9.
[19] Schumann M, Küüsmaa M, Newton R U, Sirparanta A I, Syväoja H, Häkkinen A, Häkkinen K. Fitness and lean mass increases during combined training independent of loading order. Med Sci Sports Exerc. 2014; 46 (9): 1758–1768. https://doi.org/10.1249/MSS.0000000000000303.
[20] Atherton P J, Babraj J, Smith K, Singh J, Rennie M J, Wackerhage H. Selective activation of AMPK-PGC-1alpha or PKB-TSC2-mTOR signaling can explain specific adaptive responses to endurance or resistance training-like electrical muscle stimulation. FASEB J. 2005; 19 (7): 786–788. https://doi.org/10.1096/fj.04-2179fje.
[21] Coffey V G, Hawley J A. The molecular bases of training adaptation. Sports Med (Auckland, NZ). 2007; 37 (9): 737–763.
[22] Hawley J A. Molecular responses to strength and endurance training. Are they incompatible? Appl Physiol Nutr Metab. 2009; 34 (3): 355–361. https://doi.org/10.1139/H09-023.
[23] Apró W, Wang L, Pontén M, Blomstrand E, Sahlin K. Resistance exercise induced mTORC1 signaling is not impaired by subsequent endurance exercise in human skeletal muscle. Am J Physiol Endocrinol Metab. 2013; 305(1): E22–32. https://doi.org/10.1152/ajpendo.00091.2013.
[24] Hickson R C, Rosenkoetter M A, Brown M M. Strength training effects on aerobic power and short-term endurance. Med Sci Sports Exerc. 1980; 12 (5): 336–339.

[25] Hickson R C, Dvorak B A, Gorostiaga E M, Kurowski T T, Foster C. Potential for strength and endurance training to amplify endurance performance. J Appl Physiol (Bethesda, MD: 1985). 1988; 65 (5): 2285–2290. https://doi.org/10.1152/jappl.1988.65.5.2285.

[26] Paavolainen L, Häkkinen K, Hämäläinen I, Nummela A, Rusko H. Explosive-strength training improves 5-km running time by improving running economy and muscle power. J Appl Physiol (Bethesda, MD: 1985). 1999; 86 (5): 1527–1533. https://doi.org/10.1152/jappl.1999.86.5.1527.

[27] Hoff J, Helgerud J, Wisløff U. Maximal strength training improves work economy in trained female cross-country skiers. Med Sci Sports Exerc. 1999; 31 (6): 870–877.

[28] Hawley J, Burke L. Peak performance. Training and nutritional strategies for sport. St. Leonards: Allen & Unwin; 1998.

第一部分

有氧与力量训练

2 运动中的功能基因组学

威廉·布洛克（Wilhelm Bloch）

2.1 引言

不同类型的体育锻炼，如有氧、无氧和抗阻训练及这些训练的结合，在本质上有助于提高专项和休闲体育的运动表现。此外，体育活动还可以降低患癌症、心血管疾病、代谢疾病和神经退行性疾病等常见疾病的风险，并减少一些特定医疗的副作用，改善预后[1-3]。研究表明，通过表观遗传修饰，运动可以作为功能基因组的一个强有力的调节器。功能基因组可以解释与身体活动和训练相关的健康和运动表现的短期和长期的变化。功能基因组是基因组的产物，包括基因多态性和表观遗传调控的基因有效性。因此，想要了解个人运动表现背后的功能基因组，有必要考虑基因多态性和表观遗传修饰及两者的结合。

2.2 多态性/基因组

基因组源于以脱氧核糖核酸（DNA）序列的形式存在于每个有核细胞的 23 对染色体和线粒体 DNA 编码的基因中的人体模板。染色体由两条互补的 DNA 链组成。DNA 分子是由五碳糖残基组成的大分子多肽，也就是脱氧核糖。每条染色体的遗传信息存储在一个由腺嘌呤（A）、胞嘧啶（C）、鸟嘌呤（G）、胸腺嘧啶（T）四种 DNA 碱基组成的长链中。碱基的顺序和数量决定了每一个基因的信息含量，编码了特定蛋白质的模板。每一个基因由编码序列（外显子）、非编码序列（内含子）和调控序列组成。这些基因可以揭示 DNA 碱基序列的变化[4]。在人群中常见的 DNA 序列变异称为多态性，而罕见的基因变异称为突变。罕见碱基在人群中具有至少1%的概率。个体间最常见的遗传变异类型是单核苷酸多态性，主要描述为SNPs。单个碱基被另一个碱基取代，导致基因序列改变，这种DNA序列的改变会影响基因的表达，并改变该基因编码的产物。此外，这些基因变异可以解释个体表型的差异。单核苷酸多态性可能揭示了受试者之间在体能和训练敏感性方面的差异。因此，20多年来，科学研究的重点一直是找到与预测体能和运动能力相关的基因多态性[4]，尽管这些多态性很明显不能充分解释人类表型或与运动相关的个体差异。

2.3 表观遗传学/功能基因组

康拉德·沃丁顿（Conrad Waddington）的研究为更好地理解功能基因组奠定了基础。他将功能基因组定义为“生物学的一个分支，研究的是基因及其产物之间的相互因果关系，以及形成表型”。今天，我们知道功能基因组调控背后的表观遗传是由三个主要机制组成的“因果关系”[5]：

（1）由不影响碱基序列的甲基化来修饰DNA；

（2）组蛋白翻译后修饰的不同机制，如乙酰化、甲基化和磷酸化；

（3）小RNA分子的表达，也称为微RNA（miRNA）。

DNA中的胞嘧啶甲基化是功能基因组发生长期变化的主要机制。这种修饰会导致功能基因组不同期限的改变，从短时间（几分钟到几天）到长时间（几星期到几年）。此外，很明显这些变化在整个生命周期甚至在几代人中都是部分稳定的。富含胞嘧啶区域（也叫CpG岛）中的过度甲基化与基因抑制和基因转录活性的调节有关，取决于甲基化基因侧的位置。启动子区CpG岛的甲基化使转录相关因子无法接触DNA。此外，它可以导致酶的增生，引发进一步表观遗传修饰的抑制。DNA甲基转移酶（DNMTs）是执行DNA甲基化的酶[6]。

调控基因活性的第二个机制是DNA链的组蛋白包装。这一机制对于将DNA链凝聚在相对较小的细胞核内而不丧失DNA的活性来说至关重要。组蛋白和相邻的DNA被称为染色质。组蛋白异构体H2A、H2B、H3和H4构成一个八聚体结构，其中DNA在每个组蛋白外表上缠绕2.5圈。组蛋白H1使两个复合体连接到一起的DNA组件（连接DNA）稳定化。将DNA/组蛋白连接在一起的是DNA链中的负电荷与组蛋白N端氨基酸侧链中的正电荷之间的静电吸引力。中和这些氨基酸侧链的正电荷可阻止这种连接，而中和这种结合力可导致DNA结构松散并更易暴露或产生激活基因和沉默蛋白的结合点。修饰是由组蛋白乙酰转移酶（HATs）和组蛋白脱乙酰酶（HDACs）等特异性酶来完成的[7,8]。HATs和HDACs介导组蛋白乙酰化阶段的调节。

DNA甲基化和组蛋白修饰背后的第三种表观遗传机制是miRNA的表达。它不调控DNA的活性，而是调控转录产物，即信使RNA（mRNA）。miRNA是一种短链RNA分子（平均21个碱基），可与mRNA结合，从而抑制翻译，诱导mRNA降解[9]。miRNA除了上述一般作用外，新的研究表明它们还能够激活翻译过程[10]。

表观遗传改变是在基因组印记和 X 染色体沉默的背景下提出的。过去，表观遗传调控主要被理解为静态的和长期的变化。今天，人们对此的理解已转变为表观遗传机制对功能基因组的修饰。根据表观遗传改变的类型，这些变化大致被认为是动态的，特别是组蛋白修饰和 miRNA 表达是一个动态过程。它们对内部和外部因素高度敏感，导致基因和基因产品的有效性发生短期或长期变化。然而，重要的是要记住表观遗传修饰主要导致基因和组织特异性的改变，并且时间进程不同[11]。因此，不同训练刺激导致的表观遗传修饰常会出现在哺乳动物机体的所有器官、组织和细胞中，这并不奇怪。此外，表观遗传修饰引起的功能基因组的改变对可以通过体育锻炼调节的身体机能和一些慢性疾病的发生也有重要影响[12]。

2.3.1 多态性与表观遗传调控的相互作用

DNA 序列的变化，例如多态性，是基因调控的主要方式。此外，染色质结构也会在表观遗传水平上调控基因活性。如果多态性导致一个甲基化位点缺失，并对邻近序列产生扩散效应，那么我们就有望观察到 DNA 甲基化状态与邻近 DNA 序列之间的联系。此外，组蛋白依赖的表观遗传调控受多态性的影响，这体现了基因组与表观基因组之间复杂的相互作用。在 miRNA 中存在着基因组和表观基因组之间相互作用更深层次的复杂性。已有研究提示多态性会影响 miRNA 功能[13]。因此，我们可以认为功能基因组只有在表观遗传调控与包括多态性在内的结构基因组相关时才能被理解，反之亦然。

2.3.2 运动改变功能基因组依赖于多态性和表观遗传调控

如果把重点放在 ACE 基因上，讨论与身体运动能力有关的基因组和表观基因组可能更易于理解。ACE I/D 多态性（插入/缺失多态性）与耐力表现有关。然而，与那些显示 ACE 基因和相应的 I/D 多态性与遗传相互关联的研究一致，无论是否具有 ACE 多态性，表观遗传调控似乎也影响 ACE 基因的活性。因此可以推测，ACE 基因的表观遗传调控与 I/D 多态性一样，均与人类耐力表现有关[14]。此外，体育活动可以通过功能基因组的表观遗传调控影响健康和体适能，这可能有助于解释体育活动的长期影响。

大约 10 年前，佩德森（Pedersen）及其同事[15]发现，一次性运动会导致短暂的炎症样细胞因子反应（尤其是白细胞介素增加），接下来是中期抗炎反应（白介素 10 增加，TNF-α 的产生受到抑制，促炎性细胞因子的可溶性受体表达）。因此，他们提出了一个模型，认为有规律的运动具有慢性抗炎作用，这可能解释了运动对几种慢性疾病的预防作用。此外，大量研究显示不同运动干预后，反应炎症的急性期反应蛋白—— C 反应蛋白（CRP）水平下降[16]。这种中、长期炎症状态的变化可能与表观遗传修饰有关[12]。因此，中岛（Nakajima）等人的研究小组[17]发现 ASC 基因（编码促炎性细胞因子的基因）启动子区域的甲基化能力随年龄增长而减弱也就不足为奇了。这种低甲基化的结果是老年受试者促炎性细胞因子的表达增加，而且这种低甲基化可通过 6 个月的间歇耐力训练得到部分恢复[17]。与久坐不动者（对照组）相比，ASC 基因启动子区域中较高的甲基化水平可导致促炎性细胞因子表达降低。除这些例子外，还有一些关于运动诱导的、表观遗传机制导致功能基因组改变的研究报告。

2.4 骨骼肌

表观遗传调控，如 DNA 甲基化、组蛋白修饰和 miRNA，被认为是形态学变化的关键。DNA 甲基化会影响许多对骨骼肌发育至关重要的基因的表达，如同源框基因、T–box 基因及 SIX1 等。此外，运动诱导人类骨骼肌全基因组低甲基化以及丙酮酸脱氢酶激酶同工酶 4、过氧化物酶体增殖激活受体 δ（PPAR–δ）和葡萄糖转运蛋白 4（GLUT4）的剂量依赖性表达，这些可以抵抗年龄和疾病依赖性高甲基化[18]。除了几个通过运动改变组蛋白的例子之外，麦吉（McGee）等人[19]还发现了 HDAC 特异性抑制模式，以及在一次性运动后组蛋白乙酰化的变化。当 HDAC4 从细胞核转移到细胞质时，HDAC5 通过运动显示泛素化水平升高。此外，运动引起的高血乳酸水平可能改变组蛋白乙酰化，影响 p38 MAPK 信号转导和基因表达，从而影响体外实验中成肌细胞和骨骼肌细胞的分化和适应，在体内也应如此[20]。萨夫达尔（Safdar）等人[21]的研究显示，运动小鼠体内 miRNA1 水平升高，其靶 HDAC4 表达降低。由于 HDAC4 是已知的肌肉特异性分化因子（如 MyoD）的转录抑制因子，其研究阐明了表观遗传修饰的复杂性及其自身的表观遗传调控。进一步的研究旨在更好地阐释 DNA 甲基化、组蛋白调节和 miRNA 在肌肉发育和内稳态方面的调控，这可能有助于我们更好地理解体育锻炼对骨骼肌维持、生长、适应和修复的作用。

2.5 血管系统

血管系统的功能和健康依赖于血管平滑肌细胞（SMCs）、内皮细胞（ECs）的结构和功能及细胞外基质（ECM）。SMCs 和 ECs 的表型以及 ECM 的组成在动脉粥样硬化和其他血管疾病的预防中起着关键作用。在动脉粥样硬化事件中，SMCs 及其产物几乎占到病变总量的 70%[22,23]。它们对环境的改变具有很强的适应性[24]。表观遗传修饰参与了 SMCs 表型的适应性[25]。对于血管系统的表观遗传调节，这里可以给出几个例子，这些例子都与解释功能基因组的变化有关。例如：①特异性组蛋白修饰，如 H3K9 的乙酰化和 H4 中不同赖氨酸残基的去乙酰化诱导促生长素释放素（SRF）与其 DNA 结合位点结合，导致 SMCs 的增殖发生变化。②心肌蛋白（一种 SRF 辅激活蛋白）招募不同类型的 HATs 和 HDACs，这可能产生上述修饰[26,27]。③超氧化物歧化酶基因的表观遗传修饰使平滑肌细胞增殖并降低凋亡率[28,29]。④氧化应激水平的增加与 HDACs 和 HATs[30]活性的改变有关。⑤基质金属蛋白酶（MMPs）具有重组细胞外基质的潜力。除了 MMP–2 和 MMP–9 外，MMP–1、MMP–3、MMP–13 的表达也存在表观遗传调控[31]。除了典型的 DNA 和组蛋白修饰外，miRNA 还与高血压引起的 SMCs 的病理变化密切相关[32]。众所周知，运动会影响上述所有的机制，但关于运动对人类血管系统表观遗传修饰的影响，人们却知之甚少。在高脂饮食动脉粥样硬化模型中，运动小鼠血管内皮功能发生了改变，导致血管紧张素 2、内皮素 1、斑块和泡沫细胞水平显著低于安静小鼠。这些调控与运动小鼠 miRNA 表达的变化有关（miRNA 155 上调；miRNA 146 和 miRNA 126 下调）[33]。有趣的是，已知 miRNA 155 可以抑制血管舒张素 eNOS 的表达，这为运动诱导的内皮功能表观遗传学调控一氧化氮（NO）的产生提供了证据[34]。miRNA 126 的下调导致内皮细胞功能障碍，抑制整合素的表达，进而削弱白细胞外渗的特性[35]。因此，运动引起的 miRNA 126 的增长也可能是一个积极的表观遗传效应。运动介导的剪切应力与内皮细胞中 eNOS 的表观遗传调控及运动刺激后内皮细胞中表观遗传基因的进一步调控之间的关系，似乎值得进一步研究[36]。此外，运动小鼠导致 miRNA 16 和 miRNA 126 水平下调，而这两种 miRNA 均可抑制 VEGF[37]的表达，进而抑制血管的生长、修复和再造。研究表明，关于内皮细胞和血管修复，表观遗传机制是内皮细胞血管生成基因（包括 DNA 和组蛋白的修饰以及非编码 RNA）的重要转录调控因子[12]。此外，它们在调节内皮干细胞/祖细胞功能中发挥着重要作用[38]，但到目前为止，内皮细胞的表观遗传调控与内皮干细胞/祖细胞之间的直接联系仍有待探索。

2.5.1 心脏

功能基因组在适应性和适应不良心肌肥厚及功能障碍的背景下，对心肌细胞的生理、病理生理发展和适应起着重要作用。表观遗传机制似乎对确定心肌细胞功能基因组至关重要。动物实验表明，HDAC3 的抑制作用在特定时间点和营养依赖程度上会导致心肌疾病的发生[39]。如果 HDAC 被早期抑制，并给予高脂肪饮食，最终会导致死亡率增加。此外，抑制 HDAC4 可促进心肌干细胞诱导的再生和修复[40]。许多研究也表明 miRNA 调解诱导心肌肥厚[41]。在染色质水平上，人类研究还没有发现运动对心肌细胞的影响，而近年来在小鼠身上首次发现了染色质表观遗传调控的证据。研究表明，运动可改变影响心力衰竭和心脏疲劳发生的 HDAC4 水平[42]。关于 miRNA，有报道称运动降低了小鼠心脏 miRNA 208a 的表达[43]，进一步推测 miRNA 208a 对心肌细胞的运动依赖性调控，从而导致肌球蛋白重链（MHC）表达的病理改变逆转[44]。这些病理变化的特点是胚胎型 βMHC 过度表达，导致慢型三磷酸腺苷（ATP）酶活动和成熟型 αMHC（快型 ATP 酶活动）下调。关于运动改善 αMHC 与 βMHC 之间的平衡的事实已在前面描述过，但这些研究的结果揭示了其机制可能是基于表观遗传调控的变化。

2.6 细胞外基质、脂肪细胞和免疫细胞

除了心肌细胞的适应不良外，ECM 的病理生理改变是包括心脏疾病在内的几种疾病发生的一个标志。ECM 的变化主要表现为因 MMP 和成纤维细胞功能变化（例如，细胞因

子的生成，如 TNF–α 和 TGF–β）诱发的过度表达或降解减慢而造成的胶原蛋白的积累。此外，DNA 甲基化的改变与这些机制有关[45]，许多 miRNAs 也参与了这些纤维化过程。众所周知，运动可以直接影响不同组织的 ECM，并可能改变胶原蛋白的分布（例如，运动大鼠心脏中的一些活性 MMP 下调），同时似乎可抵消由年龄导致的 TGF–β 的增加[46]。此外，运动诱导 miRNA 29c 上调，它也参与了纤维化的改变。由于 miRNA 29c 表达的增加伴随着胶原蛋白 Ⅰ 和胶原蛋白 Ⅲ 表达的减少，这为运动诱导在表观遗传调控中的积极作用提供了进一步的证据[47]。

除了成纤维细胞，其他间充质细胞，如脂肪细胞，也受表观遗传调控，例如，6 个月的运动计划可导致脂肪组织 HDAC4 的超甲基化增加和 HDAC4 的表达减少，由此通过减少脂肪细胞的增生来实现减脂[48]。其他骨髓来源的非间充质细胞也是运动诱导表观遗传调控的靶点。有研究表明，健康的年轻人做 4 周高强度运动对白细胞甲基化有显著的影响。此外，通过运动，许多 CpG 岛的去甲基化导致淋巴细胞的表观遗传活化[49]。事实上，同一研究组的研究还表明，抗阻训练提高肌肉力量与白细胞 DNA 甲基化组和转录组的重新编码有关[50]。另外还有研究也认为运动诱导了白细胞表观遗传调控[17,51,52]。这些发现揭示了运动对骨髓间充质和造血细胞系的功能基因组的独特影响。

2.7 小结

如上所述，基因组和表观遗传一起通过相互作用来决定个体表型，包括其体适能、运动能力和健康的特征。然而，人类对于这种相互作用和潜在机制的了解仍然很少，特别是对不同类型体育锻炼对功能基因组的调节作用的了解。大多数表观遗传学研究并没有区分不同类型的体育锻炼，尽管众所周知有氧和力量训练会诱导不同的生理机制和信号通路，而这些可能由功能基因组确定。然而，功能基因组，如基因多态性和表观遗传，在预测有氧和力量表现以及训练敏感性等方面的价值还没有完全破解。明确的证据表明，除了表观遗传药物外，体育锻炼有可能通过改变功能基因组及基因组和表观遗传的产物来调节个体表型。很明显，功能基因组为运动训练的生物适应性奠定了基础。但现在还需要有完善的研究策略，使研究成果可转化为实践应用。这些策略必须考虑训练的类型和模式及其内在的机制和信号通路。

参考文献

[1] Lee I M, Shiroma E J, Lobelo F, Puska P, Blair S N, Katzmarzyk P T, Lancet Physical Activity Series Working Group. Effect of physical inactivity on major non-communicable diseases worldwide: an analysis of burden of disease and life expectancy. Lancet. 2012; 380 (9838): 219–229.

[2] Mattson M P. Lifelong brain health is a lifelong challenge: from evolutionary principles to empirical evidence. Ageing Res Rev. 2015; 20: 37–45.

[3] Schmid D, Leitzmann M F. Association between physical activity and mortality among breast cancer and colorectal cancer survivors: a systematic review and meta-analysis. Ann Oncol. 2014; 25 (7): 1293–1311.
[4] Bouchard C, Rankinen T, Timmons J A. Genomics and genetics in the biology of adaptation to exercise. Compr Physiol. 2011; 1 (3): 1603–1648.
[5] Waddington C H. The epigenotype. Endeavour. 1942; 1: 18–20.7.
[6] Klose R J, Bird A P. Genomic DNA methylation: the mark and its mediators. Trends Biochem Sci. 2006; 31 (2): 89–97.
[7] Kouzarides T. Chromatin modifications and their function. Cell. 2007; 128: 693–705.
[8] Kouzarides T, Berger S L. Chromatin modifications and their mechanism of action. In: Allis C D, Jenuwein T, Reinberg D, editors. Epigenetics. 1st ed. New York: Cold Spring Harbor Laboratory; 2006. p. 191–209.
[9] Mercer T R, Dinger M E, Mattick J S. Long non-coding RNAs: insights into functions. Nat Rev Genet. 2009; 10 (3): 155–159.
[10] Lee S, Vasudevan S. Post-transcriptional stimulation of gene expression by microRNAs. Adv Exp Med Biol. 2013; 768: 97–126.
[11] Jenuwein T, Allis C D. Translating the histone code. Science. 2001; 293: 1074–1080.
[12] Zimmer P, Bloch W. Physical exercise and epigenetic adaptations of the cardiovascular system. Herz. 2015; 40 (3): 353–360.
[13] Zaina S, Pérez-Luque E L, Lund G. Genetics talks to epigenetics? The interplay between sequence variants and chromatin structure. Curr Genomics. 2010; 11 (5): 359–367.
[14] Raleigh S M. Epigenetic regulation of the ACE gene might be more relevant to endurance physiology than I/D polymorphism. J Appl Physiol 2012; 112: 1082–1083.
[15] Pedersen B K, Febbraio M A. Muscle as an endocrine organ: focus on muscle-derived interleukin-6. Physiol Rev. 2008; 88 (4): 1379–1406.
[16] Hayashino Y, Jackson J L, Hirata T, Fukumori N, et al. Effects of exercise on C-reactive protein, inflammatory cytokine and adipokine in patients with type 2 diabetes: a meta-analysis of randomized controlled trials. Metabolism. 2014; 63 (3): 431–440.
[17] Nakajima K, Takeoka M, Mori M, Hashimoto S, et al. Exercise effects on methylation of ASC gene. Int J Sports Med. 2010; 31: 671–675.
[18] Moresi V, Marroncelli N, Coletti D, Adamo S. Regulation of skeletal muscle development and homeostasis by gene imprinting, histone acetylation and microRNA. Biochim Biophys Acta. 2015; 1849 (3): 309–316.
[19] McGee S L, Fairlie E, Garnham A P, Hargreaves M. Exercise-induced histone modifications in human skeletal muscle. J Physiol. 2009; 587 (Pt 24): 5951–5958.
[20] Willkomm L, Gehlert S, Jacko D, Schiffer T, Bloch W. p38 MAPK activation and H3K4 tri-methylation is decreased by lactate in vitro and high intensity resistance training in human skeletal muscle. PLoS One. 2017;12(5): e0176609.
[21] Safdar A, Abadi A, Akhtar M, Hettinga B P, et al. miRNA in the regulation of skeletal muscle adaptation to acute endurance exercise in C57Bl/6J male mice. PLoS One. 2009; 4: e5610.
[22] Owens G K. Regulation of differentiation of vascular smooth muscle cells. Physiol Rev. 1995; 75 (3): 487–517.
[23] Ross R. The pathogenesis of atherosclerosis: a perspective for the 1990s. Nature. 1993; 362: 801–809.
[24] Hoofnagle M H, Wamhoff B R, Owens G K. Lost in transdifferentiation. J Clin Invest. 2004; 113 (9): 1249–1251.

[25] Alexander M R, Owens G K. Epigenetic control of smooth muscle cell differentiation and phenotypic switching in vascular development and disease. Annu Rev Physiol. 2012; 74: 13–40.
[26] McDonald O G, Owens G K. Programming smooth muscle plasticity with chromatin dynamics. Circ Res. 2007; 100: 1428–1441.
[27] McDonald O G, Wamhoff B R, Hoofnagle M H, Owens G K. Control of SRF binding to CArG box chromatin regulates smooth muscle gene expression in vivo. J Clin Invest. 2006; 116: 36–48.
[28] Archer S L, Marsboom G, Kim G H, et al. Epigenetic attenuation of mitochondrial superoxide dismutase 2 in pulmonary arterial hypertension: a base for excessive cell proliferation and a new therapeutic target. Circulation. 2010; 121: 2661–2671.
[29] Kim G H, Ryan J J, Archer S L. The role of redox signaling in epigenetics and cardiovascular disease. Antioxid Redox Signal. 2013; 18 (15): 1920–1936.
[30] Ito K, Hanazawa T, Tomita K, Barnes P J, Adcock I M. Oxidative stress reduces histone deacetylase 2 activity and enhances IL-8 gene expression: role of tyrosine nitration. Biochem Biophys Res Commun. 2004; 315: 240–245.
[31] Chen K C, Wang Y S, Hu C Y, Chang W C, et al. OxLDL up-regulates microRNA-29b, leading to epigenetic modifications of MMP-2/MMP-9 genes: a novel mechanism for cardiovascular diseases. FASEB J. 2011; 25 (5): 1718–1728.
[32] Bátkai S, Thum T. MicroRNAs in hypertension: mechanisms and therapeutic targets. Curr Hypertens Rep. 2012; 14: 79–87.
[33] Wu X D, Zeng K, Liu W L, Gao Y G, et al. Effect of aerobic exercise on miRNA-TLR4 signaling in atherosclerosis. Int J Sports Med. 2014; 35 (4): 344–350.
[34] Zhang J, Zhao F, Yu X, Lu X, Zheng G. MicroRNA-155 modulates the proliferation of vascular smooth muscle cells by targeting endothelial nitric oxide synthase. Int J Mol Med. 2015; 35 (6): 1708–1714.
[35] Zhuang Y, Peng H, Mastej V, Chen W. MicroRNA regulation of endothelial junction proteins and clinical consequence. Mediat Inflamm. 2016; 2016: 5078627. https://doi. org/10.1155/2016/5078627.
[36] Gielen S, Sandri M, Erbs S, Adams V. Exercise-induced modulation of endothelial nitric oxide production. Curr Pharm Biotechnol. 2011; 12 (9): 1375–1384.
[37] Fernandes T, Magalhães F C, Roque F R, Phillips M I, et al. Exercise training prevents the microvascular rarefaction in hypertension balancing angiogenic and apoptotic factors: role of microRNAs-16, -21, and -126. Hypertension. 2012; 59: 513–520.
[38] Shiva Shankar T V, Willems L. Epigenetic modulators mitigate angiogenesis through a complex transcriptomic network. Vascul Pharmacol. 2014; 60 (2): 57–66.
[39] Montgomery R L, Hullinger T G, Semus H M, Dickinson B A, Seto A G, et al. Therapeutic inhibition of miR-208a improves cardiac function and survival during heart failure. Circulation. 2011; 124: 1537–47.
[40] Zhang L X, DeNicola M, Qin X, Du J, et al. Specific inhibition of HDAC4 in cardiac progenitor cells enhances myocardial repairs. Am J Physiol Cell Physiol. 2014; 307 (4): C358–372.
[41] Nguyen M A, Karunakaran D, Rayner K J. Unlocking the door to new therapies in cardiovascular disease: microRNAs hold the key. Curr Cardiol Rep. 2014; 16 (11): 539.
[42] Lehmann L H, Jebessa Z H, Kreusser M M, Horsch A, et al. A proteolytic fragment of histone deacetylase 4 protects the heart from failure by regulating the hexosamine biosynthetic pathway. Nat Med. 2018; 24 (1): 62–72.
[43] Soci U P, Fernandes T, Rosa K T, Irigoyen M C, et al. The role of microRNA-208a in cardiac hypertrophy.

Clin Sci. 2016. pii:CS20160480 Epub ahead of print.

[44] Montgomery R L, Potthoff M J, Haberland M, et al. Maintenance of cardiac energy metabolism by histone deacetylase 3 in mice. J Clin Invest. 2011; 118 (11): 3588–3597.

[45] Tao H, Yang J J, Shi K H, Deng Z Y, Li J. DNA methylation in cardiac fibrosis: new advances and perspectives. Toxicology. 2014; 323: 125–129.

[46] Kwak H B. Aging, exercise, and extracellular matrix in the heart. J Exerc Rehabil. 2013; 9 (3): 338–347.

[47] Soci U P, Fernandes T, Hashimoto N Y, Mota G F, et al. MicroRNAs 29 are involved in the improvement of ventricular compliance promoted by aerobic exercise training in rat. Physiol Genomics. 2011; 43: 665–673.

[48] Rönn T, Volkov P, Davegårdh C, Dayeh T, et al. A six months exercise intervention influences the genome-wide DNA methylation pattern in human adipose tissue. PLoS Genet. 2013; 9 (6): e1003572.

[49] Denham J, O'Brien B J, Marques F Z, Charchar F J. Changes in the leukocyte methylome and its effect on cardiovascular related genes after exercise. J Appl Physiol (1985). 2015; 118 (4): 475–488.

[50] Denham J, Marques F Z, Bruns E L, O'Brien B J, Charchar F J. Epigenetic changes in leukocytes after 8 weeks of resistance exercise training. Eur J Appl Physiol. 2016; 116 (6): 1245–1253.

[51] Zimmer P, Bloch W, Schenk A, Zopf E M, et al. Exercise-induced natural killer cell activation is driven by epigenetic modifications. Int J Sports Med. 2015; 36 (6): 510–515.

[52] Zimmer P, Baumann F T, Bloch W, Schenk A, et al. Impact of exercise on pro inflammatory cytokine levels and epigenetic modulations of tumor-competitive lymphocytes in Non-Hodgkin- Lymphoma patients-randomized controlled trial. Eur J Haematol. 2014; 93 (6): 527–532.

3 耐力训练的分子和生理学适应

安东尼·C.哈克尼（Anthony C. Hackney）

3.1 引言

本章旨在对耐力训练的分子和生理学适应方面的研究进行概述。关于耐力训练导致的人体适应性反应的研究历史悠久。古希腊的奥林匹亚人或古罗马军队进行体育训练的历史文件也许可以被认为是最早的文字记录，但当代基于“科学方法”和实验证据的相关研究始于18世纪，并一直延续至今[1]。在过去四个世纪中相关研究的进展和细节引人入胜，并为我们了解当代相关的科学研究提供了一个背景框架。这些前人研究的历史背景和内容为本章所讨论的问题提供了结构框架，具体包括以下主题：

- 分子适应；
- 心血管适应；
- 代谢适应；
- 骨骼肌、肌腱和骨骼的适应性；
- 激素—内分泌适应/不良适应。

对于上述每一个主题，我们仅仅从数据库PubMed和Scopus就可以搜到近十万篇相关研究文献，这表明在此方面有大量的研究。由于篇幅所限，我们仅对这些主题进行简要描述。读者可以通过阅读本章引用的主要参考文献获取更详尽的相关知识。

3.2 耐力训练的适应性反应

3.2.1 分子适应

分子机制对生物体适应并生存于各种环境至关重要，无论这些环境是由生物体被动还是主动选择。因此理解这些机制有助于我们深入了解生物体的生理功能。近年来，基因组学和蛋白质组学的研究方法已经成为生物科学领域发展的关键驱动力，例如，这些研究方法提供关于基因和蛋白质表达、信号传导通路调控，以及通过可逆的蛋白质磷酸化来控制酶/蛋白质的功能等知识。这些科学进步已经在运动生理学、运动表现及其他生命科学中得到广泛应用。

研究证明，耐力训练引起的重复性肌肉收缩产生特定的机械刺激，从而产生和促进适应。这就是说，一系列主要的机械传感器刺激在分子水平上开启了这种适应性反应。与此机制相关的一些关键刺激包括肌肉牵拉、细胞内钙流、能源底物利用、机体内总能量存储状态和氧应激等[2–4]。此外，认识到在适当的水平（例如，强度、持续时间、频率）进行运动训练，以刺激机体诱导适应的必要性是很重要的。

这些运动刺激所激发的分子适应性反应主要是从 DNA 中获得某些特定细胞蛋白质的基因编码和功能基因产物，即基因表达，用于与耐力有关的关键生理功能，如线粒体呼吸和生物合成、信号和催化酶及转运蛋白等。众所周知，运动诱导骨骼肌的线粒体含量，也就是线粒体生物合成增加，这是耐力训练适应的基础，而这个过程的一个关键调节因子是过氧化物酶体增殖物激活受体 γ 辅激活因子 1α（PGC–1α）。图 3.1 描述了 PGC–1α 通路的基本成分，这个过程由运动训练激活而产生关键的激活产物[4,5]。

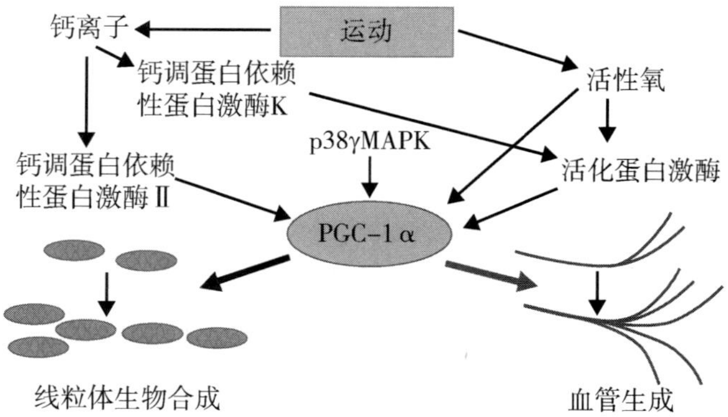

图 3.1　推测的骨骼肌中运动诱导的 PGC–1α 信号通路调节

目前的证据提示，钙离子（Ca^{2+}）、钙调磷酸酶（CnA）、钙离子/钙调蛋白依赖性蛋白激酶（Ca^{2+} / CaMK）、AMP 活化蛋白激酶（AMPK）、p38 γ 增殖蛋白激酶（p38 γ MAPK）等在 PGC–1α 中起调节作用。

此外，耐力训练可以从分子水平调节底物的供给和利用。例如，通过增加葡萄糖转运蛋白 4（GLUT4）和脂肪/脂肪酸转位酶（FAT/CD36）的水平，可提高葡萄糖和脂肪酸从血液进入肌细胞的能力。葡萄糖转运蛋白 4 在人体代谢过程中起着关键作用，在静止状态下作为由胰岛素调节的葡萄糖摄取促进因子，而在运动过程中发挥着不依赖胰岛素的作用。脂肪/脂肪酸转位酶作为一种膜转运体同样重要，它能促进肌肉摄取脂肪酸并促进基于脂肪分解的代谢，即 β–氧化。随着线粒体生物合成增加，β–氧化和三羧酸循环产生 ATP 的能力也有所增强。这会导致在运动过程中，摄取能力的增强使机体利用这些关键底物的潜力增大（参见后面的“代谢适应”部分）[4,6]。

血管生成，即新生血管形成的生理过程，是一个关键的细胞外反应。这改善了骨骼肌毛细血管与纤维的比例，使更多的血流和氧气运送到骨骼肌。血管内皮生长因子（VEGF）蛋白由骨骼肌分泌，被认为是血管生成的中心调控因子，刺激血管增生。有趣的是，骨骼肌中的 VEGF 的表达也受到 PGC–1α 通路的调节（图 3.1）[4,6,7]。

运动训练可以非常迅速地使骨骼肌分子适应性反应得到最大激活并增加功能蛋白。事实上，经过数小时到数天的反复耐力训练就可以出现这种效果（图 3.2）。然而，随着时间的推移，当反复的训练使刺激达到最大时，如果继续进行训练，反应会随之进入平台期（除非刺激水平逐渐增强，如进行渐进式超负荷训练）[4]。

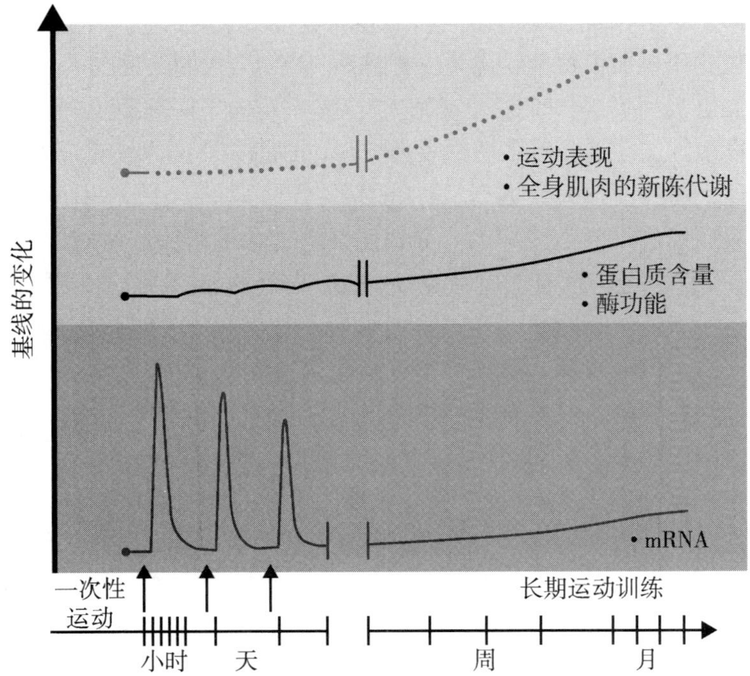

图 3.2　一次性运动和长期运动训练促使基因（mRNA）表达和蛋白质合成基因表达伴随着运动训练时间变长而上调。在一次性运动后的恢复期，会出现快速而短暂的相关 mRNA 表达增加。在停止运动后的 3～12 小时，mRNA 的表达变化最大，并于 24 小时内恢复到基础水平。运动后翻译过程和蛋白质合成速率提高。长期的运动训练使蛋白质逐渐积累，相对 mRNA 脉冲式增加。训练产生的长期适应是每次一次性运动的累积效应。训练引起的蛋白质含量/酶功能的变化使代谢反应出现（如底物代谢），从而提高运动表现。

3.2.2 心血管适应

心血管对运动的反应主要涉及一些典型的生理学因素，如心率、每搏输出量、心输出量、平均动脉压和总外周阻力等。这些心血管功能的决定因素影响与耐力运动项目成绩有关的主要生理因素：最大摄氧量、以较高的最大摄氧量百分比工作的能力，以及整体运动经济性［注意："经济"和"效率"有时是同义词。然而，经济性指的是摄氧量与运动速度（如跑速）之间的关系，而效率是指运动过程中产生的机械能与运动能耗的比值］。

因为心血管功能在氧气输送中起到至关重要的作用，所以这三个与耐力运动成绩相关的因素也受到心血管功能的影响；已有充分证据证明，氧气运输是耐力运动员提高有氧能力和运动成绩的一个关键决定因素[3]。一项有效的耐力训练计划会使运动员提高最大摄氧量，并在运动中可利用更高的最大摄氧量百分比，且运动效率也得到提高[3,8]。

心输出量的增加在决定最大摄氧量中起着重要作用。虽然最大摄氧量受到遗传因素的影响，但通过训练促进心输出量增加是最大摄氧量提高的强有力的影响因素，因为训练有素的耐力运动员与未受过训练者比较，最大心输出量可以高出 20%～50%[8–10]。

通过耐力训练增加心输出量的适应机制主要表现在心脏的充盈能力得到改善［舒张末期容积（EDV）增大］，以及在运动期间利用 Frank-Starling 机制提高射血分数的能力增强。总的来说，这些变化增加了每搏输出量。训练后 EDV 增大的关键因素包括左心室（LV）顺应性增强、心脏尺寸增加（即左心室肥大）、左室压力下降速率增加、心包与舒张期心室的相互介导作用降低、心脏舒张期回吸力增强、心肌肌质网内钙摄取率增加和血管容积增大。综上所述，这些变化大大提高了心脏的泵血能力[8–10]。此外，伴随这些变化的还有训练引起的血容量和红细胞生成增加，导致血红蛋白含量增加，从而使携氧能力和动脉–静脉氧差增加[3,8,9]。总之，所有影响菲克（Fick）方程增加的因素都会导致最大摄氧量提高（见下式[3]）。

Fick 方程：摄氧量＝心输出量×动脉–静脉氧差

下面我们讨论乳酸阈。耐力训练可使"拐点"出现变化。该"拐点"是处于较高运动强度时，无氧代谢供能急剧增加的转折点[2]，一般通过检测运动员血乳酸阈值对训练的反应来发现和量化。这种现象（"拐点"变化）在很大程度上是由线粒体生物合成增加，导致线粒体密度增加所致的。线粒体生物合成和心血管系统运输氧的能力增加相耦合，导致丙酮酸氧化增加，而乳酸的产生和积累减少。从代谢的角度来看，这种适应也意味着骨骼肌细胞增加脂肪的摄取和氧化，而降低通过糖酵解的碳水化合物的氧化（即减少丙酮酸的生成）。同时，训练后心输出量的增加可以加快运动中乳酸的清除[2,3]。这样乳酸"拐点"会移向更高的运动强度，也就增加了运动员在进行更高强度的运动时降低肌肉疲劳的可能性[2]。此外，运动员通过对长期重复运动的适应，提高了代谢效率和生物力学效率，从而可改善运动的经济性（即在特定运动强度下，能量消耗更少）[3,8]。表 3.1 概述了心血管系统的一些主要指标对耐力运动训练的适应性反应[2,3,8,9]。

表 3.1 心血管系统对耐力训练（特指基于有氧耐力的训练）的适应概述

测试指标	休息	亚级量运动	极量运动
心率	↓	↓	↓，↔
每搏输出量	↑	↑	↑
心输出量	↓，↔	↓，↔	↑
动脉–静脉氧差	↑，↔	↑	↑
摄氧量	↔	↓，↔	↑
收缩压	↓，↔	↓，↔	↔
舒张压	↓，↔	↓，↔	↓，↔
平均动脉压	↓，↔	↓，↔	↔
总外周阻力	↔	↓，↔	↔
血容量	↑	—	—
血浆量	↑	—	—
红细胞集块	↑	—	—
心脏容积	↑	—	—

注：↑表示增加，↓表示减少，↔表示无变化，—表示不适用。

3.2.3 代谢适应

本部分重点介绍骨骼肌内的代谢变化，这些变化与耐力训练后运动能力和运动表现的提高有关。一般来说，耐力训练的关键代谢适应是增加骨骼肌氧化燃料以提高产生能量的能力。如马拉松（42.2 公里）这样的经典耐力项目，在大约 2 小时的跑步中，总能量消耗可能超过 10 000 千焦。因此提高底物氧化能力和速度对提高运动表现至关重要（马拉松、自行车或者北欧滑雪等项目的能量消耗值经常会超过这个能量消耗值）[2,3]。

线粒体数量的增加及相应酶活性的改善，特别是那些与有氧代谢中 β–氧化和三羧酸循环能量代谢通路有关的酶活性的改善，可以直接提高底物氧化利用能力[2]。本质上，两个能量代谢通路中代谢通量的增加导致电子传递链产生更多的电子，从而增强并最终上调线粒体氧化磷酸化（有氧代谢）。氧化磷酸化的上调能够帮助更有效地产生能量，并降低糖酵解途径的通量，从而减少导致骨骼肌疲劳的细胞液中代谢废物的堆积[11–13]。

训练导致的代谢适应还可以增加在某种次最大强度运动下脂肪的利用率，从而减少糖的代谢。这种能量底物的转变可以减少糖的消耗，在长时间、次最大强度运动（60～90 分钟，大于 60%最大摄氧量强度的运动）中减少肌糖原的利用和耗竭，从而减轻造成疲劳的另一个潜在因素（耐力性运动中，肌糖原的耗竭是一个关键因素）的作用。在运动训练后，安静状态下肌糖原储存增加，肌细胞间甘油三酯储存增加，导致运动肌肉更有效地利用供能物质，因为它们更靠近运动中的肌肉组织。此外，由于能源物质转运体发生变化，肌外燃料源的可用性也得到了提高，这些在前面“分子适应”部分已经讨论过[11–14]。

简而言之，耐力训练可以更倾向于利用脂肪作为供能物质，而减少糖的消耗。图 3.3 揭示了伴随训练机体利用供能物质的变化，“交叉点”向更高的运动强度的转移。与此同时，糖的储存（即糖原）也有所增加。结合前面提到的分子适应，这可大大提高运动过程中 ATP 产生的速度和量，从而提高运动员的总体运动能力和在更高强度下进行运动的能力。

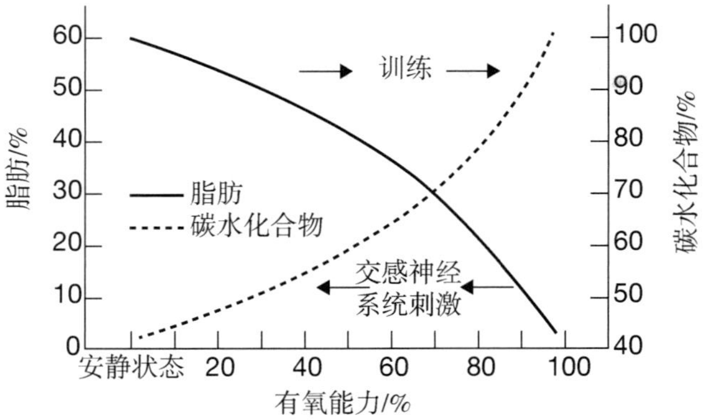

图 3.3 耐力训练的“交叉”概念及影响

资料来源：Brooks G A，Mercier J. Balance of carbohydrate and lipid utilization during exercise：the “cross-over” concept. Journal Applied Physiology. 1994；76（6）：2253–2261.

3.2.4 骨骼肌、肌腱和骨骼的适应性

骨骼—肌腱是人体的一个重要的器官系统，具有巨大的可塑性。由于该系统的这一特性，其良好的适应性是提高耐力运动表现的重要因素[1,2,15]。

在骨骼肌产生张力的过程中，被激活（即募集）和利用的最小功能单位是运动单位和该运动单位内的肌纤维。每个运动单位都具有特性相同的肌纤维，但完整的骨骼肌由三种不同的纤维类型组成。这些肌纤维类型自 50 多年前被发现以来，其名称一直未固定下来，这可能导致读者在阅读文献时产生混淆[2,15,16]。本书使用罗马数字命名系统，即 I 型肌纤维、Ⅱa 型肌纤维和Ⅱd/x 型肌纤维。I 型肌纤维为慢缩氧化型肌纤维，力量产生慢，但由于线粒体含量高，其氧化酶活性强，毛细血管较多，具有高度发达的氧化能力。Ⅱa 型肌纤维是一种快缩氧化型肌纤维，力量产生相对较快，但其氧化特性与 I 型肌纤维相似。Ⅱd/x 型肌纤维也是一种快缩肌纤维，具有高度发达的糖酵解代谢特征（即富含糖酵解酶），线粒体和毛细血管较少，力量产生速度快。在这些纤维类型中，力量产生的快慢顺序为Ⅱd/x 型肌纤维＞Ⅱa 型肌纤维＞I 型肌纤维。关于肌纤维类型的研究表明，耐力运动员在训练中动用的肌肉含有较高比例的 I 型肌纤维[17]。尽管如此，但仍未有证据支持肌纤维类型是可以强有力地预测运动能力的唯一因素[15,17]。

早些时候，人们注意到耐力训练可以增加骨骼肌纤维中的线粒体含量、提高氧化酶活

性并增大毛细血管密度。这些特征也是划分肌纤维类型的依据。训练会使这些特征发生变化，进而引发一个问题：运动训练是否会导致肌纤维类型发生转变？这一直是此类研究中长期存在的一个问题，因为研究者在对不同物种进行研究时，发现了一些相互矛盾的结论[1,15]。目前，还没有直接的实验证据表明人体肌纤维类型会发生转变。肌纤维类型是由神经、代谢、功能、组织和形态等特征综合决定的。尽管如此，长期耐力训练确实使肌纤维的生化特征表型向Ⅰ型肌纤维代谢特征转化，但这种转化的程度因不同的肌纤维类型而异[1,16]。此外，还有一些证据表明，有规律的耐力训练（骑车）也可能导致未受过训练的受试者出现肌肉肥大的状况。

抗阻训练会产生神经和肌肉肥大的适应，从而增强肌肉的力量和爆发力。多年来，人们一直认为抗阻训练和耐力训练相互干扰，主要是因为这两种训练模式造成的适应性反应不同。然而，近年来研究表明，耐力训练和抗阻训练同时进行，可以在一定程度上促进肌肉肥大、最大力量和耐力的发展[18]。这些效应已经在未经训练和受过训练的跑步者身上观察到，而且可以改善高强度跑步的一些指标，对运动能力的提高也有明显影响[19]。然而，这一方向的研究工作尚未完全有定论，还需要进一步的探索。

肌腱和骨骼对耐力运动员的健康和运动能力起着重要作用，但相对于其他一些组织的适应来说，很少有研究者较深入地开展相关研究[20–22]。现有的相关讨论通常主要集中于损伤或与健康相关的并发症的不良适应（如骨关节炎或女运动员三联征等）[22–24]。

肌腱可以表现出良好的适应能力，可以承受耐力运动中的各种不同载荷刺激，条件是训练的适应时间足够长（几周、几个月或者几年）[20]，而且负荷是逐渐增加的，尽管关于长期运动训练对生命全程中肌腱健康状况的影响还没有足够的研究。与肌腱相似，骨骼对耐力训练也表现出良好的适应，因为规律性和不同载荷对骨骼健康有良好影响[21]。持续高强度的运动负荷刺激对成骨具有高度刺激作用，可促进皮质骨的发育。此外，耐力训练可以促进骨骼重塑，从而全面增加骨密度，然而，并不是所有的耐力训练都具有这种效果。例如，跑步可以增加腿骨密度，而骑自行车伴有脊柱骨密度轻微下降；两者兼顾的运动员，受跑步的影响比受骑车的影响更大[25]。这些差异有可能与运动是否需要承受自身体重有关。

总的来说，骨骼—肌腱对耐力训练产生的适应性反应使其弹性增加，从而防止因慢性反复冲击而受到损伤，尽管长期过度使用或过度训练会适得其反，并大大增加损伤的风险（详见“激素—内分泌适应”部分）[20–26]。

3.2.5 激素—内分泌适应

在人体内，有多种组织可通过内分泌、旁分泌和自分泌形式分泌多种激素和类似激素作用的相关物质。这些激素和物质参与许多生理过程的调节，如新陈代谢、生长发育、水合作用、心血管功能、免疫反应和应激反应。大量研究结果表明，耐力训练可以对激素、内分泌腺/组织及其产物产生影响，继而对这些激素和物质所调节和控制的过程产生深刻影响[2,3]。

急性运动对内分泌系统有很强的刺激作用，会导致多种激素发生变化。表 3.2 总结了一次性耐力运动（不同强度、不同持续时间）对人体主要激素的影响。简而言之，运动是一种应激源，可刺激循环血液中的激素水平升高（除胰岛素下降以外），运动应激越强，反应就越大[26–29]。训练适应程度越高，激素对运动的反应就越弱。唯一例外的是最大或超极限强度的运动，训练适应可以允许运动员进行更大负荷和更高强度的运动。在这种形式的运动下，身体产生更大的生理刺激，从而产生更大的激素反应[26,27]。

表 3.2　不同强度和持续时间的一次性耐力运动后的主要激素反应

激素	主要生理功能[a]	运动反应			
		急性反应			慢性反应
		短期的次最大强度	高强度	长期的次最大强度	耐力训练
		（如小于 30 分钟；近似于或大于乳酸阈）	（如远大于乳酸阈）	（如大于 60 分钟；小于乳酸阈）	
促肾上腺皮质激素	肾上腺调节	↑	↑↑	↑↑	↔，↓
精氨酸加压素	水合作用、流体	↑（大于 50% 最大摄氧量）	↑↑	↑↑	↔
醛固酮	水合作用、流体	↑	↑↑	↑↑	↔
儿茶酚胺	分解代谢（如脂肪分解、糖原分解），心脏调节	↑	↑↑	↑↑	↔，↓
皮质醇	分解代谢（如脂肪分解、糖原分解），压力反应	↑（大于 60% 最大摄氧量）	↑↑	↑↑	↔，↓
17β–雌二醇	骨代谢，分解代谢（如脂肪分解），生殖	↑	↑	↑ ↓（如果过度的话）	↔，↓
促卵泡激素—黄体生成素	生殖	↑	↑，↔	↑，↓，↔	↓
胰高血糖素	葡萄糖调节	↑	↑	↑↑	↓
生长激素	合成代谢（如肌可塑性、成骨）	↑	↑↑	↑↑	↔，↑
胰岛素	葡萄糖调节体	↓	↓	↓	↓

续表

激素	主要生理功能 [a]	运动反应			
		急性反应			慢性反应
		短期的次最大强度	高强度	长期的次最大强度	耐力训练
甲状旁腺	钙代谢	↑	↑	↑	↔
催乳素	免疫、压力反应	↑	↑↑	↑↑	↑，↓
孕酮	生殖	↑	↑	↑ ↓ （如果过度的话）	↔，↓
睾酮	合成代谢（如肌可塑性、糖异生、红细胞生成）	↑	↑	↑ ↓ （如果过度的话）	↔，↓
甲状腺素—三碘甲腺原氨酸	代谢调节	↔	↔	↑，↓	↔，↓
促甲状腺激素	体温调节	↑	↔，↑	↔，↑	↔

注：本表对耐力训练后激素的慢性反应也做了描述。

↑表示增加，↑↑表示显著增加，↓表示下降，↔表示无变化。

[a] 表示与运动相关的主要对象。

在大多数情况下，若教练员制订和实施的耐力训练计划较完善，激素就会产生非常显著的正向作用，不仅可以提高运动能力，而且可以通过基因组和非基因组途径促进许多本章已经提到的适应过程[26–28]。然而，训练计划不完善或计划实施不到位则会导致不良的激素反应和消极的生理后果（不良适应）。

耐力训练后内分泌反应减弱的原因是靶组织对激素刺激更加敏感，以及血液和其他体液中调节各种内分泌腺的神经和激素刺激水平降低[29]。许多靶组织在运动训练刺激下，功能激素受体的表达增加，激素与受体的亲和力增加，靶组织细胞中后受体放大机制也明显增加。本质上，所有这些变化都会导致靶组织只需要较少的激素信号就能使细胞中的下游反应产生生理效应[29–31]。

3.2.6 激素—内分泌不良适应

如果大强度的训练过多或者训练总量过大，或者运动员在训练时生活压力过大、面临的情况较复杂，激素的不良适应现象就有可能发生。这种情况通常与超负荷训练或者训练过度有关[32]。简而言之，正常情况下运动员如果在逐渐增加的训练负荷之后休息和恢复一段时间，就会产生积极的适应并提高运动能力。如果训练负荷过大，或者训练后休息不充分，那么运动员可能无法适应，其成绩也会下降，也就是说，运动员可能会从正常训练发展到超负荷训练，并最终造成过度训练。如果教练员和运动员对这个过程不加以检查，运动员可能最终发展为过度训练综合征，严重威胁健康[32,33]。

对耐力运动员超负荷或者过度训练的研究表明，内分泌系统的反应分为两个阶段：最初的过度反应阶段及随后的低反应阶段[33,34]。在最初的过度反应阶段，安静状态下或者一次性运动后循环激素水平升高，如促肾上腺皮质激素、皮质醇、催乳素和儿茶酚胺[33,34]，尽管这些激素反应并不一定会一起发生[32]。这个“过度”活跃的阶段可能反映了连续训练中的“超负荷”状态。有趣的是，如果运动员在超负荷训练后经过短期的休息和恢复（约2 周），他们可能比正常的适应得到更大的补偿，从而提高运动表现（减量调节）[32]，而激素的低反应阶段似乎更符合经典的“过度训练”状态，即长期疲劳、精神不振和表现不佳。在这个阶段，某些糖调节激素和生殖激素出现抑制[34,35]。这种低反应阶段会产生更严重的后果，这时运动员可能需要休息和恢复好几个月，以恢复正常的内分泌功能和运动能力[34]。这种状态及与之相关的激素反应下降是否代表内分泌腺衰竭或调节轴功能失调尚不清楚。

引起过度训练综合征的确切生理机制尚不清楚，但多年来人们认为它在一定程度上反映了塞利（Selye）的一般适应综合征模型的最后阶段（力竭）[36]。然而，露西尔（Lucille）[37]博士在 2004 年提出，过度训练会导致骨骼肌负荷过大，再加上休息和恢复不够及营养不良，从而导致与组织损伤相关的局部和全身炎症反应。促炎性细胞因子，例如 IL–6、TNF–α 和 IL–1β，分泌增多，从不同水平刺激下丘脑—垂体—肾上腺（HPA）皮质或者髓质轴，影响该轴的激素分泌，并导致情绪反应、性功能障碍、代谢障碍和心血管功能下降[34,37]。此外，细胞因子的变化可能会抑制由细胞介导的适应性免疫反应，增加生病的风险，这与过度训练运动员的许多特征有关[38,39]。露西尔的研究虽然不能涵盖所有的症状，但确实和许多与过度训练综合征相关的主要致病原因和临床表现相一致。然而，这还需要更多的实验研究和实证数据。

与运动和内分泌失调相关的一个较新的术语是“运动中的相对能量不足”（RED–S）。由国际奥委会医学委员会工作组提出，它会导致女性和男性运动员的生殖内分泌紊乱[40]，通常在耐力运动员中发病率较高。这些疾病主要是女性运动员的三联征和男性运动员的运动—性腺功能低下症（EHMC）[41,42]。RED–S 被提议作为一个性别包容性的综合性术语，但其是否完全适用于男性和女性还存在一些争议。也就是说，女性运动员的三联征的病因与能量摄入不足有关，这已有充分的文献记载，但相对于男性运动员的运动—性腺功能低下症来说，这一点并没有完全定论[42]。尽管如此，这两种情况都与 HPA 轴和下丘脑—垂体—性腺轴内分泌失调有关。

3.3 小结

耐力训练会影响多个身体系统。这种影响表现在安静和运动状态下几乎所有生理参数的变化上。这些变化的综合结果会提高机体进行长时间有氧运动的能力和效率。这些适应性变化表现在人体的方方面面——分子、细胞、组织、器官和系统。耐力训练导致的关键性适应性变化有：

- ↑线粒体生物生成；
- ↑血管生成；
- ↑脂肪氧化；
- ↑最大摄氧量（通过增加心输出量和动脉-静脉氧差）；
- ↑利用较高最大摄氧量百分比工作的能力；
- ↑工作效率；
- ↑肌腱弹性；
- ↑骨矿物质密度（自身体重负重运动）；
- ↑激素反应—靶组织敏感性；
- ↑内分泌“下游”作用。

这些适应现象不仅对耐力运动员至关重要，而且对改善大众健康状态也同样重要。遗憾的是，绝大多数关于运动适应性反应的研究都以男性为主，而且假定男性的结果可以直接应用于女性。对于某些参数来说，这一假定是有效的，但其并不适用于所有参数，因此还需要更多的研究来了解女性对耐力训练的适应性反应[43]。

参考文献

[1] Hamilton M T, Booth F W. Skeletal muscle adaptation to exercise: a century of progress. J Appl Physiol. 2000; 88 (1): 327–331.

[2] Hackney A C. Exercise, sport, and bioanalytical chemistry: principles and practice. New York: Elsevier Publishing; 2016.

[3] Stegemann J. Exercise physiology: physiologic bases of work and sport. Stuttgart: Georg Thieme Verlag; 1981.

[4] Coffey V G. The molecular basis of endurance training adaption. In: Mujika I, editor. Endurance training: science and practice. Vitoria-Gasteiz: I. Mujika S.L.U. Publisher; 2012.

[5] Lira V A, Benton C R, Yan Z, Bonen A. PGC-1α regulation by exercise training and its influences on muscle function and insulin sensitivity. Am J Physiol Endocrinol Metab. 2010; 299 (2): E145–161.

[6] Coffey V G, Hawley J A. The molecular basis of training adaptation. Sports Med. 2007; 37: 737–763.

[7] van der Schaft D, van Spreeuwel A C, van Assen H C, Baaijens F. Mechanoregulation of vascularization in aligned tissue engineered muscle: a role for VEGF. Tissue Eng Part A. 2011; 17: 2857–2865.

[8] Warburton D E R, Bredin S S D. Cardiovascular adaptation to endurance training. In: Mujika I, editor.

Endurance training: science and practice. Vitoria-Gasteiz: I. Mujika S.L.U. Publisher; 2012.

[9] Ekblom B, Astrand P O, Saltin B, Stenberg T, Wallstrom B. Effects of training on circulatory to exercise. J Appl Physiol. 1968; 24: 518–528.

[10] Ekblom B, Hermansen L. Cardiac output in athletes. J Appl Physiol. 1968; 25: 619–625.

[11] Coyle E F. Substrate utilization during exercise in active people. Am J Clin Nutr. 1995; 61: 968S–979S.

[12] Henriksson J. Training induces adaptation of skeletal muscle and metabolism during submaximal exercise. J Physiol. 1977; 270: 661–675.

[13] Holliday A, Jeukendrup A E. The metabolic adaptation to endurance training. In: Mujika I, editor. Endurance training: science and practice. Vitoria-Gasteiz: I. Mujika S.L.U. Publisher; 2012.

[14] Kiens B, Essen-Gustavsson B, Christensen N J, Saltin B. Skeletal muscle substrate utilization during submaximal exercise in man: effects of endurance training. J Appl Physiol. 1993; 469: 459–478.

[15] Hawley J A. Adaptation to prolonged, intense endurance training in human skeletal muscle. In: Mujika I, editor. Endurance training: science and practice. Vitoria-Gasteiz: I. Mujika S.L.U. Publisher; 2012.

[16] Holloszy J O, Coyle E F. Adaptations of skeletal muscle to endurance exercise and their metabolic consequences. J Appl Physiol. 1984; 56: 831–838.

[17] Joyner M J, Coyle E F. Endurance exercise performance: the physiology of champions. J Physiol. 2008; 586: 35–44.

[18] Mikkola J, Rusko H, Izquierdo M, Gorostiaga E M, Häkkinen K. Neuromuscular and cardiovascular adaptations during concurrent strength and endurance training in untrained men. Int J Sports Med. 2012; 33 (9): 702–710.

[19] Mikkola J, Vesterinen V, Taipale R, Capostagno B, Häkkinen K, Nummela A. Effect of resistance training regimens on treadmill running and neuromuscular performance in recreational endurance runners. J Sports Sci. 2011; 29 (13): 1359–1371.

[20] Kannus P. Structure of the tendon connective tissue. Scand J Med Sci Sports. 2000; 10: 312–320.

[21] Kannus P, Sievänen H. Tendon and bone adaptation to endurance training. In: Mujika I, editor. Endurance training: science and practice. Vitoria-Gasteiz: I. Mujika S.L.U. Publisher; 2012.

[22] Sievänen H. Immobilization and bone structure in humans. Arch Biochem Biophys. 2010; 38: 597–600.

[23] Harkey M S, Luc B A, Golightly Y M, Thomas A C, Driban J B, Hackney A C, Pietrosimone B. Osteoarthritis- related biomarkers following anterior cruciate ligament injury and reconstruction: a systematic review. Osteoarthritis Cartilage. 2015; 23 (1): 1–12.

[24] Matzkin E, Curry E J, Whitlock K. Female athlete triad: past, present, and future. J Am Acad Orthop Surg. 2015; 23 (7): 424–432.

[25] Stewart S D, Hannan J. Total and regional bone density in male runners, cyclists, and controls. Med Sci Sports Exerc. 2000; 32 (8): 1373–1377.

[26] Galbo H. Hormonal and metabolic adaptation to exercise. Stuttgart: Georg Thieme Verlag; 1983.

[27] Hackney A C. Stress and the neuroendocrine system: the role of exercise as a stressor and modifier of stress. Expert Rev Endocrinol Metab. 2006; 1 (6): 783–792.

[28] McMurray R G, Hackney A C. The endocrine system and exercise. In: Garrett W, Kirkendall D, editors. Exercise & sports science. Philadelphia: Williams & Wilkins Publisher; 2000. p. 135–162.

[29] Viru A, Viru M. Biochemical monitoring of sports training. Champaign: Human Kinetics Publishing; 2001.

[30] Lavoie C. Glucagon receptors: effect of exercise and fasting. Can J Appl Physiol. 2005; 30 (3): 313–327.

[31] Bricout V A, Germain P S, Serrurier B D, Guezennec C Y. Changes in testosterone muscle receptors: effects

of an androgen treatment in physically trained rats. Cell Mol Biol (Noisy-le-grand). 1994; 40 (3): 291–294.

[32] Meeusen R, Duclos M, Gleeson M, Rietjens G, Steinacker J, Urhausen A. Prevention, diagnosis and treatment of the overtraining syndrome: ECSS position statement 'Task Force'. Eur J Sports Sci. 2006; 6 (1): 1–14.

[33] Lehmann M, Lormes W, Opitz-Gress A, Steinacker J, Netzer N, Foster C, Gastmann U. Training and overtraining: an overview and experimental results in endurance sports. J Sports Med Phys Fitness. 1997; 37: 7–17.

[34] Fry A C, Steinacker J M, Meeusen R. Endocrinology of overtraining. In: Kraemer W J, Rogol A D, editors. The endocrine system in sports and exercise. Oxford: Blackwell Publishing; 2005. p. 584–593.

[35] Barron J L, Noakes T D, Levy W, Smith C, Millar R P. Hypothalamic dysfunction in overtrained athletes. J Clin Endocrinol Metab. 1985; 60: 803–806.

[36] Selye H. A syndrome produced by diverse nocuous agents. Nature. 1936; 138: 32–36.

[37] Smith L L. Tissue trauma: the underlying cause of the overtraining syndrome? J Strength Cond Res. 2004; 18: 185–193.

[38] Robson P J. Elucidating the unexplained underperformance syndrome in endurance athletes. Sports Med. 2003; 33: 771–781.

[39] Robson-Ansley P J, Blannin A, Gleeson M. Elevated plasma interleukin-6 levels in trained male triathletes following an acute period of intensive interval training. Eur J Appl Physiol. 2007; 99: 353–360.

[40] Mountjoy M, Sundgot-Borgen J, Burke L, Carter S, Constantini N, Lebrun C, Meyer N, Sherman R, Steffen K, Budgett R, Ljungqvist A. The IOC consensus statement: beyond the Female Athlete Triad—Relative Energy Deficiency in Sport (RED-S). Br J Sports Med. 2014; 48 (7): 491–497.

[41] Hackney A C. Effects of endurance exercise on the reproductive system of men: the "exercise-hypogonadal male condition". J Endocrinol Invest. 2008; 31 (10): 932–938.

[42] Lane A R, Hackney A C. Reproductive dysfunction from the stress of exercise is not gender specific: the "exercise hypogonadal male condition". J Endocrinol Diabet. 2014; 1 (2): 4–5.

[43] Prakash M D, Stojanovska L, Nurgali K, Apostolopoulos V. Exercise in menopausal women. In: Hackney A C, editor. Sex hormone, exercise, and women. New York: Springer; 2017.

4　耐力训练的神经生物学适应

纪尧姆·Y.米利特（Guillaume Y. Millet），约翰·特梅西（John Temesi）

力量训练引起的神经适应已经被广泛描述，虽然技术的发展（如经颅磁刺激）为此又提供了新的内容，但关于耐力训练产生的神经适应的研究并不多。研究者通常认为，相较于力量训练产生的神经适应，耐力训练产生的神经适应要小很多。在本章中，我们将不使用耐力的实际定义，即维持高水平最大摄氧量百分比运动的能力，而将之定义为长时间、低强度，且通常需要使用大量肌肉的运动，如自行车、跑步和越野滑雪等。长时间训练导致适应背后的理论与急性运动损伤和恢复有关。本章的第一部分简要介绍评估神经适应的方法。第二部分重点介绍一次性耐力运动引起的急性神经反应。第三部分重点论述长期系统性耐力训练产生的神经适应。

4.1　评估神经适应的方法

图 4.1 显示了评估神经适应的方法。评估中枢疲劳和训练适应结果的指标是力量和肌电图（EMG，通常为表面肌电图）。将电极放置于被测肌肉（主动肌和拮抗肌）的表面，以测量肌肉内的电活动（动作电位之和）。力量测试通常是在进行等长收缩时，通过力传感器进行的。测试中枢兴奋或者疲劳的标准是使用电刺激插入法来测量自主激活能力（VA）。在达到最大自主收缩（MVC）峰值时，给予外周神经或者肌肉一个超强电刺激，以产生一个叠加性收缩（即刺激诱发额外的收缩力），并比较这个额外的收缩力与在最大收缩后马上放松的肌肉中由超强电刺激诱发的收缩力[1]。这样可以比较在做最大自主收缩时（理论上讲，做最大自主收缩时所有运动单位应都被募集），所有未被募集的运动单位所产生的力量（超强电刺激诱发的叠加力量）与所有运动单位都被募集时所产生的最大力量（最大自

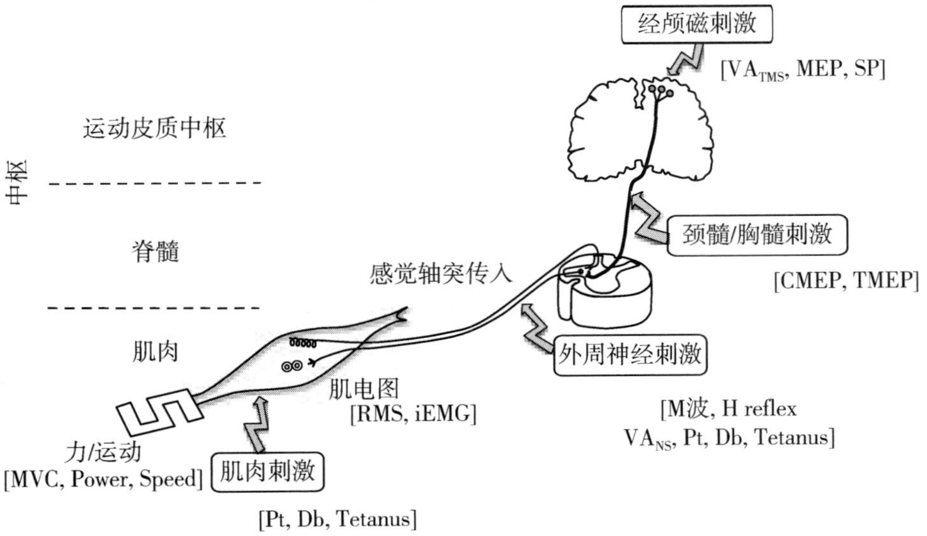

图 4.1 评估神经适应的方法

注：改编自文献[2]。

CMEP 表示颈髓运动诱发电位；Db 表示双反应波；H reflex 表示霍夫曼反射；iEMG 表示积分肌电值；MEP 表示运动诱发电位；MVC 表示最大自主收缩；M 波表示复合肌肉动作电位；NS 表示神经刺激；Pt 表示收缩峰值；RMS 表示均方根振幅；SP 表示静息期；TMEP 表示胸髓运动诱发电位；TMS 表示经颅磁刺激；VA 表示自主激活能力；Power 表示爆发力；Speed 表示速度；Tetanus 表示强直收缩。

主收缩后，放松的肌肉由超强电刺激诱发的力量）。该方法仅可以定量评估整体中枢疲劳状况（包括大脑和运动神经元在内的中枢神经系统），而使用经颅磁刺激评定自主激活能力可以评估脊髓以上结构的疲劳信息[3]。用经颅磁刺激评定自主激活能力在方法上略有不同，即在刺激放松的肌肉产生收缩时，必须在 50%～100%MVC 范围内做一系列的叠加刺激收缩，因为在从静息到轻度或中等强度收缩的转换过程中皮质脊髓通路的兴奋性会很快提高，其他评估中枢疲劳的方法是利用肌电图。肌肉整体电活动（即中枢激活）通常表示为均方根振幅（RMS）或积分肌电值（iEMG）。在做自主最大收缩时给予运动神经以超强刺激的方法也可用于诱发 V 波。V 波是因电刺激产生的上行性动作电位与自主运动产生的下行性动作电位相遇而产生的反射性反应。只有在自主收缩中募集的轴突才会影响到EMG的变化[4]。

运动神经元的兴奋性可以通过对放松或轻度收缩肌肉的运动神经的亚最大刺激来评估，刺激诱发的上行神经动作电位强度尚不足以募集运动神经元，由此产生的肌电图反应被称为霍夫曼反射（H 反射）。虽然这种方法可以显示运动神经元的兴奋性，但仅限于某些肌肉（如比目鱼肌），并受突触前抑制的影响[4]。通过直接刺激（通常是电刺激）脊髓下行纤维束来测试是越来越常见的方法。经乳突肌刺激引起上肢肌肉颈髓运动诱发电位（CMEP），并用 EMG 记录，以提供运动神经元群兴奋性的信息[5]。由于下肢诱发电位有困难，脊髓刺激一般在上胸椎水平进行，以诱导胸髓运动诱发电位（TMEP）[4]。

对于皮质兴奋性的研究可以使用经颅磁刺激（TMS）将磁脉冲传递到运动皮质中枢，通过突触刺激锥体系，引起运动神经元受到刺激，并传递到肌肉，由此记录到的肌电图被称为运动诱发电位（MEP）[6,7]。由于MEP可显示整个皮质脊髓束的兴奋性，它应该与在同一时间和条件下记录到的CMEP或TMEP相对比，以评估皮质的兴奋性。另一个与TMS有关的指标是静息期（SP），静息期一般可以反映皮质内抑制，尽管其最初的150毫秒主要受到脊髓机制影响，之后才受到皮质机制影响[7]。

由于肌电图是在肌肉水平记录的，使用肌电图来量化中枢疲劳以及运动神经元和皮质脊髓兴奋性变化必须考虑到肌肉内发生的任何变化。运动神经的超强刺激引起下行的神经冲动，在肌电图中记录表现为复合肌肉动作电位（M波），反映其在肌肉内肌膜上的传播。在同一时间、同一肌肉状态下诱发的M波被用来对照肌电图反应，以解释肌肉的变化。

然而，重要的是要认识到上述评估神经适应和急性反应各方法的局限性，例如，V波和H反射是在特定条件下产生的，可能并不总是适用于某些情况[4]。在疲劳状态下观察到的MEP和SP的变化也可能仅受TMS强度的影响[8]，且同一次运动中也可能产生相互冲突的反应。科学方法也在继续发展，以更加精确地判断疲劳的类型和程度。近来出现了新的自行车功率仪，可以记录动态运动并在运动结束后1秒内做等长性神经肌肉评估[9]。这种新的功率仪可以不受运动后与评估期间的恢复产生的影响。这是一个重大的进步，因为与疲劳相关的神经肌肉恢复得非常快，有时仅需几秒钟[10–12]。

4.2 一次性耐力运动引起的急性神经反应：中枢疲劳

4.2.1 疲劳的定义和中枢疲劳

疲劳是指随意产生力的能力下降[13]。疲劳包括外周疲劳和中枢疲劳。外周疲劳发生在神经肌肉接点的远端，而中枢疲劳发生在中枢神经系统内，导致传导至肌肉的最大神经冲动下降，其最常见的表现是肌肉最大自主收缩能力下降。中枢疲劳可以被进一步确定在整个中枢部位或仅在脊髓以上水平，这取决于所使用的评估方法（详见“评估神经适应的方法”一节）。

4.2.2 耐力运动引起的中枢疲劳

许多研究探索了一次性耐力运动导致急性疲劳的原因。中枢疲劳可在急性运动后观察到，特别是在骑车和跑步等运动后。因此，本章只关注伸膝肌群和跖屈肌群，因为骑车和跑步直接用到这些肌群。在伸膝肌群中，随着运动时间延长，脊髓以上部位的疲劳程度会增加（即用TMS测定的自主激活能力，VA_{TMS}），在持续数小时的运动中，疲劳程度增加

8%～11%[14,15]，而在超过13小时的运动中，疲劳程度可增加16%[8]。然而，克拉斯（Klass）等人[16]发现，以55%的最大有氧功率骑行60分钟，然后进行30分钟的计时赛，VA_{TMS}未发生变化，但测试是在运动结束后又过了10分钟才进行的。伸膝肌群中枢性疲劳的程度在持续运动时间不超过5小时时可小于20%[14,17–20]，在持续运动时间超过13小时时可大于25%[8,18,19]。在超过13小时的运动中，跖屈肌群中枢性疲劳的程度小于伸膝肌群，在6%～15%之间[20,21,23]。Ⅲ型和Ⅳ型传入神经纤维造成的抑制性影响被认为是疲劳性骑行运动后自主激活能力下降的一个主要因素[14,22]。

通过肌电图测试也可以观察到皮质脊髓通路中的一些潜在变化。经过长时间的一次性剧烈运动后，膝关节伸肌的皮质脊髓兴奋性（MEP的大小）可能增加[8,14]或无变化[8,14–16,23]。在跑步运动90分钟后[24]，运动神经元兴奋性下降，表现为跖屈肌群的V波和H反射幅度均有下降[24]。相反，在持续时间较短（8～9分钟）的高强度骑行运动后，CMEP面积显示运动神经元兴奋性没有发生变化[25,26]。在一次性骑行运动后，膝关节伸肌静息期持续时间可能延长[8]或无变化[8,14,16,22,27]。所有这些研究都有一个局限性，即运动后做评估有一段时间延迟，在此期间会发生恢复，因此中枢疲劳的程度和皮质脊髓通路的变化很可能被低估了。一些新的方法可以避免这种局限性。

4.2.3 耐力活动的类型是否影响中枢疲劳?

这个问题的答案是肯定的。尽管研究者尚需要进行研究以比较相同受试者在完成同样强度、同样持续时间的不同类型的耐力性运动时的反应，但研究者发现跑步比骑自行车或者越野滑雪能诱发更严重的中枢疲劳，后两种活动对骨骼肌产生的机械刺激或疲劳要小[28,29]。这些情况曾发现于对以55%最大摄氧量强度进行持续5小时跑步和骑行运动的比较[17,20]，或者对越野滑雪和30千米越野跑的比较[13,30]。这些结果表明，神经的生物变化，如5–羟色胺堆积，在长时间的运动过程中，对中枢疲劳的发展只起到部分作用（如果有的话），而较细的传入神经纤维（Ⅲ–Ⅳ型）潜在的抑制作用，可能由长时间跑步运动产生的促炎性细胞因子激活。这种抑制作用可能解释了超长马拉松运动后的深度中枢疲劳[18,19,31]。然而，也有间接证据显示，在一场165千米的山地超长马拉松比赛结束后2天内，运动员仍然存在较大的炎症反应，而自主激活能力已经恢复到赛前值[19]，这个研究并不支持以上假设。对于跑步和骑车引起的疲劳程度差异的另一种可能的解释是，由于反复的离心性肌肉收缩，Ia类传入神经的抑制影响在跑步中可能比在骑行中更明显。这可能会导致肌梭水平的疲劳/损伤，或仅仅增强了肌肉的顺应性[32]。

4.3 长期系统性耐力训练产生的神经适应

众所周知，耐力训练可以促进身体健康。每搏输出量增加（部分原因是血容量增加）和肌肉氧化能力的改善（如线粒体含量增加）等被认为是增强有氧能力的机制[33,34]。除此之外，力量训练，特别是爆发力训练和超等长训练，可以触发神经适应[35,36]。埃格德（Aagaard）等人[35]通过结合观察V波、H反射和最大M波（M_{max}）的反应，发现14周大负荷抗阻训练可以提高最大中枢动员能力，这可能是由脊髓以上和脊髓层面的适应所介导的。在12周以30%～40%最大力量进行的动力性力量训练后，研究者观察到运动单位激活提前，双联动作电位和三联动作电位数量增加，最大放电频率增加[37]。在抗阻训练后，皮质脊髓兴奋性也发生了变化。在这里，我们旨在描述耐力训练后较鲜为人知的神经生物学适应。虽然神经系统的适应性并不是病人、久坐人群或运动员进行耐力运动的主要原因，但重要的是，我们要了解耐力训练可能带来的好处，或者相反，耐力训练可能对中枢兴奋性产生的有害作用。我们将首先在耐力运动员、爆发力的运动员以及久坐不动人群之间比较一些中枢神经系统变化的指标。之后，我们将综述耐力训练对神经系统的影响，包括静息状态下、运动中和运动后（即疲劳状态）等不同阶段。

4.3.1 耐力运动员、爆发力运动员、久坐不动人群中枢神经系统训练效果的比较

检验训练适应性的一种方法是比较不同训练背景的人群。这种方法有明显的缺陷（遗传影响，运动模式和训练量不受控制），但也有一个主要的优势：它可以检验由几年的训练而产生的生物学适应，而不是干预研究中几个星期（通常3～12周）的运动产生的生物学适应。这些干预周期时间非常有限。拉蒂尔（Lattier）等人[38]的研究表明，尽管参加力量训练的运动员的蹲跳表现要比参加耐力训练的运动员好得多，但两组运动员的最大等长随意收缩力量表现是相同的。此外，两组运动员都比久坐不动的人群更强壮。这种差异的出现可能是由于在久坐不动人群中，自主激活肌肉的能力显著较低，而在耐力和爆发力运动员中，自主激活肌肉的能力相似。加兰德斯（Garrandes）等人[39]的研究证实了拉蒂尔等人的结论，他们用电刺激叠加技术，没有发现爆发力和耐力运动员伸膝肌群的自主激活肌肉的能力有任何差异。这表明，这两组运动员在等长收缩时，都能最大限度地激活肌肉，但在爆发性运动中需要更高的放电频率时，情况可能就不是这样了。然而，科恩（Cohen）等人[40]质疑这些结果，他们发现耐力运动员和久坐不动人群的最大等长随意收缩力量没有差异。虽然其研究未报道自主激活肌肉的能力，但久坐不动人群最大自主激活肌肉的能力很可能并不低于耐力运动员。然而，拉蒂尔等人和科恩等人[38,40]都观察到，久坐不动人群和耐力运动员的蹲跳和力量输出速率并没有差异。研究还表明，即使用最大力量的百分比来表示力量，爆发力运动员的力量-时间变化也比耐力运动员快。虽然神经激活的能力可以部分解释这一结果，但这些数据并不能排除肌肉组织本身特征的影响[41]。有趣的是，耐力运动员的力量输出速率并不低于爆发力运动员。

与其他研究一致（见参考文献[42]），马夫富莱蒂（Maffuletti）等人[43]的研究表明，爆发力运动员的比目鱼肌的H反射与M_{max}相对比值要低于耐力运动员，这提示耐力训练可以增加α运动神经元的活性。然而，爆发力运动员表现出更大的力量/肌电图比值，这意味着他们在激活一定数量的运动单位时可产生更大的力量[44]。虽然较大的H反射的值可能只是反映了更高的Ⅰ型肌纤维百分比，但通过Ia类传入神经末梢的$GABA_A$或$GABA_B$受体

激发的突触前抑制，在耐力运动员中可能比在爆发力运动员或久坐不动人群中更强[45]。同样，有研究表明[46,47]，牵张反射会因训练背景而不同，这可能是由于耐力运动员的 I 型肌纤维肌梭密度所占比例较高。

4.3.2 训练干预：静息状态下中枢神经系统的反应

耐力训练已被证明可以增强包括小脑、海马、大脑皮层在内的几个脑区的认知和神经可塑性，以及大脑运动皮层的血管增生[46]。在这里，我们只考量耐力训练对运动皮层和皮质脊髓束的影响，主要是静息状态下 VA、MEP、SP 以及 V 波和 H 反射，数据汇总见表 4.1。

表 4.1 耐力训练对静息状态下中枢神经系统的影响

研究者	对象	年龄的均值±标准差或范围/岁	对照组	训练时长/周	阶段的数量	训练特点	肌肉（肌肉群）	主要结果（休息时）
贝伦斯等[48]	10 女，12 男	对照组：23±2 训练组：24±2	有	8	2	以 70%～90%HR_{max} 骑行	比目鱼肌（跖屈肌群）	VA_{PNS}↔ 休息时的 H 反射↔ H 反射在以下阶段 MVC↔ V 波↔ RFD↔
奥利里等[23]	2 女，8 男	27 ±6	无	6	3	高强度间歇骑行训练（以Δ50% 骑行 6～8 组×5 分钟）	股外侧肌（伸膝肌群）	VA_{PNS}↔ VA_{TMS}↔ MEP/M_{max}↔
奥利里等[23]	2 女，8 男	27 ±4	无	6	3	中等强度的持续骑行训练（以 90% 乳酸阈值骑行 60～80 分钟）	股外侧肌（伸膝肌群）	VA_{PNS}↔ VA_{TMS}↔ MEP/M_{max}↔
佩罗等[49]	6 女，14 男	19～23	无	8	2	60%MAV 跑	比目鱼肌（跖屈肌群）	H_{max}/M_{max}↑ T 反射↑/↔
维拉查等[50]	18 男	26.1±3.9[a]	有	6	3	递增骑行，从以 50%～60%HRR 骑 20～30 分钟到以 65%～75%HRR 骑 40～50 分钟	股内侧肌，股外侧肌（伸膝肌群）	以 30%的速度释放 MU MVC↑ MU 传导速度↑

续表

研究者	对象	年龄的均值±标准差或范围/岁	对照组	训练时长/周	阶段的数量	训练特点	肌肉（肌肉组）	主要结果（休息时）
维拉查等[42]	2 女，11 男	24.0±2.6^{a}	无^{b}	3	3	递增骑行，从以 55%～65%HRR 骑 30～40 分钟到以 65%～75%HRR 骑 40～50 分钟	比目鱼肌（跖屈肌群）	H_{max}/M_{max} ↑ V 波↔ H 反射兴奋阈值↓

注：a 表示所有受试者，包括受过力量训练的组；b 表示本研究还包括一个力量训练组；↔表示无变化；↑表示增加；↓表示降低；Δ50% 表示乳酸阈值和最大摄氧量之间的中间值；HR_{max} 表示最大心率；HRR 表示心率储备；H_{max} 表示最大霍夫曼反射；MAP 表示最大有氧功率；MAV 表示最大有氧速度；MEP 表示运动诱发电位；M_{max} 表示最大 M 波；MVC 表示最大自主收缩；MU 表示运动单位；RFD 表示力量发展率；T 反射表示拉伸反射；VA_{PNS} 表示通过周围神经刺激评估的自主激活；VA_{TMS} 表示通过经颅磁刺激评估皮质自主激活。

与绝大多数力量训练不同，MVC 在大多数耐力训练干预下都没有发生变化[23,42,48,50, 52]。有一项研究发现 MVC 有所增加，但训练干预采取的是低强度向心和等长肌肉收缩，而不是传统的自行车或跑步训练[51]。神经适应最普遍的指标 VA（PNS 或 TMS），不会随着耐力或力量训练而改变，但这可能是由于天花板效应所致。事实上，在健康受试者中，下肢 VA 在训练前几乎达到了上限，因此几乎没有改进的空间。此外，VA 被认为是一种半定量的测量方法，可能不适宜对中枢激活的小幅度增长进行量化[53]。而且要考虑到，虽然训练使用的是动力性运动，但测试随意激活能力（通常是 MVC）仍然采取等长收缩。换句话说，耐力训练产生的适应没有增加可能表明了适应的高度特异性[54]。耐力训练和力量训练之间的差异之一是仅在力量训练后发生的下行性神经动员能力的增强，这也许可以部分解释训练对 MVC 的改善（即使短期训练仅产生了神经性适应[42]）。在力量训练后 V 波增加了 50%～80%[35,42]，而 V 波的变化也与 MVC 增益相关，但这一指标在耐力训练后没有变化[42,48]。

在脊髓方面，与横向研究一致[43]，最初的研究发现 H 反射经耐力训练后会增强[42,49]。例如，佩罗（Perot）等人[49]发现，经过 8 周耐力（跑步）训练，75%的受试者 H 反射和膝跳反射增强。这表明耐力训练可以提高运动神经元的兴奋性和骨骼肌肌梭对牵拉的反应。然而，耐力训练对 H 反射通路的影响受到了质疑[48]。贝伦斯（Behrens）等人[48]使用了更好的实验设计，设计了对照组。此外，研究者发现，对训练前后的 H_{max}/M_{max} 比值进行的配对 t 检验表现出了显著性差异，由此耐力训练被认为可以使校正的 H 反射增强。然而，如果使用适当的统计分析（协方差分析），结果并非如此。对于 H 反射没有出现显著性变化的另一种解释是，受试者每周仅进行 2 次骑行训练，而且与伸膝肌群相比，比目鱼肌在骑行时的激活程度相对较低[48]，而在横向研究中，受试者进行了多年的耐力训练。因此，有可能：

(1) 诱导 H 反射的改变需要长时间有规律的有氧运动;(2) 跑步训练对脊髓反射反应的影响比骑行训练要大[48]。

据我们所知,只有四项研究使用了经颅磁刺激来检查耐力训练对中枢神经系统功能的影响[23,48,51,52]。虽然这些研究发现,参与不同类型的耐力训练 6~8 周后(跑步或骑行、持续训练或间歇训练、局部肌肉耐力训练等),运动员的耐力运动表现明显提高,但都没有发现训练后静息状态下 VA、MEP 或 SP 的显著变化。抗阻训练对皮质脊髓兴奋性的影响尚不清楚,不同研究显示 MEP 反应减小或没有变化[36,55]或增强[56–58]。

研究表明,6 周的力量或耐力训练都可以增加骨骼肌在 30%MVC 收缩时的肌纤维传导速度,但运动单位的放电频率却呈现相反的变化。事实上,运动单位的放电频率在抗阻训练后增加,而在耐力训练后出现下降[50]。值得注意的是,测试放电频率是在 30%MVC 而非 100%MVC 的情况下进行的。短期耐力训练不能影响肌肉在开始收缩时的最大力量输出速率和肌肉激活程度[48]。然而,在力量训练之外进行的耐力训练可能会限制爆发力的发展[59],下文会详细阐述。

4.3.3 训练干预:疲劳性运动对中枢神经系统的影响

耐力训练可以提高运动表现,但力竭时间(或其他表现参数)并不能提供关于神经或肌肉对提高抗疲劳能力的信息。卡法雷利(Cafarelli)等人[60]首次进行了关于耐力训练对神经适应性影响的纵向研究,结果表明,与训练前相比较,在耐力训练后进行 20 分钟骑行运动时,由于肌肉疲劳程度减弱,额外激活的运动单位数目减少,骑行运动中肌肉整体电活动与肌肉疲劳之间的相关性一致[61]。运动单位募集得越少,力量感越低。除了这项研究,在 2015—2017 年只有三项关于长时间耐力训练后神经肌肉疲劳变化的研究。表 4.1 总结了这三项研究的受试者特点和训练方案。对于导致疲劳的运动方案描述如下:贝伦斯等人[48]让受试者在 Cybex 功率仪上,以相当于 40%MVC 的等长收缩力量、每分钟 35 次的收缩频率进行等张跖屈运动,该研究仅比较了在与训练前至力竭的时间相等时段的疲劳程度,而没有测试骑行运动成绩。在扎加尔(Zghal)等人[51]的研究中,受试者被要求维持低强度的等长收缩(15%MVC)至力竭。在训练后的测试中,一次测试要求受试者运动到力竭,另一次测试要求受试者的运动时长与训练前至力竭的时长相等。奥利里(O'Leary)等人[23]的研究更有趣,他们将训练后的适应进行了量化,测试中使用了绝对运动强度(基于训练前的最大摄氧量)和相对运动强度(基于训练后的最大摄氧量)。重要的是,只有奥利里等人[23]的疲劳研究使用了与训练任务相同的运动模式。我们将训练效果的评估分为两部分:

(1) 固定负荷量运动。令人意外的是,贝伦斯等人[48]的研究表明,尽管耐力训练组在运动疲劳后,一些神经肌肉参数有改善的趋势(如等长 MVC、标准化的 V 波和峰值收缩力矩),但都没有达到统计学意义。然而,通过配对 t 检验比较训练前后运动疲劳所致等长 MVC 的变化,我们可以发现受试者抗疲劳能力显著提高。另外两项研究则发现受试者疲劳指标显著降低。扎加尔[51]和奥利里[23]的研究均表明耐力训练可以延迟中枢疲劳。他们认为运动使骨骼肌氧化代谢能力改善，导致抑制性传入冲动反馈减少，即外周疲劳程度较低。重要的是，正如我们近年来发现的，耐力训练对 VO_2 动力学快速部分的影响也可以削弱外周疲劳[62]。除了训练后肌肉疲劳减轻，肌肉传入神经纤维使身体训练的敏感性降低（即提高它们的阈值），这样可以减少或延迟训练后的中枢疲劳。然而，目前还没有直接证据支持这一假设[51]。这两项研究均未发现训练后皮质脊髓通路的兴奋性或抑制性方面的适应，但扎加尔等人发现，训练后在同等时段的测试中，越疲劳静息期越长的现象消失了（SP 在参考文献[23]的研究中没有测试）。也有报道称，经过 6 周耐力训练后，受试者在 30% MVC 下运动至疲劳，其运动单位传导速率的下降程度减小了[63]。

（2）力竭性运动。在奥利里[23]和扎加尔[51]的研究中，受试者训练后外周疲劳更明显。有趣的是，在奥利里等人[23]的研究中，力竭时更明显的外周疲劳仅出现在高强度间歇训练后，而并不出现在低强度持续训练后。关于神经系统，有两个方面的适应性可以解释训练后力竭时外周疲劳加重的现象：①受试者Ⅲ–Ⅳ型传入神经纤维兴奋阈值上调[51]，因而能承受更剧烈的运动导致的代谢紊乱，从而能忍受更大的外周疲劳积累；②感觉运动系统对有害抑制信号的耐受性加强，即中枢神经系统对疼痛（如对酸中毒）有更好的耐受性。在这方面，本章作者之一米利特提出了“冲马桶模型（flush）”，用来描述耐力和超耐力项目中的运动表现调节[28]。感觉运动系统的耐受性提高意味着大脑安全储备水平下降，而这些会受到受试者对外周疲劳可接受程度的影响。

与外周疲劳相反，在力竭性运动中，受试者训练后中枢疲劳会下降[23]或者保持不变[51]。事实上，奥利里等人[23]的研究表明，运动引起的通过周围神经刺激评估的自主激活（VA_{PNS}）能力降低的现象在 6 周高强度间歇训练后显著减少了。尽管这些研究者发现，在绝对运动负荷下的间歇或持续训练会使至力竭的时间增加，但他们并未观察到皮质脊髓兴奋性、抑制性或脊髓上自主激活在这两种训练后有任何变化。除了Ⅲ–Ⅳ型传入神经纤维兴奋阈值上调外，奥利里等人[23]推测在一些中枢机制中也会产生适应（5–羟色胺的调控改善[64]、中枢摄取胺降低[65]、大脑供氧改善[66]，以及脊髓兴奋性增强[42]）。奥利里等人[23]的研究局限性在于，受试者在做运动后测试时，需要从自行车测功仪转移到测力椅上，这造成测试神经肌肉功能时有一定的时间延迟，可能使皮质脊髓通路反应的幅度降低[11]（详见“评估神经适应的方法”中关于方法的考虑）。

总体来说，耐力训练导致的中枢疲劳在过去的 15 年里得到了广泛的研究，中枢疲劳在神经肌肉疲劳中占有非常重要的地位，尤其是在长时间的跑步运动中，尽管现今的评估方法尚未使我们完全了解疲劳的发生原因。关于耐力训练引起的神经反应方面的研究非常少。目前只有一项研究是关于高度专项化耐力训练对疲劳的影响。与力量训练和爆发力训练相比，大多数耐力训练导致的神经变化具有高度特异性。然而，关于非疲劳状态下的脊髓兴奋性（H 反射）和皮质兴奋性/抑制（TMS 参数）方面的文献能提供的信息不多。训练后，在给定的绝对负荷下，中枢疲劳程度减轻，这可能与外周疲劳下降导致抑制传入反馈减少有关。当然，Ⅲ–Ⅳ型传入神经纤维兴奋阈值上调也可能发挥作用。尽管在运动至力竭后，皮质脊髓兴奋性、抑制性或脊髓上自主激活无明显改变，但外周疲劳（特别是包括有间歇模式的训练）会更明显，而中枢疲劳在使用传统神经刺激技术测量时会减轻。这些训练适应可能有助于耐力/超耐力运动表现，特别是在运动时间越长，中枢疲劳程度越深的情况下。为了更好地理解中枢神经系统如何适应长时间低强度训练，我们还需要进一步的纵向研究，特别是用最先进的技术来测试训练后神经肌肉功能的变化。

参考文献

[1] Belanger A Y, McComas A J. Extent of motor unit activation during effort. J Appl Physiol Respir Environ Exerc Physiol. 1981; 51: 1131–1135.

[2] Millet G Y, Martin V, Martin A, Verges S. Electrical stimulation for testing neuromuscular function: from sport to pathology. Eur J Appl Physiol. 2011; 111: 2489–2500.

[3] Todd G, Taylor J L, Gandevia S C. Measurement of voluntary activation of fresh and fatigued human muscles using transcranial magnetic stimulation. J Physiol. 2003; 551: 661–671.

[4] McNeil C J, Butler J E, Taylor J L, Gandevia S C. Testing the excitability of human motoneurons. Front Hum Neurosci. 2013; 7: 152.

[5] Taylor J L, Gandevia S C. Noninvasive stimulation of the human corticospinal tract. J Appl Physiol (1985). 2004; 96: 1496–1503.

[6] Taylor J L, Gandevia S C. Transcranial magnetic stimulation and human muscle fatigue. Muscle Nerve. 2001; 24: 18–29.

[7] Yacyshyn A F, Woo E J, Price M C, McNeil C J. Motoneuron responsiveness to corticospinaltract stimulation during the silent period induced by transcranial magnetic stimulation. Exp Brain Res. 2016; 234: 3457–3463.

[8] Temesi J, Rupp T, Martin V, Arnal P J, Feasson L, Verges S, Millet G Y. Central fatigueassessed by transcranial magnetic stimulation in ultratrail running. Med Sci Sports Exerc. 2014; 46: 1166–1175.

[9] Doyle-Baker D, Temesi J, Medysky M E, Holash R J, Millet G Y. An innovative ergometer to measure neuromuscular fatigue immediately after cycling. Med Sci Sports Exerc. 2018; 50 (2): 375–387.

[10] Froyd C, Millet G Y, Noakes T D. The development of peripheral fatigue and short-term recovery during self-paced high-intensity exercise. J Physiol. 2013; 591: 1339–1346.

[11] Mira J, Lapole T, Souron R, Messonnier L, Millet G Y, Rupp T. Cortical voluntary activationtesting methodology impacts central fatigue. Eur J Appl Physiol. 2017; 117 (9): 1845–1857.

[12] Taylor J L, Allen G M, Butler J E, Gandevia S C. Supraspinal fatigue during intermittent maximal voluntary contractions of the human elbow flexors. J Appl Physiol. 2000; 89: 305–313.

[13] Millet G Y, Martin V, Lattier G, Ballay Y. Mechanisms contributing to knee extensor strength loss after prolonged running exercise. J Appl Physiol. 2003; 94: 193–198.

[14] Jubeau M, Rupp T, Perrey S, Temesi J, Wuyam B, Levy P, Verges S, Millet G Y. Changes involuntary activation assessed by transcranial magnetic stimulation during prolonged cyclingexercise. PLoS One. 2014; 9: e89157.

[15] Sidhu S K, Bentley D J, Carroll T J. Locomotor exercise induces long-lasting impairments in the capacity of the human motor cortex to voluntarily activate knee extensor muscles. J Appl Physiol. 2009; 106: 556–565.

[16] Klass M, Roelands B, Levenez M, Fontenelle V, Pattyn N, Meeusen R, Duchateau J. Effects of noradrenaline and dopamine on supraspinal fatigue in well-trained men. Med Sci Sports Exerc. 2012; 44: 2299–2308.

[17] Lepers R, Maffuletti N A, Rochette L, Brugniaux J, Millet G Y. Neuromuscular fatigue during a

long-duration cycling exercise. J Appl Physiol. 2002; 92: 1487–1493.

[18] Martin V, Kerhervé H, Messonnier L A, Banf J C, Geyssant A, Bonnefoy R, Féasson L, Millet G Y. Central and peripheral contributions to neuromuscular fatigue induced by a 24-h treadmill run. J Appl Physiol. 2010; 108: 1224–1233.

[19] Millet G Y, Tomazin K, Verges S, Vincent C, Bonnefoy R, Boisson R C, Gergele L, Feasson L, Martin V. Neuromuscular consequences of an extreme mountain ultra-marathon. PLoS One. 2011; 6: e17059.

[20] Place N, Lepers R, Deley G, Millet G Y. Time course of neuromuscular alterations during a prolonged running exercise. Med Sci Sports Exerc. 2004; 36: 1347–1356.

[21] Temesi J, Arnal P J, Rupp T, Feasson L, Cartier R, Gergele L, Verges S, Martin V, Millet G Y. Are females more resistant to extreme neuromuscular fatigue? Med Sci Sports Exerc. 2015; 47: 1372–1382.

[22] Sidhu S K, Cresswell A G, Carroll T J. Motor cortex excitability does not increase during sustained cycling exercise to volitional exhaustion. J Appl Physiol (1985). 2012; 113: 401–409.

[23] O'Leary T J, Collett J, Howells K, Morris M G. Endurance capacity and neuromuscular fatigue following high- vs moderate-intensity endurance training: a randomized trial. Scand J Med Sci Sports. 2017; 27 (12): 1648–1661.

[24] Racinais S, Girard O, Micallef J P, Perrey S. Failed excitability of spinal motoneurons induced by prolonged running exercise. J Neurophysiol. 2007; 97: 596–603.

[25] Sidhu S K, Weavil J C, Mangum T S, Jessop J E, Richardson R S, Morgan D E, Amann M. Group Ⅲ/Ⅳ locomotor muscle afferents alter motor cortical and corticospinal excitability and promote central fatigue during cycling exercise. Clin Neurophysiol. 2017; 128: 44–55.

[26] Weavil J C, Sidhu S K, Mangum T S, Richardson R S, Amann M. Fatigue diminishes motoneuronal excitability during cycling exercise. J Neurophysiol. 2016; 116: 1743–1751.

[27] Goodall S, Gonzalez-Alonso J, Ali L, Ross E Z, Romer L M. Supraspinal fatigue after normoxic and hypoxic exercise in humans. J Physiol. 2012; 590: 2767–2782.

[28] Millet G Y. Can neuromuscular fatigue explain running strategies and performance in ultramarathons?: the flush model. Sports Med. 2011; 41: 489–506.

[29] Millet G Y, Lepers R. Alterations of neuromuscular function after prolonged running, cycling and skiing exercises. Sports Med. 2004; 34: 105–116.

[30] Millet G Y, Martin V, Maffuletti N A, Martin A. Neuromuscular fatigue after a ski skating marathon. Can J Appl Physiol. 2003; 28: 434–445.

[31] Millet G Y, Lepers R, Maffuletti N A, Babault N, Martin V, Lattier G. Alterations of neuromuscular function after an ultramarathon. J Appl Physiol. 2002; 92: 486–492.

[32] Avela J, Kyrolainen H, Komi P. Altered reflex sensitivity after repeated and prolonged passive muscle stretching. J Appl Physiol. 1999; 86: 1283–1291.

[33] Coffey V G, Hawley J A. The molecular bases of training adaptation. Sports Med. 2007; 37: 737–763.

[34] Egan B, Zierath J R. Exercise metabolism and the molecular regulation of skeletal muscle adaptation. Cell Metab. 2013; 17: 162–184.

[35] Aagaard P, Simonsen E B, Andersen J L, Magnusson P, Dyhre-Poulsen P. Neural adaptation to resistance training: changes in evoked V-wave and H-reflex responses. J Appl Physiol (1985). 2002; 92: 2309–2318.

[36] Carroll T J, Riek S, Carson R G. The sites of neural adaptation induced by resistance training in humans. J Physiol. 2002; 544: 641–652.

[37] Van Cutsem M, Duchateau J, Hainaut K. Changes in single motor unit behaviour contribute to the in crease

in contraction speed after dynamic training in humans. J Physiol. 1998; 513 (Pt1): 295–305.
[38] Lattier G, Millet G Y, Maffuletti N A, Babault N, Lepers R. Neuromuscular differences between endurance-trained, powertrained, and sedentary subjects. J Strength Cond Res. 2003; 17: 514–521.
[39] Garrandes F, Colson S S, Pensini M, Seynnes O, Legros P. Neuromuscular fatigue profle in endurance-trained and power-trained athletes. Med Sci Sports Exerc. 2007; 39: 149–158.
[40] Cohen R, Mitchell C, Dotan R, Gabriel D, Klentrou P, Falk B. Do neuromuscular adaptations occur in endurance-trained boys and men? Appl Physiol Nutr Metab. 2010; 35: 471–479.
[41] Häkkinen K, Keskinen K L. Muscle cross-sectional area and voluntary force production characteristics in elite strength- and endurance-trained athletes and sprinters. Eur J Appl Physiol Occup Physiol. 1989; 59: 215–220.
[42] Vila-Cha C, Falla D, Correia M V, Farina D. Changes in H reflex and V wave following shortterm endurance and strength training. J Appl Physiol (1985). 2012; 112: 54–63.
[43] Maffuletti N A, Martin A, Babault N, Pensini M, Lucas B, Schieppati M. Electrical and mechanical H (max)-to-M (max) ratio in power- and endurance-trained athletes. J Appl Physiol (1985). 2001; 90: 3–9.
[44] Koceja D M, Davison E, Robertson C T. Neuromuscular characteristics of endurance- and power-trained athletes. Res Q Exerc Sport. 2004; 75: 23–30.
[45] Earles D R, Dierking J T, Robertson C T, Koceja D M. Pre- and post-synaptic control of motoneuron excitability in athletes. Med Sci Sports Exerc. 2002; 34: 1766–1772.
[46] Kumpulainen S, Avela J, Gruber M, Bergmann J, Voigt M, Linnamo V, Mrachacz-Kersting N. Differential modulation of motor cortex plasticity in skill- and endurance-trained athletes. Eur J Appl Physiol. 2015; 115: 1107–1115.
[47] Kyrolainen H, Komi P V. Stretch reflex responses following mechanical stimulation in power-and endurance-trained athletes. Int J Sports Med. 1994; 15: 290–294.
[48] Behrens M, Weippert M, Wassermann F, Bader R, Bruhn S, Mau-Moeller A. Neuromuscular function and fatigue resistance of the plantar flexors following short-term cycling endurance training. Front Physiol. 2015; 6: 145.
[49] Perot C, Goubel F, Mora I. Quantifcation of T- and H-responses before and after a period of endurance training. Eur J Appl Physiol Occup Physiol. 1991; 63: 368–375.
[50] Vila-Cha C, Falla D, Farina D. Motor unit behavior during submaximal contractions following six weeks of either endurance or strength training. J Appl Physiol (1985). 2010; 109: 1455–1466.
[51] Zghal F, Cottin F, Kenoun I, Rebai H, Moalla W, Dogui M, Tabka Z, Martin V. Improved tolerance of peripheral fatigue by the central nervous system after endurance training. Eur J Appl Physiol. 2015; 115: 1401–1415.
[52] Zghal F, Martin V, Thorkani A, Arnal P J, Tabka Z, Cottin F. Effects of endurance training on the maximal voluntary activation level of the knee extensor muscles. Eur J Appl Physiol. 2014; 114: 683–693.
[53] de Haan A, Gerrits K H, de Ruiter C J. Counterpoint: the interpolated twitch does not provide a valid measure of the voluntary activation of muscle. J Appl Physiol (1985). 2009; 107: 355–357; discussion 357–358.
[54] Shield A, Zhou S. Assessing voluntary muscle activation with the twitch interpolation technique. Sports Med. 2004; 34: 253–267.
[55] Jensen J L, Marstrand P C, Nielsen J B. Motor skill training and strength training are associated with different plastic changes in the central nervous system. J Appl Physiol (1985). 2005; 99: 1558–1568.

[56] Goodwill A M, Pearce A J, Kidgell D J. Corticomotor plasticity following unilateral strength training. Muscle Nerve. 2012; 46: 384–393.

[57] Griffn L, Cafarelli E. Transcranial magnetic stimulation during resistance training of the tibialis anterior muscle. J Electromyogr Kinesiol. 2007; 17: 446–452.

[58] Weier A T, Pearce A J, Kidgell D J. Strength training reduces intracortical inhibition. Acta Physiol (Oxf). 2012; 206: 109–119.

[59] Häkkinen K, Alen M, Kraemer W J. Neuromuscular adaptations during concurrent strength and endurance versus strength training. Eur J Appl Physiol. 2003; 89: 42–52.

[60] Cafarelli E, Liebesman J, Kroon J. Effect of endurance training on muscle activation and force sensation. Can J Physiol Pharmacol. 1995; 73: 1765–1773.

[61] Decorte N, Lafaix P A, Millet G Y, Wuyam B, Verges S. Central and peripheral fatigue kinetics during exhaustive constant-load cycling. Scand J Med Sci Sports. 2012; 22: 381–391.

[62] Temesi J, Mattioni Maturana F, Peyrard A, Piucco T, Murias J M, Millet G Y. The relationship between oxygen uptake kinetics and neuromuscular fatigue in high-intensity cycling exercise. Eur J Appl Physiol. 2017; 117: 969–978.

[63] Vila-Cha C, Falla D, Correia M V, Farina D. Adjustments in motor unit properties during fatiguing contractions after training. Med Sci Sports Exerc. 2012; 44: 616–624.

[64] Jakeman P M, Hawthorne J E, Maxwell S R, Kendall M J, Holder G. Evidence for downregulation of hypothalamic 5-hydroxytryptamine receptor function in endurance-trained athletes. Exp Physiol. 1994; 79: 461–464.

[65] Nybo L, Dalsgaard M K, Steensberg A, Moller K, Secher N H. Cerebral ammonia uptake and accumulation during prolonged exercise in humans. J Physiol. 2005; 563: 285–290.

[66] Rooks C R, Thom N J, McCully K K, Dishman R K. Effects of incremental exercise on cerebral oxygenation measured by near-infrared spectroscopy: a systematic review. Prog Neurobiol. 2010; 92: 134–150.

5　力量训练的生理学和分子生物学适应

朱哈·P.阿蒂亚宁（Juha P. Ahtiainen）

抗阻训练（RT）可从功能上定义为骨骼肌进行的渐进式超负荷运动，其特点是肌肉收缩力量大和 ATP 无氧再合成。长期抗阻训练可以引起一系列的生理学适应，有助于改善肌肉功能。具体来说，抗阻训练刺激有适应性的收缩机制，通过增加肌肉激活和肌纤维肥大，来增加最大肌肉收缩力量[1]。因为骨骼肌在身体活动及全身的代谢调控方面起着重要的作用，所以抗阻训练对于专业运动员来说，可以提高专项运动表现。而对于普通人群来说，抗阻训练可以促进健康，增加瘦体重，提高体质水平，以及阻止在病理状态下骨骼肌质量降低和力量丢失[2,3]。

骨骼肌对抗阻训练的反应有非常大的可塑性。骨骼肌对抗阻训练在机械和代谢方面需求的适应，可以减轻后续运动对细胞造成的压力[4]。抗阻训练产生的主要形态学适应是受过训练的骨骼肌的横截面积（CSA）显著增加。然而，抗阻训练方案的设计（如训练量、训练强度和频率、所使用肌肉的动作模式、递增负荷、周期性、抗阻训练刺激的种类，以及抗阻训练与其他健身训练的结合）会影响长期训练产生的生理学适应[5]。其他因素，如遗传、性别、生物学年龄、训练史、健康状况和可能的药物治疗、饮食和营养补剂、个人生活方式和习惯性的运动或者不运动、其他生理和心理压力（如工作）、精神应激，以及环境因素等都可以影响长期抗阻训练产生的结果[4,6]。

5.1　肌肉大小的变化

骨骼肌肥大是抗阻训练反应中最显著的适应性变化。受试者在开始常规训练几周后就会出现骨骼肌肥大，并且在最初几个月内呈线性增加[1]。通常对于未经训练的受试者，经过几个月的抗阻训练之后，其股四头肌会增大 6%～9%[7]，但是，想要达到个体肌肉的最大值可能还需要几年的系统抗阻训练。

研究发现，与下肢肌肉相比，上半身肌肉通常会出现更大的肥大，这可能是由于腿部肌肉本身的活动性大而降低了运动刺激对下肢肌肉进一步的潜在影响[1]。年龄和性别对抗阻训练早期诱导的肌肉肥大可能没有很大的影响[1,8,9]。然而，与年轻的成年男性相比，女性和老年人经过多年系统性抗阻训练后，其肌肉肥大只能保持在中度水平。抗阻训练诱导的肌肉肥大仅出现在所受训练的肌肉中，具体取决于抗阻训练方案的设计。对于初次训练的受试者，无论何种训练方案，其在训练的前几个月就会出现肌肉肥大[10]。然而，为了在长期抗阻训练中使肌肉肥大实现最大化，训练计划应主要包括每次训练多组、每组重复 6～12 次、每组之间休息时间相对较短。此外，在分散的训练日程的背景下，每组肌肉应进行几种不同类型的训练[5,11,12]。

5.2 肌纤维大小的变化和纤维类型的转变

抗阻训练引起的骨骼肌肥大是通过增加单个肌纤维的蛋白质含量而发生的。骨骼肌细胞质大部分都是肌原纤维，其中肌球蛋白和肌动蛋白是含量最多的蛋白质。因此，抗阻训练诱导的纤维肥大主要是新的收缩性肌丝的合成增加，同时伴随着纤维体积的膨大[13−15]。肌纤维肥大的机制可能是横截面积增大和肌原纤维增殖，由此平行排列的收缩蛋白增加，进而增加了收缩力量。这些增加在抗阻训练后的Ⅱ型肌纤维中表现得尤为明显[1]。

人在出生后肌纤维具有明显的表型特征，因此肌纤维类型的分布是由遗传决定的。根据不同类型肌球蛋白重链（MHC）的比例，肌纤维可分为Ⅰ型肌纤维（慢缩）、Ⅱa 型肌纤维和Ⅱx 型肌纤维（快缩）。虽然肌纤维类型的分布是由遗传决定的，但其可能会在整个生命周期中因受各种生理刺激（训练）而重塑[16]。许多研究表明，长时间的抗阻训练会促进肌纤维从糖酵解型（Ⅱx 型肌纤维）向氧化型（Ⅱa 型肌纤维）转化，而Ⅰ型肌纤维的比例基本保持不变[17]。在肌纤维类型转化过程中，MHC 异构体的表达和线粒体密度、氧化磷酸化活性、血管系统和抗疲劳能力也随之发生改变。将肌纤维从糖酵解型“转化”为氧化型的能力，对于支持运动中骨骼肌收缩活动的能量供应至关重要[18]。

5.3 肌肉结构的变化

肌肉结构是指肌纤维和肌肉内与产生力量相关的结缔组织在宏观水平的排列。肌肉结构可以影响力量-速度关系，是决定肌肉力学功能的重要因素[19]，主要由纤维长度和肌束-腱膜夹角来决定。肌束由成束的肌纤维组成，它们与肌腱或腱膜连接并形成一定的角度，组成肌束-腱膜夹角，这个夹角可以通过超声技术进行确定。肌肉的生理横截面积与所产生的力量有关，在很大程度上也由肌束-腱膜夹角决定。另外，肌肉收缩速度与肌纤维长度成正比[20]。

多项研究表明，抗阻训练导致与收缩功能有关的肌肉结构重构，表现为一定程度上肥大肌肉的肌束-腱膜夹角的增大[21]。受训练的骨骼肌的结构改变会影响收缩肌肉和肌腱、骨骼之间力的传递方式。抗阻训练诱导肌束-腱膜夹角增大，收缩蛋白含量增加，骨骼肌生理横截面进一步增大，从而使肌肉产生的力量增加。从数学角度分析，肌束-腱膜夹角过度增大对肌肉产生力量会有负面影响，因为肌纤维走向与肌力向肌腱传递的轴向不利于肌束-腱膜夹角增大。因此，当肌束-腱膜夹角因肌肉过度肥大而增大时，每单位生理横截面产生的力量可能会减弱[20]。另外，在不改变骨骼肌结构的情况下增加肌纤维的大小，如肌纤维排列更加紧密或者侧向的力量传递增加等，可以解释骨骼肌特异性的张力（每单位生理横截面积的纤维所产生的力）增加。这也许可以部分解释为什么抗阻训练早期在肌肉横截面积没有明显增加的情况下力量可以增加[22,23]。

5.4 卫星细胞和肌核的增加

卫星细胞是静止的肌源性前体细胞，位于肌肉基底膜下，肌纤维膜外，对骨骼肌的再生起作用。卫星细胞在骨骼肌再生中的作用已有充分研究。一旦出现创伤需要骨骼肌再生时，卫星细胞就会被激活，卫星细胞可以增殖或者与已存在的肌纤维融合形成新的肌组织[24]。

此外，肌肉收缩活动增加也可以诱导卫星细胞活化和增殖，随后与现有的肌纤维融合，导致纤维合胞体中增加了一个肌核，从而使肌核总数增加。肌核的数量是决定蛋白质合成能力的关键因素，因为肌核提供维持基因转录所需的 DNA 数量[23]。卫星细胞围绕在肌核区域，有助于肌肉肥大，即每一个肌核可支持一定数量的细胞质[24,26]。肌纤维由许多肌核区域组成，肌核区域的大小几乎是恒定的。卫星细胞为新的肌核提供了一个来源，其增生速度使肌核和细胞质维持一定的比例，以适应长期抗阻训练产生的骨骼肌肥大。几项研究表明，长期抗阻训练导致人体肌纤维肥大并伴随卫星细胞肌核增生[25]。

然而，如果没有新的肌核的增加，骨骼肌也可以出现适度肥大。因此，现有的肌核在某种程度上也具有增加其 RNA 和蛋白质合成的能力，并不需要额外的肌核来支持初期肌纤维的生长[2,27]。然而，肌核区域可能存在一个最大限制，一旦超过这个限制，肌纤维将不能继续肥大，除非有更多的肌核插入正在生长的肌纤维[24]。此外，卫星细胞还需要偶尔与肌纤维融合，以维持成熟肌细胞的质量。目前尚不清楚其他具有肌源性潜能的循环干细胞群是否与卫星细胞一起在抗阻训练诱导的骨骼肌肥大中也被激活[25]。

研究者认为卫星细胞的激活及肌核的增加，对抗阻训练中的“肌肉记忆”现象起着至关重要的作用，这种现象可能在人体中持续很久。根据现有理论，未经训练的肌纤维可以从活化的卫星细胞中获得肌核来支持骨骼肌肥大。停训会导致肌肉萎缩，而肌核不受细胞凋亡的影响会保留下来。当再次训练时，骨骼肌肥大的速度比原先抗阻训练产生的肥大效应快。然而，在人体中还缺乏足够的证据来证实这一理论[28]。

5.5　结缔组织对抗阻训练的适应性

肌腱和韧带是富含胶原蛋白的结缔组织，这些结缔组织围绕着骨骼肌或者存在于肌肉内。肌腱的主要作用是将力量传递到骨骼并产生弹性势能。而韧带可以固定关节，防止关节出现过度移动而受到损伤。肌肉内的结缔组织可以增加被动性刚度，并在肌纤维之间传导力。结缔组织的适应仅出现在承受负荷的结构中[29,30]。

通过抗阻训练，骨骼肌变得更加强壮，肌内结缔组织如肌腱和韧带，也通过增加横截面积而适应肌肉力量的增加[31,32]。与骨骼肌细胞本身的收缩蛋白相比，肌肉骨骼系统的结缔组织更新速度稍微慢一些。因此，抗阻训练导致的肌腱肥大速率较骨骼肌要慢一些[33,34]。然而，肌腱刚度的增加可以发生在肌腱肥大之前，这可能是由于肌腱内部结构产生了适应性，例如胶原分子间交联成分发生调整，从而改善了肌腱的力学性能[35,36]。肌腱刚度的增加可以提高拉伸缩–短循环中弹性能量的利用率，加快爆发性（快速）动作中的力量输出速率[33,37]。

机械负荷产生的持续性应变可使骨的质量、密度和结构出现改变。骨细胞通过多种受力感应机制参与骨基质的更新。当峰值应变足够大时，骨会对外部负荷刺激产生适应。相对较大负荷和速率的运动，是改善骨密度最有效的干预措施。研究显示，长期的有足够强度和负荷量的抗阻训练可以增加骨密度[38–41]。

5.6　抗阻训练产生的代谢适应

高抗阻运动（即数组次最大负荷、组间休息时间较短的运动）可导致 ATP、CP、糖原储量急剧下降，而血乳酸浓度显著升高，这说明无氧糖酵解速率较高。因此，糖原储存减少可能部分诱发运动后的肌肉疲劳[42–44]。

根据不同的运动负荷方案及饮食中碳水化合物含量，骨骼肌肌原纤维排列紊乱和糖原储备可在运动后几天内得到恢复[45–48]。通过长期抗阻训练，无氧酶活性（磷酸肌酸激酶、肌激酶和磷酸果糖激酶）增加，肌内 CP 和糖原含量也增加[49,50]。长期抗阻训练还可能增加骨骼肌的氧化能力[51,52]。这些适应性变化可能会改善能量代谢，特别是在长期抗阻训练中骨骼肌的糖酵解能力[2]。

葡萄糖的利用主要发生在骨骼肌，几乎占了由胰岛素介导的餐后糖摄取的 80%。在一次性抗阻运动中，负重肌肉的葡萄糖摄取显著增加[51,53]。研究表明，当长期抗阻训练强度超过 50%1RM 时，训练可以明显改善胰岛素敏感性，而且适应性反应主要出现在负重骨骼肌局部[54,55]。抗阻训练诱导胰岛素敏感性改善的主要机制之一就是增加了肌细胞内葡萄糖转运蛋白 4 的生成，而此转运体可以促进循环葡萄糖进入骨骼肌细胞[56,57]。抗阻训练后，毛细血管增生很可能会与肌纤维肥大同步进行，因此肥大肌肉的毛细血管密度可以保持不变[58]，线粒体含量可以保持不变或减少[59]。长期抗阻训练可能维持或者改善血压[60–62]和血脂水平，低密度脂蛋白胆固醇也会出现下降[63–65]。在心脏形态学改变方面，参与抗阻训练的运动员可能保持其心室内径不变，而左心室壁明显增厚，这被称为向心性肥大，但研究结果并不完全一致[66–69]。一般来说，长期抗阻训练有利于改善身体成分，如减少体脂含量而增加瘦体重，从而提高静息代谢率[70–72]。

5.7　抗阻训练的分子生物学适应

骨骼肌对于收缩活动产生的反应和适应性有较强的可塑性。一次性抗阻运动产生的生理应激会破坏细胞的内稳态，而细胞可调整其功能以应对生理应激，从而使机体在运动中或运动后及时恢复内稳态。长期抗阻训练使内稳态反复遭到破坏又充分得到恢复，逐渐使骨骼肌结构和功能产生适应（渐进超负荷原则）[73,74]。

从分子角度来看，抗阻训练的适应性主要是因为特定蛋白质合成增加，从而使细胞特点改变。骨骼肌的重塑始于负荷—特异性的刺激，这些刺激会影响一系列细胞内信号传导通路的激活。这些信号介导酶活性、基因表达和蛋白质生物合成，最终调节肌肉蛋白组（图 5.1）。因此，抗阻训练导致功能改变，如增加肌肉质量、改善代谢、与特异性分子反应相耦合[2,75]。虽然调控骨骼肌对抗阻训练适应的分子网络是巨大的，并受到许多因素的影响，但本章只是简要回顾一些对人体抗阻训练适应起关键作用的机制。

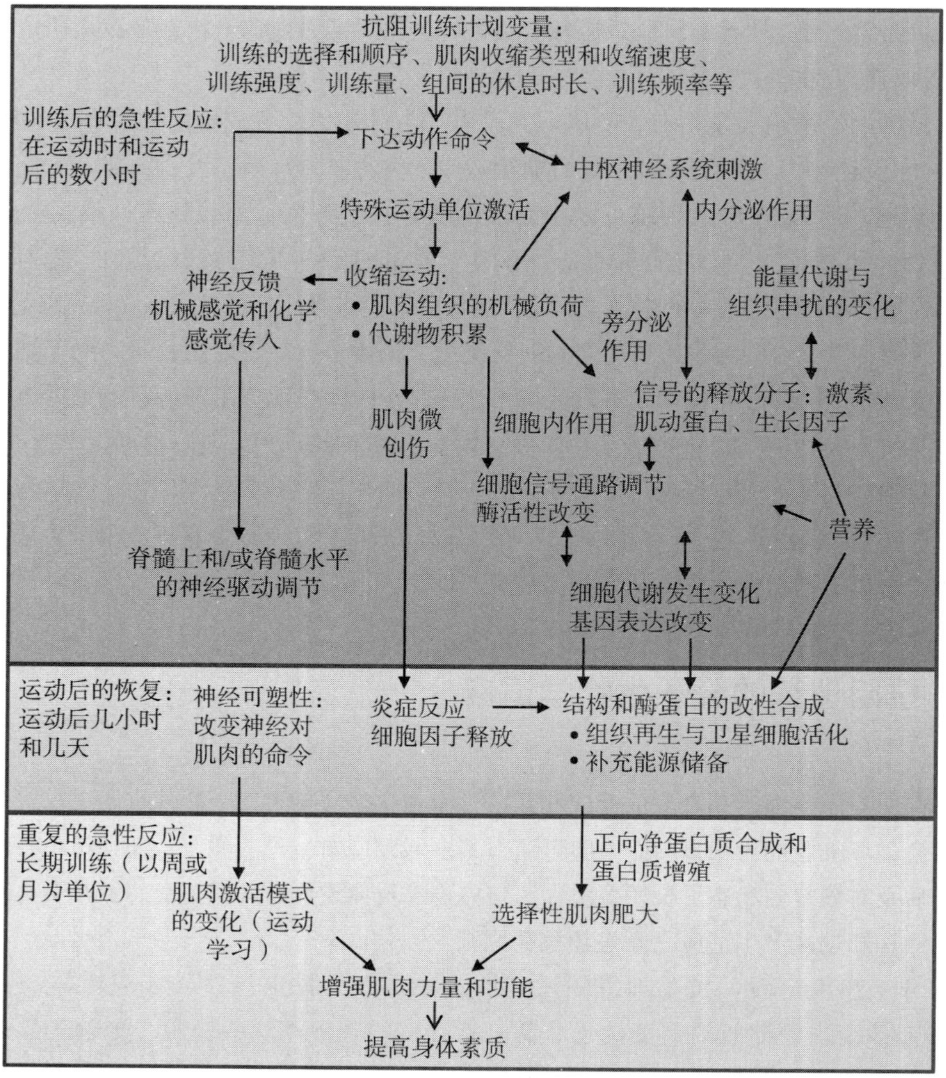

图 5.1　抗阻运动生理刺激的示意图

根据程序变化，抗阻运动会产生收缩肌肉内的机械刺激和代谢刺激，同时信号分子完全或部分释放，从而导致信号通路网络激活、细胞酶活性改变。这些抗阻运动刺激，连同营养物质，在运动后诱导蛋白质合成和组织再生。通过慢性抗阻训练，正向净蛋白质合成会导致肌肉肥大。

5.8　肌肉抗阻训练适应的刺激

5.8.1　机械刺激

机械拉伸刺激是抗阻训练的一个重要应力源。所有形式的肌肉活动，无论是离心运动还是向心运动，都会通过活动的肌肉产生张力。与抗阻训练相关的张力会破坏骨骼肌的完整性，产生机械化学转导的分子和细胞反应（机械转导），有利于肌纤维和卫星细胞的合成代谢。机械应力可以诱导细胞内的反应，且独立于生长因子之外[76–79]。

抗阻运动过程中的高强度收缩引起的机械应力可通过多种机制被感受到。机械应力可以诱导细胞外基质释放生长因子，如胰岛素样生长因子（IGF–1）和肝细胞生长因子（HGF）。HGF 可以与卫星细胞相互作用，激活信号转导，使卫星细胞增殖[80–82]。肌肉收缩会暂时破坏肌膜（肌细胞周围的脂质双分子层）的完整性，从而增加膜磷脂（PA）的浓度，导致使肌细胞肥大的信号通路激活[83–85]。肌节产生的机械应力通过肋节传递到细胞外基质，这种由蛋白复合物形成的肋节通过 Z 盘把肌纤维和肌膜连接起来。肋节包括肌蛋白失养素/糖蛋白和局灶性黏附复合物，其中包括跨膜受体整合素。整合素的激活可通过局灶性黏附激酶（FAK）诱导肥大信号转导通路[86–90]。抗阻运动中，乳酸堆积使骨骼肌细胞内的渗透压发生梯度变化，细胞内水合增加（细胞水肿）。细胞内压力升高可能会威胁细胞膜的结构完整性，从而通过激活整合素和局灶性黏附蛋白启动细胞内合成代谢信号反应[91–93]。肌联蛋白是一种柔韧的肌节内蛋白，有助于肌肉的力量传递，并决定了骨骼肌的被动刚度。肌联蛋白很可能可以感知机械负荷的变化，并与各种诱导骨骼肌肥大的信号通路相互作用[94,95]。钙和钠通道是机械（牵拉）激活通道（SACs），当肌膜受到机械应力时开放。SACs 通过允许钙离子（Ca^{2+}）内流，激活 Ca^{2+}依赖的肥大细胞内信号通路，从而发挥机械传感器的作用[96–98]。

5.8.2 代谢刺激

除了机械刺激，与抗阻训练相关的代谢刺激也能促进肌肉适应[99]。肌肉在收缩过程中，ATP 高速消耗、AMP 大量积累、肌质网 Ca^{2+}释放以及运动肌肉局部组织缺氧，都可能会刺激调节能量代谢的能量传感信号通路[2,74,76]。一般来说，代谢刺激在抗阻运动中的增加依赖于运动强度/负荷量。可以推断，在以增肌为主的抗阻训练中，每组重复 6～12 次直至力竭，且组间间歇非常短，可同时产生较高的代谢刺激和机械刺激[12,100]。

（1）缺氧。进行抗阻训练时运动肌肉局部组织可能会出现缺氧。缺氧是细胞的一种主要应激源，而在调节细胞适应的过程中，氧感受已充分建立[101]。缺氧诱导因子–1（HIF–1）被认为是对细胞内氧分压变化非常敏感的信号转导通路的主调控因子。HIF–1 的激活，可诱导参与促进葡萄糖代谢和糖酵解、红细胞生成和血管生成的靶基因的转录[2,74]。

（2）氧化还原状态。骨骼肌在收缩过程中产生活性氧（ROS）、活性氮（RNS）和一氧化氮（NO）。ROS 的产生依赖于细胞的抗氧化能力，通过促进细胞抗氧化能力来调节自身的防御，从而在安静和运动状态下维持氧化还原平衡[102,103]。在抗阻训练中，ROS 的产生可能会增加，而这种增加可能是肌肉重塑的一个重要信号[104–105]。抗阻训练诱导肌肉肥大，在这个过程中，NO 可能介导卫星细胞和 ROS 的活化，且如果没有过度表达的话，可介导多种细胞内信号通路的活化，如 IGF–I 和丝裂原活化蛋白激酶（MAPK）级联反应，这些可能促进肌肉生长[82,106,107]。

（3）钙离子流。在肌纤维收缩过程中，钙促进肌动蛋白和肌球蛋白肌丝间横桥的相互作用。在肌肉收缩时，钙浓度振荡的幅度和持续时间取决于肌肉输出力量。肌细胞内 Ca^{2+} 浓度的变化调节钙调磷酸酶和钙调蛋白依赖性蛋白激酶（CaMK）的信号活性。Ca^{2+}信号影响葡萄糖转运、脂质摄取和氧化，并通过调节运动依赖性的骨骼肌基因表达来促进慢收缩纤维的形成，从而改变纤维类型的分布[108,109]。

5.9 肌原纤维破坏和炎症

抗阻训练可以在一定程度上导致局部肌肉损伤，这取决于训练的量和强度及受试者的训练史。有规律的抗阻训练通常会导致骨骼肌的轻微损伤（肌原纤维损坏），在几天内就能完全恢复[110]。抗阻训练后，通常会出现肌原纤维排列紊乱和 Z 线位移，尤其是在完成大量离心运动之后。有人提出，相对于向心收缩来说，在一定负荷下，离心收缩募集较少的运动单位，导致每一个运动单位都需要更大的力量来完成收缩。因此在进行不习惯的离心运动之后，所募集的肌纤维更易受损[111–113]。但是，离心运动在促进肌肉肥大和力量增加方面特别有效，这一点已得到证实[114]。

抗阻训练引起的肌纤维损坏可能是由于肌纤维受到物理刺激（机械刺激）和 Ca^{2+}稳态失衡（代谢刺激）引起的代谢不足[110]。运动引起的肌纤维损坏造成局部急性炎症反应，促进受损组织的清除和肌肉再生。炎症反应导致体液、血浆蛋白和白细胞渗透到细胞受损部位，表现为延迟性肌肉酸痛、僵硬和肿胀及负荷肌肉暂时性力量下降[115–117]。

在骨骼肌损伤后 2～3 天内，即可观察到免疫细胞对受损肌肉的浸润。炎症反应促进受损组织的清除和肌纤维的再生。运动后的急性炎症反应包括中性粒细胞的浸润和局部促炎性细胞因子的释放，如白介素（IL）–1、IL–6 和肿瘤坏死因子（TNF）–α，这些因子介导蛋白质的分解[118]。细胞因子的释放也可以刺激卫星细胞增殖[119]。继发性炎症反应包括明显的单核细胞（巨噬细胞的前身）浸润，可以在受损的肌纤维内诱发进一步的吞噬活动。最终，在运动后的再生恢复阶段，肌肉组织得以重塑[110,120]。

5.10 肌肉可塑性的系统性和局部性介质：激素、生长因子和肌激素

系统性激素，如睾酮、生长激素（GH）、胰岛素、胰岛素样生长因子（IGF–1）和皮质醇，可以影响整个生命周期肌肉的含量及其生长。根据一次性运动方案的不同设计，抗阻训练可以引起运动后循环激素浓度的短暂增加[121,122]。运动期间的内分泌反应主要是用于调节整个身体的能量代谢，向活动的肌肉提供葡萄糖和游离脂肪酸等能量[123,124]。激素与受体相互作用后激发细胞的反应，抗阻训练可以增加全身循环激素，增加其与位于骨骼

肌组织的受体相互作用的可能性，因而影响到其对抗阻训练的反应[122]。正常生理条件下的激素波动，可以维持肌肉体积不变，而不刺激肌肉变得肥大[125]。在许多研究中，抗阻训练期间肌肉出现力量增加和肥大现象，但在静息期，激素浓度并没有出现明显变化[121,122]。然而，睾酮和皮质醇浓度的变化可能在某些情况下反映了训练负荷的变化，从而反映了运动员的整体应激和恢复状态[126]。

IGF–1 对骨骼肌的合成代谢作用已得到了证实，但全身系统的 IGF–1 对骨骼肌的肥大效应有限。局部（自分泌/旁分泌）生长因子的表达，如 IGF–1，在抗阻训练中对负荷肌肉的肥大效应可能有重要作用。IGF–1 激活细胞膜上的 IGF–1 受体，诱导卫星细胞增殖，增加肌纤维收缩蛋白的积累[24]。与 IGF–1 相反，肌抑素是骨骼肌生长的主要负调控因子，它可以被归类为某种肌激素。它是由收缩的肌纤维产生和分泌的，并随后发挥自分泌、旁分泌和内分泌作用。它可以抑制卫星细胞活化，抑制肌源性调节因子的表达，促进蛋白水解。肌抑素与激活素Ⅱ型受体结合，通过 Smad2/3 信号级联作用于靶细胞[76]。除了肌抑素和 IGF–1 以外，在抗阻训练中还有许多其他细胞外信号分子可能对骨骼肌表型具有潜在调节作用[127–131]。

5.11 氨基酸

可利用的蛋白质是抗阻运动中急性分子反应的重要调节剂。必需氨基酸，尤其是支链氨基酸亮氨酸，可以独立地刺激信号通路，从而提高蛋白质的合成速率。因此，必需氨基酸不仅可以作为底物，而且可以作为促进蛋白质合成的信号[109,132]。饮食中蛋白质的摄入对刺激蛋白质合成有剂量依赖性和饱和性。为了获得最大的蛋白质合成效应，建议在混合餐中加入 20 克纯化优质蛋白质，或从混合性食物中摄入 30 克蛋白质[133,134]。

5.12 蛋白质合成和降解的调节

在一次性抗阻运动的恢复过程中，蛋白质合成速率加快，其降解速率也以一定比例加快，但幅度相对较小且时间较短[135,136]。在一次性抗阻运动结束后 48 小时内，其骨骼肌蛋白质的周转率都会增加[137]。蛋白质合成的增加主要是每分子 RNA 翻译效率提高的结果[138]。抗阻运动后的正向净蛋白质合成导致肌肉蛋白随时间的延长而增加[139,140]。蛋白质的合成必须在相当长的一段时间（几周）内超过其分解，才能检测到抗阻训练引起的肌肉大小变化[141]。进行不习惯的运动会导致过度的局部和全身应激反应（氧化还原平衡失调），从而导致蛋白质合成的增加[75]。然而，反复多次的训练使蛋白质合成反应迟钝，从而导致训练者蛋白质合成增加的速度减慢[142,143]。

（1）mTOR 信号。关于饮食中蛋白质和运动调节骨骼肌蛋白合成和纤维肥大的机制中，描述最完全的是哺乳动物雷帕霉素靶蛋白复合物 1（mTORC1）信号通路[144,145]。mTORC1 的激活由胰岛素/IGF–1 受体介导，而该受体由激素和生长因子及下游磷脂酰肌醇–3 激酶（PI3K）——Akt 通路的激活而激活[146]。mTORC1 也可以通过收缩活动和必需氨基酸的供应，独立于 Akt 通路而被激活[147–149]。

mTORC1 激活后触发下游信号 p70S6K1，而此分子是蛋白质翻译和核糖体生物合成的关键调节因子[150,151]。p70S6K1 通过激活核糖体 S6（rpS6），eEF2 和 4E–BP1 等导致 mRNA 的转录效率提高，使促进细胞肥大的蛋白质合成增加[152,153]。增加抗阻训练负荷量，可以诱发明显的 mTOR 信号蛋白的激活[154–157]（图 5.2）。

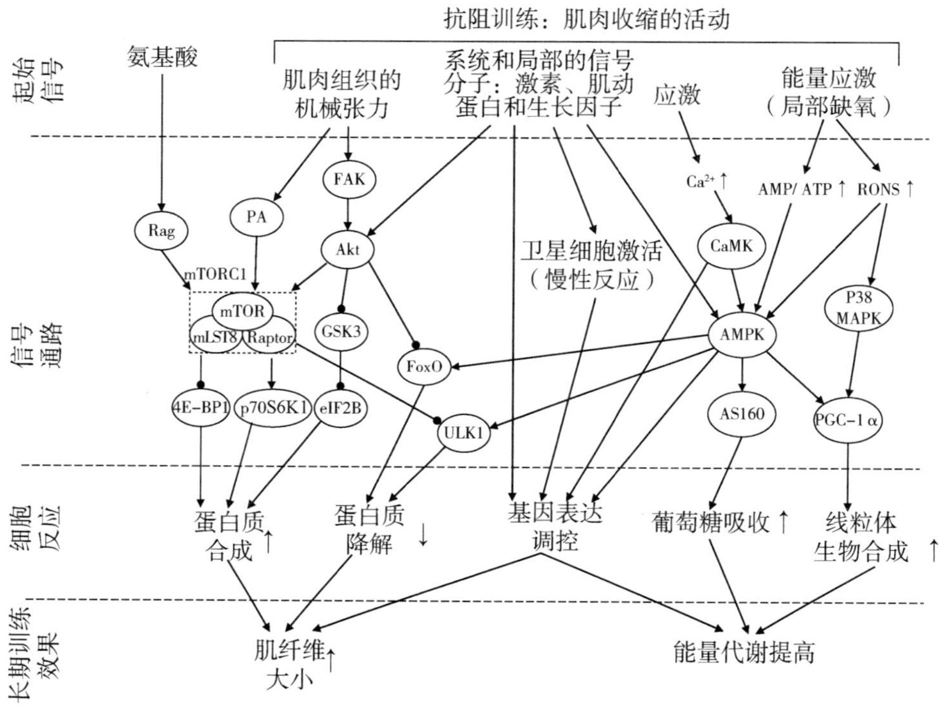

图 5.2　通过抗阻运动调节骨骼肌大小和功能的 mTOR 和 AMPK 信号通路

假设抗阻运动诱导的刺激（氨基酸和收缩活动诱导的机械刺激和代谢刺激及系统和局部信号分子的释放）激活特定的细胞内信号网络（包括但不限于 mTOR 和 AMPK 信号），介导急性和慢性骨骼肌对抗阻运动训练的反应。信号通路的刺激取决于所采用的抗阻运动方案的可变因素[154–157,187–189]。

注：↑表示激活；↓表示抑制；4E-BP1 表示真核起始因子 4E 结合蛋白 1；Akt 表示蛋白激酶 B；AMPK 表示 AMP 活化蛋白激酶；AS160 表示 Akt 衬底 160 kDa；Ca^{2+}表示钙离子；CaMK 表示钙调蛋白依赖性蛋白激酶；AMP/ATP 表示单磷酸腺苷/三磷酸腺苷；eIF2B 表示真核起始因子 2B；FAK 表示黏着斑激酶；mTOR 表示哺乳动物雷帕霉素靶蛋白；FoxO 表示 forkhead 盒蛋白质；GSK3 表示糖原合成酶激酶 3；mTORC1 表示哺乳动物雷帕霉素靶蛋白复合物 1；p38 MAPK 表示 p38 丝裂原活化蛋白激酶；p70S6K1 表示核糖体 S6 激酶 1；PA 表示磷脂酸；PGC-1α 表示过氧化物酶体增殖物激活受体γ辅激活因子 1α；Rag 表示 RAS 相关小 GTP 酶；mLST8 表示雷帕霉素单体 LST8；Raptor 表示 Raptor 基因；RONS 表示活性氧和氮；ULK1 表示 unc-51 样激酶 1。

（2）AMPK 信号。抗阻训练期间，ATP 的高利用率导致细胞内能量缺乏，AMP/ATP 比率增加。AMP 活化蛋白激酶（AMPK）可感受到肌组织激活后的能量利用率增加，起到作为代谢适应的信号传感器的作用[158,159]。一次性运动后 AMPK 酶活性依赖于运动强度增加，反映了运动对 ATP 周转率的影响。而且，肌肉收缩导致钙离子释放和 ROS 增加，这些都可以激活 AMPK。正如所期待的那样，研究已显示抗阻训练可以迅速提升骨骼肌 AMPK 活性[160–162]。

总的来说，AMPK 活化后通过抑制合成通路，同时刺激分解代谢途径来恢复细胞能量存储，以维持 ATP 浓度。在运动过程中，骨骼肌 AMPK 的活化通过对代谢酶的磷酸化快速调节细胞新陈代谢，以抑制糖原和蛋白质合成，同时促进脂代谢和糖的摄取[158,159,163]。蛋白质合成是一个能源消耗过程，与 AMPK 作为能量传感器的作用一致，AMPK 的活化直接抑制 mTORC1 活性或者通过激活 mTOR 上游的 TSC2，间接抑制蛋白质的合成[161,164,165]。AMPK 也可以激活 eEF2K，抑制蛋白质转录因子 eEF2，从而抑制蛋白质合成[4,166]。与 AMPK 一样，能量传感器 REDD1（在 DNA 受损和形成过程中调节）因 ATP 耗竭和缺氧而被激活，也可以抑制 mTORC1 的活性和蛋白质的合成[4,167]。长期 AMPK 活化可以改变代谢基因的表达，诱导线粒体生物合成，促进氧化型肌肉的表达。长期的调控行为受到转录因子和转录辅助激活因子 PGC–1α 直接磷酸化的调节[168–169]。

（3）蛋白质降解。通过泛素–蛋白酶体系统完成的蛋白质降解由骨骼肌特异性 E3 泛素连接酶、MAFbx 和 MuRF1 等调控。它们参与特定蛋白的泛素化过程，蛋白质被转移到 26S 蛋白酶体进行后续降解[170]。例如，依赖于 MuRF1 的泛素调控的收缩蛋白降解，如肌球蛋白重链[171]。通过激活转录因子 FoxO 家族，MAFbx 和 MuRF1 的转录上调增强[172]。合成代谢和能量感受器调节泛素–蛋白酶体通路活性。Akt 是 mTORC1 活性的上游介质，使 FoxO 失活，从而抑制蛋白水解。相反，AMPK 的激活可促进 FoxO 活性[109,173]。此外，经由 NF–κB 通路和肌抑素的炎症反应可通过泛素-蛋白酶体系统促进蛋白水解[174–177]。

自噬是指溶酶体对胞质成分的非选择性降解过程。自噬有利于维持细胞在休息时及运动中和运动后恢复期间的稳态[106,178]。抗阻运动可能对负载的肌纤维造成一定的损伤，自噬可以通过溶酶体清除受损的细胞器和蛋白质。对运动训练的适应依赖于自噬的适度激活。研究显示，一次性（急性）运动是骨骼肌自噬的一个强有力的诱导因子[179–182]。自噬活性通过 unc–51 样激酶 1（ULK1）调控。激活的 mTORC1 可以抑制自噬，而 AMPK 通过调节 ULK1 活性促进自噬[161,178,183,184]。除了自噬–溶酶体系统外，钙依赖的钙蛋白酶（calpain）家族和胱天蛋白酶（caspase）等非溶酶体蛋白酶也参与蛋白水解[104,185,186]。由运动引起的肌节损伤导致钙蛋白酶介导的受损肌节丝降解[94]。

5.13 小结

抗阻训练的目的是为骨骼肌提供超负荷刺激，从而产生特定的分子反应，促进骨骼肌质量和代谢功能的适应性变化。将肌肉收缩中产生的细胞内和细胞外信号转变成生理适应的过程包括通过一系列级联刺激来影响调节运动诱发的肌卫星细胞激活的特异信号通路、基因表达、蛋白质增生和降解周转率[24,109,125]。

抗阻训练诱导的骨骼肌肥大受到翻译机制活性的影响，其中 mTORC1 作为主要调节器。多个信号通路对 mTORC1 活性有综合影响，其中自分泌/旁分泌生长因子、机械和代谢应激以及可利用的氨基酸等作用最为显著[2,74,76]。然而，抗阻训练诱导的骨骼肌适应是一个复杂过程，涉及多种细胞反应和信号转导途径。细胞信号通路组成复杂的网络，对细胞内环境不断做出调整，因此很难将一次性抗阻运动后特定的信号反应、基因及蛋白表达与某些代谢反应对应联系起来，更不要说对长期抗阻训练产生的适应[190,191]。除了转录和翻译信号网络参与骨骼肌可塑性变化，DNA 的表观遗传修饰也可以影响运动导致的基因表达，或 miRNA 调控的转录后基因沉默等，为抗阻训练产生的适应添加了更多层次的调控[192–196]。

要完全理解人体在抗阻训练后肌纤维产生的适应性变化，需要考虑到各个方面，如神经肌肉系统（神经对骨骼肌的驱动）、肌肉骨骼系统（力量从肌肉到肌腱和骨骼的传输）、心血管系统（肌肉毛细血管网络）等。此外，抗阻训练诱导的适应性通常可以影响整个身体。因此，肌肉组织的适应应该从整个身体不同组织和器官之间的相互作用来看待[197–200]。

参考文献

[1] Folland J P, Williams A G. The adaptations to strength training: morphological and neurological contributions to increased strength. Sports Med. 2007; 37:145–168.

[2] Egan B, Zierath J R. Exercise metabolism and the molecular regulation of skeletal muscle adaptation. Cell Metab. 2013; 17:162–184.

[3] Westcott W L. Resistance training is medicine: effects of strength training on health. Curr Sports Med Rep. 2012; 11:209–216.

[4] Fyfe J J, Bishop D J, Stepto N K. Interference between concurrent resistance and endurance exercise: molecular bases and the role of individual training variables. Sports Med. 2014; 44:743–762.

[5] American College of Sports Medicine. American College of Sports Medicine position stand. Progression models in resistance training for healthy adults. Med Sci Sports Exerc. 2009; 41:687–708.

[6] Murach K A, Bagley J R. Skeletal muscle hypertrophy with concurrent exercise training: contrary evidence for an interference effect. Sports Med. 2016; 46:1029–1039.

[7] Wernbom M, Augustsson J, Thomeé R. The influence of frequency, intensity, volume and mode of strength training on whole muscle cross-sectional area in humans. Sports Med. 2007; 37:225–264.

[8] Ahtiainen J P, Walker S, Peltonen H, Holviala J, Sillanpää E, Karavirta L, et al. Heterogeneity in resistance training-induced muscle strength and mass responses in men and women of different ages. Age (Dordr). 2016; 38:10.

[9] Hubal M J, Gordish-Dressman H, Thompson P D, Price T B, Hoffman E P, Angelopoulos T J, et al. Variability in muscle size and strength gain after unilateral resistance training. Med Sci Sports Exerc. 2005; 37:964–972.

[10] Konopka A R, Harber M P. Skeletal muscle hypertrophy after aerobic exercise training. Exerc Sport Sci Rev. 2014; 42:53–61.

[11] Hackett D A, Johnson N A, Chow C. Training practices and ergogenic aids used by male bodybuilders. J Strength Cond Res. 2013; 27:1609–1617.

[12] Schoenfeld B J. The mechanisms of muscle hypertrophy and their application to resistance training. J Strength Cond Res. 2010; 24:2857–2872.

[13] Lüthi J M, Howald H, Claassen H, Rösler K, Vock P, Hoppeler H. Structural changes in skeletal muscle tissue with heavy-resistance exercise. Int J Sports Med. 1986; 7:123–127.

[14] Alway S E, MacDougall J D, Sale D G, Sutton J R, McComas A J. Functional and structural adaptations in skeletal muscle of trained athletes. J Appl Physiol. 1988; 64:1114–1120.

[15] MacDougall J D, Elder G C, Sale D G, Moroz J R, Sutton J R. Effects of strength training and immobilization on human muscle fibres. Eur J Appl Physiol Occup Physiol. 1980; 43:25–34.

[16] Schiaffino S, Sandri M, Murgia M. Activity-dependent signaling pathways controlling muscle diversity and plasticity. Physiology (Bethesda). 2007; 22:269–278.

[17] Fry A C. The role of resistance exercise intensity on muscle fbre adaptations. Sports Med. 2004; 34: 663–679.

[18] Yan Z, Okutsu M, Akhtar Y N, Lira V A. Regulation of exercise-induced fber type transformation, mitochondrial biogenesis, and angiogenesis in skeletal muscle. J Appl Physiol. 2011; 110: 264–274.

[19] Narici M, Franchi M, Maganaris C. Muscle structural assembly and functional consequences. J Exp Biol. 2016; 219:276–284.

[20] Lieber R L, Ward S R. Skeletal muscle design to meet functional demands. Philos Trans R Soc Lond B Biol Sci. 2011; 366:1466–1476.

[21] Franchi M V, Reeves N D, Narici M V. Skeletal muscle remodeling in response to eccentric vs. concentric loading: morphological, molecular, and metabolic adaptations. Front Physiol. 2017; 8:447.

[22] Degens H, Erskine R M, Morse C I. Disproportionate changes in skeletal muscle strength and size with resistance training and ageing. J Musculoskelet Neuronal Interact. 2009; 9:123–129.

[23] Erskine R M, Jones D A, Maffulli N, Williams A G, Stewart C E, Degens H. What causes in vivo muscle specific tension to increase following resistance training? Exp Physiol. 2011; 96:145–155.

[24] Favier F B, Benoit H, Freyssenet D. Cellular and molecular events controlling skeletal muscle mass in response to altered use. Pflugers Arch. 2008; 456:587–600.

[25] Blaauw B, Reggiani C. The role of satellite cells in muscle hypertrophy. J Muscle Res Cell Motil. 2014; 35:3–10.

[26] Allen D L, Roy R R, Edgerton V R. Myonuclear domains in muscle adaptation and disease. Muscle Nerve. 1999; 22:1350–1360.

[27] Snijders T, Nederveen J P, McKay B R, Joanisse S, Verdijk L B, van Loon L J, et al. Satellite cells in human skeletal muscle plasticity. Front Physiol. 2015; 6:283.

[28] Gundersen K. Muscle memory and a new cellular model for muscle atrophy and hypertrophy. J Exp Biol. 2016; 219:235–242.

[29] Magnusson S P, Hansen P, Kjaer M. Tendon properties in relation to muscular activity and physical training. Scand J Med Sci Sports. 2003; 13:211–223.

[30] Magnusson S P, Langberg H, Kjaer M. The pathogenesis of tendinopathy: balancing the response to loading. Nat Rev Rheumatol. 2010; 6:262–268.

[31] Reeves N D, Maganaris C N, Narici M V. Effect of strength training on human patella tendon mechanical properties of older individuals. J Physiol (Lond). 2003; 548:971–981.

[32] Kongsgaard M, Reitelseder S, Pedersen T G, Holm L, Aagaard P, Kjaer M, et al. Region specific patellar tendon hypertrophy in humans following resistance training. Acta Physiol (Oxf). 2007; 191:111–121.
[33] Magnusson S P, Narici M V, Maganaris C N, Kjaer M. Human tendon behaviour and adaptation, in vivo. J Physiol (Lond). 2008; 586:71–81.
[34] Wiesinger H, Kösters A, Müller E, Seynnes O R. Effects of increased loading on in vivo tendon properties: a systematic review. Med Sci Sports Exerc. 2015; 47:1885–1895.
[35] Kongsgaard M, Kovanen V, Aagaard P, Doessing S, Hansen P, Laursen A H, et al. Corticosteroid injections, eccentric decline squat training and heavy slow resistance training in patellar tendinopathy. Scand J Med Sci Sports. 2009; 19:790–802.
[36] Kubo K, Kanehisa H, Fukunaga T. Effects of resistance and stretching training programmes on the viscoelastic properties of human tendon structures in vivo. J Physiol (Lond). 2002; 538:219–226.
[37] Kubo K, Morimoto M, Komuro T, Yata H, Tsunoda N, Kanehisa H, et al. Effects of plyometric and weight training on muscle-tendon complex and jump performance. Med Sci Sports Exerc. 2007; 39:1801–1810.
[38] Maïmoun L, Sultan C. Effects of physical activity on bone remodeling. Metab Clin Exp. 2011; 60:373–388.
[39] Hawkins S A, Schroeder E T, Wiswell R A, Jaque S V, Marcell T J, Costa K. Eccentric muscle action increases site-specific osteogenic response. Med Sci Sports Exerc. 1999; 31:1287–1292.
[40] Bolam K A, van Uffelen J G Z, Taaffe D R. The effect of physical exercise on bone density in middle-aged and older men: a systematic review. Osteoporos Int. 2013; 24:2749–2762.
[41] Martyn-St James M, Carroll S. Effects of different impact exercise modalities on bone mineral density in premenopausal women: a meta-analysis. J Bone Miner Metab. 2010; 28:251–267.
[42] Knuiman P, Hopman M T E, Mensink M. Glycogen availability and skeletal muscle adaptations with endurance and resistance exercise. Nutr Metab (Lond). 2015; 12:59.
[43] Essén-Gustavsson B, Tesch P A. Glycogen and triglyceride utilization in relation to muscle metabolic characteristics in men performing heavy-resistance exercise. Eur J Appl Physiol Occup Physiol. 1990; 61:5–10.
[44] Tesch P A, Colliander E B, Kaiser P. Muscle metabolism during intense, heavy-resistance exercise. Eur J Appl Physiol Occup Physiol. 1986; 55:362–366.
[45] Pascoe D D, Costill D L, Fink W J, Robergs R A, Zachwieja J J. Glycogen resynthesis in skeletal muscle following resistive exercise. Med Sci Sports Exerc. 1993;25:349–354.
[46] Beelen M, Burke L M, Gibala M J, van Loon L J C. Nutritional strategies to promote postexercise recovery. Int J Sport Nutr Exerc Metab. 2010;20:515–532.
[47] Doyle J A, Sherman W M, Strauss R L. Effects of eccentric and concentric exercise on muscle glycogen replenishment. J Appl Physiol. 1993;74:1848–1855.
[48] Ivy J L. Regulation of muscle glycogen repletion, muscle protein synthesis and repair following exercise. J Sports Sci Med. 2004;3:131–138.
[49] MacDougall J D, Ward G R, Sale D G, Sutton J R. Biochemical adaptation of human skeletal muscle to heavy resistance training and immobilization. J Appl Physiol Respir Environ Exerc Physiol. 1977; 43:700–703.
[50] Tesch P A, Alkner B A. Acute and chronic muscle metabolic adaptations to strength training. In: Komi P V, editor. Strength and power in sport. 2nd edition. Oxford: Blackwell Science Ltd; 2003. p. 265–280.
[51] Pesta D H, Goncalves R L S, Madiraju A K, Strasser B, Sparks L M. Resistance training to improve type 2 diabetes: working toward a prescription for the future. Nutr Metab (Lond). 2017; 14:24.

[52] LeBrasseur N K, Walsh K, Arany Z. Metabolic benefits of resistance training and fast glycolytic skeletal muscle. Am J Physiol Endocrinol Metab. 2011; 300:3.
[53] Sylow L, Kleinert M, Richter E A, Jensen T E. Exercise-stimulated glucose uptake—regulation and implications for glycaemic control. Nat Rev Endocrinol. 2017; 13:133–148.
[54] Colberg S R, Sigal R J, Fernhall B, Regensteiner J G, Blissmer B J, Rubin R R, et al. Exercise and type 2 diabetes: the American College of Sports Medicine and the American Diabetes Association: joint position statement. Diabetes Care. 2010; 33:147.
[55] Mann S, Beedie C, Balducci S, Zanuso S, Allgrove J, Bertiato F, et al. Changes in insulin sensitivity in response to different modalities of exercise: a review of the evidence. Diabetes Metab Res Rev. 2014; 30:257–268.
[56] Holten M K, Zacho M, Gaster M, Juel C, Wojtaszewski J F P, Dela F. Strength training increases insulin-mediated glucose uptake, GLUT4 content, and insulin signaling in skeletal muscle in patients with type 2 diabetes. Diabetes. 2004; 53:294–305.
[57] Strasser B, Pesta D. Resistance training for diabetes prevention and therapy: experimental findings and molecular mechanisms. Biomed Res Int. 2013; 2013:805217.
[58] Hellsten Y, Nyberg M. Cardiovascular adaptations to exercise training. Compr Physiol. 2015; 6:1–32.
[59] Groennebaek T, Vissing K. Impact of resistance training on skeletal muscle mitochondrial biogenesis, content, and function. Front Physiol. 2017; 8:713.
[60] Lemes Í R, Ferreira P H, Linares S N, Machado A F, Pastre C M, Netto J. Resistance training reduces systolic blood pressure in metabolic syndrome: a systematic review and metaanalysis of randomised controlled trials. Br J Sports Med. 2016.
[61] Cornelissen V A, Fagard R H, Coeckelberghs E, Vanhees L. Impact of resistance training on blood pressure and other cardiovascular risk factors: a meta-analysis of randomized, controlled trials. Hypertension. 2011; 58:950–958.
[62] Strasser B, Siebert U, Schobersberger W. Resistance training in the treatment of the metabolic syndrome: a systematic review and meta-analysis of the effect of resistance training on metabolic clustering in patients with abnormal glucose metabolism. Sports Med. 2010; 40:397–415.
[63] Mann S, Beedie C, Jimenez A. Differential effects of aerobic exercise, resistance training and combined exercise modalities on cholesterol and the lipid profile: review, synthesis and recommendations. Sports Med. 2014; 44:211–221.
[64] Gordon B, Chen S, Durstine J L. The effects of exercise training on the traditional lipid profile and beyond. Curr Sports Med Rep. 2014; 13:253–259.
[65] Tambalis K, Panagiotakos D B, Kavouras S A, Sidossis L S. Responses of blood lipids to aerobic, resistance, and combined aerobic with resistance exercise training: a systematic review of current evidence. Angiology. 2009; 60:614–632.
[66] Mihl C, Dassen W R M, Kuipers H. Cardiac remodelling: concentric versus eccentric hypertrophy in strength and endurance athletes. Neth Heart J. 2008; 16:129–133.
[67] Spence A L, Naylor L H, Carter H H, Buck C L, Dembo L, Murray C P, et al. A prospective randomised longitudinal MRI study of left ventricular adaptation to endurance and resistance exercise training in humans. J Physiol (Lond). 2011; 589:5443–5452.
[68] Santoro A, Alvino F, Antonelli G, Caputo M, Padeletti M, Lisi M, et al. Endurance and strength Athlete's heart: analysis of myocardial deformation by speckle tracking echocardiography. J Cardiovasc Ultrasound.

2014; 22:196–204.

[69] Utomi V, Oxborough D, Whyte G P, Somauroo J, Sharma S, Shave R, et al. Systematic review and meta-analysis of training mode, imaging modality and body size influences on the morphology and function of the male athlete's heart. Heart. 2013; 99:1727–1733.

[70] Fleck S J, Kraemer W J. Designing resistance training programs. Champaign: Human Kinetics; 2014. p. 109–115.

[71] St-Onge M, Gallagher D. Body composition changes with aging: the cause or the result of alterations in metabolic rate and macronutrient oxidation? Nutrition. 2010; 26:152–155.

[72] Sparti A, DeLany J P, de la Bretonne J A, Sander G E, Bray G A. Relationship between resting metabolic rate and the composition of the fat-free mass. Metab Clin Exp. 1997; 46:1225–1230.

[73] Hawley J A. Molecular responses to strength and endurance training: are they incompatible? Appl Physiol Nutr Metab. 2009; 34:355–361.

[74] Hoppeler H. Molecular networks in skeletal muscle plasticity. J Exp Biol. 2016; 219:205–213.

[75] Petriz B A, Gomes C P C, Almeida J A, de Oliveira G P, Ribeiro F M, Pereira R W, et al. The effects of acute and chronic exercise on skeletal muscle proteome. J Cell Physiol. 2017; 232:257–269.

[76] Blaauw B, Schiaffino S, Reggiani C. Mechanisms modulating skeletal muscle phenotype. Compr Physiol. 2013; 3:1645–1687.

[77] Toigo M, Boutellier U. New fundamental resistance exercise determinants of molecular and cellular muscle adaptations. Eur J Appl Physiol. 2006; 97:643–663.

[78] Rindom E, Vissing K. Mechanosensitive molecular networks involved in transducing resistance exercise-signals into muscle protein accretion. Front Physiol. 2016; 7:547.

[79] Philp A, Hamilton D L, Baar K. Signals mediating skeletal muscle remodeling by resistance exercise: PI3-kinase independent activation of mTORC1. J Appl Physiol. 2011; 110:561–568.

[80] Sheehan S M, Allen R E. Skeletal muscle satellite cell proliferation in response to members of the fibroblast growth factor family and hepatocyte growth factor. J Cell Physiol. 1999; 181:499–506.

[81] Tatsumi R, Anderson J E, Nevoret C J, Halevy O, Allen R E. HGF/SF is present in normal adult skeletal muscle and is capable of activating satellite cells. Dev Biol. 1998; 194:114–128.

[82] Tatsumi R. Mechano-biology of skeletal muscle hypertrophy and regeneration: possible mechanism of stretch-induced activation of resident myogenic stem cells. Anim Sci J. 2010; 81:11–20.

[83] Wang X, Devaiah S P, Zhang W, Welti R. Signaling functions of phosphatidic acid. Prog Lipid Res. 2006; 45:250–278.

[84] You J, Lincoln H C, Kim C, Frey J W, Goodman C A, Zhong X, et al. The role of diacylglycerol kinase and phosphatidic acid in the mechanical activation of mammalian target of rapamycin (mTOR) signaling and skeletal muscle hypertrophy. J Biol Chem. 2014; 289:1551–1563.

[85] Bond P. Phosphatidic acid: biosynthesis, pharmacokinetics, mechanisms of action and effect on strength and body composition in resistance-trained individuals. Nutr Metab (Lond). 2017; 14:12.

[86] Malik R K, Parsons J T. Integrin-dependent activation of the p70 ribosomal S6 kinase signaling pathway. J Biol Chem. 1996; 271:29785–29791.

[87] Flück M, Carson J A, Gordon S E, Ziemiecki A, Booth F W. Focal adhesion proteins FAK and paxillin increase in hypertrophied skeletal muscle. Am J Physiol. 1999; 277:152.

[88] Crossland H, Kazi A A, Lang C H, Timmons J A, Pierre P, Wilkinson D J, et al. Focal adhesion kinase is required for IGF-I-mediated growth of skeletal muscle cells via a TSC_2/mTOR/S6K1-associated pathway.

Am J Physiol Endocrinol Metab. 2013; 305:183.
[89] Kosek D J, Bamman M M. Modulation of the dystrophin-associated protein complex in response to resistance training in young and older men. J Appl Physiol. 2008; 104:1476–1484.
[90] Klossner S, Durieux A, Freyssenet D, Flueck M. Mechano-transduction to muscle protein synthesis is modulated by FAK. Eur J Appl Physiol. 2009; 106:389–398.
[91] Sjøgaard G. Water and electrolyte fluxes during exercise and their relation to muscle fatigue. Acta Physiol Scand Suppl. 1986; 556:129–136.
[92] Schliess F, Richter L, vom Dahl S, Häussinger D. Cell hydration and mTOR-dependent signalling. Acta Physiol (Oxf). 2006; 187:223–229.
[93] Lambert I H, Hoffmann E K, Pedersen S F. Cell volume regulation: physiology and pathophysiology. Acta Physiol (Oxf). 2008; 194:255–282.
[94] Krüger M, Kötter S. Titin, a central mediator for hypertrophic signaling, exercise-induced mechanosignaling and skeletal muscle remodeling. Front Physiol. 2016; 7:76.
[95] Lange S, Xiang F, Yakovenko A, Vihola A, Hackman P, Rostkova E, et al. The kinase domain of titin controls muscle gene expression and protein turnover. Science. 2005; 308:1599–1603.
[96] Al-Shanti N, Stewart C E. Ca^{2+}/calmodulin-dependent transcriptional pathways: potential mediators of skeletal muscle growth and development. Biol Rev Camb Philos Soc. 2009; 84:637–652.
[97] Spangenburg E E, McBride T A. Inhibition of stretch-activated channels during eccentric muscle contraction attenuates p70S6K activation. J Appl Physiol. 2006; 100:129–135.
[98] Butterfield T A, Best T M. Stretch-activated ion channel blockade attenuates adaptations to eccentric exercise. Med Sci Sports Exerc. 2009; 41:351–356.
[99] Feriche B, García-Ramos A, Morales-Artacho A J, Padial P. Resistance training using different hypoxic training strategies: a basis for hypertrophy and muscle power development. Sports Med Open. 2017; 3:12.
[100] Pearson S J, Hussain S R. A review on the mechanisms of blood-flow restriction resistance training-induced muscle hypertrophy. Sports Med. 2015; 45:187–200.
[101] Scott B R, Slattery K M, Sculley D V, Dascombe B J. Hypoxia and resistance exercise: a comparison of localized and systemic methods. Sports Med. 2014; 44:1037–1054.
[102] Jackson M J, Pye D, Palomero J. The production of reactive oxygen and nitrogen species by skeletal muscle. J Appl Physiol. 2007; 102:1664–1670.
[103] Powers S K, Talbert E E, Adhihetty P J. Reactive oxygen and nitrogen species as intracellular signals in skeletal muscle. J Physiol (Lond). 2011; 589:2129–2138.
[104] Powers S K, Duarte J, Kavazis A N, Talbert E E. Reactive oxygen species are signalling molecules for skeletal muscle adaptation. Exp Physiol. 2010; 95:1–9.
[105] Jackson M J, Vasilaki A, McArdle A. Cellular mechanisms underlying oxidative stress in human exercise. Free Radic Biol Med. 2016; 98:13–17.
[106] Ferraro E, Giammarioli A M, Chiandotto S, Spoletini I, Rosano G. Exercise-induced skeletal muscle remodeling and metabolic adaptation: redox signaling and role of autophagy. Antioxid Redox Signal. 2014; 21:154–176.
[107] Steinbacher P, Eckl P. Impact of oxidative stress on exercising skeletal muscle. Biomolecules. 2015; 5:356–377.
[108] Wright D C, Geiger P C, Han D, Jones T E, Holloszy J O. Calcium induces increases in peroxisome proliferator-activated receptor gamma coactivator-1alpha and mitochondrial biogenesis by a pathway

leading to p38 mitogen-activated protein kinase activation. J Biol Chem. 2007; 282:18793–18799.

[109] Margolis L M, Rivas D A. Implications of exercise training and distribution of protein intake on molecular processes regulating skeletal muscle plasticity. Calcif Tissue Int. 2015; 96:211–221.

[110] Tee J C, Bosch A N, Lambert M I. Metabolic consequences of exercise-induced muscle damage. Sports Med. 2007; 37:827–836.

[111] Douglas J, Pearson S, Ross A, McGuigan M. Eccentric exercise: physiological characteristics and acute responses. Sports Med. 2017; 47:663–675.

[112] Proske U, Morgan D L. Muscle damage from eccentric exercise: mechanism, mechanical signs, adaptation and clinical applications. J Physiol (Lond). 2001; 537:333–345.

[113] Duchateau J, Enoka R M. Neural control of lengthening contractions. J Exp Biol. 2016; 219:197–204.

[114] Roig M, O'Brien K, Kirk G, Murray R, McKinnon P, Shadgan B, et al. The effects of eccentric versus concentric resistance training on muscle strength and mass in healthy adults: a systematic review with meta-analysis. Br J Sports Med. 2009; 43:556–568.

[115] Paulsen G, Mikkelsen U R, Raastad T, Peake J M. Leucocytes, cytokines and satellite cells: what role do they play in muscle damage and regeneration following eccentric exercise? Exerc Immunol Rev. 2012; 18:42–97.

[116] Hyldahl R D, Hubal M J. Lengthening our perspective: morphological, cellular, and molecular responses to eccentric exercise. Muscle Nerve. 2014; 49:155–170.

[117] Howatson G, van Someren K A. The prevention and treatment of exercise-induced muscle damage. Sports Med. 2008; 38:483–503.

[118] Kerksick C M, Willoughby D, Kouretas D, Tsatsakis A. Intramuscular responses with muscle damaging exercise and the interplay between multiple intracellular networks: a human perspective. Food Chem Toxicol. 2013; 61:136–143.

[119] Peake J M, Neubauer O, Della Gatta P A, Nosaka K. Muscle damage and inflammation during recovery from exercise. J Appl Physiol. 2017; 122:559–570.

[120] Tidball J G. Regulation of muscle growth and regeneration by the immune system. Nat Rev Immunol. 2017; 17:165–178.

[121] Gonzalez A M, Hoffman J R, Stout J R, Fukuda D H, Willoughby D S. Intramuscular anabolic signaling and endocrine response following resistance exercise: implications for muscle hypertrophy. Sports Med. 2016; 46:671–685.

[122] Kraemer W J, Ratamess N A. Hormonal responses and adaptations to resistance exercise and training. Sports Med. 2005; 35:339–361.

[123] Hansen D, Meeusen R, Mullens A, Dendale P. Effect of acute endurance and resistance exercise on endocrine hormones directly related to lipolysis and skeletal muscle protein synthesis in adult individuals with obesity. Sports Med. 2012; 42:415–431.

[124] McMurray R G, Hackney A C. Interactions of metabolic hormones, adipose tissue and exercise. Sports Med. 2005; 35:393–412.

[125] Marcotte G R, West D W D, Baar K. The molecular basis for load-induced skeletal muscle hypertrophy. Calcif Tissue Int. 2015; 96:196–210.

[126] Crewther B T, Cook C, Cardinale M, Weatherby R P, Lowe T. Two emerging concepts for elite athletes: the short-term effects of testosterone and cortisol on the neuromuscular system and the dose-response training role of these endogenous hormones. Sports Med. 2011; 41:103–123.

[127] Catoire M, Kersten S. The search for exercise factors in humans. FASEB J. 2015; 29:1615–1628.

[128] Lightfoot A P, Cooper R G. The role of myokines in muscle health and disease. Curr Opin Rheumatol. 2016; 28:661–666.

[129] Huh J Y. The role of exercise-induced myokines in regulating metabolism. Arch Pharm Res. 2018; 41:14–29.

[130] Oh K, Lee D S, Kim W K, Han B S, Lee S C, Bae K. Metabolic adaptation in obesity and type Ⅱ diabetes: myokines, adipokines and hepatokines. Int J Mol Sci. 2016; 18:8.

[131] Zanou N, Gailly P. Skeletal muscle hypertrophy and regeneration: interplay between the myogenic regulatory factors (MRFs) and insulin-like growth factors (IGFs) pathways. Cell Mol Life Sci. 2013; 70:4117–4130.

[132] Moro T, Ebert S M, Adams C M, Rasmussen B B. Amino acid sensing in skeletal muscle. Trends Endocrinol Metab. 2016; 27:796–806.

[133] Jäger R, Kerksick C M, Campbell B I, Cribb P J, Wells S D, Skwiat T M, et al. International Society of Sports Nutrition Position Stand: protein and exercise. J Int Soc Sports Nutr. 2017; 14:20.

[134] Morton R W, McGlory C, Phillips S M. Nutritional interventions to augment resistance training-induced skeletal muscle hypertrophy. Front Physiol. 2015; 6:245.

[135] Biolo G, Maggi S P, Williams B D, Tipton K D, Wolfe R R. Increased rates of muscle protein turnover and amino acid transport after resistance exercise in humans. Am J Physiol. 1995; 268:514.

[136] Kumar V, Atherton P, Smith K, Rennie M J. Human muscle protein synthesis and breakdown during and after exercise. J Appl Physiol. 2009; 106:2026–2039.

[137] Phillips S M, Tipton K D, Aarsland A, Wolf S E, Wolfe R R. Mixed muscle protein synthesis and breakdown after resistance exercise in humans. Am J Physiol. 1997; 273:99.

[138] Chesley A, MacDougall J D, Tarnopolsky M A, Atkinson S A, Smith K. Changes in human muscle protein synthesis after resistance exercise. J Appl Physiol. 1992; 73:1383–1388.

[139] Atherton P J, Smith K. Muscle protein synthesis in response to nutrition and exercise. J Physiol (Lond). 2012; 590:1049–1057.

[140] Rennie M J, Wackerhage H, Spangenburg E E, Booth F W. Control of the size of the human muscle mass. Annu Rev Physiol. 2004; 66:799–828.

[141] Seynnes O R, de Boer M, Narici M V. Early skeletal muscle hypertrophy and architectural changes in response to high-intensity resistance training. J Appl Physiol. 2007; 102:368–373.

[142] Kim P L, Staron R S, Phillips S M. Fasted-state skeletal muscle protein synthesis after resistance exercise is altered with training. J Physiol (Lond). 2005; 568:283–290.

[143] Tang J E, Perco J G, Moore D R, Wilkinson S B, Phillips S M. Resistance training alters the response of fed state mixed muscle protein synthesis in young men. Am J Physiol Regul Integr Comp Physiol. 2008; 294:172.

[144] Bodine S C, Stitt T N, Gonzalez M, Kline W O, Stover G L, Bauerlein R, et al. Akt/mTOR pathway is a crucial regulator of skeletal muscle hypertrophy and can prevent muscle atrophy in vivo. Nat Cell Biol. 2001; 3:1014–1019.

[145] Drummond M J, Fry C S, Glynn E L, Dreyer H C, Dhanani S, Timmerman K L, et al. Rapamycin administration in humans blocks the contraction-induced increase in skeletal muscle protein synthesis. J Physiol (Lond). 2009; 587:1535–1546.

[146] Deldicque L, Theisen D, Francaux M. Regulation of mTOR by amino acids and resistance exercise in

skeletal muscle. Eur J Appl Physiol. 2005; 94:1–10.
[147] Goberdhan D C I, Wilson C, Harris A L. Amino acid sensing by mTORC1: intracellular transporters mark the spot. Cell Metab. 2016; 23:580–589.
[148] Bond P. Regulation of mTORC1 by growth factors, energy status, amino acids and mechanical stimuli at a glance. J Int Soc Sports Nutr. 2016; 13:8.
[149] Jacobs B L, Goodman C A, Hornberger T A. The mechanical activation of mTOR signaling: an emerging role for late endosome/lysosomal targeting. J Muscle Res Cell Motil. 2014; 35:11–21.
[150] Ma X M, Blenis J. Molecular mechanisms of mTOR-mediated translational control. Nat Rev Mol Cell Biol. 2009; 10:307–318.
[151] Proud C G. Signalling to translation: how signal transduction pathways control the protein synthetic machinery. Biochem J. 2007; 403:217–234.
[152] Goodman C A. The role of mTORC1 in regulating protein synthesis and skeletal muscle mass in response to various mechanical stimuli. Rev Physiol Biochem Pharmacol. 2014; 166:43–95.
[153] Ben-Sahra I, Manning B D. mTORC1 signaling and the metabolic control of cell growth. Curr Opin Cell Biol. 2017; 45:72–82.
[154] Ahtiainen J P, Walker S, Silvennoinen M, Kyröläinen H, Nindl B C, Häkkinen K, et al. Exercise type and volume alter signaling pathways regulating skeletal muscle glucose uptake and protein synthesis. Eur J Appl Physiol. 2015; 115:1835–1845.
[155] Burd N A, Holwerda A M, Selby K C, West D W D, Staples A W, Cain N E, et al. Resistance exercise volume affects myofibrillar protein synthesis and anabolic signalling molecule phosphorylation in young men. J Physiol (Lond). 2010; 588:3119–3130.
[156] Hulmi J J, Walker S, Ahtiainen J P, Nyman K, Kraemer W J, Häkkinen K. Molecular signaling in muscle is affected by the specificity of resistance exercise protocol. Scand J Med Sci Sports. 2012; 22:240–248.
[157] Terzis G, Spengos K, Mascher H, Georgiadis G, Manta P, Blomstrand E. The degree of p70 S6k and S6 phosphorylation in human skeletal muscle in response to resistance exercise depends on the training volume. Eur J Appl Physiol. 2010; 110:835–843.
[158] Kjøbsted R, Hingst J R, Fentz J, Foretz M, Sanz M, Pehmøller C, et al. AMPK in skeletal muscle function and metabolism. FASEB J. 2018; 32 (4): 1741–1777.
[159] Mounier R, Théret M, Lantier L, Foretz M, Viollet B. Expanding roles for AMPK in skeletal muscle plasticity. Trends Endocrinol Metab. 2015; 26:275–286.
[160] Vissing K, McGee S L, Farup J, Kjølhede T, Vendelbo M H, Jessen N. Differentiated mTOR but not AMPK signaling after strength vs endurance exercise in training-accustomed individuals. Scand J Med Sci Sports. 2013; 23:355–366.
[161] Jessen N, Sundelin E I O, Møller A B. AMP kinase in exercise adaptation of skeletal muscle. Drug Discov Today. 2014; 19:999–1002.
[162] Morales-Alamo D, Calbet J A L. AMPK signaling in skeletal muscle during exercise: role of reactive oxygen and nitrogen species. Free Radic Biol Med. 2016; 98:68–77.
[163] Baar K. Using molecular biology to maximize concurrent training. Sports Med. 2014; 44 (Suppl 2): 117.
[164] Bolster D R, Crozier S J, Kimball S R, Jefferson L S. AMP-activated protein kinase suppresses protein synthesis in rat skeletal muscle through down-regulated mammalian target of rapamycin (mTOR) signaling. J Biol Chem. 2002; 277:23977–23980.
[165] Dreyer H C, Fujita S, Cadenas J G, Chinkes D L, Volpi E, Rasmussen B B. Resistance exercise increases

AMPK activity and reduces 4E-BP1 phosphorylation and protein synthesis in human skeletal muscle. J Physiol (Lond). 2006; 576:613–624.

[166] Horman S, Browne G, Krause U, Patel J, Vertommen D, Bertrand L, et al. Activation of AMP activated protein kinase leads to the phosphorylation of elongation factor 2 and an inhibition of protein synthesis. Curr Biol. 2002; 12:1419–1423.

[167] Gordon B S, Steiner J L, Williamson D L, Lang C H, Kimball S R. Emerging role for regulated in development and DNA damage 1 (REDD1) in the regulation of skeletal muscle metabolism. Am J Physiol Endocrinol Metab. 2016; 311:157.

[168] Lira V A, Benton C R, Yan Z, Bonen A. PGC-1alpha regulation by exercise training and its influences on muscle function and insulin sensitivity. Am J Physiol Endocrinol Metab. 2010; 299:145.

[169] Thirupathi A, de Souza C T. Multi-regulatory network of ROS: the interconnection of ROS, PGC-1 alpha, and AMPK-SIRT1 during exercise. J Physiol Biochem. 2017; 73:487–494.

[170] Sandri M. Signaling in muscle atrophy and hypertrophy. Physiology (Bethesda). 2008; 23:160–170.

[171] Clarke B A, Drujan D, Willis M S, Murphy L O, Corpina R A, Burova E, et al. The E3 Ligase MuRF1 degrades myosin heavy chain protein in dexamethasone-treated skeletal muscle. Cell Metab. 2007; 6:376–385.

[172] Bodine S C, Baehr L M. Skeletal muscle atrophy and the E3 ubiquitin ligases MuRF1 and MAFbx/atrogin-1. Am J Physiol Endocrinol Metab. 2014; 307:469.

[173] Léger B, Cartoni R, Praz M, Lamon S, Dériaz O, Crettenand A, et al. Akt signalling through GSK-3beta, mTOR and Foxo1 is involved in human skeletal muscle hypertrophy and atrophy. J Physiol (Lond). 2006; 576:923–933.

[174] Murton A J, Constantin D, Greenhaff P L. The involvement of the ubiquitin proteasome system in human skeletal muscle remodelling and atrophy. Biochim Biophys Acta 2008; 1782:730–743.

[175] Bilodeau P A, Coyne E S, Wing S S. The ubiquitin proteasome system in atrophying skeletal muscle: roles and regulation. Am J Physiol Cell Physiol. 2016; 311:392.

[176] McCarthy J J, Esser K A. Anabolic and catabolic pathways regulating skeletal muscle mass. Curr Opin Clin Nutr Metab Care. 2010; 13:230–235.

[177] Turner M D, Nedjai B, Hurst T, Pennington D J. Cytokines and chemokines: at the crossroads of cell signalling and inflammatory disease. Biochim Biophys Acta. 2014; 1843:2563–2582.

[178] Vainshtein A, Hood D A. The regulation of autophagy during exercise in skeletal muscle. J Appl Physiol. 2016; 120:664–673.

[179] Masiero E, Agatea L, Mammucari C, Blaauw B, Loro E, Komatsu M, et al. Autophagy is required to maintain muscle mass. Cell Metab. 2009; 10:507–515.

[180] Grumati P, Coletto L, Schiavinato A, Castagnaro S, Bertaggia E, Sandri M, et al. Physical exercise stimulates autophagy in normal skeletal muscles but is detrimental for collagen VI-deficient muscles. Autophagy. 2011; 7:1415–1423.

[181] Tam B T, Siu P M. Autophagic cellular responses to physical exercise in skeletal muscle. Sports Med. 2014; 44:625–640.

[182] Martin-Rincon M, Morales-Alamo D, Calbet J A L. Exercise-mediated modulation of autophagy in skeletal muscle. Scand J Med Sci Sports. 2018; 28 (3): 772–781.

[183] Alers S, Löffler A S, Wesselborg S, Stork B. Role of AMPK-mTOR-Ulk1/2 in the regulation of autophagy: cross talk, shortcuts, and feedbacks. Mol Cell Biol. 2012; 32:2–11.

[184] Mihaylova M M, Shaw R J. The AMPK signalling pathway coordinates cell growth, autophagy and metabolism. Nat Cell Biol. 2011; 13:1016–1023.
[185] Baar K, Nader G, Bodine S. Resistance exercise, muscle loading/unloading and the control of muscle mass. Essays Biochem. 2006; 42:61–74.
[186] Pasiakos S M, Carbone J W. Assessment of skeletal muscle proteolysis and the regulatory response to nutrition and exercise. IUBMB Life. 2014; 66:478–484.
[187] McKendry J, Pérez-López A, McLeod M, Luo D, Dent J R, Smeuninx B, et al. Short inter-set rest blunts resistance exercise-induced increases in myofbrillar protein synthesis and intracellular signalling in young males. Exp Physiol. 2016;101:866–82.
[188] Mitchell C J, Churchward-Venne T A, West D W D, Burd N A, Breen L, Baker S K, et al. Resistance exercise load does not determine training-mediated hypertrophic gains in young men. J Appl Physiol. 2012;113:71–77.
[189] Popov D V, Lysenko E A, Bachinin A V, Miller T F, Kurochkina N S, Kravchenko I V, et al. Influence of resistance exercise intensity and metabolic stress on anabolic signaling and expression of myogenic genes in skeletal muscle. Muscle Nerve. 2015;51:434–442.
[190] McGlory C, Phillips S M. Exercise and the regulation of skeletal muscle hypertrophy. Prog Mol Biol Transl Sci. 2015; 135:153–173.
[191] Smiles W J, Hawley J A, Camera D M. Effects of skeletal muscle energy availability on protein turnover responses to exercise. J Exp Biol. 2016; 219:214–225.
[192] Hitachi K, Tsuchida K. Role of microRNAs in skeletal muscle hypertrophy. Front Physiol. 2013; 4:408.
[193] Kirby T J, McCarthy J J. MicroRNAs in skeletal muscle biology and exercise adaptation. Free Radic Biol Med. 2013; 64:95–105.
[194] Rasmussen M, Zierath J R, Barrès R. Dynamic epigenetic responses to muscle contraction. Drug Discov Today. 2014; 19:1010–1014.
[195] Sharples A P, Stewart C E, Seaborne R A. Does skeletal muscle have an 'epi'-memory? The role of epigenetics in nutritional programming, metabolic disease, aging and exercise. Aging Cell. 2016; 15:603–616.
[196] Silva G J J, Bye A, El Azzouzi H, Wisløff U. MicroRNAs as important regulators of exercise adaptation. Prog Cardiovasc Dis. 2017; 60:130–151.
[197] Schnyder S, Handschin C. Skeletal muscle as an endocrine organ: PGC-1α, myokines and exercise. Bone. 2015; 80:115–125.
[198] Neufer P D, Bamman M M, Muoio D M, Bouchard C, Cooper D M, Goodpaster B H, et al. Understanding the cellular and molecular mechanisms of physical activity-induced health benefits. Cell Metab. 2015; 22:4–11.
[199] Hoffman N J. Omics and exercise: global approaches for mapping exercise biological networks. Cold Spring Harb Perspect Med. 2017; 7.
[200] Giudice J, Taylor J M. Muscle as a paracrine and endocrine organ. Curr Opin Pharmacol.2017; 34:49–55.

6　力量训练的神经生物学适应

西蒙·沃克（Simon Walker）

本章主要介绍力量训练对神经系统功能的影响。关于神经和肌肉系统各部分结构和功能的知识，建议参考解剖学和生理学教科书。如图 6.1 所示，肌肉和神经并不是独立工作的，而是作为一个相互联系和相互作用的单位进行工作的。神经系统的末端可被看作神经肌肉接头（运动神经元和肌纤维的连接点）。对神经系统起点进行定义则比较困难，为了简便，我们可以把它看作运动皮层。因此，在讨论力量训练的急性和慢性反应时，最好将整个系统视为一个整体，使用“神经肌肉”一词，而不用“神经”一词。

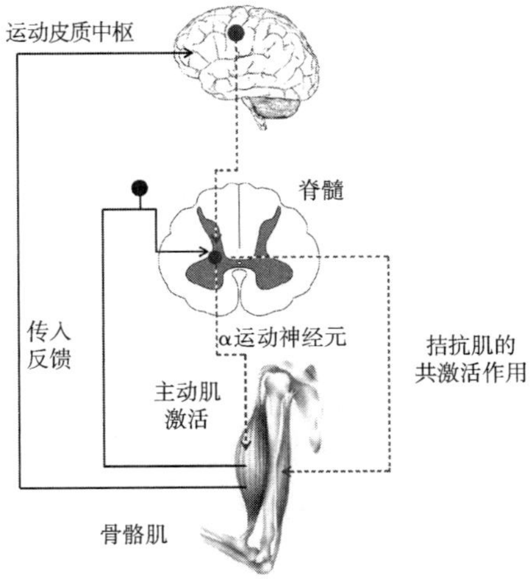

图 6.1　影响力量产生的部分神经系统示意图

资料来源：Moritani[1]. Chapter 3，Strength and Power in Sport.

6.1 神经效应器——力量输出

骨骼肌产生力量的大小取决于多种不同系统和组织的特点，例如，肌肉肌腱的性质，包括肌肉大小、肌纤维类型和肌腱刚度。总体而言，力量的产生是神经肌肉-肌腱系统所有部分的总和。然而，神经系统中有一些特定因子，无论什么时候都能够控制和操纵肌肉以满足机体的特殊需求。

我们先讨论神经系统的终点和神经肌肉系统的最小单位——运动单位。运动单位由一个 α 运动神经元及其所支配的所有肌纤维构成。根据伯克（Burke）[2]的划分，运动单位可按其性质分为慢收缩单位（Ⅰ型）、快收缩抗疲劳单位（Ⅱa 型）和快收缩易疲劳单位（Ⅱx 型）。因此，激活的运动单位类型和数量会影响力量的大小。此外，运动单位的募集受“大小原则”影响[3]。该原则认为，首先被募集的是最小的 α 运动神经元（运动单位），随后的运动单位按照从小到大的顺序被募集。这是一种较合理的募集方式，因为较小的运动单位不容易疲劳，因而可以承受长时间收缩。在逐渐增加力量输出的过程中，大多数肌肉在 50%~95%的最大力量输出范围内可募集所有的运动单位[4-6]。在快速收缩过程中，募集特定的运动单位的肌力阈值会下降[7]。换句话说，相对于慢速收缩，当以尽可能快的速度收缩时，较大的（高阈值）运动单位在较低的力量水平时就被募集了。

力量的产生也受到运动单位激活速率的调节，即受到 α 运动神经元的放电（运动单位动作电位）频率的调节（也可被称作频率编码，rate coding）。如果肌肉收缩力量逐渐增加（递增负荷），已募集的运动单位会随之增加放电频率[7,8]。在快速收缩过程中，放电频率的规律会发生反转，即在刚开始时，放电频率爆发式增加，在达到某一力量水平后又出现下降[7,9]，但运动单位的募集仍然依照“大小原则”。运动单位的募集和放电频率之间的相互作用可能取决于所涉及的肌肉，小肌群似乎更依赖通过放电频率来调节力量的输出，而大力量肌群则更依赖运动单位的募集[10]。然而，最终神经调控肌肉力量的输出依赖于运动神经元的募集和放电频率的组合，并决定最终向肌肉传递的信号。

在 α 运动神经元之前，有许多上游调控影响着运动单位的募集和放电频率。肌肉收缩产生的反馈信号传入（图 6.1 中用实线表示）会影响皮层和脊髓发出的信号。在脊髓层面，肌梭位于肌纤维内，可以感知肌肉的长度变化，起到兴奋 α 运动神经元的作用；而高尔基腱器位于肌腱部位，可以感知压力的变化，起到抑制 α 运动神经元的作用。同时，闰绍细胞可以对激活的 α 运动神经元起到负反馈调控作用。这些调控系统使神经系统能够不断地监控和调节力量的输出。

在下行信号传导中（图 6.1 中用虚线表示），起源于大脑皮层的信号下传到脊髓。运动皮层、小脑和其他皮层中枢的信号汇总，影响运动皮层对脊髓信号的传导。在持续的肌肉收缩过程中，各种反馈信息会调节下行信号（图 6.1）。增强皮层兴奋或减少抑制（或两者结合）都可能会增强下行信号。假设上述所有神经系统的调节作用是恒定的，那么增强的下行信号会产生更大的力量输出。要记住，更强的下行信号也会同时影响拮抗肌的活动水平[11]。

此外，主动肌和协同肌产生的力量大小也受到拮抗肌的共激活水平影响，而且拮抗肌经常被认为在肌肉随意收缩中起到制动作用。研究者认为这种共激活对关节维持稳定性很重要，既可以使关节活动保持有效，又可以起到保护作用，还可以促进肌肉/关节活动之间的流畅性和协调性（例如跑步和跳跃）。在简单的单关节运动中，拮抗肌的共激活水平在不同人群中可能会有差异。例如，和年轻人相比，老年人的拮抗肌共激活水平更高[12]。尽管研究者进行了许多相关实验性研究，但只有少数研究表明力量训练可以降低拮抗肌的共激活水平[13−16]。由于研究者对这个问题尚无定论，接下来的部分我们将重点讨论在力量训练中主动肌激活水平的调节。

6.2　一次性力量训练中的急性反应

依照特异性原则，了解力量训练造成的急性疲劳机制是非常重要的，因为在长期力量训练后，神经肌肉系统很容易出现适应现象[17]。通过本章内容我们可以了解到，在一次特定的力量训练过程中，以及神经肌肉系统在一段时期的训练中功能增强的过程中，神经肌肉系统受到挑战（但仍未疲劳）的部分与逐渐疲劳的部分之间有相当大的共性。之前研究者对急性神经肌肉疲劳的理解很大部分是来自使用可控制的电刺激技术的实验（特别是动物实验）和人体随意等长间歇或长时间持续收缩实验。然而，本章将侧重于介绍在健身房进行力量训练的应用性科学研究。

最大力量训练或神经力量训练指外部负荷较高（＞85% 1RM）、组数多（每种练习 3～5 组）、重复次数少（1～5 次）和间歇长（3～5 分钟）的训练。肌肉肥大的力量训练通常采用中等外部负荷（60%～85% 1RM）、多组数（每种练习 2～4 组）、多重复次数（8～12 次）和间歇短（1～3 分钟）的训练。爆发力训练的目的在于在一定负荷（0%～80% 1RM）基础上，以最大速度完成动作，每种训练 2～6 组，重复 2～10 次，间歇 2～6 分钟，训练计划可以有很大不同。每种力量训练的名称都源于每一训练计划的主要目的。

关于力量训练对神经的急性影响，大多数研究者都使用了表面肌电测试。尽管这一方法的不足使其对急性疲劳的机制尚不能得出肯定结论[18]，但它是现有最简单且非侵入性的方法。最初关于力量训练时神经肌肉疲劳的研究是 20 世纪 90 年代由哈基宁以运动员为受试者进行的[19,20]。该研究中，最大力量训练计划（100% 1RM，20 组）和增肌训练计划（70% 1RM，重复 10 次，做 10 组）均导致最大力量下降（男性最大力量由原来的 47%下降为 24%，女性则由 29%降为 21%），且二者均导致肌电幅值降低（女性的最大力量训练实验除外，原因未知）。麦克寇利（McCaulley）等人[21]进行了一项有趣的研究，他们比较了三种运动量相同但类型不同的力量训练。在进行最大力量训练和增肌训练时都出现最大力量的急性大幅下降，而肌电振幅仅在进行最大力量训练时才会下降。如后面将讨论的那样，爆发力训练会特别影响初始肌电振幅[22]。在增肌训练中，肌电振幅未出现下降，这是普遍现象，尤其是在以前未受训练或非运动员的人群中[23,24]。

相关的解释是，在增肌训练中，神经系统没有出现疲劳，力量下降的原因完全在于肌肉。然而，关于 EMG 频率及振幅的分析均发现明显变化[23,24,25]。增肌训练导致中位频率降低，而在最大力量训练中则没有出现这种变化［图 6.2（a）］。由于中位频率代表了激活的运动单位的平均传导速度[28]，这些数据也许可以解释为最大力量训练中，运动单位募集保持不变，但放电频率下降。更为复杂的情况是如何解释在增肌训练期间出现的 EMG 中位频率下降现象［图 6.2（a）］。

对于这一现象有几种假说，一种是肌肉内的疲劳/损伤减慢了动作电位的传导速度。另一种是运动单位募集过程中同步化程度更高[29]，运动单位同步化可以增加肌电振幅[30]。因此，可能的解释是运动单位同步化程度增高导致 EMG 幅值增加，抵消了由于运动单位的募集和电位传导速度下降而预期会产生的 EMG 幅值的下降。考虑到运动员比未受过训练人群的运动单位同步化水平更高，这种推测可能是成立的[31,32]。此外，力量运动员在增肌训练中和训练后都会出现肌电幅值的下降[19,33]（与第二种假说一致）这可能是由于运动员已经有了更高的运动单位同步化水平，其上升空间比较小。

然而，在力量训练过程中，最能清楚地证明神经系统疲劳的方法也许是使用（电或磁）刺激。默顿（Merton）[34]使用电刺激叠加技术证明了人体无法最大限度激活骨骼肌。简单来说，在做最大自主随意收缩时，如果将高强度的电刺激叠加到支配某肌肉的神经或直接刺激已激活的骨骼肌，可导致测试力量增加，这说明此时骨骼肌并没有发挥其最大潜能，而这种亏欠存在于神经系统。这种方法表明，在增肌训练中出现的疲劳存在于神经系统内，由自主激活水平下降所致[26]［图 6.2（b）］。

另一种检测神经系统疲劳的方法是利用经颅磁刺激（TMS）直接刺激运动皮层并测试肌肉的反应。罗塔斯林（Ruotaslinen）等人[27]进行了一项有趣的实验，在 3×10RM（增肌）肘弯举训练中，第一组训练后肱二头肌的 EMG 信号开始出现运动诱发电位（MEP）升高，同时肌肉出现了疲劳［图 6.2（c）］。可以说，皮质脊髓兴奋性（即上述皮质和脊髓网络各部分的效能）有所提高，可能用来对抗肌组织本身的力量下降，从而发挥出所需的力量水平来维持运动。这种初始的运动诱发电位升高的幅度，在之后的每组训练后逐渐下降。MEP 的下降（随组数递减）程度与刺激后静息期的延长相匹配［图 6.2（c）］。这可能表明疲劳会引起皮层抑制，减少增肌训练中的下行驱动效应。关于神经疲劳及其潜在机制的更多信息，卡罗尔（Carroll）等人近年来的研究值得参考[35]。

接下来我们简要讨论一次性爆发力训练的影响。值得注意的是，在爆发力训练过程中每次收缩刚开始的 100 毫秒内，受训者力量和肌电幅值的下降程度都大于发挥出最大力量时肌力和肌电幅值的下降程度[22]。这一发现与最大力量训练课后等长收缩中所有时段都出现相似下降的结果相反。这些结果强调了爆发力训练产生的疲劳的特点，爆发力训练的目的是尽可能地加快负荷物的运动速度，特别是在影响收缩的起始阶段。这些发现突出了疲劳在力量训练中的表现，并且为不同力量训练计划造成的特殊适应性提供了线索。

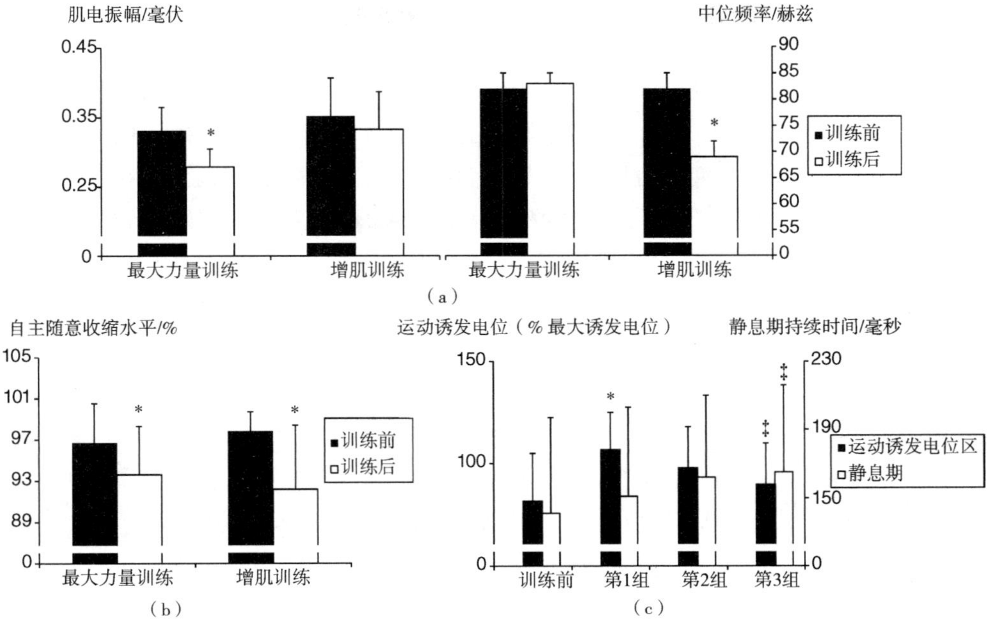

图 6.2　在产生最大等长收缩力期间，一次性力量训练后疲劳诱导所产生的变化

(a) 肌电振幅和中位频率（平均值±SE）[24]；(b) 自主随意收缩水平（平均值±SD）[26]；(c) 运动诱发电位与静息期持续时间（平均值±SD）[27]。

6.3　力量训练的神经适应

正如本章第一节所提到的，如果主动肌和协同肌募集到的运动单位越多，放电频率越高，力量输出也会越大。因此，更大的力量输出可能与以下因素有关：①皮质下行驱动增强；②脊髓运动神经元兴奋性增强或抑制下行驱动的效应减弱[36]。这一节我们将介绍使用不同的方法来评估和量化力量训练过程中潜在适应的一些研究。

表面肌电信号的幅值粗略测量了电极覆盖区域内募集到的运动单位和放电频率。所以研究者使用表面肌电图作为力量训练后神经适应性变化的一个指标。在过去的 30～40 年，有许多研究发现在不同人群中，特别是没有训练经历的人群，经过 8～21 周的力量训练后，在发挥最大力量时，表面肌电信号幅值有所增加[37–42]。此外，在快速收缩中力量输出的早期阶段（50～100 毫秒），肌电图上升速率和平均表面肌电信号幅值有所增加[37,38,43,44]。但是，利用表面肌电图来推断神经适应仍有很多缺点。法里纳（Farina）等人[18]强调了一些方法学上的限制和混淆因素，他们认为在最大力量输出期间，除了神经适应以外，还有其他一些可以导致肌电幅值增加的因素。

可能影响肌电信号的一种生理适应，尤其肌肉适应，是动作电位的传导[45]；另一种是运动单位同步化的水平[30]。后者非常有趣，因为有力量训练经历的受试者比未经训练的受试者表现出更高的同步化水平[31,32]。运动单位同步化水平的提高是否有助于力量的发展还存在争议[30,46]，但它强调了评估神经适应的方法存在局限性。

有些实验使用了肌内电极来量化力量训练前后运动单位的活动方式。具体来说，一些受试者群体做最大用力[47,48]和快速力量输出时[9]，放电频率在训练早期（<6 周）就出现了增加。此外，在快速收缩早期，放电频率增加，同时力量输出速率也增加[9]。这些发现可能有助于解释爆发力训练后快速收缩的力量时间曲线中初始阶段的肌电为何会增加[37,38,43,44]。

一种更直接、非侵入性的神经适应评估方法是刺激外周神经/肌肉。电刺激叠加技术显示，进行力量训练后，年轻受试者和年老受试者的骨骼肌自主激活水平都有所增加[42,48]［图 6.3（a）］。这些发现可归因于运动单位募集和放电频率的增加，但从上述肌内 EMG 的研究结果看，这更可能反映了放电频率的增加以及大部分肌肉的运动单位在低于 95%最大力量的收缩中就已经全部被募集了。

其他一些研究利用外周刺激来量化力量训练前后的 H 反射和 V 波振幅。对周围神经给予次最大电刺激可以通过表面肌电信号记录到人为诱发的反射，即霍夫曼反射或 H 反射。相反，最大电刺激可诱发复合肌肉动作电位（即 M 波，下行），同时也可以（上行）抵消安静状态下的 H 反射。V 波是在自主收缩中和 H 反射效应相当的（下行）动作电位，当自主驱动超过 M 波的（上行）抵消效应水平时才能在肌电信号中观察到。因此，V 波可用来测评运动神经元池传出冲动的综合效应[37,38]，而 V 波增加（与最大 M 波相比而标准化）代表下行驱动增加。可能是出于方法学上的考虑（例如与脊髓的距离），这种方法被用于显示一些远端肌肉力量训练产生的适应，例如小腿三头肌。健康年轻人和老年人[49]在仅仅经过 3 周[50]和 14 周[37,38]力量训练后就伴有 V 波反应增加［图 6.3（b）］。这些研究将该方法与安静状态下 H 反射的刺激相结合，发现脊髓兴奋性未因训练出现变化，这支持了前面提出的假设，即神经适应主要是脊髓以上的改变所致。

研究者用经颅磁刺激方法刺激运动皮层来评估神经适应得到了不同结果。虽然基德尔（Kidgell）[51]和维尔（Weier）等人[52]观察到训练后出现更大的运动诱发电位（可能表示更大的下行驱动），李（Lee）等人[53]并没有观察到这个结果。拉泰拉（Latella）等人[54]观察到受训练和未受训练的肢体中股直肌的静息期在训练后都缩短了，这支持了力量训练可导致皮质脊髓抑制减少的说法。此外，在 4 周的增肌深蹲训练后，皮层内抑制减小[52]［图 6.3（c）］。因此，虽然对力量训练导致皮质脊髓兴奋性/抑制性的研究有限，但训练导致的抑制水平下降可能会改善下行驱动。

此外，无论是最大收缩还是次最大收缩，应该注意到这些使用刺激方法的研究主要局限于力量恒定的条件。因此，关于训练产生的脊髓适应在增加运动单位放电频率中的潜在作用还未被充分研究，但现有的证据也许可以让我们推断出，在脊髓上和脊髓水平的抑制性机制在力量训练后被减弱，使下行冲动增强，运动单位放电频率增加。这些神经适应很可能就是短期力量训练后运动能力增强的原因。今后的研究可以利用其他方法来评估皮质功能在快速收缩中的变化，以获得新的认知。

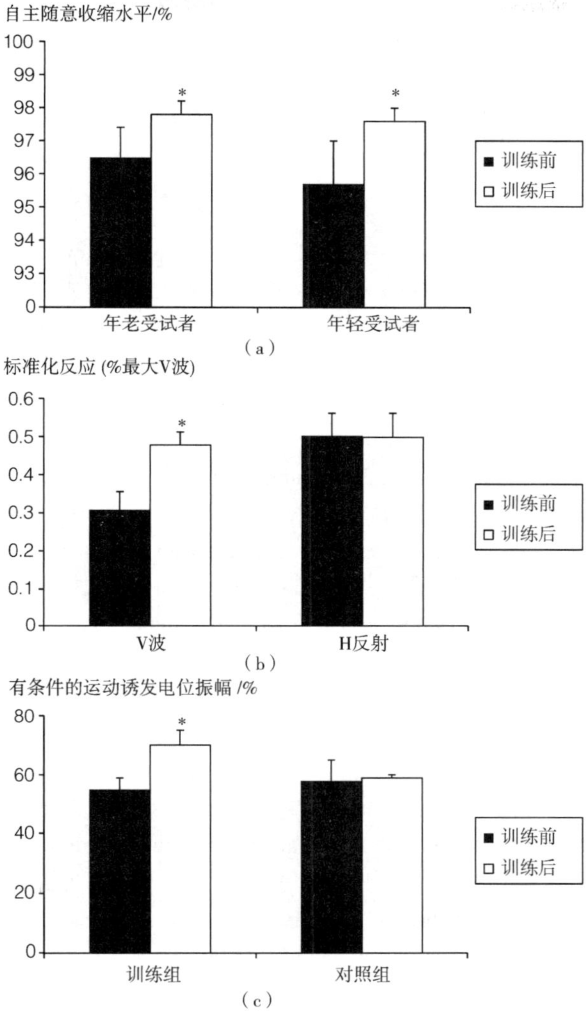

图 6.3　训练诱导的力量增加

（a）自主随意收缩水平（平均±SE）[48]；（b）V 波振幅（平均±SD）[37,38]；（c）有条件的运动诱发电位振幅（平均±SE）[52]

6.4　小结

神经系统通过一个错综复杂的系统来控制力量的输出，这个控制系统具有多个层次。该系统的每一个组成部分都能够增加（促进）或减少（抑制）力量的输出。最终，这些不同效应的总和产生了特殊的募集方式，包括运动单位的募集和运动单位的放电频率。如果肌肉和肌腱能够以同样有效的方式传递这种力量，那么增加运动单位的募集量和放电频率就会使力量输出增加。进行一次性力量训练，会刺激神经系统的各个部分，导致神经系统募集运动单位和限制放电频率的能力出现急性调整。训练是一种重复刺激，它使神经系统各部分产生疲劳，并诱导特异的适应性，增加运动单位的募集量和放电频率。然而，如本章所强调的，要想充分了解在一次性力量训练中，神经系统的哪些部分产生了疲劳，以及长期训练中，哪些部分出现了适应，还需要更多的研究。

参考文献

[1] Moritani T. Motor unit and motoneurone excitability during explosive movement. In: Komi P V, editor. Strength and power in sport. 2nd ed. Oxford: Blackwell Science Ltd; 2003. p. 27–49.

[2] Burke R E. Motor unit types of cat triceps surae muscle. J Physiol. 1967; 193 (1): 141–160.

[3] Henneman E, Somjen G, Carpenter D O. Functional significance of cell size in spinal motoneurons. J Neurophysiol. 1965; 28:560–580.

[4] Grillner S, Udo M. Recruitment in the tonic stretch reflex. Acta Physiol Scand. 1971; 81 (4): 571–573.

[5] Kulkilka C G, Clamann H P. Comparison of the recruitment and discharge properties of motor units in human brachial biceps and adductor pollicis during isometric contractions. Brain Res. 1981; 219 (1): 45–55.

[6] Oya T, Riek S, Cresswell A G. Recruitment and rate coding organization for soleus motor units across entire range of voluntary isometric plantar flexions. J Physiol. 2009; 587 (19): 4737–4748.

[7] Desmedt J E, Godaux E. Ballistic contractions in fast or slow human muscles: discharge patterns of single motor units. J Physiol. 1978; 285:185–196.

[8] Milner-Brown H S, Stein R B, Yemm R. The orderly recruitment of human motor units during voluntary isometric contraction. J Physiol. 1973; 230 (2): 359–370.

[9] Van Cutsem M, Duchateau J, Hainaut K. Changes in single motor unit behavior contribute to the increase in contraction speed after dynamic training in humans. J Physiol. 1998; 513 (1): 295–305.

[10] Seki K, Narusawa M. Firing rate modulation of human motor units in different muscles during isometric contraction with various forces. Brain Res. 1996; 719 (1–2): 1–7.

[11] Mullany H, O’Malley M, St Clair Gibson A, Vaughan C. Agonist-antagonist common drive during fatiguing knee extension efforts using surface electromyography. J Electromyogr Kinesiol. 2002; 12 (5): 375–384.

[12] Klein C S, Rice C L, Marsh G D. Normalized force, activation, and coactivation in the arm muscles of young and old men. J Appl Physiol. 2001; 91 (3): 1341–1349.

[13] Carolan B, Cafarelli E. Adaptations in coactivation after isometric resistance training. J Appl Physiol. 1992; 73 (3): 911–917.

[14] Häkkinen K, Kallinen M, Izquierdo M, Jokelainen K, Lassila H, Mälkiä E, Kraemer W J, Newton R U, Alen M. Changes in agonist-antagonist EMG, muscle CSA, and force during strength training in middle-aged and older people. J Appl Physiol. 1998; 84 (4): 1314–1349.

[15] Häkkinen K, Alen M, Kallinen M, Newton R U, Kraemer W J. Neuromuscular adaptation during prolonged strength training, detraining and re-strength-training in middle-aged and elderly people. Eur J Appl Physiol. 2000; 83 (1): 51–62.

[16] Tillin N A, Pain M T, Folland J P. Short-term unilateral resistance training affects the agonist-antagonist but not the force-agonist activation relationship. Muscle Nerve. 2011; 43 (3): 375–384.

[17] Enoka R M, Duchateau J. Muscle fatigue: what, why and how it influences muscle function. J Physiol. 2008; 586 (1): 11–23.

[18] Farina D, Merletti R, Enoka R M. The extraction of neural strategies from the surface EMG. J Appl Physiol.

2014; 117 (11): 1215–1230.

[19] Häkkinen K. Neuromuscular fatigue in males and females during strenuous heavy resistance loading. Electromyogr Clin Neurophysiol. 1994; 34 (4): 205–214.

[20] Häkkinen K. Neuromuscular fatigue and recovery in male and female athletes during heavy resistance exercise. Int J Sports Med. 1993; 14 (2): 53–59.

[21] McCaulley G O, McBride J M, Cormie P, Hudson M B, Nuzzo J L, Quindry J C, Triplett T N. Acute hormonal and neuromuscular responses to hypertrophy, strength and power type resistance exercise. Eur J Appl Physiol. 2009; 105 (5): 695–704.

[22] Linnamo V, Häkkinen K, Komi P V. Neuromuscular fatigue and recovery in maximal compared to explosive strength loading. Eur J Appl Physiol. 1998; 77 (1–2): 176–181.

[23] Izquierdo M, Ibañez J, Calbet J A, González-Izal M, Navarro-Amézqueta I, Granados C, Malanda A, Idoate F, González-Badillo J J, Häkkinen K, Kraemer W J, Tirapu I, Gorostiaga E M. Neuromuscular fatigue after resistance training. Int J Sports Med. 2009; 30 (8): 614–623.

[24] Walker S, Davis L, Avela J, Häkkinen K. Neuromuscular fatigue during dynamic maximal strength and hypertrophic resistance loadings. J Electromyogr Kinesiol. 2012; 22 (3): 356–362.

[25] Gonzalez-Izal M, Malanda A, Navarro-Amezqueta I, Gorostiaga E M, Mallor F, Ibanez J, Izquierdo M. EMG spectral indices and muscle power fatigue during dynamic contractions. J Electromyogr Kinesiol. 2010; 20 (2): 233–238.

[26] Walker S, Peltonen H, Avela J, Häkkinen K. Neuromuscular fatigue in young and older men using constant or variable resistance. Eur J Appl Physiol. 2013; 113 (4): 1069–1079.

[27] Ruotsalainen I, Ahtiainen J P, Kidgell D J, Avela J. Changes in corticospinal excitability during an acute bout of resistance exercise in the elbow flexors. Eur J Appl Physiol. 2014; 114 (7): 1545–1553.

[28] Solomonow M, Baten C, Smit J, Baratta R, Hermens H, D'Ambrosia R, Shoji H. Electromyogram power spectra frequencies associated with motor unit recruitment strategies. J Appl Physiol (1985). 1990; 68 (3): 1177–1185.

[29] Weytjens J L, van Steenberghe D. The effects of motor unit synchronization on the power spectrum of the electromyogram. Biol Cybern. 1984; 51 (2): 71–77.

[30] Yao W, Fluglevand R J, Enoka R M. Motor-unit synchronization increases EMG amplitude and decreases force steadiness of simulated contractions. J Neurophysiol. 2000; 83 (1): 441–452.

[31] Milner-Brown H S, Stein R B, Lee R G. Synchronization of human motor units: possible roles of exercise and supraspinal reflexes. Electromyogr Clin Neurophysiol. 1975; 38 (3): 245–254.

[32] Semmler J G, Nordstrom M A. Motor unit discharge and force tremor in skill- and strength-trained individuals. Exp Brain Res. 1998; 119 (1): 27–38.

[33] Ahtiainen J P, Häkkinen K. Strength athletes are capable to produce greater muscle activation and neural fatigue during high-intensity resistance exercise than nonathletes. J Strength Cond Res. 2009; 23 (4): 1129–1134.

[34] Merton P A. Voluntary strength and fatigue. J Physiol. 1954; 123 (3): 553–564.

[35] Carroll T J, Taylor J L, Gandevia S C. Recovery of central and peripheral neuromuscular fatigue after exercise. J Appl Physiol. 2017; 122 (5): 1068–1076.

[36] Aagaard P, Thorstensson A. Neuromuscular aspects of exercise-adaptive responses evoked by strength training. In: Kjaer M, Krosgaard M, Magnusson P, editors. Textbook of sports medicine: basic science and clinical aspects of sports injury and physical activity. Chichester: Wiley; 2003. p. 70–106.

[37] Aagaard P, Simonsen E B, Andersen J L, Magnusson P, Dyhre-Poulsen P. Neural adaptations to resistance training: changes in evoked V-wave and H-reflex responses. J Appl Physiol. 2002; 92 (6): 2309–2318.
[38] Aagaard P, Simonsen E B, Andersen J L, Magnusson P, Dyhre-Poulsen P. Increase rate of force development and neural drive of human skeletal muscle following resistance training. J Appl Physiol. 2002; 93 (4): 1318–1326.
[39] Häkkinen K, Komi P V. Electromyographic changes during strength training and detraining. Med Sci Sports Exerc. 1983; 15 (6): 455–460.
[40] Narici M V, Roi G S, Landoni L, Minetti A E, Cerretelli P. Changes in force, cross-sectional area and neural activation during strength training and detraining of the human quadriceps. Eur J Appl Physiol. 1989; 59 (4): 310–319.
[41] Suetta C, Aagaard P, Rosted A, Jakobsen A K, Duus B, Kjaer M, Magnusson S P. Training-induced changes in muscle CSA, muscle strength, EMG, and rate of force development in elderly subjects after long-term unilateral disuse. J Appl Physiol. 2004; 97 (5): 1954–1961.
[42] Walker S, Blazevich A J, Haff G G, Tufano J J, Newton R U, Häkkinen K. Greater gains after training with accentuated eccentric than traditional isoinertial loads in already strength-trained men. Front Physiol. 2016; 7:149.
[43] Häkkinen K, Komi P V, Alen M. Effect of explosive type strength training on isometric force-and relaxation-time, electromyographic and muscle fibre characteristics of leg extensor muscles. Acta Physiol Scand. 1985; 125 (4): 587–600.
[44] Tillin N A, Pain M T, Folland J P. Short-term training for explosive strength causes neural and mechanical adaptations. Exp Physiol. 2012; 97 (5): 630–641.
[45] Arabadzhiev T I, Dimitrov V G, Dimitrov G V. The increase in surface EMG could be a misleading measure of neural adaptation during early gains in strength. Eur J Appl Physiol. 2014; 114 (8): 1645–1655.
[46] Kidgell D J, Sale M V, Semmler J G. Motor unit synchronization measured by cross-correlation is not influenced by short-term training of a hand muscle. Exp Brain Res. 2006; 175 (4): 745–753.
[47] Christie A, Kamen G. Short-term training adaptations in maximal motor unit firing rates and afterhyperpolarization duration. Muscle Nerve. 2010; 41 (5): 651–660.
[48] Knight C A, Kamen G. Adaptations in muscular activation of the knee extensor muscles with strength training in young and older adults. J Electromyogr Kinesiol. 2001; 11 (6): 405–412.
[49] Unhjem R, Lundestad R, Fimland M S, Mosti M P, Wang E. Strength training-induced responses in older adults: attenuation of descending neural drive with age. Age. 2015; 37 (3): 9784.
[50] Vila-Cha C, Falla D, Correia M V, Farina D. Changes in H reflex and V wave following short term endurance and strength training. J Appl Physiol. 2012; 112 (1): 54–63.
[51] Kidgell D J, Stokes M A, Castricum T J, Pearce A J. Neurophysiological responses after short-term strength training of the biceps brachii muscle. J Strength Cond Res. 2010; 24 (11): 3123–3132.
[52] Weier A T, Pearce A J, Kidgell D J. Strength training reduces intracortical inhibition. Acta Physiol. 2012; 206 (2): 109–119.
[53] Lee M, Gandevia S C, Carroll T J. Short-term strength training does not change cortical voluntary activation. Med Sci Sports Exerc. 2009; 41 (7): 1452–1460.
[54] Latella C, Kidgell D J, Pearce A J. Reduction in corticospinal inhibition in the trained and untrained limb following unilateral leg strength training. Eur J Appl Physiol. 2012; 112 (8): 3097–3107.

第二部分

干 扰 效 应

7　干扰效应的可能机制

斯蒂安·埃勒夫森（Stian Ellefsen），基思·巴尔（Keith Baar）

7.1　干扰效应介绍

1980 年，希克森[1]发表了一篇关于同期训练非常有意义的论文，他将单独耐力训练和力量训练的效果与同期有氧能力和腿部力量综合训练的效果进行了比较。从那时起，人们就假定两种训练模式之间存在干扰效应，也称之为同期训练效应或干扰效应[2]。干扰效应可分为急性干扰效应和长期干扰效应，急性干扰效应指先前一节实施的训练造成的残余疲劳会影响后续第二节训练的运动表现[3]，长期干扰效应指对耐力或力量训练的适应会因参加其他形式的训练而受到影响[4]。简而言之，如果在非常接近的时间内进行两种方式的运动训练，长期如此，就会降低力量训练对肌肉力量[1]、肌肉总量[5]和爆发力[4]的影响，但对耐力训练效果没有明显的负面影响[1]，原因可能是耐力训练受益于同期训练[6]。动物实验的结果一致表明，这种对力量的影响主要在于特异分子和细胞信号通路的激活与失活[2,7]。几十年来，这种干扰效应是否普遍存在于人体越发受到质疑，而且有越来越多的证据表明，干扰效应的存在和程度取决于训练状态、受训肌肉的类型、耐力训练方式和训练方案[2,7]。这也许可以解释从人体肌肉活检样本中得到的一些数据，也可以解释为何一些干扰效应的标志物常常得到阴性结果[8,9]。

在一项 2012 年的 Meta 分析中[4]，威尔逊（Wilson）及其同事试图从对同期训练干扰效果的人体研究中得出一个明确的结论，即同期训练会使肌肉力量和肌肉总量增加，在统计学上并不比单独力量训练的效果差，这表明耐力训练并不会对力量适应产生一般的干扰效应[4]。他们的分析仅在肌肉爆发力的结果中有统计学上的显著意义，同期训练组的效果比单独力量训练组的效果要差[4]。进一步的分析发现，不同的耐力训练模式与不同的干扰程度有关，跑步训练会削弱下肢肌肉力量和肌肉总量的增加，而骑车训练则不会。此外，研究发现干扰的程度与耐力训练量有关，即与耐力训练的频率和平均持续时间呈负相关。在某种意义上，威尔逊等人[4]总结了我们已经假设的观点：如果训练的频率足够高、强度足够大、持续的时间足够长，耐力训练就会限制力量的发展。因此，在高水平运动员中这种干扰是存在的，但对于一周只训练3～6次的业余运动员，这种干扰现象似乎不太明显[10]。此外，由于受试者对训练的反应随年龄、性别、训练状况和遗传因素的不同而不同，因此通过在一个小群体中观察同期训练的效果得到有统计学意义的结果是很困难的。相比之下，当每周进行 6 次以上的高强度同期力量和耐力训练，受试者肌肉力量[1]和肥大程度[5]均会有所下降。

7.2 干扰效应与肌肉肥大

干扰效应的分子机制是近 15 年来研究的热点[11]。到 1999 年，哺乳动物雷帕霉素靶蛋白复合物 1（mTORC1）已被确定为抗阻运动肌肉肥大反应的关键分子之一[12]。2003 年，AMP 活化蛋白激酶（AMPK）被证明可以直接灭活 mTORC1 并限制细胞生长[11]。此前 AMPK 已经被证明可以通过耐力运动激活[13]，所以合理的假设是：当耐力运动激活 AMPK 时，AMPK 会阻断 mTORC1，从而降低肌肉肥大程度。与此假设一致的是，老龄动物在超负荷运动后 AMPK 活性增加，肌肉肥大程度降低[14]，而药理 AMPK 激活剂 5–氨基咪唑–4–甲酰胺–1–4–呋喃核糖苷（AICAR）可抑制抗阻运动后 mTORC1 的激活[15]。这些数据似乎证实了同期训练效应仅仅是一个简单的分子开关的结果：力量运动激活 mTORC1，耐力运动激活 AMPK，如果同期训练，AMPK 会阻断 mTORC1 从而降低肌肉肥大程度[16]。

然而这种简单的关系对于人类肌肉的训练效应来说并不适用。当阿普罗（Apro）及其同事开始关注同期训练对人体肌肉中 mTORC1 信号通路的急性抑制时，他们发现，中等训练程度的受试者无论是在 70%最大摄氧量强度下持续骑行 30 分钟[9]，还是在 85%最大摄氧量强度下间歇骑行（每组 4 分钟，组间休息 3 分钟）[8]，都未能抑制抗阻训练后 mTORC1 的激活。高强度间歇训练可以激活 AMPK，也可以略微降低 mTORC1 活性，但并没有统计学意义。这表明，耐力运动激活的 AMPK 阻断抗阻运动激活的 mTORC1，这一简单关系并不是干扰效应背后的机制。

现在看来，也有许多线索表明这种简单关系并不充分。第一，在同期训练模型中，如在啮齿动物的超负荷运动中，AMPK 的 α1 亚型会上调[17]，仅当 α1AMPK 被敲除时，骨骼肌质量才会随着超负荷运动而进一步增加[18]。这表明 AMPK 的 α1 亚型可以阻断肌肉肥大。第二，耐力运动主要激活 AMPK 的 α2 亚型[19,20]，而并不会激活阻碍骨骼肌生长的 AMPK 亚型。如果将这些数据与汤姆森（Thomson）等人[15]的数据结合起来分析，给大鼠注射 AICAR（激活所有形式的 AMPK）并阻断 mTORC1 激活，结论则可能是 α1AMPK 的激活可能阻断 mTORC1 激活和肌肉生长，或者至少同时激活了可阻断骨骼肌生长的下一级因子。

那么问题来了：是什么激活了 α1AMPK 并抑制了 mTORC1 激活？AMPK 和 mTORC1

之间是因果关系还是仅仅可能有关联？mTORC1 不仅能被抗阻运动激活，还能被氨基酸激活[21]。氨基酸对 mTORC1 的激活作用尤以亮氨酸最为明显（图 7.1）。亮氨酸非常重要，它与 Sestrin 蛋白结合后，可以直接激活 mTORC1[22,23]。Sestrin 蛋白与亮氨酸结合后，不再抑制 mTOR 募集其激活剂 Rheb[24]。因此，Sestrin 蛋白与亮氨酸结合后启动了 mTORC1 的激活。有趣的是，Sestrin 的表达与 AMPK 磷酸化的增加有关，同时对 mTORC1 产生负面影响[25]。此外，敲除 α1AMPK 可阻止 Sestrin 蛋白抑制 mTORC1[25]。综上所述，这些观察结果表明，Sestrin 蛋白活性的调节提供了同时调节 mTORC1 和 AMPK 活性的机制，Sestrin 蛋白的增加会阻碍肌肉生长。那么，在肌肉细胞中，Sestrin 蛋白的活性怎么得到调节呢？最有可能的解释是，在许多细胞中，Sestrin 基因表达都受到肿瘤抑制蛋白 p53 的调控[25,26]。已知 p53 可以通过耐力运动激活[27–29]，也可以通过其他细胞应激源，如禁食、（关节）固定、氧化还原状态改变、年龄和生长信号过度等激活[29–32]。激活 p53 会使 Sestrin 上调[25,26]，随着肌肉中 Sestrin 含量的增加，富含亮氨酸的蛋白更难激活 mTORC1，从而导致骨骼肌生长受损。这是干扰效应背后的一种可能机制。与这一假设相一致的是，当一个人处于热量不足[33,34]、长期卧床休息[35]或衰老[36,37]状态时，每餐需摄取更多的蛋白质才能增加肌肉蛋白质的合成或维持肌肉的增长，所有这些都与 p53 活性的增加有关[30–32]。根据这种机制，同期训练效应并没有什么独特之处，相反，任何明显的应激都会导致进食后 mTORC1 信号减少，肌肉生长更加迟缓。

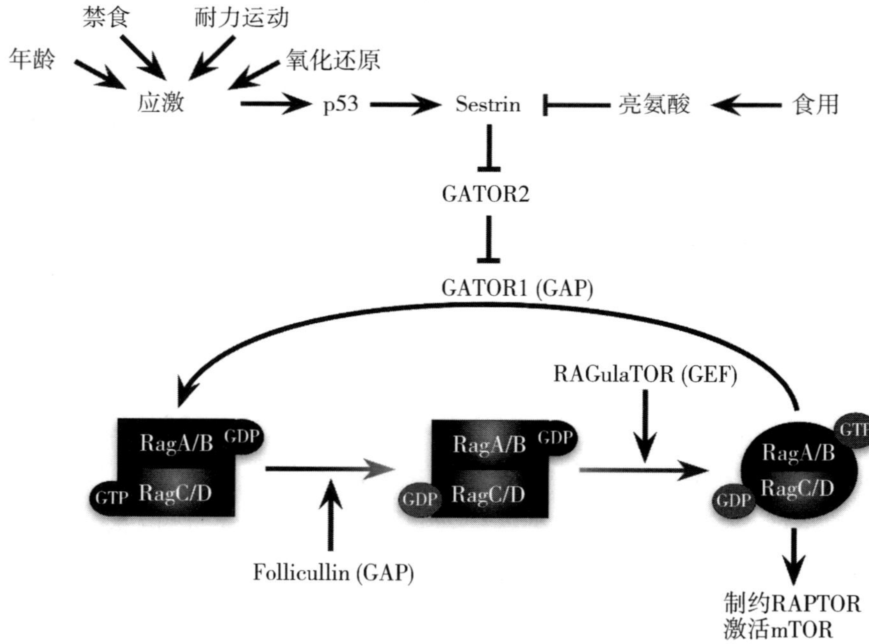

图 7.1　mTORC1 被亮氨酸激活

食用富含亮氨酸的蛋白质抑制了 Sestrin 的活化，但激活了 GATOR2 复合物。当 GATOR2 被激活时，GATOR2 会阻止 GATOR1 激活 RagA/B 的 GTP 酶活性，从而导致 GTP 加载并将 mTOR 募集到其激活剂 Rheb 中，并激活 mTORC1。随着各种来源的应激，p53 可以保持或提高 Sestrin 水平，使富含亮氨酸的蛋白更难激活 mTORC1。

除了上调 Sestrin，激活 p53 可以通过调节核糖体的质量来限制肌肉肥大。核糖体质量与训练中肌肉肥大的数量呈正相关[38]。p53 是较好的核糖体生物合成调控因子之一（图 7.2）。在应激反应中，p53 蛋白维持稳定并破坏核糖体转录调节因子——上游结合因子（UBF）和分离因子（SL1）之间的相互作用[39]。随着 UBF 与 SL1 之间的相互作用减弱，转录核糖体 RNA 的聚合酶 I 的活性降低[39]。直观地说，它会通过降低蛋白质翻译的能力来减缓肌肉生长。与 p53 在调节核糖体质量方面的作用相一致，在抗阻训练后，老年受试者 p53 的活性比年轻人高[31]，表现出较低的核糖体生物合成和肌肉肥大效应[40]。

耐力训练引起的应激是干扰效应的基础，这一机制也可以解释为什么训练量和训练强度越大，干扰就越大。训练量和训练强度越大，运动中肌肉的氧化还原和代谢应激反应就越大，导致 p53 活性越高，Sestrin 蛋白活性越高，mTORC1 在摄食后越难被激活，核糖体质量越低，最终导致蛋白质合成率降低。与此模型一致，相同的负荷量（无论是低强度还是高强度）都会激活类似的 p53[27]，并且训练时减少碳水化合物会使代谢应激加强，导致 p53 活性进一步增加[28]。这表明代谢应激越大，p53 活性越高，干扰效应也越大，这与人体训练研究所获得的数据一致。

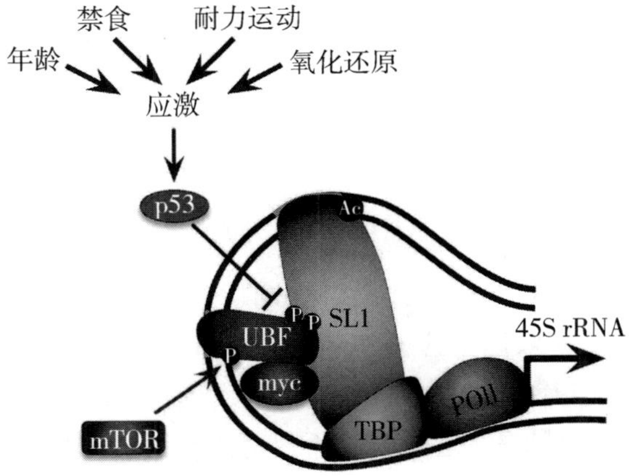

图 7.2 应激对核糖体生物合成的影响

无论是耐力训练、禁食、氧化还原状态的改变，还是衰老，都会增加 p53 的活性。除了 p53 活性的增加，关键转录因子 SL1 和 UBF 之间的相互作用不稳定也导致聚合酶 I 活性下降，45S 核糖体 RNA 前体的产量下降。

7.3 干扰效应与肌肉爆发力

尽管干扰效应对肌肉肥大的影响获得了较大的关注，但其最大的影响却是在肌肉爆发力方面[4]。肌肉爆发力用力量和速度的乘积（功率）来表示，因此肌肉爆发力是由肌肉的横截面积、肌肉的神经激活、肌球蛋白重链亚型表达以及肌节中肌球蛋白和肌动蛋白通过肌腱向骨骼传递力量的能力所决定的[41]。在理论上，每个因素都可能出现干扰效应。前面我们已经讨论了干扰效应对横截面积的影响，然而，干扰效应对肌肉大小的影响的另一重要方面，即对肌纤维类型的影响还没有被讨论。力量训练优先增加骨骼肌中Ⅱ型肌球蛋白重链蛋白的含量[42]。虽然快肌纤维数量不随训练发生变化，但在已有的肌纤维中肌肉生长优先表现为Ⅱa 型肌球蛋白重链蛋白增加，这是通过增加其横截面积和将Ⅱx 型肌纤维转化为Ⅱa 型肌纤维两个方面实现的[43]。因此，Ⅱ型肌球蛋白面积增加，同时力量和爆发力也会增加[5,43,44]。与单纯的力量训练相反，同期耐力和力量训练会导致Ⅰ型肌纤维肥大[45]，同时限制Ⅱ型肌纤维的生长[46]。这使骨骼肌中Ⅰ型肌球蛋白的含量更高，相对于单纯的力量训练来说，其爆发力也比较低。因此，进行耐力训练或同期耐力和力量训练的运动员的爆发力比进行专门力量训练或爆发力训练的运动员要低[47]。在神经适应方面，力量训练通常会改变神经功能，以促进更多肌纤维的激活[48]。这可以提高在最大力量训练期间激活Ⅱ型肌纤维的能力，从而增加肌肉力量并提高肌肉爆发力。这些适应性可能容易受到干扰效应的影响。如研究所示，同期训练后，自主神经激活、肌电图或力量输出速度等出现负面变化[49,50]。这种干扰也有可能是由于耐力训练产生的疲劳影响了力量训练的质量。然而，阐述其可能的神经机制不在本章讨论范围之内。此外，耐力训练可能改变肌肉的微观结构，从而产生干扰效应[51]。关于不同类型的训练如何导致肌肉中细胞外基质及肌腱中力量传递蛋白的转变，目前我们对其知之甚少，还不能确定这是否会产生干扰效应。

7.4 小结

尽管有大量的实验数据可以证明大负荷量或高强度耐力训练的干扰效果，但相关分子机制却很难了解清楚。本章提出的机制是：高强度、大负荷的耐力运动的慢性代谢应激导致 p53 被激活，Sestrin 蛋白增加，核糖体生物合成减少，这一机制可以解释文献中提供的大量实验数据。重要的是，这一机制不仅适用于耐力训练对力量训练适应的干扰，也可以解释在热量限制、去负荷和衰老时增加肌肉质量和力量的难度。这种广泛适用的机制可能会被证实成为计时训练和营养干预中的靶点，甚至可能成为研发对抗肌肉失用性萎缩的新药靶点。

参考文献

[1] Hickson R C. Interference of strength development by simultaneously training for strength and endurance. Eur J Appl Physiol Occup Physiol. 1980; 45 (2–3): 255–263. https://doi.org/10.1007/bf00421333.

[2] Baar K. Using molecular biology to maximize concurrent training. Sports Med. 2014; 44 (Suppl 2): S117–125. https://doi.org/10.1007/s40279-014-0252-0.

[3] Doma K, Deakin G B. The acute effects intensity and volume of strength training on running performance. Eur J Sport Sci. 2014; 14 (2): 107–115. https://doi.org/10.1080/17461391.2012.726653.

[4] Wilson J M, Marin P J, Rhea M R, Wilson S M, Loenneke J P, Anderson J C. Concurrent training: a

meta-analysis examining interference of aerobic and resistance exercises. J Strength Cond Res. 2012; 26 (8): 2293–2307. https://doi.org/10.1519/JSC.0b013e31823a3e2d. National Strength & Conditioning Association.

[5] Kraemer W J, Patton J F, Gordon S E, Harman E A, Deschenes M R, Reynolds K, et al.Compatibility of high-intensity strength and endurance training on hormonal and skeletal muscle adaptations. J Appl Physiol. 1995; 78 (3): 976–989.

[6] Berryman N, Maurel D B, Bosquet L. Effect of plyometric vs. dynamic weight training on the energy cost of running. J Strength Cond Res. 2010; 24 (7): 1818–1825. https://doi.org/10.1519/JSC.0b013e3181def1f5.

[7] Fyfe J J, Bishop D J, Stepto N K. Interference between concurrent resistance and endurance exercise: molecular bases and the role of individual training variables. Sports Med. 2014; 44 (6): 743–762. https://doi.org/10.1007/s40279-014-0162-1.

[8] Apro W, Moberg M, Hamilton D L, Ekblom B, van Hall G, Holmberg H C, Blomstrand E. Resistance exercise-induced S6K1 kinase activity is not inhibited in human skeletal muscle despite prior activation of AMPK by high-intensity interval cycling. Am J Physiol Endocrinol Metab. 2015; 308 (6): E470–481. https://doi.org/10.1152/ajpendo.00486.2014.

[9] Apro W, Wang L, Ponten M, Blomstrand E, Sahlin K. Resistance exercise induced mTORC1 signaling is not impaired by subsequent endurance exercise in human skeletal muscle. Am J Physiol Endocrinol Metab. 2013; 305 (1): E22–32. https://doi.org/10.1152/ajpendo.00091.2013.

[10] Coffey V G, Hawley J A. Concurrent exercise training: do opposites distract? J Physiol. 2017; 595 (9): 2883–2896. https://doi.org/10.1113/JP272270.

[11] Inoki K, Zhu T, Guan K L. TSC2 mediates cellular energy response to control cell growth and survival. Cell. 2003; 115 (5): 577–590.

[12] Baar K, Esser K. Phosphorylation of p70 (S6k) correlates with increased skeletal muscle mass following resistance exercise. Am J Physiol. 1999; 276 (1 Pt 1): C120–127.

[13] Winder W W, Hardie D G. Inactivation of acetyl-CoA carboxylase and activation of AMP-activated protein kinase in muscle during exercise. Am J Physiol. 1996; 270 (2 Pt 1): E299–304.

[14] Thomson D M, Gordon S E. Diminished overload-induced hypertrophy in aged fasttwitch skeletal muscle is associated with AMPK hyperphosphorylation. J Appl Physiol. 2005; 98 (2): 557–564.

[15] Thomson D M, Fick C A, Gordon S E. AMPK activation attenuates S6K1, 4E-BP1, and eEF2 signaling responses to high-frequency electrically stimulated skeletal muscle contractions. J Appl Physiol. 2008; 104 (3): 625–632. https://doi.org/10.1152/japplphysiol.00915.2007.

[16] Atherton P J, Babraj J, Smith K, Singh J, Rennie M J, Wackerhage H. Selective activation of AMPK-PGC-1alpha or PKB-TSC2-mTOR signaling can explain specific adaptive responses to endurance or resistance training-like electrical muscle stimulation. FASEB J. 2005; 19 (7): 786–788.

[17] McGee S L, Mustard K J, Hardie D G, Baar K. Normal hypertrophy accompanied by phosphoryation and activation of AMP-activated protein kinase alpha1 following overload in LKB1 knockout mice. J Physiol. 2008; 586 (6): 1731–1741. https://doi.org/10.1113/jphysiol.2007.143685.

[18] Mounier R, Lantier L, Leclerc J, Sotiropoulos A, Pende M, Daegelen D, et al. Important role for AMPKalpha1 in limiting skeletal muscle cell hypertrophy. FASEB J. 2009; 23 (7): 2264–2273. https://doi.org/ 10.1096/fj.08-119057.

[19] Lee-Young R S, Koufogiannis G, Canny B J, McConell G K. Acute exercise does not cause sustained elevations in AMPK signaling or expression. Med Sci Sports Exerc. 2008; 40 (8): 1490–1494. https://doi.org/ 10.1249/MSS.0b013e318173a037.

[20] Wojtaszewski J F, Nielsen P, Hansen B F, Richter E A, Kiens B. Isoform-specific and exercise intensity-dependent activation of 5′-AMP-activated protein kinase in human skeletal muscle. J Physiol. 2000; 528 (Pt 1): 221–226.

[21] Bar-Peled L, Sabatini D M. Regulation of mTORC1 by amino acids. Trends Cell Biol. 2014; 24 (7): 400–406. https://doi.org/10.1016/j.tcb.2014.03.003.

[22] Saxton R A, Knockenhauer K E, Wolfson R L, Chantranupong L, Pacold M E, Wang T, et al. Structural basis for leucine sensing by the Sestrin2-mTORC1 pathway. Science. 2016; 351 (6268): 53–58. https://doi.org/ 10.1126/science.aad2087.

[23] Wolfson R L, Chantranupong L, Saxton R A, Shen K, Scaria S M, Cantor J R, Sabatini D M. Sestrin2 is a leucine sensor for the mTORC1 pathway. Science. 2016; 351 (6268): 43–48. https://doi.org/10.1126/science.aab2674.

[24] Bar-Peled L, Chantranupong L, Cherniack A D, Chen W W, Ottina K A, Grabiner B C, et al. A Tumor suppressor complex with GAP activity for the Rag GTPases that signal amino acid sufficiency to mTORC1. Science. 2013; 340 (6136): 1100–1106. https: //doi.org/10.1126/science.1232044.

[25] Budanov A V, Karin M. p53 target genes sestrin1 and sestrin2 connect genotoxic stress and mTOR signaling. Cell. 2008; 134 (3): 451–460. https://doi.org/10.1016/j.cell.2008.06.028.

[26] Deng W, Cha J, Yuan J, Haraguchi H, Bartos A, Leishman E, et al. p53 coordinates decidual sestrin 2/AMPK/mTORC1 signaling to govern parturition timing. J Clin Invest. 2016; 126 (8): 2941–2954. https://doi.org/10.1172/JCI87715.

[27] Bartlett J D, Hwa Joo C, Jeong T S, Louhelainen J, Cochran A J, Gibala M J, et al. Matched work high-intensity interval and continuous running induce similar increases in PGC-1 alpha mRNA, AMPK, p38, and p53 phosphorylation in human skeletal muscle. J Appl Physiol. 2012; 112 (7): 1135–1143. https://doi.org/10.1152/japplphysiol.01040.2011.

[28] Bartlett J D, Louhelainen J, Iqbal Z, Cochran A J, Gibala M J, Gregson W, et al. Reduced carbohydrate availability enhances exercise-induced p53 signaling in human skeletal muscle: implications for mitochondrial biogenesis. Am J Physiol Regul Integr Comp Physiol. 2013; 304 (6): R450–458. https://doi.org/10.1152/ajpregu.00498.2012.

[29] Tachtsis B, Smiles W J, Lane S C, Hawley J A, Camera D M. Acute endurance exercise induces nuclear p53 abundance in human skeletal muscle. Front Physiol. 2016; 7:144. https://doi.org/10.3389/fphys.2016.00144.

[30] Aquilano K, Baldelli S, Pagliei B, Cannata S M, Rotilio G, Ciriolo M R. p53 orchestrates the PGC-1alpha-mediated antioxidant response upon mild redox and metabolic imbalance. Antioxid Redox Signal. 2013; 18 (4): 386–399. https://doi.org/10.1089/ars.2012.4615.

[31] Edwards M G, Anderson R M, Yuan M, Kendziorski C M, Weindruch R, Prolla T A. Gene expression profiling of aging reveals activation of a p53-mediated transcriptional program. BMC Genomics. 2007; 8:80. https://doi.org/10.1186/1471-2164-8-80.

[32] Fox D K, Ebert S M, Bongers K S, Dyle M C, Bullard S A, Dierdorff J M, et al. p53 and ATF4 mediate distinct and additive pathways to skeletal muscle atrophy during limb immobilization. Am J Physiol Endocrinol Metab. 2014; 307 (3): E245–261. https://doi.org/10.1152/ajpendo.00010.2014.

[33] Areta J L, Burke L M, Camera D M, West D W, Crawshay S, Moore D R, et al. Reduced resting skeletal muscle protein synthesis is rescued by resistance exercise and protein ingestion following short-term energy deficit. Am J Physiol Endocrinol Metab. 2014; 306 (8): E989–997. https://doi.org/10.1152/ajpendo. 00590. 2013.

[34] Garthe I, Raastad T, Refsnes P E, Koivisto A, Sundgot-Borgen J. Effect of two different weightloss rates on body composition and strength and power-related performance in elite athletes. Int J Sport Nutr Exerc Metab. 2011; 21 (2): 97–104.

[35] English K L, Mettler J A, Ellison J B, Mamerow M M, Arentson-Lantz E, Pattarini J M, et al. Leucine partially protects muscle mass and function during bed rest in middle-aged adults. Am J Clin Nutr. 2016; 103 (2): 465–473. https://doi.org/10.3945/ajcn.115.112359.

[36] De Bandt J P. Leucine and mammalian target of rapamycin-dependent activation of muscle protein synthesis in aging. J Nutr. 2016; 146 (12): 2616S–2624S. https://doi.org/10.3945/jn.116.234518.

[37] Yang Y, Breen L, Burd N A, Hector A J, Churchward-Venne T A, Josse A R, et al. Resistance exercise enhances myofibrillar protein synthesis with graded intakes of whey protein in older men. Br J Nutr. 2012; 108 (10): 1780–1788. https://doi.org/10.1017/S0007114511007422.

[38] Stec M J, Kelly N A, Many G M, Windham S T, Tuggle S C, Bamman M M. Ribosome biogenesis may augment resistance training-induced myofiber hypertrophy and is required for myotube growth in vitro. Am J Physiol Endocrinol Metab. 2016; 310 (8): E652–E661. https://doi.org/10.1152/ajpendo.00486.2015. ajpendo 00486 02015.

[39] Zhai W, Comai L. Repression of RNA polymerase I transcription by the tumor suppressor p53. Mol Cell Biol. 2000; 20 (16): 5930–5938.

[40] Stec M J, Mayhew D L, Bamman M M. The effects of age and resistance loading on skeletal muscle ribosome biogenesis. J Appl Physiol. 2015; 119 (8): 851–857. https://doi.org/10.1152/japplphysiol.00489.2015.

[41] Hughes D C, Wallace M A, Baar K. Effects of aging, exercise, and disease on force transfer in skeletal muscle. Am J Physiol Endocrinol Metab. 2015; 309 (1): E1–E10. https://doi.org/10.1152/ajpendo.00095.2015.

[42] Kosek D J, Kim J S, Petrella J K, Cross J M, Bamman M M. Efficacy of 3 days/wk resistance training on myofiber hypertrophy and myogenic mechanisms in young vs. older adults. J Appl Physiol. 2006; 101 (2): 531–544. https://doi.org/10.1152/japplphysiol.01474.2005.

[43] Staron R S, Leonardi M J, Karapondo D L, Malicky E S, Falkel J E, Hagerman F C, Hikida R S. Strength and skeletal muscle adaptations in heavy-resistance-trained women after detraining and retraining. J Appl Physiol. 1991; 70 (2): 631–640. https://doi.org/10.1152/jappl.1991.70.2.631.

[44] Verdijk L B, Gleeson B G, Jonkers R A, Meijer K, Savelberg H H, Dendale P, van Loon L J. Skeletal muscle hypertrophy following resistance training is accompanied by a fiber type-specific increase in satellite cell content in elderly men. J Gerontol A Biol Sci Med Sci. 2009; 64 (3): 332–339. https://doi.org/10.1093/gerona/gln050.

[45] Kazior Z, Willis S J, Moberg M, Apro W, Calbet J A, Holmberg H C, Blomstrand E. Endurance exercise enhances the effect of strength training on muscle fiber size and protein expression of Akt and mTOR. PLoS One. 2016; 11 (2): e0149082. https://doi.org/10.1371/journal.pone.0149082.

[46] Aagaard P, Andersen J L, Bennekou M, Larsson B, Olesen J L, Crameri R, et al. Effects of resistance training on endurance capacity and muscle fiber composition in young top-level cyclists. Scand J Med Sci Sports. 2011; 21 (6): e298–e307. https://doi.org/10.1111/j.1600-0838.2010.01283.x.

[47] Sleivert G G, Backus R D, Wenger H A. Neuromuscular differences between volleyball players, middle distance runners and untrained controls. Int J Sports Med. 1995; 16 (6): 390–8. https://doi.org/10.1055/s-2007-973026.

[48] Gandevia S C. Spinal and supraspinal factors in human muscle fatigue. Physiol Rev. 2001; 81 (4):

1725–1789.

[49] Eklund D, Pulverenti T, Bankers S, Avela J, Newton R, Schumann M, Häkkinen K. Neuromuscular adaptations to different modes of combined strength and endurance training. Int J Sports Med. 2015; 36 (02): 120–129. https://doi.org/10.1055/s-0034-1385883.

[50] Häkkinen K, Alen M, Kraemer W J, Gorostiaga E, Izquierdo M, Rusko H, et al. Neuromuscular adaptations during concurrent strength and endurance training versus strength training. Eur J Appl Physiol. 2003; 89 (1): 42–52. https://doi.org/10.1007/s00421-002-0751-9.

[51] Hughes D C, Ellefsen S, Baar K. Adaptations to endurance and strength training. Cold Spring Harb Perspect Med. 2018; 8 (6): a029769. https://doi.org/10.1101/cshperspect.a029769.

8 同期力量和耐力训练的分子生物学适应

爱德华多·O.德·苏扎（Eduardo O. De Souza）

8.1 引言

力量和耐力训练都能产生明显不同的骨骼肌适应[1,2]。有研究表明，当同时进行高频率、大负荷和高强度的两种训练时，可能会出现相互冲突的适应效果。如果训练计划实施不当，同期力量和耐力训练（CT）可能会导致力量训练（ST）适应效果下降[3–5]。力量与耐力训练（ET）之间的相互影响被定义为干扰效应。科技的进步帮助我们理解了力量和耐力训练产生的适应现象背后的分子机制。不同训练方案下的肌肉适应的分子基础非常复杂。它包括增加基因和蛋白质的表达和活性，以增加肌肉肥大或线粒体含量[6,7]。此外，在控制运动适应信号通路分子之间存在大量的交叉对话和覆盖，这些超出了本章范围（具体参见参考文献[6,8,9]）。以下内容将回顾同期力量和耐力训练引起的急性和慢性分子生物学适应，以及它们与干扰效应和形态学变化之间的关系。

8.2 分子干扰假说

力量训练产生的肌肉肥大是多次训练的积累效应，导致肌肉蛋白质合成和分解之间的蛋白质正平衡[10]。尽管蛋白质合成过程非常复杂，但都是通过增强 mRNA 翻译的信号通路来调控的[11]。哺乳动物雷帕霉素靶蛋白复合物 1（mTORC1）是控制蛋白质合成和肌肉肥大的关键激酶[12,13]。第 5 章已经解释了 mTOR 控制其他参与蛋白质合成的激酶的作用。

耐力训练产生的适应主要表现在骨骼肌线粒体的功能改善及含量增加，最终增强氧化能力并提高耐力运动表现[14–16]。耐力训练可以激活多种信号[17]（图 8.1）。过氧化物酶体增殖物激活受体 γ 共激活因子 1α（PGC–1α）是线粒体生物合成的关键驱动因子[18]，也是一种转录共激活因子，可诱导线粒体生物合成。它激活不同的转录因子，调节基因表达，从而编码线粒体蛋白[19,20]。尽管多个信号可以调节 PGC–1α，但有证据表明，AMP 活化蛋白激酶（AMPK）是控制 PGC–1α 转录和活性的主要因素之一[21–23]。

AMPK 在运动过程中和营养缺乏期间对细胞能量代谢也起着重要作用[24]。此外，AMPK 被称为细胞能量状态的感受器，细胞 AMP/ATP 比值增加可激活 AMPK。AMPK 一旦被激活，就会削弱生物合成过程，并刺激能量产生，以重建细胞的能量水平[25]。事实上，动物模型研究表明，AMPK 的激活会抑制 mTORC1 的活性及下游信号，削弱蛋白质的合成和骨骼肌肥大效应[25–27]。

与单一模式训练相比，同期训练具有更高的能量需求，也涉及不同的信号通路，在骨骼肌内形成相互冲突的环境。因此，研究者提出了一种分子干扰假说来解释同期训练适应能力下降的原因[26]。在这个 AMPK–Akt 分子开关假说模型中，AMPK 将结节性硬化复合物–2（TSC2）磷酸化。TSC2 关闭 mTORC1 信号级联反应，最终降低同期训练后肌纤维肥大的潜力[26]（图 8.1）。

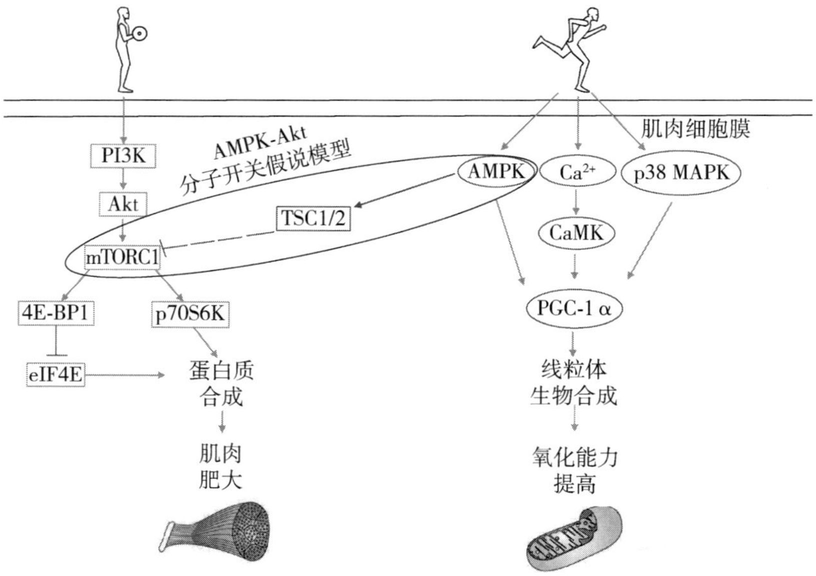

图 8.1　力量训练（ST）、耐力训练（ET）和 AMPK-Akt 分子开关假说模型信号通路激活示意图

ST 诱导蛋白激酶 B（Akt），哺乳动物雷帕霉素靶蛋白复合物 1（mTORC1）的哺乳动物靶标的活性增加，其通过促进真核起始因子 4E 结合蛋白 1（4E–BP1）的磷酸化来调节蛋白质合成的速率，促使 4E–BP1 与真核起始因子 4E（eIF4E）分离，并激活 70kDa 核糖体蛋白激酶(p70S6K)。ET 激活信号级联反应，调节代谢过程和线粒体生物合成，包括 AMP 活化蛋白激酶(AMPK)、p38 丝裂原活化蛋白激酶（p38MAPK）、钙调蛋白依赖性蛋白激酶（CaMK）和过氧化物酶体增殖物激活受体 γ 辅激活因子 1α（PGC-1α）。在 Akt-AMPK 开关假设模型中，ET 激活的 AMPK 可能通过阻断 ST 诱导的蛋白质合成的结节性硬化复合物（TSC）抑制 mTORC1 信号级联反应。

资料来源：Hawley JA（2009）. Molecular responses to strength and endurance training：Are they incompatible?

Atherton et al.（2005）. Selective activation of AMPK-PGC-1 alpha or PKB-TSC2-mTOR signaling can explain specific adaptive responses to endurance or resistance training-like electrical muscle stimulation.

Coffey and Hawley（2017）. Concurrent exercise training：do opposites distract?

8.3 同期运动的急性分子反应

在分析当前关于同期训练分子反应的文献时，要考虑多种因素，因为这些实验在研究设计上存在很大的差异（表 8.1），例如，受试对象、个体反应、训练状态、运动方式和运动量及营养补剂都会影响急性分子反应。此外，肌肉采样时间会显著影响所选分子标记物在转录（基因表达）和翻译（蛋白质信号传导、肌原纤维和肌质合成速率）水平的反应。

科菲和霍利认为训练状态和个体反应是调节同期训练诱导分子级联的主要因素[7]。这些研究者以不同训练背景的受试者（力量或耐力项目运动员）为研究对象，观察力量和耐力训练对受试者急性分子反应的影响。在实验第一部分，运动员按自己传统的训练方案训练。随后，他们按另一种自己不熟悉的训练方案训练。研究者发现，有力量训练背景的受试者在耐力训练后 AMPK$^{(Thr172)}$磷酸化增加，而有耐力训练背景的受试者没有出现变化。另外，有耐力训练背景的受试者在力量训练后，AMPK$^{(Thr172)}$和 p70S6K$^{(Thr389)}$增加，而有力量训练背景的受试者没有增加[28]。需要指出的是，未经训练的受试者，在力量训练后 AMPK 也会升高[29]，这表明 AMPK 可能不仅仅会被耐力训练激活。因此，得出的结论是训练背景会降低单一模式训练引起的特定分子反应的敏感性。

关于同期训练的急性分子反应，已有相互矛盾的结果。先前的研究已经证明同期训练与单独力量训练相比，会抑制生物合成代谢信号通路并减少肌源性因子[30–32]，但是也有研究表明同期训练对耐力[33]、合成代谢信号通路[34–36]及肌肉蛋白质合成[37–39]产生了相似和有利的反应。

例如，伦德伯格（Lundberg）等人[36]以从事业余运动的男性受试者为研究对象，发现同期训练较力量训练更能促进其特异基因表达和蛋白质信号转导。他们发现同期训练后 PGC–1α 和 VEGF 基因表达更高。MuRF–1 和 Atrogin–1 基因表达是肌肉蛋白质降解的主要调控因子。MuRF–1 在各种训练条件下都表现出类似的下降现象，而 Atrogin–1 仅在同期训练后出现下降。抑制蛋白合成的肌生成抑制素在同期训练中表现出较低的 mRNA 水平，而且 mTOR–p70S6K 轴出现良好效应，如 mTOR$^{(Ser2448)}$和 p70S6K$^{(Thr389)}$磷酸化水平在同期训练中更高。这些发现与前期研究结果一致，表明一次性同期训练可以增加生物合成信号[34]，还可以促进或者说不会抑制蛋白质生物合成[37–39]。

表 8.1 关于同期训练的急性分子反应的研究设计总结

研究人员	训练/个体情况	研究设计	营养有效性	采样时间	训练方案				结论
					力量训练	耐力训练	运动间的恢复时间	训练顺序	
伦德伯格等[36]	进行一年多的每周 2～3 次业余性耐力训练，或每周 1～2 次力量训练	同一对象，单侧交叉，单腿力量训练，对侧腿同期训练	早餐后 1 小时进行耐力训练（按每千克体重 1.01 克碳水化合物、0.31 克蛋白质以及 0.24 克脂肪摄入营养），午餐 3 小时后进行力量训练（按每千克体重 2.02 克碳水化合物、0.62 克蛋白质以及 0.49 克脂肪摄入营养）	基线，15 分钟及力量训练后 3 小时	单侧腿屈伸运动，2 组×7 次，每次最大用力	约 42 分钟，40 分钟以 70%最大输出功率进行单侧自行车功率仪测试，然后增加 20 瓦负荷运动至疲劳	6 小时	耐力训练→力量训练	耐力训练后 6 小时进行力量训练不影响 mTOR 相关蛋白的信号传导
巴布科克等[32]	参与休闲性活动的男性大学生。超过 3 个月的每周 2 次耐力训练以及每周 2 次力量训练	同一对象，单侧交叉，单腿力量训练，对侧腿同期训练	参与者在吃完标准化的早餐后2小时进行训练（500 千卡：90～100 克碳水化合物，8～12 克蛋白质，4～8 克脂肪）	基线，运动疗法 96 小时后	以 75%1RM 进行单侧腿伸展后进行同样强度的 4 组×10 次单侧压腿	以 60%最大输出功率进行 90 分钟的自行车功率仪运动	10 分钟	力量训练→耐力训练	同期训练只减弱了卫星细胞对力量训练的反应，并通过优先减少 MHC1 卫星细胞含量的增加来实现
科菲等[30]	常规训练（每周 3 次以上）	随机交叉，所有参与者进行两次实验	实验在 10 小时的隔夜禁食后进行	基线，0、15 分钟以及训练后 3 小时	以 80% 1RM 进行 8 组×5 次腿部伸展运动	10×6 秒，全力冲刺，0.75 最大扭矩/千克的自行车功率仪运动	15 分钟	两个顺序都进行	反复冲刺会削弱力量训练诱导的合成代谢反应，增强分解代谢反应

续表

研究人员	训练/个体情况	研究设计	营养有效性	采样时间	训练方案				结论
					力量训练	耐力训练	运动间的恢复时间	训练顺序	
科菲等[31]	未提及	随机交叉，所有参与者进行两次实验	实验在10小时的隔夜禁食后进行	基线，0、15分钟以及训练后3小时	以80% 1RM进行8组×5次腿部伸展运动	以70%最大摄氧量进行30分钟自行车功率仪运动	15分钟	两个顺序都进行	同期训练产生与单一模训练相关的次优信号应答
王（Wang）等[33]	休闲性活动	随机交叉，所有参与者完成两个实验阶段	实验在12小时的隔夜禁食后进行	基线，训练后1小时以及3小时	以70%、75%、80%、80%、75%、70% 1RM进行6组。参与者被要求在压腿练习中尽可能完成15次的重复动作	以65%最大摄氧量持续骑自行车60分钟（允许30分钟后休息3分钟）	15分钟	耐力训练→力量训练	在耐力训练后进行力量训练会增强线粒体生物发出的信号
皮尤（Pugh）等[35]	健康、无训练经历的男性	均衡交叉	实验开始的前2小时，提供早餐（1803千焦：55%碳水化合物、29%脂肪及16%蛋白质）	未提及	以70%1RM进行4组×8次腿部伸展运动	以90%最大心率进行10组×1分钟	最后一组力量训练后休息2分钟	力量训练→耐力训练	同期训练中低容量和高强度的耐力训练不会减弱合成代谢蛋白信号和mRNA的表达，也不会增加进食后蛋白质降解的标志物
多涅斯等[39]	久坐的中年男性	随机交叉，所有参与者完成3个实验阶段，然而，同期训练仅占力量训练和耐力训练的50%	在10小时的隔夜禁食后开始实验，参与者会在实验结束后立即补充20克的乳清蛋白	基线，训练后1小时以及4小时	以70%1RM进行8组×8次腿部伸展运动或在同期训练条件下进行4组×8次	以65%最大摄氧量进行40分钟持续骑自行车运动或在同期训练中骑行20分钟	无	力量训练→耐力训练	当训练结束后立即摄入20克蛋白质时，训练量减少50%的同期训练可有效刺激两个肌纤维层以及线粒体蛋白质合成效应

续表

研究人员	训练/个体情况	研究设计	营养有效性	采样时间	训练方案				结论
					力量训练	耐力训练	运动间的恢复时间	训练顺序	
阿普罗（Apro）等[43]	受过中等强度训练的男性	随机交叉，所有参与者完成 3 个实验阶段	在约 10.5 小时的隔夜禁食后开始实验	基线，训练后 1 小时以及 3 小时	10 组×10 次压腿运动（以 85%1RM 进行 4 组×10 次，有两组在 65% 1RM 时失败）	以 70%最大摄氧量进行 30 分钟	15 分钟	耐力训练→力量训练	在随后的力量训练中，耐力训练诱导的 AMPK 升高并不会减弱合成代谢信号通路
卡里瑟斯(Carrithers)等[38]	中等强度的活动	同一对象，单侧交叉，单腿力量训练，对侧腿同期训练	在 10.5～14.5 小时的隔夜禁食后开始实验	基线，训练后即刻和训练后 3 小时	以 80% 1RM 进行 3 组×10 次单侧压腿和伸腿运动，进行第 4 组时实验失败	以 60%峰值功率运动 90 分钟，同时保持 60rpm 的节奏	30 分钟	耐力训练→力量训练	同期训练不抑制力量训练后肌原纤维蛋白的合成，在不同的时间和条件下肌原纤维蛋白的合成没有差异，这可能表明运动刺激不足以改变蛋白质的转换
兰伯特(Lambert)等[37]	超重/肥胖的个体	采用急性和慢性评估的平行组重复测量设计，每组进行 3 个急性阶段中的一个：力量训练、同期训练和水中同期训练，其中耐力训练在水中跑步机上进行	在 12 小时的隔夜禁食后开始实验	基线，训练后 24 小时	以 60% 1RM 进行 3 组×12 次的压腿、屈腿和伸腿运动	以 60%最大摄氧量消耗 250 千卡	无	力量训练→耐力训练	与力量训练和传统同期训练（即耐力训练在陆上跑步机上进行）相比，利用水中跑步机的同期训练诱导了更大的肌原纤维蛋白合成反应

注：1RM 表示一次最大重复次数。

尽管如此，一些研究者在研究比较单一模式训练与同期训练的结果后指出其局限性[7]。同期训练通常对骨骼肌施加更大的收缩刺激，因为这种组合训练常常需要更大的负荷量，可以在更大程度上刺激蛋白质信号转导和蛋白质生物合成。为了解决这个问题，多涅斯（Donges）及其同事[39]让久坐的中年男性受试者进行单一模式的力量训练或耐力训练，以及混合模式的同期训练，其中同期训练负荷量比每种单一模式的训练量减少 50%（即所有训练量保持一致）。他们发现在蛋白质信号方面出现差异，其中力量训练效果更好。另外在三种训练方案之间，线粒体蛋白的合成速率增加情况类似。此外，在肌肉蛋白质合成方面，力量训练和同期训练效果相似，并且都比单独的耐力训练效果更好。然而，还有一个重要因素需要考虑，为了使运动诱导的蛋白质合成效应最大化，受试者在运动后立即服用了 20 克乳清蛋白。这也导致无法验证同期训练和力量训练是否以不同方式调节蛋白质的合成反应。

上述论点有不同的证据支持：① 研究表明，20 克蛋白质补充足以使力量训练后蛋白质合成最大化[40,41]；② 在同期训练后摄入乳清蛋白，与摄入安慰剂相比，可以促进蛋白质合成，而削减蛋白质降解的标志物[42]。然而，另外一些关于同期训练对蛋白质合成反应的研究没有得到确切的结论。例如，当使用水中跑步机做耐力训练，且总做功等于单纯力量训练的两倍（500 千卡 vs.250 千卡）时，做同期训练的过重或肥胖受试者肌肉蛋白质合成更强[37]。另一项研究认为，与力量训练相比，同期训练后肌肉蛋白质合成并未受到抑制，两种方案的蛋白质合成速率相似。然而，相对于基线值，两种训练方案都没有明显促进蛋白质合成[38]，这进一步表明该训练方案没有产生足够的应激来刺激合成代谢反应。因此，在得出广泛认可的结论之前，还需要进行更多的研究来评估同期训练和力量训练对蛋白质合成反应的影响。

另外，一些研究表明同期训练可能削弱急性合成代谢信号和肌源性反应[30–32]。虽然这些数据表明可能存在一些急性干扰，但需要指出的是表明这些干扰存在的研究有限[30–32]。科菲等人[30]以业余训练受试者为研究对象，要求他们完成两种不同顺序的同期训练（先进行力量训练再进行耐力训练，或者先进行耐力训练再进行力量训练），最后发现两种训练模式都能适度改变蛋白质信号磷酸化，且与训练顺序无关。然而，在快跑训练前进行力量训练，p70S6K(Thr389)提升到最大。他们同时还研究了与肌肉生成和蛋白水解活性相关的一些基因，发现胰岛素样生长因子 I（IGF–I）和肌分化因子（MyoD）的基因表达与训练顺序无关，不过 IGF–1 的基因表达受到了抑制。在蛋白水解标志物方面，Atrogin-1 没有明显变化，而在同期训练后 3 小时 MuRF-1 基因表达均升高，且与训练顺序没有关系[30]。在另一项研究中，他们也发现了一些急性干扰现象，如先进行力量训练，再进行耐力训练，mTOR(Ser2448)磷酸化水平显著降低，但如果交换训练顺序，则没有出现这种情况[31]。

科菲及其同事[30,31]的研究结果表明，耐力训练会阻碍力量训练诱导的合成代谢通路。此外，同期训练似乎可以短暂加剧业余训练受试者的蛋白水解基因表达。科菲等的这两项研究[30,31]具有很强的现实意义，其实验设计很好地体现了不同运动员和训练有素的人群是如何进行同期训练的，但是这些研究也有其局限性：由于缺乏阳性对照（即单独力量训练），很难判定同期训练是否对翻译信号通路和蛋白水解标志物产生干扰。此外，分析同期训练后所选的 mRNA 表达，并不能反映蛋白质水平。虽然这些研究者认为营养是否充分可能是影响他们研究结果的一个潜在因素，但其他研究发现了与之矛盾的结果[43,44]，如训练有素的受试者在禁食 9～10 小时后进行同期训练，没有发现对合成代谢信号通路有负面影响[43,44]。

在运动的分子适应中还有其他潜在媒介，即卫星细胞。卫星细胞作为新生肌纤维细胞的供体，被认为是肌源性前体细胞。它们在肌肉再生、修复中起重要作用，并且对力量训练诱导的肌肉肥大有帮助[45]。一项研究表明，对训练诱导肌肉肥大反应强烈者，在训练后卫星细胞数量较多[46]。

迄今为止，只有一项关于同期训练对卫星细胞急性反应的研究[32]。巴布科克（Babcock）等人[32]让业余训练受试者接受不同的训练方案，发现力量训练对Ⅱ型肌纤维中卫星细胞密度的影响要大于同期训练。需要指出的重要一点是，同期训练使卫星细胞数的基线增高，因此可能使下次进行同期训练后卫星细胞增加幅度降低。而在Ⅰ型肌纤维中，卫星细胞在力量训练后增加 46%，耐力训练后增加 7%，而同期训练后增加 8%。这些结果非常有趣，因为证据一致表明，在细胞形态学水平上的干扰效应（例如肌肉肥大）主要发生在Ⅰ型肌纤维中[3,4,47]。此外，巴布科克等人[32]的研究表明，耐力训练的加入抑制了由力量训练诱导的卫星细胞的增加。同样，应该谨慎解释这一结果，因为单独的耐力训练可以激活卫星细胞，诱导肌肉重塑[48,49]。因此，还需要更多的研究来阐明同期训练对卫星细胞活化的影响。

基于不同的研究设计，力量训练和同期训练对合成代谢分子反应似乎非常相似。此外，AMPK 下调 mTORC1 已在动物模型中得到一致证实[25,26]。然而，关于 AMPK 在分子水平上关闭 mTORC1 的干扰效应假说尚未在人体研究中得到证实。事实上，耐力训练诱导的 AMPK 磷酸化增加并没有减弱 mTORC1 信号通路或肌肉蛋白质合成反应[43]。此外，卫星细胞和蛋白质降解标记物逐渐成为同期训练中急性分子干扰的潜在因素。然而，只有一项关于力量训练和同期训练对卫星细胞数量影响的研究。此外，只检测 mRNA 的表达可能并不能代表蛋白质的含量，而且很难区分这些变化是与蛋白质降解有关，还是与更高的蛋白质周转率有关。尽管这些一次性运动的研究为同期训练分子反应的变化提供了一些证据，但对于这些急性反应如何转变为长期同期训练造成的分子和形态学慢性适应还不清楚。

8.4 同期训练的慢性分子适应

对力量和耐力训练的长期适应可能是基因表达、急性信号转导和蛋白质合成/降解累积变化的结果。这最终会引起骨骼肌形态结构和功能的改变[5,6,50–52]。虽然骨骼肌对不同的运动刺激具有显著的适应能力，但已有研究表明同期训练可能对单独力量训练诱导的适应产生负面影响（肌肉肥大、肌肉力量和肌肉爆发力）[3,4,53–56]。从分子角度来看，这种相互冲突的适应是力量和耐力训练诱导不同信号反应的结果[26,57,58]（图 8.1）。如前所述，耐力训练激活的信号级联反应可以抑制力量训练的合成代谢，从而影响力量训练诱导的长期适应性。关于同期训练急性反应的研究较少，关于其长期影响的研究更少[34,36,37,56,59–61]。此外，比较这些长期训练的实验应充分考虑其训练设计的不同（表 8.2）。因此，本节将讨论这些实验设计的差异，并在综合分析现有文献的基础上，推断同期训练对分子适应和形态学变化的长期影响。

表 8.2 关于同期训练的慢性分子和形态学适应的研究设计总结

研究人员	训练/个体情况	研究设计	营养有效性	采样时间	训练方案				结论
					力量训练	耐力训练	同期训练	训练间的恢复时间	
伦德伯格等[62]	包括休闲性训练的团队体育活动	同一对象，单侧重复测量，一条腿进行力量训练，对侧腿进行同期训练。5 周的训练时间	在参与者吃完标准化早餐后 2 小时进行肌肉活检（每千克体重 1.01 克碳水化合物、0.31 克蛋白质及 0.24 克脂肪）	训练前以及最后一组训练结束后 72 小时	每周 2 天，12 个周期：尽最大努力在飞轮功率仪上做 4 组×7 次单侧膝关节伸展	只作为同期训练方案的一部分：持续进行约 42 分钟，40 分钟以 70%最大功率完成单侧自行车功率仪，然后负荷增加 20 瓦直至运动力竭	每周 3 天，15 个周期。耐力训练在力量训练之后进行	6 小时	5 周的同期训练和力量训练产生了相似的分子适应和蛋白质分解。同期训练组肌肉体积增加大于力量训练组，肌纤维横截面积增加与力量训练组无明显差异
费尔南德斯–贡扎洛(Fernandez-Gonzalo)等[34]	包括休闲性训练的团队体育活动	同一对象，单侧重复测量，一条腿进行力量训练，对侧腿进行同期训练。5 周的训练时间	早餐后 1 小时进行耐力训练（每千克体重 1.01 克碳水化合物、0.31 克蛋白质及 0.24 克脂肪）；午餐后 3 小时进行力量训练（每千克体重 2.02 克碳水化合物、0.62 克蛋白质及 0.49 克脂肪）	训练前以及最后一组训练结束后 3 小时。肌肉活检在力量训练之前，以及完成耐力训练 6 小时之后进行	每周 2 天，12 个周期：尽最大努力在飞轮功率仪上做 4 组×7 次单侧膝关节伸展	只作为同期训练方案的一部分：持续进行约 42 分钟，40 分钟以 70%最大功率完成单侧自行车功率仪，然后负荷增加 20 瓦直至运动力竭	每周 3 天，15 个周期。耐力训练在力量训练之后进行	6 小时	5 周的训练减弱了未训练肌肉同期训练后急性期观察到的更大的合成代谢反应的整体干扰，这表明耐力训练仅在短期训练中与力量训练起协同作用
鲁阿斯(Ruas)等[60]	久坐人群	平行组重复测量。参与者被随机分配到对照组、耐力训练组、力量训练组或同期训练组	未提及	训练前以及最后一组训练结束后 48 小时	全身日常训练：第 1 周，4 天，轻重量；第 2 周，4 天，2 组×8～10RM；第 3 周，4 天，3 组×8～10RM；第 4～8 周，4 天，4 组×8～10RM	以 65%最大摄氧量连续稳定骑自行车：第 1 周，30 分钟，每周 3 天；第 2 周，45 分钟，每周 4 天；第 3～8 周，60 分钟，每周 5 天	除了持续时间是单独耐力训练的一半外，同期训练中的耐力训练与单独耐力训练的进展相同。同期训练中力量训练举起的次数也较少	未提及	8 周的同期训练增强了与肌肉大小（如 PGC1 或 PGC4）有关的 mRNA 基因的表达

续表

研究人员	训练/个体情况	研究设计	营养有效性	采样时间	训练方案				结论
					力量训练	耐力训练	同期训练	训练间的恢复时间	
兰伯特等[37]	超重/肥胖个体	平行组重复测量。参与者被随机分到力量训练组、力量训练+陆地跑步机组、力量训练+水中跑步机组。12 周的训练时间	12 小时的隔夜禁食后开始训练	基线以及训练后 24 小时	全身日常训练，每周 2 天。第 1～6 周，以 60%1RM 做 3 组×12 次；第 8～12 周，以 75%1RM 做 3 组×8 次	只作为同期训练方案的一部分。每周连续训练 3 天。第 1～6 周，以 60%～85%最大摄氧量消耗 250 千卡；第 8～12 周，以 85%最大摄氧量消耗 500 千卡	耐力训练和力量训练的进展相同。然而，同期训练方案规定 3 次耐力训练。力量训练在耐力训练之后进行	无	与传统同期训练和力量训练相比，使用水中跑步机的 12 周同期训练产生了相似的肌原纤维蛋白合成适应。水中同期训练促使瘦体重增加
德・苏扎等[56,59]	包括休闲性训练的团队体育活动	平行组重复测量。参与者被随机分到对照组、耐力训练组、力量训练组或同期训练组。8 周的训练时间	在参与者吃完标准化的早餐后 2 小时进行肌肉活检（约 311 千卡；63.5%的碳水化合物、21.8%的蛋白质以及 14.7%的脂肪）	基线以及训练后 48 小时	下肢日常训练（压腿、伸膝及膝关节屈曲）每周 2 天。第 1～2 周：3 组×12RM；第 3～4 周：4 组×8～10RM；第 5～6 周：5 组×6～8RM；第 7～8 周：3 组×10～12RM	间歇训练，第 1～2 周：以 80%最大摄氧量做 20 次×1 分钟间歇；第 3～4 周：以 85%～90%最大摄氧量做 20 次×1 分钟间歇；第 5～6 周：以 95%最大摄氧量做 20 次×1 分钟间歇；第 7～8 周：以 90%～100%最大摄氧量做 20 次×1 分钟间歇	耐力训练和力量训练的进展相同。参与者进行力量训练和耐力训练的时期是平衡的	不超过 5 分钟	经过 8 周的训练，同期训练组和力量训练组产生了相似的肌肉生长抑制途径和四头肌横截面积。同期训练对代谢信号和肌纤维适应产生了干扰。耐力训练是唯一在训练后增加活化蛋白激酶的训练

续表

研究人员	训练/个体情况	研究设计	营养有效性	采样时间	训练方案				结论
					力量训练	耐力训练	同期训练	训练间的恢复时间	
伦德伯格等[66]	包括中等强度训练的休闲性训练	同一对象，单侧重复测量，一条腿进行力量训练，对侧腿进行同期训练。5 周的训练时间	参与者在获得液体食物配方后 2 小时进行肌肉活检（每千克体重 1.01 克碳水化合物、0.31 克蛋白质及 0.24 克脂肪）。每 100 毫升液体食物配方包括 6.3 克蛋白质（0.55 克亮氨酸）、20.2 克碳水化合物及 4.9 克脂肪	基线，第一阶段训练后 3 小时及最后一阶段训练后 72 小时	每周 2 天，12 个阶段：在飞轮功率仪上尽力做 4 组×7 次膝伸展	只作为同期训练方案的一部分：持续进行约 42 分钟，40 分钟以 70%最大功率完成单侧自行车功率仪，然后负荷增加 20 瓦直至运动力竭	每周 3 天，15 个阶段：先力量训练，后耐力训练	15 分钟	与力量训练相比，5 周同期训练诱导的活化蛋白激酶激活并不影响肌肉肥大适应
法伊夫等[61]	每周至少 2 次，每次超过 30 分钟的包括耐力和力量训练的休闲性训练	平行组重复测量。参与者被随机分到持续中等强度训练+力量训练组、高强度间歇训练+力量训练或力量训练组。8 周的训练时间	在 8～10 小时的隔夜禁食后进行肌肉活检	基线，禁食后以及最后一阶段训练后 1 小时和 3 小时	每周 3 天，24 个阶段：以 65%～90% 1RM 做 3～4 组×4～14RM 的全身日常训练，每个训练阶段做 3 次下肢训练（例如，第 1 天和第 3 天：压腿、伸腿、后屈腿训练；第 2 天：压腿、哑铃弓箭步、后屈腿练习）	只作为同期训练方案的一部分。高强度间歇训练：以 120%～150%乳酸阈做 5～10 次×2 分钟间歇；持续中等强度训练：以 80%～100%乳酸阈运动 15～33 分钟	每周 3 天。两种同期训练方案（持续中等强度训练和高强度间歇训练）。耐力训练在力量训练之后进行	10 分钟	8 周的同期训练有利于核糖体生物合成和翻译能力的分子标记的适应性。然而，同期训练降低了慢性合成代谢信号，并对 I 型肌纤维横截面积增加产生干扰

在耐力训练诱导适应相关分子标记物方面，有研究发现 5 周同期训练和力量训练后，PGC−1α 和 VEGF mRNA 表达没有显著差异[62]。此外，来自同一课题组的其他研究显示，在同期训练 5 周后，PGC−1α mRNA 表达显著降低。而且，VEGF mRNA 在同期训练组的表达高于力量训练组[34]。在研究方法上的一些差异也许可以解释这些不一致的研究结果。mRNA 存活时间相对较短且不稳定，而伦德伯格等人[62]是在最后一次训练后 72 小时进行的肌肉活检，这可能降低了这些特定基因出现显著性差异的可能性[63]。相反，费尔南德斯−贡扎洛等人[34]是在力量训练后 3 小时进行的肌肉活检，他们发现同期训练组的 PGC−1α 较力量训练组高，可能是因为其本身基础值较高。

此外，PGC−1α mRNA 在耐力训练、力量训练和同期训练后均有增加，而 PGC−1α4 仅在力量训练和同期训练后增加，而且同期训练后增加最多[60]。这些结果表明，其他 PGC−1α 异构体可能与同期训练诱导的长期适应有关。PGC−1α 与线粒体合成和有氧工作能力改善有关，而 PGC−1α4 与增肌有关[60,64]。因此，要阐明不同 PGC−1α 异构体对运动诱导适应的影响，还需要更多的研究。

另一个因素也影响了我们对同期训练分子适应性的理解，只有少数研究比较了同期训练和单独耐力训练对蛋白质信号反应的长期影响。德 • 苏扎研究了力量训练、耐力训练和同期训练对 AMPK(Thr172)磷酸化基础值的影响[59]，发现 8 周训练后，只有间歇性耐力训练组的 AMPK(Thr172)与基础值相比有显著提高。另外，威尔金森（Wilkinson）等人[52]发现，单独进行 10 周耐力训练或力量训练，都能显著增加 AMPK(Thr172)，但在 4 小时后都恢复到了基础水平，重要的是，只有耐力训练组的线粒体蛋白合成速率显著高于安静时的水平，与急性运动研究结果一致，这些结果提示 AMPK(Thr172)的影响可能对运动方式没有特异性[65]。

然而，关于 AMPK-Akt 开关假说是否能解释长期干扰效应，以及同期训练和力量训练如何影响蛋白质生物合成和降解的分子参数，仍存在很大争议。目前，关于长期力量训练和同期训练的研究显示，两者对 AMPK 磷酸化水平的影响相似[59,61,66]。有趣的是，不管耐力训练如何安排（即连续或间歇训练），不同的同期训练方案都会对力量训练诱导的适应性产生干扰。与同期训练方案相比，力量训练组在最后一次训练后，AMPK 活性最强。这表明，长期同期训练不会对肌细胞造成更多的能量应激，反而会使肌肉更不易受到运动引起能量代谢失衡的影响[61]。虽然将 AMPK 有助于解释干扰效应的可能性排除在外的想法很有吸引力，但还是需要更多的研究说明在同期训练诱发的干扰效应中 AMPK 是如何反应的。目前值得注意的是，在长期同期训练的研究中，尽管出现了干扰效应，但是 AMPK 是否关闭 mTORC1 通路还没有得到证实[61]。

此外，在关于长期同期训练对分子和形态学方面适应的研究中发现同期训练可增加[34,37,62,66]、减弱[56]或产生相似程度的肌肉肥大现象[59]。重要的是，只有少数关于同期训练对合成代谢和蛋白质生物降解标志物的长期影响的研究[34,56,60,62]，因此对于长期分子适应没有明确的结论[34,62]。有趣的是，有些研究提示同期训练更具有急性的降解性影响[30]，但在一些长期训练的研究中并未得到证实[34,62]。例如，只有同期训练方案可以降低与蛋白质降解有关的基因表达，而只有力量训练可以降低肌抑素基因表达[34]。但同期训练对肌抑素基因表达的研究较少，而且结论存在争议。例如，伦德伯格及其同事[62]就没有发现肌抑素水平的任何显著变化。同样，德·苏扎的研究[56]也没有发现 8 周同期训练和力量训练后肌抑素 mRNA 水平的显著变化。然而，在两种训练方案中，德·苏扎发现可以负向调节肌抑素基因表达的 SMAD–7 mRNA 均出现显著增加[56]。另外，鲁阿斯及其同事[60]发现仅在力量训练组和同期训练组中，肌抑素 mRNA 表达降低。尽管肌抑素是肌肉质量的重要负调节剂，但值得注意的是，它并不能用来评估人体肌肉肥大水平[67]。要阐明长期同期训练和力量训练对蛋白水解标志物的影响，还需要进一步的研究。研究方案的不一致及数据的缺乏，限制了我们对人体肌肉蛋白降解相关分子标记物的理解。

关于长期同期训练对合成代谢反应的影响，也出现了相互矛盾的研究结果[34,37,59]。兰伯特等人[37]进行了唯一一个关于长期同期训练和力量训练对蛋白质生物合成影响的研究。他们以超重/肥胖受试者为研究对象，提出三种不同的训练方案：第一组是同期训练组（力量训练+陆地跑步机耐力训练）；第二组是同期训练组（力量训练+水中跑步机耐力训练）；第三组为力量训练组。12 周的训练表明，第二组肌原纤维蛋白合成率最高，但各组间无显著性差异，且瘦体重增加最大。此外，费尔南德斯–贡扎洛等人[34]没有发现所观察的蛋白合成信号在组内或组间发生变化［例如，mTOR$^{(Ser2448)}$、rp6$^{(Ser235/236)}$、eEF2$^{(Thr56)}$］，而在同期训练组和力量训练组都发现 p70S6K$^{(Thr389)}$有相似增加的现象。他们还发现同期训练组腿部肌肉体积（CT：13.6%；ST：7.8%）和肌纤维横截面积（CT：17.0%；ST：9.0%）的增加更大[62]。总的来说，同期训练可能会对肌肉肥大产生额外效应，并且与其他训练方案具有相似的分子适应。

相反，另外两项研究表明力量训练有利于肌肉肥大，而同期训练诱导的 Akt/mTORC1/p70S6K 的基础磷酸化水平下降[56,59]。德·苏扎等人[59]发现，力量训练和同期训练可以增加 p70S6K 蛋白的含量。此外，他们还发现“组×时间”有显著交互影响，且只有力量训练组可以增加 Akt$^{(Ser473)}$基础蛋白含量，这表明了 p70S6K$^{(Thr389)}$磷酸化出现明显增加的趋势。针对同一批受试者，他们做了第二个研究，发现只有力量训练组可以增加Ⅰ型和Ⅱa 型肌纤维横截面积，而同期训练减弱所有肌纤维的肥大程度[56]。这两项研究表明，干扰效应可能与 Akt/mTORC1/p70S6K 的信号级联下调有关。

我们应该谨慎解读这些结果。事实上，一些研究已经证明耐力训练可以激活蛋白合成代谢信号和蛋白质生物合成，特别是在未经训练的受试者中进行自行车功率仪运动时[68–71]。此外，另一篇综述文章也提到，未经训练的受试者使用自行车功率仪训练后，肌肉显著增大[64]。有趣的是，对于未经训练或身体活动活跃的受试者进行自行车功率仪同期训练，也出现有利的慢性适应现象[34,62,66]。由于受试者训练水平较低，他们对激活合成代谢信号通路更敏感，蛋白质生物合成反应时间也更长[28]。因此，在他们的训练方案中加入耐力训练，同时在短期小负荷力量训练方案中加强阻力负荷，可以使同期训练方案较单独进行力量训练具有更好的合成代谢效应。另外要考虑的一个重要因素是运动模式。有研究表明，在跑步机上进行的耐力训练对同期训练导致的肌肉肥大有更大的负面影响[72]，当然这还有待进一步验证。虽然兰伯特等人[37]的研究也使用了跑步机，但他们发现使用水中跑步机比使用陆地跑步机显示出更大的急性肌肉蛋白合成反应，使用水中跑步机的同期训练组瘦体重增加最明显。这可能是水中运动模式增加了运动阻力、减少了疲劳而导致的。相反，使用标准陆地跑步机进行的高强度间歇训练显示出的基础合成代谢信号较低，最终削弱了肌肉肥大效应[56,59]。

法伊夫（Fyfe）等人[61]进行的一项精细研究证实了上述部分结论。他们以训练有素的受试者为研究对象，执行力量训练和自行车功率仪训练的同期训练方案。该研究首次观察了核糖体生物合成标记物（基因表达和 RNA 含量），以及合成代谢的反应，发现同期训练削弱了 I 型肌纤维肥大效果。无论是何种强度的耐力训练（连续训练和高强度训练），在所观察的与核糖体生物合成和翻译能力相关的急性和慢性变化中，在同期训练后都出现有利的反应。然而，两种模式在最后一次训练后的合成代谢信号却有所不同。例如，mTOR 磷酸化仅在单纯力量训练 1 小时后增加；而在使用高强度耐力训练的同期方案中，mTOR 磷酸化在 3 小时后才增加。然而，与两种同期方案相比，力量训练组 p70S6K$^{(Thr389)}$和 rps6$^{(Ser235/236)}$的变化更大。这些发现表明：① 核糖体生物合成标记物/翻译效率与肌纤维肥大之间存在脱节现象；② 多次反复训练刺激使骨骼肌更具训练模式特异性；③ 受试者即使在参与本研究前进行了至少 1 年的力量或耐力训练，在自行车功率仪上进行的同期训练也会削弱训练诱发的肌肉肥大。

8.5 小结

综上所述，同期训练的分子基础和干扰效应并没有得到完整的描述，这可能与以往研究的局限性和差异性有关。因此，所有研究设计之间的差异，都会使我们在理解调控同期训练肌肉肥大的分子基础方面存在困扰。此外，即使是大运动量、高频率、高强度的同期训练方案，也需要 7～8 周才能观察到干扰效果，这一点在研究中经常被忽略[5]，所以，彻底了解同期训练的长期分子适应影响和干扰效应需要研究者设计更长的运动时间。由于还没有令人信服的证据支持 AMPK 是调节干扰效应的关键因素，因此研究者需要在长期的运动实验中寻找同期训练阻碍肌纤维蛋白质合成的替代途径，例如，去乙酰化酶家族 NAD^+ 依赖性去甲肾上腺素酶（SIRT）和 Ca^{2+}/钙调素依赖性激酶Ⅱ（CaMKⅡ）也可以抑制合成代谢信号通路。此外，研究者还需要使用先进的技术来研究特异收缩蛋白的合成速率（如肌动蛋白和肌球蛋白），以便更好地描述不同的合成代谢训练效果，并得出更具体的结论。因此，进一步的关于机制方面的研究是有必要的，以便最大限度地增加同期训练对特定人群的益处，同时避免对运动员的训练产生干扰影响。

参考文献

[1] Fluck M, Hoppeler H. Molecular basis of skeletal muscle plasticity–from gene to form and function. Rev

Physiol Biochem Pharmacol. 2003; 146:159–216. PubMed PMID: 12605307. Epub 2003/02/28.
[2] Stefanetti R J, Lamon S, Wallace M, Vendelbo M H, Russell A P, Vissing K. Regulation of ubiquitin proteasome pathway molecular markers in response to endurance and resistance exercise and training. Pflugers Arch. 2015; 467 (7): 1523–1537. PubMed PMID: 25104573. Epub 2014/08/12.
[3] Kraemer W J, Patton J F, Gordon S E, Harman E A, Deschenes M R, Reynolds K, et al. Compatibility of high-intensity strength and endurance training on hormonal and skeletal muscle adaptations. J Appl Physiol (1985). 1995; 78 (3): 976–1989. PubMed PMID: 7775344. Epub 1995/03/01.
[4] Putman C T, Xu X, Gillies E, MacLean I M, Bell G J. Effects of strength, endurance and combined training on myosin heavy chain content and fibre-type distribution in humans. Eur J Appl Physiol. 2004; 92 (4–5): 376–384. PubMed PMID: 15241691. Epub 2004/07/09.
[5] Hickson R C. Interference of strength development by simultaneously training for strength and endurance. Eur J Appl Physiol Occup Physiol. 1980; 45 (2–3): 255–263. PubMed PMID: 7193134. Epub 1980/01/01.
[6] Coffey V G, Hawley J A. The molecular bases of training adaptation. Sports Med. 2007; 37 (9): 737–763. PubMed PMID: 17722947. Epub 2007/08/29.
[7] Coffey V G, Hawley J A. Concurrent exercise training: do opposites distract? J Physiol. 2017; 595 (9): 2883–2896. PubMed PMID: 27506998. Pubmed Central PMCID: PMC5407958. Epub 2016/08/11.
[8] Egan B, Hawley J A, Zierath J R. SnapShot: exercise metabolism. Cell Metab. 2016; 24 (2): 342-e1. PubMed PMID: 27508878. Epub 2016/08/11.
[9] Egan B, Zierath J R. Exercise metabolism and the molecular regulation of skeletal muscle adaptation. Cell Metab. 2013; 17 (2): 162–184. PubMed PMID: 23395166. Epub 2013/02/12.
[10] Phillips S M, Parise G, Roy B D, Tipton K D, Wolfe R R, Tamopolsky M A. Resistance-training-induced adaptations in skeletal muscle protein turnover in the fed state. Can J Physiol Pharmacol. 2002; 80 (11): 1045–1053. PubMed PMID: 12489923. Epub 2002/12/20.
[11] Nader G A. Molecular determinants of skeletal muscle mass: getting the “AKT” together. Int J Biochem Cell Biol. 2005; 37 (10): 1985–1996. PubMed PMID: 16125108. Epub 2005/08/30.
[12] Bodine S C. mTOR signaling and the molecular adaptation to resistance exercise. Med Sci Sports Exerc. 2006; 38 (11): 1950–1957. PubMed PMID: 17095929. Epub 2006/11/11.
[13] Bodine S C, Stitt T N, Gonzalez M, Kline W O, Stover G L, Bauerlein R, et al. Akt/mTOR pathway is a crucial regulator of skeletal muscle hypertrophy and can prevent muscle atrophy in vivo. Nat Cell Biol. 2001; 3 (11): 1014–1019. PubMed PMID: 11715023. Epub 2001/11/21.
[14] Holloszy J O. Regulation by exercise of skeletal muscle content of mitochondria and GLUT4. J Physiol Pharmacol. 2008; 59 Suppl 7:5–18. PubMed PMID: 19258654. Epub 2009/03/11.
[15] Hood D A. Mechanisms of exercise-induced mitochondrial biogenesis in skeletal muscle. Appl Physiol Nutr Metab. 2009; 34 (3): 465–472. PubMed PMID: 19448716. Epub 2009/05/19.
[16] Hood D A, Uguccioni G, Vainshtein A, D’Souza D. Mechanisms of exercise-induced mitochondrial biogenesis in skeletal muscle: implications for health and disease. Compr Physiol. 2011; 1 (3): 1119–1134. PubMed PMID: 23733637. Epub 2011/07/01.
[17] Baar K. Using molecular biology to maximize concurrent training. Sports Med. 2014; 44 Suppl 2:S117–125. PubMed PMID: 25355186. Pubmed Central PMCID: PMC4213370. Epub 2014/10/31.
[18] Jornayvaz F R, Shulman G I. Regulation of mitochondrial biogenesis. Essays Biochem. 2010; 47:69–84. PubMed PMID: 20533901. Pubmed Central PMCID: PMC3883043. Epub 2010/06/11.
[19] Irrcher I, Adhihetty P J, Joseph A M, Ljubicic V, Hood D A. Regulation of mitochondrial biogenesis in

muscle by endurance exercise. Sports Med. 2003; 33 (11): 783–793. PubMed PMID: 12959619. Epub 2003/09/10.

[20] Hawley J A. Molecular responses to strength and endurance training: are they incompatible? Appl Physiol Nutr Metab. 2009; 34 (3): 355–361. PubMed PMID: 19448698. Epub 2009/05/19.

[21] Baar K, Wende A R, Jones T E, Marison M, Nolte L A, Chen M, et al. Adaptations of skeletal muscle to exercise: rapid increase in the transcriptional coactivator PGC-1. FASEB J. 2002; 16 (14): 1879–1886. PubMed PMID: 12468452. Epub 2002/12/07.

[22] Jager S, Handschin C, St-Pierre J, Spiegelman B M. AMP-activated protein kinase (AMPK) action in skeletal muscle via direct phosphorylation of PGC-1alpha. Proc Natl Acad Sci U S A. 2007; 104 (29): 12017–12022. PubMed PMID: 17609368. Pubmed Central PMCID: PMC1924552. Epub 2007/07/05.

[23] Jorgensen S B, Richter E A, Wojtaszewski J F. Role of AMPK in skeletal muscle metabolic regulation and adaptation in relation to exercise. J Physiol. 2006; 574 (Pt 1): 17–31. PubMed PMID: 16690705. Pubmed Central PMCID: PMC1817795. Epub 2006/05/13.

[24] Dasgupta B, Ju J S, Sasaki Y, Liu X, Jung S R, Higashida K, et al. The AMPK beta2 subunit is required for energy homeostasis during metabolic stress. Mol Cell Biol. 2012; 32 (14): 2837–2848. PubMed PMID: 22586267. Pubmed Central PMCID: PMC3416196. Epub 2012/05/16.

[25] Bolster D R, Crozier S J, Kimball S R, Jefferson L S. AMP-activated protein kinase suppresses protein synthesis in rat skeletal muscle through down-regulated mammalian target of rapamycin (mTOR) signaling. J Biol Chem. 2002; 277 (27): 23977–23980. PubMed PMID: 11997383. Epub 2002/05/09.

[26] Atherton P J, Babraj J, Smith K, Singh J, Rennie M J, Wackerhage H. Selective activation of AMPK-PGC-1alpha or PKB-TSC2-mTOR signaling can explain specific adaptive responses to endurance or resistance training-like electrical muscle stimulation. FASEB J. 2005; 19 (7): 786–788. PubMed PMID: 15716393. Epub 2005/02/18.

[27] Thomson D M, Gordon S E. Diminished overload-induced hypertrophy in aged fast-twitch skeletal muscle is associated with AMPK hyperphosphorylation. J Appl Physiol (1985). 2005; 98 (2): 557–564. PubMed PMID: 15465886. Epub 2004/10/07.

[28] Coffey V G, Zhong Z, Shield A, Canny B J, Chibalin A V, Zierath J R, et al. Early signaling responses to divergent exercise stimuli in skeletal muscle from well-trained humans. FASEB J. 2006; 20 (1): 190–192. PubMed PMID: 16267123. Epub 2005/11/04.

[29] Dreyer H C, Fujita S, Cadenas J G, Chinkes D L, Volpi E, Rasmussen B B. Resistance exercise increases AMPK activity and reduces 4E-BP1 phosphorylation and protein synthesis in human skeletal muscle. J Physiol. 2006; 576 (Pt 2): 613–624. PubMed PMID: 16873412. Pubmed Central PMCID: PMC1890364. Epub 2006/07/29.

[30] Coffey V G, Jemiolo B, Edge J, Garnham A P, Trappe S W, Hawley J A. Effect of consecutive repeated sprint and resistance exercise bouts on acute adaptive responses in human skeletal muscle. Am J Physiol Regul Integr Comp Physiol. 2009; 297 (5): R1441–1451. PubMed PMID: 19692661. Epub 2009/08/21.

[31] Coffey V G, Pilegaard H, Garnham A P, O'Brien B J, Hawley J A. Consecutive bouts of diverse contractile activity alter acute responses in human skeletal muscle. J Appl Physiol (1985). 2009; 106 (4): 1187–1197. PubMed PMID: 19164772. Epub 2009/01/24.

[32] Babcock L, Escano M, D'Lugos A, Todd K, Murach K, Luden N. Concurrent aerobic exercise interferes with the satellite cell response to acute resistance exercise. Am J Physiol Regul Integr Comp Physiol. 2012; 302 (12): R1458–1465. PubMed PMID: 22492813. Epub 2012/04/12.

[33] Wang L, Mascher H, Psilander N, Blomstrand E, Sahlin K. Resistance exercise enhances the molecular signaling of mitochondrial biogenesis induced by endurance exercise in human skeletal muscle. J Appl Physiol (1985). 2011; 111 (5): 1335–1344. PubMed PMID: 21836044. Epub 2011/08/13.

[34] Fernandez-Gonzalo R, Lundberg T R, Tesch P A. Acute molecular responses in untrained and trained muscle subjected to aerobic and resistance exercise training versus resistance training alone. Acta Physiol (Oxf). 2013; 209 (4): 283–294. PubMed PMID: 24112827. Epub 2013/10/12.

[35] Pugh J K, Faulkner S H, Jackson A P, King J A, Nimmo M A. Acute molecular responses to concurrent resistance and high-intensity interval exercise in untrained skeletal muscle. Physiol Rep. 2015; 3 (4). PubMed PMID: 25902785. Pubmed Central PMCID: PMC4425969. Epub 2015/04/24

[36] Lundberg T R, Fernandez-Gonzalo R, Gustafsson T, Tesch P A. Aerobic exercise alters skeletal muscle molecular responses to resistance exercise. Med Sci Sports Exerc. 2012; 44 (9): 1680–1688. PubMed PMID: 22460475. Epub 2012/03/31.

[37] Lambert B S, Shimkus K L, Fluckey J D, Riechman S E, Greene N P, Cardin J M, et al. Anabolic responses to acute and chronic resistance exercise are enhanced when combined with aquatic treadmill exercise. Am J Physiol Endocrinol Metab. 2015; 308 (3): E192–200. PubMed PMID: 25425002. Epub 2014/11/27.

[38] Carrithers J A, Carroll C C, Coker R H, Sullivan D H, Trappe T A. Concurrent exercise and muscle protein synthesis: implications for exercise countermeasures in space. Aviat Space Environ Med. 2007; 78 (5): 457–462. PubMed PMID: 17539438. Epub 2007/06/02.

[39] Donges C E, Burd N A, Duffield R, Smith G C, West D W, Short M J, et al. Concurrent resistance and aerobic exercise stimulates both myofibrillar and mitochondrial protein synthesis in sedentary middle-aged men. J Appl Physiol (1985). 2012; 112 (12): 1992–2001. PubMed PMID: 22492939. Epub 2012/04/12.

[40] Moore D R, Robinson M J, Fry J L, Tang J E, Glover E I, Wilkinson S B, et al. Ingested protein dose response of muscle and albumin protein synthesis after resistance exercise in young men. Am J Clin Nutr. 2009; 89 (1): 161–168. PubMed PMID: 19056590. Epub 2008/12/06.

[41] Witard O C, Jackman S R, Breen L, Smith K, Selby A, Tipton K D. Myofibrillar muscle protein synthesis rates subsequent to a meal in response to increasing doses of whey protein at rest and after resistance exercise. Am J Clin Nutr. 2014; 99 (1): 86–95. PubMed PMID: 24257722. Epub 2013/11/22.

[42] Camera D M, West D W, Phillips S M, Rerecich T, Stellingwerff T, Hawley J A, et al. Protein ingestion increases myofibrillar protein synthesis after concurrent exercise. Med Sci Sports Exerc. 2015; 47 (1): 82–91. PubMed PMID: 24870574. Epub 2014/05/30.

[43] Apro W, Moberg M, Hamilton D L, Ekblom B, van Hall G, Holmberg H C, et al. Resistance exercise-induced S6K1 kinase activity is not inhibited in human skeletal muscle despite prior activation of AMPK by high-intensity interval cycling. Am J Physiol Endocrinol Metab. 2015; 308 (6): E470–481. PubMed PMID: 25605643. Epub 2015/01/22.

[44] Apro W, Wang L, Ponten M, Blomstrand E, Sahlin K. Resistance exercise induced mTORC1 signaling is not impaired by subsequent endurance exercise in human skeletal muscle. Am J Physiol Endocrinol Metab. 2013; 305 (1): E22–32. PubMed PMID: 23632629. Epub 2013/05/02.

[45] Blaauw B, Reggiani C. The role of satellite cells in muscle hypertrophy. J Muscle Res Cell Motil. 2014; 35 (1): 3–10. PubMed PMID: 24505026. Epub 2014/02/08.

[46] Petrella J K, Kim J S, Mayhew D L, Cross J M, Bamman M M. Potent myofiber hypertrophy during resistance training in humans is associated with satellite cell-mediated myonuclear addition: a cluster analysis. J Appl Physiol (1985). 2008; 104 (6): 1736–1342. PubMed PMID: 18436694. Epub 2008/04/26.

[47] McCarthy J P, Pozniak M A, Agre J C. Neuromuscular adaptations to concurrent strength and endurance training. Med Sci Sports Exerc. 2002; 34 (3): 511–519. PubMed PMID: 11880817. Epub 2002/03/07.

[48] Abreu P, Mendes S V, Ceccatto V M, Hirabara S M. Satellite cell activation induced by aerobic muscle adaptation in response to endurance exercise in humans and rodents. Life Sci. 2017; 170:33–40. PubMed PMID: 27888112. Epub 2016/11/27.

[49] Joanisse S, Gillen J B, Bellamy L M, McKay B R, Tarnopolsky M A, Gibala M J, et al. Evidence for the contribution of muscle stem cells to nonhypertrophic skeletal muscle remodeling in humans. FASEB J. 2013; 27 (11): 4596–4605. PubMed PMID: 23928822. Pubmed Central PMCID: PMC3804745. Epub 2013/08/10.

[50] Blaauw B, Schiaffino S, Reggiani C. Mechanisms modulating skeletal muscle phenotype. Compr Physiol. 2013; 3 (4): 1645–1687. PubMed PMID: 24265241. Epub 2013/11/23.

[51] Fyfe J J, Bishop D J, Stepto N K. Interference between concurrent resistance and endurance exercise: molecular bases and the role of individual training variables. Sports Med. 2014; 44 (6): 743–762. PubMed PMID: 24728927. Epub 2014/04/15.

[52] Wilkinson S B, Phillips S M, Atherton P J, Patel R, Yarasheski K E, Tarnopolsky M A, et al. Differential effects of resistance and endurance exercise in the fed state on signalling molecule phosphorylation and protein synthesis in human muscle. J Physiol. 2008; 586 (15): 3701–3717. PubMed PMID: 18556367. Pubmed Central PMCID: PMC2538832. Epub 2008/06/17.

[53] Häkkinen K, Alen M, Kraemer W J, Gorostiaga E, Izquierdo M, Rusko H, et al. Neuromuscular adaptations during concurrent strength and endurance training versus strength training. Eur J Appl Physiol. 2003; 89 (1): 42–52. PubMed PMID: 12627304. Epub 2003/03/11.

[54] Docherty D, Sporer B. A proposed model for examining the interference phenomenon between concurrent aerobic and strength training. Sports Med. 2000; 30 (6): 385–394. PubMed PMID: 11132121. Epub 2000/12/29.

[55] Dudley G A, Djamil R. Incompatibility of endurance- and strength-training modes of exercise. J Appl Physiol (1985). 1985; 59 (5): 1446–1451. PubMed PMID: 4066574. Epub 1985/11/01.

[56] De Souza E O, Tricoli V, Aoki M S, Roschel H, Brum P C, Bacurau A V, et al. Effects of concurrent strength and endurance training on genes related to myostatin signaling pathway and muscle fiber responses. J Strength Cond Res. 2014; 28 (11): 3215–3223. PubMed PMID: 24832980. Epub 2014/05/17.

[57] Nader G A. Concurrent strength and endurance training: from molecules to man. Med Sci Sports Exerc. 2006; 38 (11): 1965–1970. PubMed PMID: 17095931. Epub 2006/11/11.

[58] Baar K. Training for endurance and strength: lessons from cell signaling. Med Sci Sports Exerc. 2006; 38 (11): 1939–1944. PubMed PMID: 17095927. Epub 2006/11/11.

[59] De Souza E O, Tricoli V, Roschel H, Brum P C, Bacurau A V, Ferreira J C, et al. Molecular adaptations to concurrent training. Int J Sports Med. 2013; 34 (3): 207–213. PubMed PMID: 23044732. Epub 2012/10/10.

[60] Ruas J L, White J P, Rao R R, Kleiner S, Brannan K T, Harrison B C, et al. A PGC-1 alpha isoform induced by resistance training regulates skeletal muscle hypertrophy. Cell. 2012; 151 (6): 1319–1331. PubMed PMID: 23217713. Pubmed Central PMCID: PMC3520615. Epub 2012/12/12.

[61] Fyfe J J, Bishop D J, Bartlett J D, Hanson E D, Anderson M J, Garnham A P, et al. Enhanced skeletal muscle ribosome biogenesis, yet attenuated mTORC1 and ribosome biogenesisrelated signalling, following short-term concurrent versus single-mode resistance training. Sci Rep. 2018; 8 (1): 560. PubMed PMID: 29330460. Pubmed Central PMCID: 5766515. Epub 2018/01/14. eng

[62] Lundberg T R, Fernandez-Gonzalo R, Gustafsson T, Tesch P A. Aerobic exercise does not compromise muscle hypertrophy response to short-term resistance training. J Appl Physiol (1985). 2013; 114 (1): 81–89. PubMed PMID: 23104700. Epub 2012/10/30.

[63] Cunha T F, Moreira J B, Paixao N A, Campos J C, Monteiro A W, Bacurau A V, et al. Aerobic exercise training upregulates skeletal muscle calpain and ubiquitin-proteasome systems in healthy mice. J Appl Physiol (1985). 2012; 112 (11): 1839–1846. PubMed PMID: 22461440. Epub 2012/03/31.

[64] Konopka A R, Harber M P. Skeletal muscle hypertrophy after aerobic exercise training. Exerc Sport Sci Rev. 2014; 42 (2): 53–61. PubMed PMID: 24508740. Pubmed Central PMCID: PMC4523889. Epub 2014/02/11.

[65] Vissing K, McGee S, Farup J, Kjolhede T, Vendelbo M, Jessen N. Differentiated mTOR but not AMPK signaling after strength vs endurance exercise in training-accustomed individuals. Scand J Med Sci Sports. 2013; 23 (3): 355–366. PubMed PMID: 23802289. Epub 2013/06/27.

[66] Lundberg T R, Fernandez-Gonzalo R, Tesch P A. Exercise-induced AMPK activation does not interfere with muscle hypertrophy in response to resistance training in men. J Appl Physiol (1985). 2014; 116 (6): 611–620. PubMed PMID: 24408998. Epub 2014/01/11.

[67] Kim J S, Petrella J K, Cross J M, Bamman M M. Load-mediated downregulation of myostatin mRNA is not sufficient to promote myofiber hypertrophy in humans: a cluster analysis. J Appl Physiol (1985). 2007; 103 (5): 1488–1495. PubMed PMID: 17673556. Epub 2007/08/04.

[68] Mascher H, Ekblom B, Rooyackers O, Blomstrand E. Enhanced rates of muscle protein synthesis and elevated mTOR signalling following endurance exercise in human subjects. Acta Physiol (Oxf). 2011; 202 (2): 175–184. PubMed PMID: 21385328. Epub 2011/03/10.

[69] Mascher H, Andersson H, Nilsson P A, Ekblom B, Blomstrand E. Changes in signalling pathways regulating protein synthesis in human muscle in the recovery period after endurance exercise. Acta Physiol (Oxf). 2007; 191 (1): 67–75. PubMed PMID: 17488244. Epub 2007/05/10.

[70] Benziane B, Burton T J, Scanlan B, Galuska D, Canny B J, Chibalin A V, et al. Divergent cell signaling after short-term intensified endurance training in human skeletal muscle. Am J Physiol Endocrinol Metab. 2008; 295 (6): E1427–1438. PubMed PMID: 18827172. Epub 2008/10/02.

[71] Di Donato D M, West D W, Churchward-Venne T A, Breen L, Baker S K, Phillips S M. Influence of aerobic exercise intensity on myofibrillar and mitochondrial protein synthesis in young men during early and late postexercise recovery. Am J Physiol Endocrinol Metab. 2014; 306 (9): E1025–E1032. PubMed PMID: 24595306. Pubmed Central PMCID: PMC4010655. Epub 2014/03/07.

[72] Wilson J M, Marin P J, Rhea M R, Wilson S M, Loenneke J P, Anderson J C. Concurrent training: a meta-analysis examining interference of aerobic and resistance exercises. J Strength Cond Res. 2012; 26 (8): 2293–2307. PubMed PMID: 22002517. Epub 2011/10/18.

9　耐力训练、力量训练和同期训练对细胞因子和炎症的效应

约明・高（Jorming Goh），林钦良（Chin Leong Lim），铃木胜彦（Katsuhiko Suzuki）

9.1　引言

免疫系统通过保护身体免受抗原（引起免疫反应的分子）的有害影响，包括微生物、病原体、压力应激和软组织损伤，来维持生理稳态和身体健康水平。该系统通过对各种复杂而新奇的抗原进行两级反应，以监测抗原对身体的攻击[1]。

对抗异物的第一道防线是固有免疫系统，也称为非特异性免疫系统，使用一般机制对体内异物做出反应。该免疫系统的保护机制包括表面屏障（如皮肤和黏膜表面）、局部炎症、单核细胞和粒细胞的吞噬作用，以及通过将自然杀伤（NK）细胞与肿瘤或病毒感染细胞的主要组织相容性复合物（MHC）结合而产生细胞毒性等。第二道防线，即特异性免疫系统，由固有免疫系统无法中和的抗原激活。该系统中的免疫细胞可以识别抗原的独特特征，并修饰其自身形态和功能，以形成靶向和中和特异抗原的新抗体。特异性免疫系统的特性使机体对新的抗原产生抗体反应，而新的抗体成为机体免疫监视系统的永久组成部分。该系统在抗原攻击后 24～48 小时被激活，由淋巴细胞亚群，即 T 细胞（细胞毒性 T 细胞和辅助 T 细胞）以及 B 细胞和免疫球蛋白 IgG、IgA、IgM 和 IgE 所驱动[2]。

除了抗原攻击，免疫系统的状态还受到急性和长期身体压力的影响，如耐力训练、力量训练、运动比赛和职业任务（如军事和体力劳动）[3–6]。长期暴露于这些压力下，可导致免疫功能抑制和骨骼肌损伤，从而引发炎症反应。炎症反应是免疫系统中组织保护和功能修复的一部分，主要由细胞因子和趋化因子所驱动。细胞因子和趋化因子是调节炎症和免疫反应的细胞间信号分子，通常以自分泌或旁分泌的方式在极低浓度下起作用[7]。在运动中，炎症反应可能涉及不同免疫和非免疫细胞（如骨骼肌）之间复杂的细胞信号传递，导致细胞因子和趋化因子分泌和摄取，以及动员下游白细胞进入全身循环和体内炎症部

位。这些炎症反应也可以激活组织内的免疫细胞并改变它们的功能反应。根据对细胞或免疫通路的影响，细胞因子通常分为促炎性细胞因子或抗炎细胞因子，而血浆中抗炎细胞因子（如IL–1ra、IL–4、IL–10）和趋化因子（如IL–8）的浓度通常在一次性运动后升高[7,8]。

剧烈运动可增加运动期间和运动后1小时循环白细胞（0.5～2.6倍）、单核细胞（0.2～2.5倍）、粒细胞（0.3～4倍）和中性粒细胞（0.8～2.6倍）的数量[3,9–11]。在运动过程中，淋巴细胞也会增加多达一倍，但在剧烈运动后6小时内，淋巴细胞数量会下调至低于基础浓度（–19%～–60%）[3,9,10]。运动过程中免疫细胞数量增加是受血流动力学剪切应力的影响，剪切应力使黏附在血管壁以及肺、肝和脾脏的免疫细胞分离，从而进入体循环[12]。运动后1～3小时，中性粒细胞也从骨髓中被动员[11]。运动使儿茶酚胺浓度升高，并与白细胞上的β2–肾上腺素受体结合，这也有助于白细胞动员进入体循环[13]。运动后淋巴细胞数量下降，NK细胞（–60%～–80%）、B细胞（–8%～–40%）、T细胞（–14%～–50%）、T辅助细胞（–5%～–52%）和细胞毒性T细胞（–40%～–60%）的浓度也随之下降[10,14–18]。运动后免疫细胞数量下降是由于淋巴细胞亚群从中心循环向外周器官迁移[4,5]，并且与运动强度和负荷量有关，而与运动类型无关[4,5,10,14,19–21]。运动将免疫细胞动员到肝、肺和骨骼肌等外周器官中，可能有助于启动组织重塑，从而促进这些器官的代谢和表型变化。

对运动训练是否长期良好适应取决于身体在剧烈运动中适当提高和调节免疫反应的能力，包括调节细胞因子和趋化因子的反应。由于训练负荷过重或恢复不佳，免疫系统无法适当调节这些反应，这可能会抑制免疫功能，降低运动成绩，增加呼吸道感染的风险。这种现象被称为过度负荷，当这种影响持续数天或数周，甚至数月时，就会发展到过度训练状态。根据之前的研究，训练有素的自行车和三项全能运动员（n=10）[22]连续强化耐力训练28天，训练计划主要包括（75%～80%）骑自行车，其余时间为跑步、游泳和举重，在第1、14、28和30天没有发现安静白细胞计数的变化。当在较长时间段内测量这些指标时，精英运动员和对照成年人群之间的免疫细胞数目实际上存在差异。在一个为期10年的横向研究中，研究者跟踪测试14个项目的优秀运动员（937名女性，1310名男性），发现优秀耐力运动员安静白细胞和中性粒细胞计数比一般健康人群低16%左右[23]。值得注意的是，霍恩（Horn）的研究在自行车和三项全能运动员中分别检测到17%和16%的运动员患有临床中性粒细胞减少症（$<2.0\times10^9$/L），而这个比例在运动员总样本群中为5%。目前还不清楚参与研究的运动员是否有过度训练症状，在训练日记和医疗访问中都没有记录。然而，一次性高强度运动和长时间大负荷量训练（尤其是耐力运动）会导致免疫抑制，增加感染的风险。这些研究结果对长期大负荷训练运动员的身体健康有着重要的实践意义。体育和健康专业人士可以了解长时间高强度训练对免疫系统的影响，并采取预防措施为运动员的健康做出贡献。

本章旨在介绍健康人群运动和免疫健康的关键概念和研究成果。这一主题已在其他文献中有更深入的综述，读者可以参考阅读文献[6,13,24–26]。下文主要总结了由运动诱导的免疫反应的现有知识，如耐力训练、力量训练、同期耐力和力量训练对免疫反应的影响。

具体来说，我们将描述运动诱导的细胞因子反应以及健康人群在参与不同运动训练模式后，其炎症反应如何调节以避免感染风险并维持组织稳态等。

9.2 运动免疫模型研究

9.2.1 运动诱导免疫抑制的“开窗”理论和“J 曲线”模型

自 20 世纪 80 年代以来，人们对运动免疫学研究的兴趣不断增长，目前在该领域已发表 3500 多篇同行评审论文[6]。30 多年来，许多运动免疫学研究都受到经典的“开窗”理论和“J 曲线”模型的影响。“开窗”理论表明，在剧烈运动后，免疫功能会被抑制 3～72 小时[27]。在这个“开窗”期间，潜伏在细胞中的病毒可能被重新激活，从而引起感染。在开窗期间，反复运动会进一步抑制免疫系统，增加感染风险[28,29]。研究者们也赞同“J 曲线”模型的概念（图 9.1），认为长时间高强度训练与高感染风险相关，其次是久坐不动的个体，其感染风险处于平均水平，最后是参加中等强度训练的个体，其感染风险最低[30,31]。

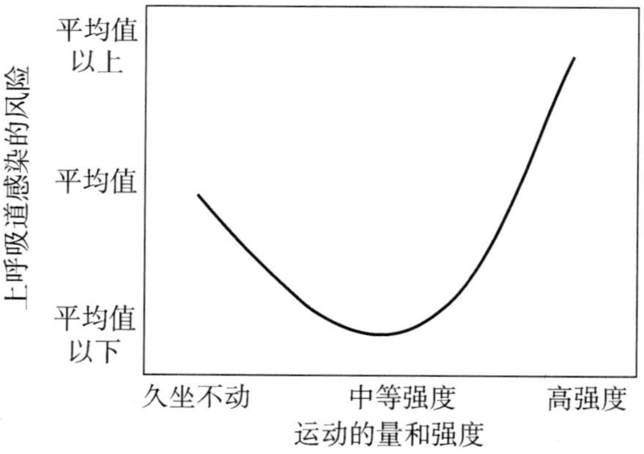

图 9.1 “J 曲线”模型描绘了基于运动训练的量和强度的上呼吸道感染风险

“开窗”理论和“J 曲线”模型在运动免疫学研究的发展中都发挥了重要作用，但近年来的证据对这些经典模型背后的概念提出了疑问。

与这些经典模型相反，近年来的数据表明，在国际级和国家级比赛中，运动诱发的上呼吸道感染（URTI）风险可能有所不同[6]。对 4 个训练和赛季（4 年）的监测数据显示，国际水平游泳运动员的 URTI 发病率比国家水平游泳运动员低 35%～65%[32]。一组优秀耐力运动员（越野滑雪、冬季两项、跑步项目的运动员）3～16 年的训练日志显示，其自我报告的病假天数与训练量成反比[33]。连续两周增加 20%的训练负荷也没有改变耐力运动员在温暖潮湿条件下跑步前、跑步中及跑步后 2 小时的免疫反应[34]。这些观察结果质疑了经典的“J 曲线”模型和“开窗”理论中的核心理论，因此有些研究者提出，除了生活方式以外，表现较好的运动员免疫系统可能还受到基因遗传的影响，能更好地承受运动所带来的应激[6]。

9.2.2 运动诱导免疫抑制的“组织损伤”模型

另一个解释运动诱导免疫抑制的模型是“组织损伤”模型[35]。该模型提出在剧烈运动训练期间，由于重复机械创伤引起组织损伤，加上未能适当恢复，辅助 T（Th）1 细胞产生的细胞因子便产生促炎反应，这些细胞因子包括白细胞介素（IL）–2、IL–6、干扰素（IFN）–γ 和肿瘤坏死因子（TNF）–α。第一波 Th1 细胞因子反应之后是持续的抗炎细胞因子反应，包括由 Th2 细胞产生的细胞因子，即 IL–4、IL–5、IL–10 和 IL–13。Th2 细胞因子反应是宿主通过抑制促炎（Th1）细胞因子反应来恢复体内平衡并防止进一步的组织损伤[36]。

目前研究者对内源性应激分子免疫调节作用的认识为“组织损伤”模型的概念添加了新的内容，这些内源性应激分子被称为“警戒素”，已经证明对细胞攻击（包括氧化应激、缺氧、细胞坏死等）有反应[37]。简而言之，这些内源性应激分子通常被隔离在细胞核或细胞外基质中，包括典型的危险蛋白、高速泳动族蛋白 1（HMGB）。当细胞受激或坏死时，机体动员这些应激信号分子并释放到体循环中，与靶细胞上的模式识别受体（PRR）结合，发挥细胞因子样作用[38]。重要的是，这些释放的应激信号分子可以启动后续细胞因子和趋化因子级联反应[39]。很少有关于内源性应激分子对运动诱导人体肌肉损伤的作用的研究，但它们可能在急性和长期运动诱导免疫调节过程中发挥作用。

运动诱导的细胞因子反应驱使免疫细胞聚集到受损的肌肉，最先聚集的是中性粒细胞，其次是单核细胞[40]。运动诱导的趋化因子（如 CX3CL1）的基因和蛋白质表达水平在一次性骑行运动后上升[41]，然后促使循环单核细胞聚集到骨骼肌微环境中以重塑和修复骨骼肌。这些单核细胞分化为骨骼肌巨噬细胞，并与肌前体细胞产生交互作用[42]，而肌前体细胞本质上是肌肉特异性干细胞。骨骼肌环境中的巨噬细胞群体，例如 M1 和 M2 细胞，可以吞噬受损的肌纤维，分泌促有丝分裂因子，并参与血管生成和基质重塑，这有助于肌细胞再生[40]。

Th2 细胞因子的长期存在也可能是尚未消退的慢性炎症迹象，它可以抑制细胞介导的免疫功能抗感染作用，包括（抑制）因 IL–10 下调的中性粒细胞中活性氧类的激增[43]。这种 Th2 反应是在进行数月高强度训练期间易感染的高水平运动员中观察到的，与未感染的运动员相比，他们体内循环中抗炎（Th2）细胞因子（尤其是 IL–10）浓度要高出 4 倍[44]。综上所述，“组织损伤”模型表明，运动员对感冒或过敏的易感性增加可能是炎症反应失衡导致，此处还有疲劳、大负荷量训练和训练负荷或频率的急剧增加等。这些炎症反应失衡可能与超负荷或者过度训练形成正反馈。

9.3 耐力运动的免疫反应（一次性耐力运动和长期耐力运动）

9.3.1 一次性耐力运动

在健康个体中，一次性耐力运动之后，白细胞会增多，而白细胞增多也受到细胞因子和趋化因子相互作用的调节。细胞因子反应的大小受运动方式、持续时间和强度的影响。许多涉及一次性长时间高强度运动的研究，如马拉松[45,46]、铁人三项[47]和长距离骑行运动（164 千米公路赛[48]），通常显示出促炎性细胞因子（IL–1β，IL–6，IL–8）和抗炎细胞因子（IL–1ra，IL–10）增加。

细胞因子反应的类似结果已在其他强度较低、时间较短的运动研究中得到证实。例如，以 60%～65%最大摄氧量[49]、80%摄氧量峰值[50]、90%第二通气阈值[51]和 70%最大摄氧量[52]骑自行车 30 分钟至 3 小时，导致体循环 IL–1β、IL–1ra、IL–6、IL–10、TNF–α 浓度增加。关于这些促炎性细胞因子和抗炎细胞因子反应在运动后增加的结果在赛跑运动员研究中也得到了证实[53–55]。

耐力运动后，炎症基因转录水平在外周血单核细胞[55,57]和中性粒细胞[54]中也会提高，表明运动后循环细胞因子和趋化因子可能源于这些免疫细胞。健康男性受试者，以 80%最大摄氧量强度跑步至力竭会导致参与应激和免疫反应的 450 个基因上调，150 个基因下调。这些基因包括热激蛋白家族 A（HSPA1A）和基质金属蛋白酶（MMP）等[56]。在较低运动（较短时间）刺激下，如以 80%摄氧量峰值骑自行车 30 分钟后，外周血单核细胞 311 个基因转录被发现出现变化[57]，其中 HSP70 上调 3.5 倍以上。有趣的是，编码抗炎细胞因子 IL–1ra 的基因在恢复过程中上调了 1.5 倍，与此同时循环血 IL–1ra 浓度也增加了近 1.5 倍。

尽管在不同的研究中，促炎性细胞因子和抗炎细胞因子反应存在差异，但人们一致认为，一次耐力运动刺激急性炎症反应，这是动员白细胞进行组织修复所必需的。

9.3.2 长期耐力运动

研究者观察了国家级运动员[58]耐力训练后的慢性适应影响以及健康受试者参加 8 周[59,60]或 12 周[61]耐力运动训练后的慢性适应影响。在年轻运动员（18 岁）中，长期（约 8 年）耐力训练伴随 PBMCs 中促炎性细胞因子（IL–8、IL–15）基因表达和趋化因子（CXCL8、CXCL1）下调[58]。在健康男性和女性受试者中，持续 8 周有氧运动（例如，跑步机训练、骑自行车 30～40 分钟），每周训练 4 天，显示诱导型 TNF–α 反应减少（运动后 24 小时），但这种现象仅出现在高强度运动（55%～80%最大心率）的受试者与中等强度运动（55%～60%最大心率）的受试者中[61]。在另一项研究中，受试者以 50%～75%最大摄氧量强度每周跑步 3 次，持续 8 周，没有发现运动后即刻 TNF–α 浓度的变化[60]。这些差异的出现可能是由于训练方案不同，以及采血时间不同。

9.4 力量训练的免疫反应（一次性力量训练和长期力量训练）

9.4.1 一次性力量训练

耐力训练对炎症反应的影响已有大量文献记载，但有关健康人群力量训练对炎症反应影响的研究较少。通常，一次性抗阻运动后白细胞的反应与耐力训练相似。例如，健康中年男性（46.9±1.2 岁）进行一次性抗阻运动（65%1RM，10 次深蹲）至力竭，白细胞会增多[17]。其他年轻受试者进行抗阻运动也出现急性白细胞增多现象[62–64]。这些研究还表明体循环 IL–6[62]、TNF–α[62,64]及趋化因子，如单核细胞趋化蛋白（MCP–1），浓度增加。力量训练后，MCP–1 体循环浓度增加，促使单核细胞向骨骼肌聚集，如分泌 IL–10 的主要免疫细胞[65]——$CD14^{++}CD16^{-}$单核细胞。

通过控制肌肉运动组数和重复次数来确定不同训练目的（增肌或提高最大力量），肌纤维动员的程度也不一致。因此，在一次性抗阻运动后，白细胞增生和细胞因子反应也不一样[63]。在一次以增肌为主的抗阻运动后（80%1RM，下肢推举 5 组，每组 10 次），白细胞数量出现急性增加。而在以最大力量为主的抗阻运动（100%1RM，下肢推举 15 组，每组 1 次）后 30 分钟，白细胞数量出现增加。在以增肌为主的抗阻运动后，趋化因子 MCP–1 降低，而抗炎细胞因子 IL–1ra 升高，但在以最大力量为主的抗阻运动后，这些炎症标志物未出现变化[63]。这项研究表明，免疫细胞向体循环聚集，可能是为了重建不同的骨骼肌，而这取决于肌纤维的募集程度，以及肌肉收缩是一次性的还是持续的。

9.4.2 长期力量训练

一次性力量训练的训练频率、强度和持续时间不同，炎症反应也不相同。健康年轻受试者进行每周 3 次中等强度（45%～55%1RM）或高强度（80%～90%1RM）的力量训练，共 6 周，IL–6 和 IL–1β 浓度没有变化[66]。然而，与对照组和高强度训练组相比，男性大学生进行 8 周中等强度力量训练（60%1RM）后，IL–8 浓度升高[67]。健康男性和女性受试者（36±2 岁）进行 9 周高强度力量训练（80%1RM）后，其血清可溶性 TNF 受体（sTNFR1）、IL–1ra 和 IL–8 浓度升高[68]，但低强度力量训练（20%～40%1RM）后，其血清 IL–6 浓度出现下降[68]。相比之下，健康年轻男性和女性受试者在进行 12 周高强度力量训练后（80%1RM，每周 2 次），IL–1β、IL–2、IL–6 和 TNF–α 浓度没有变化[69]。

在针对健康年轻男性的不同研究中[70]，研究者们观察了 12 周抗阻训练对全身细胞因子和趋化因子反应的影响。受试者完成两次下肢推举运动，一次是以增肌为主的运动（60%1RM，5 组×10 次），另一次是以增强爆发力为主的运动（60%1RM，10 组×5 次）。在正式实验训练前，这两种形式的运动都会增加血清 IL–1β、血浆 IL–6 和抵抗素水平。然而，经过 12 周的抗阻训练后，这两种形式的运动仅使血浆 IL–1ra 增加，而血浆 MCP–1

仅在训练后 24 小时和 48 小时的时候增加。

这些关于力量训练与炎症反应的研究结果不同，可能是受试者和训练方式不同所致。在力量训练中，离心和向心收缩的程度决定了骨骼肌的重塑过程。离心运动会使年轻男性骨骼肌内 MCP–1 和干细胞[71]增加，而向心运动不会。因此，采用包括大量向心收缩的抗阻训练可以产生不同的炎性细胞因子和趋化因子，但不会大面积损伤骨骼肌损伤或重塑骨骼肌。

9.5 同期力量和耐力训练的免疫反应

大多数研究关注的是单独耐力训练或力量训练对免疫反应的影响，而关于同期力量和耐力训练对免疫反应影响的研究较少。尽管许多业余和精英运动员都进行某种同期训练，但是关于他们对同期力量和耐力训练的反应的研究还存在一个很关键的空白。

9.5.1 一次性同期训练

目前的研究表明，同期力量和耐力训练可以急剧上调骨骼肌中 IL–1β、IL–6、TNF–α 和 TNF–R1 的基因表达，并且这些基因表达在训练后 48 小时恢复到安静水平[72]。这些结果与单独进行耐力训练或力量训练不同，单独训练后这些细胞因子基因表达一直保持较高水平[72]。在业余举重运动员中，以任意顺序进行的同期训练（先进行力量训练后进行耐力训练，或先进行耐力训练后进行力量训练）都可以使 IL–6 浓度增加，但血浆 TNF–α 的浓度仅在先进行耐力训练后进行力量训练的情况下增加[73]。

9.5.2 长期同期训练

根据不同的训练方案，长期进行同期训练似乎会出现不同的免疫反应。中年男性进行 12 周的同期训练后，血浆 TNF–α 和 IL–6 浓度降低[72]；但进行 16 周同期训练，在安静状态下这两种细胞因子却没有出现血浆浓度的变化[74,75]。在一项为期 24 周训练的研究中，研究者将健康年轻男性分为两个干预组和一个对照组，其中一个干预组的受试者在同一时间段进行同期力量和耐力训练，每周 2～3 次；另一个干预组的受试者同期力量和耐力训练交替进行，每周 4～5 次。结果显示，血浆中瘦素、抵抗素和 C 反应蛋白水平在两组受试者中均有下降。然而，受试者血浆中 IL–6、MCP–1 和 TNF–α 只在后一个干预组中出现降低[76]。

值得注意的是，许多研究者使用了不同的运动模式来研究同期训练，使他们对结果的解释存在困难。在多涅斯等人[72]的研究中，他们将骑行运动（55%有氧能力峰值）作为耐力训练，伸膝运动（70%最大力量，8 组，每组重复 8 次）作为力量训练，而利巴迪（Libardi）及其同事[74,75]将步行和跑步（55%～85%摄氧量峰值）作为耐力训练并结合全身力量训练（3 组，每组重复 8～10 次）。伊哈莱宁（Ihalainen）及其同事[70,76]采用了骑行运动（低于和高于无氧阈水平）和全身力量训练，尤其是与下肢力量训练相结合。

上述研究表明，同期训练研究在研究设计、受试者选择和免疫影响方面存在很大差异。

尽管结果不同，但一些现象仍值得注意。例如，在训练中募集的肌肉量可能是影响同期训练免疫反应的一个因素。此外，在同一天内或隔天安排休息和训练可能会影响细胞因子和趋化因子反应的动力学特征，因为隔天训练出现 MCP–1、IL–6 和 TNF–α 反应下降，而同一天内安排训练和休息不会出现这一现象[75]。这也表明，骨骼肌重建需要的白细胞募集程度也可能受到训练模式的影响。

此外，与年轻男性（18～35 岁）相比，老年男性（65～85 岁）在基础水平和 12 周同期训练后均出现较强的 TNF–α 反应[77]，这表明除了运动频率、强度、持续时间和训练顺序（先耐力后力量或先力量后耐力）之外，参与同期训练的受试者的年龄也会影响其免疫反应。

9.6 小结

在本章中，我们介绍了运动免疫学的基础内容，讨论了三种代表本领域研究趋势的运动免疫反应模型。我们还讨论了对一次性运动和长期训练（耐力训练、力量训练和同期训练）的免疫反应。力量训练和同期训练后产生的免疫反应对运动表现的意义尚不清楚，还需要进一步研究。

综上所述，健康受试者或者运动员在运动后会出现炎症反应，继续加大耐力训练量可能会导致超负荷或者过度训练综合征，从而增加急性呼吸道感染的风险。因此，在运动训练后，促炎性细胞因子和抗炎细胞因子的平衡可能决定受试者对感染和组织损伤的防御力。将来的研究应该注重了解免疫细胞和假定靶器官/组织之间的相互影响。

参考文献

[1] Janeway C A, Travers P, Walport M, Shlomchik M. Immune biology. New York: Garland Publishing; 2001. p. 12, 69–87, 360–375, 683.

[2] Mackinnon L T. Advances in exercise immunology, vol. 314. Champaign IL: Human Kinetics; 1999. p. 33.

[3] Lim C L, Byrne C, Chew S A, Mackinnon L T. Leukocyte subset responses during exercise under heat stress with carbohydrate or water intake. Aviat Space Environ Med. 2005; 76:726–732.

[4] Nieman D C. Exercise effects on systemic immunity. Immunol Cell Biol. 2000a; 78:496–501.

[5] Nieman D C. Is infection risk linked to exercise workload? Med Sci Sports Exerc. 2000b; 32 (Suppl): S406–S411.

[6] Walsh N P, Samuel J O. Exercise, immune function and respiratory infection: an update on the influence of training and environmental stress. Immunol Cell Biol. 2016; 94:132–139.

[7] Suzuki K, Nakaji S, Yamada M, Totsuka M, Sato K, Sugawara K. Systemic inflammatory response to exhaustive exercise. Cytokine kinetics. Exerc Immunol Rev. 2002; 8:6–48.

[8] Lancaster G I, Jentjens R L, Moseley L, Jeukendrup A E, Gleeson M. Effect of pre-exercise carbohydrate ingestion on plasma cytokine, stress hormone, and neutrophil degranulation responses to continuous, high-intensity exercise. Int J Sport Nutr Exerc Metab. 2003; 13:436–453.

[9] Nieman D C, Buckley K S, Henson D A, Warren B J, Suttles J, Ahle J C, Nehlsen-Cannarella S L. Immune

function in marathon runners versus sedentary controls. Med Sci Sports Exerc. 1995a; 27:986–992.

[10] Nieman D C, Nehlsen-Cannarella S L, Donohue K M, Chritton D B W, Haddock B L, Stout R W, Lee J W. The effects of acute moderate exercise on leukocyte and lymphocyte subpopulations. Med Sci Sports Exerc. 1991; 23:578–585.

[11] Suzuki K, Totsuka M, Nakaji S, Yamada M, Kudoh S, Liu Q, Sugawara K, Yamaya K, Sato K. Endurance exercise causes interaction among stress hormones, cytokines, neutrophil dynamics, and muscle damage. J Appl Physiol. 1999; 87:1360–1367.

[12] Simpson R J, Kunz H, Agha N, Graff R. Exercise and the regulation of immune functions. Prog Mol Biol Transl Sci. 2015; 135:355–380.

[13] Peake J, Neubauer O, Walsh N P, Simpson R J. Recovery of the immune system after exercise. J Appl Physiol. 2017; 122:1077–1087.

[14] Gabriel H, Schwarz L, Steffens G, Kindermann W. Immunoregulatory hormones, circulating leukocyte and lymphocyte subpopulations before and after endurance exercise of different intensities. Int J Sports Med. 1992; 13:359–366.

[15] Henson D A, Nieman D C, Parker J C D, Rainwater M K, Butterworth D E, Warren B J, Utter A C, Davies J M, Fagoaga O R, Nehlsen-Cannarella S L. Carbohydrate supplementation and lymphocyte proliferative response to long endurance running. Int J Sports Med. 1998; 19:574–580.

[16] Nehlsen-Cannarella S L, Nieman D C, Balk-Lamberton A J, Markoff P A, Chritton D B W, Gusewitch G, Lee J W. The effects of moderate exercise training on immune response. Med Sci Sports Exerc. 1991; 23:64–70.

[17] Nieman D C, Henson D A, Sampson C S, Herring J L, Suttles J, Conley M, Stone M H, Butterworth D E, JM D. The acute immune response to exhaustive resistance exercise. Int J Sports Med. 1995b; 16:322–328.

[18] Nieman D C, Simandle S, Henson D A, Warren B J, Suttles J, Davis J M, Buckley K S, Ahle J C, Butterworth D E, Fagoaga O R, Nehlsen-Cannarella S L. Lymphocyte proliferative response to 2.5 hours of running. Int J Sports Med. 1995c; 16:404–408.

[19] Kargotich S, Keast D, Goodman C, Crawford G P M, Morton A R. The influence of blood volume changes on leukocyte and lymphocyte subpopulations in elite swimmers following interval training of varying intensities. Int J Sports Med. 1997; 18:373–380.

[20] Nieman D C. Immune response to heavy exertion. J Appl Physiol. 1997; 82:1385–1394.

[21] Tvede N, Kappel M, Halkjoer-Kristensen J, Galbo H, Pedersen B K. The effects of light, moderate, and severe bicycle exercise on lymphocyte subsets, natural and lymphokine killer cells, lymphocyte proliferative response and interleukin 2 production. Int J Sports Med. 1993; 15:275–282.

[22] Ndon J A, Snyder A C, Foster C, Wehrenberg W B. Effects of chronic intense exercisetraining on the leukocyte response to acute exercise. Int J Sports Med. 1992;13:176–182.

[23] Horn P L, Pyne D B, Hopkins W G, Barnes C J. Lower white blood cell counts in elite athletes training for highly aerobic sports. Eur J Appl Physiol. 2010; 110:925–932.

[24] Gleeson M, Pyne D B. Respiratory inflammation and infection in high performance athletes. Immunol Cell Biol. 2016; 94:124–131.

[25] Walsh N P, Gleeson M, Pyne D B, Nieman D, Dhabhar F S, Shephard R J, Oliver S J, Bermon S, Kajeniene A. Position statement part Ⅱ: maintaining immune health. Exerc Immnunol Rev. 2011a; 17:64–103.

[26] Walsh N P, Gleeson M, Shephard R J, Gleeson M, Wood J A, Bishop N C, Fleshner M, Green C, Pedersen B K, Hoffman-Goetz L, Rogers C J, Northoff G H, Abbassi A, Simon P. Position statement part I: immune function and exercise. Exerc Immunol Rev. 2011b; 17:6–63.

[27] Pedersen B K, Rohde T, Zacho M. Immunity in athletes. J Sports Med Phys Fitness. 1996; 36:236–245.
[28] Mackinnon L T. Overtraining effects on immunity and performance in athletes. Immunol Cell Biol. 2000; 78:502–509.
[29] Smith L L. Overtraining, excessive exercise, and altered immunity. Sports Med. 2003; 33:347–364.
[30] Nieman D C. Exercise, immunology and nutrition. World Rev Nutr Diet. 2001; 90:89–101.
[31] Nieman D C, Nehlsen-Cannarella S L. The immune response to exercise. Semin Hematol. 1994; 31:166–179.
[32] Hellard P, Avalos M, Guimaraes F, Toussaint J F. Training-related risk of common illness in elite swimmers over a 4-year period. Med Sci Sports Exerc. 2015; 47:698–707.
[33] Martensson S, Nordebo K, Malm C. High training volumes are associated with a low number of self-reported sick days in elite endurance athletes. J Sports Sci Med. 2014; 13:929–933.
[34] Lim C L, Pyne D B, Horn P, Kalz A, Saunders P, Peake J, Suzuki K, Wilson G, Mackinnon L T. The effects of increased endurance training load on biomarkers of heat tolerance during intense exercise in the heat. Appl Physiol Nutr Metab. 2009; 34:616–624.
[35] Smith L L. Tissue trauma: the underlying cause of overtraining syndrome? J Strength Cond Res. 2004; 18 (1): 185–193.
[36] Suzuki K, Nakaji S, Kurakake S, Totsuka M, Sato K, Kuriyama T, Fujimoto H, Shibusawa K, Machida K, Sugawara K. Exhaustive exercise and type-1/type-2 cytokine balance in special focus on interleukin-12 p40/p70. Exerc Immunol Rev. 2003a; 9:48–57.
[37] Oppenheim J J, Yang D. Alarmins: chemotactic activators of immune responses. Curr Opin Immunol. 2005; 17:359–365.
[38] Hung Y L, Suzuki K. The pattern recognition receptors and lipopolysaccharides (LPS) -induced systemic inflammation. Int J Res Stud Med Health Sci. 2017; 7:1–7.
[39] Yang D, Han Z, Oppenheim J J. Alarmins and immunity. Immunol Rev. 2017; 280:41–56.
[40] Juban G, Chazaud B. Metabolic regulation of macrophages during tissue repair: insights from skeletal muscle regeneration. FEBS Lett. 2017. doi: https://doi.org/10.1002/1873-3468.12703.
[41] Strömberg A, Rullman E, Jansson E, Gustafsson T. Exercise-induced upregulation of endothelial adhesion molecules in human skeletal muscle and number of circulating cells with remodeling properties. J Appl Physiol. 2017; 122:1145–1154.
[42] Saclier M, Yacoub-Youssef H, Mackey A L, Arnold L, Ardjoune H, Magnan M, Sailhan F, Chelly J, Pavlath G K, Mounier R, Kjaer M, Chazaud B. Differentially activated macrophages orchestrate myogenic precursor cell fate during human skeletal muscle regeneration. Stem Cells. 2013; 31:384–396.
[43] Dang P M, Elbim C, Marie J C, Chiandotto M, Gougerot-Pocidalo M A, El-Benna J. Antiinflammatory effect of interleukin-10 on human neutrophil respiratory burst involves inhibition of GM-CSF-induced p47PHOX phosphorylation through a decrease in ERK1/2 activity. FASEB J. 2006; 20:1504–1506.
[44] Gleeson M, Bishop N, Oliveira M, McCauley T, Tauler P, Muhamad A S. Respiratory infection risk in athletes: association with antigen-stimulated IL-10 production and salivary IgA secretion. Scand J Med Sci Sports. 2012; 22:410–417.
[45] Suzuki K, Nakaji S, Yamada M, Liu Q, Kurakake S, Okamura N, Kumae T, Umeda T, Sugawara K. Impact of a competitive marathon race on systemic cytokine and neutrophil responses. Med Sci Sports Exerc. 2003b; 35:348–355.
[46] Suzuki K, Yamada M, Kurakake S, Okamura N, Yamaya K, Liu Q, Kudoh S, Kowatari K, Nakaji S, Sugawara K. Circulating cytokines and hormones with immunosuppressive but neutrophil-priming

potentials rise after endurance exercise in humans. Eur J Appl Physiol. 2000; 81:281–287.
[47] Suzuki K, Peake J, Nosaka K, Okutsu M, Abbiss C R, Surriano R, Bishop D, Quod M J, Lee H, Martin D T, Laursen P B. Changes in markers of muscle damage, inflammation and HSP70 after an Ironman Triathlon race. Eur J Appl Physiol. 2006; 98:525–534.
[48] Luk H Y, Levitt D E, Lee E C, Ganio M S, McDermott B P, Kupchak B R, McFarlin B K, Hill D W, Armstrong L E, Vingren J L. Pro- and anti-inflammatory cytokine responses to a 164-km road cycle ride in a hot environment. Eur J Appl Physiol. 2016; 116:2007–2015.
[49] Moldoveanu A I, Shephard R J, Shek P N. Exercise elevates plasma levels but not gene expression of IL-1beta, IL-6, and TNF-alpha in blood mononuclear cells. J Appl Physiol. 2000; 89:1499–1504.
[50] Zaldivar F, Wang-Rodriguez J, Nemet D, Schwindt C, Galassetti P, Mills P J, Wilson L D, Cooper D M. Constitutive pro- and anti-inflammatory cytokine and growth factor response to exercise in leukocytes. J Appl Physiol. 2006; 100:1124–1133.
[51] Kakanis M W, Peake J, Brenu E W, Simmonds M, Gray B, Marshall-Gradisnik S M. T helper cell cytokine profiles after endurance exercise. J Interf Cytokine Res. 2014; 34:699–706.
[52] Ulven S M, Foss S S, Skjølsvik A M, Stadheim H K, Myhrstad M C, Raael E, Sandvik M, Narverud I, Andersen L F, Jensen J, Holven K B. An acute bout of exercise modulate the inflammatory response in peripheral blood mononuclear cells in healthy young men. Arch Physiol Biochem. 2015; 121:41–49.
[53] Landers-Ramos R Q, Jenkins N T, Spangenburg E E, Hagberg J M, Prior S J. Circulating angiogenic and inflammatory cytokine responses to acute aerobic exercise in trained and sedentary young men. Eur J Appl Physiol. 2014; 114:1377–1384.
[54] Neubauer O, Sabapathy S, Lazarus R, Jowett J B, Desbrow B, Peake J M, Cameron-Smith D, Haseler L J, Wagner K H, Bulmer A C. Transcriptome analysis of neutrophils after endurance exercise reveals novel signaling mechanisms in the immune response to physiological stress. J Appl Physiol. 2013; 114:1677–1688.
[55] Sugama K, Suzuki K, Yoshitani K, Shiraishi K, Miura S, Yoshioka H, Mori Y, Kometani T. Changes of thioredoxin, oxidative stress markers, inflammation and muscle/renal damage following intensive endurance exercise. Exerc Immunol Rev. 2015; 21:130–142.
[56] Buttner P, Mosig S, Lechtermann A, Funke H, Mooren F C. Exercise affects the gene expression profiles of human white blood cells. J Appl Physiol. 2007; 102:26–36.
[57] Connolly P H, Caiozzo V J, Zaldivar F, Nemet D, Larson J, Hung S P, Heck J D, Hatfield G W, Cooper D M. Effects of exercise on gene expression in human peripheral blood mononuclear cells. J Appl Physiol. 2004; 97:1461–1469.
[58] Liu D, Wang R, Grant A R, Zhang J, Gordon P M, Wei Y, Chen P. Immune adaptation to chronic intense exercise training: new microarray evidence. BMC Genomics. 2017; 18 (1): 29. https://doi.org/10.1186/s12864-016-3388-5.
[59] Elmer D J, Laird R H, Barberio M D, Pascoe D D. Inflammatory, lipid, and body composition responses to interval training or moderate aerobic training. Eur J Appl Physiol. 2016; 116:601–609.
[60] Jahromi A S, Zar A, Ahmadi F, Krustrup P, Ebrahim K, Hovanloo F, Amani D. Effects of endurance training on the serum levels of tumour necrosis factor-α and interferon-γ in sedentary men. Immune Netw. 2014; 14:255–259.
[61] Sloan R P, Shapiro P A, Demeersman R E, McKinley P S, Tracey K J, Slavov I, Fang Y, Flood P D. Aerobic exercise attenuates inducible TNF production in humans. J Appl Physiol. 2007; 103:1007–1011.
[62] Brunelli D T, Caram K, Nogueira F R, Libardi C A, Prestes J, Cavaglieri C R. Immune responses to an

upper body tri-set resistance training session. Clin Physiol Funct Imaging. 2014; 34:64–71.

[63] Ihalainen J, Walker S, Paulsen G, Häkkinen K, Kraemer W J, Hämäläinen M, Vuolteenaho K, Moilanen E, Mero A A. Acute leukocyte, cytokine and adipocytokine responses to maximal and hypertrophic resistance exercise bouts. Eur J Appl Physiol. 2014; 114:2607–2616.

[64] Wells A J, Hoffman J R, Jajtner A R, Varanoske A N, Church D D, Gonzalez A M, Townsend J R, Boone C H, Baker K M, Beyer K S, Mangine G T, Oliveira L P, Fukuda D H, Stout J R. Monocyte recruitment after high-intensity and high-volume resistance exercise. Med Sci Sports Exerc. 2016; 48:1169–1178.

[65] Ziegler-Heitbrock H W, Ströbel M, Kieper D, Fingerle G, Schlunck T, Petersmann I, Ellwart J, Blumenstein M, Haas J G. Differential expression of cytokines in human blood monocyte subpopulations. Blood. 1992; 79:503–511.

[66] Sheikholeslami Vatani D, Ahmadi S, Ahmadi Dehrashid K, Gharibi F. Changes in cardiovascular risk factors and inflammatory markers of young, healthy, men after six weeks of moderate or high intensity resistance training. J Sports Med Phys Fitness. 2011; 51:695–700.

[67] Yeo N H, Woo J, Shin K O, Park J Y, Kang S. The effects of different exercise intensity on myokine and angiogenesis factors. J Sports Med Phys Fitness. 2012; 52:448–454.

[68] Forti L N, Van Roie E, Njemini R, Coudyzer W, Beyer I, Delecluse C, Bautmans I. Effects of resistance training at different loads on inflammatory markers in young adults. Eur J Appl Physiol. 2017; 117:511–519.

[69] Rall L C, Roubenoff R, Cannon J G, Abad L W, Dinarello C A, Meydani S N. Effects of progressive resistance training on immune response in aging and chronic inflammation. Med Sci Sports Exerc. 1996; 28:1356–1365.

[70] Ihalainen J, Ahtiainen J P, Walker S, Paulsen G, Selänne H, Hämäläinen M, Moilanen E, Peltonen H, Mero A A. Resistance training status modifies inflammatory response to explosive and hypertrophic resistance exercise bouts. J Physiol Biochem. 2017a; 73:595–604.

[71] Hyldahl R D, Olson T, Welling T, Groscost L, Parcell A C. Satellite cell activity is differentially affected by contraction mode in human muscle following a work-matched bout of exercise. Front Physiol. 2014; 5 (485) https://doi.org/10.3389/fphys.2014.00485.

[72] Donges C E, Duffield R, Smith G C, Short M J, Edge J A. Cytokine mRNA expression responses to resistance, aerobic, and concurrent exercise in sedentary middle-aged men. Appl Physiol Nutr Metab. 2014; 39:130–137.

[73] Inoue D S, Panissa V L, Monteiro P A, Gerosa-Neto J, Rossi F E, Antunes B M, Franchini E, Cholewa J M, Gobbo L A, Lira F S. Immunometabolic responses to concurrent training: the effects of exercise order in recreational weightlifters. J Strength Cond Res. 2016; 30:1960–1967.

[74] Libardi C A, Souza G V, Gáspari A F, Dos Santos C F, Leite S T, Dias R, Frollini A B, Brunelli D T, Cavaglieri C R, Madruga V A, Chacon-Mikahil M P. Effects of concurrent training on interleukin-6, tumour necrosis factor-alpha and C-reactive protein in middle-aged men. J Sports Sci. 2011; 29:1573–1581.

[75] Libardi C A, De Souza G V, Cavaglieri C R, Madruga V A, Chacon-Mikahil M P. Effect of resistance, endurance, and concurrent training on TNF-α, IL-6, and CRP. Med Sci Sports Exerc. 2012; 44:50–56.

[76] Ihalainen J K, Schumann M, Eklund D, Hämäläinen M, Moilanen E, Paulsen G, Häkkinen K, Mero A A. Combined aerobic and resistance training decreases inflammation markers in healthy men. Scand J Med Sci Sports. 2017b; https://doi.org/10.1111/sms.12906.

[77] Stewart L K, Flynn M G, Campbell W W, Craig B A, Robinson J P, Timmerman K L, McFarlin B K, Coen P M, Talbert E. The influence of exercise training on inflammatory cytokines and C-reactive protein. Med Sci Sports Exerc. 2007; 39:1714–1719.

10　耐力训练对后续力量运动表现的直接影响

托马斯·W. 琼斯（Thomas W. Jones），格林·豪特森（Glyn Howatson）

10.1　急性和慢性假说

在同期训练方案中，力量训练和耐力训练的顺序是可以变化的。先前的研究有的力量训练在前，耐力训练在后[1–3]；有的耐力训练在前，力量训练在后[4–7]。许多同期训练研究的重点是其对力量发展的抑制作用，因此了解耐力训练对后续力量运动表现的影响是非常重要的。

在同期训练模式中，存在与“干扰效应”有关的急性和慢性假说。慢性假说认为，在长期同期训练计划中，由于肌肉试图同时适应力量训练和耐力训练，受训练的肌肉处于相互冲突的训练刺激中[8]。然而，本章的重点不是耐力训练对随后力量训练的长期效果的影响，而是其急性影响。最初由克雷格（Craig）等人提出的急性假说[9]是耐力（跑步）训练后即刻进行力量训练会对力量发展产生抑制性影响。换句话说，单纯实施同期力量和耐力训练并不会抑制力量的发展；相反，在耐力训练之后马上进行力量训练，残余疲劳状态会降低力量训练的质量、负荷量和强度。有人提出，这种由先前耐力训练导致的疲劳可能会削弱受训肌肉在力量训练期间产生足够肌肉张力的能力[9]。因此，骨骼肌在完成力量训练期间产生足够刺激的能力受到削弱，从而降低了积极适应性的可能性。尽管急性假说与一次性同期训练有关，但它仍然与长期训练状态有关。与单独力量训练的效果相比，如果由于先前的耐力训练导致力量表现反复下降，同期训练中力量发展的幅度可能会受到抑制[1,2]。

急性假说与同期训练的许多方面一样，也有其不确定性。有趣的是，大部分研究认为耐力训练后即刻进行力量训练会使力量运动表现下降，而另一些研究则表明，之前的耐力训练不会影响力量运动表现（表 10.1）。因此，耐力训练对后续力量运动表现的任何负面影响可能取决于耐力和力量两方面训练的形式、强度和持续时间。

表 10.1 关于耐力训练后进行力量训练的研究的总结

研究者	受试者	耐力训练形式	耐力训练的训练量和强度	休息时间	力量训练形式	力量训练负荷	耐力训练负荷对力量训练表现的影响
琼斯等[10]	受过力量训练的男性	在跑步机上跑	30 分钟，以 70% $v\dot{V}O_{2max}$	无	背蹲提举、卧推、俯卧位划船、肩部推举机	5 组×6 次，以 80%1RM	↓
托马斯等[11]	半职业男性足球运动员	模拟足球比赛	90 分种	无、24 小时、48 小时、72 小时	伸膝	MVC	↓
埃克隆（Eklund）等[7]	进行休闲性活动的女性	在自行车功率仪上运动	30 分钟，以 65%Wmax	无	腿举	1RM	↓
加西亚–皮尼略斯（García-Pinillos）等[12]	受过训练的耐力跑步运动员	跑步	MSFT	无	反跳	尽最大努力	↑
琼斯等[13]	受过力量训练的男性	在自行车功率仪上运动	30 分钟，以 70%$p\dot{V}O_{2max}$	10 分钟	腿举，伸膝	5 组×6 次，以 80%1RM	↔
加西亚–皮尼略斯等[14]	有经验的业余男性长跑运动员	在跑道上跑	4 组×3 次×400 米	无	反跳	尽最大努力	↑
帕尼萨（Panissa）等[15]	经常锻炼的男性	在跑步机上跑；在自行车功率仪上运动	15 次×1 分钟，以 50% Imax	无	在史密斯架上做半蹲	做 4 组到失败，以 80% 1RM	↓
托马斯等[16]	受过良好训练的男性自行车手	在自行车功率仪上运动	计时赛：4 千米 20 千米 40 千米	无	伸膝	MVC	↓
德·萨尔斯·帕内利（De Salles Painelli）等[17]	以休闲为目的受过力量训练的男性	在跑步机上跑	以 90%无氧阈速度持续跑 5 千米或以 $v\dot{V}O_{2max}$ 间歇跑 5 千米，运动时间和休息时间比为 1:1	10 分钟	腿举，卧推	1RM 做 4 组到失败，以 80% 1RM	↓
拉托雷–罗马（Latorre-Román）等[18]	亚精英男性长跑运动员	在跑道上跑	4 组×3 次×400 米	无	反跳	尽最大努力	↑
苏曼等[19]	经常锻炼的男性	在自行车功率仪上运动	30 分钟，以 65% MAP	无、24 小时、48 小时	等距腿举	MVC	↓

续表

研究者	受试者	耐力训练形式	耐力训练的训练量和强度	休息时间	力量训练形式	力量训练负荷	耐力训练负荷对力量训练表现的影响
泰帕莱（Taipale）等[20]	以休闲为目的受过耐力训练的男性和女性	在跑道上跑	60 分钟，以 80%$v\dot{V}O_2$ max	无	等距腿举，反跳	MVC，尽最大努力	↓
谭（Tan）等[21]	受过力量训练的男性	椭圆机（仅下肢）	30 分钟，以 70%由年龄预测的 HR_{max}	10 分钟	后深蹲，卧推	做 3 组到失败，以 75%1RM	↓
里德（Reed）等[22]	受过力量训练的男性	在自行车功率仪上运动	45 分钟，以 75%HR_{max}	无	后深蹲，卧推	做 6 组到失败，以 80%1RM	↓
泰帕莱，哈基宁[23]	以休闲为目的受过耐力训练的男性和女性	在跑道上跑	60 分钟，强度在 LT 和 RCT 之间	无	等速腿举	MVC，RFD	↓
帕尼萨等[24]	运动员	在跑步机上跑	以 $v\dot{V}O_2$ max 间歇跑 5 千米，运动时间和休息时间比为 1:1	30 分钟、60 分钟、4 小时、8 小时、24 小时	在史密斯架上做半蹲	做 4 组到失败	↓
布洛萨（Boullosa）等[25]	有经验的男女运动员	在跑道上跑	递增负荷至力竭（平均速度=18.9 千米/时，平均时间=1476 秒）	无	反跳	尽最大努力	↑
鲁阿斯等[26]	受过力量训练的运动员	在自行车功率仪上运动	30 分钟，OBLA	无	腿举	以 10RM 至力竭	↓
布洛萨，图伊米尔（Tuimil）[27]	男性长跑运动员	在跑道上跑	递增负荷至力竭（平均速度=20.8 千米/时，平均时间=322 秒）	无	反跳	尽最大努力	↑
莱莫斯（Lemos）等[28]	有体力活动的老年女性	在跑步机上跑	20 分钟，以 60%或 80%HRmax	2 分钟	腿举，膝伸，弯腿	以 10RM 至力竭	↓
德·苏扎等[29]	有体力活动的男性	在跑步机上跑	以无氧阈速度持续跑 5 千米或以 $v\dot{V}O_2$ max 间歇跑 5 千米，运动时间和休息时间比为 1:1	10 分钟	斜式腿举，卧推	80%1RM 至力竭	↓
沃里马（Vuorimaa）等[30]	男性长跑及短跑运动员	在跑步机上跑	力竭跑：递增负荷至力竭 节奏跑：40 分钟，以 80% $v\dot{V}O_2$ max 间歇跑：40 分钟，以 100% $\dot{V}O_2$ max 跑 2 分钟休息 2 分钟	无	反跳，半蹲	尽最大努力做 10 次，以 35% 1RM	↑

续表

研究者	受试者	耐力训练形式	耐力训练的训练量和强度	休息时间	力量训练形式	力量训练负荷	耐力训练负荷对力量训练表现的影响
哥多（Goto）等[5]	以休闲为目的受过力量训练的男性	在自行车功率仪上运动	60 分钟，以 50% $\dot{V}O_2$ max	15 分钟	等速伸膝	MVC	↔
斯帕尔多（Sporer），温格（Wenger）[31]	活跃的男性	在自行车功率仪上运动	6 次×3 分钟，以 95%～100% $p\dot{V}O_2$ max 或 36 分钟，以 70%$v\dot{V}O_2$ max	4 小时、8 小时、24 小时	腿举，卧推	做 4 组至力竭，以 75%1RM	↓
本特利（Bentley）等[32]	受过训练的自行车手	在自行车功率仪上运动	30 分钟，以 80% $\dot{V}O_2$ max	无、6 小时	等速伸膝	MVC	↓
莱普斯（Lepers）等[33]	受过训练的自行车手	在自行车功率仪上运动	2 小时，以 65%MAP	无	伸膝	MVC	↓
莱维特（Leveritt）等[34]	受过力量训练的男性	在自行车功率仪上运动	50 分钟，以 70%～100%临界功率	8 小时、32 小时	等速伸膝，等张伸膝，等距伸膝	5 MVC，每秒 1.04～8.37 弧度	↔
莱维特，阿伯内西（Abernethy）[8]	进行休闲性活动的男性和一名女性	在自行车功率仪上运动	5 分钟间歇骑行，以 40%、60%、80%摄氧量峰值；2 分钟骑行，以摄氧量峰值	30 分钟	等速深蹲，等速伸膝	3 MVC，5 MVC	↓
本特利（Bentley）等[35]	受过训练的男性自行车手	在自行车功率仪上运动	30 分钟乳酸阈	6 小时、24 小时	等速伸膝：60 度/秒、120 度/秒、180 度/秒；同心蹲跳	MVC	↓
阿伯内西等[36]	经常锻炼的男性和女性	在自行车功率仪上运动	150 分钟 35%$p\dot{V}O_2$ max 或 5 次×5 分钟 40%、60%、80%以及 100%$p\dot{V}O_2$ max	1 小时、4 小时	等速伸膝	MVC，每秒 0.52～5.20 弧度	↓
雅各布斯（Jacobs）等[37]	男性跑步运动员和体育专业学生	在跑步机上跑；在自行车功率仪上运动	在跑步机上跑：以最大速度跑 75 分钟，在自行车功率仪上运动：以70% $\dot{V}O_2$ max 骑行 30 分钟	1 小时、2 小时	等速伸膝	50 MVC	↓

注：↑表示增加；↓表示减少；↔表示无变化；$v\dot{V}O_2$ max 表示最大摄氧量速度；$p\dot{V}O_2$ max 表示最大摄氧量输出功率；Wmax 表示最大工作负荷；MSFT 表示多阶段体能测验；Imax 表示在增量实验中测得的最大强度；MVC 表示最大自主收缩；MAP 表示最大有氧能力；HRmax 表示最大心率。LT 表示乳酸阈；OBLA 表示血乳酸累积开始；RCT 表示呼吸补偿阈值；RFD 表示发力率。

10.2 耐力运动引起的疲劳

疲劳是一个广泛的术语，由许多生理过程导致。根据发生机制疲劳通常包括中枢疲劳和外周疲劳。外周疲劳是神经肌肉接头或其远端的功能受损所致，而中枢疲劳是中枢神经系统（CNS）内的功能受损导致[38]（图 10.1）。在应用运动科学领域，疲劳可以被定义为运动导致的肌肉产生力量的能力下降以及在主观尽力的情况下维持较高力量的能力下降[16,38,39]。耐力运动引起的疲劳在有关文献中受到长期关注，并已有大量报告[33,40–44]。关于耐力负荷对随后运动的急性影响也有大量研究[8,15,17,24,31,34,37]。

经常有报告称，耐力运动后的中枢疲劳和外周疲劳会导致收缩力量急性下降（表 10.1）。以前的研究也表明，中枢和外周机制对疲劳的影响在很大程度上取决于运动量和强度。例如，一个离体肌群做持续高强度收缩时，外周疲劳似乎是导致疲劳的主要因素。然而，随着运动时间延长，中枢疲劳的影响逐渐增加[16,45,46]。因此，我们有理由认为，在耐力运动之后马上进行力量运动，疲劳导致力量运动表现下降，疲劳主要来源于中枢因素，而不是外周因素。然而，在高强度小负荷耐力运动之后，短时间力量运动表现出现下降，外周疲劳也占有一定比重。因此，任何中枢疲劳或外周疲劳引起的力量下降似乎都与耐力运动和随后力量运动的特点及两种运动之间的疲劳恢复情况（缓解期）有关。

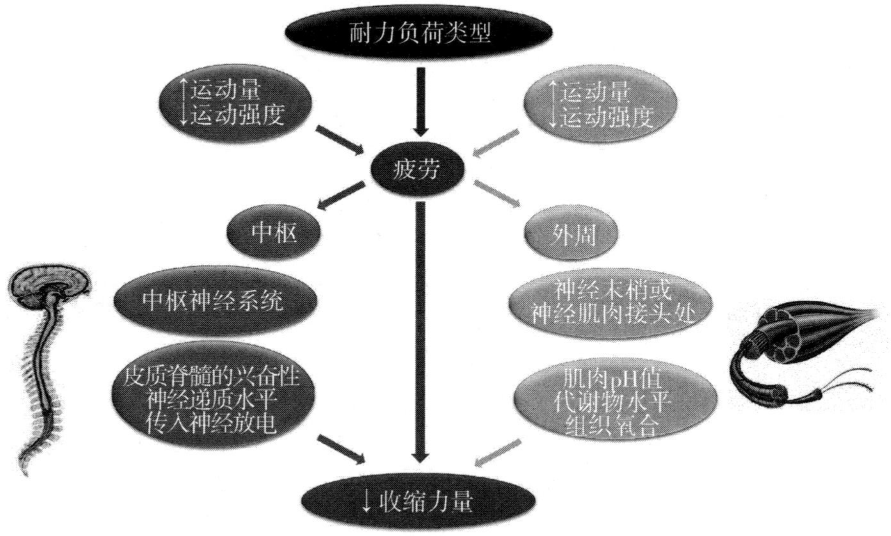

图 10.1 中枢疲劳和外周疲劳机制的图示

10.3 耐力训练和力量训练之间的缓解期

“缓解期”是指耐力负荷和力量负荷的时间间隔。在现有文献中，缓解期是指从耐力负荷后即刻到耐力负荷后 72 小时。该缓解期的持续时间可能会导致耐力训练后力量运动表现下降。

当耐力和力量训练之间的缓解时间较短时（≤60 分钟）（表 10.1），力量运动表现会下降。另外，如果有较长的缓解期（2 小时、4 小时、6 小时和 8 小时），力量运动表现也会下降[31,32,36,37]。 事实上，当缓解期为 24 小时、48 小时和 72 小时，也出现过最大自主随意收缩能力下降的报告[11]。然而，这一现象是在受试者参加 90 分钟的模拟足球比赛（代谢和机械双重压力刺激）后观察到的，与其他研究有着截然不同的刺激[18]，其他研究倾向于采用持续时间 30～60 分钟，强度为 70%～80%最大心率及最大摄氧量等的运动。研究发现，缓解时间为 8 小时以内和 8 小时（含）以上，只有在耐力运动后 8 小时内，力量表现出现下降[19,24,31,35]。此外，有研究显示[1]，高水平皮艇运动员在耐力训练后间隔 6～8 小时进行力量训练，此时糖原得到完全恢复，与那些间隔时间更短的受试者相比，其力量增加会更大。综上所述，这些数据表明，在耐力训练后的 8 小时内，力量运动表现很可能出现下降。因此，如果训练的主要目的是让受试者进行高质量的力量训练，其中神经肌肉系统受到高强度或高速运动的刺激，则应考虑力量和耐力刺激的安排。如果力量训练必须紧随耐力训练进行，也许将重点放在肌纤维肥大或力量耐力训练上更为合适。当然还需要考虑到周期训练计划和受试者训练状况。例如，如果训练安排是在个人周期训练计划的早期进行，或者力量训练经验有限，无法产生高水平的收缩力量，就不需要考虑上述因素。

10.4 耐力训练和力量训练的负荷形式、负荷量及训练强度

如前所述，当前研究倾向于在力量训练之前，以 70%～80%最大心率、最大摄氧量或类似的强度，进行 30～60 分钟的耐力训练。主要的耐力训练方式有功率自行车训练[7,8,15,16,19,22,26,31–33,35–37]和跑步训练[10,15,17,20,23,24,28,29,37]（表 10.1）。从表面上看，耐力训练的方式并不决定力量运动表现的下降程度，但一项 Meta 分析表明，同期训练中采用跑步进行耐力训练，会限制下肢力量的发展，而骑行运动不会[47]。这可能是由于跑步训练涉及更多的离心负荷，也可能是因为骑行运动涉及的运动力学模式与许多用于下肢力量测试的模式有更大的相似性[48,49]。然而，正如前面所述，在急性条件下，耐力负荷的形式似乎并不影响随后的力量运动表现。

虽然耐力运动后力量运动表现出现下降，似乎与耐力刺激的形式无关，但评估力量的方法和肌肉群确实会影响力量运动表现的结果。上肢力量可能不会受到先前下肢耐力活动的影响。先前的研究显示，下肢耐力活动（跑步[17,29]、椭圆机训练[21]和骑行运动[22,31]）会

影响下肢力量，而上肢力量不会受到影响。因此，力量运动表现下降有身体部位特异性，即下肢耐力运动可能会影响随后的下肢力量，而上肢力量运动表现不受影响。因此，耐力训练模式，如划船和手臂曲柄自行车可能会影响上肢力量运动表现。

在耐力训练 15 分钟[15]、20 分钟[28]、30 分钟[7,10,19,21,26,32,35]、36 分钟[31]、45 分钟[22]、60 分钟[20,23]、75 分钟[37]、90 分钟[11]、120 分钟[33]和 150 分钟[36]后，力量运动表现都会下降。因此，耐力负荷量的大小似乎并不是随后力量运动表现下降的主要决定因素。然而，耐力训练的量可能影响力量运动表现的恢复时间。据研究报告，在进行 90 分钟的模拟足球比赛后，伸膝最大随意力量在随后的 72 小时都受到影响[11]。如前所述，在较短的耐力负荷训练后，力量运动表现通常在耐力负荷后 8 小时内恢复到“基线”水平[19,24,31,35]。然而，模拟足球比赛的训练强度有可能比其他耐力运动要高。

很少有研究直接比较耐力训练强度对随后力量运动表现的影响。莱莫斯（Lemos）等人[28]发现与相同运动负荷而强度为 60% 最大心率相比，在跑步机上以 80%最大心率运动 20 分钟，10RM 的腿推举、坐姿伸膝和腿弯举的能力下降得更多。这表明更高强度的耐力训练会导致更大程度的力量运动表现下降，但应该注意的是，这一研究仅观察了较活跃的老年女性群体，在高水平训练受试者中可能会出现不同结果，他们已经习惯高强度耐力训练，因此力量运动表现下降的可能性会较小。在自我配速的耐力运动中，运动强度和运动量可能影响中枢疲劳和外周疲劳。在高强度、短时间的 4 千米计时赛后，出现力量运动表现下降和以外周机制为主的疲劳。而在低强度、高运动量的 20 千米和 40 千米测试赛后，仍出现力量运动表现下降，但此时疲劳以中枢机制为主[16]。这一发现表明，耐力训练的强度和负荷量会影响神经肌肉疲劳特点和后续力量运动表现。

也有研究直接比较持续和间歇耐力训练对随后力量运动表现的影响[17,29,31,36]。这一系列研究出现模棱两可的结果，如连续和间歇耐力训练[31,36]、单纯间歇耐力训练[29]和单纯连续耐力训练[17]后都出现了力量运动表现下降的现象。因此，这些结果表明，力量运动表现的下降并不受到持续或者间歇耐力运动的影响。现有证据表明，运动方式（间歇和持续运动）并不是决定因素，而是耐力运动本身会对力量运动表现产生潜在的影响。这一结论得到了研究者的支持[17,29]，他们对相似的受试者采用了相同的间歇和持续性耐力训练，一组实验发现力量运动表现只是在间歇耐力训练后有所下降，而另一组实验发现下肢推举重复次数在持续性耐力训练后有所下降。

前面已经讨论过，研究者对耐力训练采用了不同的缓解期、运动模式、运动强度和负荷量来观察其对力量运动表现的影响（表 10.1）。这些变量（特别是缓解期长短）似乎会影响耐力训练后的力量运动表现，同样重要的是，力量评估方法对研究结果的解释也有较大的影响。许多研究通过在一定负荷下重复运动次数来评估之后的力量运动表现[15,17,21,22,24,26,28,29,31]，也有研究采用更高强度的评估方法，如 1～5 RM/MVC[5,8,11,16,17,19,20,23,32–36,50]，很少有研究使用更“实际”的力量测试方案[10,13]。这些测试方法代表不同的力量素质，重复次数代表力量耐力，1～5 RM/MVC 代表最大力量。然而，耐力运动后，力量、耐力和最大力量都会受到影响（表 10.1）。很少有研究在相同的耐力和力量负荷之后，同时测试受训者的力量、耐力和最大力量。因此，很难确定哪一种力量更易受到耐力性疲劳的影响。以前的研究表明，爆发力和速度力量比最大力量和力量、耐力等更易受到由耐力运动导致的运动表现水平下降的影响[9,51–53]。例如，在 60 分钟的跑步训练后，下肢推举的力量输出速率[23]和深蹲跳高度[20]均出现下降，这至少可以部分支持上述发现。如前所述，耐力训练（主要涉及下肢肌肉）后，上肢肌肉力量没有受到影响[17,21,22,29,31]。神经肌肉接点或其远端出现的外周疲劳可能是影响下肢肌肉力量的主要因素。基于这些研究，建议快速和爆发性的下肢训练不受耐力训练的刺激。

有限的证据表明，先做耐力训练对之后的力量运动表现不会有急性影响。耐力训练后的力量运动表现未受影响的研究可能是通过伸膝等独立肢体运动来评估的[5,13,34]。然而，有更多的证据表明，耐力训练后的力量运动表现会下降，这是通过多关节运动来评估的，如深蹲[8,10,15,21,22,24]或下肢推举[7,17,19,20,23,26,28,29,31]，这些动作对运动员、教练员和运动参与者来说有更大的实用性。因此，有理由认为，涉及大量肌肉群的多关节运动比孤立肢体单关节运动更易受到耐力训练疲劳的影响。

10.5 激活后增强效应

尽管之前有研究认为耐力运动会影响随后的力量运动表现，但也有人认为，进行耐力运动刺激可以对力量运动表现产生积极的急性影响[12,14,18,25,27,30]。然而，这种现象几乎都是在训练有素的耐力运动员中发现的。因此，相较于力量运动员，耐力运动员在耐力运动刺激后的急性期内，对疲劳的耐受力更强。此外，经过良好耐力训练的受试者，先前的耐力运动负荷可以起到热身或“准备”作用来提高力量产生的能力，但是未经过良好耐力训练的受试者没有出现这种情况。

10.6 小结

耐力训练和力量训练之间的缓解期似乎是影响力量运动表现的主要因素。通常，在耐力训练 8 小时以后，力量运动表现才能恢复到基础水平。因此，要在耐力训练之后进行力量训练，中间最少间隔 8 小时，这样才会提高力量运动表现。

力量运动表现下降，似乎与之前的耐力运动方式（自行车或跑步）和持续或者间歇运动无关。高强度小运动量和低强度大运动量的耐力训练都能使随后的力量运动表现下降。尽管力量运动表现似乎与耐力训练的强度和训练量无关，但其与耐力训练导致的中枢或外周疲劳有关。高强度小运动量的耐力训练主要与外周疲劳有关，而低强度大运动量的耐力训练主要与中枢疲劳有关。

下肢耐力训练不会影响上肢力量表现。涉及大量肌肉群和速度/爆发性下肢多关节运动的力量运动表现可能更易受到耐力训练的影响（图 10.2）。

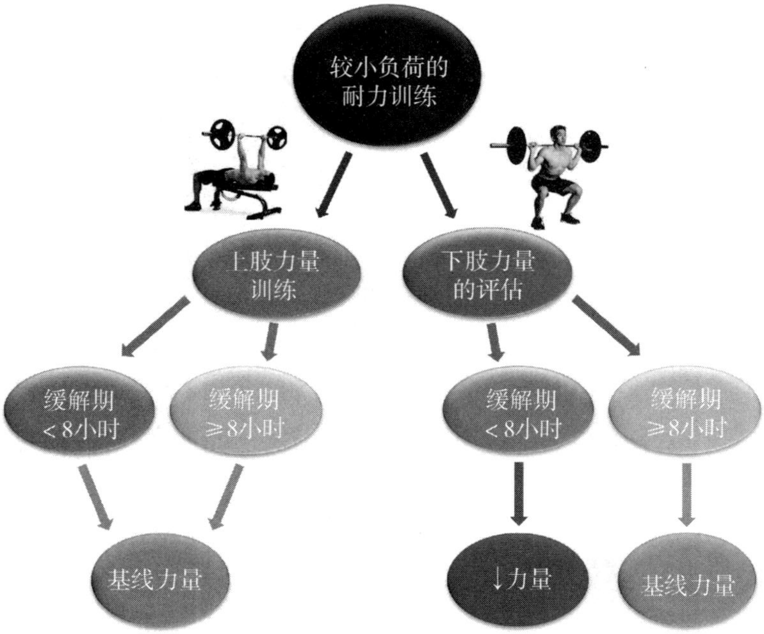

图 10.2　先进行耐力训练对随后的力量运动表现的“典型”影响图示

注：本章的内容表明，评估力量运动表现的方法和缓解期是耐力训练后的急性力量运动表现的主要决定因素。

10.7　对训练安排的几点建议

虽然不推荐，但由于受场地和日程安排等制约，高水平和业余运动员通常在耐力训练之后很短时间内就进行力量训练。正如本章所详细描述的那样，这种训练安排会在一定程度上影响力量运动表现，尤其是力量训练安排在耐力训练后的 8 小时内进行，主要会影响需要大肌肉群参与的下肢蹲举训练表现。因此，如果以高质量的力量训练和力量发展为训练干预的主要目标，或者长、中、短周期训练者寻求最佳力量运动表现时，应考虑以下几点。

（1）如果可能的话，任何耐力运动后需间隔 8 小时（含）以上再进行力量训练。

（2）如果力量训练与下肢耐力训练的时间非常接近，那么训练的重点应该是上肢力量的发展。

（3）如果力量训练与下肢耐力训练的时间非常接近，则应避免下肢爆发性、速度性运动和涉及大量肌肉群的多关节推举运动。

应该指出的是，这些基于研究证据的建议在全年训练中落实不一定可行，也不一定必须这样做，但是在赛季前准备期或赛前准备期中，运动员需要优化其长期力量发展或速度力量时，应考虑这些建议。

参考文献

[1] García-Pallarés J, Sánchez-Medina L, Carrasco L, Díaz A, Izquierdo M. Endurance and neuro-muscular changes in world-class level kayakers during a periodized training cycle. Eur J Appl Physiol. 2009; 106:629–638.

[2] Wong P, Chaouachi A, Chamari K, Dellal A, Wisloff U. Effect of preseason concurrent muscu-lar strength and high-intensity interval training in professional soccer players. J Strength Cond Res. 2010; 24:653–660.

[3] Marta C, Marinho D A, Barbosa T M, Izquierdo M, Marques M C. Effects of concurrent training on explosive strength and $\dot{V}O_2max$ in prepubescent children. Int J Sports Med. 2013; 34:888–896.

[4] Hendrickson N R, Sharp M A, Alemany J A, et al. Combined resistance and endurance training improves physical capacity and performance on tactical occupational tasks. Eur J Appl Physiol. 2010; 109:1197–1208.

[5] Goto K, Higashiyama M, Ishii N, Takamatsu K. Prior endurance exercise attenuates growth hormone response to subsequent resistance exercise. Eur J Appl Physiol. 2005; 94:333–338.

[6] Balabinis C P, Psarakis C H, Moukas M, Vassiliou M P, Behrakis P K. Early phase changes by concurrent endurance and strength training. J Strength Cond Res. 2003; 17:393–401.

[7] Eklund D, Schumann M, Kraemer W J, Izquierdo M, Taipale R S, Häkkinen K. Acute endocrine and force responses and long-term adaptations to same-session combined strength and endurance training in women. J Strength Cond Res. 2016; 30:164–175.

[8] Leveritt M, Abernethy P J. Acute effects of high-intensity endurance exercise on subsequent resistance activity. J Strength Cond Res. 1999; 13:47–51.

[9] Craig B, Lucas J, Pohlman R, Stelling H. The effects of running, weightlifting and a combination of both on growth hormone release. J Strength Cond Res. 1991; 5:198–203.

[10] Jones T W, Howatson G, Russell M, French D N. Effects of strength and endurance exercise order on endocrine responses to concurrent training. Eur J Sport Sci. 2017; 17:326–334.

[11] Thomas K, Dent J, Howatson G, Goodall S. Etiology and recovery of neuromuscular fatigue after simulated soccer match play. Med Sci Sports Exerc. 2017; 49:955–964.

[12] García-Pinillos F, Molina-Molina A, Latorre-Román P Á. Impact of an incremental running test on jumping kinematics in endurance runners: can jumping kinematic explain the postactivation potentiation phenomenon. Sports Biomech. 2016; 15:103–115.

[13] Jones T W, Walshe I H, Hamilton D L, Howatson G, Russell M, Price O J, Gibson A S C, French D N. Signaling responses after varying sequencing of strength and endurance training in a fed state. Int J Sports Physiol Perform. 2016; 11:868–875.

[14] García-Pinillos F, Soto-Hermoso V M, Latorre-Román P A. Acute effects of extended interval training on countermovement jump and handgrip strength performance in endurance athletes: postactivation potentiation. J Strength Cond Res. 2015; 29:11–21.

[15] Panissa V L G, Tricoli V A A, Julio U F, Ribeiro N, de Azevedo Neto R M A, Carmo E C, Franchini E. Acute effect of high-intensity aerobic exercise performed on treadmill and cycle ergometer on strength performance. J Strength Cond Res. 2015; 29:1077–1082.

[16] Thomas K, Goodall S, Stone M, Howatson G, St Clair Gibson A, Ansley L. Central and peripheral fatigue in male cyclists after 4-, 20-, and 40-km time trials. Med Sci Sports Exerc. 2015; 47:537–546.

[17] De Salles Painelli V, Alves V T, Ugrinowitsch C, Benatti F B, Artioli G G, Lancha A H, Gualano B, Roschel H. Creatine supplementation prevents acute strength loss induced by concurrent exercise. Eur J Appl Physiol. 2014; 114:1749–1755.

[18] Latorre-Román P Á, García-Pinillos F, Martínez-López E J, Soto-Hermoso V M. Concurrent fatigue and postactivation potentiation during extended interval training in long-distance runners. Motriz Rev Educ Fís. 2014; 20:423–430.

[19] Schumann M, Walker S, Izquierdo M, Newton R U, Kraemer W J, Häkkinen K. The order effect of combined endurance and strength loadings on force and hormone responses: effects of prolonged training. Eur J Appl Physiol. 2014; 114:867–880.

[20] Taipale R S, Schumann M, Mikkola J, Nyman K, Kyröläinen H, Nummela A, Häkkinen K. Acute neuromuscular and metabolic responses to combined strength and endurance loadings: the "order effect" in recreationally endurance trained runners. J Sports Sci. 2014; 32:1155–1164.

[21] Tan J G, Coburn J W, Brown L E, Judelson D A. Effects of a single bout of lower-body aerobic exercise on muscle activation and performance during subsequent lower- and upper-body resistance exercise workouts. J Strength Cond Res. 2014; 28:1235–1240.

[22] Reed J P, Schilling B K, Murlasits Z. Acute neuromuscular and metabolic responses to concurrent endurance and resistance exercise. J Strength Cond Res. 2013; 27:793–801.

[23] Taipale R S, Häkkinen K. Acute hormonal and force responses to combined strength and endurance loadings in men and women: the "order effect". PLoS One. 2013; 8:e55051.

[24] Panissa V L G, Ferreira Julio U, Pinto e Silva C, Vidal Andreato L, Hardt F, Franchini E. Effects of interval time between high-intensity intermittent aerobic exercise on strength performance: analysis in individuals with different training background. J Hum Sport Exerc. 2012; 7:815–825.

[25] Boullosa D A, Tuimil J L, Alegre L M, Iglesias E, Lusquiños F. Concurrent fatigue and potentiation in endurance athletes. Int J Sports Physiol Perform. 2011; 6:82–93.

[26] de Araújo Ruas V D, Figueira T R, Denadai B S, Greco C C. Effect of cycling exercise at different pedal cadences on subsequent muscle strength. J Exerc Sci Fit. 2011; 9:93–99.

[27] Boullosa D A, Tuimil J L. Postactivation potentiation in distance runners after two different field running protocols. J Strength Cond Res. 2009; 23:1560–1565.

[28] Lemos A, Simão R, Polito M, Salles B, Rhea M R, Alexander J. The acute influence of two intensities of aerobic exercise on strength training performance in elderly women. J Strength Cond Res. 2009; 23:1252–1257.

[29] de Souza E O, Tricoli V, Franchini E, Paulo A C, Regazzini M, Ugrinowitsch C. Acute effect of two aerobic exercise modes on maximum strength and strength endurance. J Strength Cond Res. 2007; 21:1286–1290.

[30] Vuorimaa T, Virlander R, Kurkilahti P, Vasankari T, Häkkinen K. Acute changes in muscle activation and leg extension performance after different running exercises in elite long distance runners. Eur J Appl Physiol. 2006; 96:282–291.

[31] Sporer B C, Wenger H A. Effects of aerobic exercise on strength performance following various periods of recovery. J Strength Cond Res. 2003; 17:638–644.

[32] Bentley D J, Smith P A, Davie A J, Zhou S. Muscle activation of the knee extensors following high intensity endurance exercise in cyclists. Eur J Appl Physiol. 2000; 81:297–302.

[33] Lepers R, Hausswirth C, Maffiuletti N, Brisswalter J, van Hoecke J. Evidence of neuromuscular fatigue after prolonged cycling exercise. Med Sci Sports Exerc. 2000; 32:1880–1886.

[34] Leveritt M, MacLaughlin H, Abernethy P J. Changes in leg strength 8 and 32 h after endurance exercise. J Sports Sci. 2000; 18:865–871.
[35] Bentley D J, Zhou S, Davie A J. The effect of endurance exercise on muscle force generating capacity of the lower limbs. J Sci Med Sport. 1998; 1:179–188.
[36] Abernethy P J. Influence of acute endurance activity on isokinetic strength. J Strength Cond Res. 1993; 7:141–146.
[37] Jacobs I, Kaiser P, Tesch P. Muscle strength and fatigue after selective glycogen depletion in human skeletal muscle fibers. Eur J Appl Physiol Occup Physiol. 1981; 46:47–53.
[38] Gandevia S C. Spinal and supraspinal factors in human muscle fatigue. Physiol Rev. 2001; 81:1725–1789.
[39] Enoka R M, Stuart D G. Neurobiology of muscle fatigue. J Appl Physiol. 1992; 72:1631–1648.
[40] Amann M. Central and peripheral fatigue: interaction during cycling exercise in humans. Med Sci Sports Exerc. 2011; 43:2039–2045.
[41] Decorte N, Lafaix P A, Millet G Y, Wuyam B, Verges S. Central and peripheral fatigue kinetics during exhaustive constant-load cycling. Scand J Med Sci Sports. 2012; 22:381–391.
[42] Lepers R, Maffiuletti N A, Rochette L, Brugniaux J, Millet G Y. Neuromuscular fatigue during a long-duration cycling exercise. J Appl Physiol. 2002; 92:1487–1493.
[43] Place N, Lepers R, Deley G, Millet G Y. Time course of neuromuscular alterations during a prolonged running exercise. Med Sci Sports Exerc. 2004; 36:1347–1356.
[44] Ross E Z, Middleton N, Shave R, George K, Nowicky A. Corticomotor excitability contributes to neuromuscular fatigue following marathon running in man. Exp Physiol. 2007; 92:417–426.
[45] Bigland-Ritchie B, Kukulka C G, Lippold O C, Woods J J. The absence of neuromuscular transmission failure in sustained maximal voluntary contractions. J Physiol. 1982; 330:265–278.
[46] Schillings M L, Hoefsloot W, Stegeman D F, Zwarts M J. Relative contributions of central and peripheral factors to fatigue during a maximal sustained effort. Eur J Appl Physiol. 2003; 90:562–568.
[47] Wilson J M, Marin P J, Rhea M R, Wilson S M C, Loenneke J P, Anderson J C. Concurrent training: a meta-analysis examining interference of aerobic and resistance exercises. J Strength Cond Res. 2012; 26:2293–2307.
[48] Escamilla R F. Knee biomechanics of the dynamic squat exercise. Med Sci Sports Exerc. 2001; 33:127–141.
[49] Gergley J C. Comparison of two lower-body modes of endurance training on lower-body strength development while concurrently training. J Strength Cond Res. 2009; 23:979–987.
[50] Eklund D, Pulverenti T, Bankers S, Avela J, Newton R, Schumann M, Häkkinen K. Neuromuscular adaptations to different modes of combined strength and endurance training. Int J Sports Med. 2015; 36:120–129.
[51] Jones T W, Howatson G, Russell M, French D N. Performance and endocrine responses to differing ratios of concurrent strength and endurance training. J Strength Cond Res. 2016; 30:693–702.
[52] Dudley G A, Djamil R. Incompatibility of endurance- and strength-training modes of exercise. J Appl Physiol. 1985; 59:1446–1451.
[53] Häkkinen K, Alen M, Kraemer W J, et al. Neuromuscular adaptations during concurrent strength and endurance training versus strength training. Eur J Appl Physiol. 2003; 89:42–52.

11 力量训练对后续耐力运动表现的直接影响

肯吉·多玛（Kenji Doma）

11.1 引言

越来越多的文献表明，在渐进式耐力训练计划中加入力量训练有好处[1–3]。力量训练可以提高耐力水平，其机制可能是：肌纤维类型的募集发生变化、肌肉收缩力量增加、Ⅱx型肌纤维比例减少，以及肌肉表型向耐疲劳且具有爆发力类型转变[2,4]。虽然教练员被鼓励对耐力运动员安排力量训练，但如果在每一种训练方式之间没有安排合适的恢复期，力量训练则会导致残余疲劳继续存在，并对随后在耐力训练中达到最佳运动表现的能力产生负面影响[5–7]。

事实上，之前已有大量研究表明这些运动表现指标会出现下降[5–11]，大致情况见表 11.1。因此，当力量训练导致身体疲劳后，继续进行耐力训练会影响耐力训练的质量，甚至可能会导致超负荷、训练过度或者受到损伤[17,18]，这些都不利于耐力水平的提高。有研究表明，力量训练导致疲劳后会降低计时赛成绩[13]、缩短力竭时间[6,7]，同时会增加运动消耗（摄氧量和心率）及恒定次最大负荷下疲劳感觉等级值[8,19]。如果耐力运动员在这种状态下训练，他们的速度会下降，很难完成预定的训练距离，或者很难达到预定的训练目标。

尽管大量证据表明，力量训练引起的疲劳会影响即刻进行的耐力运动表现，但影响程度似乎取决于受试者力量训练背景、训练强度和力量训练后的恢复时间。因此，本章将讨论力量训练产生的疲劳，以及受试者力量训练背景和训练强度、负荷量和恢复时间如何影响后续的耐力运动表现。此外，本章还为教练员提供了若干建议，以尽量减少力量训练残余疲劳对随后耐力训练效果的影响。

表 11.1 关于一次性力量训练对随后耐力运动表现的急性影响的研究的总结

研究者	受试者	训练背景	力量训练	耐力表现测试	结论
迪金（Deakin）[12]	男性（n=9）	有力量训练经历、训练有素的自行车手	以 6RM 做 4～6 组腿上斜举，每组重复 6 次	骑行效率测试	3 小时力量训练对骑行运动效率具有显著的损害性影响
伯特（Burt）、特威斯特（Twist）[13]	男性（n=7） 女性（n=1）	6 个月没有进行力量训练但每周进行 2 次耐力训练、以休闲为目的的活跃大学生	增强式垂直纵跳练习，做 10 组，每组 10 次	自行车计时赛	增强式训练后 48 小时内骑行距离显著缩短
吉（Gee）等[14]	男性（n=7）	有力量训练经历、训练有素的俱乐部划船爱好者	以 75%～85%1RM 做 3～4 组、每组 5～15 次的抓举下蹲，自重深蹲、后深蹲、硬拉、卧推、卧拉、负重仰卧起坐	划船计时赛	力量训练 24 小时内赛艇计时赛成绩无变化
多玛、迪金[6]	男性（n=14）	6 个月没有进行力量训练但受过中等强度训练的跑步爱好者	以 6RM 重复 6 次，做 4～6 组的腿上斜举、坐姿腿屈伸和俯卧腿弯举	跑步经济性和经胸超声心动图	摄氧量无变化，但是力量训练 24 小时内跑步经济性明显下降
伯特等[8]	男性（n=9）	1 周进行 2～3 次耐力训练的健康个体	以自身体重的 80% 做 10 组、每组重复 10 次的后蹲	跑步经济性	力量训练后 48 小时内摄氧量显著增加
多玛、迪金[7]	男性（n=15）	6 个月没有进行力量训练但受过中等强度训练的跑步爱好者	以高强度（以 6RM 重复 6 次，做 3 组）和低强度（与工作负荷相同，做 3 组，每组重复 20 次）做腿上斜举、卧推及卧拉	跑步经济性和经胸超声心动图	摄氧量没有变化，但在 6 小时高强度力量训练后跑步经济性显著下降。低强度力量训练后跑步经济性没有变化
多玛等[15]	男性（n=14）	6 个月没有进行力量训练、1 周跑步 2～3 次的健康个体	以 6RM 做 3 组后蹲、坐姿腿屈伸、俯卧腿弯举，每组重复 6 次	跑步经济性和经胸超声心动图	摄氧量无变化，但力量训练 24 小时内，在跑步经济性测试中，本体感觉的运动强度显著增加
多玛、迪金[5]	男性（n=16） 女性（n=8）	6 个月没有进行力量训练但受过中等强度训练的跑步爱好者	以 6RM 做 4～6 组腿上斜举、坐姿腿屈伸和俯卧腿弯举，每组重复 6 次	跑步经济性和经胸超声心动图	摄氧量无变化，但力量训练 24 小时内，在跑步经济性测试中，本体感觉的运动强度显著增加
多玛等[16]	男性（n=12）	6 个月没有进行力量训练、1 周跑步 2～3 次的健康个体	以 6RM 做 3 组后蹲、单腿卧式压腿、坐姿腿屈伸、俯卧腿弯举，每组重复 6 次	跑步经济性和经胸超声心动图	摄氧量无变化，但力量训练 24 小时内，在跑步经济性测试中，本体感觉的运动强度显著增加

11.2 受试者力量训练和耐力训练背景

11.2.1 受试者力量训练背景

力量训练后的恢复能力很大程度上取决于之前的力量训练水平[20–23]。从来没有接触过力量训练的受试者，在初次训练后，其肌肉的损伤和神经肌肉疲劳程度会逐渐下降，这被称为重复训练效应（RBE）[24]。此外，相对于力量训练受试者来说，没有经历过力量训练的受试者，在力量训练后即刻其肌肉损伤和肌肉收缩力量下降的程度更明显[25]。因此，力量训练背景对力量训练导致疲劳后的后续耐力运动表现有显著影响。例如，无力量训练背景的受试者，在进行中高强度的下肢力量训练（如深蹲和下肢推举）后，其跑步经济性在48 小时内显示降低[8,15]。然而也有研究表明，有力量训练背景的受试者，实施同样的力量训练方案，其跑步经济性在 6～8 小时内没有受到影响[7,19]。

基于重复训练效应，有力量训练经历的受试者在进行力量训练后疲劳感受程度较轻，但这并不表明力量训练导致的疲劳是完全可以避免的。有力量训练经历的受试者，在进行力量训练后长达 48 小时，都伴随肌肉结构损伤和功能衰减[26–28]。此外，也有研究表明，在两次力量训练后跑步经济性受到影响达 48 小时[5]，在 3 次力量训练后跑步至力竭时间受到影响达 24 小时[16]。这些研究表明，有力量训练背景的受试者在进行力量训练后，仍会出现肌肉损伤和神经肌肉疲劳；无力量训练背景的受试者，尽管其力量训练次数有所增加，但力量训练诱发的疲劳是不可避免的，尤其是在跑步运动表现的测试中。

本章作者以前的研究还表明，中等耐力训练水平的跑步者在进行下肢力量训练后 24 小时内，其跑步至力竭的时间都会受到影响，尽管这些受试者都经历了一段洗脱期（即在研究开始前进行了多次力量训练，以减轻研究过程中可能出现的重复训练效应）[5,9]。因此，如果让那些只进行过少量力量训练的受试者执行耐力训练计划，那么至少在 48 小时内，应该格外小心。

11.2.2 受试者耐力训练背景

与对力量训练背景的受试者进行的研究相比，关于对耐力训练背景的受试者因力量训练导致耐力表现下降的研究还比较有限。斯科维达斯（Skurvydas）等人[29]的研究对有或者无耐力训练经历的受试者分别进行伸膝离心训练，在训练前或训练后 48 小时测试其间接肌肉损伤指标［肌肉酸痛、肌酸激酶（CK）和等速力矩］。结果表明，无耐力训练经历的受试者等速力矩下降幅度显著大于有训练经历的受试者，尽管两者肌肉酸痛和 CK 的变化没有差异。同样，斯尼库斯（Snieckus）等人[30]也表明，在膝关节离心收缩后 48 小时内，两者的肌肉酸痛和 CK 值变化没有明显差异，尽管无训练经历的受试者肌肉力量下降幅度更大。总的来说，这些研究表明，与未经训练的受试者相比，训练有素者的肌肉似乎更能抵抗由运动引起的肌肉损伤（EIMD）。然而，这些研究是通过等速膝关节收缩发现 EIMD，与传统抗阻训练包括向心和离心收缩有所不同。此外，这两项研究都没有比较两组受试者在 EIMD 后的耐力表现情况（如跑步经济性、跑步力竭时间）。因此，若对无训练经历的受试者同时进行力量和耐力训练提出具体的建议，还需要更多的研究。然而，我们之前已经谈论过肌肉力量下降与跑步成绩之间的关系[5-7,9,15,16]，对于那些没有接受过力量和耐力训练的个体，尤其是在进行同期训练的时候，应该更多考虑到 EIMD 对他们的影响。

11.3 力量和耐力训练强度

11.3.1 力量训练强度

在力量训练过程中，运动员进行大负荷或者小负荷训练，神经肌肉的特征有很大的不同。例如，为优化肌肉力量发展进行的较大负荷（≥85%1RM）的力量训练，会导致更多的运动单位募集，且同步出现的频率更高，而较小负荷的力量训练，通常以有序模式募集较少的运动单位，以维持更长时间的收缩[31]。因此，在负荷较大的力量训练过程中，每次重复都会给神经肌肉系统施加更大的生理压力。根据这一推测，桑顿（Thornton）和帕泰格尔（Potteiger）[32]让受试者进行高强度力量训练（85% 8RM，重复 8 次）和低强度力量训练（45% 8RM，重复 15 次），两种训练都包括同样的九种典型力量训练且做功量相同，他们发现高强度力量训练组运动后过量氧耗更高。他们推测，高强度力量训练需要募集更多的运动单位，对代谢系统造成影响。他们只测试了静息状态下受试者的生理反应，但不同的力量训练强度、不同的神经肌肉特征可能会使由力量训练引起的疲劳对随后的耐力运动表现的影响出现很大不同。

迪金[12]让有力量训练背景的受试者进行不同强度的力量训练，观察力量训练对次最大强度骑行运动表现的急性影响。受试者随机选择参加等量高强度（6RM）或低强度（6 组，每组重复 20 次）的下肢力量训练，然后交换参加另一种训练。每种力量训练的做功量相等，然后在力量训练后 3 小时做骑行效率测试。结果表明，相较于低强度力量训练组，高强度力量训练组在随后的骑行效率测试中生理能耗更大。本章作者也对力量训练强度对耐力运动表现的影响进行了相似研究，观察了有力量训练背景的受试者在进行不同强度力量训练 6 小时后，在次最大和最大负荷下跑步的运动表现 [7]。结果表明，不同强度力量训练对跑步经济性（以 90%无氧阈强度跑步）没有影响，但是高强度力量训练组跑步力竭时间降低（以 110%无氧阈强度跑步），而低强度组的这些指标没有受到影响。

迪金[12]以及多玛和迪金[7]的研究发现，运动总量相同的两种负荷强度力量训练，高强度力量训练对耐力运动表现的影响大于低强度力量训练。巴托洛梅（Bartolomei）等人[33]的研究发现，让有训练经历的受试者进行低强度大负荷力量训练和高强度小负荷力量训练 48 小时后，测试其肌肉力量和纵跳成绩，前者下降幅度更大。这些研究结果与上述两个实验的结果不一致，可能是因为低强度大负荷量力量训练组的做功总量是另一组的两倍。此外，所测试的运动表现指标是肌肉力量，难与耐力运动表现的评价指标相比较。尽管如此，这些相矛盾的研究结果强调了在评价不同力量训练强度的急性影响时，应该充分考虑到采用相同做功总量的重要性。此外，上述研究结果表明[7,12]，在力量训练后数小时内就进行耐力训练需要谨慎对待，特别是在高强度的力量训练之后。还需要注意的是，典型的低强度力量训练（50%～65% 1RM，3～4 组，每组重复 12～15 次）可能比高强度力量训练（90%～100% 1RM，4～5 组，每组重复 1～3 次）做功总量更多。因此，进行低强度大负荷量的力量训练后，也应考虑适当的恢复。

11.3.2 耐力训练强度

如果力量训练之后马上进行耐力训练，可以调控耐力训练的强度，以尽量减少力量训练引起的疲劳对后续耐力训练的影响。几项研究表明，在力量训练引起的疲劳期进行更高强度的耐力运动，跑步运动表现下降更明显[5,7,9]。例如，研究表明，在力量训练后数小时至数天内，跑步经济性没有受到影响，而跑步至力竭时间下降[7,15]。这些结果也被一些下坡跑实验证实[34]，这进一步证明了在肌肉疲劳期间，在更高运动强度下耐力运动表现指标的变化更加敏感。

在更高运动强度下，耐力运动表现下降更明显，可能与不同的肌纤维募集方式有关[34]。事实上，Ⅰ型肌纤维主要是在无氧阈强度以下运动时募集，而更多的Ⅱ型肌纤维是在无氧阈强度以上运动时募集[35,36]。与Ⅰ型肌纤维相比，力量训练可以对Ⅱ型肌纤维造成更大的损伤，可能使Ⅱ型肌纤维的募集能力下降。因此，力量训练引起的疲劳可能会影响较高强度的耐力运动表现。因此，在力量训练导致疲劳期间，安排较高强度耐力训练时需要特别注意，尤其是无氧阈强度以上的耐力运动。在同期训练计划安排上，要适当考虑渐进性和周期性。在力量训练后的数小时至数天内进行较低强度的耐力训练，可使其对耐力运动表现的负面影响降到最小，从而提高耐力训练质量，最终达到慢性心肺适应的目的。

11.4 力量训练后的恢复

在执行同期训练方案时，必须考虑到力量和耐力训练期间的适当恢复，以尽量减少疲劳从一种训练模式转移到下一种训练模式。事实上，每一种训练模式所需的恢复时间取决于训练变量，特别是运动模式。一次典型的 40～60 分钟耐力训练后，肌肉收缩能力恢复只需要数小时[37,38]。相比之下，高强度力量训练后，肌肉收缩能力下降可延续到运动后 96 小时[39,40]，肌糖原耗竭可延续至运动后 6 小时[12]，并可能在运动后 8～72 小时诱发肌肉损伤[41]，所有这些都可能影响耐力运动表现的指标[42]。

有几项研究观察了力量训练后的急性恢复时间对耐力运动表现指标的影响。虽然典型的力量训练对骑行运动表现的急性影响研究有限，但迪金[12]对具有力量训练背景、训练有素的自行车运动员进行 6RM 的高强度下肢力量训练（腿上斜举）结束后 3 小时，观察其对次最大负荷骑行运动表现和肌肉收缩能力的影响。结果显示，随着肌肉力量下降，受试者次最大负荷骑行运动表现下降。其他几个关于跑步运动表现的研究也有类似发现。例如，对有力量训练背景、训练有素的长跑运动员，进行 8RM 强度的全身力量训练（卧推、深蹲、站姿划船、硬拉、坐姿划船和腹部练习）后，测试其运动后 8 小时和 24 小时的跑步经济性[19]。结果表明，力量训练后 8 小时运动经济性下降，但 24 小时后恢复到基准值。我们也发现，有力量训练经验的中等水平跑步者以 6RM 强度进行下肢力量训练（腿斜上举、腿伸展和俯卧腿弯举）后 6 小时，其跑步经济性下降[9]。同样，受试者使用类似的力量训练方案训练后 24 小时，其跑步经济性没有受到影响，但跑步至力竭的时间缩短（110% 无氧阈强度跑步）[5,7]。对于没有力量训练背景的受试者，在典型的下肢力量训练后 48 小时，其运动经济性仍然下降。

根据上述研究结果，对于有力量训练经验的耐力运动员来说，在进行一次性常规力量训练后，可能需要至少 8 小时的恢复时间，以避免对耐力运动表现产生负面影响。但是，几乎没有力量训练背景或者力量停训的耐力运动员可能需要几天的恢复时间。无论训练背景如何，如果在力量训练后进行高强度（高于无氧阈强度）耐力训练，可能需要超过 24 小时的恢复时间，以避免后续的耐力运动表现下降。然而，即使已经观察到与耐力表现有关的指标出现下降，但这并不意味着这些训练没有效果。

11.5 小结

综上所述，力量训练引起的疲劳可以在运动后持续数天，这似乎对耐力运动表现有不利影响。因此，在力量训练之后执行耐力训练计划时，以下情况可能需要更长的恢复时间：① 耐力训练前进行高强度力量训练（如≥6RM）；② 在力量训练后进行高强度耐力训练（超过无氧阈强度）；③ 参训者无力量训练史；④ 参训者有力量训练史，但数月未进行力量训练；⑤ 参训者无耐力训练史。一次性力量训练对后续耐力训练质量的影响程度可能取决于上述任何一项或所有这些因素的程度。因此，在为耐力运动员制订同期训练方案之前，监控和了解每个参训者的恢复动态是非常重要的。

参考文献

[1] Balsalobre-Fernandez C, Santos-Concejero J, Grivas G V. Effects of strength training on running economy in highly trained runners: a systematic review with meta-analysis of controlled trials. J Strength Cond Res. 2016; 30 (8): 2361–2368. https://doi.org/10.1519/JSC.0000000000001316.

[2] Rønnestad B R, Hansen E A, Raastad T. Strength training improves 5-min all-out performance following 185 min of cycling. Scand J Med Sci Sports. 2011; 21 (2): 250–259. https://doi.org/10.1111/ j.1600-0838. 2009.01035.x.

[3] Rønnestad B R, Mujika I. Optimizing strength training for running and cycling endurance performance: a

review. Scand J Med Sci Sports. 2013; 24 (4): 603–12. https://doi.org/10.1111/sms.12104.

[4] Aagaard P, Andersen J L, Bennekou M, Larsson B, Olesen J L, Crameri R, et al. Effects of resistance training on endurance capacity and muscle fiber composition in young top-level cyclists. Scand J Med Sci Sports. 2011; 21 (6): e298–e307. https://doi.org/10.1111/j.1600-0838.2010.01283.x.

[5] Doma K, Deakin G. The acute effect of concurrent training on running performance over 6 days. Res Q Exerc Sport. 2015; 86 (4): 387–396. https://doi.org/10.1080/02701367.2015.1053104.

[6] Doma K, Deakin G B. The effects of strength training and endurance training order on running economy and performance. Appl Physiol Nutr Metab. 2013; 38 (6): 651–656. https://doi.org/10.1139/apnm-2012-0362.

[7] Doma K, Deakin G B. The acute effects intensity and volume of strength training on running performance. Eur J Sport Sci. 2014; 14 (2): 107–115.

[8] Burt D, Lamb K, Nicholas C, Twist C. Effects of repeated bouts of squatting exercise on submaximal endurance running performance. Eur J Appl Physiol Occup Physiol. 2013; 113 (2): 285–293. https://doi.org/10.1007/s00421-012-2437-2.

[9] Doma K, Deakin G B. The effects of combined strength and endurance training on running performance the following day. Int J Sport Health Sci. 2013; 11:1–9.

[10] Doncaster G G, Twist C. Exercise-induced muscle damage from bench press exercise impairs arm cranking endurance performance. Eur J Appl Physiol Occup Physiol. 2012; 112 (12): 4135–4142. https://doi.org/10.1007/s00421-012-2404-y.

[11] Hayter K J, Doma K, Schumann M, Deakin G. The comparison of cold-water immersion and cold air therapy on maximal cycling performance and recovery markers following strength exercises. Peer J. 2016; 4:e1841. https://doi.org/10.7717/peerj.1841.

[12] Deakin B D. Concurrent training in endurance athletes: the acute effects on muscle recovery capacity, physiological, hormonal and gene expression responses post-exercise. Doctor of Philosophy, Southern Cross University, Lismore; 2004.

[13] Burt D G, Twist C. The effects of exercise-induced muscle damage on cycling time-trial performance. J Strength Cond Res. 2011; 25 (8): 2185–2192. https://doi.org/10.1519/JSC.0b013e3181e86148.

[14] Gee T I, French D N, Howatson G, Payton S J, Berger N J, Thompson K G. Does a bout of strength training affect 2, 000 m rowing ergometer performance and rowing-specific maximal power 24 h later? Eur J Appl Physiol. 2011; 111 (11): 2653–2562. https://doi.org/10.1007/s00421-011-1878-3.

[15] Doma K, Schumann M, Sinclair W H, Leicht A S, Deakin G B, Häkkinen K. The repeated bout effect of typical lower body strength training sessions on sub-maximal running performance and hormonal response. Eur J Appl Physiol Occup Physiol. 2015; 115 (8): 1789–1799. https://doi.org/10.1007/s00421-015-3159-z.

[16] Doma K, Schumann M, Leicht A S, Heilbronn B, Damas F, Burt D. The repeated bout effect of lower body resistance exercises on running performance across three bouts. Appl Physiol Nutr Metab. 2017; 42 (9): 978–985.

[17] Aubry A, Hausswirth C, Louis J, Coutts A J, Le Meyur Y. Functional overreaching: the key to peak performance during the taper? Med Sci Sports Exerc. 2014; 46 (9): 1769–1777. https://doi.org/10.1249/MSS.0000000000000301.

[18] Coutts A J, Wallace L K, Slattery K M. Monitoring changes in performance, physiology, biochemistry, and psychology during overreaching and recovery in triathletes. Int J Sports Med. 2007; 28 (2): 125–134. https://doi.org/10.1055/s-2006-924146.

[19] Palmer C D, Sleivert G G. Running economy is impaired following a single bout of resistane exercise. J Sci

Med Sport. 2001; 4 (4): 447–459.
[20] Clarkson P M, Byrnes W C, Gillisson E, Harper E. Adaptation to exercise-induced muscle damage. Clin Sci (Lond). 1987; 73 (4): 383–386.
[21] Clarkson P M, Dedrick M E. Exercise-induced muscle damage, repair, and adaptation in old and young subjects. J Gerontol. 1988; 43 (4): M91–M96.
[22] Clarkson P M, Tremblay I. Exercise-induced muscle damage, repair, and adaptation in humans. J Appl Physiol (1985). 1988; 65 (1): 1–6.
[23] Ebbeling C B, Clarkson P M. Exercise-induced muscle damage and adaptation. Sports Med. 1989; 7 (4): 207–234.
[24] Nosaka K, Clarkson P M, McGuiggin M E, Byrne J M. Time course of muscle adaptation after high force eccentric exercise. Eur J Appl Physiol Occup Physiol. 1991; 63 (1): 70–76.
[25] Newton M J, Morgan G T, Sacco P, Chapman D W, Nosaka K. Comparison of responses to strenuous eccentric exercise of the elbow flexors between resistance-trained and untrained men. J Strength Cond Res. 2008; 22 (2): 597–607. https://doi.org/10.1519/JSC.0b013e3181660003.
[26] Bird S P, Mabon T, Pryde M, Feebrey S, Cannon J. Triphasic multinutrient supplementation during acute resistance exercise improves session volume load and reduces muscle damagein strength-trained athletes. Nutr Res. 2013; 33 (5): 376–387. https://doi.org/10.1016/j.nutres.2013.03.002.
[27] Chaves C P, Simao R, Miranda H, Ribeiro J, Soares J, Salles B, et al. Influence of exercise order on muscle damage during moderate-intensity resistance exercise and recovery. Res Sports Med. 2013; 21 (2): 176–186. https://doi.org/10.1080/15438627.2012.738439.
[28] Meneghel A J, Verlengia R, Crisp A H, Aoki M S, Nosaka K, da Mota G R, Lopes C R. Muscle damage of resistance-trained men after two bouts of eccentric bench press exercise. J Strength Cond Res. 2014; 28 (10): 2961–2966. https://doi.org/10.1519/JSC.0000000000000494.
[29] Skurvydas A, Brazaitis M, Venckunas T, Kamandulis S, Stanislovaitis A, Zuoza A. The effect of sports specialization on musculus quadriceps function after exercise-induced muscle damage. Appl Physiol Nutr Metab. 2011; 36 (6): 873–880. https://doi.org/10.1139/h11-112.
[30] Snieckus A, Kamandulis S, Venckunas T, Brazaitis M, Volungevicius G, Skurvydas A. Concentrically trained cyclists are not more susceptible to eccentric exercise-induced muscle damage than are stretch-shortening exercise-trained runners. Eur J Appl Physiol. 2013; 113 (3): 621–628. https://doi.org/10.1007/s00421-012-2470-1.
[31] Fisher J, Steele J, Smith D. High- and Low-load resistance training: interpretation and practical application of current research findings. Sports Med. 2017; 47 (3): 393–400. https://doi.org/10.1007/s40279-016-0602-1.
[32] Thornton M K, Potteiger J A. Effects of resistance exercise bouts of different intensities but equal work on EPOC. Med Sci Sports Exerc. 2002; 34 (4): 715–722.
[33] Bartolomei S, Sadres E, Church D D, Arroyo E, Iii J A G, Varanoske A N, et al. Comparison of the recovery response from high-intensity and high-volume resistance exercise in trained men. Eur J Appl Physiol. 2017; 117 (7): 1287–1298. https://doi.org/10.1007/s00421-017-3598-9.
[34] Chen T C, Nosaka K, Lin M J, Chen H L, Wu C J. Changes in running economy at different intensities following downhill running. J Sports Sci. 2009; 27 (11): 1137–1144. https://doi.org/10.1080/02640410903062027.
[35] Abernethy P J, Thayer R, Taylor A W. Acute and chronic responses of skeletal muscle to endurance and

sprint exercise. A review. Sports Med. 1990; 10 (6): 365–389.
[36] Gollnick P D, Karlsson J, Piehl K, Saltin B. Selective glycogen depletion in skeletal muscle fibres of man following sustained contractions. J Physiol. 1974; 241 (1): 59–67.
[37] Bentley D J, Smith P A, Davie A J, Zhou S. Muscle activation of the knee extensors following high intensity endurance exercise in cyclists. Eur J Appl Physiol. 2000; 81 (4): 297–302. https://doi.org/10.1007/s004210050046.
[38] Bentley D J, Zhou S, Davie A J. The effect of endurance exercise on muscle force generating capacity of the lower limbs. J Sci Med Sport. 1998; 1 (3): 179–188.
[39] Lentz M, Nielsen J F. Post-exercise facilitation and depression of M wave and motor evoked potentials in healthy subjects. Clin Neurophysiol. 2002; 113 (7): 1092–1098.
[40] Sargeant A J, Dolan P. Human muscle function following prolonged eccentric exercise. Eur J Appl Physiol Occup Physiol. 1987; 56 (6): 704–711.
[41] Jakeman J R, Byrne C, Eston R G. Lower limb compression garment improves recovery from exercise-induced muscle damage in young, active females. Eur J Appl Physiol. 2010; 109 (6): 1137–1144. https://doi.org/10.1007/s00421-010-1464-0.
[42] Ihsan M, Watson G, Abbiss C R. What are the physiological mechanisms for post-exercise cold water immersion in the recovery from prolonged endurance and intermittent exercise. Sports Med. 2016; 46 (8): 1095–1109. https://doi.org/10.1007/s40279-016-0483-3.

12 附加有氧训练对肌肉肥大的长期影响

汤米·伦德伯格（Tommy Lundberg）

12.1 引言

当运动员或业余体育爱好者长时间（数月至数年）按计划进行力量或有氧训练时，他们的骨骼肌会表现出明显的表型特征，反映出施加的主要刺激的影响。典型的例子有：马拉松运动员的肌肉比较纤细，而且抗疲劳能力强；举重或健美运动员肌肉块比较大。理论上，骨骼肌似乎不可能同时出现举重运动员和马拉松运动员所表现出的极端特征。正如前面章节中明确提出的问题，一个人能否同期进行有氧和力量训练，同时又不损害单独进行任一训练时对肌肉产生的适应？

尽管上述示例中概述的骨骼肌适应代表了运动员对有氧和力量训练的经典适应机制，但也应该承认，骨骼肌表型变化是持续发生的，而且至少在短期内，在不同的运动模式下，几种骨骼肌的适应现象都表现出较低的特异性。例如，有氧训练可在一定程度上增加全身肌肉和肌纤维的大小[1,2]，且无论运动方式如何，肌纤维类型的转化都是向同一方向进行的[3]。此外，大负荷的力量训练可诱导毛细血管增生[4]，并提高氧化酶活性和有氧能力[5]。这些例子都表明了肌肉对运动的适应性反应是复杂的，并且是连续发生的。由于对有氧和力量训练的经典适应机制理解有限，因此，关于同期训练对肌肉肥大影响的研究结果有不一致之处。本章的目的是探讨附加有氧训练对肌肉肥大的长期影响。

12.2 同期训练与肌肉肥大：过去的观点

应该承认，到目前为止，大多数同期训练研究还没有将肌肉肥大数据作为变量。因此，许多研究表明有氧训练和力量训练之间仅仅在力量或爆发力发展上表现为不兼容。此外，在几项研究中，肌肉力量受到附加有氧训练的影响，而肌肉肥大没有受到影响。例如，尽管希克森[6]最初的研究结果经常被引用，以支持同期训练对肌肉适应方面造成的干扰效应，但那项开创性的研究实际上并没有得出同期训练减少肌肉生长的结论。在研究中，肌肉大小是用卷尺测量大腿围度来评估的，在实验结束时，不同组（同期训练组与单独力量训练组）之间用此方法测量的大腿围度的增加并没有差异。从那时起，许多研究在力量训练计划中加入有氧训练，通过测试训练前后肌肉或肌纤维大小来评估训练对肌肉肥大的效应。

有关同期训练对肌肉肥大影响的文献结论不尽相同。显然，正如之前几篇综述文章[7–10]所指出的，这些不一致可能是因为研究的设计因素存在差异，如训练时长、受试者的选取、年龄和训练状况，以及训练模式、频率、强度和训练量的差异。之前一项 Meta 分析表明[10]，虽然同期训练和力量训练对下肢肌肉肥大效应大小（Effect Size）的平均值没有统计学差异，但对不同训练变量分别进行效应大小分析时出现了一些差异。更具体地说，当选择跑步作为有氧训练方式，或采用高频率训练或有氧训练时间较长时，会对肌肉肥大发展产生干扰效应。然而，现在有几项新的研究和综述文章对同期训练会对肌肉肥大产生干扰效应的观点表示了质疑[11]。

12.3 同期训练与肌肉肥大：新观点

表 12.1 总结了 22 项已发表的研究[3,6,12–33,34]，这些研究显示了同期训练和单独力量训练对肌肉肥大的影响。研究对象通常是未经训练或参加业余体育活动的年轻男性，也有少数研究对象是女性或受过训练的人群/运动员。实验干预时长为 5～22 周，训练频率是每周 2～6 天（最常见的是每周 2 次或 3 次力量或耐力训练）。在其中的 15 项研究中，有氧训练和力量训练在同一天进行，两种训练之间的休息时间很短。在 7 项研究中，两种训练交替隔天进行。

表 12.1　与只进行力量训练相比，同期训练后肌肉肥大情况的总结

研究者	研究对象	训练周期和/或频率	训练顺序	训练过程	肌肉肥大的测量	干扰（有/无）	评价
希克森[6]	受过业余训练的男女	5 天/周	顺序不确定。两种训练之间间隔 2 小时	力量训练：以 80%1RM 做 3～5 组重复 5 次的等惯性腿部运动； 有氧训练：间歇骑自行车和持续跑步	大腿围	无	
纳尔逊（Nelson）等[15]	无训练经历的男性	4 天/周，20 周	先力量训练，后有氧训练	力量训练：3 组重复 6 次的最大伸膝，30 度/秒； 有氧训练：30～60 分钟持续骑自行车	肌纤维面积	无	在同期训练中比在单独力量训练中有显著增加

续表

研究者	研究对象	训练周期和/或频率	训练顺序	训练过程	肌肉肥大的测量	干扰（有/无）	评价
塞尔等[16, 34]	无训练经历的男性和女性	3 天/周，22 周	先有氧训练，后力量训练	力量训练：6 组重复 15～20 次的腿举； 有氧训练：以 90%～100% $\dot{V}O_{2max}$ 做 5 组×3 分钟间歇骑自行车	横截面积（CT）、大腿围和肌纤维面积	无	
克雷格等[17]	无训练经历的男性	3 天/周，10 周	先有氧训练，后力量训练	力量训练：3 组重复 6～10 次的上肢和下肢练习，包括腿举和俯卧腿弯举； 有氧训练：以 75%HRmax 持续跑 30～35 分钟	大腿围	有	没有出现相互影响，总体上增幅很小
沃尔普（Volpe）等[18]	无训练经历的女性	3 天/周，9 周	先有氧训练，后力量训练	力量训练：2～4 组重复 4～10 次的腿举、坐姿腿屈伸、俯卧腿弯举、负重起踵以及 6 次上肢练习； 有氧训练：以 75% HRmax 跑 20～25 分钟	大腿围	无	
克雷默等[3]	受过（军事）训练的男性	4 天/周，12 周	有氧训练—间隔 5～6 小时—力量训练	力量训练：3～5 组重复 5～15 次的上肢练习和 8 次等惯性腿部运动； 有氧训练：间距跑和间歇跑以给有氧系统施加最大压力	肌纤维面积	有	对Ⅰ型肌纤维面积和Ⅱc 型肌纤维面积有干扰（没有出现相互影响）
麦卡锡（McCarthy）等[19,20]	无训练经历的男性	3 天/周，10 周	一样的阶段，顺序循环	力量训练：4 组重复 5～7 次的等惯性力量训练，如下蹲、卧推、伸展、俯卧腿弯举和上肢练习； 有氧训练：以 70% HRR 持续骑 50 分钟自行车	大腿围	无	
贝尔（Bell）[26]/帕特曼（Putman）[27]	受过业余训练的男性	3 天/周，力量训练+有氧训练； 6 天/周，12 周	隔天	力量训练：2～6 组重复 4～12 次的上肢和下肢练习，利用自重和器械； 有氧训练：骑自行车，持续+间歇	肌纤维面积	有	对Ⅰ型肌纤维面积有干扰（没有出现相互影响）
麦卡锡等[19]	无训练经历的男性	3 天/周，10 周	一样的阶段，顺序循环	力量训练：3 组重复 5～7 次的下蹲、俯卧腿弯举、伸展练习； 有氧训练：持续骑自行车	横截面积（CT）、肌纤维面积	无	
哈基宁等[21]	受过业余训练的男性	2 天/周，力量训练+有氧训练； 4 天/周，21 周	隔天	力量训练：3～5 组重复 5～15 次的腿举、伸膝以及上肢练习，目标均是训练最大力量和爆发力； 有氧训练：前 30 分钟骑自行车或走路，然后提高骑自行车的强度，骑 60～90 分钟	横截面积（MRI）	无	

续表

研究者	研究对象	训练周期和/或频率	训练顺序	训练过程	肌肉肥大的测量	干扰（有/无）	评价
伊奎尔多（Izquierdo）等[22]	无训练经历的老年男性	2 天/周，16 周	隔天	力量训练：腿举、伸膝、卧推（前 8 周以 50%～70% 1RM 做 3～4 组，重复 10～15 次；后 8 周做 3～5 组，重复 5～6 次），以及 4～5 组其他上肢练习； 有氧训练：持续和间歇骑自行车	横截面积（超声波）	无	
伊奎尔多等[12]	无训练经历的中年男性	2 天/周，16 周	隔天	力量训练：腿举、伸膝、卧推（前 8 周以 50%～70% 1RM 做 3～4 组，重复 10～15 次；后 8 周做 3～5 组，重复 5～6 次），以及 4～5 组其他上肢练习； 有氧训练：持续和间歇骑自行车	横截面积（超声波）	无	
西兰帕（Sillanpää）等[13]	无训练经历的中年男性	2 天/周，力量训练+有氧训练； 4 天/周，21 周	隔天	力量训练：全身运动，包括两次腿部伸展练习； 有氧训练：30～60 分钟持续骑自行车	股外侧肌厚度和股中间肌厚度（超声波）	无	
阿蒂亚宁等[23]	无训练经历的老年男性	2 天/周，力量训练+有氧训练； 4 天/周 21 周	隔天	力量训练：全身运动，包括两次腿部伸展训练； 有氧训练：30～60 分钟持续骑自行车	股外侧肌厚度和肌纤维面积	有/无	对Ⅱ型肌纤维面积有干扰（没有出现相互影响），对股外侧肌厚度没有干扰
米科拉（Mikkola）等[14]	无训练经历的中年男性	2 天/周，力量训练+有氧训练； 4 天/周，21 周	隔天	力量训练：全身运动，包括两次腿部伸展训练； 有氧训练：30～60 分钟持续骑自行车	横截面积（MRI）	无	在同期训练中比在单独力量训练中有显著增加
德·苏扎等[24,25]	无训练经历的年轻男性	2 天/周，8 周	一样的阶段，顺序循环	力量训练：以 6～12RM 做 3～5 组腿举、伸膝、膝弯曲； 有氧训练：以 80%～100% $v\dot{V}O_2$ max 进行间歇训练	横截面积（MRI）和肌纤维面积	无/有	对肌纤维面积有干扰（没有出现相互影响）
琼斯等[28]	业余参与抗阻训练的男性	3 天/周，6 周	先力量训练，后有氧训练	力量训练：以 80%MVC 做 5 组重复 6 次的等惯性腿伸展单边训练； 有氧训练：以 30%MVC 做 30 分钟重复腿伸展	大腿围	有/无	在 3 天/周的有氧训练中出现干扰，但在 1 天/周的有氧训练中没有出现干扰

续表

研究者	研究对象	训练周期和/或频率	训练顺序	训练过程	肌肉肥大的测量	干扰，（有/无）	评价
伦德伯格等[29]	有中等强度训练经历的男性。腿间比较	有氧训练：3天/周；力量训练：2~3天/周，5周	有氧训练—间隔6小时—力量训练	有氧训练：单腿持续骑自行车45分钟 力量训练：做4组×7次的飞轮膝部延伸；	量、横截面积（MRI）和肌纤维面积	无	在同期训练中比在单独力量训练中显著增加
伦德伯格等[30]	有中等强度训练经历的男性。腿间比较	有氧训练：3天/周；力量训练：2~3天/周，5周	有氧训练—间隔15分钟—力量训练	有氧训练：单腿持续骑自行车45分钟； 力量训练：做4组×7次的飞轮膝部延伸	体积和横截面积（MRI）	无	在同期训练中比在单独力量训练中显著增加
卡齐奥（Kazior）等[31]	无训练经历的年轻男性	2~4天/周（递增），7周	先有氧训练，后力量训练	有氧训练：持续或间歇骑自行车； 力量训练：4~6组×8~15次力量训练	肌纤维面积	无	在同期训练中比在单独力量训练中显著增加
泰尔奇斯（Terzis）等[32]	有中等强度训练经历的年轻女性	3天/周，6周	先力量训练，后有氧训练	有氧训练：以60%~70% HRmax低强度跑30分钟； 力量训练：下肢力量训练（离心半蹲、反跳、跳深）	肌纤维面积	有	对所有肌纤维面积都有干扰
塔兰多（Tarando）等[33]	有业余活动的年轻男性	2天/周，8周	先力量训练，后有氧训练	有氧训练：以MAP做10组持续1分钟的高强度骑行； 力量训练：以6RM做4组腿举和半蹲	横截面积（超声波）和肌纤维面积	无	

注：$\dot{V}O_{2max}$ 表示最大摄氧量；HR_{max} 表示最大心率；HRR 表示心率储备；$v\dot{V}O_{2max}$ 表示最大摄氧量速度；MVC 表示最大自主收缩；MAP 表示最大有氧能力；CT 表示计算机断层扫描；MRI 表示磁共振成像。

12.4 对肌肉肥大的干扰效应不一致

当我们总结所有关于同期训练的研究中肌肉肥大的相对增加值和效应量时，很明显没有发现普遍的或总体的干扰效应（图 12.1）。肌肉肥大的平均相对增加值（即将所有有关研究的测量值进行平均）在单独力量训练时为14%，在同期训练时为12%（$p = 0.36$）。肌肉肥大的平均效应量在单独力量训练时为0.76，在同期训练时为0.60（$p = 0.17$）。如果在分析时每个研究使用相同权重（不管它们包含几个肌肉肥大指标），结果仍然非常相似。事实上，大部分的个体研究发现两种训练条件下的平均肌肉肥大反应没有差异（表 12.1，图 12.1）。值得注意的是，提示进行同期训练时肌肉肥大更明显的文献数量与提示进行同期训练时肌肉肥大出现干扰效应的文献数量基本相等。

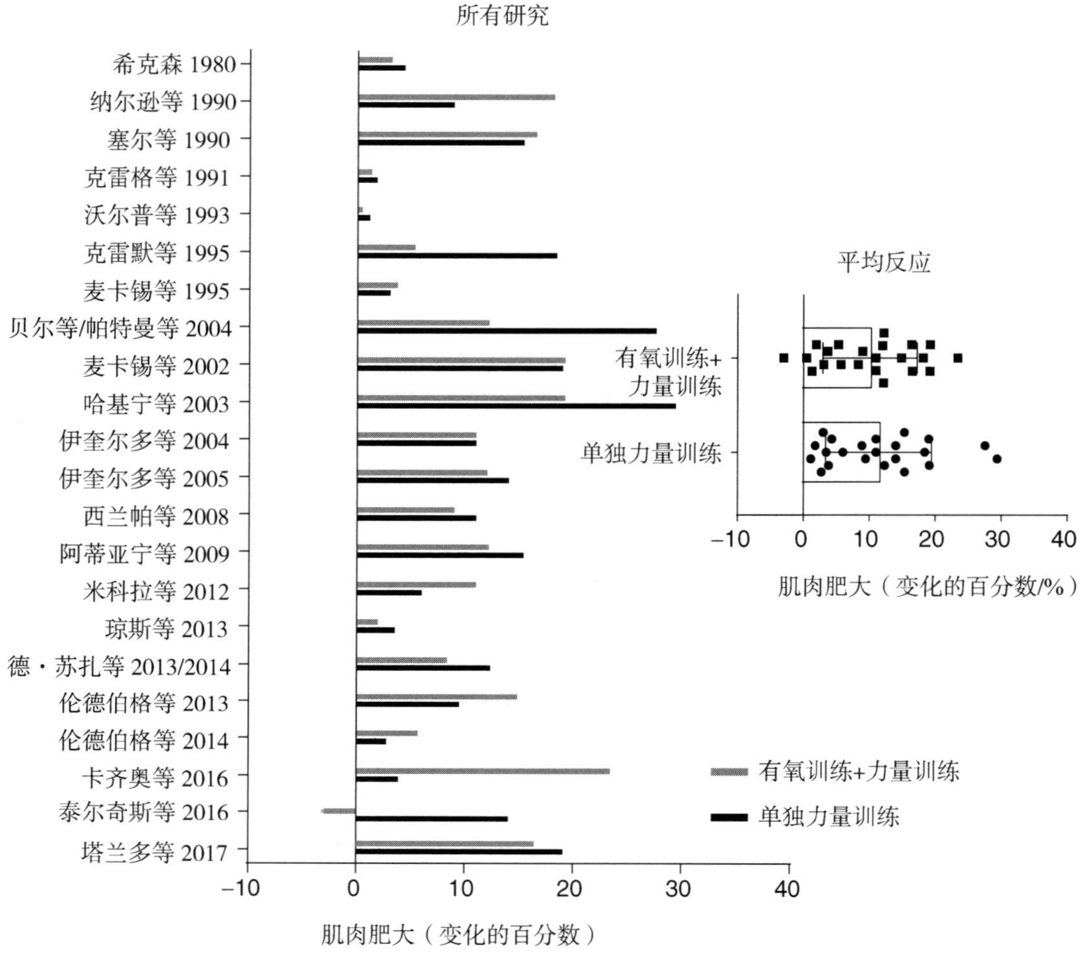

图 12.1　对表 12.1 的所有研究中肌肉肥大效应量和相对增加值的定量总结

注：左边为单独的研究，右边显示的是平均反应

在研究设计方面，在所有提示有干扰效应的研究中，除了克雷格以外，所有研究都使用肌纤维大小作为肌肉肥大的测量指标。在克雷格等[17]的研究中，他们使用大腿围作为训练前后肌肉肥大的评估指标，发现单独力量训练组肌肉肥大增加 1.8%，而同期训练组增加 1.3%。尽管他们得出的结论是单独力量训练组肌肉肥大效应较同期组更加明显，但大家都会质疑这个大腿围之间的细微差异是否有意义。需要强调的是，所有显示干扰效应的研究都没有使用更可靠的技术来评估肌肉大小［例如，磁共振（MRI）或计算机断层扫描（CT）］，但有些研究将这些测试技术与肌纤维大小测试技术一起使用[16,20,24,25,29]。然而，德・苏扎等人在测量肌纤维大小时发现的干扰效应，在使用 MRI 或 CT 技术测量整块肌肉时却没有出现[24,25]。目前很难解释出现相互矛盾结果的原因，但可提出两个主要的假设。由于 MRI 和 CT 技术测量的是整块肌肉的解剖横截面积，因此肌纤维大小的变化伴随着肌肉结

构的改变（即羽状肌肌束夹角增加）会掩盖肌肉早期肥大效应，而这两种技术都无法检测到肌肉的早期肥大效应。因此，可以推测，随着训练时间的延长，在全肌肉水平 CT/MRI 影像中也会显示出干扰效应。又或许，肌纤维大小测量结果相互矛盾，可能是由于样本量小、缺乏完整数据（即没有测量全部肌纤维），以致产生随机效应或一类误差。如果整块肌肉中所有肌纤维大小相差很大，那么只测试一小块肌肉样本的肌纤维大小就会导致误差。使问题更复杂化的是，表 12.1 采用的统计方法得出的结论也会受到质疑：当跨两个时间点比较两组差异时，为了评估实验组（同期训练）与对照组（单独力量训练）的反应是否相同，主要的统计结果应该是组别与时间的交互作用。然而，在表 12.1 所示的许多研究中，实际上包括所有声称存在干扰效应的研究中，研究者们都仅单独分析了每种训练模式（单独力量训练 vs.同期训练）的效应，因而显然都存在显著的偏差。

12.5 不同训练变量对肌肉肥大干预效应的影响

12.5.1 训练频率

同期训练对肌肉肥大没有普遍的干扰效应，但改变同期训练的方案，如训练频率、训练量及训练安排，就会影响该同期训练的效果。只有一项研究直接评估了同期训练中，耐力训练频率对肌肉肥大的影响。在这项研究中[28]，受试者被随机分为：① 单独力量训练组；② 高频率同期训练组（包括每周 3 天有氧训练）；③ 低频率同期训练组（包括每周 1 天有氧训练）。单独力量训练都是每周 3 天，总共 6 周。结果表明，单独力量训练组和低频率同期训练组的肌肉肥大效应类似（肢体围度）。然而，高频率同期训练组出现了对肌肉肥大的干扰效应。这是唯一直接支持较高有氧训练频率对力量训练的肌肉肥大效应不利的证据，本章总结的数据也对这一观点提供了一些支持。更具体地说，如果将表 12.1 中的所有研究按照每周 3 天以上和每周不超过 3 天的训练频率分成两组，则训练频率高的同期训练比训练频率低的同期训练更有可能产生干扰效应［图 12.2（a)］。

12.5.2 有氧训练模式

关于运动方式的影响，表 12.1 中只有 4 项研究选择了跑步作为有氧运动方式[3,6,17,32]，其余的研究均选择了骑自行车。关于有氧训练模式对肌肉肥大的影响，虽然没有足够的数据得出确切的统计结论，但值得注意的是，4 项以跑步为有氧训练模式的研究中，有 2 项确实显示了干扰效应［图 12.2（b)］。这有力地证明，与骑行相比，跑步导致肌肉肥大的干扰效应风险增加。得出这种结论并不令人惊讶，相对于跑步[34]来说，骑行本身会导致肌肉肥大[2]。

12.5.3 训练安排

关于训练安排，无论是将不同的训练安排在同一天进行，还是隔天交替进行，同期训练和单独力量训练在促进肌肉肥大方面没有显著差异。塞尔等人也支持这一观点[34]，他们认为同一天（与隔天训练相比）的同期训练并不会阻碍肌肉肥大（即使安排同一天进行训练会使肌肉力量增加的效果减弱）。然而值得注意的是，总的来说，隔天训练对单独力量训练和同期训练都有更好的肌肉肥大效应［图 12.2（c）］。在训练时长方面，较长的训练时间（＞10 周）通常比较短的训练时间产生更好的肥大效应［图 12.2（d）］，且在这一方面，单独力量训练与同期训练没有区别。

12.5.4 训练顺序

可以量化不同的训练顺序安排对训练效果的影响（即有氧训练在力量训练之前或之后）的研究有限，但是 11 项研究表明，在同一天按照特定的顺序安排有氧训练和力量训练，似乎没有明显的顺序效应［图 12.2（e）］。除了这些研究之外，还有研究者通过对两个同期训练组以相反的顺序安排训练，来评估不同训练顺序的效应，但未与单独力量训练组进行比较。对这些研究结果的总体解释是，在肌肉肥大方面没有发现明显的顺序影响[35,36]。

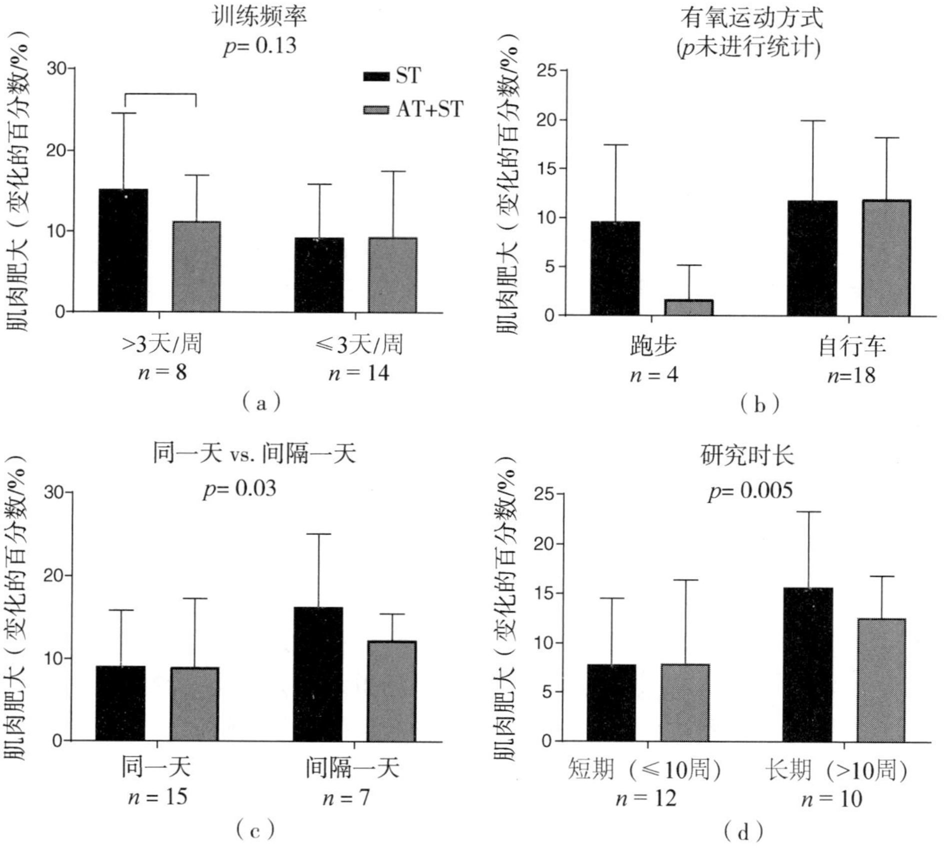

图 12.2 不同训练变量对肌肉肥大的影响

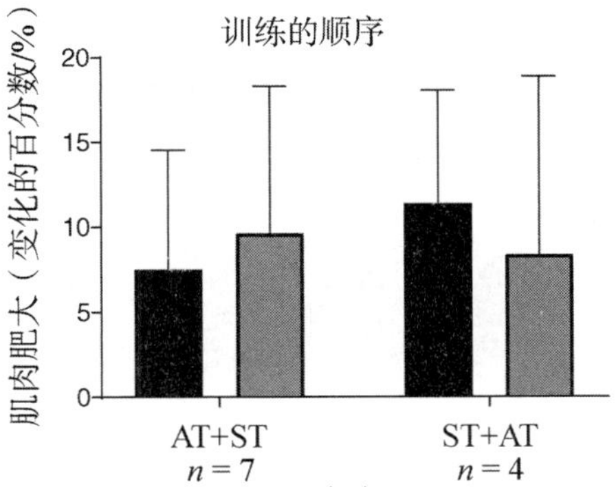

(e)

图 12.2 不同训练变量对肌肉肥大的影响（续）

ST 表示单独力量训练；AT+ST 表示先有氧训练后力量训练；ST+AT 表示先力量训练后有氧训练。

注：样本量（*n*）反映了分析中包含的单个研究的数量。

这一观点无疑质疑了通常认为的在力量训练之前进行有氧训练会激活分子信号通路，这些分子信号通路与随后的力量训练诱导的信号通路是相互拮抗的，因而会抑制肌肉肥大[8,37]。有趣的是，库斯马（Küüsmaa）等人[36]声称，不管训练的顺序如何，晚上进行同期训练相较于早晨来说，肌肉肥大效应更明显。这表明，何时安排同期训练比安排不同训练顺序更重要。

12.5.5 其他因素

遗憾的是，尚没有足够的数据来可靠地量化比较不同训练背景、不同性别、不同强度的有氧训练的效果、两次训练之间不同的恢复时间、上肢或下肢肌群等的训练效果。然而，有些初步的研究数据值得注意。我们实验室进行了两项为期 5 周、每周 2～3 天的训练研究。在两项研究设计之间，唯一的变量是有氧训练和力量训练之间的恢复时间。活跃的年轻男性进行同期训练，不管恢复时间是 6 小时还是 15 分钟，其肌肉肥大效应都非常明显[29,30]。虽然每天不管是连续训练还是中间有几小时的恢复时间都会促进肌肉肥大，但应该承认，对于力量运动表现的某些方面来说，恢复时间较短是不利的。

朗内斯塔德等人的研究观察了训练有素的自行车运动员进行大负荷有氧训练对力量训练肌肉肥大反应的影响[38]。这些受试者力量训练经历有限，在为期 12 周的有氧训练中，除了大负荷（每周约 10 小时）有氧训练外，每周还进行两次大负荷力量训练。另一组没有力量训练背景的受试者进行了同样的力量训练，但没有增加有氧（骑行）训练。在训练结束后，单独力量训练组大腿横截面积的相对增加值要大于同期训练组，这表明大负荷有氧训练会削弱良好训练受试者的肌肉肥大效应。然而，我们对于这些研究结果需要谨慎看待，因为力量训练组不是自行车运动员。这也是为什么有些研究未被包括在本章的量化总结之中。

关于有氧训练强度的影响，法伊夫等人[39]进行了同期训练实验，其中有氧训练包括高强度间歇训练或训练量匹配的中等强度持续训练。他们发现，单独力量训练组和中等强度有氧训练+力量训练组的下肢瘦体重增加相似，而进行高强度有氧训练+力量训练组的肌肉肥大程度下降。这些数据表明，相较于低强度有氧训练，高强度有氧训练对肌肉肥大的效果更差，效应很小，也未反映出训练对力量的影响。因此，要证实或反驳这些初步的观察结果，需要研究者更进一步的研究。

12.6 小结

综合有关证据，在力量训练计划中增加有氧训练对肌肉肥大干扰效应似乎并不一致。因此，同期训练对肌肉肥大的影响最终取决于具体的训练方案。与低训练频率和骑行训练模式相比，高训练频率（>3 天/周，无论何种训练模式）和跑步训练模式似乎会降低力量训练中的肌肉肥大效应。然而，目前缺乏系统的、高统计效率的研究来检验不同训练变量对同期训练效果的影响。尽管如此，目前的数据表明，大多数人都可以通过力量训练促进肌肉肥大，尽管同时也进行有氧训练。从实用角度来看，建议有肌肉量和肌力优势的运动员或有训练背景的参训者，选择自行车而不是跑步作为有氧运动的方式，并避免较高频率的有氧训练。对于运动员或业余活动受试者进行同期训练，需要多长时间才能出现对肌肉肥大（潜在）的干扰效应，仍有待研究。

参考文献

[1] Andersen P, Henriksson J. Capillary supply of the quadriceps femoris muscle of man: adaptive response to exercise. J Physiol. 1977; 270 (3): 677–690.

[2] Konopka A R, Harber M P. Skeletal muscle hypertrophy after aerobic exercise training. Exerc Sport Sci Rev. 2014; 42 (2): 53–61.

[3] Kraemer W J, Patton J F, Gordon S E, Harman E A, Deschenes M R, Reynolds K, et al. Compatibility of high-intensity strength and endurance training on hormonal and skeletal muscle adaptations. J Appl Physiol. 1995; 78 (3): 976–989.

[4] Schantz P. Capillary supply in hypertrophied human skeletal muscle. Acta Physiol Scand. 1982; 114 (4): 635–637.

[5] Tesch P A, Thorsson A, Essen-Gustavsson B. Enzyme activities of FT and ST muscle fibers in heavy-resistance trained athletes. J Appl Physiol. 1989; 67 (1): 83–87.

[6] Hickson R C. Interference of strength development by simultaneously training for strength and endurance. Eur J Appl Physiol Occup Physiol. 1980; 45 (2–3): 255–263.

[7] Leveritt M, Abernethy P J. Acute effects of high-intensity endurance exercise on subsequent resistance activity. J Strength Cond Res. 1999; 13 (1): 47–51.

[8] Baar K. Training for endurance and strength: lessons from cell signaling. Med Sci Sports Exerc. 2006; 38 (11): 1939–1944.

[9] Nader G A. Concurrent strength and endurance training: from molecules to man. Med Sci Sports Exerc. 2006; 38 (11): 1965–1970.

[10] Wilson J M, Marin P J, Rhea M R, Wilson S M, Loenneke J P, Anderson J C. Concurrent training: a meta-analysis examining interference of aerobic and resistance exercises. J Strength Cond Res. 2012; 26 (8): 2293–2307.

[11] Murach K A, Bagley J R. Skeletal muscle hypertrophy with concurrent exercise training: contrary evidence for an interference effect. Sports Med. 2016; 46 (8): 1029–1039.

[12] Izquierdo M, Häkkinen K, Ibanez J, Kraemer W J, Gorostiaga E M. Effects of combined resistance and cardiovascular training on strength, power, muscle cross-sectional area, and endurance markers in middle-aged men. Eur J Appl Physiol. 2005; 94 (1–2): 70–75.

[13] Sillanpää E, Häkkinen A, Nyman K, Mattila M, Cheng S, Karavirta L, et al. Body composition and fitness during strength and/or endurance training in older men. Med Sci Sports Exerc. 2008; 40 (5): 950–958.

[14] Mikkola J, Rusko H, Izquierdo M, Gorostiaga E M, Häkkinen K. Neuromuscular and cardiovascular adaptations during concurrent strength and endurance training in untrained men. Int J Sports Med. 2012; 33 (9): 702–710.

[15] Nelson A G, Arnall D A, Loy S F, Silvester L J, Conlee R K. Consequences of combining strength and endurance training regimens. Phys Ther. 1990; 70 (5): 287–294.

[16] Sale D G, MacDougall J D, Jacobs I, Garner S. Interaction between concurrent strength and endurance training. J Appl Physiol. 1990; 68 (1): 260–270.

[17] Craig B W, Lucas J, Pohlman R, Stelling H. The effects of running, weightlifting and a combination of both on growth hormone release. J Strength Cond Res. 1991; 5 (4): 198–203. National Strength & Conditioning Association.

[18] Volpe S L, Walberg-Rankin J, Rodman K W, Sebolt D R. The effect of endurance running on training adaptations in women participating in a weight lifting program. J Strength Cond Res. 1993; 7 (2): 101–107.

[19] McCarthy J P, Agre J C, Graf B K, Pozniak M A, Vailas A C. Compatibility of adaptive responses with combining strength and endurance training. Med Sci Sports Exerc. 1995; 27 (3): 429–436.

[20] McCarthy J P, Pozniak M A, Agre J C. Neuromuscular adaptations to concurrent strength and endurance training. Med Sci Sports Exerc. 2002; 34 (3): 511–519.

[21] Häkkinen K, Alen M, Kraemer W J, Gorostiaga E, Izquierdo M, Rusko H, et al. Neuromuscular adaptations during concurrent strength and endurance training versus strength training. Eur J Appl Physiol. 2003; 89 (1): 42–52.

[22] Izquierdo M, Ibanez J, Häkkinen K, Kraemer W J, Larrion J L, Gorostiaga E M. Once weekly combined resistance and cardiovascular training in healthy older men. Med Sci Sports Exerc. 2004; 36 (3): 435–443.

[23] Ahtiainen J P, Hulmi J J, Kraemer W J, Lehti M, Pakarinen A, Mero A A, et al. Strength, [corrected] endurance or combined training elicit diverse skeletal muscle myosin heavy chain isoform proportion but unaltered androgen receptor concentration in older men. Int J Sports Med. 2009; 30 (12): 879–887.

[24] De Souza E O, Tricoli V, Roschel H, Brum P C, Bacurau A V, Ferreira J C, et al. Molecular adaptations to concurrent training. Int J Sports Med. 2013; 34 (3): 207–213.

[25] De Souza E O, Tricoli V, Aoki M S, Roschel H, Brum P C, Bacurau A V, et al. Effects of concurrent strength and endurance training on genes related to myostatin signaling pathway and muscle fiber responses. J Strength Cond Res. 2014; 28 (11): 3215–3223.

[26] Bell G J, Syrotuik D, Martin T P, Burnham R, Quinney H A. Effect of concurrent strength and endurance training on skeletal muscle properties and hormone concentrations in humans. Eur J Appl Physiol. 2000; 81 (5): 418–427.

[27] Putman C T, Xu X, Gillies E, MacLean I M, Bell G J. Effects of strength, endurance and combined training on myosin heavy chain content and fibre-type distribution in humans. Eur J Appl Physiol. 2004; 92 (4–5): 376–384.

[28] Jones T W, Howatson G, Russell M, French D N. Performance and neuromuscular adaptations following differing ratios of concurrent strength and endurance training. J Strength Cond Res. 2013; 27 (12): 3342–3351.

[29] Lundberg T R, Fernandez-Gonzalo R, Gustafsson T, Tesch P A. Aerobic exercise does not compromise muscle hypertrophy response to short-term resistance training. J Appl Physiol. 2013; 114 (1): 81–89.

[30] Lundberg T R, Fernandez-Gonzalo R, Tesch P A. Exercise-induced AMPK activation does not interfere with muscle hypertrophy in response to resistance training in men. J Appl Physiol (1985). 2014; 116 (6): 611–620.

[31] Kazior Z, Willis S J, Moberg M, Apro W, Calbet J A, Holmberg H C, et al. Endurance exercise enhances the effect of strength training on muscle fiber size and protein expression of Akt and mTOR. PLoS One. 2016; 11 (2): e0149082.

[32] Terzis G, Spengos K, Methenitis S, Aagaard P, Karandreas N, Bogdanis G. Early phase interference between low-intensity running and power training in moderately trained females. Eur J Appl Physiol. 2016; 116 (5): 1063–1073.

[33] Tarando F, Coisne D, Galli E, Rousseau C, Viera F, Bosseau C, Habib G, Lederlin M, Schnell F, Donal E. Left ventricular non-compaction and idiopathic dilated cardiomyopathy: the significant diagnostic value of longitudinal strain. Int J Cardiovasc Imaging. 2017; 33 (1): 83–95.

[34] Sale D G, Jacobs I, MacDougall J D, Garner S. Comparison of two regimens of concurrent strength and endurance training. Med Sci Sports Exerc. 1990; 22 (3): 348–356.

[35] Cadore E L, Izquierdo M, Pinto S S, Alberton C L, Pinto R S, Baroni B M, et al. Neuromuscular adaptations to concurrent training in the elderly: effects of intrasession exercise sequence. Age. 2013; 35 (3): 891–903.

[36] Küüsmaa M, Schumann M, Sedliak M, Kraemer W J, Newton R U, Malinen J P, et al. Effects of morning versus evening combined strength and endurance training on physical performance, muscle hypertrophy, and serum hormone concentrations. Appl Physiol Nutr Metab. 2016; 41 (12): 1285–1294.

[37] Fyfe J J, Bishop D J, Stepto N K. Interference between concurrent resistance and endurance exercise: molecular bases and the role of individual training variables. Sports Med. 2014; 44 (6): 743–762.

[38] Rønnestad B R, Hansen E A, Raastad T. High volume of endurance training impairs adaptations to 12 weeks of strength training in well-trained endurance athletes. Eur J Appl Physiol. 2012; 112 (4): 1457–1466.

[39] Fyfe J J, Bartlett J D, Hanson E D, Stepto N K, Bishop D J. Endurance training intensity does not mediate interference to maximal lower-body strength gain during short-term concurrent training. Front Physiol. 2016; 7:487.

第三部分

同期有氧和力量训练的方法学考量

13 同期有氧和力量训练的方法学考量

戴维·J.毕晓普（David J. Bishop），乔恩·巴特利特（Jon Bartlett），
杰克逊·法伊夫（Jackson Fyfe），马修·李（Matthew Lee）

13.1 引言

正如前几章所强调的那样，许多研究表明在同一训练计划中安排有氧（耐力）和力量（抗阻）训练（即同期训练）可能无法产生最佳适应。然而，尽管这些研究认为同期训练对力量训练适应性产生干扰（例如，最大力量、肌肉肥大、爆发力/力量输出速度受到影响）[1–6]，但这些结论并不能被普遍接受。例如，一些同期训练的研究结果显示不存在干扰效应[7,8]，而有些研究表明仅某些方面的适应会减弱（例如，训练影响力量输出速度，而不会影响最大力量）[9]。相反，也有证据表明与单独力量训练相比，同期训练能够增强肌肉肥大效应（尽管最大力量并未增加）[10–12]或运动后细胞信号反应[13–15]。同期训练研究结果不一致，表明干扰效应的存在和程度可能与训练方法的安排有关[6,16]。这些安排包括研究中的训练设计（如运动频率、运动强度、运动量、训练顺序和恢复时间），参与者训练状态、营养及实验设计和研究中使用的统计分析等因素（图 13.1）。

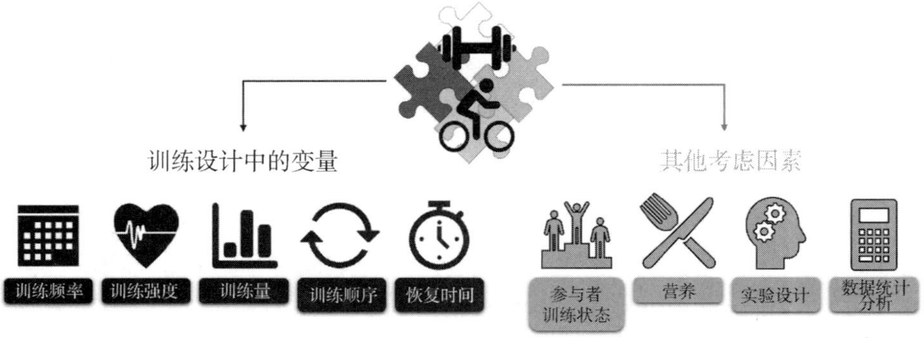

图 13.1 同期训练的方法学考量

13.2 训练计划设计

分析同期训练干扰效应的研究结果，必须考虑到训练计划制订和实施过程中的许多训练变量和其他相关因素。过去、当前和将来训练课中的训练量、训练强度、训练模式和训练频率，以及训练顺序安排和两次训练课之间的恢复时间等都是影响同期训练效果的重要因素。此外，在同期训练的设计和干预过程中，还要考虑受试者训练背景，尤其是涉及所要观察的干扰效应时。下文列出了在设计和制订同期训练方案时应如何考虑和控制这些方法学方面的因素。

13.2.1 训练状态

训练状态已被证明能够影响一次训练课的效应，并且对随后的训练适应起到重要作用。同期训练的研究涉及不同的研究对象，如静坐少动者[13–17]、业余运动爱好者[18–21]，以及习惯或不习惯该运动模式的受试者[14,21–24]，而所报告的训练结果常常针对的是不同组的受试者。例如，无训练经历的受试者经过单一模式训练和同期训练后产生的适应性反应相似[24–26]，但是经过几个月到几年的持续训练，为了增强适应性必须逐渐增加运动刺激，干扰效应可能会变得更加明显[27]。这表明，在未受训练的状态下，同期训练主要促进一般的、非运动模式特异性的适应，而那些有良好训练背景的受试者，会对不同的刺激表现出更有选择性的训练适应现象。因此，受试者训练状态和训练经历是同期训练研究中需要考虑的首要因素。

除了静坐少动者、业余运动爱好者和受过训练的受试者之外，职业运动员往往有长达数年的训练经历，这可能会影响同期训练的计划和适应性反应。此外，个人和团体赛不同的比赛日程也会影响训练计划和日程安排。例如，个人项目运动员多以 4 年的奥运周期安排训练，具有特定的年度比赛目标，可能在一年内的特定时间段针对特定的身体素质进行训练；而在团队项目中，运动员每周可能会参加多至 4 次比赛，由于需要较长的恢复期，可用来训练的时间就会成为一个主要问题。另外，由于伤病、天气、参训人数和可利用的训练设施等变量，训练计划安排也会经常发生变化。这些“实际”问题在许多运动项目中都十分普遍，很可能会影响同期训练的急性或慢性适应性反应。

13.2.2 训练变量

尽管有许多训练变量会影响训练反应，但最常见的还是训练频率、训练强度、训练量、训练顺序、恢复期的安排和训练周期。虽然研究证据有限，但这些变量（或单独，或一起）很有可能在某种程度上影响干扰效应。

13.2.2.1 训练频率

训练频率是指每周训练的次数。尽管力量训练频率与跑步经济性[28]、$\dot{V}O_2$ max 或体脂[29]改善关系并不密切，但耐力训练频率对力量训练的适应影响很大。事实上，每周进行大于 3 次的耐力训练（这可能使受试者具备更好的训练背景，因而可能产生更大的干扰效应）会削弱力量训练诱发的适应[1-3,30]。相反，每周进行少于 2 次的耐力训练似乎对力量训练诱发的适应产生较小的负面影响[8,9,31]，这也可能与个体训练水平较低有关。因此，耐力训练和力量训练频率在设计同期训练以及比较不同研究结果方面是一个非常重要的因素。

13.2.2.2 训练强度

训练强度是另一个影响同期训练效果的重要变量，包括耐力训练强度［高强度与低强度持续训练、高强度间歇训练（HIT）与中等强度持续训练（MICT）］和力量训练强度（较高与较低训练强度/负荷）。尤其要考虑耐力训练强度，因为较高的耐力训练强度能有效刺激有氧能力提高、心血管健康指标得到改善（也有提高时间效率的潜力）[32]。基于以上原因，与传统 MICT 相比，HIT 常常被认为是一种能够更加有效改善心脏代谢功能和 $\dot{V}O_2$ max 的运动方式[32,33]。对于许多以耐力为基础的团体或个人项目的需求来说，高强度运动训练具有高度特异性。因此，为了提高许多不同类型运动员的运动成绩，像 HIT 这样的训练方式往往是他们训练计划中一个不可或缺的组成部分[34]。鉴于高强度耐力训练的普遍性和有效性，需要重点考虑其对同期训练中干扰效应的潜在影响。

同期训练方案中耐力训练的强度也可能影响干扰效应。与强度较低的耐力训练相比，高强度耐力训练可使受训肌肉产生更多的残余疲劳[35-38]，至少在运动后 6 小时内会削弱力量输出能力[35,36]。如前所述，这种力量输出能力的下降对后续力量训练效果会产生负面影响，而且更高强度的耐力训练会加剧这种负面影响[38-40]。然而，需要注意的是一些其他因素也会影响耐力训练对神经肌肉系统的需求，因而可能会导致疲劳积累，对后续力量训练效果产生负面影响。这些因素包括耐力训练模式（跑步和骑车）、HIT 间歇时间、跑步地面条件（如道路、跑道、草地或沙地）、跑步坡度（如山地跑和平地跑），以及基于 HIT 的变向跑步训练[41]。

一些同期训练研究中出现了干扰效应，包括一系列不同强度的耐力训练，有低强度持续训练[4,42]、高强度间歇训练[43-46]，或不同强度训练的组合[1-3,9]，但是在同期训练研究中，关于直接比较不同强度耐力训练的研究还不够丰富[6,47]。这些研究需要确定训练强度对同期训练效应的潜在影响。席尔瓦等[47]以活跃女性为研究对象，观察了 11 周的不同耐力训练强度（持续性和间歇性训练）和模式（骑自行车和跑步）下同期训练对其神经肌肉适应的影响，发现各训练组都能提高下肢最大推举力量（1RM），不管是单独力量训练（约 53%），还是持续骑自行车的同期训练（约 39%）、持续跑步的同期训练（约 41%），以及间歇跑步的同期训练（约 47%），均未见组间差异性。当然，这项研究也有其局限性，这些耐力训练方案只考虑到总的运动持续时间是相同的，而没有考虑总的运动负荷量，因此，难以推断训练强度对提高最大力量的潜在影响[6]。

实际上，研究耐力训练强度对干扰效果的影响，在方法学上的难点就是训练强度本身会影响总的训练量，从而会影响最后的研究结果（参见“训练频率”和“训练量”两部分内容）。解决这个问题一个可能的方法是将不同耐力训练方案中的训练总量相匹配，以比较 HIT 和 MICT 对训练适应的影响[6,48,49]。以往的研究发现，同期训练中加入 HIT[1,43]、MICT[4,42]或二者组合[2,3]都会削弱运动员最大力量的提高。很少有研究真正比较 HIT 和 MICT 作为耐力训练模式对同期训练效果的影响[6]，这使耐力训练强度在干扰效果影响方面难以确定。法伊夫等[6]让受试者进行运动量相等的 HIT 和 MICT 骑行同期训练，发现两者对最大力量发展（1RM 下肢推举）的影响几乎相同，但和 MICT 相比，HIT 对力量训练后下蹲跳影响更大（如峰值速度和力量输出速度）。结果表明，耐力训练强度本身可能不是影响最大力量发展的关键因素，而较高强度的耐力训练对改善同期训练后下蹲跳表现的效果稍差。想要更好地确定耐力训练强度在同期训练中所起的作用，还需要进一步的研究。

13.2.2.3 训练量

在某次训练课程或计划中，训练量可以根据训练频率来确定，但也可根据训练持续时间，或运动中所做的功来考量。增加耐力训练的持续时间会导致更大的疲劳和底物的消耗[50]，因此需要更长的恢复时间。威尔逊等人[29]观察到增加每天的耐力训练持续时间与对力量训练诱导的肌肉力量适应的影响有关。这可能表明，通过增加累计总训练时长（及疲劳积累）来增加耐力训练量也会阻碍长期力量训练产生的适应性变化。事实上，希克森[2]的研究指出，在为期 10 周的同期训练中，从第 8 周开始才出现耐力训练影响力量训练力量适应的现象。在这项研究中，同期训练组在每周 5 天力量训练的基础上，进行每周 6 天，每天 30～40 分钟的耐力训练（跑步和骑自行车），其耐力训练总做功量还没有其他同期训练研究可以匹配。这种运动量在很大程度上会导致疲劳积累，远远超过单纯进行耐力训练组和单独力量训练组的运动量。近年来，多涅斯等人[17]研究发现当同期训练的总运动量和单独力量训练或耐力训练的运动量相等时（比如每种运动方式各占 50%），同期训练组和力量训练组肌动蛋白的合成增加效果相似，而同期训练组和耐力训练组线粒体蛋白的合成增加效果相似。综上所述，对于静坐少动者、未受过训练的受试者来说，耐力训练和力量训练都会对骨骼肌产生一个积极的适应，而有几周训练史的受试者对运动总量和运动方式较为敏感。

与耐力训练相比，通过延长力量训练时间（周数）来增加同期训练中力量训练量，受试者，如业余运动爱好者［$\dot{V}O_2\,max$ ≤55 毫升/（千克体重 • 分$^{-1}$）］、经过良好训练受试者［$\dot{V}O_2\,max$ 为 55～65 毫升/（千克体重 • 分$^{-1}$）］和高水平运动员［$\dot{V}O_2\,max$ ≥65 毫升/（千克体重 • 分$^{-1}$）］都能提高跑步经济性[28]。对耐力运动项目来说，跑步经济性十分重要，因为它是反映耐力运动能力的一项重要指标[51]。在同期训练中，力量训练持续时间对其适应性影响不太明确，但有证据表明，先前的耐力训练是否会影响接下来的大负荷量力量训练，取决于两次训练之间的恢复时间[52]（详见“恢复期的安排”的相关内容）。另一个需要考虑运动总量的因素是力量训练量的累积。鉴于力量训练量越大，诱发的肌肉损伤[53]和神经肌肉疲劳[54]就越严重，由此推测，随着时间的推移，力量训练量加大可能会削弱同期训练诱导的适应性变化。总的来说，不同的训练量对同期训练适应所起的作用不同。因此，在设计同期训练方案时，应将耐力训练量和力量训练量视为关键的方法学因素来考虑，特别是在比较不同文献报告中的不同结果时。

13.2.2.4 训练顺序

同期训练是一种具备时效性、可替代单独训练的训练方式，特别是在同一次训练课中同时进行两种训练时。然而，急性干扰假说提出，一次训练课后的残余疲劳和能量底物消耗可能会影响后续运动训练的质量和运动表现，并且形成一个不良的神经肌肉和分子内环境状态，因而会影响对训练适应的潜力[16,50]。因此，训练中运动顺序的选择可能是最大限度提高同期训练适应性效果的一个重要考量因素。尽管有一些证据支持运动顺序对力量运动表现[55,56]、耐力运动表现[57]、神经肌肉[58,59]和分子适应[19,20]的急性影响，但还需要更多的研究来确定这些研究结果是否可以解释不同训练顺序的训练效果。迄今为止，大多数研究认为，不管是何种训练顺序，受试者在增加肌肉动力性力量和静力性力量[60–70]、肌肉爆发力[65]、肌肉肥大[60,62,65,67,68]、有氧能力[60,62,64,67,68]、耐力运动表现[67,69,70]、速度和灵敏性[69,70]等方面的效果基本相同。这一点已在大多数群体中得到证实，包括没有训练史的运动爱好者及业余运动爱好者[60–63,66–68]、高水平足球运动员[69,70]以及老年男性[65]。尽管如此，在将现有的研究结果应用于训练方案的原则中时，我们谨慎建议，在可能的条件下，应按照每一阶段的训练目标来安排耐力和力量训练的顺序。

13.2.2.5 恢复期的安排

增加不同运动方式之间的恢复时间可以减轻先前的运动对后续训练产生的潜在负面影响。事实上，已经有证据表明，在不同强度和持续时间的耐力训练之后，力量产生能力[36,36]、等动力量[71,72]、力量运动表现（即能够完成的组数）[52,72]都会受到影响。这种神经肌肉功能和力量的下降在耐力训练后 4～8 小时仍然存在，一般需要 24 小时才能恢复正常[35,36,52]。在同期训练研究中，与不同方式训练在一次课中进行[45,73]，或是在一天内分两次进行不同方式训练[73]相比，隔天进行的同期训练能观察到更好的力量适应性变化。总之，这些研究表明，为了恢复肌肉功能，能够达到最佳的力量运动表现和适应性变化，同期训练需要间隔 6～24 小时。

更长的恢复期也可能有利于肌肉生长。威尔逊等人[29]的研究指出，与安排在同一天的同期训练相比（0.80），隔天安排同期训练对促进肌肉肥大的效应量更高（1.06，虽然没有显著性差异）。然而，也有研究表明，同期训练不论是否安排在同一天，肌肉大小和平均肌纤维面积都表现出相似的增加[45]。对业余的健康受试者进行的研究发现，在短期（5 周）训练之后，无论是间隔 15 分钟[12]还是间隔 6 小时[11,21]的同期训练，肌肉肥大及与其相关的急性分子反应并没有被削弱，相反还会增强。近年来，也有综述文章分析得出，不管同期训练中间的恢复时间长短，与单独力量训练相比，都有相似的（即使不是更好的）肌肉肥大适应现象[74]。因此，虽然同期训练中恢复时间的长短不会影响肌肉生长，但是会在 6～24 小时内影响神经肌肉功能和力量运动表现。如果延长恢复期，后续力量训练质量更高，力量输出和肌纤维募集增加，对于肌肉力量适应性来说可以提供更好的刺激。

13.2.2.6 训练周期

教练员可能希望通过一种周期性训练的方式来控制训练时的变量，以在整个赛季中将适应、运动表现和专项训练、竞赛目标相结合。由于训练变量会明显影响干扰效应[16,29]，在同期训练过程中使用周期训练策略也可能会在一定程度上影响干扰效应。虽然在同期训练适应性研究中，直接测试周期训练对受训者适应性影响的研究很少[75,76]，但我们从文献中也可以找到一些直接和间接证据表明同期训练中训练周期安排的重要性。例如，因为较高的耐力训练量或负荷会影响力量训练适应性[29,77]，所以在某些训练阶段有利的策略是尽量减少耐力训练量。周期性训练就是在较大训练量/负荷的力量训练和耐力训练之间相互"循环"，这也许有利于提高力量训练的适应现象。然而，这种方法是否能够最大限度地减少干扰现象，目前尚缺乏实验数据来支持。

关于国际优秀皮划艇运动员的研究结果倾向于采用板块周期性训练，即在多个 5 周板块内同时进行专项耐力和力量训练，以提高皮划艇运动成绩[75,76]。与传统的周期训练相比，分段周期训练在每一个板块内的累计训练负荷增加了 10%，但总训练量下降了一半，使皮划艇运动员成绩的有关指标得到更大改善。研究者提出，每个板块训练中侧重的身体素质成分和训练强度的调控，是尽量减小干扰效应需要考虑的重要因素[75]。因此，对于个人项目运动员来说，板块周期训练可能是一种较好的训练策略，能够依照专项比赛或目标来同时发展耐力和力量素质。对于团体运动项目来说，运动员需要在漫长的赛季中参加高频次的比赛。在整个赛季，运动员必须保持高水平的力量、爆发力和耐力。因此，团体项目运动员可能更适合根据本赛季的时间和比赛情况来安排不同的周期训练组合。已经有文献讨论过相关策略[78]。一项以业余运动爱好者为对象的研究发现，训练周期（特别是耐力训练强度分布）对这一群体可能并非那么重要，因为传统的和集中分布的训练强度和训练量在改善心血管和神经肌肉健康方面同等有效[79]。这可能说明耐力训练负荷量比耐力训练强度在调节干扰效应方面更为重要[6,29,77]。显然，我们需要更多的关于周期训练应用策略的研究，特别是在同期发展耐力和力量方面，以尽量减少同期训练中相互干扰现象的出现。

13.2.3 营养

营养是另一个重要的方法学考量因素，有明显的证据证明，营养的补充可以显著调节训练的适应性变化[80]。在运动初期，较低水平可利用的碳水化合物有利于增强代谢和线粒体信号反应[81,82]，以及耐力的适应性变化[83–86]，而在运动前或后摄入蛋白质（全蛋白或氨基酸），不管是否结合运动锻炼，都能够促进肌肉蛋白质的合成[87,88]。此外，补充营养物质还会影响蛋白质降解有关的基因和蛋白表达[89]，这种生理反应不利于达到训练目标。还有一个没有被重视的关于营养补充的关键点是能量平衡对力量训练诱导适应性变化的影响[90]。阿雷塔（Areta）等人[91]的研究发现，在能量负平衡 5 天后，与能量平衡状态时相比，肌原纤维的合成速率下降。这表明，耐力训练引起的能量负平衡（较高的耐力训练量会造成更大的能量负平衡），可能会通过限制碳水化合物摄入而加剧耐力训练的信号反应，这可能会降低随后的力量训练所诱导的合成反应。因此，对于那些试图在运动反应和适应性变化范围方面都想获得最大效果的人来说，营养补充对不同信号转导和适应性变化的独立作用，就是一个非常重要的方法学考量因素。

到目前为止，大多数关于运动营养的研究都是基于单一模式的运动[92]。此外，在现有与同期训练相关的文献中，一些研究是在禁食状态[13,19,20,24,93–95]下完成的，但这种状态并不符合运动训练实践，通常运动员在训练前、训练中、训练后会补充碳水化合物或蛋白质，以促进运动能力、恢复和适应等[96]。

13.3 研究设计和统计分析考量因素

尽管在全世界范围内，男性和女性人数大致相等，但在与体育科学训练相关的文献中，女性受试者的数量明显偏少。在已发表的研究中[97]，女性受试者所占的比例不到 40%，在关于同期训练的研究中，这一比例可能更低。在这方面我们必须知道，女性不同于男性[98]，不应该依照男性同期训练的结果指导女性训练。例如，一些研究表明，在同期训练和单独力量训练之后，男性和女性在力量和激素适应方面存在差异[99]。其他数据表明，在力量训练 4 天内，男性和女性的力量恢复并不相同[100]。此外，在饮食充足时，由力量训练引起的肌肉蛋白合成未被发现存在性别差异[101]。鉴于研究有限，还需要更多关于女性的同期训练的研究，才能更好地为其提供训练指导。此外，在招募女性受试者时，研究者通常要求她们生理状况“像男性一样”（非排卵期和月经期），但是我们需要在女性月经周期的各个阶段进行研究，以反映其真实的训练实践。

通常情况下，男性受试者和女性受试者在一起训练。考虑到性别之间的生理差异[98]，研究可能会增加受试者组内的变异性，从而使检测到不同条件下较小差异的效能降低。这种低效能也是大多数同期训练研究的特点（即使只招募一种性别），这意味着同期训练产生的较小效果（有可能是重要结果）常常未被报道。显然，解决此问题的一个办法是增加同期训练研究的样本量。然而，也有一些研究者正在尝试不再使用传统的显著性差异检验，而是使用置信区间、效应量，以及不利、微小或有利影响的可能性[73]。实施这些方法并非没有困难，因为在推断干扰效应的大小时，需要确定最小的效应量（这在所有同期训练的变量中尚未建立）。另一个重要的统计学因素就是大多数同期训练研究都报告其平均效应，但很明显，同期训练存在相当大的个体差异，研究者应当考虑报告所有变量中的个体结果。

13.4 小结

同期训练是一种常见的训练方法，因此必须要了解训练过程中潜在的干扰效应。然而，在规划和解释同期训练结果时有许多方法学考量因素，包括训练计划设计、营养补充、受试人群及研究所使用的统计分析方法。似乎这种干扰效应更可能出现在那些有较好训练背景的受试者中，比如每周进行 3 次以上耐力训练，且训练量较大的受试者，但还需要更多的研究加以证实。训练顺序也很重要，安排顺序时应优先考虑训练目标，以最大限度提高训练质量，刺激适应性变化。延长恢复期也有助于提高后续训练的质量，从而更好地促进适应。关于同期训练中耐力训练强度所起的作用还需要进一步的研究。对于女性进行同期训练的指导也需要更多的研究。由于一些潜在的干扰效应可能很小，研究者也需要考虑到如何提高同期训练研究中的效能。与此同时，我们需要更深入地理解干扰效应的调节机制，以便为最大限度提高同期训练效果的策略提供支持。

参考文献

[1] Kraemer W J, et al. Compatibility of high-intensity strength and endurance training on hormonal and skeletal muscle adaptations. J Appl Physiol (1985). 1995; 78 (3): 976–989.

[2] Hickson R C. Interference of strength development by simultaneously training for strength and endurance. Eur J Appl Physiol Occup Physiol. 1980; 45 (2–3): 255–263.

[3] Bell G J, et al. Effect of concurrent strength and endurance training on skeletal muscle properties and hormone concentrations in humans. Eur J Appl Physiol. 2000; 81 (5): 418–427.

[4] Craig B, Lucas J, Pohlman R. Effects of running, weightlifting and a combination of both on growth hormone release. J Appl Sport Sci Res. 1991; 5:198–203.

[5] Hennessy L, Watson A. The interference effects of training for strength and endurance simultaneously. J Strength Cond Res. 1994; 12:9–12.

[6] Fyfe J J, et al. Endurance training intensity does not mediate interference to maximal lower-body strength gain during short-term concurrent training. Front Physiol. 2016; 7:487.

[7] Balabinis C P, et al. Early phase changes by concurrent endurance and strength training. J Strength Cond Res. 2003; 17 (2): 393–401.

[8] McCarthy J P, Pozniak M A, Agre J C. Neuromuscular adaptations to concurrent strength and endurance training. Med Sci Sports Exerc. 2002; 34 (3): 511–519.

[9] Häkkinen K, et al. Neuromuscular adaptations during concurrent strength and endurance training versus strength training. Eur J Appl Physiol. 2003; 89 (1): 42–52.

[10] Kazior Z, et al. Endurance exercise enhances the effect of strength training on muscle fiber size and protein expression of Akt and mTOR. PLoS One. 2016; 11 (2): e0149082.

[11] Lundberg T R, et al. Aerobic exercise does not compromise muscle hypertrophy response to short-term resistance training. J Appl Physiol (1985). 2013; 114 (1): 81–89.

[12] Lundberg T R, Fernandez-Gonzalo R, Tesch P A. Exercise-induced AMPK activation does not interfere with muscle hypertrophy in response to resistance training in men. J Appl Physiol (1985). 2014; 116 (6): 611–620.

[13] Wang L, et al. Resistance exercise enhances the molecular signaling of mitochondrial biogenesis induced by endurance exercise in human skeletal muscle. J Appl Physiol (1985). 2011; 111 (5): 1335–1344.

[14] Fernandez-Gonzalo R, Lundberg T R, Tesch P A. Acute molecular responses in untrained and trained muscle subjected to aerobic and resistance exercise training versus resistance training alone. Acta Physiol (Oxf). 2013; 209 (4): 283–294.

[15] Fyfe J J, et al. Concurrent exercise incorporating high-intensity interval or continuous training modulates mTORC1 signalling and microRNA expression in human skeletal muscle. Am J Physiol Regul Integr Comp Physiol. 2016; 310 (11): R1297–R1311.

[16] Fyfe J J, Bishop D J, Stepto N K. Interference between concurrent resistance and endurance exercise: molecular bases and the role of individual training variables. Sports Med. 2014; 44 (6): 743–762.

[17] Donges C E, et al. Concurrent resistance and aerobic exercise stimulates both myofibrillar and mitochondrial protein synthesis in sedentary middle-aged men. J Appl Physiol (1985). 2012; 112 (12): 1992–2001.

[18] Carrithers J A, et al. Concurrent exercise and muscle protein synthesis: implications for exercise countermeasures in space. Aviat Space Environ Med. 2007; 78 (5): 457–462.

[19] Coffey V G, et al. Consecutive bouts of diverse contractile activity alter acute responses in human skeletal muscle. J Appl Physiol (1985). 2009; 106 (4): 1187–1197.

[20] Coffey V G, et al. Effect of consecutive repeated sprint and resistance exercise bouts on acute adaptive responses in human skeletal muscle. Am J Physiol Regul Integr Comp Physiol. 2009; 297 (5): R1441–R1451.

[21] Lundberg T R, et al. Aerobic exercise alters skeletal muscle molecular responses to resistance exercise. Med Sci Sports Exerc. 2012; 44 (9): 1680–1688.

[22] Coffey V G, et al. Interaction of contractile activity and training history on mRNA abundance in skeletal muscle from trained athletes. Am J Physiol Endocrinol Metab. 2006; 290 (5): E849–E855.

[23] Coffey V G, et al. Early signaling responses to divergent exercise stimuli in skeletal muscle from well-trained humans. FASEB J. 2006; 20 (1): 190–192.

[24] Vissing K, et al. Differentiated mTOR but not AMPK signaling after strength vs endurance exercise in training-accustomed individuals. Scand J Med Sci Sports. 2013; 23 (3): 355–366.

[25] Camera D M, et al. Early time course of Akt phosphorylation after endurance and resistance exercise. Med Sci Sports Exerc. 2010; 42 (10): 1843–1852.

[26] Wilkinson S B, et al. Differential effects of resistance and endurance exercise in the fed state on signalling molecule phosphorylation and protein synthesis in human muscle. J Physiol. 2008; 586 (Pt 15): 3701–3717.

[27] Coffey V G, Hawley J A. Concurrent exercise training: do opposites distract? J Physiol. 2017; 595 (9): 2883–2896.

[28] Denadai B S, et al. Explosive training and heavy weight training are effective for improving running economy in endurance athletes: a systematic review and meta-analysis. Sports Med. 2017; 47 (3): 545–554.

[29] Wilson J M, et al. Concurrent training: a meta-analysis examining interference of aerobic and resistance exercises. J Strength Cond Res. 2012; 26 (8): 2293–2307.

[30] Jones T W, et al. Performance and neuromuscular adaptations following differing ratios of concurrent strength and endurance training. J Strength Cond Res. 2013; 27 (12): 3342–3351.

[31] Glowacki S P, et al. Effects of resistance, endurance, and concurrent exercise on training outcomes in men. Med Sci Sports Exerc. 2004; 36 (12): 2119–2127.

[32] Weston K S, Wisloff U, Coombes J S. High-intensity interval training in patients with life style-induced cardiometabolic disease: a systematic review and meta-analysis. Br J Sports Med. 2014; 48 (16): 1227–1234.

[33] Milanovic Z, Sporis G, Weston M. Effectiveness of high-intensity interval training (HIT）and continuous endurance training for $\dot{V}O_2max$ improvements: a systematic review and meta-analysis of controlled trials.

Sports Med. 2015; 45 (10): 1469–1681.
[34] Buchheit M, Laursen P B. High-intensity interval training, solutions to the programming puzzle: part I: cardiopulmonary emphasis. Sports Med. 2013; 43 (5): 313–338.
[35] Bentley D J, et al. Muscle activation of the knee extensors following high intensity endurance exercise in cyclists. Eur J Appl Physiol. 2000; 81 (4): 297–302.
[36] Bentley D J, Zhou S, Davie A J. The effect of endurance exercise on muscle force generating capacity of the lower limbs. J Sci Med Sport. 1998; 1 (3): 179–188.
[37] Leveritt M, MacLaughlin H, Abernethy P J. Changes in leg strength 8 and 32 h after endurance exercise. J Sports Sci. 2000; 18 (11): 865–871.
[38] De Souza E O, et al. Acute effect of two aerobic exercise modes on maximum strength and strength endurance. J Strength Cond Res. 2007; 21 (4): 1286–1290.
[39] Ratamess N A, et al. Acute resistance exercise performance is negatively impacted by prior aerobic endurance exercise. J Strength Cond Res. 2016; 30 (10): 2667–2681.
[40] Lemos A, et al. The acute influence of two intensities of aerobic exercise on strength training performance in elderly women. J Strength Cond Res. 2009; 23 (4): 1252–1257.
[41] Buchheit M, Laursen P B. High-intensity interval training, solutions to the programming puzzle: part Ⅱ: anaerobic energy, neuromuscular load and practical applications. Sports Med. 2013; 43 (10): 927–954.
[42] Gergley J C. Comparison of two lower-body modes of endurance training on lower-body strength development while concurrently training. J Strength Cond Res. 2009; 23 (3): 979–987.
[43] Chtara M, et al. Effect of concurrent endurance and circuit resistance training sequence on muscular strength and power development. J Strength Cond Res. 2008; 22 (4): 1037–1045.
[44] Cantrell G S, et al. Maximal strength, power, and aerobic endurance adaptations to concurrent strength and sprint interval training. Eur J Appl Physiol. 2014; 114 (4): 763–771.
[45] Sale D G, et al. Comparison of two regimens of concurrent strength and endurance training. Med Sci Sports Exerc. 1990; 22 (3): 348–356.
[46] Dudley G A, Djamil R. Incompatibility of endurance- and strength-training modes of exercise. J Appl Physiol (1985). 1985; 59 (5): 1446–1451.
[47] Silva R F, et al. Concurrent training with different aerobic exercises. Int J Sports Med. 2012; 33 (8): 627–634.
[48] Edge J, Bishop D, Goodman C. The effects of training intensity on muscle buffer capacity in females. Eur J Appl Physiol. 2006; 96 (1): 97–105.
[49] Edge J, et al. Effects of high- and moderate-intensity training on metabolism and repeated sprints. Med Sci Sports Exerc. 2005; 37 (11): 1975–1982.
[50] Leveritt M, et al. Concurrent strength and endurance training. A review. Sports Med. 1999; 28 (6): 413–427.
[51] Barnes K R, Kilding A E. Running economy: measurement, norms, and determining factors. Sports Med Open. 2015; 1 (1): 8.
[52] Sporer B C, Wenger H A. Effects of aerobic exercise on strength performance following various periods of recovery. J Strength Cond Res. 2003; 17 (4): 638–644.
[53] Bartolomei S, et al. Comparison of the recovery response from high-intensity and high-volume resistance exercise in trained men. Eur J Appl Physiol. 2017; 117 (7): 1287–1298.
[54] Taylor J L, Gandevia S C. A comparison of central aspects of fatigue in submaximal and maximal voluntary contractions. J Appl Physiol (1985). 2008; 104 (2): 542–550.

[55] Jones T W, et al. Effects of strength and endurance exercise order on endocrine responses to concurrent training. Eur J Sport Sci. 2017; 17 (3): 326–334.

[56] Inoue D S, et al. Immunometabolic responses to concurrent training: the effects of exercise order in recreational weightlifters. J Strength Cond Res. 2016; 30 (7): 1960–1967.

[57] Doma K, Deakin G B. The effects of strength training and endurance training order on running economy and performance. Appl Physiol Nutr Metab. 2013; 38 (6): 651–656.

[58] Cadore E L, et al. Strength prior to endurance intra-session exercise sequence optimizes neuromuscular and cardiovascular gains in elderly men. Exp Gerontol. 2012; 47 (2): 164–169.

[59] Cadore E L, et al. Neuromuscular adaptations to concurrent training in the elderly: effects of intrasession exercise sequence. Age (Dordr). 2013; 35 (3): 891–903.

[60] Eklund D, et al. Acute endocrine and force responses and long-term adaptations to samesession combined strength and endurance training in women. J Strength Cond Res. 2016; 30 (1): 164–175.

[61] Collins M A, Snow T K. Are adaptations to combined endurance and strength training affected by the sequence of training? J Sports Sci. 1993; 11 (6): 485–491.

[62] Davitt P M, et al. The effects of a combined resistance training and endurance exercise program in inactive college female subjects: does order matter? J Strength Cond Res. 2014; 28 (7): 1937–1945.

[63] Gravelle B L, Blessing D L. Physiological adaptation in women concurrently training for strength and endurance. J Strength Cond Res. 2000; 14 (1): 5–13.

[64] MacNeil L G, et al. The order of exercise during concurrent training for rehabilitation does not alter acute genetic expression, mitochondrial enzyme activity or improvements in muscle function. PLoS One. 2014; 9 (10): e109189.

[65] Wilhelm E N, et al. Concurrent strength and endurance training exercise sequence does not affect neuromuscular adaptations in older men. Exp Gerontol. 2014; 60:207–214.

[66] Schumann M, et al. The order effect of combined endurance and strength loadings on force and hormone responses: effects of prolonged training. Eur J Appl Physiol. 2014; 114 (4): 867–880.

[67] Schumann M, et al. Fitness and lean mass increases during combined training independent of loading order. Med Sci Sports Exerc. 2014; 46 (9): 1758–1768.

[68] Eklund D, et al. Neuromuscular adaptations to different modes of combined strength and endurance training. Int J Sports Med. 2015; 36 (2): 120–129.

[69] Makhlouf I, et al. Effect of sequencing strength and endurance training in young male soccer players. J Strength Cond Res. 2016; 30 (3): 841–850.

[70] McGawley K, Andersson P I. The order of concurrent training does not affect soccer-related performance adaptations. Int J Sports Med. 2013; 34 (11): 983–990.

[71] Abernethy P J. Influence of acute endurance activity on isokinetic strength. J Strength Cond Res. 1993; 7 (3): 141–146.

[72] Leveritt M, Abernethy P J. Acute effects of high-intensity endurance exercise on subsequent resistance activity. J Strength Cond Res. 1999; 13 (1): 47–51.

[73] Robineau J, et al. Specific training effects of concurrent aerobic and strength exercises depend on recovery duration. J Strength Cond Res. 2016; 30 (3): 672–683.

[74] Murach K A, Bagley J R. Skeletal muscle hypertrophy with concurrent exercise training: contrary evidence for an interference effect. Sports Med. 2016; 46 (8): 1029–1039.

[75] Garcia-Pallares J, et al. Endurance and neuromuscular changes in world-class level kayakers during a

periodized training cycle. Eur J Appl Physiol. 2009; 106 (4): 629–638.
[76] Garcia-Pallares J, et al. Performance changes in world-class kayakers following two different training periodization models. Eur J Appl Physiol. 2010; 110 (1): 99–107.
[77] Rønnestad B R, Hansen E A, Raastad T. High volume of endurance training impairs adaptations to 12 weeks of strength training in well-trained endurance athletes. Eur J Appl Physiol. 2012; 112 (4): 1457–1466.
[78] Gamble P. Periodization of training for team sports athletes. Strength Cond J. 2006; 28 (5): 56.
[79] Varela-Sanz A, et al. Does concurrent training intensity distribution matter? J Strength Cond Res. 2017; 31 (1): 181–195.
[80] Bartlett J D, Hawley J A, Morton J P. Carbohydrate availability and exercise training adaptation: too much of a good thing? Eur J Sport Sci. 2015; 15 (1): 3–12.
[81] Bartlett J D, et al. Reduced carbohydrate availability enhances exercise-induced p53 signaling in human skeletal muscle: implications for mitochondrial biogenesis. Am J Physiol Regul Integr Comp Physiol. 2013; 304 (6): R450–R458.
[82] Psilander N, et al. Exercise with low glycogen increases PGC-1alpha gene expression in human skeletal muscle. Eur J Appl Physiol. 2013; 113 (4): 951–963.
[83] Chan M H, et al. Altering dietary nutrient intake that reduces glycogen content leads to phosphorylation of nuclear p38 MAP kinase in human skeletal muscle: association with IL-6 gene transcription during contraction. FASEB J. 2004; 18 (14): 1785–1787.
[84] Hansen A K, et al. Skeletal muscle adaptation: training twice every second day vs. training once daily. J Appl Physiol (1985). 2005; 98 (1): 93–99.
[85] Yeo W K, et al. Skeletal muscle adaptation and performance responses to once a day versus twice every second day endurance training regimens. J Appl Physiol (1985). 2008; 105 (5): 1462–1470.
[86] Yeo W K, et al. Acute signalling responses to intense endurance training commenced with low or normal muscle glycogen. Exp Physiol. 2010; 95 (2): 351–358.
[87] Apro W, Blomstrand E. Influence of supplementation with branched-chain amino acids in combination with resistance exercise on p70S6 kinase phosphorylation in resting and exercising human skeletal muscle. Acta Physiol (Oxf). 2010; 200 (3): 237–248.
[88] Tipton K D, Wolfe R R. Protein and amino acids for athletes. J Sports Sci. 2004; 22 (1): 65–79.
[89] Borgenvik M, Apro W, Blomstrand E. Intake of branched-chain amino acids influences the levels of MAFbx mRNA and MuRF-1 total protein in resting and exercising human muscle. Am J Physiol Endocrinol Metab. 2012; 302 (5): E510–E521.
[90] Smiles W J, Hawley J A, Camera D M. Effects of skeletal muscle energy availability on protein turnover responses to exercise. J Exp Biol. 2016; 219 (Pt 2): 214–225.
[91] Areta J L, et al. Reduced resting skeletal muscle protein synthesis is rescued by resistance exercise and protein ingestion following short-term energy deficit. Am J Physiol Endocrinol Metab. 2014; 306 (8): E989–E997.
[92] Perez-Schindler J, et al. Nutritional strategies to support concurrent training. Eur J Sport Sci. 2015; 15 (1): 41–52.
[93] Apró W, et al. Resistance exercise induced mTORC1 signaling is not impaired by subsequent endurance exercise in human skeletal muscle. Am J Physiol Endocrinol Metab. 2013; 305 (1): E22–E32.
[94] Apro W, et al. Resistance exercise-induced S6K1 kinase activity is not inhibited in human skeletal muscle despite prior activation of AMPK by high-intensity interval cycling. Am J Physiol Endocrinol Metab. 2015;

308 (6): E470–E481.

[95] Camera D M, et al. Protein ingestion increases myofibrillar protein synthesis after concurrent exercise. Med Sci Sports Exerc. 2015; 47 (1): 82–91.

[96] Holway F E, Spriet L L. Sport-specific nutrition: practical strategies for team sports. J Sports Sci. 2011; 29 (Suppl 1): S115–S125.

[97] Costello J T, Bieuzen F, Bleakley C M. Where are all the female participants in Sports and Exercise Medicine research? Eur J Sport Sci. 2014; 14 (8): 847–851.

[98] Lewis D A, Kamon E, Hodgson J L. Physiological differences between genders implications for sports conditioning. Sports Med. 1986; 3 (5): 357–369.

[99] Bell G, et al. Effect of strength training and concurrent strength and endurance training on strength, testosterone, and cortisol. J Strength Cond Res. 1997; 11 (1): 57–64.

[100] Flores D F, et al. Dissociated time course of recovery between genders after resistance exercise. J Strength Cond Res. 2011; 25 (11): 3039–3044.

[101] West D W, et al. Sex-based comparisons of myofibrillar protein synthesis after resistance exercise in the fed state. J Appl Physiol. 2012; 112 (11): 1805–1813.

14 同期训练对生理适应和运动表现效果的影响

莫里茨·舒曼（Moritz Schumann）

14.1 引言

自希克森[1]的研究以来，同期训练所引起的生理学挑战便受到广泛关注。然而，虽然他的研究清楚地显示在几周的同期训练之后，最大力量的发展受到严重的影响，但人们常常忽视了这项研究中每周 11 节训练课的运动量大大超过了业余运动员通常的训练量。此外，大量的训练课导致恢复时间缩短，而且当时人们并未考虑残余疲劳是肌肉力量受到影响的一个可能原因。

40 多年来，有明确的证据表明，训练模式确实是解释“干扰”现象的一个重要组成部分，尤其是两次训练课之间的恢复时间是决定同期训练适应程度的重要因素[2,3]。然而，也有一些证据表明，有氧训练和力量训练的顺序安排会产生各自独特的适应现象，至少在一些特定受试者中是这样的[4,5]。在这种情况下，我们在解释同期训练的相关研究时需要用到专业术语。“干扰效应”一般是指与单独有氧或力量训练相比，同期训练所诱发的适应性变化程度[1]；“顺序效应”一般是指同期训练中两种训练的时间比较接近时，有氧训练和力量训练的不同顺序（即分别从有氧训练或力量训练开始）所产生的相互作用[6,7]。

在过去十几年，大量相关横向研究的目的在于明确同期训练对神经肌肉、激素和心肺效应的急性影响。虽然这些研究常常对长期训练可能产生的适应现象提供了有力证据，但实际上这些成果并未能转化为经过几周或几个月的训练后才能观察到的运动表现的适应现象。因此，本章旨在结合横向和纵向研究结果，讨论不同的同期有氧和力量训练模式的短期和长期效应，重点关注一次训练课中训练顺序的影响和训练课之间恢复期的重要性。由于有氧和力量训练的分子信号通路已经在本书的其他章节讨论过了，因此本章将重点讨论神经肌肉、心肺和激素及专项运动表现方面的内容。

14.2 急性假说

研究发现，在大负荷量的同期有氧和力量训练后，力量发展受到的影响（干扰）可以用慢性和急性假说来解释。希克森[1]认为，由于肌肉不能同时适应这两种运动方式，所以力量发展出现障碍。克雷格等[8]从另一方面解释为在短时间内同时进行有氧和力量训练，最先安排的训练造成的残余疲劳，不利于后续训练负荷的完成，进而可能影响长期训练产生的适应。

一些支持“急性假说”的研究发现，剧烈运动后的恢复状况可能取决于运动强度或运动量，恢复时间可能需要好几天[9-11]。因此，与长时间的有氧运动相比[11]，高强度力量训练引起的神经肌肉疲劳可能大得多[9]。这种观点十分有趣，因为人们通常只关注有氧训练导致的疲劳累积对随后力量训练造成的不利影响，而不关注力量训练在短期内对有氧运动表现的影响[12]。关于先前训练对随后有氧或力量运动表现的影响已在本书其他章节讨论过了。

14.3 训练顺序对力量运动表现的急性影响

在过去十几年，同期训练越来越受到关注，但关于同期有氧和力量训练（即先进行耐力训练，或先进行力量训练）的急性反应的文献很少。很显然，不同的训练顺序导致不同的反应主要表现在神经肌肉疲劳程度方面。然而，令人惊讶的是，只有极少的研究将总体力量运动表现对同期训练负荷的反应进行了比较。在这些研究中，业余运动员[13]、从未接受过训练的男性[6,14]和女性[13]在经过高强度力量训练结合中等强度的耐力跑或骑行后，最大力量和快速力量输出都出现了类似的下降。此外，在这些研究中，受试者力量水平都在24 小时后恢复到了基线水平。

在我们[6,14,15]的研究中，训练包括增肌、最大力量和爆发力混合训练，结合无氧阈强度的持续耐力骑行训练。在两种顺序的训练后肌肉疲劳的总体程度相当，但力量或耐力训练所造成的力量损失程度与训练顺序有关[6,14]。在力量训练之前先进行耐力骑行训练，最大力量下降约 10%，而以相反的顺序进行训练，耐力训练并不会进一步削弱力量的增加。因此，虽然在耐力训练之前或之后进行的力量训练都会造成神经肌肉疲劳，但由于已经存在一定程度的疲劳，耐力骑行训练并未加重整体的疲劳程度。实际上，关于长时间单独力量训练对神经肌肉急性反应的研究也出现了相似的结果[9,16]，但其原因可能是多样的。例如，在中等强度的自行车骑行训练过程中，Ⅰ型肌纤维和Ⅱa 型肌纤维都会被激活[17]，而力量训练会激活高阈值的运动单位，这些运动单位极易疲劳；而后的耐力骑行训练可能只会募集抗疲劳能力较强的Ⅰ型肌纤维[18]，显然这不会增加整体的疲劳程度。

14.4 训练顺序对激素反应的急性影响

一次性运动导致的力量下降通常伴随着激素浓度出现暂时性变化。一篇综述文章质疑了急剧增加的激素浓度与肌肉生长之间的关系[19]，但有多项研究表明，基础水平或运动负荷诱导的激素浓度，例如，睾酮浓度与力量训练期间肌肉质量和力量的缓慢增加之间存在统计学意义上的显著相关[20–24]。这些发现为我们解释运动造成长期生理适应中的急性内分泌改变提供了一些依据，同时也有助于解释同期有氧和力量训练诱发的不同适应。

比较现有的同期训练对激素的急性影响研究，我们可以发现激素反应的程度通常与运动训练特点有关（如运动强度和运动量）。因此，研究结果可能仅限于特定的同期训练方式。与以往的研究结果进行比较，对未受过训练的男性[6]和女性[15]进行同期训练研究，让受试者采用相似的力量和固定功率车混合训练，如果力量训练在前，则生长激素（22–kDa）的急性反应会更大。解释这些结果的一种理论是，有氧运动会引起脂肪酸堆积，抑制生长激素释放[25]。因此，我们可以假设在有氧训练之前进行力量训练会优化神经肌肉发生适应性变化的合成代谢环境。在这些研究中，睾酮浓度并没有出现急性增加来支持这一推测，但我们发现未受过训练的男性受试者在力量训练之前进行耐力骑行训练，睾酮浓度会在 48 小时内出现大幅度下降[6]。此外，在两种同期训练后均未观察到受试者的皮质醇浓度急性增加，相反在 48 小时内出现了明显下降。

恢复过程中激素浓度降低通常与雄激素受体上调、靶组织摄取量增加或者释放激素的腺体或下丘脑受到抑制有关[16,26]，但是我们无法研究目标受体的动力因素，因此这些结果仍仅为推测结果[26]。然而，由于生长激素的反应减弱和睾酮浓度下降，在力量训练之前进行有氧训练可能需要延长恢复时间，而相反的训练顺序则不需要延长恢复时间。

重要的是，我们的研究结果与其他以业余力量训练者[27]和同期耐力和力量训练的运动员[28]为研究对象的研究结果并不相同。他们在进行耐力骑行[27]和跑步[28]训练的同时，增加了增肌力量训练。这两项研究结果都显示，先进行有氧训练再进行力量训练会促使睾酮浓度急剧增加。此外，卡多雷等人[27]的研究结果表明，在先进行耐力或力量训练之后，皮质醇浓度均会升高，但在接下来的力量或耐力训练之后又会恢复到正常水平。然而，罗莎（Rosa）等人[28]发现两种负荷条件下皮质醇和生长激素的浓度均会增加。虽然这些研究者都认为当耐力训练先于力量训练时，体内环境比较有利于物质合成，但有训练经历和无训练经历的受试者对同期训练后的激素反应似乎看起来有所不同。这一假设得到了我们研究的支持，数据结果显示，经过 24 周特定训练次序的同期训练后，在力量训练之前进行有氧训练组中，最初在恢复期中见到的睾酮浓度下降现象消失了[14]。此外，与以前从未受过训练的受试者相比，有训练经历的受试者在力量训练之前进行耐力训练，实际上可以积累合成性刺激（这项研究并未进行相反训练顺序的实验）[29]。肌肉生长所需的分子信号通路的激活就证明了这一点，这也能够帮助解释在卡多雷和罗莎等人的研究中，按照这种顺序进行训练后睾酮浓度增加的现象。

14.5 训练顺序对心肺反应的影响

目前关于同期训练对心肺功能的影响，研究者知之甚少，通常的研究数据仅限于运动后的过量氧耗（EPOC）。然而这些结果都具有不确定性，至少从生理角度看，尚不明确为什么运动训练的顺序会影响整个 EPOC 反应。迪•布拉西奥（Di Blasio）等人[30]发现未受过训练的女性在有氧运动后再进行力量训练，EPOC 的大小相似，反之亦然；而身体活动水平较高的男性受试者，在先进行有氧运动后，EPOC 可能相似[31,32]或者更高[33]。我们对后一个结果可以做出部分解释：耐力训练强度较低，运动量不大（以 70%最大摄氧量强度运动 25 分钟），实际上可以被认为是一个积极恢复过程，促进乳酸的清除[34]。有趣的是，耐力和力量交替（例如，3 组 10 分钟的跑台跑，每次跑完紧接着进行 1 组包括 8 种练习的循环训练）的训练方式比依次进行耐力和力量训练后产生的 EPOC 反应更加剧烈[30]，但这一现象的原因仍有待研究。

14.5.1 同期训练的慢性适应

横向研究至少可为长期进行同期有氧和力量训练可能产生的对特定训练顺序的特异性适应做出提示。然而，这些研究似乎只在极少数的情况下可以用于解释长期训练的结果，可能是因为一些因素在实验室条件下可以得到很好的控制，但在数周或数月的训练中一些因素（即睡眠习惯、营养、心理压力、日常活动）会影响训练效果。表 14.1 是关于经常做有氧和力量训练的健康受试者进行同期训练时不同训练顺序的研究总结。

近年来的两篇关于这一主题的 Meta 分析[47,48]结论相似，在有氧训练之前进行力量训练可以优化动力性力量的发展，但运动顺序似乎与肌肉形态[47]或心肺适应[47,48]无关。但是在表 14.1 中，似乎只有很少的研究为这种观点提供了统计学证据。另外，目前已有的研究中研究设计和受试者选取差异很大，这为 Meta 分析提供的样本也不一致。

表 14.1 健康个体进行长期同期训练的“次序效应”的文献综述

研究者	研究对象	训练时长	训练模式	心肺功能（$p<0.05$）	神经肌肉功能（$p<0.05$）	组间差异（$p<0.05$）
科林斯（Collins），斯诺（Snow）[35]	未受过训练的男性和女性，耐力训练+力量训练（$n=15$），力量训练+耐力训练（$n=15$）	7 周	3 天/周； 耐力训练：以 60%～90%HRR 跑 20～25 分钟； 力量训练：全身训练，以 50%～90% 1RM 进行 2 组×3～12 次	耐力 + 力量↑，力量+耐力↑	耐力 + 力量↑，力量+耐力↑	C：无， N：无

续表

研究者	研究对象	训练时长	训练模式	心肺功能（$p<0.05$）	神经肌肉功能（$p<0.05$）	组间差异（$p<0.05$）
格拉韦尔（Gravelle），布莱辛（Blessing）[36]	积极锻炼的女性，耐力训练+力量训练（n=6），力量训练+耐力训练（n=7）	11 周	3 天/周； 耐力训练：以 70% $\dot{V}O_2$ max 跑 45 分钟； 力量训练：下肢，以 6～10RM 进行 2～4 组	耐力 + 力量↑，力量+耐力↔	耐力 + 力量↑，力量+耐力↑	C：有，N：无
恰塔拉（Chtara）等[37]	男性体育专业学生，耐力训练+力量训练（n=10），力量训练+耐力训练（n=10）	12 周	2 天/周； 耐力训练：在室内跑道上以 100% $\dot{V}O_2$ max 跑，以 60% $v\dot{V}O_2$ max 恢复（耗竭时间的 50%）； 力量训练：全身循环训练，包括力量、耐力和爆发力训练	耐力 + 力量↑↑，力量+耐力↑	—	有
恰塔拉等[38]	男性体育专业学生，耐力训练+力量训练（n=10），力量训练+耐力训练（n=10）	12 周	2 天/周； 耐力训练：在室内跑道上以 100% $\dot{V}O_2$ max 跑，以 60% $v\dot{V}O_2$ max 恢复（耗竭时间的 50%）； 力量训练：全身循环训练，包括力量、耐力和爆发力训练	—	耐力 + 力量↑，力量+耐力↑	无
卡多雷[4]	未受过训练的老年男性，耐力训练+力量训练（n=13），力量训练+耐力训练（n=13）	12 周	3 天/周； 耐力训练：以 80%～90%在第二通气阈时的心率持续骑 20～30 分钟自行车，以在第二通气阈时的心率间歇骑自行车（6 组×4 分钟）； 力量训练：全身训练，以 6～20RM 进行 2～3 组	耐力 + 力量↑，力量+耐力↑↑	耐力 + 力量↑，力量+耐力↑↑	C：无，N：有
卡多雷[39]	未受过训练的老年男性，耐力训练+力量训练（n=13），力量训练+耐力训练（n=13）	12 周	3 天/周； 耐力训练：以 80%～90%在第二通气阈时的心率持续骑 20～30 分钟自行车，以在第二通气阈时的心率间歇骑自行车（6 组×4 分钟）； 力量训练：全身训练，以 6～20RM 进行 2～3 组	—	耐力 + 力量↑，力量+耐力↑↑	有
麦高利（McGawley），安德森（Andersson）[40]	半职业和职业足球运动员，耐力训练+力量训练（n=9），力量训练+耐力训练（n=9）	5 周	3 天/周； 耐力训练：SIT，以 90%～95%最大心率进行 5～60 秒，HIT，4～5 分钟（没有规定休息时间）； 力量训练：以 75%～90% 1RM 进行 2～3 组×5～10 次和 3 组×3～20 次自重跳	耐力 + 力量↑，力量+耐力↑	耐力 + 力量↑，力量+耐力↑	C：无，N：无

续表

研究者	研究对象	训练时长	训练模式	心肺功能（$p<0.05$）	神经肌肉功能（$p<0.05$）	组间差异（$p<0.05$）
达维特（Davitt）等[41]	不积极锻炼的年轻女性，耐力训练+力量训练（n=13），力量训练+耐力训练（n=10）	未提及	4天/周； 耐力训练：以70%～80%HRR训练30分钟（没有明确规定是跑步还是骑自行车）； 力量训练：全身训练，以90%～100% 1RM进行3组×8～12次	耐力+力量↑，力量+耐力↑	耐力+力量↑，力量+耐力↑	C：无，N：无
威廉等[42]	未受过训练的老年男性，耐力训练+力量训练（n=11），力量训练+耐力训练（n=12）	12周	2天/周； 耐力训练：以85%～95%在第二通气阈时的心率持续骑20分钟自行车； 力量训练：以8～18RM进行2～3组爆发力训练	耐力+力量↑，力量+耐力↑	耐力+力量↑，力量+耐力↑	C：无，N：无
舒曼等[43]	未受过训练的男性，耐力训练+力量训练（n=16），力量训练+耐力训练（n=18）	24周	2～3天/周； 耐力训练：持续和HIT骑自行车30～50分钟，逐步从有氧阈强度增加到无氧阈强度； 力量训练：全身训练，以40%～60%1RM进行2～4组×15～20次，以80%～85%1RM进行2～5组×8～10次，以85%～95% 1RM进行2～5组×3～5次	耐力+力量↑，力量+耐力↑	耐力+力量↑，力量+耐力↑↑	C：无，N：无
马赫卢夫（Makhlouf）等[44]	男性精英足球运动员，耐力训练+力量训练（n=14），力量训练+耐力训练（n=15）	12周	2天/周； 耐力训练：以最大速度进行2组×12～16次×15秒； 力量训练：全身训练，以5～10RM进行3组	耐力+力量↑，力量+耐力↑	耐力+力量↑，力量+耐力↑	C：无，N：无
埃克隆（Eklund）等[15]	未受过训练的女性，耐力训练+力量训练（n=15），力量训练+耐力训练（n=14）	24周	2～3天/周； 耐力训练：持续和HIT骑自行车30～50分钟，逐步从有氧阈强度增加到无氧阈强度； 力量训练：全身训练，以40%～60% 1RM进行2～4组×15～20次，以80%～85%1RM进行2～5组×8～10次，以85%～95%1RM进行2～5组×3～5次	耐力+力量↑，力量+耐力↑	耐力+力量↑，力量+耐力↑	C：无，N：无
库斯马等[45]	未受过训练的男性，耐力训练+力量训练（n=21），力量训练+耐力训练（n=21）	24周	2～3天/周； 耐力训练：持续（以65%～80%最大心率）和HIT（以85%～100%最大心率）骑自行车30～50分钟； 力量训练：全身训练，以40%～70%1RM进行2～3组×10～20次，以70%～85%1RM进行3～4组×10～15次，以85%～95%1RM进行3～5组×3～8次	耐力+力量↑↑，力量+耐力↑	耐力+力量↑，力量+耐力↑	C：有，N：无

续表

研究者	研究对象	训练时长	训练模式	心肺功能（$p<0.05$）	神经肌肉功能（$p<0.05$）	组间差异（$p<0.05$）
卡多雷[46]	未受过训练的老年男性，耐力训练+力量训练（n=12），力量训练+耐力训练（n=13）	12 周	3 天/周； 耐力训练：以 80%～90%在第二通气阈时的心率持续骑 20～30 分钟自行车，以在第二通气阈时的心率间歇骑自行车（6 组×4 分钟）； 力量训练：全身训练，以 6～20RM 进行 2～3 组	耐力＋力量↑，力量+耐力↑	—	无

注：C 表示心肺功能指标，N 表示神经肌肉功能指标，$\dot{V}O_2$ max 表示最大摄氧量，HRR 表示心率储备，$v\dot{V}O_2$ max 表示最大摄氧量速度，SIT 表示冲刺间歇训练，HIT 表示高强度间歇训练，↑表示神经肌肉或心肺的变量显著增加（$p<0.05$），↔表示没有显著变化；—表示不适用。

被标记为"↑↑"的有更显著增加的组可能不是导致统计学上的组间差异（$p<0.05$）的必须因素。

我们的研究表明不同的训练顺序会产生不同的激素反应，人们可以预期把力量训练放在前面，以诱导更好的神经肌肉适应性变化，主要是因为这可以保持恢复期的睾酮浓度[6]。然而，当受试者进行为期 24 周的系统性耐力和力量训练时，两种训练顺序在肌肉肥大和肌肉动力性力量方面的适应性变化相似[14,43]。此外，生长激素和睾酮浓度的急性变化与最大力量的增加或肌肉肥大之间并没有统计学关联。

这些发现与先前针对不同训练背景的年轻男性和女性的研究相一致（表 14.1）[15,35,36,38,40,41,43–45]。但是，在我们的研究中，睾酮浓度最先出现下降[24]，而在 24 周训练后没有发现睾酮浓度下降[14]，因此这些研究并不能确定适应过程的确切变化。另外需要注意的是，在我们的（及大多数我们以前的）研究中，训练频率相当低（即每周 2～3 次的同期训练），并且在同期训练间有至少 2 天的休息时间，而且我们对早期的睾酮浓度降低仅观察了 48 小时[6,14]。因此，尚不清楚以更高频率进行同期训练是否会导致特定训练顺序的训练适应。

最佳运动表现似乎与训练顺序无关，但我们确实也观察到两种训练顺序在神经适应方面的微小差异[5]。在等长伸膝过程中测试股外侧肌肌电图，发现力量训练安排在前的组别肌电幅值显著增加，而相反训练顺序的受试者肌电值增加幅度则小得多。支持这些发现的还有，在先做耐力训练的组中，在训练后期的 12 周内，肌肉自主激活能力的变化（用电刺激叠加法测定）与力量运动表现之间显著相关，实际上约有一半的受试者等长收缩力量和自主激活能力都有所下降。与此相一致，在同一组中并没有观察到快速收缩力量的增加幅度有显著性差异[43]。这表明，如果耐力训练总是安排在力量训练之前，尽管最大力量没有差异，但这至少在某种程度上对神经产生一定的抑制性影响。这一发现与对老年男性进行的研究结果一致：在耐力训练之前进行力量训练，膝关节伸肌的相对力量会有较大幅度的提高[4]。同样，与相反的训练顺序相比，在耐力训练之前进行力量训练能够略微增加肌力，改善神经肌肉的经济性（以 50%峰值力矩时的肌电图为标准），而肌肉厚度并没有明显差异[39]。

关于心肺适应方面的研究发现，以年轻女性[36]和男性[37,45]为研究对象，如果力量训练安排在前，$\dot{V}O_2$ max 的增加幅度有限，而其他一些研究则没有发现年轻受试者[15,35,40,41,43,44]群体的 $\dot{V}O_2$ max 在统计学上存在差异。有趣的是，以老年男性受试者为研究对象的研究发现，如果力量训练安排在前，受试者 $\dot{V}O_2$ max 和自行车骑行经济性没有明显改善[4,46]，而第一通气阈的负荷显著增加[4]。这一结果与我们的研究正好相反，我们以未受过训练的女性为研究对象，发现如果有氧训练安排在前，其自行车骑行经济性得到提高，而男性受试者在此方面不受影响[3]。卡多雷等人[4]的研究也发现如果力量训练安排在前，则神经肌肉表现达到最优化，他们认为肌肉力量的增强有利于改善某种运动强度下的自行车骑行经济性。将有氧训练安排在前会引起更大的个体反应能够证明这一点[46]。这表明训练顺序对于优化女性和老年男性的训练适应可能非常重要，这个内容在本书其他章节已有深入探讨。

14.5.2 在一次训练课中或者不同日期安排同期训练的慢性适应

前面已经讨论了训练顺序对适应性变化的影响，但对于同期有氧和力量训练被安排在一次课中或不被安排在同一天，是否会产生明显不同的适应性变化，从已有的研究结果中并不能得出结论。从实践上看，隔天进行有氧和力量训练，能够减轻两种训练之间的残余疲劳；但是在总运动量相同的情况下，由于训练频率较高，总的恢复时间会缩短。关于这个问题的研究的确很少，但在过去的几年中已有一些研究。

塞尔[49]等人的一项早期研究表明，无训练经历的受试者经过 20 周的同期训练，与在一次训练课中同时安排两种训练的模式相比，隔天进行同期训练能更大程度提高受试者的力量运动表现，不过两组受试者的Ⅱ型肌纤维面积、Ⅰ型肌纤维面积和肌肉大小都有相同程度的增加。此外，罗比诺（Robineau）等人[2]的研究很好地证明了延长两种不同训练方式之间的恢复时间是有利的，这在本书其他章节中已有描述。简而言之，在有氧和力量训练之间至少间隔 6 小时的恢复时间，可以促进整体的力量水平增长，但对于有氧运动表现来说，可能需要长达 24 小时的恢复时间。

以往的研究结果至少有部分与我们的研究结果相同。对于无训练经历的受试者，我们发现隔天安排同期有氧和力量训练，与总训练量相同的一次课中同时安排两种训练相比，心肺的适应幅度几乎增加了一倍，而肌肉动力性力量或肌肉质量的改善情况并没有差异[3,50]。值得注意的是，隔天进行同期训练的组别最大摄氧量初始值本来就较低。正如统计分析中所描述的那样，隔天进行同期训练的组别，由于最初的心肺功能水平较低，训练诱导的生理学适应性变化潜能较大，因此在某种程度上使这一组别的 $\dot{V}O_2$ max 变化较大。

在我们的研究中，心肺功能发生明显适应性变化的同时，总脂肪量也显著减少，这些结果仅在隔天进行的同期训练组中可以观察到[50]。虽然这种训练方案对身体成分和健康的效应不在本章讨论范围内，但在总训练量一致的情况下，对这些适应性变化可以用高效脂肪氧化利用的频率来解释。与此相同的是，先前有研究表明，虽然训练量和训练时间不变[51]，但是分阶段进行训练后，累积的过量氧耗反应更大（例如，1 次 2 小时的训练分为 2 次 1 小时的有氧运动）。这提示在制订同期训练计划时，训练频率是一个非常重要的变量。

在比较隔天进行同期训练或者一次训练课同时进行两种训练时，也可能观察到隔天训练与两种训练顺序（力量训练在前或有氧训练在前）之间存在的差异。马赫卢夫等人[44]发现，青少年足球运动员的下蹲纵跳成绩只有在隔天进行训练或在同一训练课中力量训练在前的同期训练中得到明显提高，而在有氧训练在前的同期训练中没有出现这一变化。这一结果并不意外，因为在这两种情况下，力量训练都是在“恢复”状态下进行的，或者至少并没有在有氧训练之后立即进行。虽然没有反应整体的力量运动表现，但这些结果与我们的研究相当一致：当力量训练在隔天进行或者在有氧训练之前进行时，神经的适应是最好的[5]。

14.6 小结

本章对同期有氧和力量训练的不同模式诱导的急性生理反应和运动表现及适应性进行了总结。目前的文献可以证明一次性运动的急性生理反应似乎与特定的同期训练顺序有关，但是这些不同的反应并不一定都体现在力量变化上，还需要研究者用更先进的方法进行监控。例如，在力量训练之前进行有氧训练，激素浓度会在 48 小时内降低。然而，虽然习惯在力量训练之前进行有氧训练会出现某些神经抑制的情况，但如果长期进行这种模式的训练，这些有训练顺序特异性的急性影响最终可能并不会提高运动成绩。因此，在考虑有氧和力量训练安排在同一个训练阶段进行时，如果后续的训练具备足够的恢复时间（即恢复时间＞48 小时），训练顺序的安排对生理的适应性变化可能并不是那么重要。为了最大限度地提高男性和女性的身体素质，有氧和力量训练的安排应该间隔 6～24 小时。

参考文献

[1] Hickson R C. Interference of strength development by simultaneously training for strength and endurance. Eur J Appl Physiol Occup Physiol. 1980; 45 (2–3): 255–263.

[2] Robineau J, Babault N, Piscione J, Lacome M, Bigard A X. Specific training effects of concurrent aerobic and strength exercises depend on recovery duration. J Strength Cond Res. 2016; 30 (3): 672–83. https://doi.org/10.1519/JSC.0000000000000798.

[3] Schumann M, Yli-Peltola K, Abbiss C R, Häkkinen K. Cardiorespiratory adaptations during concurrent aerobic and strength training in men and women. PLoS One. 2015; 10 (9): e0139279. https://doi.org/10.1371/journal.pone.0139279.

[4] Cadore E L, Izquierdo M, Alberton C L, Pinto R S, Conceição M, Cunha G, et al. Strength prior to endurance intra-session exercise sequence optimizes neuromuscular and cardiovascular gains in elderly men. Exp Gerontol. 2012a; 47 (2): 164–169. https://doi.org/10.1016/j.exger.2011.11.013.

[5] Eklund D, Pulverenti T, Bankers S, Avela J, Newton R, Schumann M, Häkkinen K. Neuromuscular

adaptations to different modes of combined strength and endurance training. Int J Sports Med. 2015; 36 (2): 120–129. https://doi.org/10.1055/s-0034-1385883.

[6] Schumann M, Eklund D, Taipale R S, Nyman K, Kraemer W J, Häkkinen A, et al. Acute neuromuscular and endocrine responses and recovery to single-session combined endurance and strength loadings. "Order effect" in untrained young men. J Strength Cond Res. 2013; 27 (2): 421–433. https://doi.org/10.1519/JSC.0b013e31827f4a10.

[7] Taipale R S, Häkkinen K. Acute hormonal and force responses to combined strength and endurance loadings in men and women. The "order effect". PLoS One. 2013; 8 (2): e55051. https://doi.org/10.1371/journal.pone.0055051.

[8] Craig B W, Lucas J, Pohlman R, Stelling H. The effects of running, weightlifting and a combination of both on growth hormone release. J Strength Cond Res. 1991; 5 (4): 198–203.

[9] Ahtiainen J P, Pakarinen A, Kraemer W J, Häkkinen K. Acute hormonal and neuromuscular responses and recovery to forced vs maximum repetitions multiple resistance exercises. Int J Sports Med. 2003a; 24 (6): 410–418. https://doi.org/10.1055/s-2003-41171.

[10] McCaulley G O, McBride J M, Cormie P, Hudson M B, Nuzzo J L, Quindry J C, Travis Triplett N. Acute hormonal and neuromuscular responses to hypertrophy, strength and power type resistance exercise. Eur J Appl Physiol. 2009; 105 (5): 695–704. https://doi.org/10.1007/s00421-008-0951-z.

[11] Millet G Y, Lepers R. Alterations of neuromuscular function after prolonged running, cycling and skiing exercises. Sports Med (Auckland, NZ). 2004; 34 (2): 105–116.

[12] Fyfe J J, Bishop D J, Stepto N K. Interference between concurrent resistance and endurance exercise. Molecular bases and the role of individual training variables. Sports Med (Auckland, NZ). 2014; 44 (6): 743–762. https://doi.org/10.1007/s40279-014-0162-1.

[13] Taipale R S, Schumann M, Mikkola J, Nyman K, Kyröläinen H, Nummela A, Häkkinen K. Acute neuromuscular and metabolic responses to combined strength and endurance loadings. The "order effect" in recreationally endurance trained runners. J Sports Sci. 2014; 32 (12): 1155–1164. https://doi.org/10.1080/02640414.2014.889842.

[14] Schumann M, Walker S, Izquierdo M, Newton R U, Kraemer W J, Häkkinen K. The order effect of combined endurance and strength loadings on force and hormone responses. Effects of prolonged training. Eur J Appl Physiol. 2014b; 114 (4): 867–880. https://doi.org/10.1007/s00421-013-2813-6.

[15] Eklund D, Schumann M, Kraemer W J, Izquierdo M, Taipale R S, Häkkinen K. Acute endocrine and force responses and long-term adaptations to same-session combined strength and endurance training in women. J Strength Cond Res. 2016b; 30 (1): 164–175. https://doi.org/10.1519/JSC.0000000000001022.

[16] Häkkinen K, Pakarinen A. Acute hormonal responses to two different fatiguing heavy-resistance protocols in male athletes. J Appl Physiol (Bethesda, MD 1985). 1993; 74 (2): 882–887. https://doi.org/10.1152/jappl.1993.74.2.882.

[17] Vøllestad N K, Vaage O, Hermansen L. Muscle glycogen depletion patterns in type I and subgroups of type Ⅱ fibres during prolonged severe exercise in man. Acta Physiol Scand. 1984; 122 (4): 433–441. https://doi.org/10.1111/j.1748-1716.1984.tb07531.x.

[18] Henneman E, Somjen G, Carpenter D O. Excitability and inhibitability of motoneurons of different sizes. J Neurophysiol. 1965; 28 (3): 599–620. https://doi.org/10.1152/jn.1965.28.3.599.

[19] Fink J, Schoenfeld B J, Nakazato K. The role of hormones in muscle hypertrophy. Phys Sportsmed. 2018; 46 (1): 129–134. https://doi.org/10.1080/00913847.2018.1406778.

[20] Ahtiainen J P, Pakarinen A, Alen M, Kraemer W J, Häkkinen K. Muscle hypertrophy, hormonal adaptations and strength development during strength training in strength-trained and untrained men. Eur J Appl Physiol. 2003b; 89 (6): 555–563. https://doi.org/10.1007/s00421-003-0833-3.

[21] Häkkinen K, Pakarinen A, Kraemer W J, Newton R U, Alen M. Basal concentrations and acute responses of serum hormones and strength development during heavy resistance training in middle-aged and elderly men and women. J Gerontol A Biol Sci Med Sci. 2000; 55 (2): B95–B105.

[22] Kvorning T, Andersen M, Brixen K, Madsen K. Suppression of endogenous testosterone production attenuates the response to strength training. A randomized, placebo-controlled, and blinded intervention study. Am J Phys Endocrinol Metab. 2006; 291 (6): E1325–E1332. https://doi.org/10.1152/ajpendo.00143.2006.

[23] McCall G E, Byrnes W C, Fleck S J, Dickinson A, Kraemer W J. Acute and chronic hormonal responses to resistance training designed to promote muscle hypertrophy. Can J Appl Physiol. 1999; 24 (1): 96–107.

[24] Rønnestad B R, Nygaard H, Raastad T. Physiological elevation of endogenous hormones results in superior strength training adaptation. Eur J Appl Physiol. 2011; 111 (9): 2249–259. https://doi.org/10.1007/s00421-011-1860-0.

[25] Goto K, Higashiyama M, Ishii N, Takamatsu K. Prior endurance exercise attenuates growth hormone response to subsequent resistance exercise. Eur J Appl Physiol. 2005; 94 (3): 333–338. https://doi.org/10.1007/ s00421-004-1296-x.

[26] Vingren J L, Kraemer W J, Ratamess N A, Anderson J M, Volek J S, Maresh C M. Testosterone physiology in resistance exercise and training. The up-stream regulatory elements. Sports Med (Auckland, NZ). 2010; 40 (12): 1037–1053. https://doi.org/10.2165/11536910-000000000-00000.

[27] Cadore E L, Izquierdo M, Santos D, Gonçalves M, Martins J B, Lhullier R, Francisco L, Pinto R S, et al. Hormonal responses to concurrent strength and endurance training with different exercise orders. J Strength Cond Res. 2012b; 26 (12): 3281–3288. https://doi.org/10.1519/JSC.0b013e318248ab26.

[28] Rosa C, Vilaça-Alves J, Fernandes H M, Saavedra F J, Pinto R S, dos Reis V M. Order effects of combined strength and endurance training on testosterone, cortisol, growth hormone, and IGF-1 binding protein 3 in concurrently trained men. J Strength Cond Res. 2015; 29 (1): 74–79. https://doi.org/10.1519/JSC.0000000000000610.

[29] Apró W, Moberg M, Hamilton D L, Ekblom B, van Hall G, Holmberg H-C, Blomstrand E. Resistance exercise-induced S6K1 kinase activity is not inhibited in human skeletal muscle despite prior activation of AMPK by high-intensity interval cycling. Am J Physiol Endocrinol Metab. 2015; 308 (6): E470–E481. https://doi.org/10.1152/ajpendo.00486.2014.

[30] Di Blasio A, Gemello E, Di Iorio A, Di Giacinto G, Celso T, Di Renzo D, et al. Order effects of concurrent endurance and resistance training on post-exercise response of non-trained women. J Sports Sci Med. 2012; 11 (3): 393–399.

[31] Oliveira N L, Oliveira J. Excess postexercise oxygen consumption is unaffected by the resistance and aerobic exercise order in an exercise session. J Strength Cond Res. 2011; 25 (10): 2843–2850. https://doi.org/10.1519/JSC.0b013e318207ef4b.

[32] Vilacxa Alves J, Saavedra F, Simão R, Novaes J, Rhea M R, Green D, Machado Reis V. Does aerobic and strength exercise sequence in the same session affect the oxygen uptake during and postexercise? J Strength Cond Res. 2012; 26 (7): 1872–1878. https://doi.org/10.1519/JSC.0b013e318238e852.

[33] Drummond M J, Vehrs P R, Schaalje G B, Parcell A C. Aerobic and resistance exercise sequence affects

excess postexercise oxygen consumption. J Strength Cond Res. 2005; 19 (2): 332–337. https://doi.org/10.1519/R-14353.1.

[34] Bond V, Adams R G, Tearney R J, Gresham K, Ruff W. Effects of active and passive recovery on lactate removal and subsequent isokinetic muscle function. J Sports Med Phys Fitness. 1991; 31 (3): 357–361.

[35] Collins M A, Snow T K. Are adaptations to combined endurance and strength training affected by the sequence of training? J Sports Sci. 1993; 11 (6): 485–491. https://doi.org/10.1080/02640419308730017.

[36] Gravelle B L, Blessing D L. Physiological adaptation in women concurrently training for strength and endurance. J Strength Cond Res. 2000; 14 (1): 5–13.

[37] Chtara M, Chamari K, Chaouachi M, Chaouachi A, Koubaa D, Feki Y, et al. Effects of intrasession concurrent endurance and strength training sequence on aerobic performance and capacity. Br J Sports Med. 2005; 39 (8): 555–560. https://doi.org/10.1136/bjsm.2004.015248.

[38] Chtara M, Chaouachi A, Levin G T, Chaouachi M, Chamari K, Amri M, Laursen P B. Effect of concurrent endurance and circuit resistance training sequence on muscular strength and power development. J Strength Cond Res. 2008; 22 (4): 1037–1045. https://doi.org/10.1519/JSC.0b013e31816a4419.

[39] Cadore E L, Izquierdo M, Pinto S S, Alberton C L, Pinto R S, Baroni B M, et al. Neuromuscular adaptations to concurrent training in the elderly. Effects of intrasession exercise sequence. Age (Dordr). 2013; 35 (3): 891–903. https://doi.org/10.1007/s11357-012-9405-y.

[40] McGawley K, Andersson P-I. The order of concurrent training does not affect soccer-related performance adaptations. Int J Sports Med. 2013; 34 (11): 983–990. https://doi.org/10.1055/s-0033-1334969.

[41] Davitt P M, Pellegrino J K, Schanzer J R, Tjionas H, Arent S M. The effects of a combined resistance training and endurance exercise program in inactive college female subjects. Does order matter? J Strength Cond Res. 2014; 28 (7): 1937–1945. https://doi.org/10.1519/JSC.0000000000000355.

[42] Wilhelm E N, Rech A, Minozzo F, Botton C E, Radaelli R, Teixeira B C, et al. Concurrent strength and endurance training exercise sequence does not affect neuromuscular adaptations in older men. Exp Gerontol. 2014; 60:207–214. https://doi.org/10.1016/j.exger.2014.11.007.

[43] Schumann M, Küüsmaa M, Newton R U, Sirparanta A-I, Syväoja H, Häkkinen A, Häkkinen K. Fitness and lean mass increases during combined training independent of loading order. Med Sci Sports Exerc. 2014a; 46 (9): 1758–1768. https://doi.org/10.1249/MSS.0000000000000303.

[44] Makhlouf I, Castagna C, Manzi V, Laurencelle L, Behm D G, Chaouachi A. Effect of sequencing strength and endurance training in young male soccer players. J Strength Cond Res. 2016; 30 (3): 841–850. https://doi.org/10.1519/JSC.0000000000001164.

[45] Küüsmaa M, Schumann M, Sedliak M, Kraemer W J, Newton R U, Malinen J-P, et al. Effects of morning versus evening combined strength and endurance training on physical performance, muscle hypertrophy, and serum hormone concentrations. Appl Physiol Nutr Metab. 2016; 41 (12): 1285–1294. https://doi.org/10.1139/apnm-2016-0271.

[46] Cadore E L, Pinto R S, Teodoro J L, da Silva L X N, Menger E, Alberton C L, et al. Cardiorespiratory adaptations in elderly men following different concurrent training regimes. J Nutr Health Aging. 2018; 22 (4): 483–490. https://doi.org/10.1007/s12603-017-0958-4.

[47] Eddens L, van Someren K, Howatson G. The role of intra-session exercise sequence in the interference effect. A systematic review with meta-analysis. Sports Med (Auckland, NZ). 2018; 48 (1): 177–188. https://doi.org/10.1007/s40279-017-0784-1.

[48] Murlasits Z, Kneffel Z, Thalib L. The physiological effects of concurrent strength and endurance training

sequence. A systematic review and meta-analysis. J Sports Sci. 2018; 36 (11): 1212–1219. https://doi.org/10.1080/02640414.2017.1364405.

[49] Sale D G, Jacobs I, MacDougall J D, Garner S. Comparison of two regimens of concurrent strength and endurance training. Med Sci Sports Exerc. 1990; 22 (3): 348–356.

[50] Eklund D, Häkkinen A, Laukkanen J A, Balandzic M, Nyman K, Häkkinen K. Fitness, body composition and blood lipids following 3 concurrent strength and endurance training modes. Appl Physiol Nutr Metab. 2016a; 41 (7): 767–774. https://doi.org/10.1139/apnm-2015-0621.

[51] Almuzaini K S, Potteiger J A, Green S B. Effects of split exercise sessions on excess postexercise oxygen consumption and resting metabolic rate. Can J Appl Physiol. 1998; 23 (5): 433–443.

15 优化同期训练适应的恢复策略

尼古拉斯·G.艾伦（Nicholas G. Allen），塞缪尔·M.海厄姆（Samuel M. Higham），
罗布·达菲尔德（Rob Duffield）

15.1 引言

同期训练是一个粗略的框架，指在一次训练课内或在更大的训练周期内同时进行不同方式的训练[1]。具体来说，它包括混合进行的持续亚极量/间歇性运动，以及较大负荷的力量运动，以刺激不同的训练方式引起的代谢和形态学适应[1,2]。这种训练方法的基本原理在本书的其他章节已经详细讨论过了，这些原理在许多运动项目中都有应用，因为运动员需要同时进行耐力和力量/爆发力训练以获得更好的运动成绩[2]。例如，同时进行耐力和力量训练在自行车、跑步和团体项目的训练中十分普遍[3]，希望同时获得多重运动效果的非运动员也在普遍应用这种训练方式[4]。然而，进行同期训练时，运动负荷（训练量和训练强度）和对适应性变化的潜在干扰都会增加[5]。因此，还需要制定合适的恢复策略，以促进运动适应，或防止干扰效应及对提高功能无益的超负荷[5]。探索适当的恢复方法也可能有助于限制同期训练潜在的负面效应。

恢复是指生理和心理系统回到（接近）运动前水平的一个综合性概念[6]。恢复与特定的生理状态失衡有关，因此，选择的恢复措施也应当与相应的特定运动负荷相匹配[6]。因此，在考虑与训练负荷和同期训练刺激有关的问题时，也有必要了解适当的恢复策略。首先，同期训练所造成的疲劳积累会对后续的训练活动产生负面影响[7]。关于训练负荷问题，适当的恢复方法可能会有利于提高运动员完成后续运动训练的能力。其次，有证据表明，与耐力和力量训练相关的急性适应的分子信号通路可能以某种方式交互作用，产生相互拮抗效应[8]。因此，训练刺激的最佳周期安排应有助于减少对表型适应起抑制作用的分子之间的交互作用[8]。此外，在同期训练中，也需要考虑能促进恢复及肌原纤维和线粒体适应的营养需求，特别是要考虑训练引起的糖原耗竭、蛋白质消耗的时间和量及膳食营养补充的策略[7]。

15.2 同期训练和恢复的必要性

在短期内完成多次训练课程及更大训练量后的疲劳堆积，都会对力量的发展和肌肉肥大的适应产生影响[4]。具体来说，有证据表明，有氧训练后的局部疲劳可能会持续数小时，会影响后续力量训练量的实施[9]。因此，正如前几章讨论的那样，建议运动员在同一天中不同训练课之间间隔几小时，以尽可能减少一些潜在的干扰，特别是疲劳的影响[7]。所以，在几天内或者同一天进行同期训练时，采用促进高质量完成有氧或力量训练的恢复措施十分重要[7]。

同期训练另一个关注点在于不同训练刺激导致适应的分子信号间发生“干扰”[2]。例如，有氧训练可能通过下调与能量敏感性信号相关的肌肉肥大机制而抑制由训练负荷诱发的合成信号[4]。然而，尽管有可能会产生急性分子的“相互干扰”效应，但目前尚不清楚这些效应是否可以预测对长期训练的适应[4]，而目前的数据似乎并不支持慢性干扰效应[10]。尽管如此，促进最佳的恢复状态，特别是训练过程中的营养补充，可能有助于促进同期训练的适应，并最大限度减少潜在的干扰[1]。肌肉肥大的信号可能受到许多与可用底物相关拮抗过程的影响，因此需要考虑运动后整体的能量状态和每种营养物质的摄取，以通过营养帮助机体恢复[7]。例如，蛋白质或碳水化合物对于促进肌肉恢复的重要性就值得仔细考虑[11]。此外，许多膳食补充，包括那些可以减少肌肉损伤、优化对恢复的自我感觉或提高后续运动表现的膳食补充办法，都可以在同期训练中应用。基于上述情况，以下各个部分将探讨促进运动后恢复的具体可行性策略。

15.3 恢复的营养学考量

15.3.1 碳水化合物

因为有氧和力量训练均会减少肌糖原和肝糖原的储备，碳水化合物（CHO）的补充在训练恢复过程中处于核心地位[1,12]。具体来说，肌糖原储备较低会增加疲劳，并且会降低运动表现[13,14]和蛋白质合成信号[4]。因此，建议在训练疲劳之后尽快补充 CHO，加速低糖原状态引起的疲劳恢复，同时确保后续训练有足够的底物供应[15]。尤其是当训练间歇恢复时间少于 8 小时，训练后应尽快补充 CHO，补充量为每天每千克体重 3～5 克（低运动量）到 8～12 克（每天训练时间超过 4 小时）[16]。另外，作为运动后营养计划的一部分，CHO 和蛋白质的协同效应有利于同期有氧和力量训练后的恢复[16]。然而，力量训练的适应性可能与可利用的糖原并不相关[17,18]。因此，对于进行同期训练的运动员来说，蛋白质在恢复过程中的作用受到了越来越高的重视。

15.3.2 蛋白质

饮食蛋白是同期训练中的一个关键考量因素，因为它在骨骼肌的重塑和恢复中起着至关重要的作用[1]。此外，在同一天进行有氧和力量训练，能够快速吸收的蛋白质可能有利于训练间期的恢复[7]。在力量训练后，建议补充富含亮氨酸的蛋白质（如乳清蛋白）和每公斤体重 0.25 克的高质量蛋白来促进运动后的蛋白质代谢并刺激肌原纤维肥大——同期训练可能会影响这一效应[1]。此外，同期训练中蛋白质的摄入时间也很重要。例如，每 3 小时重复摄入 20 克高质量的蛋白质比更高频率（每 90 分钟 10 克）或更低频率（每 6 小时 40 克）的摄入更有利于正氮平衡，这与每天的训练次数有关[19]。此外，在睡前补充大剂量的蛋白质（每公斤体重约 0.5 克）可能会有效抵消整夜未摄食造成的分解效应，并且进一步促进运动后的恢复[20]。

15.4 促进恢复的膳食补充

15.4.1 肌酸

补充肌酸是优化同期训练适应的一个可能策略，特别是针对大负荷量训练导致的疲劳积累。外源性肌酸可以提高工作能力，主要是加速磷酸肌酸的再合成和后续二磷酸腺苷的缓冲，增加肌体抗疲劳能力，提供代谢性酸中毒的缓冲等[21]。补充水合肌酸（约 5 克/天）可以提高训练能力，从而促进机体更好地适应同期训练[1]。具体而言，补充水合肌酸可缓解业余力量训练受试者在同期训练中力量的下降[22]。也有相反结果，如划船运动员在进行 10 周的同期有氧和力量间歇训练中，补充肌酸并没有增强训练效果[23]。显然，要从同期训练运动员中得出结论还缺乏数据，然而，已知的补充肌酸对力量训练的促进效应及其抗疲劳作用表明，补充肌酸很可能成为在连续训练课中减轻疲劳影响的一个有益策略[21]。因此，补充肌酸也许可以最大限度减轻训练课之间的干扰，并优化同期训练中的恢复过程。

15.4.2 硝酸盐

许多绿叶蔬菜中所含的硝酸盐能够促进同期训练运动员的恢复，是一种潜在的促力剂。在酸性环境和低氧条件下，硝酸盐还原为一氧化氮（NO），进而通过调节外周血流量、线粒体呼吸和兴奋–收缩耦联来提高运动表现[24]。急性补充红菜头汁（每公斤体重约 0.1 毫摩尔 NO）可降低运动时的摄氧量并提高运动的耐受性[25]，特别是在低氧条件下。补充外源性硝酸盐可能有助于防止由疲劳造成的运动能力下降，当运动员在训练中尚未疲劳时，或进行同期训练过程中参加多次训练课时，都可见到效果[1]，但是目前的数据主要与耐力性项目有关，很难就同期训练提出相关建议。尽管如此，我们在此主要考虑的是如何应对疲劳，因而在同期训练中补充硝酸盐仍然是一个潜在的消除疲劳的策略。关于优秀运动员补充硝酸盐的效果[25]和长期使用硝酸盐可能会造成的负面影响[26]目前仍不清楚。与其他营养补剂一样，在补充硝酸盐时必须仔细考虑剂量、时间、运动方式和使用者的训练状况。

15.4.3 咖啡碱

咖啡碱是一种被深入研究和广泛使用的膳食补充剂，有明显的提高运动表现的作用[27]。它是一种能够快速吸收的化合物，很容易透过血脑屏障[28]，起到缓解疲劳的作用[27]。咖啡碱可通过增加 β–内啡肽的分泌而发挥镇痛作用，并通过释放肾上腺皮质激素增加底物动员[29]。咖啡碱被认为不仅能够提高警觉性，缩短反应时间，同时还能作用于中枢神经系统以增强神经肌肉功能和收缩力[27]。在进行同期训练时，需要应对训练量的增加和疲劳的刺激，咖啡碱对此应有潜在作用。此外，与单纯摄入碳水化合物相比，同时摄入咖啡碱与碳水化合物对增强力竭运动后糖原再合成的能力更有效[30]。虽然咖啡碱在提高运动耐受性上效果十分明显，但其对同期训练运动员的处方作用并不明确，而且并没有足够的证据表明，在进行同期训练的过程中补充咖啡碱有利于恢复。此外，咖啡碱在体内的清除需要 3～6 小时，因此咖啡碱的摄入时间和对睡眠的影响成为人们的顾虑[27]。这对于在一天之内进行多次训练的运动员来说十分重要，很可能会对他们训练课之间睡眠的质量有负面影响。尽管有大量的证据表明，咖啡碱对不同的运动方式具有不同的增力效应，但其对同期训练的促进效果尚缺乏证据。由于同期训练会增加训练负荷，补充咖啡碱可能有利于为后续的训练课程做准备。

15.4.4 抗氧化剂

一次性运动会在短期内增加细胞内活性氧（ROS）浓度，破坏氧化还原平衡，而频繁的训练会引起适应性变化，使机体对氧化应激的抵抗力随着时间的推移而增强[31]。因此，尽管 ROS 对细胞有害，但有规律的氧化应激可能会增强机体抗氧化能力，对后续的氧化应激反应产生适应[31]。相反，活性氧过量（如剧烈或长时间的运动）可造成肌肉损伤[32]、酸痛[32]和局部力量下降[33]。在同期训练中，阻力负荷可能会导致损伤，有氧运动需应对代谢变化，因此补充抗氧化剂也许是有利的。因此，通过调节氧化还原机制抑制这些变化的措施在与恢复有关的文献中成为兴趣点。例如，抗氧化补剂（维生素 E）可以用于保护肌膜免受 ROS 诱发的不稳定状态和肌酸激酶的释放[34]。此外，有证据表明抗氧化治疗可以减少疲劳引起的肌肉收缩力下降[35]。然而，目前关于抗氧化剂对促进恢复、缓解疼痛和延迟性肌肉酸痛（DOMS）的证据并不明确[31]，在同期训练中的应用还仅处在理论阶段[36]。此外，补充抗氧化剂（维生素 C）可以降低由运动诱发的细胞中保护蛋白表达的峰值，即对细胞的阳性适应产生干扰[37]。总之，虽然补充抗氧化剂可以减少剧烈运动导致的急性氧化影响，但可能并不适合作为一种长期恢复手段。一些市面上的补剂还有待正式研究，且在同期训练中使用这些补剂尚缺乏有针对性的研究支持。对于进行同期训练的运动员来说，饮食中摄入充足的水果和蔬菜仍然是他们主要考虑的策略[31]。

15.4.5 消炎药

同期训练后的一段时间内，在组织综合重建的反应中会出现局部白细胞和炎症因子高的现象[38,39]。具体来说，巨噬细胞的前列腺素合成造成的局部水肿，会刺激疼痛感受器，导致 DOMS [40]。因此，对于进行同期训练的运动员来说，要进行一系列的训练课且课间恢复期缩短，炎症过程就成为训练后干预措施的一个靶点[41]。据称，药物和营养品干预可能会通过影响炎症反应过程和相关的神经肌肉机制，来减轻由训练引起的运动能力下降[42,43]。然而，这种方法也存在一定的问题，因为抑制炎症反应可能会干扰骨骼肌一些重要的适应性变化和恢复机制[44]。因此，这些干预措施的实施应取决于相应的背景因素，并建立在对其适用性有一定了解的基础之上。

许多食物和药物都具有抗炎作用，因此已有一些关于使用补充剂来减轻运动炎症反应的研究。例如，姜黄素（姜黄中的一种类固醇）可能会通过多种机制来发挥抗炎作用，包括降低 NF–κB 活性和减少细胞因子释放[45]，从而有助于清除自由基[46]。尽管大量数据表明姜黄素有抗炎作用，但关于其同期训练恢复作用的研究并不多。一项关于小鼠的研究表明，和对照组相比，在跑步前口服姜黄素可以减轻局部炎症反应和肌肉损伤，缓解 3 天内运动能力下降的情况[46]。此外，运动前和运动后补充姜黄素可以使健康男性在进行离心力量训练后 24 小时减轻 DOMS 并降低炎症标志物水平，提高跳跃运动表现[47]。实际上，已有初步研究支持补充姜黄素可以加速运动性肌肉损伤后的恢复，但是许多研究都是使用离心运动来诱导 DOMS 和炎症反应，所以研究结果很难应用到同期有氧和力量训练实践中[48]。运动员为了抗炎和镇痛，经常使用药物进行抗感染治疗，这可能有利于恢复[49]。

有研究者提议使用非甾体抗炎药（NSAID），比如布洛芬和阿司匹林，作为一种潜在的恢复手段。这些药物通过抑制环氧化酶–2（COX–2）的活性和前列腺素的合成来达到抗炎效果[46]。如果炎症反应是 DOMS 和肌肉功能下降的主要因素，那么能够缓解炎症反应的非甾体类药物确实会有效，但以往关于这种策略的研究结果并不理想。在一项急性研究中，离心力量运动后每隔 8 小时服用布洛芬可降低肌肉损伤标志物水平，且 48 小时内肌肉酸痛有所缓解（无统计学上的显著性），但对健康受试者的力量/爆发力的急性恢复没有影响[42]。另外，没有训练经历的受试者在离心力量运动后进行非甾体抗炎药物的治疗，其 DOMS 或力量运动表现并没有任何改善，在运动后的 3 天内，这一结果没有发生变化[50]。有证据表明，与运动后服用抗炎药物相比，预防性服用非甾体抗炎药（即运动前服用）可能更有助于促进恢复[51]，但并没有与同期训练模式相关的证据。尽管有证据表明使用某些抗炎化合物有利于缓解急性炎症反应并可能促进恢复，但是由于缺乏与同期训练相关的长期研究，很难对同期训练运动员提出具体建议。

15.5 睡眠与恢复时间

睡眠是另一种意识状态，它并不代表着神经生理失去控制。由于睡眠的时间很长，它代表一种集中的恢复期，有助于机体代谢和神经方面的适应[52]。由于同期训练运动员需要每天进行长时间的小周期训练，加上潜在的分子间相互干扰和疲劳感，睡眠和恢复期对于促进后续的恢复十分重要[53,54]，但是运动员常常由于睡眠剥夺或睡眠限制而无法获得足够的睡眠时间[55]。睡眠剥夺是指严重的睡眠不足（即整晚）[56]，对恢复会有负面影响——尽管运动员似乎很少存在这种问题[56,57]；而睡眠限制是指正常的睡眠模式受到干扰，以及存在较轻的睡眠障碍（即持续50%的正常睡眠）[58]。先前的研究表明，尽管二者对同期训练运动员都不利，但睡眠剥夺对恢复的负面影响大于睡眠限制[56]。例如，与正常睡眠组相比，高强度间歇训练后的睡眠限制（50%的正常睡眠）增加了疲倦感，降低了峰值输出功率和运动动机[58]。鉴于高强度有氧训练是同期训练中一个常见的组成部分[59]，在心理和身体上恢复不足可能不利于运动员进行随后的力量训练[60]，从而降低训练质量并减少潜在的适应。另一项研究表明，与正常睡眠相比，完全的睡眠剥夺会减少冲刺次数，降低活力感、肌糖原含量、股四头肌最大随意力量和随意激活程度[57]。从同期训练运动员的角度看，训练后的这种变化凸显了睡眠剥夺对后续训练产生的不利影响。总体来说，保持正常的睡眠模式（每晚7～9小时）可防止睡眠限制或剥夺对力量、功率输出和心理恢复的负面影响，有利于第二天的训练课，以及随之而来的生理反应[56]。建议运动员养成良好的睡眠习惯，包括在睡前避免使用电子设备和暴露于强光下，以及在下午3点后避免饮用含咖啡碱和酒精的饮品[61]。短时间的午睡（10～30分钟）也能减轻睡眠不足对恢复的不利影响[61]。然而，长期睡眠不足对同期训练的适应性影响还需要进一步研究，以便为恢复提供更加具体的建议[56]。

由于同期训练增加了训练课的次数和训练量，适当的恢复时间就十分重要了。训练课之间的恢复期，以及每天进行训练课的时间，都会影响到疲劳积累，从而影响训练效果，这在同期训练相关研究中已有证明[62]。罗比诺等人[62]进行了为期7周的橄榄球运动员同期训练研究，观察了不同恢复期对力量和耐力的影响。研究结果表明，与间隔0小时和6小时相比，耐力训练与力量训练间隔24小时的恢复期后，力量和耐力表现均有较大幅度的提高[62]。此外，塞尔等人[63]对未受过训练的男性在20周内，在同一天或者不同日期进行耐力和力量训练进行了研究。与在同一天训练相比，在不同日期训练会增加腿部最大力量，但是肌肉大小和耐力运动表现相似[63]。表面上看，耐力训练和力量训练之间的恢复时间足够，对促进同期训练的适应是很重要的。然而，上述研究并没有涉及优秀运动员，优秀运动员的训练要求可能更高，对训练间的恢复也有一定的限制[64]。

许多优秀运动员在同一天（如早晨和晚上）分别进行力量训练和耐力训练。在这种情况下，需要考虑训练之间的恢复时间和训练顺序。目前的证据表明，先进行耐力训练可以通过抑制力的产生[65]和下调蛋白信号反应[4]对后续的力量训练产生不利影响。耐力训练后对肌肉肥大适应性的抑制作用至少持续 6 小时[66]，甚至可能持续 8 小时[9]。因此，建议在当天较早的时候进行耐力训练，在不少于 6 小时的恢复之后再进行力量训练[4]。进一步的证据表明，耐力训练的代谢信号反应会持续 3 小时[67]，因此，在当天将力量训练的时间推迟到下午，可有助于充分的恢复，使肌肉肥大的级联反应信号不受到干扰[7]。另一个合理的解释是“营养恢复”，在同一天的训练之间，充足的恢复时间也让运动员有时间补充蛋白质和碳水化合物[7]。延长训练课间的恢复时间，结合充足的营养摄入，能确保运动员在能量充足的状态下进行力量训练，最大限度促进蛋白质信号转导反应，并减轻糖原耗竭对蛋白合成信号的削弱[15]。虽然还有更具体的恢复方法，但显然，考虑到运动疲劳的影响，需要将训练课分开进行，并在训练课间安排足够的恢复时间，以最大限度减少由疲劳导致的运动表现的下降[68]。

15.6 其他恢复措施

虽然训练负荷周期和营养补充是同期训练运动员恢复的主要影响因素，但使用特定的恢复方法以改善训练间期的恢复和后续运动表现也十分重要。冷水浴（CWI）就是一种可以改善 DOMS[69]症状、缓解训练后运动能力下降[70]的方法。这一方法可以用于改善长时间或剧烈运动导致的中枢疲劳，减少训练后肌肉功能的下降[71]。具体来说，CWI 可以改变间歇性跑步[72]、团体项目[73]和离心力量运动[74]后肌肉酸痛的主观评价，也可能有助于缓解高强度运动导致的肌肉功能下降[72,75]。当同期训练运动员在每天或一天的小周期内进行多次训练时，缓解 DOMS 对训练前的准备和训练质量非常重要。

尽管 CWI 是一种急性恢复方法，但其作为一种长期恢复手段的有效性受到了质疑[76]。近年来的研究表明，抗阻训练后进行 CWI 可能会抑制力量发展和肌肉肥大效应，削弱力量训练的适应性变化[76,77]。一些研究支持这一观点，力量训练后进行 CWI 可能会减少流向骨骼肌的血流量，减弱肌肉蛋白质合成信号（p70S6K）[77]。此外，长时间进行 CWI 可能会抑制糖原的合成，影响运动适应现象，不过目前的研究还没有得出明确的结论[78]。简而言之，CWI 在急性运动表现下降的恢复方面极为有前途，但经常使用可能会干扰训练的适应性变化（特别是力量训练）。因此，应当考虑其对同期训练运动员是否合适。

穿压力服（CGs）也可以通过减少肌肉损伤和降低运动后酸痛程度来促进同期训练的恢复[79]，其机制之一就是压迫有扩张的血管，以减少水肿和细胞创伤[80]。尽量减少训练中疲劳堆积对提高个人的运动表现及促进同期训练的适应性至关重要。因此，对于疲劳肌群使用压力服也许能够有效恢复连续训练造成的运动能力下降。有证据表明，与未穿压力服的对照组相比，穿压力服组的力量恢复速度更快，但机制并不明确，因为两组受试者的肌肉损伤标记物（肌红蛋白、肌酸激酶）相似[81]。相反，穿压力服对耐力运动的恢复效果尚不明确。一项 Meta 分析结果显示，穿压力服后跑步并没有任何效果。该研究者推测，这是由于运动导致的疲劳具有多种因素，因此减少肌肉损伤的干预措施对整体机能的恢复效果很小[79]。然而，在同期训练中，力量训练似乎对耐力训练并没有不利影响[5]，在这种情况下，穿压力服是否有必要就值得考虑了。另外，同期训练还有个关键考量因素是耐力运动引起的疲劳，目前还没有足够的数据表明穿压力服可以促进同期训练运动员的恢复，但是，经常有研究认为穿压力服可以改善主观疲劳，可能是安慰剂效应，但这种主观感觉疲劳的恢复方式仍然可用于运动员同期训练后潜在的营养恢复措施，以增强主观上准备好去训练的感觉。

15.7 小结

在同期训练中，适当的恢复方法能够最大限度提高个人完成训练、避免损伤和优化适应的能力。总的来说，同期训练在训练安排、休息时间和营养摄入方面存在一系列方法学上的问题。因此，针对负荷分配、营养摄入和恢复干预的个性化措施似乎最适合同期训练运动员。鉴于潜在的恢复干预措施具有多样性，表 15.1 列举了部分干预措施。研究者今后应进一步研究一些具体恢复方法在同期训练中的作用。

表 15.1　运动员同期训练后潜在营养恢复措施研究证据等级

研究证据等级	干预	每日剂量	效果
A 有可信赖的大量证据来指导实践	蛋白质	1.7～2.2 克/千克体重	帮助重塑肌肉和促进适应
	碳水化合物	3～12 克/千克体重 （根据活动）	恢复肝糖原和肌糖原；支持免疫功能
	肌酸	约 5 克（3～5 天循环）	提高 PCr 合成及抗酸中毒作用
B 在大多数情况下，有可信赖的大量证据来指导实践	咖啡碱	3～10 毫克/千克体重 （根据个人对剂量的反应）	减轻疲劳感
C 大量证据为建议提供了一些支持，但在应用时应谨慎	冷水浴	10～15 分钟， 10～15 摄氏度	通过减少中枢疲劳减轻疼痛和恢复肌肉功能
	姜黄素	约 25 克	通过抗炎作用减轻延迟性肌肉酸痛和肌肉损伤
	硝酸盐	400～600 毫克	促进血液流动、线粒体呼吸与肌肉收缩
D 证据不足，建议谨慎使用	抗氧化剂		防止氧化应激，减轻急性疲劳
	穿压力服		减轻水肿和延迟性肌肉酸痛
	非甾体抗炎药	约 1200 毫克 （初始剂量：400 毫克）	通过抗炎作用减轻延迟性肌肉酸痛和肌肉损伤

15.8 实际应用

（1）基本恢复策略（负荷安排、睡眠和蛋白质/碳水化合物的补充）应该是同期训练运动员应用的主要方法。

（2）同期训练中大训练量造成的疲劳可以通过补充肌酸、硝酸盐和咖啡碱等促力剂得到缓解，不过研究者还需要进一步在运动模式特异性方面进行研究。

（3）营养和药物，如抗氧化剂和消炎药，也有助于减轻急性疲劳。然而，由于其长期实用性和可能存在的干扰效应，将其应用于同期训练运动员还存在许多问题。

（4）穿压力服和冷水浴的方法可有效促进损伤肌肉的训练（如力量训练）后疲劳恢复的主观感觉，但其对耐力运动表现的恢复效果尚不清楚。

（5）确保足够的休息时间是同期训练运动员的首要考虑因素——训练课之间至少需要 6 小时的恢复时间，以尽量减少疲劳造成的运动能力下降，并为营养补充提供时间以促进恢复。运动员每晚应保证 7～9 小时的睡眠，并养成良好的睡眠习惯，尽量减少干扰。

参考文献

[1] Perez-Schindler J, et al. Nutritional strategies to support concurrent training. Eur J Sport Sci. 2015; 15 (1): 41–52.

[2] Coffey V G, Hawley J A. Concurrent exercise training: do opposites distract? J Physiol. 2017; 595 (9): 2883–2896.

[3] Jones T W, et al. Strength and conditioning and concurrent training practices in elite rugby union. J Strength Cond Res. 2016; 30 (12): 3354–3366.

[4] Fyfe J J, Bishop D J, Stepto N K. Interference between concurrent resistance and endurance exercise: molecular bases and the role of individual training variables. Sports Med. 2014; 44 (6): 743–762.

[5] Wilson J M, et al. Concurrent training: a meta-analysis examining interference of aerobic and resistance exercises. J Strength Cond Res. 2012; 26 (8): 2293–2307.

[6] Beelen M, et al. Nutritional strategies to promote postexercise recovery. Int J Sport Nutr Exerc Metab. 2010; 20 (6): 515–532.

[7] Baar K. Using molecular biology to maximize concurrent training. Sports Med. 2014; 44 (2): 117–125.

[8] Inoki K, Zhu T, Guan K-L. TSC2 mediates cellular energy response to control cell growth and survival. Cell. 2003; 115 (5): 577–590.

[9] Sporer B C, Wenger H A. Effects of aerobic exercise on strength performance following various periods of recovery. J Strength Cond Res. 2003; 17 (4): 638–644.

[10] Murach K A, Bagley J R. Skeletal muscle hypertrophy with concurrent exercise training: contrary evidence for an interference effect. Sports Med. 2016; 46 (8): 1029–1039.

[11] Long X, et al. Rheb binding to mammalian target of rapamycin (mTOR）is regulated by amino acid sufficiency. J Biol Chem. 2005; 280 (25): 23433–23436.

[12] Knuiman P, Hopman M T, Mensink M. Glycogen availability and skeletal muscle adaptations with

endurance and resistance exercise. Nutr Metab. 2015; 12 (1): 59.
[13] Burnley M, Jones A M. Power-duration relationship: physiology, fatigue, and the limits of human performance. Eur J Sport Sci. 2016; 18 (1): 1–12.
[14] Ørtenblad N, Westerblad H, Nielsen J. Muscle glycogen stores and fatigue. J Physiol.2013; 591 (18): 4405–4413.
[15] McBride A, et al. The glycogen-binding domain on the AMPK β subunit allows thekinase to act as a glycogen sensor. Cell Metab. 2009; 9 (1): 23–34.
[16] Burke L M, et al. Carbohydrates for training and competition. J Sports Sci. 2011; 29 (sup1): S17–S27.
[17] Camera D M, et al. Low muscle glycogen concentration does not suppress the anabolic response to resistance exercise. J Appl Physiol. 2012; 113 (2): 206–214.
[18] Sawyer J C, et al. Effects of a short-term carbohydrate-restricted diet on strength and power performance. J Strength Cond Res. 2013; 27 (8): 2255–2262.
[19] Moore D R, et al. Daytime pattern of post-exercise protein intake affects whole-body protein turnover in resistance-trained males. Nutr Metab. 2012; 9 (1): 91.
[20] Res P T, et al. Protein ingestion before sleep improves postexercise overnight recovery. Med Sci Sports Exerc. 2012; 44 (8): 1560–1569.
[21] Bemben M G, Lamont H S. Creatine supplementation and exercise performance. Sports Med. 2005; 35 (2): 107–125.
[22] De Salles Painelli V, et al. Creatine supplementation prevents acute strength loss induced by concurrent exercise. Eur J Appl Physiol. 2014; 114 (8): 1749–1755.
[23] Syrotuik D G, et al. Effects of creatine monohydrate supplementation during combined strength and high intensity rowing training on performance. Can J Appl Physiol. 2001; 26 (6): 527–542.
[24] Stamler J S, Meissner G. Physiology of nitric oxide in skeletal muscle. Physiol Rev. 2001; 81 (1): 209–237.
[25] Jones A M. Influence of dietary nitrate on the physiological determinants of exercise performance: a critical review. Appl Physiol Nutr Metab. 2014; 39 (9): 1019–1028.
[26] Carlström M, et al. Cross-talk between nitrate-nitrite-NO and NO synthase pathways in control of vascular NO homeostasis. Antioxid Redox Signal. 2015; 23 (4): 295–306.
[27] Goldstein E R, et al. International society of sports nutrition position stand: caffeine and performance. J Int Soc Sports Nutr. 2010; 7 (1): 5.
[28] Fredholm B B, et al. Actions of caffeine in the brain with special reference to factors that contribute to its widespread use. Pharmacol Rev. 1999; 51 (1): 83–133.
[29] Laurent D, et al. Effects of caffeine on muscle glycogen utilization and the neuroendocrine axis during exercise. J Clin Endocrinol Metab. 2000; 85 (6): 2170–2175.
[30] Pedersen D J, et al. High rates of muscle glycogen resynthesis after exhaustive exercise when carbohydrate is coingested with caffeine. J Appl Physiol. 2008; 105 (1): 7–13.
[31] Peternelj T-T, Coombes J S. Antioxidant supplementation during exercise training. Sports Med. 2011; 41 (12): 1043–1069.
[32] Van Der Meulen J H, et al. Contraction-induced injury to the extensor digitorum longus muscles of rats: the role of vitamin E. J Appl Physiol. 1997; 83 (3): 817–823.
[33] Reid M B, Moody M R. Dimethyl sulfoxide depresses skeletal muscle contractility. J Appl Physiol. 1994; 76 (5): 2186–2190.
[34] Beaton L J, et al. Contraction-induced muscle damage is unaffected by vitamin E supplementation. Med Sci

Sports Exerc. 2002; 34 (5): 798–805.
[35] Reid M B, et al. N-acetylcysteine inhibits muscle fatigue in humans. J Clin Investig. 1994; 94 (6): 2468.
[36] Close G L, et al. Ascorbic acid supplementation does not attenuate post-exercise muscle soreness following muscle-damaging exercise but may delay the recovery process. Br J Nutr.2006; 95 (5): 976–981.
[37] Khassaf M, et al. Effect of vitamin C supplements on antioxidant defence and stress proteins in human lymphocytes and skeletal muscle. J Physiol. 2003; 549 (2): 645–652.
[38] Peake J, Nosaka K, Suzuki K. Characterization of inflammatory responses to eccentric exercise in humans. Exerc Immunol Rev. 2005; 11:64–85.
[39] Monteiro P A, et al. Modulation of inflammatory response arising from high-intensity intermittent and concurrent strength training in physically active males. Cytokine. 2017; 91:104–109.
[40] Smith L L. Acute inflammation: the underlying mechanism in delayed onset muscle soreness? Med Sci Sports Exerc. 1991; 23 (5): 542–551.
[41] Toumi H, Best T M. The inflammatory response: friend or enemy for muscle injury? Br J Sports Med. 2003; 37 (4): 284–286.
[42] Tokmakidis S P, et al. The effects of ibuprofen on delayed muscle soreness and muscular performance after eccentric exercise. J Strength Cond Res. 2003; 17 (1): 53–59.
[43] Lima F, et al. Ibuprofen intake increases exercise time to exhaustion: a possible role for preventing exercise-induced fatigue. Scand J Med Sci Sports. 2016; 26 (10): 1160–1170.
[44] Barnett A. Using recovery modalities between training sessions in elite athletes. Sports Med.2006; 36 (9): 781–796.
[45] Biswas S K, et al. Curcumin induces glutathione biosynthesis and inhibits NF-κB activation and interleukin-8 release in alveolar epithelial cells: mechanism of free radical scavenging activity. Antioxid Redox Signal. 2005; 7 (1–2): 32–41.
[46] Davis J M, et al. Curcumin effects on inflammation and performance recovery following eccentric exercise-induced muscle damage. Am J Physiol Regul Integr Comp Physiol. 2007; 292 (6): R2168–R2173.
[47] Nicol L M, et al. Curcumin supplementation likely attenuates delayed onset muscle soreness (DOMS). Eur J Appl Physiol. 2015; 115 (8): 1769–1777.
[48] Heaton L E, et al. Selected in-season nutritional strategies to enhance recovery for team sport athletes: a practical overview. Sports Med. 2017; 47 (11): 2201–2218.
[49] Warden S J. Prophylactic use of NSAIDs by athletes: a risk/benefit assessment. Phys Sportsmed. 2010; 38 (1): 132–138.
[50] Stone M B, et al. Preliminary comparison of bromelain and ibuprofen for delayed onset muscle soreness management. Clin J Sport Med. 2002; 12 (6): 373–378
[51] Hasson S M, et al. Effect of ibuprofen use on muscle soreness, damage, and performance: a preliminary investigation. Med Sci Sports Exerc. 1993; 25 (1): 9–17.
[52] Van Cauter E, et al. Metabolic consequences of sleep and sleep loss. Sleep Med. 2008; 9:S23–S28.
[53] Thornton H R, et al. Effects of pre-season training on the sleep characteristics of professional rugby league players. Int J Sports Physiol Perform. 2017; 13 (2): 176–182.
[54] Schwellnus M, et al. How much is too much? (Part 2) International Olympic Committee consensus statement on load in sport and risk of illness. Br J Sports Med. 2016; 50 (17): 1043–1052.
[55] Fullagar H H, et al. Sleep and recovery in team sport: current sleep-related issues facing professional team-sport athletes. Int J Sports Physiol Perform. 2015; 10 (8): 950–957.

[56] Fullagar H H, et al. Sleep and athletic performance: the effects of sleep loss on exercise performance, and physiological and cognitive responses to exercise. Sports Med. 2015; 45 (2): 161–186.
[57] Skein M, et al. Intermittent-sprint performance and muscle glycogen after 30 h of sleep deprivation. Med Sci Sports Exerc. 2011; 43 (7): 1301–1311.
[58] Rae D E, et al. One night of partial sleep deprivation impairs recovery from a single exercise training session. Eur J Appl Physiol. 2017; 117 (4): 699–712.
[59] Robineau J, et al. Concurrent training in rugby sevens: effects of high-intensity interval exercises. Int J Sports Physiol Perform. 2017; 12 (3): 336–344.
[60] Marcora S M, Staiano W, Manning V. Mental fatigue impairs physical performance in humans. J Appl Physiol. 2009; 106 (3): 857–864.
[61] Nédélec M, et al. Sleep hygiene and recovery strategies in elite soccer players. Sports Med. 2015; 45 (11): 1547–1559.
[62] Robineau J, et al. Specific training effects of concurrent aerobic and strength exercises depend on recovery duration. J Strength Cond Res. 2016; 30 (3): 672–683.
[63] Sale D, et al. Comparison of two regimens of concurrent strength and endurance training. Med Sci Sports Exerc. 1990; 22 (3): 348–356.
[64] Issurin V B. New horizons for the methodology and physiology of training periodization. Sports Med. 2010; 40 (3): 189–206.
[65] Leveritt M, Abernethy P J. Acute effects of high-intensity endurance exercise on subsequent resistance activity. J Strength Cond Res. 1999; 13 (1): 47–51.
[66] Bentley D J, Zhou S, Davie A J. The effect of endurance exercise on muscle force generating capacity of the lower limbs. J Sci Med Sport. 1998; 1 (3): 179–188.
[67] Wojtaszewski J F, et al. Isoform-specific and exercise intensity-dependent activation of 5′-AMP-activated protein kinase in human skeletal muscle. J Physiol. 2000; 528 (1): 221–226.
[68] Baar K. Using nutrition and molecular biology to maximize concurrent training. Sports Sci Exch. 2014; 136:1–5.
[69] Hohenauer E, et al. The effect of post-exercise cryotherapy on recovery characteristics: a systematic review and meta-analysis. PLoS One. 2015; 10 (9): e0139028.
[70] Versey N G, Halson S L, Dawson B T. Water immersion recovery for athletes: effect on exercise performance and practical recommendations. Sports Med. 2013; 43 (11): 1101–1130.
[71] De Pauw K, et al. Brain mapping after prolonged cycling and during recovery in the heat. J Appl Physiol. 2013; 115 (9): 1324–1331.
[72] Bailey D, et al. Influence of cold-water immersion on indices of muscle damage following prolonged intermittent shuttle running. J Sports Sci. 2007; 25 (11): 1163–1170.
[73] Montgomery P G, et al. The effect of recovery strategies on physical performance and cumulative fatigue in competitive basketball. J Sports Sci. 2008; 26 (11): 1135–1145.
[74] Kuligowski L A, et al. Effect of whirlpool therapy on the signs and symptoms of delayed-onset muscle soreness. J Athl Train. 1998; 33 (3): 222.
[75] Ingram J, et al. Effect of water immersion methods on post-exercise recovery from simulated team sport exercise. J Sci Med Sport. 2009; 12 (3): 417–421.
[76] Fröhlich M, et al. Strength training adaptations after cold-water immersion. J Strength Cond Res. 2014; 28 (9): 2628–2633.

[77] Roberts L A, et al. Post-exercise cold water immersion attenuates acute anabolic signalling and long-term adaptations in muscle to strength training. J Physiol. 2015; 593 (18): 4285–4301.

[78] Ihsan M, Watson G, Abbiss C R. What are the physiological mechanisms for post-exercise cold water immersion in the recovery from prolonged endurance and intermittent exercise? Sports Med. 2016; 46 (8): 1095–1109.

[79] Brown F, et al. Compression garments and recovery from exercise: a meta-analysis. Sports Med. 2017; 47 (11): 2245–2267.

[80] Liu R, et al. Effects of graduated compression stockings with different pressure profiles on lower-limb venous structures and haemodynamics. Adv Ther. 2008; 25 (5): 465–478.

[81] Goto K, Morishima T. Compression garment promotes muscular strength recovery after resistance exercise. Med Sci Sports Exerc. 2014; 46 (12): 2265–2270.

16 同期训练的营养学因素

蒂莫西·埃瑟里奇（Timothy Etheridge），菲利普·J.阿瑟顿（Philip J. Atherton）

16.1 引言

虽然同期训练不是一个新的概念[1]，但同期进行耐力和力量训练近年来被越来越多的运动员、教练员和体育科学家重视[2]。同期训练的目的是在增加肌肉质量和力量的同时增加有氧能力。然而，同期训练的一个关键问题就是“干扰效应”，即与单独进行力量训练相比，同期进行耐力和力量训练，尽管可以促进耐力训练的有氧适应，但长期肌肉质量和力量的增加可能会受到抑制。因此，同期训练运动员的营养策略应该是：

（1）优化机体训练后的合成代谢环境，有利于长期肌肉力量发展和肌肉肥大适应性；

（2）继续促进有氧适应以应对与耐力训练相关的代谢压力。

现在我们缺少对同期训练特异性营养需求方面的详细研究。尽管如此，我们还是可以从以往关于急性和慢性营养素干预的研究中得到一些理论支撑——这些研究观察了单独力量或者耐力训练的增力效应，将它们结合起来也许可以应用于同期训练。在这个前提下，本章将对一些已有的和新兴的营养素在训练中对增加肌肉有氧和力量适应的作用做评估。这些知识被系统整理后，可能为同期训练的运动员提供一些实用性建议，旨在尽量减少同期训练的“干扰效应”。

16.2 促进同期训练适应的常量营养素

16.2.1 蛋白质补充和力量训练

摄入充足的膳食蛋白质是运动和营养相互作用的一个重要组成部分。在禁食状态下进行力量训练会在短期内（运动后2～3小时）加速肌肉蛋白质的分解和合成（即“周转率”）[3]，但在缺乏蛋白质的情况下，力量训练后肌肉蛋白分解（MPB）的上升速度会超过其合成速度[4,5]，导致负氮平衡。如果整个训练过程中负氮平衡一直持续，肌肉生长和重塑会出现适应不良。膳食蛋白质的摄入通过放大和延长蛋白质对力量训练的合成反应来逆转这一过程，从而达到正氮平衡[5]。事实上，当蛋白质摄入的时间与一次性力量训练的时间非常接近时，蛋白质会一次性刺激肌肉蛋白合成反应（力量训练后合成代谢的主要驱动因素）达 48 小时[5]。这是由于活跃的骨骼肌对膳食蛋白质的合成代谢敏感性增强，可以至少持续到力量训练后 24 小时[6]。因此，反复力量训练和蛋白质摄入促进肌肉蛋白质大量累积，最终促进了训练诱导的肌肉重塑和肥大[7]。在同期训练过程中，力量训练之后马上进行耐力训练，训练后补充蛋白质可以促使收缩肌纤维蛋白合成增加[8,9]。由于这种同期训练和蛋白质补充后正常的急性合成代谢反应与进食状态下单独力量训练引起的肌肉肥大适应现象一致，这一发现与干扰效应有些矛盾，但原因仍有待确定。无论如何，将蛋白质纳入同期训练运动员的饮食计划是明智的。然而，运动员应该摄入哪种蛋白质，摄入多少，以及在同期训练计划中的摄入频率是多少呢?

要回答这些问题，我们要了解膳食蛋白质和肌肉蛋白质代谢之间的一般关系。全蛋白食物由 20 种氨基酸编码组成，其中有 9 种必需氨基酸（EAA，机体不能自身合成，必须通过食物获得）可以刺激蛋白质生物合成[10]，并作为胰岛素促泌剂间接抑制蛋白质生物分解[11]。在必需氨基酸中，支链氨基酸（BCAA），尤其是亮氨酸，是合成代谢最强的刺激剂[12,13]。全蛋白和必需氨基酸的蛋白质合成反应有剂量依赖性：10 克必需氨基酸对蛋白质生物合成有最大的刺激，相当于每天摄入优质蛋白质（如乳清蛋白）约 20 克，或每公斤体重约 0.25 克[14,15]。因此，无训练经历的健康成年人，按每天每公斤体重 0.8 克摄入蛋白质足以维持蛋白平衡和肌肉量。对运动员来说，如果在进行力量训练时摄入蛋白质，这一剂量依赖性还是会在摄入 20 克时饱和，摄入过多的蛋白质会促进氨基酸氧化和蛋白质分解过多[14]，这一点非常重要。因此，仅仅增加每餐的蛋白质或必需氨基酸摄入量并不会使肌肉净生长，即使对力量训练运动员来说也是如此。

受到广泛关注的还有如何优化蛋白质的摄入时间（在力量训练前、中或后）以最大限度地促进力量训练后的合成代谢和随后的适应。几乎没有什么研究证据支持在力量训练之前[16]或过程中[17]补充蛋白质。运动前补充蛋白质确实会增加力量训练后的蛋白质生物合成[16]，这可能是由于补充后血液中必需氨基酸水平可保持较高水平 3 小时左右。但是在运动过程中，蛋白质生物合成会受到抑制，因为蛋白质合成是一个耗能过程（例如，依赖 ATP 的肽键连接），而运动中产生的能量被优先用于肌肉收缩[17]。因此，在不超过 1 小时的力量训练中补充蛋白质似乎不太可能获得促进适应的效果。相反，在力量训练之后 0～4 小时毋庸置疑是蛋白刺激肌肉生长的窗口期。一次性力量训练后，摄食促进肌肉生长的敏感期可以持续至少 24 小时。所以对于同期训练的运动员来说，如果其本身摄入的蛋白质就能够满足需求，那么精确的蛋白质摄入时间就不太重要了。事实上，尽管有报告认为有力量训练经历的受试者的“合成代谢窗口”可被缩短到 4 小时以内[18]，但无论蛋白质摄入的时间有何不同，受试者肌肉力量和体积的增益都是相似的[19,20]。

与力量训练调节肌肉适应最相关的因素也许就是伴随个体饮食的蛋白质生物合成不应期。在一次性的蛋白质补充后，尽管必需氨基酸在肌肉和血液循环中持续存在，但蛋白质生物合成反应增加可以持续 1.5 小时，在 2 小时后恢复到基础水平[21]。因此，在补充蛋白质之后，肌肉具备充足的氨基酸，额外提供的蛋白质将不再刺激蛋白质生物合成反应。在运动后也是同样，补充 20 克高质量的蛋白质仅可在短时内使运动后的生物合成反应最大化[14]。因此，必须在再次补充蛋白质前留出足够的时间，以免在不应期摄入蛋白质而造成“浪费”。虽然不应期的确切时间仍有待确定，但每 3～4 小时摄取一次蛋白质（大约是一次性蛋白质合成刺激时间的两倍）有可能接近最佳选择。研究表明，与每 1.5 小时摄入 10 克或每 6 小时摄入 40 克蛋白质相比，在 12 小时之内每 3 小时摄入 20 克蛋白质会促进更多的每日肌肉蛋白质积累[22]。此外，还要考虑到睡前蛋白质的摄入，因为夜间是最长的未食期，生物节律以分解代谢为主。因此，为了抵消因夜间分解代谢丢失的肌肉蛋白质，并最大限度促进力量训练肌肉重塑，在睡觉前应补充一次蛋白质[23]。

16.2.2 蛋白质补充和耐力训练

关于运动和蛋白质关系的研究原来侧重于力量训练和肌肉肥大适应，主要是通过刺激肌原纤维（即收缩蛋白）促进蛋白质生物合成。不过，一次性耐力训练也可以刺激混合性蛋白质生物合成，即刺激所有肌肉蛋白质，包括肌原纤维、线粒体和肌质的蛋白质[24]。后续的研究表明，肌肉具有很强的特异性适应能力，即耐力训练会选择性地增加线粒体而不是诱导肌纤维的蛋白质生物合成，而力量训练却出现相反的结果[25]。虽然无训练经历的个体有可能产生一般的蛋白质生物合成反应[25,26]，但耐力训练选择性地激活线粒体生物合成，而线粒体增生可以驱动耐力训练有氧能力适应，因而有利于特异性的表象适应（同时也解释了为什么单独耐力训练不能增加肌肉大小）。那么在耐力训练中，蛋白质补充如何影响这一独特的过程呢？研究表明，与力量训练后类似，无论是在耐力训练[27]还是同期训练[8]后，都是收缩性肌纤维蛋白对氨基酸有反应，而线粒体蛋白质合成并没有增强[8,28]。因此，摄入蛋白质并不一定有利于有氧适应，例如，增加最大有氧能力或乳酸阈强度曲线右移。尽管如此，在耐力训练中[29]或训练后[30]补充最佳的蛋白质剂量仍然有利于提升同期训练效果，如增加每天的净肌原纤维重构/累积，在理论上可以最小化耐力训练对力量训练适应产生的干扰作用。

16.2.3 同期训练运动员的蛋白质需求总结

补充外源性蛋白质在力量训练、耐力训练及同期训练后的肌肉重塑中均有重要作用[8]，因此建议运动员增加膳食蛋白质或富含必需氨基酸的饮食摄入。基于上述考虑，同期训练运动员每餐应摄入约 20 克优质蛋白质。为了使合成代谢达到最大化，考虑到蛋白质摄入后的不应期，应每 3～4 小时补充一次蛋白质，而不用考虑是否接近训练期。睡前蛋白质的额外补充也有助于抵消夜间分解代谢的损失。总的来说，相对于久坐少动者，运动员每天每公斤体重需增加摄入蛋白质 1.2～1.7 克，这与之前对运动人群的建议是一致的[31,32]。

重要的是，一项 Meta 分析显示，这种营养策略似乎具有功能效应：力量训练后的高蛋白饮食有助于肌肉体积和力量的增加[33,34]。虽然运动员可以通过饮食来确保这种水平和频率的蛋白质摄入量，但各种形式的蛋白质补充方法，包括 10 克必需氨基酸或 4～5 克亮氨酸，也是能确保同期训练运动员摄入足够蛋白质的一种实用方法[13,35,36]。

16.2.4　有氧和增肌训练与碳水化合物补充

碳水化合物作为一种助力剂，是最早被研究的营养素之一，它是耐力运动员在中高强度（约 40%～75%最大摄氧量）下持续运动 2～3 小时最主要的能量限制因素[37]。碳水化合物营养干预的最终目的是调节肌肉中的糖储量，以糖原的形式作为糖酵解的代谢底物来源，促进长时间的肌肉收缩。高碳水化合物的补充可以明显增加肌糖原浓度[38]。“糖原填充法”（每天每公斤体重 5～7 克）已被多次证明可以提高持续时间大于 2 小时的耐力运动表现[39]。虽然使每节训练课的时间和效果比值最大化，以达到最佳有氧适应，可以作为糖原填充的理由，但实际上每节训练课（特别是同期训练中）的时间（不大可能超过两小时）和强度都不足以必须采用糖原填充。因此，重点就是如何改变饮食碳水化合物和肌糖原水平来影响运动后的适应现象，从而改善训练后的有氧和力量运动表现。

传统观点是，耐力训练结合运动后碳水化合物的摄入，可通过加速糖原再合成促进运动恢复而提高随后运动训练课中的运动表现[40]。然而，对于有氧训练来说，高碳水化合物的消耗可能会抑制几个促进有氧适应的信号[41]。相反，越来越多的证据表明，限制肌肉碳水化合物的利用可以增强机体对耐力训练的反应。这反映了调节关键有氧肌肉表型分子的高度激活，如线粒体生物合成[42]，在糖原耗竭状态下进行耐力训练比糖原充足状态下的训练更能提高有氧能力和运动表现（运动至力竭时间）[43]。但是，后续研究尽管报告了线粒体酶的含量/活性增加及糖原节省化，但仍没有发现低糖原[44−46]或低碳水化合物饮食[47,48]状态下训练可以促进运动表现提高。同样，尽管改变了底物利用模式，低糖高脂膳食并不能提高耐力运动表现 [37,49,50]。因此，调控常量脂肪的摄入可能不会对同期训练产生好处。

无论如何，将糖原耗竭纳入同期训练计划的一个关键限制点是低糖对耐力训练后蛋白周转率的影响。早期的研究表明，低糖可以加速肌肉蛋白质的降解速率，从而对耐力运动后的净蛋白质平衡产生负面影响[51−53]。随后的研究利用稳定同位素示踪剂直接评估代谢特点，进一步扩展了上述发现，提示蛋白质生物合成减少及降解增加会使在糖原耗竭状态下做长时间运动进一步削弱净蛋白质平衡[54]。此外，虽然共同摄入蛋白质和糖会刺激耐力训练后的肌肉蛋白质生物合成和相关分子信号通路[27]，但在糖缺乏状态下补充富含亮氨酸食物时，这种刺激会减弱[45]。因此，虽然耐力训练只会略微增加肌肉质量，但如果设定的适当目标是使同期训练运动员在 24 小时内最大限度地增加净蛋白质含量，使干扰效应最小化，则可以推荐能确保耐力训练后碳水化合物的重新合成的方案。例如，在耐力训练后 0～4 小时，每公斤体重补充碳水化合物 1 克应可满足需求，因为糖原的耗竭为其回填提供了强大的驱动力。在耐力训练后 4～24 小时，碳水化合物的摄入量应与运动的能量需求相匹配，此时碳水化合物的总摄入量比其摄入的时间或种类更为重要[40]。适当碳水化合物摄入（每天每公斤体重 3～7 克）应足以抵消耐力训练后蛋白质平衡的下降[55,56]。然而，这可能是以牺牲最佳耐力适应为代价的。

对同期训练还需要特别考虑的是先前耐力训练疲劳和低糖膳食及相关肌糖原耗竭对后续力量训练合成代谢反应的潜在影响。糖原浓度下降会破坏能量平衡，激活细胞能量信号分子，如 AMP 活化蛋白激酶（AMPK）。由于 AMPK 已被证实在一些低等生物中可以抑制下游组织中肌肉蛋白质生物合成的关键调控分子（如哺乳动物雷帕霉素靶蛋白，mTOR）[57,58]，因此有人认为，糖原耗竭可以干扰力量训练后的蛋白质合成[45,59]。然而，这一理论至今尚未得到证实。关于力量训练前糖原耗竭或碳水化合物能量限制的几项研究一致强调，肌肉糖原含量对力量训练诱导分子合成代谢信号或蛋白质生物合成的影响较小[55]。同样，力量训练后补充蛋白质和碳水化合物并不会增强力量训练后的合成代谢反应[60,61]。因此，尽管力量训练后，肌糖原含量降低 25%～40%[62]，必需氨基酸仍然是优化运动合成代谢反应所需的常量营养素[63]。因此，力量训练施加的高机械刺激足以抵消代谢压力对肌肉生长的抑制作用。假设力量训练后的蛋白质摄入和能量平衡恢复（摄入正常的混合膳食）在 3 小时内完成，在同期训练中为力量训练部分而调整糖分的摄入就显得不太重要了。在此领域，今后关于糖原和同期训练关系的研究将提供重要的新信息来证明如何将碳水化合物纳入饮食因素以促进同期训练效果。

16.3 “营养制剂”促进同期训练的适应

“营养制剂（或类药剂营养品）”的最新定义是一种营养素复合物，“……单独使用或与运动结合使用，可影响主要的生理效应”[64]。在同期训练背景下，这些营养制剂会影响到有氧和力量训练下的新陈代谢、有氧能力、肌肉体积和肌肉力量适应等。然而，对同期训练有关的营养制剂的研究比对常量营养素的研究还要少。因此，关于这一方面的认知就源于单独耐力或者力量训练后营养素的使用，此外，还可以从体外实验或者低等生物（即啮齿动物）模型的研究中获得。接下来的部分将首先关注可以优化力量和耐力训练适应性的具有潜在功效的营养制剂，以延续最大限度减少干扰效应的讨论，然后再讨论营养制剂在增强单独力量训练后的合成代谢反应，以及在随后有氧训练中的潜在作用（图 16.1）。

（a）

合成代谢和有氧适应	每日剂量	补充方案	补充时期	实际的考虑
乳清蛋白	1.2～1.7 克/千克体重	每 3～4 小时 20 克	整个训练过程	如果每日总摄入量足够，则精确的时间不重要
碳水化合物	3～7 克/千克体重	8 次×0.75 克/千克体重	整个训练过程	在耐力训练 1 小时内摄入低剂量，或者在耐力训练 4 小时之后摄入大剂量
β-羟基-β-甲基丁酸	3 克	3 次×1 克	4 周	力量训练之前 30 分钟和力量训练 1 小时和 3 小时之后
n-3 多不饱和脂肪酸	4～6 克	4 次×约 1000 毫克，或 5 次×约 600 毫克	1～8 周	二十碳五烯酸:二十二碳六烯酸=2:1
合成代谢适应	每日剂量	补充方案	补充时期	实际的考虑
肌酸	负荷阶段：20～30 克，维持阶段：5 克	负荷阶段：5 次×约 5 克，维持阶段：1 次×5 克	负荷阶段：2～5 天，维持阶段：3～12 周	每隔 2～3 小时摄入维持阶段的剂量
维生素 D	2000～5000 国际单位（50～125 微克）	1 次×50～125 微克，或 2 次×25～75 微克	4～12 周	同时摄入约 800 毫克钙
熊果酸	450 毫克	3 次×150 毫克	8 周	力量训练后立即摄入
磷脂酸	约 75 毫克	5 次×150 毫克	8 周	力量训练之前 30 分钟摄入 450 毫克，力量训练之后摄入 300 毫克
有氧适应	每日剂量	补充方案	补充时期	实际的考虑
左旋肉碱	2～4 克	2 次×约 2 克	2～4 周	同时摄入约 80 克碳水化合物并避免摄入蛋白质
硝酸盐	500 毫升	2 次×250 毫升	1～15 天	在耐力训练之前摄入，对急性有氧运动有益处

（b）

图 16.1　可供同期训练的运动员考虑的优化训练适应性的营养制剂及摄入方案

（a）可供同期训练的运动员考虑的优化力量训练（右）和耐力训练（左）适应性的营养制剂；（b）各营养制剂的每日剂量、补充方案、补充时期以及实际的考虑。

16.4 促进同期训练合成代谢和有氧适应的营养制剂

16.4.1 β–羟基–β–甲基丁酸

20多年前有人首次提出亮氨酸的最终代谢产物是刺激合成代谢最为有效的营养素[65]。亮氨酸可通过支链氨基酸转氨酶可逆形式α–酮异己酸（α–KIC）在肌肉内代谢。α–KIC的下游代谢途径包括由α–KIC的双加氧酶形成β–羟基–β–甲基丁酸（HMB）[66]。研究已经证明单独使用HMB的合成代谢潜力。安静状态下，口服3克 HMB可以刺激肌肉蛋白质生物合成，并可以抑制蛋白质降解，与服用3克亮氨酸效果相似[13]。有趣的是，与通过胰岛素介导的亮氨酸对蛋白质生物降解产生的抑制作用不同，HMB 不依赖胰岛素介导机制而抑制蛋白质降解，这使联合补充亮氨酸和HMB可以共同抑制蛋白质降解，使机体出现净蛋白质平衡最大化成为可能。

促合成代谢膳食补充的急性效果似乎是促进由力量训练导致的肌肉体积增大和力量增加。一项开创性研究表明，每天补充3克 HMB（与每天1.5克 HMB和对照组相比）可以在3周的抗阻训练中显著增加肌肉力量和瘦体重[66]。有趣的是，在这项研究中，HMB组和对照组摄入的蛋白质大约是日推荐量的两倍。这一发现提示了抗阻训练结合高蛋白饮食可以加强HMB的合成代谢作用，并与近年来关于HMB对蛋白质生物降解速率急性影响相一致[13]，后来的研究也证实了HMB促进抗阻训练诱导肌肉力量增加和质量提高的有效性[67,68]。由于这些研究的对象包括未经训练[66,67]和训练有素的[68]志愿者，因此HMB的效果似乎与训练背景无关。也有研究发现HMB对抗阻训练几乎无效果，但HMB是以钙结合的形式（CaHMB）被使用的[69,70]。然而，CaHMB的生物利用度低于其游离酸形式（FA–HMB），这导致CaHMB合成代谢潜力较差[71]，而FA–HMB在运动营养方面更受青睐。

重要的是，补充HMB还可能增强耐力训练的适应性。例如，具有耐力训练经历的自行车运动员补充HMB，每天3克，共2周，到达最大有氧能力的运动时间延长，血乳酸积累的时间推迟，表明机体在有氧方面出现了良好的适应[72]。受试者在4～5周高强度间歇训练中结合每天3克的HMB补充，与安慰剂组相比，其最大摄氧量[73]、有氧能力[74]和疲劳前的运动能力[75]都逐步增加。此外，补充6周HMB可以降低20千米长跑计时赛后血浆肌酸激酶和乳酸脱氢酶的升高水平[76]，这表明HMB可以减轻运动引起的肌肉损伤（EIMD）。很明显，如果这些影响在抗阻训练后持续存在，那么HMB可能作为一种常用营养素来减轻EIMD症状（例如力量下降和酸痛感），但还需要研究去证实。虽然这些增力效果的机制还没有得到研究，但HMB是胆固醇再合成的前体[65]，而胆固醇对细胞膜的维持至关重要。因此，在长时间或可以引起肌肉损伤的运动中，HMB也许可以帮助保持细胞膜的完整性。

总的来说，尽管关于同期训练期间 HMB 的补充缺乏直接的研究，但 HMB 在不同运动模式下都可以使肌肉适应效果最大化，且与受试者训练背景无关。因此，每天补充 3 克的 HMB（理想情况下为 FA-HMB）成为一种很有吸引力的候选营养补剂，可纳入同期训练运动员的饮食方案。从实际考虑，普通亮氨酸代谢只产生少量 HMB（约 5%）[77]，这意味着产生 3 克 HMB 的有效剂量需要 60 克亮氨酸[78]。HMB 不太可能是亮氨酸的主要“活性”成分，它可能独立或者与亮氨酸协同起到合成代谢作用[66]。因此，HMB 可以考虑作为进行同期训练运动员（无论有无训练经历）在标准蛋白推荐剂量之外的补充剂。

16.4.2 n-3 多不饱和脂肪酸

n-3 多不饱和脂肪酸（n-3 PUFA）有三种类型：α–亚麻酸（ALA）、二十碳五烯酸（EPA）、二十二碳六烯酸（DHA），均可从含核桃和鱼油的饮食中获得。在未经训练的个体中，每天补充 5 克鱼油，共 4 周，其肌肉内 n-3 PUFA 浓度持续升高[79]。肌肉蛋白质生物合成分子调节剂（如 mTOR）含量平行增加，这表明 n-3 PUFA 的升高对肌肉的合成代谢具有良好影响[79]。事实上，在年轻健康个体中，补充 n-3 PUFA 8 周（每天 1.86 克 EPA 和 1.5 克 DHA），进食状态下（高氨基酸血症—高胰岛素血症）蛋白质合成和相关的合成代谢信号增强[80]。单独补充一种类型的 n-3 PUFA 也有明显的合成代谢特性。例如，体外研究表明摄入 EPA 后蛋白质生物合成水平升高，而摄入 DHA 后没有出现合成水平升高现象[81]。然而，EPA 这种独特功效能否应用到人体目前尚不清楚。

补充 n-3 PUFA 对抗阻训练后肌肉反应的影响尚不清楚。长期补充 n-3 PUFA 可以增加一次性抗阻训练后的合成代谢反应[82]，并促进老年个体在 12 周抗阻训练后力量增加[83]。相反，一项针对年轻人的研究发现，补充 8 周鱼油对一次性抗阻训练后的蛋白质合成反应没有效果[84]。然而，由于缺乏补充前的测试，对这种情况很难做出解释。在长期抗阻训练中同时补充多种 n-3 PUFA 的潜在效果并不清楚，需要进一步实验加以验证。然而，多种 n-3 PUFA 的促进效应可能不限于刺激合成代谢，其作为前列腺素家族抗炎激素的前体[85]，还可以减少炎症诱导物白三烯 B4 的产生[86]。n-3 PUFA 还可以减轻运动诱导的炎症反应和肌肉酸痛感，从而有利于运动后的恢复。每天补充 n-3 PUFA 3～6 克（例如，3 克 EPA 加 0.6 克 DHA）共 1～6 周，可以抑制一次性剧烈运动导致的肌肉损伤标志物出现，延缓运动幅度的下降[87]，并减轻运动后 48 小时的肌肉酸痛[88,89]。因此，假设在适当的肌肉重塑过程中并不需要正常炎症反应[90]，n-3 PUFA 可能会通过加速恢复过程以促进训练适应。

补充 n-3 PUFA 还可以调节耐力运动中的能量利用。在以 60%最大摄氧量做 60～90 分钟的骑行训练之前 3 周摄入鱼油（每天 6 克）会导致脂肪氧化率升高[91,92]，这可能是对较低碳水化合物氧化率的一种补偿机制。尽管如此，补充 n-3 PUFA 对有氧适应的好处还有待确定，提高脂肪氧化率可能对耐力表现的提升效果有限[37]。然而，啮齿动物摄入 n-3 PUFA，可上调参与线粒体生物合成的核心基因 PPARα[93]。低脂喂养的小鼠，进食富含 DHA 的饲料后，表现出较高的线粒体脂肪氧化能力，即线粒体功能增强[94]。总的来说，抗阻训练和耐力训练联合使用多种 n-3 PUFA 的功能效果还需要进一步验证，但每天补充 3～6 克

n-3 PUFA 共 1～6 周，可能有助于抗阻训练后增加肌肉体积和力量，并有助于增强耐力运动诱导的有氧适应。

16.5 促进力量训练合成代谢适应的营养制剂

16.5.1 肌酸

肌酸（Cr）几乎只存在于肌肉中，由精氨酸、甘氨酸和蛋氨酸内源性合成[95]。肌酸可被肌酸激酶可逆磷酸化形成磷酸肌酸（PCr），其“高能”磷酸可被释放，利用胞质 ADP 快速生成 ATP。饮食中的肉类和鱼类是外源性 Cr 的丰富来源，能够增加肌肉 Cr 池[96]。补充 Cr 超过 2 天，每天 20～30 克可增加肌肉 Cr 含量 20%以上，其中约 20%～30%以 PCr 的形式存在[97]。基础 Cr 含量也决定了补充 Cr 的效果，Cr 水平较低时获益最大，如在素食者中[96]。

尽管补充 Cr 对于耐力运动表现来说，没有负面或有益的影响，但大量研究表明，补充 Cr 可以提高运动员在持续 10～30 秒的一次性高强度运动中的运动表现[98]，并在反复冲刺运动中保持高速力量和爆发力输出[99-101]。这些促力效应是因为 Cr 增加了肌肉中的 PCr，并使冲刺运动中或运动之后的 PCr 无氧代谢 ATP 再合成能力增加等，这种能力主要在易疲劳Ⅱ型“快收缩”肌纤维中发挥作用[98]。研究发现，当肌肉 Cr 水平较低时（每公斤干体重小于 12 毫摩尔），Cr 含量对短跑运动表现不产生促力效应[102]。对于同期训练运动员，摄入 Cr 也会影响抗阻训练对肌肉肥大和肌肉功能的促进。Cr 营养补充方案（即在 12～14 周抗阻训练阶段，每天补充 Cr 20～30 克，持续 5 天和在随后的维持阶段每天补充 Cr 5 克），与安慰剂组相比，会促进肌肉量、肌纤维横截面积和最大肌肉力量的更大提高[103,104]。需要注意的是，一项 Meta 分析显示，在增加瘦体重方面，抗阻训练加上补充 Cr 比补充乳清蛋白更有效（分别增加 1.33 千克和 0.69 千克瘦体重）[105]。然而，Cr 可增加抗阻训练后肌肉肥大效应的机制仍不清楚。肌肉中 Cr 的含量升高，不会促进受试者安静状态[106]或者抗阻训练后[107]肌肉蛋白质生物合成，但会抑制安静状态下蛋白质生物降解率[108]。尽管存在争议[109]，Cr 可能通过增加抗阻训练诱导的卫星细胞激活而发挥作用[110]，可以提供肌纤维再生或生长所需的细胞核及维持 DNA 含量和转录能力。摄入 Cr 会导致细胞渗透压改变，引起肌肉内水潴留及细胞肿胀[111]，而细胞肿胀会激活位于细胞膜的肌肉合成代谢调节因子（如局灶性黏附酶）拉伸[112]。此外，补充 Cr 会增强工作能力，可能是增加了运动诱导肌肉基因表达变化的刺激，从而增加了长期肌肉重组的转录信号[112-114]。不管通过什么细胞功能因子，补充 Cr 对长期抗阻训练后肌肉能力的增强提供了支持，但可能会最大化同期训练肌肉的肥大效应，不过这一结论目前尚不明确。

16.5.2 维生素 D

维生素 D（VitD）是一种主要通过阳光照射获得的类固醇激素，也可以通过外源补充或饮食（如鱼油、奶酪、蛋黄）获得。在肝脏和肾脏进行连续的羟基化后，循环中的 VitD 转化为其生物活性形式，25–羟基维生素 D，也称为维生素 D_3（$VitD_3$）[115]。自从在骨骼肌中发现了 VitD 受体（VDR）的表达后，其对肌肉代谢的影响引起了人们的兴趣[116]，而肌肉中是否存在 VDR 也有相互矛盾的报告[117,118]，这可能是检测该受体的方法不同所导致的[116]。早期的体外研究认为，VitD 干预可增加肌管体积（培养皿中的肌细胞）[119]，并提高亮氨酸和胰岛素对蛋白质生物合成的反应[120]。VitD 的合成代谢作用可能有两种不同的机制。首先，肌肉内 VitD 水平升高，与 VDR 结合增加，从而与 DNA 上的 VitD 反应元件相互作用，提高基因转录水平[115,121]。其次，VitD 可能对次级信使信号通路产生非基因组影响。例如，当 VDR 从细胞核移位后，$VitD_3$ 可能会在细胞表面与 VDR 结合[122]，随后 Akt、丝裂原活化蛋白激酶[123]和 mTOR 复合物 1（mTORC1）[120]出现上调。

研究者试图将这些研究结果直接用于提高肌肉质量和增强肌肉功能上。有研究表明，在 4～12 周内每天补充约 2000～4000 国际单位的 VitD 可以有效提高循环 $VitD_3$ 的浓度[124,125]。这种单独的 VitD 补充方案改善肌肉健康的效果似乎主要局限于老年人[126,127]，因为他们的 $VitD_3$ 水平经常偏低[128]。然而，对 30 个随机对照试验的 Meta 分析显示，补充 VitD 对健康年轻人肌肉力量的积极作用较小（在没有其他运动干预情况下）。尽管在 Meta 分析中，包括了所有形式 VitD 的补充，但没有重点关注那些仅仅使用 $VitD_3$ 的研究[128]。需要进一步指出的是，只有共同摄取 $VitD_3$ 与约 800 毫克钙，才能产生增加力量的效果[124]。

一些研究已经证实了补充 VitD 和抗阻训练的综合效果。一项系统综述对 6 个对照试验进行了分析，不同专项运动员在正常训练时补充 VitD，每天 600～5000 国际单位，持续 4 周（含）以上，其中包括团队间歇训练（与同期训练方案相关）[129]。其中四项研究发现 $VitD_3$ 使力量增加 1.4%～18.8%，两项研究认为力量有显著改善（$p< 0.05$）。相反，还有两项研究发现补充 $VitD_2$（一种生物活性较低的 VitD 形式）对肌肉力量没有影响[129]。此外，未经训练的年轻男性，在补充 4 周 $VitD_3$（每天 1920 国际单位）后，再进行 12 周抗阻训练结合 $VitD_3$ 的补充，其肌肉生长抑素表达降低（肌肉质量的负调节因子），Ⅱa 型肌纤维比例增加[124]。在本研究中，虽然 $VitD_3$ 对肌肉质量和力量没有影响，但这些形态变化表明 $VitD_3$ 改善了肌肉的“质量”。补充 $VitD_3$（2000～5000 国际单位/天，持续不少于 4 周）可以作为同期训练运动员营养计划的一部分。

16.5.3 磷脂酸

磷脂酸（PA）是一种二酰基甘油磷脂，可从饮食中获得，如生卷心菜[130]。PA 在细胞膜内的内源性含量较低，可通过有丝分裂刺激[131]和抗阻训练[132]增加，这提示 PA 在肌肉生长刺激反应中发挥了一定的作用。PA 作为脂质第二信使，可以调控很多的细胞信号过程[133]。例如，PA 可以激活骨骼肌细胞[131]和啮齿类动物[134]细胞外信号相关激酶/mTOR

合成代谢通路，与乳清蛋白相似。补充 PA 可能会增加肌肉蛋白质生物合成速率，但与乳清蛋白结合使用时，蛋白质合成反应减弱[134]。在肌肉萎缩状态下，PA 可能通过抑制蛋白质生物降解信号而促进净蛋白质平衡[135]，不过这些还远没有定论。

PA 很容易被机体利用，口服 1.5 克 PA 足以在 30 分钟内增加循环 PA 的水平（在细胞外转化为生物活性形式——溶血磷脂酸），并持续达 7 小时[136]。在抗阻训练过程中同时补充 PA，如 8 周抗阻训练期间，每天补充 750 毫克 PA，与服安慰剂组相比，可以显著增加瘦体重和股四头肌横截面积，尽管两组间的力量增加相似[137]。类似地，埃斯卡兰特（Escalante）等人[138]发现，每天服用含有 PA 的多成分补剂，进行 8 周抗阻训练后，肌肉质量和最大力量都得到改善。然而，将这些积极效果只归因于 PA 是不可能的，因为补剂中还包括 HMB 和 $VitD_3$。以上两项研究采用了数据级数推断法来观察 8 周抗阻训练结合 PA 补充对瘦体重和肌肉力量增加可能带来的益处。然而，这些研究由于缺乏对训练的监控[139]，以及 PA 使用剂量较低（每天 250 毫克和 375 毫克[140]），获得的研究结果也令人困惑。冈萨雷斯（Gonzalez）等人[141]使用与之前研究相同的训练方案，每天补充 750 毫克 PA，并没有发现补剂会使肌肉厚度增加并使最大力量提高，不过他们没有对身体成分进行评估。因此，关于补充 PA 对抗阻训练适应效果的研究结果是模棱两可的，可能是由于研究方法存在差异，如训练监控和设计、习惯性饮食控制或缺乏控制、评估身体成分和运动表现的方法及 PA 摄入的剂量及时间等[141,142]。同样值得注意的是，上述所有研究对象都是有抗阻训练经历的受试者，因此在大部分肌肉适应发生的训练早期阶段，PA 的影响还不清楚[7]。然而，现有的充分证据表明，在同期训练时会产生干扰效应，而抗阻训练会抵消这些干扰效应，受试者肌肉有所增加、运动表现有所提高。显然，还需要进一步的研究来确定抗阻训练营养素对同期训练的直接促进效果。

16.6 促进耐力训练有氧适应的营养制剂

16.6.1 左旋肉碱

肉碱由氨基酸前体内源合成，有 D 和 L 两种异构体，然而只有左旋肉碱具有生物活性[143]。含肉碱的饮食包括红肉和乳制品。大部分左旋肉碱（约 95%）储存于肌肉，其最主要的功能就是将长链脂肪酸从细胞质转运到线粒体基质以供后续的 β 氧化[144,145]。这一过程首先需要脂肪酸转化为乙酰辅酶 A，然后由肉碱酯化，最后经肉碱线粒体膜棕榈酰转移酶 1（CPT1）形成酯酰肉碱。酯酰肉碱转运到线粒体基质，作为肉碱棕榈酰转移酶 1 的底物，将酯酰肉碱转化为相应的乙酰辅酶 A 进入 β 氧化通路[146,147]。因此，如果没有肉碱，大多数膳食脂肪不能作为能量来源使用。

因此，左旋肉碱主要是因为可以促进脂肪代谢和糖原节省化，从而在长时间、中高强度运动中延缓疲劳受到了广泛研究。尽管有大量可利用的碳水化合物，肌肉肉碱含量急剧升高可以抑制碳水化合物的氧化，还可以增加夜间糖原的储存[148]。同样，在 30 分钟低、中强度运动（如 50% $\dot{V}O_2\max$）中，长期补充左旋肉碱（1.36～2 克/天，每天 2 次，持续 12～24 周）可减少糖原利用约 55%[149]，增加能量消耗和 CPT1 酶活性[150]。重要的是，一些研究表明，补充左旋肉碱可以提高耐力运动表现。运动前 1～2 小时一次性摄入 3～15 克左旋肉碱，可提高耐力训练运动员的最大摄氧量[151]，提高跑步速度[152]，延长达到疲劳的骑行时间[153]。这些结果伴随着脂肪氧化增加[153]和乳酸减少[152]，表明能量代谢的改变有助于提高运动表现。运动员长期补充左旋肉碱（2～4 克/天，持续 2～6 周）会提高长时间运动时的脂肪氧化（即降低呼吸商）[154]，增加最大摄氧量 6%[155]，提高 30 分钟中等强度耐力运动功率输出 11%[149]。然而，也有些与此矛盾的研究，它们未能发现左旋肉碱对脂肪氧化能力[156]和耐力运动表现的有益影响[156,157]。

研究不同，结果不同，可能是较大的运动强度导致更多的糖的氧化作为能量来源[149,158]，以及没有将碳水化合物纳入左旋肉碱的补充方案所导致。将碳水化合物作为左旋肉碱补充剂是恰当的，因为单独口服肉碱并不会增加肌肉肉碱的储存[159,160]。随后的研究发现，在血液中胰岛素浓度较高的情况下，补充肉碱可使肌肉肉碱储量增加约 15%[161]。为了解决肉碱生物利用度较低的问题，运动员在实践中补充肉碱时通常同时服用碳水化合物约 80 克[162]，主要利用了碳水化合物的促胰岛素作用。相反，补充肉碱加口服蛋白会降低肌肉对肉碱的吸收[162]，但这一机制尚不清楚。总的来说，一次性或 2～4 周以上、每天 2～4 克的左旋肉碱补充（理想情况下与约 80 克碳水化合物联合使用）可使低强度运动的能量来源从糖代谢转化为脂肪代谢。因此，耐力运动表现的提高会最大限度提高对同期训练的适应性反应。

16.6.2 硝酸盐

口服富含硝酸盐的食物（如甜菜根和生菜）会使 NO_3^-通过唾液硝酸盐还原酶还原为亚硝酸盐（NO_2^-）[163]。胃部酸性环境随后将 NO_2^-转化为一氧化氮（NO），因此 NO_3^-是 NO 的一个重要替代来源，可以替代经典的 l–精氨酸–NO 合酶途径[164]。NO 具有调控血管舒张、调节血流、调节葡萄糖/脂肪酸氧化和线粒体生物合成等重要功能[165]。每天补充富含 NO_3^-的红菜根汁 500 毫升，持续 6 天[166]，或每天补充 $NaNO_3^-$ 0.1 毫摩尔，持续 3 天[167]，可以降低次最大强度自行车骑行的氧耗，改善运动代谢效率，并提高基础线粒体功能[168]。也有报告称，补充较长时间红菜根汁（每天 500 毫升，15 天）后，运动氧耗也出现了类似下降[169]。在运动前 2.5～30 小时一次性摄入 500 毫升 NO_3^-也能提高 4 千米和 16 千米自行车计时赛成绩[170]和团队项目专项间歇性运动表现[171]。然而，也有研究者并未观察到摄入 NO_3^-的任何促进效应[172–174]。有可能 NO_3^-对耐力运动表现的积极影响仅限于业余运动员，而对运动员人群几乎没有什么影响[175,176]。较高的血浆 NO_3^-和 NO_2^-基础水平可部分解释这一现象[177]。无训练经历的受试者在同期训练初期，可以补充 NO_3^-（每天补充约 500 毫升红菜根汁，持续 1～15 天），以促进耐力运动表现的适应[178]，当肌肉已经达到适应阶段后，NO_3^-可能就不那么重要了。

16.7 小结

研究者在寻找“最佳”运动营养策略的过程中，对很多营养复合物的功效进行了大量的科学研究，结果往往互相矛盾或模棱两可。其核心思想就是：为了尽量减少干扰效应对肌肉体积和肌肉力量增加的不利影响，同期训练运动员必须补充蛋白质，最好是在耐力和抗阻训练后马上补充，以及有规律地摄入富含高质量蛋白质的膳食。虽然有可能会影响到最佳有氧适应，同期训练运动员还是应该在耐力训练后马上摄入碳水化合物，以促进糖原的再合成，但重要的是，要避免低糖原水平下出现分解代谢。同期训练运动员也可以摄入各种营养补剂，但每种化合物的每日充足摄入量比精确的摄入时间可能更为重要。在实践中需要注意的是：肉碱和碳水化合物需要同时摄入，但肉碱和蛋白质要避免同时摄入，以最大限度地增加肌肉对肉碱的吸收。总的来说，虽然某些营养制剂的功效存在争议，但至少没有证据表明补充营养制剂对运动表现产生负面效果，同期训练运动员应该关注图 16.1 总结的所有营养制剂。今后的研究应注重特异性营养食品对同期训练适应的影响，这些研究需要严格控制、采用大样本量和纵向研究。此外，随着同期训练方案的演化（如 HIIT 与抗阻训练结合），会出现一些新的营养素方面的研究，并为其效果提供新的证据。

参考文献

[1] Hickson R C. Interference of strength development by simultaneously training for strength and endurance. Eur J Appl Physiol. 1980; 45:255–263.

[2] Coffey V G, Hawley J A. Concurrent exercise training: do opposites distract? J Physiol. 2017; 595 (9): 2883–2896.

[3] Kumar V, Selby A, Rankin D, Patel R, Atherton P, Hildebrandt W, Williams J, Smith K, Seynnes O, Hiscock N, Rennie M J. Age-related differences in the dose-response of muscle protein synthesis to resistance exercise in young and old men. J Physiol. 2009; 587:211–217.

[4] Biolo G, Maggi S P, Williams B D, Tipton K D, Wolfe R R. Increased rates of muscle protein turnover and amino acid transport after resistance exercise in humans. Am J Phys. 1995; 268 (3 Pt 1): E514–E520.

[5] Phillips S, Tipton K, Aarsland A, Wolf S E, Wolfe R. Mixed muscle protein synthesis and breakdown after resistance exercise in humans. Am J Phys. 1997; 273:E99–E107.

[6] Burd N A, West D W D, Moore D R, Atherton P J, Staples A W, Prior T, Tang J E, Rennie M J, Baker S K, Phillips S M. Enhanced amino acid sensitivity of myofibrillar protein synthesis persists for up to 24 h after resistance exercise in young men. J Nutr. 2011; 141 (4): 568–573.

[7] Brook M S, Wilkinson D J, Mitchell W K, Lund J N, Szewczyk N J, Greenhaff P L, Smith K, Atherton P J. Skeletal muscle hypertrophy adaptations predominate in the early stages of resistance exercise training, matching deuterium oxide-derived measures of muscle protein synthesis and mechanistic target of rapamycin complex 1 signaling. FASEB J. 2015; 29 (11): 4485–4496.

[8] Camera D M, West D W, Phillips S M, Rerecich T, Stellingwerff T, Hawley J A, et al. Protein ingestion increases myofibrillar protein synthesis after concurrent exercise. Med Sci Sports Exerc. 2015; 47 (1): 82–91.

[9] Donges C E, Burd N A, Duffield R, Smith G C, West D W, Short M J, et al. Concurrent resistance and aerobic exercise stimulates both myofibrillar and mitochondrial protein synthesis in sedentary middle-aged men. J Appl Physiol. 2012; 112:1992–2001.

[10] Smith K, Reynolds N, Downie S, Patel A, Rennie M J. Effects of flooding amino acids on incorporation of labeled amino acids into human muscle protein. Am J Phys. 1998; 275:E73–E78.

[11] Greenhaff P L, Karagounis L G, Peirce N, Simpson E J, Hazell M, Layfield R, et al. Disassociation between the effects of amino acids and insulin on signaling, ubiquitin ligases, and protein turnover in human muscle. Am J Physiol Endocrinol Metab. 2008; 295:E595–E604.

[12] Atherton P J, Smith K, Etheridge T, Rankin D, Rennie M J. Distinct anabolic signalling responses to amino acids in C2C12 skeletal muscle cells. Amino Acids. 2010a; 38:1533–1539.

[13] Wilkinson D J, Hossain T, Hill D S, Phillips B E, Crossland H, Williams J, et al. Effects of leucine and its metabolite β-hydroxy-β-methylbutyrate on human skeletal muscle protein metabolism. J Physiol. 2013; 591:2911–2923.

[14] Moore D R, Robinson M J, Fry J L, Tang J E, Glover E I, Wilkinson S B, et al. Ingested protein dose response of muscle and albumin protein synthesis after resistance exercise in young men. Am J Clin Nutr. 2009; 89:161–168.

[15] Witard O C, Jackman S R, Breen L, Smith K, Selby A, Tipton K D. Myofibrillar muscle protein synthesis rates subsequent to a meal in response to increasing doses of whey protein at rest and after resistance exercise. Am J Clin Nutr. 2014; 99 (1): 86–95.

[16] Tipton K D, Elliott T A, Cree M G, Aarsland A A, Sanford A P, Wolfe R R. Stimulation of net muscle protein synthesis by whey protein ingestion before and after exercise. Am J Physiol Endocrinol Metab. 2007; 292 (1): E71–E76.

[17] Atherton P J, Rennie M J. Protein synthesis a low priority for exercising muscle. J Physiol. 2006; 573 (Pt 2): 288–289.

[18] Tang J E, Perco J G, Moore D R, Wilkinson S B, Phillips S M. Resistance training alters the response of fed state mixed muscle protein synthesis in young men. Am J Physiol Regul Integr Comp Physiol. 2008; 294:R172–R178.

[19] Hoffman J R, Ratamess N A, Tranchina C P, Rashti S L, Kang J, Faigenbaum A D. Effect of protein-supplement timing on strength, power, and body-composition-changes in resistance-trained men. Int J Sport Nutr Exerc Metab. 2009; 19 (2): 172–185.

[20] Schoenfeld B J, Aragon A A, Krieger J W. The effect of protein timing on muscle strength and hypertrophy: a meta-analysis. J Int Soc Sports Nutr. 2013; 10 (1): 53.

[21] Atherton P J, Etheridge T, Watt P W, Wilkinson D, Selby A, Rankin D, et al. Muscle full effect after oral protein: time-dependent concordance and discordance between human muscle protein synthesis and mTORC1 signaling. Am J Clin Nutr. 2010b; 92:1080–1088.

[22] Areta J L, Burke L M, Ross M L, Camera D M, West D W, Broad E M, et al. Timing and distribution of protein ingestion during prolonged recovery from resistance exercise alters myofibrillar protein synthesis. J Physiol. 2013; 591 (Pt 9): 2319–2331.

[23] Res P T, Groen B, Pennings B, Beelen M, Wallis G A, Gijsen A P, et al. Protein ingestion before sleep

improves postexercise overnight recovery. Med Sci Sports Exerc. 2012; 44:1560–1569.

[24] Harber M P, Konopka A R, Jemiolo B, Trappe S W, Trappe T A, Reidy P T. Muscle protein synthesis and gene expression during recovery from aerobic exercise in the fasted and fed states. Am J Physiol Regul Integr Comp Physiol. 2010;299(5):R1254–1262.

[25] Wilkinson S B, Phillips S M, Atherton P J, Patel R, Yarasheski K E, Tarnopolsky M A, et al. Differential effects of resistance and endurance exercise in the fed state on signalling molecule phosphorylation and protein synthesis in human muscle. J Physiol. 2008; 586 (15): 3701–3717.

[26] Coffey V G, Zhong Z, Shield A, Canny B J, Chibalin A V, Zierath J R, et al. Early signaling responses to divergent exercise stimuli in skeletal muscle from well-trained humans. FASEB J. 2006; 20 (1): 190–192.

[27] Breen L, Philp A, Witard O C, Jackman S R, Selby A, Smith K, et al. The influence of carbohydrate-protein co-ingestion following endurance exercise on myofibrillar and mitochondrial protein synthesis. J Physiol. 2011; 589 (Pt 16): 4011–4025.

[28] Moore D R, Camera D M, Areta J L, Hawley J A. Beyond muscle hypertrophy: why dietary protein is important for endurance athletes. Appl Physiol Nutr Metab. 2014; 7:1–11.

[29] Pasiakos S M, McClung H L, McClung J P, Margolis L M, Andersen N E, Cloutier G J, et al. Leucine-enriched essential amino acid supplementation during moderate steady state exercise enhances postexercise muscle protein synthesis. Am J Clin Nutr. 2011; 94:809–818.

[30] Lunn W R, Pasiakos S M, Colletto M R, Karfonta K E, Carbone J W, Anderson J M, et al. Chocolate milk and endurance exercise recovery: protein balance, glycogen, and performance. Med Sci Sports Exerc. 2012; 44 (4): 682–691.

[31] Phillips S M. Dietary protein requirements and adaptive advantages in athletes. Br J Nutr. 2012; 108 (Suppl. 2): S158–S167.

[32] Tarnopolsky M. Protein requirements for endurance athletes. Nutrition. 2004; 20:662–628.

[33] Cermak N M, Res P T, de Groot L C, Saris W H, van Loon L J. Protein supplementation augments the adaptive response of skeletal muscle to resistance-type exercise training: a metaanalysis. Am J Clin Nutr. 2012a; 96 (6): 1454–1464.

[34] Naclerio F, Larumbe-Zabala E. Effects of whey protein alone or as part of a multi-ingredient formulation on strength, fat-free mass, or lean body mass in resistance-trained individuals: a meta-analysis. Sports Med. 2016; 46 (1): 125–137.

[35] Atherton P J, Kumar V, Selby A L, Rankin D, Hildebrandt W, Phillips B E, et al. Enriching a protein drink with leucine augments muscle protein synthesis after resistance exercise in young and older men. Clin Nutr. 2017; 36 (3): 888–895.

[36] Churchward-Venne T A, Breen L, Di Donato D M, Hector A J, Mitchell C J, Moore D R, et al. Leucine supplementation of a low-protein mixed macronutrient beverage enhances myofibrillar protein synthesis in young men: a double-blind, randomized trial. Am J Clin Nutr. 2014; 99 (2): 276–286.

[37] Hawley J A, Leckey J J. Carbohydrate dependence during prolonged, intense endurance exercise. Sports Med. 2015; 45 (Suppl 1): S5–S12.

[38] Hultman E, Bergstrom J. Muscle glycogen synthesis in relation to diet studied in normal subjects. Acta Med Scand. 1967; 182:109–117.

[39] Burke L M, Millet G, Tarnopolsky M A, International Association of Athletics Federations. Nutrition for distance events. J Sports Sci. 2007; 25 (Suppl 1): S29–S38.

[40] Burke L M, van Loon L J C, Hawley J A. Postexercise muscle glycogen resynthesis in humans. J Appl Physiol. 2017; 122 (5): 1055–1067.

[41] Philp A, Hargreaves M, Baar K. More than a store: regulatory roles for glycogen in skeletal muscle adaptation to exercise. Am J Physiol Endocrinol Metab. 2012; 302:E1343–E1351.

[42] Philp A, Burke L M, Baar K. Altering endogenous carbohydrate availability to support training adaptations. Nestle Nutr Inst Workshop Ser. 2011; 69:19–31.

[43] Hansen A K, Fischer C P, Plomgaard P, Andersen J L, Saltin B, Pedersen B K. Skeletal muscle adaptation: training twice every second day vs. training once daily. J Appl Physiol. 2005; 98:93–99.

[44] Hulston C J, Venables M C, Mann C H, Martin C, Philp A, Baar K, et al. Training with low muscle glycogen enhances fat metabolism in well-trained cyclists. Med Sci Sports Exerc. 2010; 42:2046–2055.

[45] Impey S G, Hammond K M, Shepherd S O, Sharples A P, Stewart C, Limb M, et al. Fuel for the work required: a practical approach to amalgamating train-low paradigms for endurance athletes. Physiol Rep. 2016; 4 (10): e12803.

[46] Yeo W K, Paton C D, Garnham A P, Burke L M, Carey A L, Hawley J A. Skeletal muscle adaptation and performance responses to once a day versus twice every second day endurance training regimens. J Appl Physiol. 2008; 105:1462–1470.

[47] Vogt M, Puntschart A, Howald H, Mueller B, Mannhart C, Gfeller-Tuescher L, et al. Effects of dietary fat on muscle substrates, metabolism, and performance in athletes. Med Sci Sports Exerc. 2003; 35:952–960.

[48] Zajac A, Poprzecki S, Maszczyk A, Czuba M, Michalczyk M, Zydek G. The effects of a ketogenic diet on exercise metabolism and physical performance in off-road cyclists. Nutrients. 2014; 6:2493–2508.

[49] Burke L M. Re-examining high-fat diets for sports performance: did we call the 'nail in the coffin' too soon? Sports Med. 2015; 45 (Suppl 1): S33–S49.

[50] Knuiman P, Hopman M T E, Mensink M. Glycogen availability and skeletal muscle adaptations with endurance and resistance exercise. Nutr Metab (Lond). 2015; 12:59.

[51] Blomstrand E, Saltin B. Effect of mucle glycogen on glucose, lactate and amino acid metabolism during exercise and recovery in human subjects. J Physiol. 1999; 514 (Pt 1): 293–302.

[52] Lemon P W, Mullin J P. Effect of initial muscle glycogen levels on protein catabolism during exercise. J Appl Physiol Respir Environ Exerc Physiol. 1980; 48:624–629.

[53] Van Hall G, Saltin B, Wagenmakers A J. Muscle protein degradation and amino acid metabolism during prolonged knee-extensor exercise in humans. Clin Sci (Lond). 1999; 97:557–567.

[54] Howarth K R, Moreau N A, Phillips S M, Gibala M J. Coingestion of protein with carbohydrate during recovery from endurance exercise stimulates skeletal muscle protein synthesis in humans. J Appl Physiol. 2009; 106:1394–1402.

[55] Escobar K A, Van Dusseldorp T A, Kerksick C M. Carbohydrate intake and resistance-based exercise: are current recommendations reflective of actual need? Br J Nutr. 2017; 116:2053–2065.

[56] Rosset R, Lecoultre V, Egli L, Cros J, Dokumaci A S, Zwygart K, et al. Postexercise repletion of muscle energy stores with fructose or glucose in mixed meals. Am J Clin Nutr. 2017; 105 (3): 609–617.

[57] Bolster D R, Crozier S J, Kimball S R, Jefferson L S. AMP-activated protein kinase suppresses protein synthesis in rat skeletal muscle through down-regulated mammalian target of rapamycin (mTOR）signaling. J Biol Chem. 2002; 277 (27): 23977–23980.

[58] Xu J, Ji J, Yan X H. Cross-talk between AMPK and mTOR in regulating energy balance. Crit Rev Food Sci

Nutr. 2012; 52 (5): 373–381.

[59] Pasiakos S M, Vislocky L M, Carbone J W, Altieri N, Konopelski K, Freake H C, et al. Acute energy deprivation affects skeletal muscle protein synthesis and associated intracellular signaling proteins in physically active adults. J Nutr. 2010; 140:745–751.

[60] Hulmi J J, Laakso M, Mero A A, Häkkinen K, Ahtiainen J P, Peltonen H. The effects of whey protein with or without carbohydrates on resistance training adaptations. J Int Soc Sports Nutr. 2015; 12:48.

[61] Rasmussen B B, Tipton K D, Miller S L, Wolf S E, Wolfe R R. An oral essential amino acidcarbohydrate supplement enhances muscle protein anabolism after resistance exercise. J Appl Physiol. 2000; 88 (2): 386–392.

[62] Robergs R A, Pearson D R, Costill D L, Fink W J, Pascoe D D, Benedict M A, et al. Muscle glycogenolysis during differing intensities of weightresistance exercise. J Appl Physiol. 1991; 70:1700–1706.

[63] Staples A W, Burd N A, West D W, Currie K D, Atherton P J, Moore D R, et al. Carbohydrate does not augment exercise-induced protein accretion versus protein alone. Med Sci Sports Exerc. 2011; 43:1154–1161.

[64] Deane C S, Wilkinson D J, Phillips B E, Smith K, Etheridge T, Atherton P J. “Nutraceuticals” in relation to human skeletal muscle and exercise. Am J Physiol Endocrinol Metab. 2017; 312:E282–E299.

[65] Nissen S L, Abumrad N N. Nutritional role of the leucine metabolite β-hydroxy β-methylbutyrate (HMB). J Nutr Biochem. 1997; 8:300–311.

[66] Nissen S, Sharp R, Ray M, Rathmacher J A, Rice D, Fuller J C, et al. Effect of leucine metabolite beta-hydroxy-beta-methylbutyrate on muscle metabolism during resistance-exercise training. J Appl Physiol. 1996; 81:2095–2104.

[67] Panton L B, Rathmacher J A, Baier S, Nissen S. Nutritional supplementation of the leucine metabolite β-hydroxy-β-methylbutyrate (HMB) during resistance training. Nutrition. 2000; 16:734–739.

[68] Wilson J M, Lowery R P, Joy J M, Andersen J C, Wilson S M C, Stout J R, et al. The effects of 12 weeks of beta-hydroxy-beta-methylbutyrate free acid supplementation on muscle mass, strength, and power in resistance-trained individuals: a randomized, double-blind, placebocontrolled study. Eur J Appl Physiol. 2014; 114:1217–1227.

[69] Kreider R B, Ferreira M, Wilson M, Almada A L. Effects of calcium β-hydroxy-β methylbutyrate (HMB) supplementation during resistance-training on markers of catabolism, body composition and strength. Int J Sports Med. 1999; 20:503–509.

[70] Slater G, Jenkins D, Logan P, Lee H, Vukovich M, Rathmacher J, et al. Beta hydroxy-betamethylbutyrate (HMB) supplementation does not affect changes in strength or body composition during resistance training in trained men. Int J Sport Nutr Exerc Metab. 2001; 11:384–396.

[71] Fuller J C, Sharp R L, Angus H F, Khoo P Y, Rathmacher J A. Comparison of availability and plasma clearance rates of β-hydroxy-β-methylbutyrate delivery in the free acid and calcium salt forms. Br J Nutr. 2015; 114:1403–1409.

[72] Vukovich M D, Dreifort G D. Effect of beta-hydroxy beta-methylbutyrate on the onset of blood lactate accumulation and V (O) (2) peak in endurance-trained cyclists. J Strength Cond Res. 2001; 15:491–497.

[73] Lamboley C R H, Royer D, Dionne I J. Effects of beta-hydroxy-beta-methylbutyrate on aerobic-performance components and body composition in college students. Int J Sport Nutr Exerc Metab. 2007; 17:56–69.

[74] Robinson E H, Stout J R, Miramonti A A, Fukuda D H, Wang R, Townsend J R, et al. Highintensity interval training and β-hydroxy-β-methylbutyric free acid improves aerobic power and metabolic thresholds. J Int Soc Sports Nutr. 2014; 11:16.

[75] Miramonti A A, Stout J R, Fukuda D H, Robinson E H, Wang R, La Monica M B, et al. The effects of four weeks of high intensity interval training and β-hydroxy-β-methylbutyric free acid supplementation on the onset of neuromuscular fatigue. J Strength Cond Res. 2016; 30:626–634.

[76] Knitter A E, Panton L, Rathmacher J A, Petersen A, Sharp R. Effects of beta-hydroxy-betamethylbutyrate on muscle damage after a prolonged run. J Appl Physiol. 2000; 89:1340–1344.

[77] Van Koevering M, Nissen S. Oxidation of leucine and a-ketoisocaproate to b-hydroxy-bmethylbutyrate in vivo. Am J Phys. 1992; 262 (1 Pt 1): E27–E31.

[78] Wilson G J, Wilson J M, Manninen A H. Effects of beta-hydroxy-beta-methylbutyrate (HMB）on exercise performance and body composition across varying levels of age, sex, and training experience: a review. Nutr Metab (Lond). 2008; 5 (1): 17.

[79] McGlory C, Galloway S D R, Hamilton D L, McClintock C, Breen L, Dick J R, et al. Temporal changes in human skeletal muscle and blood lipid composition with fish oil supplementation. Prostaglandins Leukot Essent Fatty Acids. 2014; 90:199–206.

[80] Smith G I, Atherton P J, Reeds D N, Mohammed B S, Rankin D, Rennie M J, et al. Omega-3 polyunsaturated fatty acids augment the muscle protein anabolic response to hyperamino- acidemiahyperinsulinemia in healthy young and middle aged men and women. Clin Sci. 2011; 121:267–278.

[81] Kamolrat T, Gray S R. The effect of eicosapentaenoic and docosahexaenoic acid on protein synthesis and breakdown in murine C2C12 myotubes. Biochem Biophys Res Commun. 2013; 432:593–598.

[82] Lalia A Z, Dasari S, Robinson M M, Abid H, Morse D M, Klaus K A, et al. Influence of omega-3 fatty acids on skeletal muscle protein metabolism and mitochondrial bioenergetics in older adults. Aging. 2017; 9 (4): 1096–1129.

[83] Rodacki L F, Pereira G, Naliwaiko K, Coelho I, Pequito D. Fish-oil supplementation enhances the effects of strength training in elderly women. J Clin Nutr. 2012; 95 (2): 428–436.

[84] McGlory C, Wardle S L, Macnaughton L S, Witard O C, Scott F, Dick J, et al. Fish oil supplementation suppresses resistance exercise and feeding-induced increases in anabolic signaling without affecting myofibrillar protein synthesis in young men. Physiol Rep. 2016; 4:e12715.

[85] Calder P C. n-3 polyunsaturated fatty acids, inflammation, and inflammatory diseases. Am J Clin Nutr. 2006; 83 (6 Suppl): 1505S–1519S.

[86] Weber P C, Fischer D, von Schacky C, Lorenz R, Strasser T. Dietary Omega Polyunsaturated fatty acids and eicosanoid formation in man. In: Health effects of polyunsaturated fatty acids in seafoods. Orlando: Academic Press; 1986. p. 49–60.

[87] Corder K E, Newsham K R, McDaniel J L, Ezekiel U R, Weiss E P. Effects of short-term docosahexaenoic acid supplementation on markers of inflammation after eccentric strength exercise in women. J Sports Sci Med. 2016; 15 (1): 176–183.

[88] Jouris K B, McDaniel J L, Weiss E P. The effect of omega-3 fatty acid supplementation on the inflammatory response to eccentric strength exercise. J Sport Sci Med. 2011; 10:432–438.

[89] Tinsley G M, Gann J J, Huber S R, Andre T L, La Bounty P M, Bowden R G, et al. Effects of fish oil supplementation on postresistance exercise muscle soreness. J Diet Suppl. 2016; 21:1–12.

[90] Urso M L. Anti-inflammatory interventions and skeletal muscle injury: benefit or detriment? J Appl Physiol. 2013; 115 (6): 920–928.

[91] Delarue J, Labarthe F, Cohen R. Fish-oil supplementation reduces stimulation of plasma glucose fluxes during exercise in untrained males. Br J Nutr. 2003; 90:777–786.

[92] Huffman D M, Michaelson J L, Thomas T R, Derek M, Huffman J L, Michaelson T R T. Chronic supplementation with fish oil increases fat oxidation during exercise in young men. J Exerc Physiol. 2004; 7:48–57.

[93] Le Guen M, Chaté V, Hininger-Favier I, Laillet B, Morio B, Pieroni G, et al. A 9-week docosahexaenoic acid-enriched supplementation improves endurance exercise capacity and skeletal muscle mitochondrial function in adult rats. Am J Physiol Endocrinol Metab. 2016; 310 (3): E213–E214.

[94] Lanza I R, Blachnio-Zabielska A, Johnson M L, Schimke J M, Jakaitis D R, Lebrasseur N K, et al. Influence of fish oil on skeletal muscle mitochondrial energetics and lipid metabolites during high-fat diet. Am J Physiol Endocrinol Metab. 2013; 304:E1391–E1403.

[95] Bloch K, Schoenheimer R. Biological precursors of creatine. J Biol Chem. 1940; 138:167–194.

[96] Greenhaff P L, Bodin K, Soderlund K, Hultman E. Effect of oral creatine supplementation on skeletal muscle phosphocreatine resynthesis. Am J Phys. 1994; 266:E725–E730.

[97] Harris R C, Soderlund K, Hultman E. Elevation of creatine in resting and exercised muscle of normal subjects by creatine supplementation. Clin Sci (Lond). 1992; 83:367–374.

[98] Casey A, Greenhaff P L. Does dietary creatine supplementation play a role in skeletal muscle metabolism and performance? Am J Clin Nutr. 2000; 72 (2 Suppl): 607S–617S.

[99] Birch R, Noble D, Greenhaff P L. The influence of dietary creatine supplementation on performance during repeated bouts of maximal isokinetic cycling in man. Eur J Appl Physiol Occup Physiol. 1994; 69:268–276.

[100] Earnest C P, Snell P G, Rodriguez R, Almada A L, Mitchell T L. The effect of creatine monohydrate ingestion on anaerobic power indices, muscular strength and body composition. Acta Physiol Scand. 1995; 153:207–209.

[101] Greenhaff P L, Casey A, Short A H, Harris R, Soderlund K, Hultman E. Influence of oral creatine supplementation of muscle torque during repeated bouts of maximal voluntary exercise in man. Clin Sci (Lond). 1993; 84:565–571.

[102] Snow R J, McKenna M J, Selig S E, Kemp J, Stathis C G, Zhao S. Effect of creatine supplementation on sprint exercise performance and muscle metabolism. J Appl Physiol. 1998; 84:1667–1673.

[103] Branch J D. Effect of creatine supplementation on body composition and performance: a meta-analysis. Int J Sport Nutr Exerc Metab. 2003; 13:198–226.

[104] Volek J S, Duncan N D, Mazzetti S A, Staron R S, Putukian M, Gómez A L, et al. Performance and muscle fiber adaptations to creatine supplementation and heavy resistance training. Med Sci Sports Exerc. 1999; 31:1147–1156.

[105] Cermak N M, Res P T, de Groot L C P G M, Saris W H M, van Loon L J C. Protein supplementation augments the adaptive response of skeletal muscle to resistance-type exercise training: a meta-analysis. Am J Clin Nutr. 2012b; 96:1454–1464.

[106] Louis M, Poortmans J R, Francaux M, Hultman E, Berre J, Boisseau N, et al. Creatine supplementation has no effect on human muscle protein turnover at rest in the postabsorptive or fed states. Am J Physiol Endocrinol Metab. 2003a; 284:E764–E770.

[107] Louis M, Poortmans J R, Francaux M, Berré J, Boisseau N, Brassine E, et al. No effect of creatine supplementation on human myofibrillar and sarcoplasmic protein synthesis after resistance exercise. Am J Physiol Endocrinol Metab. 2003b; 285:E1089–E1094.

[108] Parise G, Mihic S, MacLennan D, Yarasheski K E, Tarnopolsky M A. Effects of acute creatine monohydrate supplementation on leucine kinetics and mixed-muscle protein synthesis. J Appl Physiol. 2001; 91:1041–1047.

[109] McCarthy J J, Esser K. Counterpoint: satellite cell addition is not obligatory for skeletal muscle hypertrophy. J Appl Physiol. 2007; 103:1100–1102.

[110] Brook M S, Wilkinson D J, Phillips B E, Perez-Schindler J, Philp A, Smith K, et al. Skeletal muscle homeostasis and plasticity in youth and ageing: impact of nutrition and exercise. Acta Physiol. 2016; 216 (1): 15–41.

[111] Ziegenfuss T, Lowery L M, Lemon P W. Acute fluid volume changes in men during three days of creatine supplementation. J Exerc Physiol. 1998; 1:1–9.

[112] Safdar A, Yardley N J, Snow R, Melov S, Tarnopolsky M A. Global and targeted gene expression and protein content in skeletal muscle of young men following short-term creatine monohydrate supplementation. Physiol Genomics. 2008; 32:219–228.

[113] Buford T W, Kreider R B, Stout J R, Greenwood M, Campbell B, Spano M, et al. International Society of Sports Nutrition position stand: creatine supplementation and exercise. J Int Soc Sport Nutr. 2007; 4:1–8.

[114] Willoughby D S, Rosene J. Effects of oral creatine and resistance training on myosin heavy chain expression. Med Sci Sports Exerc. 2001; 33:1674–1681.

[115] Girgis C M, Clifton-Bligh R J, Hamrick M W, Holick M F, Gunton J E. The roles of vitamin D in skeletal muscle: form, function, and metabolism. Endocr Rev. 2013; 34:33–83.

[116] Girgis C M, Mokbel N, Minn Cha K, Houweling P J, Abboud M, Fraser D R, et al. The vitamin D receptor (VDR) is expressed in skeletal muscle of male mice and modulates 25-hydroxyvitamin D (25OHD) uptake in myofibers. Endocrinology. 2014a; 155:3227–3237.

[117] Pike J W. Expression of the vitamin d receptor in skeletal muscle: are we there yet? Endocrinology. 2014; 155:3214–3218.

[118] Wang Y, DeLuca H F. Is the vitamin D receptor found in muscle? Endocrinology. 2011; 152:354–363.

[119] Girgis C M, Clifton-Bligh R J, Mokbel N, Cheng K, Gunton J E. Vitamin D signaling regulates proliferation, differentiation and myotube size in C2C12 skeletal muscle cells. Endocrinology. 2014b; 155 (2): 347–357.

[120] Salles J, Chanet A, Giraudet C, Patrac V, Pierre P, Jourdan M, et al. 1, 25 (OH) 2-vitamin D3 enhances the stimulating effect of leucine and insulin on protein synthesis rate through Akt/ PKB and mTOR mediated pathways in murine C2C12 skeletal myotubes. Mol Nutr Food Res. 2013; 25:1–10.

[121] Ceglia L. Vitamin D and its role in skeletal muscle. Curr Opin Clin Nutr Metab Care. 2009; 12:628–33.

[122] Capiati D, Benassati S, Boland R L. 1, 25(OH) 2-vitamin D3 induces translocation of the vitamin D receptor (VDR) to the plasma membrane in skeletal muscle cells. J Cell Biochem. 2002; 86:128–135.

[123] Buitrago C G, Arango N S, Boland R L. 1α, 25 (OH) 2D3-dependent modulation of Akt in proliferating and differentiating C2C12 skeletal muscle cells. J Cell Biochem. 2012; 113:1170–1181.

[124] Agergaard J, Trøstrup J, Uth J, Iversen J V, Boesen A, Andersen J L, et al. Does vitaminD intake during resistance training improve the skeletal muscle hypertrophic and strength response in young and elderly

men?—a randomized controlled trial. Nutr Metab (Lond). 2015; 12:32.

[125] Barker T, Schneider E D, Dixon B M, Henriksen V T, Weaver L K. Supplemental vitamin D enhances the recovery in peak isometric force shortly after intense exercise. Nutr Metab (Lond). 2013; 10:69.

[126] Ceglia L, Niramitmahapanya S, da Silva Morais M, Rivas D A, Harris S S, Bischoff-Ferrari H, et al. A randomized study on the effect of vitamin d3 supplementation on skeletal muscle morphology and vitamin d receptor concentration in older women. J Clin Endocrinol Metab. 2013; 98:E1927–E1935.

[127] Ward K A, Das G, Roberts S A, Berry J L, Adams J E, Rawer R, et al. A randomized, controlled trial of vitamin D supplementation upon musculoskeletal health in postmenarchal females. J Clin Endocrinol Metab. 2010; 95:4643–4651.

[128] Beaudart C, Buckinx F, Rabenda V, Gillain S, Cavalier E, Slomian J, et al. The effects of vitamin D on skeletal muscle strength, muscle mass and muscle power: a systematic review and meta-analysis of randomized controlled trials. J Clin Endocrinol Metab. 2014; 99:4336–4345.

[129] Chiang C M, Ismaeel A, Griffis R B, Weems S. Effects of vitamin D supplementation on muscle strength in athletes: a systematic review. J Strength Cond Res. 2017; 31 (2): 566–574.

[130] Tanaka T, Kassai A, Ohmoto M, Morito K, Kashiwada Y, Takaishi Y, et al. Quantification of phosphatidic acid in foodstuffs using a thin-layer-chromatography-imaging technique. J Agric Food Chem. 2012; 60:4156–4161.

[131] Fang Y, Vilella-Bach M, Bachmann R, Flanigan A, Chen J. Phosphatidic acid-mediated mitogenic activation of mTOR signaling. Science. 2001; 294:1942–1945.

[132] Rasmussen B B. Phosphatidic acid: a novel mechanical mechanism for how resistance exercise activates mTORC1 signalling. J Physiol. 2009; 587 (Pt 14): 3415–3416.

[133] English D, Cui Y, Siddiqui R A. Messenger functions of phosphatidic acid. Chem Phys Lipids. 1996; 80:117–132.

[134] Mobley C B, Hornberger T A, Fox C D, Healy J C, Ferguson B S, Lowery R P, et al. Effects of oral phosphatidic acid feeding with or without whey protein on muscle protein synthesis and anabolic signaling in rodent skeletal muscle. J Int Soc Sports Nutr. 2015; 12:32.

[135] Jaafar R, De Larichaudy J, Chanon S, Euthine V, Durand C, Naro F, et al. Phospholipase D regulates the size of skeletal muscle cells through the activation of mTOR signaling. Cell Commun Signal. 2013; 11:55.

[136] Purpura M, Jäger R, Joy J M, Lowery R P, Moore J D, Wilson J M. Effect of oral administration of soy-derived phosphatidic acid on concentrations of phosphatidic acid and lyso-phosphatidic acid molecular species in human plasma. J Int Soc Sports Nutr. 2013; 10:P22.

[137] Joy J M, Gundermann D M, Lowery R P, Jäger R, McCleary S A, Purpura M, et al. Phosphatidic acid enhances mtor signaling and resistance exercise induced hypertrophy. Nutr Metab. 2014; 11:1.

[138] Escalante G, Alencar M, Haddock B, Harvey P. The effects of phosphatidic acid supplementation on strength, body composition, muscular endurance, power, agility, and vertical jump in resistance trained men. J Int Soc Sports Nutr. 2016; 13 (1): 1.

[139] Hoffman J R, Stout J R, Williams D R, Wells A J, Fragala M S, Mangine G T, et al. Efficacy of phosphatidic acid ingestion on lean body mass, muscle thickness and strength gains in resistance-trained men. J Int Soc Sports Nutr. 2012; 9 (1): 1.

[140] Andre T L, Gann J J, McKinley-Barnard S K, Song J J, Willoughby D S. Eight weeks of phosphatidic acid supplementation in conjunction with resistance training does not differentially affect body composition and

muscle strength in resistance-trained men. J Sports Sci Med. 2016; 15:532–539.

[141] Gonzalez A M, Sell K M, Ghigiarelli J J, Kelly C F, Shone E W, Accetta M R, et al. Effects of phosphatidic acid supplementation on muscle thickness and strength in resistance-trained men. Appl Physiol Nutr Metab. 2017; 42 (4): 443–448.

[142] Bond P. Phosphatidic acid: biosynthesis, pharmacokinetics, mechanisms of action and effect on strength and body composition in resistance-trained individuals. Nutr Metab (Lond). 2017; 14:12.

[143] Bremer J. Carnitine—metabolism and functions. Physiol Rev. 1983; 63:1420–1480.

[144] Fritz I B, Marquis N R. The role of acylcarnitine esters and carnitine palmityltransferase in the transport of fatty acyl groups across mitochondrial membranes. Proc Natl Acad Sci U S A. 1965; 54:1226–1233.

[145] Kerner J, Hoppel C. Fatty acid transport into mitochondria. Biochem Biophys Acta. 2000; 1486:1–17.

[146] Hoppel C. The role of carnitine in normal and altered fatty acid metabolism. Am J Kidney Dis. 2003; 41:4–12.

[147] Parvin R, Pande S V. Enhancement of mitochondrial carnitine and carnitine acylcarnitine translocase-mediated transport of fatty acids into liver mitochondria under ketogenic conditions. J Biol Chem. 1979; 245: 5423–5429.

[148] Stephens F B, Constantin-Teodosiu D, Laithwaite D, Simpson E J, Greenhaff P L. Insulin stimulates L-carnitine accumulation in human skeletal muscle. FASEB J. 2006a; 20:377–379.

[149] Wall B T, Stephens F B, Constantin-Teodosiu D, Marimuthu K, Macdonald I A, Greenhaff P L. Chronic oral ingestion of L-carnitine and carbohydrate increases muscle carnitine content and alters muscle fuel metabolism during exercise in humans. J Physiol. 2011; 5894:963–973.

[150] Stephens F B, Wall B T, Marimuthu K, Shannon C E, Constantin-Teodosiu D, Macdonald I A, et al. Skeletal muscle carnitine loading increases energy expenditure, modulates fuel metabolism gene networks and prevents body fat accumulation in humans. J Physiol. 2013; 591 (18): 4655–4666.

[151] Vecchiet L, Di Lisa F, Pieralisi G, Ripari P, Menabò R, Giamberardino M A, et al. Influence of L-carnitine administration on maximal physical exercise. Eur J Appl Physiol Occup Physiol. 1990; 61 (5-6): 486–490.

[152] Orer G E, Guzel N A. The effects of acute L-carnitine supplementation on endurance performance of athletes. J Strength Cond Res. 2014; 28 (2): 514–519.

[153] Cha Y S, Choi S K, Suh H, Lee S N, Cho D, Li K. Effects of carnitine coingested caffeine on carnitine metabolism and endurance capacity in athletes. J Nutr Sci Vitaminol (Tokyo). 2001; 47 (6): 378–384.

[154] Gorostiaga E M, Maurer C A, Eclache J P. Decrease in respiratory quotient during exercise following L-carnitine supplementation. Int J Sports Med. 1989; 10 (3): 169–174.

[155] Marconi C, Sassi G, Carpinelli A, Cerretelli P. Effects of L-carnitine loading on the aerobic and anaerobic performance of endurance athletes. Eur J Appl Physiol Occup Physiol. 1985; 54 (2): 131–135.

[156] Broad E M, Maughan R J, Galloway S D. Effects of four weeks L-carnitine L-tartrate ingestion on substrate utilization during prolonged exercise. Int J Sport Nutr Exerc Metab. 2005; 15 (6): 665–679.

[157] Lee J K, Lee J S, Park H, Cha Y S, Yoon C S, Kim C K. Effect of L-carnitine supplementation and aerobic training on FABPc content and beta-HAD activity in human skeletal muscle. Eur J Appl Physiol. 2007; 99 (2): 193–199.

[158] Gonzalez J T, Stevenson E J. New perspectives on nutritional interventions to augment lipid utilisation during exercise. Br J Nutr. 2012; 107:339–349.

[159] Soop M, Björkman O, Cederblad G, Hagenfeldt L, Wahren J. Influence of carnitine supplementation on

muscle substrate and carnitine metabolism during exercise. J Appl Physiol. 1988; 64:2394–2399.
[160] Wächter S, Vogt M, Kreis R, Boesch C, Bigler P, Hoppeler H, et al. Long-term administration of L-carnitine to humans: effect on skeletal muscle carnitine content and physical performance. Clin Chim Acta. 2002; 318:51–61.
[161] Stephens F B, Constantin-Teodosiu D, Laithwaite D, Simpson E J, Greenhaff P L. An acute increase in skeletal muscle carnitine content alters fuel metabolism in resting human skeletal muscle. J Clin Endocrinol Metab. 2006b; 91:5013–5018.
[162] Shannon C E, Nixon A V, Greenhaff P L, Stephens F B. Protein ingestion acutely inhibits insulinstimulated muscle carnitine uptake in healthy young men. Am J Clin Nutr. 2016; 103:276–282.
[163] Duncan C, Dougall H, Johnston P, Green S, Brogan R, Leifert C, et al. Chemical generation of nitric oxide in the mouth from the enterosalivary circulation of dietary nitrate. Nat Med. 1995; 1:546–551.
[164] Lundberg J O, Weitzberg E, Gladwin M T. The nitrate-nitrite-nitric oxide pathway in physiology and therapeutics. Nat Rev Drug Discov. 2008; 7 (2): 156–167.
[165] Stamler J S, Meissner G. Physiology of nitric oxide in skeletal muscle. Physiol Rev. 2001; 81 (1): 209–237.
[166] Bailey S J, Winyard P, Vanhatalo A, Blackwell J R, Dimenna F J, Wilkerson D P, et al. Dietary nitrate supplementation reduces the O_2 cost of low-intensity exercise and enhances tolerance to high-intensity exercise in humans. J Appl Physiol. 2009;107:1144–1155.
[167] Larsen F J, Weitzberg E, Lundberg J O, Ekblom B. Effects of dietary nitrate on oxygen cost during exercise. Acta Physiol. 2007; 191:59–66.
[168] Larsen F J, Schiffer T A, Borniquel S, Sahlin K, Ekblom B, Lundberg J O, et al. Dietary inorganic nitrate improves mitochondrial efficiency in humans. Cell Metab. 2011; 13:149–159.
[169] Vanhatalo A, Bailey S J, Blackwell J R, DiMenna F J, Pavey T G, Wilkerson D P, et al. Acute and chronic effects of dietary nitrate supplementation on blood pressure and the physiological responses to moderate-intensity and incremental exercise. Am J Physiol Regul Integr Comp Physiol. 2010; 299 (4): R1121–R1131.
[170] Lansley K E, Winyard P G, Bailey S J, Vanhatalo A, Wilkerson D P, Blackwell J R, et al. Acute dietary nitrate supplementation improves cycling time trial performance. Med Sci Sports Exerc. 2011; 43:1125–1131.
[171] Wylié L J, Mohr M, Krustrup P, Jackman S R, Ermıdis G, Kelly J, et al. Dietary nitrate supplementation improves team sport-specific intense intermittent exercise performance. Eur J Appl Physiol. 2013; 113:1673–1684.
[172] Arnold J T, Oliver S J, Lewis-Jones T M, Wylie L J, Macdonald J H. Beetroot juice does not enhance altitude running performance in well-trained athletes. Appl Physiol Nutr Metab. 2015; 40:590–595.
[173] Cermak N M, Res P, Stinkens R, Lundberg J O, Gibala M J, van Loon L J. No improvement in endurance performance after a single dose of beetroot juice. Int J Sport Nutr Exerc Metab. 2012c; 22:470–478.
[174] Wilkerson D P, Hayward G M, Bailey S J, Vanhatalo A, Blackwell J R, Jones A M. Influence of acute dietary nitrate supplementation on 50 mile time trial performance in well-trained cyclists. Eur J Appl Physiol. 2012; 112:4127–4134.
[175] Jonvik K L, Nyakayiru J, van Loon L J, Verdijk L B. Can elite athletes benefit from dietary nitrate supplementation? J Appl Physiol. 2015; 119 (6): 759–761.
[176] Poortmans J R, Gualano B, Carpentier A. Nitrate supplementation and human exercise performance: too

much of a good thing? Curr Opin Clin Nutr Metab Care. 2015; 18 (6): 599–604.

[177] Poveda J J, Riestra A, Salas E, Cagigas M L, López-Somoza C, Amado J A, et al. Contribution of nitric oxide to exercise-induced changes in healthy volunteers: effects of acute exercise and long-term physical training. Eur J Clin Investig. 1997; 27:967–971.

[178] Perez-Schindler J, Hamilton L D, Moore D R, Baar K, Philp A. Nutritional strategies to support concurrent training. Eur J Sport Sci. 2015; 15 (1): 41–52.

第四部分

整个生命周期中的同期有氧和力量训练

17 儿童和青少年的同期训练

马丁·加布勒（Martijn Gäbler），乌尔斯·格拉纳赫（Urs Granacher）

17.1 引言

本章将围绕儿童和青少年同期训练的有益效应或者干扰效应展开论述。由于训练和（生物）年龄都会影响身体的适应性和训练目标的达成，对于运动员和非运动员 [1]、儿童（6～13 岁的男孩和 6～11 岁的女孩）和青少年（14～18 岁的男孩和 12～18 岁的女孩）要有区分[2]。同时，某些体适能成分的相关度也因年龄和训练目标不同而有所不同。卡斯佩森（Caspersen）等人[3]为了便于操作，将体适能主要分为与健康相关的体适能和与运动技能相关的体适能两个部分（表 17.1）。必须指出的是，训练与健康相关的体适能（如肌肉力量、耐力）会提高运动表现[4]，而训练与运动技能相关的体适能（如平衡、灵敏）也会产生益处（如预防损伤）[5]。事实上，大多数与运动技能相关的体适能（反应时除外）都被认为是与健康相关的体适能[6]，但卡斯佩森等人[3]所做的分类仍然有助于凸显与运动表现相关的组成部分。

表 17.1 与健康相关的体适能和与运动技能相关的体适能
[（卡斯佩森等人[3]分类，布沙尔（Bouchard）等人[6]改编）]

与健康相关的体适能	与运动技能相关的体适能
心肺功能（心脏和肺的功能、血压）	灵敏性*
形态学成分（体重指数、身体成分、灵活性）	平衡性*
肌肉功能（力量、爆发力、耐力）	协调性*
动作要素（灵敏、平衡、协调、速度）	速度*
代谢要素（糖耐量、炎症标志物）	爆发力*
	反应时

注：*表示也属于与健康相关的体适能成分。

17.2 儿童和青少年的有氧和力量运动的重要性

毫无疑问，体育运动对儿童和青少年的健康有积极的影响。世界卫生组织（WHO）[7]建议 5～17 岁的儿童和青少年每天至少进行累计 60 分钟的中等及以上强度的身体活动。大多数日常身体活动应该以有氧运动为主，但也应包含部分高强度运动，如加强骨骼和肌肉的活动，每周至少 3 次。身体活动应包括有氧运动和力量运动，这既可以通过玩或者游戏来实现，也可以通过有组织的运动锻炼，如在体育课上和运动俱乐部进行活动来实现。然而，目前的指导方针[7]有些不利于肌肉体适能的发展（如肌肉力量、爆发力和耐力），而这些肌肉体适能正是进行大强度运动的先决条件[8]。而且，越来越多的儿童及青少年并没有达到世界卫生组织所推荐的身体活动量[9,10]，而缺乏运动会导致儿童肥胖和肌少症[9,11−13]。2008 年，只有 54%的学龄前儿童能够达到推荐的运动量[14]。世界卫生组织在 2009—2010 年进行的一项调查显示，随着年龄的增长，这个比例从 11 岁的 23%下降至 15 岁的 15%[15]。

除了儿童和青少年非运动员群体外，同期训练与儿童和青少年运动员这个亚群体也有特殊的相关性。威廉姆斯（Williams）[1]将儿童和青少年运动员定义为“仍在生长和发育中的儿童或少年，他们至少在一个专项运动上，每周进行一次系统训练，有至少一年的比赛经验”。鉴于大多数运动项目都需要力量、耐力和速度[16]的结合，儿童和青少年运动员的训练至少应该包含足够的刺激，以发展这些体适能成分。在现有 6～18 岁的儿童和青少年运动员训练计划中增加一些力量训练，最终会提高与运动技能相关的体适能成分（如速度和爆发力）[4]。因此，参与同期耐力和力量训练，有助于满足世界卫生组织对身体活动的要求，并促进身体健康，提高运动技能和运动表现。

17.3 促进儿童和青少年的身体发育

在进行任何形式的运动训练时，都必须仔细考虑儿童及青少年的身体发育。已有多个模型[17−20]对如何在儿童和青少年中系统发展体适能有关成分，如力量、耐力、速度和运动技能，提供了建议和指导。这些模型旨在优化儿童和青少年运动员的训练，使他们有潜力在成年后发挥出最佳的运动水平，从而实现长期的训练目标，而不是仅仅获得短期的成功。这些模型反对过度关注实际年龄，认为体适能成分的发展不是一个线性过程，而是与生物学发展密切相关的[21]。因此，对青少年进行训练应更多关注那些对训练刺激高度敏感的体适能成分。此外，尽管这些模型关注的是儿童和青少年运动员的身体发展，但这些模型适合所有儿童和青少年[18,20]。这些模型可以增加体育活动的乐趣、提高儿童和青少年的自信心和终身运动锻炼的参与度。它们是按照儿童和青少年生物学年龄和训练经历来制定的个性化指南。

第一个将生长发育与儿童和青少年的训练及可训练性联系起来的模型是运动员长期发展（LTAD）模型[17,18]。该模型以身高突增期（PHV）的起始点为参考点。PHV是指青少年时期身高变化（增长）最大的年龄，可以通过简单的人体测量（坐高和直立高度）、性别和实际年龄来确定[22]。萨斯喀彻温大学的网站上有免费的在线PHV计算器[23]。将PHV评估纳入儿童和青少年的健康促进计划中，可以为早熟、正常和晚熟儿童提供个性化训练方案。因此，LTAD模型将PHV作为参考点来确定“训练窗口期”，将其当作身体发育的关键时期，这对挖掘一个人的运动潜能至关重要[17,18,24]。然而，LTAD模型的最大不足是缺乏证据支持“训练窗口期”，因此该模型受到了置疑和批评[19,25]。

由于LTAD模型存在不足[17,18]，劳埃德（Lloyd）等人提出了青少年身体发育（YPD）模型，并在后期对其进行了修改，重新命名为复合青少年发展（CYD）模型[19,20]。YPD模型（后来的CYD模型）假定身体的各项素质在儿童和青少年时期都是可以训练的，但是对不同素质训练的重要性随着年龄的增长而变化。与LTAD模型相似，在YPD模型中，PHV也被用作确定生物年龄的参考点。此外，男性和女性的CYD模型不同，且该模型还应根据初始训练状态进行适当调整[19,20]。CYD模型建议，训练的重点应根据PHV排除年龄、生长速率和个体相关的发育阶段，以成熟状态为依据[20]。

根据CYD模型，发展某种体适能素质的重要性随着发育阶段的变化而变化。幼儿期（2～4岁）是一个快速成长的时期。在这个发育阶段，身体活动应该不需要特别组织，无须具备玩耍性和趣味性，应强调发展基本运动技能（FMS）和肌肉力量[19,20,26]。身高突增期之前的几年，即儿童中期的发育阶段，伴随着身高的稳定增长。这一阶段通常男孩（5～13岁）比女孩（5～11岁）持续的时间更长[27,28]。在此期间，训练和体育活动应高度多样化，而不是局限于单一的运动项目[29]。因此，这一阶段训练的重点仍然应该被放在发展肌肉力量和基本运动技能上，其次是发展灵活性、敏捷性、速度和肌肉爆发力[19,20]。青春期的开始表现为生长速度加快，PHV在达到顶峰后缓慢下降，直至成年[27,30]。男孩的青春期通常在14～20岁，女孩在12～18岁。此时训练结构应逐渐成年化，并应开始专项运动训练[19,20,29]。这时的重点应放在发展专项运动技能、敏捷性、速度、肌肉爆发力和最大力量及身高突增期之后的肌肉肥大方面。

耐力和代谢调节能力的训练在青春期后期变得更加重要，但训练目标可能会因人群和运动项目的不同而有所不同。因此，某些体适能成分的相对重要性可能存在个体差异。尤其是儿童和青少年耐力运动员为了发展较强的有氧运动能力，可能会进行大量有氧耐力训练[31]。综上所述，CYD模型建议肌肉力量和运动能力的发展应该在儿童和青少年的运动训练中占中心地位，而有氧训练的重要性则随着身体发育而逐渐增加。

在CYD模型中[20]，肌肉力量的重要地位似乎与世界卫生组织[7]的观点相矛盾，后者更强调有氧运动。我们对于这一矛盾最好通过区别训练目标来理解。世界卫生组织主要关注的是健康促进，如增加身体活动，减少超重和肥胖；而CYD模型的目标是提高身体素质、运动技能以及终身运动锻炼的参与度。此外，当青少年力量发展被忽视和肌肉力量水平不足时，有可能出现运动缺乏，从而形成恶性循环[11]。这种连锁反应最先开始于运动技能下降，导致青少年运动信心缺乏和久坐行为增加，最终导致随后的不良健康状况[28]。与这种运动不足密切相关的是少儿肌少症[8,13]。肌少症导致肌肉力量缺乏，通常见于老年人[32]。法根鲍姆（Faigenbaum）[13]将少儿肌少症描述为一种后天获得性疾病，而不是由神经或肌肉本身疾病引起的，这种情况可以通过以力量和技能为基础的体育活动得到逆转[8]。

综合以上建议，我们可以得出如下结论：在青少年时期，应该发展肌肉力量来促进身体发育[19,20]，同时建议进行有氧运动（每天至少 60 分钟）以获得积极的效果[7]。皮查多（Pichardo）等人[33]发表的一篇综述文章总结了现有模型，并将它们集成一个新的概念化方案。

17.4 单独力量训练

鉴于肌肉力量对不同的身体素质都有至关重要的影响[34]，世界卫生组织 [7]、美国儿科学会[35]、国际奥委会[36]、美国[37]和英国[21]力量和体能训练协会等一系列组织都推荐儿童尽早进行力量训练，甚至，只要孩子们能够理解并遵循[38]训练指示，从 6 岁开始就可以进行力量训练 [39]。然而，应该强调的是，为了安全起见，有必要在力量训练时，学习适当的运动技巧并由力量和素质训练专业人员监督。

17.4.1 力量训练对青少年的影响

一项 Meta 分析表明，青少年进行力量训练对肌肉素质有积极的影响，如提高肌肉爆发力、最大力量、局部肌肉耐力[40]和运动技能等（表 17.2）。佩恩（Payne）等人[41]发现，力量训练对 18 岁以下非运动员的肌肉力量和耐力的影响中等[效应值（ES）= 0.75]。等动训练效果似乎不如等长或等张训练。年龄和性别对训练的有效性没有影响，但是需要注意该项研究的样本量较小，研究者对其效应值并没有进行校正。贝姆（Behm）等人[42]分析了 107 项研究，发现力量训练对儿童和青少年提高短跑运动技能的影响较小（ES = 0.48），对提高跳跃运动技能的影响中等（ES = 0.53），对下肢力量增加的影响较大（ES = 1.14）。进一步的分析显示，儿童和非运动员青少年对训练反应的效应值更大。

另外两项 Meta 分析[43,44]发现，18 岁以下非运动员的力量训练对肌肉力量[43]影响更明显（ES = 1.12），对提高跑步、跳跃和投掷等运动技能[44]有中等程度的影响（ES = 0.52）。此外，年龄与训练促进运动技能的改善呈负相关（$r = -0.25$）[44]，但青少年在肌肉力量方面的获益大于青春期前儿童[43]。这一发现得到了早期 Meta 分析[45]的支持，力量训练对儿童（男孩≤13 岁，女孩≤12 岁）肌肉力量有中等程度影响（ES = 0.57）。还有另外两项针对 18 岁以下运动员的 Meta 分析 [4,46]，哈里斯（Harries）等人[46]发现力量训练对提高 13～18 岁青少年运动员的跳跃成绩有较大影响（平均增加 3.1cm），他们还认为超等长训练效果最好。列辛斯基（Lesinski）等人[4]进行了一项包括儿童和青少年运动员的研究，发现力量训练对肌肉力量（ES = 1.09）和垂直纵跳表现（ES = 0.80）有很大影响；其对运动技能也有中等程度影响，如冲刺（ES = 0.58）、敏捷性（ES = 0.68）和专项运动成绩（ES = 0.75）。对于运动员群体来论，在肌肉力量方面，与青少年运动员相比，儿童运动员从力量训练中获得了更大的好处。法根鲍姆等人[28]提出，训练有素和未经训练的儿童和青少年之间的量–效关系可能有所不同（见 17.4.2）。青少年运动员的训练年限（或运动时间）较儿童运动员和无训练经历的青少年更长，这可以解释为什么青少年运动员在训练中获得的收益相对较小。从这些数据我们可以得出结论，力量训练可以提高儿童和青少年肌肉力量、运动技能和运动成绩，年龄和训练背景对这些有中等程度影响。

表 17.2　力量训练对青少年肌肉体适能、运动技能和专项运动表现影响的 Meta 分析

研究者	研究对象	效应测量	肌肉体适能 [a]	运动技能 [b]	专项运动表现 [c]
佩恩等，1997 [41]	18 岁以下的非运动员	科恩 d 值平均数	0.75	—	—
贝林杰（Behringer）等，2010 [43]	18 岁以下的非运动员	何杰斯 g 值加权平均值	1.12	—	—
贝林杰等，2011 [44]	18 岁以下的非运动员	—	—	0.52	—
福尔克（Falk），特南鲍姆（Tenenbaum），1996 [45]	非运动员，女孩 12 岁以下，男孩 13 岁以下	科恩 d 值平均数	0.57	—	—
哈里斯等，2012 [46]	13～18 岁的青少年运动员	加权均数差 [d]	—	3.08	—
列辛斯基（Lesinksi）等，2016 [4]	6～18 岁的儿童和青少年运动员	何杰斯 g 值加权平均值	1.09	0.58；0.68；0.80	0.75
贝姆等，2017 [42]	18 岁以下的儿童和青少年	组内标准化平均差	1.14	0.48；0.53	—

注：[a]：肌肉体适能包括肌肉力量、肌肉爆发力、肌肉耐力等指标；

[b]：运动技能包括短跑、跳跃和敏捷性等；

[c]：专项运动表现包括投掷和踢腿速度等；

[d]：在哈里斯等人[46]（2012）关于纵跳高度的报告中虽然没有效应量，但是在纵跳高度绝对值上有较大效应。

17.4.2　量–效关系和训练建议

贝林杰等人[44]发现，在未经训练的儿童和青少年（≤18 岁）中，训练强度（%1RM）与运动技能（投掷、跳跃和跑步）水平的提高存在正线性关系。他们的数据表明，至少需要 50% 1RM 强度才能提高运动技能。儿童和青少年运动员（6～18 岁）力量训练参数可以从列辛斯基等人关于力量训练参数和肌肉力量改善的量–效关系分析而获得[4]。肌肉力量增加的最大效应训练方案为自由重量训练，频率为每周 2～3 次，每次训练 5 组，强度相当于 80%～89%1RM。然而，今后的研究还需要进一步验证这种大负荷训练对儿童和青少年运动员或无训练经历者的安全性[28]。专家对增加负荷的看法是，在渐进到大负荷强度前，安全的做法是在小负荷强度下学习适当的运动技术[2]。对于儿童和青少年力量训练的具体建议可以在鲍姆[47]和法根贝姆[34]等人的综述文章中找到。根据这些建议，力量训练应每周隔日进行 2 次或 3 次，在 8～12 个不同的动作中进行 1～2 组重复 8～15 次的运动，强度约为 60% 1RM。儿童和青少年在掌握适当的运动技能后，训练可以渐进到 2～4 组，重复 6～12 次，强度可达 80% 1RM[21]。在这个阶段，可以引入更高级的动作，如奥林匹克举重（参考劳埃德[48]等人举重技术的进阶指导方针）。当儿童和青少年训练经验丰富、训练能力提高后，强度可进一步加大（不高于 6 次重复，强度大于 85% 1RM[4]）。表 17.3 总结了这些训练建议。

表 17.3　关于不同技能水平下力量训练、有氧训练和体力活动的专家建议的总结

参数	低技能	中等技能	高技能
力量训练			
频率	2 次/周	2～3 次/周	2～4 次/周
组数	1～2 组	2～4 组	数组
每组重复次数	8～15 次	6～12 次	≤6 次
强度	≤60%1RM	≤80%1RM	≥85%1RM
有氧训练			
频率	3～4 次/周		
持续时间	40～60 分钟		
强度	85%～90%最大心率		
体力活动			
频率	7 天/周		
持续时间	≥60 分钟		
强度	≥50%最大心率		

注：体力活动应被视为与力量训练或有氧训练的结合，如 60 分钟的高强度跑应被视为有氧训练和体力活动。力量训练的建议源于贝姆、法根鲍姆、列辛斯基等人的观点；有氧训练的建议源于阿姆斯特朗等人的观点；体力活动的建议源于世界卫生组织的观点。

17.4.3　训练适应

增强肌肉力量可以通过神经[49–52]和肌肉[51–55]的适应来实现。训练诱导的神经适应包括增加运动单位的募集数量和冲动频率，加强拮抗肌的抑制作用，改善肌肉内和肌肉间的协调。增强肌肉力量的主要肌肉适应是肌肉肥大，但肌肉羽状角[55]、肌球蛋白亚型[56,57]及肌腱刚度[58]的变化也可促进肌肉力量的增强。莱格洛茨（Legerlotz）[58]等人在综述中描述了儿童和青少年运动员在力量训练后的生理适应。他们认为，训练诱导的儿童运动技能提高与神经肌肉控制的改善及肌肉和肌腱的形态学适应有关，尽管肌肉肥大似乎是有限的。由于青春期前儿童力量训练产生肌肉肥大效应很小，因此训练引起的力量增长主要体现在神经适应方面[59]。此外，儿童也不具备肌肉肥大所需的雄激素水平[19,58]。研究的确发现，10 岁儿童在力量训练中肘关节屈曲力量有明显改善，肌电图相关指标也有所增长，而上臂围度没有增加[60]。与儿童相比，青少年在机械负荷训练后，出现了肌肉肥大效应，这与神经适应一起，对促进力量增加起关键作用 [19,24,27]。这很有可能与青春期荷尔蒙水平的变化（即睾酮水平提高）有关，这些适应性的区别再次强调了生物年龄与训练计划安排和运动处方相关 [58]。

17.5 单独有氧训练

测量有氧体适能的手段比较有限[62]。对有氧体适能的综合评价手段就是最大摄氧量（$\dot{V}O_2\,max$）测试，该指标取决于最大心输出量（每搏输出量和心率）和动脉–静脉氧差。然而，在许多儿童和青少年运动到力竭的测试过程中，很少出现摄氧量平台，因此摄氧量峰值更常被用来反映他们的有氧体适能[63]。摄氧量通常用与体重相关的相对值来表示［毫升/（千克体重・分$^{-1}$）］。对于非运动员人群，如果将体重标准化，随着年龄增长到成熟阶段，男性摄氧量峰值会保持稳定，而女性可能会出现下降[31]。

佩恩和莫罗（Morrow）[64]发现有氧训练对儿童 $\dot{V}O_2\,max$ 的影响有大有小，变化幅度主要取决于研究设计（纵向研究：ES = 0.35，横向研究：ES = 0.94）。另一个系统综述显示[65]，5～16 岁的儿童及青少年进行有氧训练后，他们的摄氧量峰值增加 5%～6%。此外，对于年轻个体摄氧量峰值的可训练性，一些横向研究也提供了间接证据，因为相对于未经训练的同龄人，儿童和青少年运动员具有更高的摄氧量峰值[31]。

研究者通常把这些摄氧量峰值之间的差异归因于每博输出量存在差异，这表明要提高青少年的有氧能力，就必须提高每搏输出量。此外，训练强度也是提高摄氧量峰值的一个关键因素。系统综述[31,65,66]表明，只有训练强度接近最大心率（85%～90%最大心率），才能对青少年的摄氧量峰值产生影响，而较低强度训练（＜80%最大心率）没有明显影响。基于这些发现，阿姆斯特朗（Armstrong）等人[61]建议儿童和青少年的有氧训练应每周进行 3～4 次，每次 40～60 分钟，强度相当于最大心率的 85%～90%（表 17.3）。

17.6 健康儿童和青少年的同期有氧和力量训练

单独有氧训练或力量训练有助于提高身体素质，并对身体健康和运动表现有好处。然而，专项化训练原则[51]提示单独训练的机体适应程度是有限的，同期有氧和力量训练可能更有利于同时提高身体健康成分。有趣的是，将两种训练模式结合起来并不等于单独力量训练和单独有氧训练的总和。与单独力量训练相比，当有氧训练与力量训练同时进行时，肌肉对力量训练的适应（如肌肉体适能和肌肉肥大）可能会受到影响[67]。本书的第二部分详细讨论了同期有氧和力量训练的潜在干扰效应。由于肌肉适应性的冲突，大量的有氧训练可能通过干扰肌肉肥大而限制力量的发展[68]。然而，也有数据[69]表明，这种干扰可能更会影响肌肉最大力量和爆发力的发展（即神经肌肉适应，而不是肌肉肥大）。应该指出的是，这些知识大都源于对成年人的研究[67]。由于缺乏文献，儿童和青少年同期训练的相关知识略显匮乏。由于生长和发育，对于成年人的研究结果并不能简单地应用于儿童和青少年群体[70,71]。本章前面部分叙述了力量训练的适应性，强调在设计运动干预方案时应该承认生物年龄的重要性。由于青春期前儿童肌肉肥大的可能性较小，可以推测有氧训练对力量训练适应的干扰很小。然而，如果神经适应受到干扰，则为儿童制订训练计划时应对此进行充分考虑[69]。另外，当有氧训练和力量训练相结合时，青少年在神经适应后还会出现肌肉肥大，相互的干扰机制就会起作用。

直到近几年，关于超重儿童和青少年同期训练的研究成果才得以发表[72,73]。我们对健康儿童和青少年同期训练的效果进行了系统回顾和 Meta 分析，并特别关注了儿童和青少年运动员[74]。传统的同期训练研究都是对同期训练组和只进行单独训练的组别进行比较。我们的 Meta 分析[74]涉及 15 项研究，其中 11 项研究针对儿童和青少年耐力运动员（跑步、游泳、划船和越野滑雪运动员），4 项研究涉及未经训练的儿童和青少年。根据针对儿童和青少年运动员的研究数据，我们可以比较有氧训练和同期训练的效果；而根据对未经训练的儿童和青少年的研究，我们仅能比较其力量训练和同期训练的效果。Meta 分析的主要结果如图 17.1 所示。

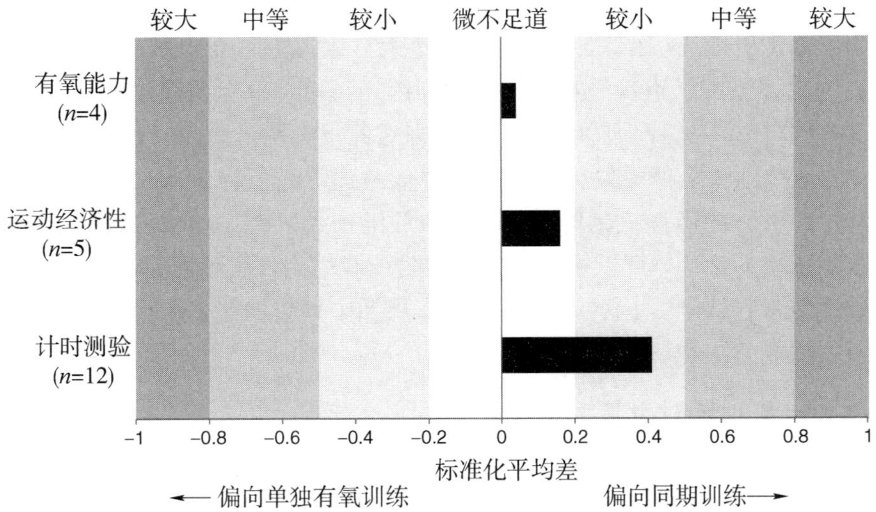

图 17.1　同期训练和单独有氧训练对 10～18 岁运动员不同参数的影响

注：*n* 表示纳入 Meta 分析中的训练组（干预组）的人数。条形代表有氧能力（摄氧量峰值或者最大摄氧量）、运动经济性（在一定运动强度下的摄氧量）和计时测验（运动成绩）的标准化平均差。

17.6.1 增加力量训练来提高有氧运动表现

对于 10～18 岁的以有氧训练为主的年轻运动员，如果在有氧训练方案中增加力量训练，对计时赛成绩影响效应值较小（ES = 0.41）[73]。进一步的分析显示，这对青少年的影响有中等效应值（ES = 0.52），而对儿童的影响则微不足道（ES = 0.17）。这些发现表明，有氧结合力量训练比单独有氧训练更能提高年轻运动员，尤其是青少年在跑步、游泳、划船和越野滑雪项目中的运动表现。这些研究的进一步数据表明，同期训练对有氧运动能力（如最大摄氧量或摄氧量峰值）和运动经济性（在特定运动强度时的摄氧量）的影响都很小，影响的效应值分别为 ES = 0.04 和 ES = 0.16。这些发现表明，在年轻运动员中，同期训练比单独有氧训练更能提高计时赛成绩。尽管有氧能力和运动经济性似乎不受额外力量训练的影响，但是应注意，该综述中包括的大多数研究并没有评估有氧能力和运动经济性，还需要进一步的研究来阐明促进运动表现提高的有关机制。

关于这个问题最为完善的研究可能是米科拉（Mikkola）等人[75]对 25 名平均年龄为 17 岁的长跑运动员所进行的研究。他们的研究没有像大多数其他研究那样增加额外训练时间，而是用爆发力训练取代了 19%的有氧训练量，每周 3 次，持续 8 周。这一设计确保了两组的训练量相似（有氧训练组：每周 8.5 小时；同期训练组：每周 8.8 小时）。爆发力训练包括冲刺（30～150 米）、各种跳跃和负重训练，以加强下肢主要肌群和核心肌群力量。负重训练为 2～3 组，每组 6～10 次，以小负荷高速度进行。有氧训练主要包括低于个体无氧阈强度的跑步。研究者发现相对于单独有氧训练，同期训练可以更大幅度增加下肢等长推举力量（8% vs. 3%），而这些促进效应与伸膝肌的神经激活相关（$r = 0.7$），同时股四头肌的围度增加（4% vs. 2%）。对于这些特定人群来说更有趣的是，在不影响 $\dot{V}O_2\max$ 前提下，训练明显提高了跑步经济性。同期训练还可以降低亚极量速度下跑步的摄氧量（14 千米/小时，下降 3%），但单独有氧训练则对此没有明显影响（14 千米/小时，增加 3%摄氧量）。这些结果表明爆发力训练可以降低有训练经历青少年长跑运动员的能量消耗。提高跑步经济性的潜在机制可能是 I 型肌纤维神经肌肉活动增强的结果[76]。训练导致肌肉和肌腱刚度的适应，可以增加肌肉和肌腱的收缩力，从而增加了肌肉–肌腱系统弹性元件的弹性能量存储[76]，因此，在每个步态周期中损失的能量更少，这意味着保持同样的跑速所需的能量更少。

17.6.2 增加有氧训练对力量发展无干扰

为了研究有氧训练对肌肉力量、肌肉爆发力和肌肉肥大的干扰效应，应采用比较同期训练和单独力量训练效果的设计。然而，系统综述发现只有少数对无训练经历的儿童[77–79]和青少年[80]的研究采用了这种设计。这些研究来自同一小组，也使用了相似的研究方法。所有研究是在葡萄牙的同一学区进行的，包括一个或多个同期训练组、单独力量训练组和对照组。力量训练每周进行 2 次，为期 8 周，包括实心球投掷、跳跃和短跑训练，而同期训练组还要加上每周 2 次、次最大强度 20 米折返跑测试作为有氧训练。这些研究表明[74]，在力量训练中加入有氧训练，对以纵跳高度为标志的腿部爆发力影响较小（ES = 0.23）。这些差别不大的结果提示儿童和青少年的训练适应是相似的，也提示有氧训练对力量没有干扰，且有氧训练对无训练经历的儿童和青少年的爆发力发展还有额外益处（纵跳高度增加）。然而，这些研究在方法学中的局限性也会有其他解释。例如，一个潜在的矛盾因素是将 20 米折返跑同时作为训练手段和评估方法。在这个测试中，反复改变运动方向需要不断地让身体加速和减速，这种测试会刺激下肢产生快速力量，从而表现为垂直纵跳高度增加。有氧训练对力量没有干扰效应还有其他原因，例如受试者无训练经历或者有较少训练经历，以及训练量较小，在解释这些数据时也需要将这些因素考虑进去。

17.6.3 有氧训练和力量训练顺序

在特定情况下（如年轻运动员的大运动量训练），有氧训练和力量训练经常被安排在同一天进行。有氧（A）训练和力量（S）训练执行顺序可能影响训练适应（相关内容见第 10 章和第 11 章）。到目前为止，已有两项研究观察了年轻人在不同顺序安排下的训练效果[81,82]。这些研究的对象包括 14 岁（身高突增期前后）和 17 岁（身高突增期后）的青少年足球运动员。这里我们根据原始数据中的平均数差值（即训练前的平均数减去训练后的平均数）及训练前后综合的标准差计算出了效应值[83]，以确定哪个顺序安排（A→S 或 S→A）对肌肉力量、肌肉爆发力、肌肉肥大和有氧能力的效果最佳。图 17.2 给出了不同顺序安排的效应值。为了便于比较，图 17.2 还包括对成年足球运动员[84]和成年非运动员[85]的研究。尽管许多效应被证明是微不足道的，但在青少年和成年受试者之间还是存在一些有趣的差异的，我们将在下面进行讨论。

对身高突增期前后的足球运动员的研究发现，A→S 训练模式对肌肉爆发力效果较大，对有氧能力和肌肉动力性力量效果甚微[81]。本研究中另一个实验组在不同日期交替进行有氧和力量训练，因此在两次训练课间有较长的恢复时间[81]。马赫卢夫等人[81]发现，与交替进行有氧和力量训练相比，同天进行的训练对有氧能力、肌肉力量和肌肉爆发力有相似或者更好的效果。对身高突增期后的足球运动员的一项研究[82]显示，采用 A→S 训练模式，对肌肉动力性力量和肌肉肥大影响很小，对肌肉静力性力量和肌肉爆发力影响甚微。在身高突增期前后的足球运动员中出现不一致的结果可能与受试者成熟状态不同有关。在身高突增期后，激素的分泌促使训练性肌肉肥大[19]。在这种情况下，巴尔（Baar）[86]提出 S→A 训练模式可能会影响蛋白质合成，从而影响力量训练后的肌肉肥大，这种干扰现象主要出现在身高突增期后的青年中。

在成年足球运动员中，A→S 训练模式对肌肉爆发力和肌肉肥大有中等程度的有益效果，但 S→A 训练模式对有氧能力和肌肉动力性力量仅存在微小效果，其对于成年非运动员的肌肉肥大及肌肉静力性力量和动力性力量仅产生一些微小的影响。对于成年人来说，如果训练目标是改善肌肉动力性力量，似乎 S→A 训练模式优于 A→S 训练模式[84,85]。近几年的两项 Meta 分析[87,88]也证实了这一点。

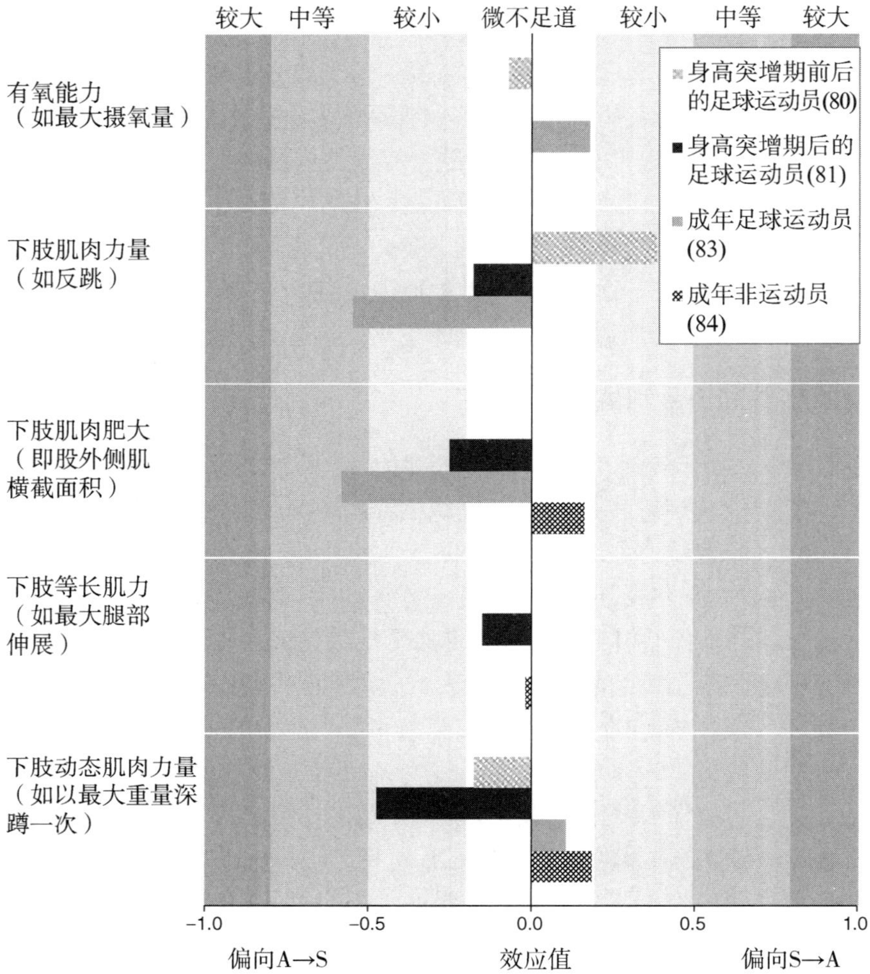

图 17.2　在不同人群中，不同训练顺序对有氧能力、肌肉力量以及肌肉肥大的一系列影响

注：根据各组（A→S 和 S→A）的平均数差值及其训练前后综合的标准差计算影响的大小。

上述研究结果表明，在提高肌肉动力性力量方面，不同训练顺序对成年人和青少年的效果不一样。成年人主要受益于 S→A 训练模式，但青少年受益于 A→S 训练模式。与成年人相比，儿童和青少年在高强度训练后通常表现出更强的抗疲劳能力[89]。因此，儿童和青少年应采用 A→S 训练模式，其先前的有氧训练对力量训练质量影响较小。另一个重要的区别就是先前提到的年轻人和成年人的不同训练背景会造成不同的影响。有人提出，无论训练模式如何，无训练经历的受试者都有更大的适应潜力[90]。总的来说，初步的数据表明，由于儿童和青少年有更强的抗疲劳能力，他们可能比成年人更不易受到干扰效应影响。对于身高突增期前后的足球运动员，S→A 训练模式可能比 A→S 训练模式更能提高肌肉爆发力。此外，身高突增期后的运动员可能从 A→S 训练模式中受益更多，因为 S→A 训练模式可能更容易对肌肉肥大产生干扰。

17.6.4 同期训练对健康的影响

由于肥胖人数增加和年轻人缺乏运动，运动促进年轻人健康的相关研究受到广泛关注。为了评估这些干预措施的有效性，加西亚-赫莫索（García-Hermoso）等人[73]对 12 项研究的数据进行了 Meta 分析，这些研究是关于同期训练对 14～18 岁肥胖和超重青少年身体成分和代谢结果的影响。这些研究将同期训练和单独有氧训练进行了比较，发现额外的力量训练对身体成分（ES = 0.14～0.47）、低密度脂蛋白胆固醇（ES = 0.35）和脂联素浓度（ES = 0.79）有较小或中等程度的效果，表明力量训练有助于新陈代谢的改善。这些数据表明，在控制体重、降低脂肪百分比及心脏病和代谢性疾病风险方面，同期训练比单独有氧训练效果更好。然而，研究者并没有解释力量训练是补充有氧训练，还是代替有氧训练，这是该综述的缺憾。在另一个 Meta 分析中，马森（Marson）等人[72]专门研究了不同训练模式对 9～17 岁肥胖和超重儿童及青少年胰岛素抵抗相关因素的影响。胰岛素抵抗增高与日后的肥胖和代谢综合征有关。马森等人[72]发现有氧训练在降低空腹血清胰岛素水平方面最为有效，而单独力量训练和同期训练效果较为有限。在任何运动模式下，血糖水平变化都不大。这表明，有氧训练应作为力量训练的补充，以降低胰岛素抵抗，这可能会减少晚年时候不良结果的出现。

在前面提到的两项在葡萄牙进行的研究中[79,80]，研究者测试 12～14 岁健康青少年的体脂，发现同期训练组体脂减少最多（2.6%～2.8%），其次是力量训练组（2.1%～2.4%），而对照组体脂减少较少（0～0.9%）。这些结果表明，青少年可以通过同期训练来减少身体脂肪，但是关于青少年运动员的脂肪百分比研究[75,91,92]发现，同期训练（–1.6%～4.0%）和有氧训练（0.2%～6.0%）似乎增加而不是减少了身体脂肪百分比。虽然在非运动员人群中也出现了类似的趋势，但有争议的是，青少年运动员通常体脂水平正常或较低，他们并不希望进一步降低体脂。综合来看，同期训练对身体成分和其他健康相关因素的影响比单独力量训练或有氧训练更大，也更多样化。但目前尚不清楚这在多大程度上受到训练量增加或运动模式多样化的影响。

17.6.5 关于儿童和青少年同期训练的建议

儿童和青少年之间的区别对于他们各自训练计划的制订非常重要。在身高突增期的年龄可以作为确定个体发展阶段的有效指标。与儿童不同，青少年的力量训练可以促进肌肉肥大，但需要详细的训练计划。跟成年人一样，如果训练计划制订不合理（如力量训练后立即进行有氧训练），且训练量较大时，同期有氧和力量训练对青少年会产生干扰作用。

近年来，关于身体发育的模型表明，青春期前儿童应集中发展基本运动技能和（神经）肌肉力量。在这个年龄段，力量训练应集中在发展正确的运动技能上，负荷应在 60% 1RM 左右。随着年龄的增长和（力量）训练经验的增加，负荷可以逐渐提高到 80%1RM，并且可以引入更高阶的训练。运动技能的训练应越来越具有专项性。当运动能力较强时，青少年才能进行较大负荷（＞85%1RM）的训练。

有氧训练由于对健康有积极的影响，应该成为人体所有发育阶段训练计划的一部分。当训练目标是增加有氧能力时，训练强度应足够大（85%～90%最大心率）。

由于总体训练量较低，同期训练的干扰效应似乎不是无训练经历和参与业余训练的儿童和青少年的主要顾虑。当有氧和力量训练在一天或一节训练课同时进行时，以增加肌肉力量和肌肉肥大为目标的身高突增期后的青少年运动员，不应在力量训练后马上进行有氧训练。对于更年纪更小的运动员（身高突增期前后），在有氧训练前进行力量训练，下肢爆发力（而不是肌肉力量）的提高较大。这些建议只基于两项研究，还需要进一步确认。此外，随着年龄的增长，训练量应逐渐增加。为了减少过度训练造成的损伤风险，每周总训练时数不要超过受训者的年龄（数值），训练时间与娱乐活动的比例不应超过 2∶1[29]。训练量必须随着年龄和训练经历的增加而增加，以引起适应性反应[28]。根据这些准则，儿童每周的训练量应该低于青少年，以便增加再生恢复时间。这实际上可能有助于降低训练适应产生的干扰风险[90]。

17.7 小结

系统进行同期训练对于满足儿童和青少年体育活动要求来说是比较理想的，可以改善与健康和运动技能相关的体适能成分，并提高儿童和青少年的运动表现。与单独训练相比，将有氧和力量训练相结合，对青少年不会产生干扰现象，而且在训练适应方面还会产生附加作用，特别是青少年在同期训练后的计时赛成绩的提高方面。然而，一些初步证据表明，身高突增期后的青少年在力量训练后的短时间内最好不要马上进行有氧训练。此外，同期训练有助于年轻人控制体重，降低缺乏身体活动、超重或肥胖导致急性和慢性不良后果的风险。

参考文献

[1] Williams C A. Trainability of young athletes: short-term goals or long-term mission? Pediatr Exerc Sci. 2016; 28 (4): 485–487. https://doi.org/10.1123/pes.2016-0215.

[2] Faigenbaum A D, Kraemer W J, Blimkie C J, Jeffreys I, Micheli L J, Nitka M, et al. Youth resistance training: updated position statement paper from the national strength and conditioning association. J Strength Cond Res. 2009; 23:S60–S79.

[3] Caspersen C J, Powell K E, Christenson G M. Physical activity, exercise, and physical fitness: definitions and distinctions for health-related research. Public Health Rep. 1985; 100 (2): 126.

[4] Lesinski M, Prieske O, Granacher U. Effects and dose-response relationships of resistance training on physical performance in youth athletes: a systematic review and meta-analysis. Br J Sports Med. 2016; 50 (13): 781–795. https://doi.org/10.1136/bjsports-2015-095497.

[5] Emery C A, Roy T-O, Whittaker J L, Nettel-Aguirre A, Van Mechelen W. Neuromuscular training injury prevention strategies in youth sport: a systematic review and meta-analysis. Br J Sports Med. 2015; 49 (13):

865–870.
[6] Bouchard C, Blair S N, Haskell W. Physical activity and health. 2nd ed. Champaign: Human Kinetics; 2012.
[7] WHO. Global recommendations on physical activity for health. Geneva: WHO Press; 2010.
[8] Faigenbaum A D, Bruno L E. A fundamental approach for treating pediatric dynapenia in kids. ACSMs Health Fitness J. 2017; 21 (4): 18–24.
[9] Katzmarzyk P T, Barreira T V, Broyles S T, Champagne C M, Chaput J P, Fogelholm M, et al. Physical activity, sedentary time, and obesity in an international sample of children. Med Sci Sports Exerc. 2015; 47 (10): 2062–2069. https://doi.org/10.1249/MSS.0000000000000649.
[10] Konstabel K, Veidebaum T, Verbestel V, Moreno L A, Bammann K, Tornaritis M, et al. Objectively measured physical activity in European children: the IDEFICS study. Int J Obes. 2014; 38 (Suppl 2): S135–S143. https://doi.org/10.1038/ijo.2014.144.
[11] Faigenbaum A D, Stracciolini A, Myer G D. Exercise deficit disorder in youth: a hidden truth. Acta Paediatr. 2011; 100 (11): 1423.
[12] Faigenbaum A D, Myer G D. Exercise deficit disorder in youth: play now or pay later. Curr Sports Med Rep. 2012; 11 (4): 196–200.
[13] Faigenbaum A D, MacDonald J P. Dynapenia: it's not just for grown-ups anymore. Acta Paediatr. 2017; 106 (5): 696–697.
[14] Tucker P. The physical activity levels of preschool-aged children: a systematic review. Early Child Res Q. 2008; 23 (4): 547–558. https://doi.org/10.1016/j.ecresq.2008.08.005.
[15] Currie C, Zanotti C, Morgan A, Currie D, Looze Md, Roberts C, et al. Social determinants of health and well-being among young people: Health Behaviour in School-aged Children (HBSC) study: international report from the 2009/2010 survey. Social determinants of health and well-being among young people: Health Behaviour in School-aged Children (HBSC) study: international report from the 2009/2010 survey. 2012.
[16] Bompa T, Buzzichelli C A. Periodization training for sports. 3rd ed. Champaign: Human Kinetics; 2015.
[17] Balyi I, Hamilton A. Long-term athlete development: trainability in childhood and adolescence. Olympic Coach. 2004; 16 (1): 4–9.
[18] Balyi I, Way R, Colin H. Long-term athlete development. Champaign: Human Kinetics; 2013.
[19] Lloyd R S, Oliver J L. The youth physical development model: a new approach to long-term athletic development. Strength Cond J. 2012; 34 (3): 61–72.
[20] Lloyd R S, Oliver J L, Faigenbaum A, Howard R, De Ste Croix MBA, Williams C A, et al. Long-term athletic development-part 1: a pathway for all youth. J Strength Cond Res. 2015; 29 (5): 1439–1450.
[21] Lloyd R S, Faigenbaum A D, Stone M H, Oliver J L, Jeffreys I, Moody J A, et al. Position statement on youth resistance training: the 2014 International Consensus. Br J Sports Med. 2014; 48 (7): 498–505. https://doi.org/10.1136/bjsports2013-092952.
[22] Mirwald R L, Baxter-Jones G, AD BDA, Beunen G P. An assessment of maturity from anthropometric measurements. Med Sci Sports Exerc. 2002; 34 (4): 689–694. https://doi.org/10.1097/00005768-200204000-00020.
[23] College of Kinesiology. https://kinesiology.usask.ca/growthutility/phv_ui.php. Accessed 18 Dec 2017.
[24] Viru A, Loko J, Harro M, Volver A, Laaneots L, Viru M. Critical periods in the development of performance capacity during childhood and adolescence. Eur J Phys Educ. 1999; 4 (1): 75–119.
[25] Ford P, De Ste Croix M, Lloyd R, Meyers R, Moosavi M, Oliver J, et al. The long-term athlete development

model: physiological evidence and application. J Sports Sci. 2011; 29 (4): 389–402.

[26] Wick K, Leeger-Aschmann C S, Monn N D, Radtke T, Ott L V, Rebholz C E, et al. Interventions to promote fundamental movement skills in childcare and kindergarten: a systematic review and meta-analysis. Sports Med (Auckland, NZ). 2017; 47 (10): 2045–2068.

[27] Malina R M, Bouchard C, Bar-Or O. Growth, maturation, and physical activity. Champaign: Human Kinetics; 2004.

[28] Faigenbaum A D, Lloyd R S, Myer G D. Youth resistance training: past practices, new perspectives, and future directions. Pediatr Exerc Sci. 2013; 25 (4): 591–604.

[29] Jayanthi N A, LaBella C R, Fischer D, Pasulka J, Dugas L R. Sports-specialized intensive training and the risk of injury in young athletes: a clinical case-control study. Am J Sports Med. 2015; 43 (4): 794–801.

[30] Vandendriessche J B, Vaeyens R, Vandorpe B, Lenoir M, Lefevre J, Philippaerts R M. Biological maturation, morphology, fitness, and motor coordination as part of a selection strategy in the search for international youth soccer players (age 15-16 years). J Sports Sci. 2012; 30 (15): 1695–1703. https://doi.org/10.1080/ 02640414.2011.652654.

[31] Armstrong N, Barker A R. Endurance training and elite young athletes. In: Armstrong N, Barker AR, editors. The elite young athlete. Basel: Karger Publishers; 2011. p. 59–83.

[32] Clark B C, Manini T M. Sarcopenia≠dynapenia. J Gerontol Ser A Biol Med Sci. 2008; 63 (8): 829–834.

[33] Pichardo A W, Oliver J L, Harrison C B, Maulder P S, Lloyd R S. Integrating models of long-term athletic development to maximize the physical development of youth. Int J Sports Sci Coach. 2018. https://doi.org/ 10.1177/1747954118785503.

[34] Faigenbaum A D, Lloyd R S, MacDonald J, Myer G D. Citius, altius, fortius: beneficial effects of resistance training for young athletes: narrative review. Br J Sports Med. 2016; 50 (1): 3–7.

[35] McCambridge T, Stricker P. Strength training by children and adolescents. Pediatrics. 2008; 121 (4): 835–840.

[36] Bergeron M F, Mountjoy M, Armstrong N, Chia M, Cote J, Emery C A, et al. International Olympic Committee consensus statement on youth athletic development. Br J Sports Med. 2015; 49 (13): 843–851. https://doi.org/10.1136/bjsports-2015-094962.

[37] Lloyd R S, Cronin J B, Faigenbaum A D, Haff G G, Howard R, Kraemer W J, et al. National Strength and Conditioning Association position statement on long-term athletic development. J Strength Cond Res. 2016; 30 (6): 1491–1509.

[38] Myer G D, Faigenbaum A D, Ford K R, Best T M, Bergeron M F, Hewett T E. When to initiate integrative neuromuscular training to reduce sports-related injuries and enhance health in youth? Curr Sports Med Rep. 2011; 10 (3): 155–166. https://doi.org/10.1249/JSR.0b013e31821b1442.

[39] Büsch D, Prieske O, Kriemler S, Puta C, Gabriel H, Granacher U. Krafttraining im Kindes-und Jugendalter: Bedeutung, Wirkung und Handlungsempfehlungen. Schweizerische Zeitschrift für Sportmedizin und Sporttraumatologie. 2017; 65 (3): 34–42.

[40] Smith J J, Eather N, Morgan P J, Plotnikoff R C, Faigenbaum A D, Lubans D R. The health benefits of muscular fitness for children and adolescents: a systematic review and meta-analysis. Sports Med. 2014; 44 (9): 1209–1223.

[41] Payne V G, Morrow J R Jr, Johnson L, Dalton S N. Resistance training in children and youth: a meta-analysis. Res Q Exerc Sport. 1997; 68 (1): 80–88.

[42] Behm D G, Young J D, Whitten J H, Reid J C, Quigley P J, Low J, et al. Effectiveness of traditional strength

vs. power training on muscle strength, power and speed with youth: a systematic review and meta-analysis. Front Physiol. 2017; 8:423.

[43] Behringer M, Vom H A, Yue Z, Mester J. Effects of resistance training in children and adolescents: a meta-analysis. Pediatrics. 2010; 126 (5): e1199–e1210.

[44] Behringer M, Heede A V, Matthews M, Mester J. Effects of strength training on motor performance skills in children and adolescents: a meta-analysis. Pediatr Exerc Sci. 2011; 23 (2): 186–206.

[45] Falk B, Tenenbaum G. The effectiveness of resistance training in children. Sports Med. 1996; 22 (3): 176–186. https://doi.org/10.2165/00007256-199622030-00004.

[46] Harries S K, Lubans D R, Callister R. Resistance training to improve power and sports performance in adolescent athletes: a systematic review and meta-analysis. J Sci Med Sport. 2012; 15 (6): 532–540. https://doi.org/10.1016/j.jsams.2012.02.005.

[47] Behm D G, Faigenbaum A D, Falk B, Klentrou P. Canadian Society for Exercise Physiology position paper: resistance training in children and adolescents. Appl Physiol Nutr Metab. 2008; 33 (3): 547–561.

[48] Lloyd R S, Oliver J L, Meyers R W, Moody J A, Stone M H. Long-term athletic development and its application to youth weightlifting. Strength Cond J. 2012; 34 (4): 55–66.

[49] Sale D G. Neural adaptation to resistance training. Med Sci Sports Exerc. 1988; 20 (5 Suppl): S135–S145.

[50] Sale D G. Neural adaptation to strength training. In: Komi PV, editor. Strength and power in sport. 2nd ed. Oxford: Blackwell Scientific; 2008. p. 281–314.

[51] Powers S K, Howley E T. Exercise physiology: theory and application to fitness and performance. 7th ed. New York: McGraw-Hill; 2009.

[52] Folland J P, Williams A G. The adaptations to strength training. Sports Med. 2007; 37 (2): 145–168.

[53] Tesch P. Skeletal muscle adaptations consequent to long-term heavy resistance exercise. Med Sci Sports Exerc. 1988; 20 (5 Suppl): S132–S134.

[54] Kraemer W J, Deschenes M R, Fleck S J. Physiological adaptations to resistance exercise. Sports Med. 1988; 6 (4): 246–256.

[55] Seynnes O R, de Boer M, Narici M V. Early skeletal muscle hypertrophy and architectural changes in response to high-intensity resistance training. J Appl Physiol. 2007; 102 (1): 368–373.

[56] Pette D, Staron R S. Myosin isoforms, muscle fiber types, and transitions. Microsc Res Tech. 2000; 50 (6): 500–509.

[57] Toigo M, Boutellier U. New fundamental resistance exercise determinants of molecular and cellular muscle adaptations. Eur J Appl Physiol. 2006; 97 (6): 643–663.

[58] Legerlotz K, Marzilger R, Bohm S, Arampatzis A. Physiological adaptations following resistance training in youth athletes—a narrative review. Pediatr Exerc Sci. 2016; 28 (4): 501–520. https://doi.org/10.1123/pes.2016-0023.

[59] Granacher U, Goesele A, Roggo K, Wischer T, Fischer S, Zuerny C, et al. Effects and mechanisms of strength training in children. Int J Sports Med. 2011; 32 (5): 357–364. https://doi.org/10.1055/s-0031-1271677.

[60] Ozmun J C, Mikesky A E, Surburg P R. Neuromuscular adaptations following prepubescent strength training. Med Sci Sports Exerc. 1994; 26 (4): 510–514.

[61] Armstrong N, Tomkinson G, Ekelund U. Aerobic fitness and its relationship to sport, exercise training and habitual physical activity during youth. Br J Sports Med. 2011; 45 (11): 849–858.

[62] Matos N, Winsley R J. Trainability of young athletes and overtraining. J Sports Sci Med. 2007; 6 (3):

353–367.

[63] Armstrong N, Welsman J R. Assessment and interpretation of aerobic fitness in children and adolescents. Exerc Sport Sci Rev. 1994; 22 (1): 435–476.

[64] Payne V G, Morrow J R Jr. Exercise and $\dot{V}O_2max$ in children: a meta-analysis. Res Q Exerc Sport. 1993; 64 (3): 305–313.

[65] Baquet G, Van Praagh E, Berthoin S. Endurance training and aerobic fitness in young people. Sports Med. 2003; 33 (15): 1127–1143. https://doi.org/10.2165/00007256-200333150-00004.

[66] Costigan S A, Eather N, Plotnikoff R, Taaffe D R, Lubans D R. High-intensity interval training for improving health-related fitness in adolescents: a systematic review and meta-analysis. Br J Sports Med. 2015; 49:1221–1222.

[67] Wilson J M, Marin P J, Rhea M R, Wilson S M, Loenneke J P, Anderson J C. Concurrent training: a meta-analysis examining interference of aerobic and resistance exercises. J Strength Cond Res. 2012; 26 (8): 2293–2307.

[68] Docherty D, Sporer B. A proposed model for examining the interference phenomenon between concurrent aerobic and strength training. Sports Med. 2000; 30 (6): 385–394.

[69] Häkkinen K, Alen M, Kraemer W, Gorostiaga E, Izquierdo M, Rusko H, et al. Neuromuscular adaptations during concurrent strength and endurance training versus strength training. Eur J Appl Physiol. 2003; 89 (1): 42–52.

[70] Armstrong N, McManus A M. Physiology of elite young male athletes. In: Armstrong N, McManus A M, editors. The elite young athlete. Basel: Karger Publishers; 2011. p. 1–22.

[71] McManus A M, Armstrong N. Physiology of elite young female athletes. In: Armstrong N, McManus A M, editors. The elite young athlete. Basel: Karger Publishers; 2011. p. 23–46.

[72] Marson E C, Delevatti R S, Prado A K, Netto N, Kruel L F. Effects of aerobic, resistance, and combined exercise training on insulin resistance markers in overweight or obese children and adolescents: a systematic review and meta-analysis. Prev Med. 2016; 93:211–218. https://doi.org/10.1016/j.ypmed.2016.10.020.

[73] García-Hermoso A, Ramírez-Vélez R, Ramírez-Campillo R, Peterson M D, Martínez-Vizcaíno V. Concurrent aerobic plus resistance exercise versus aerobic exercise alone to improve health outcomes in paediatric obesity: a systematic review and meta-analysis. Br J Sports Med. 2018; 52 (3): 161–166.

[74] Gäbler M, Prieske O, Hortobagyi T, Granacher U. The effects of concurrent strength and endurance training on physical fitness and athletic performance in youth: a systematic review and meta-analysis. Front Physiol. [Epub]. https://doi.org/10.3389/fphys.2018.01057.

[75] Mikkola J, Rusko H, Nummela A, Pollari T, Häkkinen K. Concurrent endurance and explosive type strength training improves neuromuscular and anaerobic characteristics in young distance runners. Int J Sports Med. 2007; 28 (7): 602–611. https://doi.org/10.1055/s-2007-964849.

[76] Rønnestad B R, Mujika I. Optimizing strength training for running and cycling endurance performance: a review. Scand J Med Sci Sports. 2014; 24 (4): 603–612. https://doi.org/10.1111/sms.12104.

[77] Alves A R, Marta C C, Neiva H P, Izquierdo M, Marques M C. Concurrent training in prepu-bescent children: the effects of 8 weeks of strength and aerobic training on explosive strength and V[Combining Dot Above]O2max. J Strength Cond Res. 2016; 30 (7): 2019–2132. https://doi.org/10.1519/JSC.000000000000 1294.

[78] Marta C, Marinho D A, Barbosa T M, Izquierdo M, Marques M C. Effects of concurrent training on explosive strength and $\dot{V}O_2$ max in prepubescent children. Int J Sports Med. 2013; 34 (10): 888–896.

https://doi.org/ 10.1055/s-0033-1333695.

[79] Santos A P, Marinho D A, Costa A M, Izquierdo M, Marques M C. The effects of concurrent resistance and endurance training follow a detraining period in elementary school students. J Strength Cond Res. 2012; 26 (6): 1708–1716.

[80] Santos A, Marinho D A, Costa A M, Izquierdo M, Marques M C. The effects of concurrent resistance and endurance training follow a specific detraining cycle in young school girls. J Hum Kinet. 2011; 29A:93–103. https://doi.org/10.2478/v10078-011-0064-3.

[81] Makhlouf I, Castagna C, Manzi V, Laurencelle L, Behm D G, Chaouachi A. Effect of sequencing strength and endurance training in young male soccer players. J Strength Cond Res. 2016; 30 (3): 841–850.

[82] Enright K, Morton J, Iga J, Drust B. The effect of concurrent training organisation in youth elite soccer players. Eur J Appl Physiol. 2015; 115 (11): 2367–2381. https://doi.org/10.1007/s00421-015-3218-5.

[83] Durlak J A. How to select, calculate, and interpret effect sizes. J Pediatr Psychol. 2009; 34 (9): 917–928.

[84] McGawley K, Andersson P-I. The order of concurrent training does not affect soccer-related performance adaptations. Int J Sports Med. 2013; 34 (11): 983–990.

[85] Eklund D, Pulverenti T, Bankers S, Avela J, Newton R, Schumann M, et al. Neuromuscular adaptations to different modes of combined strength and endurance training. Int J Sports Med. 2015; 36 (02): 120–129.

[86] Baar K. Using molecular biology to maximize concurrent training. Sports Med. 2014; 44 (2): 117–125.

[87] Eddens L, van Someren K, Howatson G. The role of intra-session exercise sequence in the interference effect: a systematic review with meta-analysis. Sports Med (Auckland, NZ). 2018; 48 (1): 177–88. https://doi.org/10.1007/s40279-017-0784-1.

[88] Murlasits Z, Kneffel Z, Thalib L. The physiological effects of concurrent strength and endurance training sequence: a systematic review and meta-analysis. J Sports Sci. 2018; 36 (11): 1212–1219.

[89] Ratel S, Duché P, Williams C A. Muscle fatigue during high-intensity exercise in children. Sports Med. 2006; 36 (12): 1031–1065.

[90] Coffey V G, Hawley J A. Concurrent exercise training: do opposites distract? J Physiol. 2017; 595 (9): 2883–2896.

[91] Bluett K A, Croix M, De Ste B A, Lloyd R S. A preliminary investigation into concurrent aero-bic and resistance training in youth runners. Isokinet Exerc Sci. 2015; 23 (2): 77–85. https://doi.org/10.3233/ies-150567.

[92] Potdevin F J, Alberty M E, Chevutschi A, Pelayo P, Sidney M C. Effects of a 6-week plyometric training program on performances in pubescent swimmers. J Strength Cond Res. 2011; 25 (1): 80–86.

18　老年人的同期训练

爱德华多·卢萨·卡多雷（Eduardo Lusa Cadore），
米克尔·伊奎尔多（Mikel Izquierdo）

18.1　老年人的同期训练

生物衰老与神经肌肉和心血管系统的衰退有关，导致日常活动能力受损[1–5]。此外，与年龄相关的肌肉爆发力下降也是健康老年人功能受限的重要因素[6–12]。

力量和耐力训练可以促进特异性神经肌肉和心血管适应。力量训练引起的适应包括肌肉肥大[13–14]、运动单位募集能力提高及运动单位放电频率增加[15–17]。这些神经肌肉适应导致肌肉力量和爆发力增强[18]。相比之下，耐力训练则会诱导中枢和外周适应，改善心血管功能和骨骼肌通过有氧代谢产生能量的能力[19,20]。因此，力量和耐力训练的结合（同期训练）是增强老年人神经肌肉和心肺功能的最有效方法[21–25]。老年人进行同期训练的另一个好处是，为了同时进行这两种训练，其体育活动总时间增加了，这有利于预防和控制心血管疾病等[26]。然而，正如本书前几章所述，神经肌肉和心血管适应同时获得发展可能具有挑战性。为了优化同期训练方案，需要确定训练变量的最有效组合（即训练强度、训练量、训练频率及运动顺序），从而促进老年人的神经肌肉和心血管适应。

表 18.1 列举了此领域的研究方法和结果，这些研究比较了老年人（平均年龄 60 岁以上）在不同同期训练模式下的神经肌肉、功能和心肺适应。

18.1.1　同期训练对肌肉力量、力量输出速率和功率输出的影响

对于老年人群，大多数研究报告指出，与单独力量训练相比，同期训练（每周 2 次力量训练、2 次耐力训练）会产生类似的肌肉力量适应[34–39]。然而，之前的研究证明，每周进行 3 次同期训练会对老年男性产生干扰效应。在同期训练期间，力量发展的过程可能受到训练频率的影响[40,41]。此外，研究还发现，训练顺序也会影响老年人力量适应程度，在耐力训练之前进行力量训练可能会将老年人群的神经肌肉适应最大化[27,28]。

表 18.1 老年人对耐力训练、力量训练和同期训练的神经肌肉、功能和心肺适应

研究者	训练时长/周	训练频率和顺序	训练量和训练强度	主要发现
伍德（Wood）等[21]	12	力量训练：3 次/周； 耐力训练：2 次/周； 同期训练：力量训练+耐力训练	力量训练：2 组，以 8～12RM 做 12～15 次（75%5RM）； 耐力训练：以 60%～70%HR_{max} 估计值，骑自行车 20～45 分钟； 同期训练：1 组，以 8～12RM 骑自行车 30 分钟	力量训练组：5RM↑（44%）； 同期训练组：5RM↑（38%）； 同期训练组和力量训练组增加的 5RM 没有差异； 所有组别：功能性体能增加，但同期训练组增加更加显著
伊奎尔多等[22]	16	力量训练：2 次/周； 耐力训练：2 次/周； 同期训练：力量训练+耐力训练	力量训练：3～5 组，6～15 次慢速（以 50%～80% 1RM）收缩+快速（以 20%、30%～50% 1RM）收缩； 耐力训练：骑自行车 30～40 分钟，负荷在 2～4 毫摩尔/升血乳酸浓度	力量训练组：1RM↑（41%）， 肌肉力量↑（37%）， 股四头肌横截面积↑（11%）； 同期训练组：1RM↑（38%）， 肌肉力量↑（38%）， 股四头肌横截面积↑（11%）； 同期训练组和力量训练组增加的肌肉力量和股四头肌横截面积几乎没有差异； 所有组别：Wmax↑（16%）
卡多雷等[25]	12	力量训练：3 次/周； 耐力训练：3 次/周； 同期训练：力量训练+耐力训练（相同课程耐力训练比力量训练先进行）	力量训练：18～20RM 逐渐到 6～8RM； 耐力训练：以 80%～100%在第二通气阈时的心率骑自行车 20～30 分钟	力量训练组：1RM↑（67%）， PT↑（14%）， 股四头肌 EMG↑（30%）； 同期训练组：1RM↑（41%）， （力量训练组比同期训练组在 1RM、PT 和 EMG 方面增加更多） $\dot{V}O_2$ peak↑（20%）； 耐力训练组：VO_2peak↑（20%）， 1RM↑（22%）
卡多雷等[24]	12	力量训练：3 次/周； 耐力训练：3 次/周； 同期训练：力量训练+耐力训练（相同课程耐力训练比力量训练先进行）	力量训练：18～20RM 逐渐到 6～8RM； 耐力训练：以 80%～100%在第二通气阈时的心率骑自行车 20～30 分钟	力量训练组：100W 的股外侧肌动态的神经肌肉的经济性↑（14%）； 同期训练组及耐力训练组：Wmax↑（19%）， 100W 的股外侧肌动态的神经肌肉的经济性↑（10%），50W、75W 以及 100W 的股直肌动态的神经肌肉的经济性↑（14%～35%）
卡多雷等[27]	12	力量训练：3 次/周； 耐力训练：3 次/周； 同期训练：力量训练+耐力训练（同一天进行）	力量训练：18～20RM 逐渐到 6～8RM； 耐力训练：以 80%～100%在第二通气阈时的心率骑自行车 20～30 分钟； 同期训练：先进行耐力训练（耐力训练+力量训练组）vs. 先进行力量训练（力量训练+耐力训练组）	力量训练+耐力训练组：单位肌肉质量产生的力↑（27%）， 股四头肌 MT↑（9%）； 耐力训练+力量训练组：单位肌肉质量产生的力↑（15%）， 股四头肌 MT↑（9%）； 力量训练+耐力训练组在单位肌肉质量产生的力方面表现出更显著的变化（27% vs.15%）

续表

研究者	训练时长/周	训练频率和顺序	训练量和训练强度	主要发现
卡多雷等[28]	12	力量训练：3 次/周； 耐力训练：3 次/周； 同期训练：力量训练+耐力训练（同一天进行）	力量训练：18～20RM 逐渐到 6～8RM； 耐力训练：以 80%～100%在第二通气阈时的心率骑自行车 20～30 分钟； 同期训练：先进行耐力训练（耐力训练+力量训练组）vs. 先进行力量训练（力量训练+耐力训练组）	力量训练+耐力训练组：1RM↑（35%）， PT↑（8%），股外侧肌、股内侧肌、股直肌、股中间肌的 MT↑（4%～16%），股四头肌 EMG↑（约 20%）；股直肌的神经肌肉的经济性↑（22%）； 耐力训练+力量训练组：1RM↑（21%）， PT↑（5.7%），股外侧肌、股内侧肌、股直肌、股中间肌的 MT↑（4%～16%），股四头肌 EMG↑（约 20%）； 力量训练+耐力训练组 1RM 增加更显著（35% vs.21%）
费拉里等[30]	在 20 周的训练后进行 10 周	同期训练： 2～3 次/周 （同一天进行）	力量训练：10～12RM 逐渐到 6～8RM； 耐力训练：以 85%～95%在第二通气阈时的心率骑自行车 20～30 分钟； 同期训练：按照先进行力量训练后进行耐力训练来完成	两个组上肢和下肢的 1RM↑（35%）， 两个组股四头肌 MT↑（8%）， 两个组 $\dot{V}O_2$ peak↑， 只有 3 次/周的同期训练组的 Wmax↑
威廉等[31]	12	力量训练：2 次/周； 耐力训练：2 次/周； 同期训练：力量训练+耐力训练（同一天进行）	力量训练：15～18RM 逐渐到 8～10RM； 耐力训练：以 85%～95%在第二通气阈时的心率骑自行车 20～40 分钟； 同期训练：先进行耐力训练（耐力训练+力量训练组）vs.先进行力量训练（力量训练+耐力训练组）	1RM↑， 峰值功率↑， 股四头肌 MT↑， 股直肌 EI↑， 30SS↑， TUG 表现↑， 股四头肌 EMG↑； 组间无差异
费拉里等[32]	在 20 周的训练后进行 10 周	同期训练： 2～3 次/周 （同一天进行）	力量训练：10～12RM 逐渐到 6～8RM； 耐力训练：以 85%～95%在第二通气阈时的心率骑自行车 20～30 分钟； 同期训练：按照先进行力量训练后进行耐力训练来完成	以每秒 60 度和每秒 180 度做等速运动时的 PT↑， 单位肌肉质量产生的力↑， 纵跳高度↑， 组间无差异

续表

研究者	训练时长/周	训练频率和顺序	训练量和训练强度	主要发现
达席尔瓦（Da Silva）等[33]	12	2 次/周	力量训练：65%1RM 逐渐增加到 75% 1RM。RFG：进行向心训练至力竭重复次数训练；NFG：进行 50%向心训练至力竭重复次数训练；ENFG：进行 50%向心训练至力竭重复次数训练，但是通过增加组数来平衡总的训练量； 耐力训练：以 60%～65%HR_{max} 进行 20～30 分钟，并逐渐增加到 70%～75%HR_{max}	1RM 在组间增加幅度相似， 单位肌肉质量产生的力↑， RTD 在组间增加相似， 蹲跳和反跳表现在组间提高幅度相似， 与 NFG 相比，股四头肌 MT 在 ENFG 和 RFG 中增加更显著

注：↑表示增加；1RM 表示下肢一次最大重复力量。PT 表示峰力矩；HR_{max} 表示最大心率；W_{max} 表示自行车功率仪的最大功率；EMG 表示肌电信号；$\dot{V}O_{2\ peak}$ 表示摄氧量峰值；W 表示瓦特；MT 表示肌肉厚度；EI 表示回波强度；30SS 表示 30 秒坐位到站位测试；TUG 表示定时同步测试；RTD 表示扭矩力发展速度；RFG 表示力竭组；NFG 表示非力竭组；ENFG 表示训练量同等的非力竭组。所有提到的差异都具有统计学意义。

之前在我们的实验室，伊奎尔多等人[22]研究了 16 周力量、耐力和同期训练对老年男性的影响。该研究中，力量训练组和耐力训练组每周进行 2 次专项训练，同期训练组在一天进行力量训练，另一天进行自行车骑行训练。研究表明，16 周的训练后，力量训练组和同期训练组出现相似的下肢力量增长，表明同期训练每周至少进行一次就可以使无训练经历的老年人出现力量的最佳增长。

如果单独力量训练和同期训练的训练量一致，而且同期训练在不同日期进行（每周 4 次训练课），卡拉维尔塔[39]等人以 40～67 岁男性为受试对象，进行每周 2 次共 21 周的训练，发现两组出现相似的力量（下肢推举动力性力量 21% 或 22%）和腿部向心爆发力（约 16%）的增长。其他研究也表明，在老年男性[35–37,39]和老年女性[38]中进行单独力量训练和同期训练，如果训练量、训练强度和训练频率相似，两组获得的力量和爆发力增益是相当的。

然而，将同期训练频率从每周 2 次增加到 3 次，可能会对老年人产生干扰效应，这在我们对 65±5 岁的老年男性的研究中得到证明。在每周进行 3 次共 12 周的训练中，单独力量训练组下肢伸肌动力性力量和等长力量较同期力量和心血管训练组（动力性力量 41%；等长力量 2%）有更明显的增加（动力性力量 67%；等长力量 14%），而两个训练组上肢力量增加相似（30%～33%）[25]。基于这些结果，我们认为在同期训练中，耐力训练对力量适应的干扰效应只出现在特定肌肉群中（下肢）。虽然在同期训练组中出现干扰效应，但与上述研究结果相比，同期训练组表现出了相似程度的力量增益效应（20%～30%）[34,35,37–39]，并且力量出现适应的时间更短（12 周 vs. 21 周）。对于力量发展所需时间的不同也许可用每周不同的训练频率来解释。在我们的研究中，受试者每周进行 3 次训练；而在之前的研究中，受试者每周只进行 2 次训练（即训练量降低了 30%）。

不同的是，我们之前的研究表明，与每周 2 次的训练相比，每周 3 次的训练频率并不会使有良好训练经历的健康老年受试者获得更大的最大力量[30]和更佳的跳跃运动表现[32]（提高 20%），而每周 2 次的训练频率可提高 22%。在本研究中，我们认为有同期训练经历的老年受试者，每周 2 次的训练频率可能是增强肌肉力量和改善跳跃运动表现的最佳训练频率。然而，费舍尔（Fisher）等人[42]另一项针对老年妇女的研究认为，为期 16 周，每周 1～3 次的耐力和力量训练，可使肌肉力量、心血管适应和功应性任务表现得到类似的改善。因此，对于老年男性和女性，推荐的同期训练频率可能有所不同。然而，这个问题需要进一步研究。

另一个可能影响老年人力量适应程度的因素是一次训练课中的运动顺序。在同期训练组，如果力量训练在耐力训练之前进行，相较于相反的训练顺序，受试者会表现出更好的最大肌肉动力性力量提高效应（35% vs. 21%）和更大的相对肌力提高（27% vs. 15%）[27,28]。我们在以前的研究中，使用了为期 12 周的相似的周期训练模型，发现有明显的干扰效应[25]。我们认为耐力—力量训练模型获得的力量增益效应较低，可能与高强度功率车耐力骑行之后疲劳积累导致力量训练负荷降低有关，这在最后 4 周的训练中表现得更加明显[28]。在两组训练顺序的效应方面，经过 12 周训练，力量最大输出速率（100 毫秒内发出的力量）的提高幅度相似。相反，威廉等人[31]发现不管训练顺序如何，都有类似的力量和功率输出增益。然而，卡多雷[28,29]和威廉[31]研究中的一些不同之处或许可以解释这一现象。在前者的研究中[27,28]，最后 2 周训练期间，训练频率是每周 3 次、100%第二通气阈值（VT_2）耐力训练强度和 6～8RM 的力量训练。此外，威廉[31]等人采用每周 2 次的训练频率，在最后 2 周，耐力训练强度达到 VT_2 的 95%，力量训练强度达到 8～10RM。这可能意味着在训练最后阶段力量训练强度有所下降。在力量和耐力训练中，训练强度不同，周训练频率不同，膝和髋关节伸肌训练量在每周训练 3 次时（相对于训练 2 次）增加了约 50%，这些不同的训练安排可能产生不同的训练效果[27,28]。年轻人（男性和女性）接受训练 24 周后，在不同训练顺序之间并没有出现任何差异，表明老年人在耐力训练后的力量训练中对前面的残余疲劳更敏感[43]。然而重要的是，研究发现健康老年人同期训练中进行重复向心训练至力竭，并不能增加伸膝最大力量和爆发力。此外，即使老年男性以 50%最大重复次数，在没有补偿总训练量的情况下训练 12 周，仍可以获得最佳力量和爆发力增益[33]。从实用角度来看，亚极量强度训练促进了同等程度的力量增加，这表明在改善老年人神经肌肉功能方面它是一个有效的替代方式 [33]。

18.1.2 同期训练对肌肉肥大的影响

虽然已有几项关于力量训练对老年受试者肌肉体积影响的研究，但关于同期训练对该人群肌肉肥大影响的研究还比较少。伊奎尔多等人[22]的研究发现，单纯力量训练（每周 2 次）和同期训练（每周 1 次力量训练、1 次自行车耐力骑行训练），共 16 周后，两种训练对肌肉肥大的影响没有明显差别（增加约 11%）。该研究的特殊发现是，每周仅做 1 次力量训练，结合 1 次不在同一天进行的耐力骑行训练，就可使老年人的肌肉体积在 16 周后得到增大。

在另一项研究中，卡拉维尔塔等人[39]发现，力量训练组出现股外侧肌Ⅱ型肌纤维横截面积增加（约 16%），而同期训练组没有变化。然而，这种肌纤维横截面积的差异并没有产生不同的力量增加效应。还有研究发现，训练频率为每周 2～3 次，强度为 40%～80%1RM（训练周期中负荷递增），每次重复多组，可以显著增加肌肉量（9%～16%），在力量训练组和同期训练组没有明显组间差异[34,35,37–39]。此外，尽管力量和耐力训练顺序会影响力量适应，但是其对肌肉质量增加没有影响[28,31]。因此，在安排同期训练计划时，不管训练顺序如何，耐力训练不会影响力量训练产生的肌肉肥大。费拉里（Ferrari）等人[30]研究了同期训练对肌肉力量的影响，发现有同期训练经历的老年受试者，每周 3 次或者 2 次的同期训练对肌肉肥大的影响效应相似（股四头肌增加约 5%）。为了研究老年人在同期训练中是使用最大还是次最大训练负荷进行训练（重复训练到力竭或不到力竭），达席尔瓦等人[33]对健康老年人进行了三种类型的同期训练干预措施：第一种是向心训练至力竭重复次数训练（RFG）；第二种是进行 50%向心训练至力竭重复次数训练（NFG）；第三种是进行 50%向心训练至力竭重复次数训练，但是通过增加更多的组数来平衡总的训练量。结果表明，训练量越大，肌肉肥厚程度越明显；在相同的训练总负荷下，重复训练到力竭并没有额外增加肌肉肥厚程度[33]。

18.1.3　合成和分解代谢激素浓度的变化可以解释老年人的干扰效应吗？

关于同期训练对老年人肌肉量增加的效应与对年轻人群体的研究结果一致，当使用成像技术来评估训练效果时，力量训练组和同期训练组之间并没有出现明显的差异[44,45]。然而，肌肉活检发现，年轻男性同期进行大强度和大负荷量的力量和耐力训练后，Ⅰ型肌纤维的横截面积存在干扰现象[13,46]。干扰现象伴随着皮质醇水平的升高而出现，表明这些受试者可能处于一种加剧的分解代谢状态[13,47]。在老年人中，没有出现过度训练的迹象。在卡拉维尔塔等人的研究中，中等负荷量的力量训练导致Ⅱ型肌纤维面积增加，而同期训练组无变化。该研究也没有发现基础合成代谢或分解代谢激素水平的变化[39]。卡多雷等的研究也发现，游离睾酮和总睾酮或者皮质醇水平没有出现变化，而神经肌肉适应也出现了干扰效应，表明老年人在没有训练过度的情况下，也会出现干扰现象 [25]。

18.1.4　同期训练对最大和次最大神经肌肉活动的影响

老年人对力量训练的早期适应包括最大神经肌肉活动（肌电幅值）增加[48–52]。这表明出现了神经适应，例如，运动单位募集[15]、运动单位的放电频率[16]、脊髓运动神经元兴奋性和传出神经冲动[17]增加。虽然神经适应受影响可以解释同期训练的干扰效应，但很少有研究探讨同期训练的神经适应。在老年人群中，干扰效应可能与力量训练导致的神经的适应能力受损有关。与单独力量训练相比，同期训练的力量增益较低，同时发生的还有较低的最大神经肌肉激活适应这种现象[25]。

当研究老年人力量训练和同期训练对力量适应的机制时，我们发现仅力量训练组出现股直肌和股外侧肌最大肌电幅值显著增加（约 30%），这些变化明显大于同期训练组（约 1.5%，无统计学意义）[25]。另外，只有力量训练组的股直肌和股外侧肌会出现神经肌肉经济性提高（训练后在同样绝对负荷情况下，亚极量肌电幅值降低）。需要强调的是，与同期训练组相比，单独力量训练组的神经肌肉活性变化更大，同时力量增加更多[25]。这表明干扰效应至少部分是神经适应受影响导致的。

在另一项研究中，卡多雷等人[27]对老年人进行了不同顺序（力量训练在前或者耐力训练在前）的同期训练，发现力量训练安排在前的方案较相反顺序训练导致相对每单位激活的肌肉量产生的肌力（即肌肉质量或相对肌力）增加更多（27% vs. 15%，$p<0.01$）。相对肌力反映了在力量发展过程中的神经肌肉因素；在同样肌肉体积的情况下力量增加，表示神经对训练产生适应[53–55]。此外，卡多雷等人[28]对老年受试者的实验表明，与耐力训练安排在前的同期训练相比，将力量训练安排在前，股直肌神经肌肉经济性提高更多。综上所述，老年人出现的干扰效应至少可以部分解释为力量训练后神经适应受到影响。从实践角度来看，虽然同期训练可能会影响神经肌肉适应现象，但在老年人同期训练安排中，将力量训练安排在一次课的前面，似乎可以减小不良影响，也就是说可以将老年人在同期训练中的神经肌肉适应最大化。

18.1.5 同期训练对心肺适应的影响

有些研究者认为，随着年龄的增加，最大心输出量会下降[56,57]，而心肺适能的下降也与增龄导致的肌肉力量和爆发力下降有关[1,2,27,58]。一些研究表明，与单独耐力或力量训练相比，同期训练可以更好地改善老年人的心肺适能。此外，同期训练不会影响单独耐力训练产生的有氧适应[21,22,34–37,39,58,59]。

一些关于同期训练对心血管适应的研究表明，如果对老年人进行同期训练 12～21 周，每周 2～3 次，可以增加最大摄氧量 10%～18%，也可以增加自行车功率仪骑行最大负荷[21,22,24,37–39,58,59]。类似于上述研究发现的力量运动表现提高和肌肉肥大现象，伊奎尔多等[22]还发现老年男性在进行同期训练 16 周（每周一次力量训练、一次自行车耐力训练）后，有氧功率增加（28%），这与每周进行 2 次耐力训练共 16 周的训练后有氧功率的增加（23%）相似。

有趣的是，在卡多雷等人[27]的研究中，不管是力量训练在前的同期训练，还是耐力训练在前的同期训练，都出现相似的摄氧量峰值、自行车功率仪骑行最大负荷和在第二通气阈时的负荷强度增加。然而，将力量训练安排在前的同期训练组，在第一通气阈时的负荷强度增加更明显。这一现象可能是因为力量训练安排在前的同期训练，肌肉力量增加更大；而力量增长与老年人最大和次最大耐力增长及他们的动力性运动神经肌肉经济性有关。另一项研究[60]表明，老年男性经过 12 周的同期训练，不管训练顺序如何安排，在亚极量上限强度下（100W）的亚极量氧耗都可以显著降低。基于以上研究，我们得出结论：在力量训练前进行有规律的耐力训练老年组中，对最大有氧能力没有反应的人数非常少[60]。关于不同的每周训练频率，上述费拉里等人[30]的研究显示，有良好训练经历的老年男性，在经过 10 周的同期训练（每周 2～3 次）后，摄氧量峰值都出现了类似的增加。然而，在每周训练 3 次的组别中，自行车功率仪最大骑行功率增加更明显，表明有训练经历的老年人如果要提高整体耐力，每周训练次数要增加。

18.1.6 同期训练对身体功能能力的影响

很少有研究比较力量、耐力和同期训练对老年人身体功能能力的影响。伍德等人[21]的一项研究比较了三种训练计划对老年人身体功能能力的影响，对老年人进行了坐位体前屈测试，评估灵活性和动态平衡能力的 TUG 测试——反复从椅子上站起来、绕圆锥走、回到椅子上，协调性测试等，最后发现三种训练计划的结果没有显著差异。霍维亚拉（Holviala）等人[59]测试了老年人的负重行走能力（每只手负重 10.1 千克），发现只有同期训练组测试成绩有所提高（4.5%），而力量训练组和耐力训练组则没有变化。在另一项研究中，威廉等人[31]发现同期训练可以提高健康老年男性坐—立能力（30 秒内重复次数），以及坐位—起立—行走的计时测试成绩，且与训练顺序安排无关。总之，这些结果表明，同期训练可以提高老年人的身体功能能力。然而，还要注意对于年龄特别大的个体，特别是有老年衰弱综合征或功能严重下降的个体，运动干预措施必须在力量和耐力刺激的情况下，结合平衡和步态训练，以提高其身体功能并降低跌倒的风险[29,61,62]。此外，为了提升同期力量和耐力训练效果，力量训练应包括慢速和快速收缩相结合，以最大限度提高身体功能能力，因为肌肉最大功率输出和力量输出速率与身体功能能力的关系更大，而不是最大力量本身[12,63,64]。

18.2 小结

力量训练是提高老年人肌肉力量、增加功率输出和肌肉体积的有效干预手段。耐力训练可以提高老年人的最大摄氧量和次最大负荷耐力能力。因此，同期训练似乎是改善老年人神经肌肉和心肺功能的最有效方法。研究表明，进行中等频率的同期训练（即每周 2 次）可以显著促进老年人肌肉肥大，增加肌肉力量和爆发力。力量训练应为中高强度（60%～80%1RM）及中度负荷量（每次训练 2～3 组）的训练，而且每次训练课都应针对身体的主要肌肉群。耐力训练应为中高强度（60%～85% $\dot{V}O_2$ max）、持续 25～40 分钟的训练。对于同期训练方案，如力量和耐力训练安排在同一天进行，力量训练在前可以最大限度提高力量和耐力训练的效果。此外，对于有同期训练经历的老年人，力量训练和耐力训练每周各 2 次的训练频率是最佳安排，以促进额外的肌肉质量和力量增加，以及心肺功能提高。对于老年人来说，与较少的重复次数相比，较多重复次数直到向心训练力竭并不能促进更大程度的神经肌肉功能提高和肌肉肥大。在提高老年人身体功能能力方面，同期训练方案应包括高速力量训练，旨在提高肌肉最大功率输出和力量输出速率，因为肌肉爆发力与身体功能能力相关。

参考文献

[1] Izquierdo M, Häkkinen K, Antón A, Garrues M, Ibañez J, Ruesta M, et al. Maximal strength and power, endurance performance, and serum hormones in middle-aged and elderly men. Med Sci Sports Exerc. 2001; 33:1577–1587.

[2] Izquierdo M, Häkkinen K, Ibanez J, Antón A, Garrués M, Ruesta M, et al. Effects of strength training on submaximal and maximal endurance performance capacity in middle-aged and older men. J Strength Cond Res. 2003; 17:129–139.

[3] Snijders T, Verdijk L B, van Loon L J C. The impact of sarcopenia and exercise training on skeletal muscle satellite cells. Ageing Res Rev. 2009; 8:328–338.

[4] Aagaard P, Suetta C, Caserotti P, Magnusson S P, Kjaer M. Role of the nervous system in sarcopenia nad muscle atrophy with aging: strength training as a countermeasure. Scand J Med Sci Sports. 2010; 20:49–64.

[5] Cadore E L, Izquierdo M, Conceição M, Radaelli R, Pinto R S, Baroni B M, et al. Echo intensity is associated with skeletal muscle power and cardiovascular performance in elderly men. Exp Gerontol. 2012a; 47:473–478.

[6] Izquierdo M, Ibanez J, Gorostiaga E M, Garrues M, Zuñiga A, Antón A, et al. Maximal strength and power characteristics in isometric and dynamic actions of upper and lower extremities in middle-aged and older med. Acta Physiol Scand. 1999a; 167:57–68.

[7] Izquierdo M, Aguado X, Gonzalez R, López J L, Häkkinen K. Maximal and explosive force production capacity and balance performance in men of different ages. Eur J Appl Physiol Occup Physiol. 1999b; 79:260–267.

[8] Sayers S P, Bean J, Cuoco A, Le Brasseur N K, Jette A, Fielding R A. Changes in function and disability after resistance training: does velocity matter? A pilot study. Am J Phys Med Rehabil. 2003; 82:605–613.

[9] Henwood T R, Riek S, Taaffe D R. Strength versus muscle power specific resistance training in community-dwelling older adults. J Gerontol A Biol Sci Med Sci. 2008; 63:83–91.

[10] Miszko T A, Cress M E, Slade J M, Covey C J, Agrawal S K, Doerr C E. Effect of strength and power training on physical function in community-dwelling older adults. J Gerontol A Biol Sci Med Sci. 2003; 58:171–175.

[11] Bottaro M, Machado S N, Nogueira W, Scales R, Veloso J. Effect of high versus low-velocity resistance training on muscular fitness and functional performance in older men. Eur J Appl Physiol. 2007; 99:257–264.

[12] Reid K F, Fielding R A. Skeletal muscle power and functioning in older adults. Exerc Sport Sci Rev. 2012; 40:1–12.

[13] Kraemer W J, Patton J F, Gordon S E, Harman E A, Deschenes M R, Reynolds K, et al. Compatibility of high-intensity strength and endurance training on hormonal and skeletal muscle adaptations. J Appl Physiol. 1995; 78:976–989.

[14] Pinto R S, Correa C S, Radaelli R, Cadore E L, Brown L E, Bottaro M. Short-term strength training improves muscle quality and functional capacity of elderly women. Age (Dordr). 2014; 36 (1): 365–372. https://doi. org/10.1007/s11357-013-9567-2.

[15] Knight C A, Kamen G. Adaptations in muscle activation of the knee extensor muscle with strength training in young and older adults. J Electromyogr Kinesiol. 2001; 11:405–412.

[16] Kamen G, Knight C A. Training-related adaptations in motor unit discharge rate in young and older adults. J

Gerontol A Biol Sci Med Sci. 2004; 59:1334–1338.
[17] Aagaard P, Simonsen E B, Andersen J L, Magnusson P, Dyhre-Poulsen P. Neural adaptation to resistance training: changes in evoked V-wave and H-reflex responses. J Appl Physiol. 2002; 92:2309–2318.
[18] Izquierdo M, Häkkinen K, Ibañez J, Garrues M, Antón A, Zúniga A, et al. Effects of strength training on muscle power and serum hormones in middle-aged and older men. J Appl Physiol. 2001b; 90:1497–1507.
[19] Seals D R, Hagberg J M, Hurley B F, Ehsani A A, Holloszy J O. Endurance training in older men and women: I. Cardiovascular responses to exercise. J Appl Physiol. 1984; 57:1024–1031.
[20] Meredith C N, Frontera W R, Fisher E C, Hughes V A, Herland J C, Edwards J, et al. Peripheral effects of endurance training in young and old subjects. J Appl Physiol. 1989; 66:2844–2849.
[21] Wood R H, Reyes R, Welsch M A, Favarolo-Sabatier J, Sabatier M, Lee C M, et al. Concurrent cardiovascular and resistance training in healthy older adults. Med Sci Sports Exerc. 2001; 33:1751–1758.
[22] Izquierdo M, Ibañez J, Häkkinen K, Kraemer W J, Larrión J L, Gorostiaga E M. Once weekly combined resistance and cardiovascular training in healthy older men. Med Sci Sports Exerc. 2004; 36:435–443.
[23] Izquierdo M, Häkkinen K, Ibañez J, Kraemer W J, Gorostiaga E M. Effects of combined resistance and cardiovascular training on strength, power, muscle cross-sectional area, and endurance markers in middle-aged men. Eur J Appl Physiol. 2005; 94:70–75.
[24] Cadore E L, Pinto R S, Lhullier F L R, Correa C S, Alberton C L, Pinto S S, et al. Effects of strength, endurance and concurrent training on aerobic power and dynamic neuromuscular economy in elderly men. J Strength Cond Res. 2011a; 25:758–766.
[25] Cadore E L, Pinto R S, Lhullier F L R, Correa C S, Alberton C L, Pinto S S, et al. Physiological effects of concurrent training in elderly men. Int J Sports Med. 2010; 31:689–697.
[26] Cadore E L, Izquierdo M. Exercise interventions in polypathological aging patients that coexist with diabetes mellitus: improving functional status and quality of life. Age (Dordr). 2015; 37:64. https://doi.org/10.1007/s11357-015-9800-2.
[27] Cadore E L, Izquierdo M, Alberton C L, Pinto R S, Conceição M, Cunha G, et al. Strength prior to endurance intra-session exercise sequence optimizes neuromuscular and cardiovascular gains in elderly men. Exp Gerontol. 2012b; 47:164–169.
[28] Cadore E L, Izquierdo M, Pinto S S, Alberton C L, Pinto R S, Baroni B M, et al. Neuromuscular adaptations to concurrent training in the elderly: effects of intrasession exercise sequence. Age (Dordr). 2013a; 35 (3): 891–903. https://doi.org/10.1007/s11357-012-9405-y.
[29] Cadore E L, Rodríguez-Mañas L, Sinclair A, Izquierdo M. Effects of different exercise interventions on risk of falls, gait ability and balance in physically frail older adults. A systematic review. Rejuvenation Res. 2013b; 16:105–114. https://doi.org/10.1089/rej.2012.1397.
[30] Ferrari R, Kruel L F, Cadore E L, Alberton C L, Izquierdo M, Conceição M, et al. Efficiency of twice weekly concurrent training in trained elderly men. Exp Gerontol. 2013; 48:1236–1242.
[31] Wilhelm E N, Rech A, Minozzo F, Botton C E, Radaelli R, Teixeira B C, et al. Concurrent strength and endurance training exercise sequence does not affect neuromuscular adaptations in older men. Exp Gerontol. 2014; 60:207–214.
[32] Ferrari R, Fuchs S C, Kruel L F, Cadore E L, Alberton C L, Pinto R S, et al. Effects of different concurrent resistance and aerobic training frequencies on muscle power and muscle quality in trained elderly men: a randomized clinical trial. Aging Dis. 2016; 7 (6): 697–704. https://doi. org/10.14336/AD.2016.0504.
[33] Da Silva L X N, Teodoro J L, Menger E, Lopez P, Grazioli R, Farinha J, et al. Repetitions to failure versus

not to failure during concurrent training in healthy elderly men: a randomized clinical trial. Exp Gerontol. 2018; 108:18–27. https://doi.org/10.1016/j.exger.2018.03.017.

[34] Holviala J, Häkkinen A, Alen M, Sallinen J, Häkkinen K. Effects of prolonged and maintenance strength training on force production, walking, and balance in aging women and men. Scand J Med Sci Sports. 2014; 24 (1): 224–233. https://doi.org/10.1111/j.1600-0838.2012.01470.x.

[35] Karavirta L, Tulppo M P, Laaksonen D E, Nyman K, Laukkanen R T, Kinnunen H, et al. Heart rate dynamics after combined endurance and strength training in older men. Med Sci Sports Exerc. 2009; 41:1436–1443.

[36] Sillampää E, Häkkinen A, Nyman K, Cheng S, Karavirta L, Laaksonen D E, et al. Body composition and fitness during strength and/or endurance training in older men. Med Sci Sports Exerc. 2008; 40:950–958.

[37] Sillampää E, Häkkinen A, Punnonen K, Häkkinen K, Laaksonen D E. Effects of strength and endurance training on metabolic risk factors in healthy 40-65-year-old men. Scand J Med Sci Sports. 2009a; 19:885–895.

[38] Sillampää E, Laaksonen D E, Häkkinen A, Karavirta L, Jensen B, Kraemer W J, et al. Body composition, fitness, and metabolic health during strength and endurance training and their combination in middle-aged and older women. Eur J Appl Physiol. 2009b; 106:285–296.

[39] Karavirta L, Häkkinen A, Sillanpää E, Garcia-Lopez D, Kauhanen A, Haapasaari A, et al. Effects of combined endurance and strength training on muscle strength, power and hypertrophy in 40-67-year-old men. Scand J Med Sci Sports. 2011; 21:402–411.

[40] Cadore E L, Izquierdo M. How to simultaneously optimize muscle strength, power, functional capacity, and cardiovascular gains in elderly: an update. Age (Dordr). 2013a; 35:2329–2344. https://doi.org/10.1007/s11357-012-9503-x.

[41] Cadore E L, Izquierdo M. New strategies for the concurrent strength-, power-, and endurance-training prescription in elderly individuals. J Am Med Dir Soc. 2013b; 14:623–624.

[42] Fisher G, McCarthy J P, Zuckerman P A, Bryan D R, Bickel C S, Hunter G R. Frequency of combined resistance and aerobic training in older women. J Strength Cond Res. 2013; 27 (7): 1868–1876. https://doi.org/ 10.1519/JSC.0b013e31827367e0.

[43] Schumann M, Küüsmaa M, Newton R U, Sirparanta A I, Syväoja H, Häkkinen A, et al. Fitness and lean mass increases during combined training independent of loading order. Med Sci Sports Exerc. 2014; 46:1758–1768. https://doi.org/10.1249/MSS.0000000000000303.

[44] McCarthy J P, Pozniak M A, Agre J C. Neuromuscular adaptations to concurrent strength and endurance training. Med Sci Sports Exerc. 2002; 34:511–519.

[45] Häkkinen K, Alen M, Kraemer W J, Gorostiaga E M, Izquierdo M, Rusko H, et al. Neuromuscular adaptations during concurrent strength and endurance training versus strength training. J Appl Physiol. 2003; 89:42–52.

[46] Bell G J, Syrotuik D, Martin T P, Burnham R, Quinney H Á. Effect of concurrent strength and endurance training on skeletal muscle properties and hormone concentrations in humans. Eur J Appl Physiol. 2000; 81:418–427.

[47] Bell G J, Syrotuik D, Socha T, Maclean I, Quinney H Á. Effect of strength and endurance training on strength, testosterone, and cortisol. J Strength Cond Res. 1997; 11:57–64.

[48] Häkkinen K, Alen M, Kallinen M, Newton R U, Kraemer W J. Neuromuscular adaptation during prolonged strength training, detraining and re-strength-training in middle-aged and elderly people. Eur J Appl Physiol. 2000; 83:51–62.

[49] Häkkinen K, Kraemer W J, Newton R U, Alen M. Changes in electromyografic activity, muscle fibre and force production characteristics during heavy resistance/power strength training in middle-aged and older men and women. Acta Physiol Scand. 2001; 171:51–62.

[50] Häkkinen K, Kallinen M, Izquierdo M, Jokelainen K, Lassila H, Mälkiä E, et al. Changes in agonist-antagonist EMG, muscle CSA, and force during strength training in middle-aged and older people. J Appl Physiol. 1998; 84:1341–1349.

[51] Cannon J, Kay D, Tarpenning K M, Marino F E. Comparative effects of resistance training on peak isometric torque, muscle hypertrophy, voluntary activation and surface EMG between young and elderly women. Clin Physiol Funct Imaging. 2007; 27:91–100.

[52] Brentano M A, Cadore E L, Silva E M, Ambrosini A B, Coertjens M, Petkowics R, et al. Physiological adaptations to strength and circuit training in postmenopausal women with bone loss. J Strength Cond Res. 2008; 22:1816–1825.

[53] Frontera W R, Suh D, Krivickas L S, Hughes V A, Goldstein R, Roubenoff R. Skeletal muscle fiber quality in older men and women. Am J Physiol Cell Physiol. 2000; 279:C611–C618.

[54] Narici M V, Maganaris C, Reeves N. Myotendinous alterations and effects of resistive loading in old age. Scand J Med Sci Sports. 2005; 15:392–401.

[55] Tracy B L, Ivey F M, Hurlbut D, Martel G F, Lemmer J T, Siegel E L, et al. Muscle quality. Ⅱ. Effects of strength training in 65- to 75-yr-old men and women. J Appl Physiol. 1999; 86:195–201.

[56] Astrand I, Astrand P O, Hallback I, Kilbom A. Reduction in maximal oxygen uptake with age. J Appl Physiol. 1973; 35:649–654.

[57] Fleg J L, Lakatta E G. Role of muscle loss in the age-associated reduction in $\dot{V}O_2max$. J Appl Physiol. 1988; 65:1147–1151.

[58] Cadore E L, Pinto R S, Alberton C L, Pinto S S, Lhullier F L R, Tartaruga M P, et al. Neuromuscular economy, strength and endurance in healthy elderly men. J Strength Cond Res. 2011b; 25:997–1003.

[59] Holviala J, Häkkinen A, Karavirta L, Nyman K, Izquierdo M, Gorostiaga E M, et al. Effects of combined strength and endurance training on treadmill load carrying walking performance in aging men. J Strength Cond Res. 2010; 24:1584–1595.

[60] Cadore E L, Pinto R S, Teodoro J L, Silva L X N, Menger E, Alberton C L, et al. Cardiorespiratory adaptations in elderly men following different concurrent training regimes. J Nutr Health Aging. 2018; 22:483–490. https://doi.org/10.1007/s12603-017-0958-4.

[61] Cadore E L, Casas-Herrero A, Zambom-Ferraresi F, Idoate F, Millor N, Gómez M, et al. Multicomponent exercises including muscle power training enhance muscle mass, power output, and functional outcomes in institutionalized frail nonagenarians. Age (Dordr). 2014; 36 (2): 773–785. https://doi.org/10.1007/s11357-013-9586-z.

[62] Izquierdo M, Cadore E L. Muscle power training in the institutionalized frail: a new approach to counteracting functional declines and very late-life disability. Cur Med Res Opinion. 2014; 30:1385–1390.

[63] Pereira A, Izquierdo M, Silva A J, Costa A M, Bastos E, González-Badillo J J, et al. Effects of high-speed power training on functional capacity and muscle performance in older women. Exp Gerontol. 2012; 47:250–255.

[64] Casas-Herrero A, Cadore E L, Zambom-Ferraresi F, Idoate F, Millor N, Martínez-Ramírez A, et al. Functional capacity, muscle fat infiltration, power output and cognitive impairment in institutionalized frail oldest-old. Rejuvenation Res. 2013; 16 (5): 396–403. https://doi.org/10.1089/rej.2013.1438.

19 同期训练与身体成分和健康

尤里科·内斯特·威廉（Eurico Nestor Wilhelm），
罗内·西尔维拉·平托（Ronei Silveira Pinto）

19.1 引言

同期训练不仅可以提高各项目运动表现，而且作为一种大众人群健康促进的方法，其作用不可忽视。通过结合有氧训练和力量训练，同期训练对心血管和神经肌肉系统都有应激效应。同期训练除了使传统指标，如耐力指标（最大有氧能力、乳酸阈、运动经济性）和骨骼肌功能指标（最大肌力、爆发力、肌肉耐力等）出现适应外，也会影响身体成分及传统和非传统的心脏代谢危险因子。本章将讨论同期训练对健康相关指标的影响，尤其是对身体成分和心血管代谢生物指标的影响。

19.2 身体成分

19.2.1 总脂肪量和体脂百分比

据世界卫生组织 2014 年的调查报告，肥胖作为一个可变的风险因素，已经成为国际问题。在过去几十年，肥胖者数量正在急剧增加，已经影响了全球约 13%的成年人，还有近 39%的成年人被认定为超重[1]。肥胖人群罹患代谢性疾病、骨科疾病、心血管疾病（CVD）及各种癌症的风险增加[1,2]。对于超重和肥胖人群来说，减少身体脂肪尤其重要，一个有效的策略是针对他们的减重和体重管理精心设计运动训练方案[3]。早期研究使用皮褶厚度来估计同期训练对体脂的相对变化的作用[4,5]，虽然这是一种有效的方法，但近年来的研究利用更准确的双能 X 射线吸收仪（DXA）来追踪身体成分的变化[6–8]。以下将重点介绍使用 DXA 或成像技术评估总脂肪量和局部脂肪分布的实验结果。

许多研究已经探讨了同期训练对总脂肪量的影响，这些研究的结果也具有争议性。多涅斯等人[6]的研究显示，中年和老年男性在进行 3 个月耐力训练或同期训练后，全身脂肪总量有所降低，而肌肉体积的增加只出现在力量训练或同期训练组。其他实验也表明同期训练在降低脂肪量或体脂百分比方面有类似的效果[8–11]。同期训练在减少总脂肪量方面的效果是否优于单一模式训练一直存在争议，这也许与在一些（不是所有）研究中，同期训练组整体训练量大于单独耐力或力量训练组的整体训练量有关（即，在一些研究中，同期训练组的训练量是每种单一训练量的总和）。然而，来自 21 项研究的汇总数据表明，与单独耐力或者力量训练相比，同期训练在减少体脂方面效果类似。但由于数据有限，在减少体脂含量方面无法对不同的同期训练量与单一模式训练相比进行分析[12]。此外，也有研究表明，长期同期训练并没有改变受试者体脂含量[7,9]。这些不同的结果并不代表同期训练不能改善体成分，而是反映了不同的运动方式和方法学差异，下面将对此进行讨论。

有些研究不是旨在直接证明运动对身体脂肪的影响，也没有控制热量摄入和能量消耗，以及潜在的增加或减少能量平衡的补偿行为。如果受试者能量平衡没有被精确控制，任何身体成分的变化（减少或者增加）都有可能发生。根据热力学定律，体重的改变由净能量平衡来调节。体重和脂肪量的减少归因于长期的能量负平衡，实验的证据来自对受试者能量摄入和消耗的研究，在一段时间内使受试者出现能量摄入不足或过剩[3,13]。例如，罗斯（Ross）等人[3]证明，只要维持类似的能量不足，单靠节食或运动都能同等程度地减少身体脂肪。也就是说，对于任何一个只追求减少体脂含量的人来说，最好的选择就是规律运动以消耗最大的能量。虽然不只是耐力训练（如高强度间歇训练）可以增强传统上的肌肉有氧能力并增加线粒体数量，但后者的确与长期耐力训练有联系[14]，而且耐力训练还可以使安静和次最大强度运动时的能量底物利用向脂肪氧化转移[15,16]。相反，力量训练引起的肌肉肥大可以增加总能量消耗，因为瘦体重是决定静息代谢率大小的主要因素[17]，尽管骨骼肌总量增加对总代谢率的绝对贡献相对较小[18]。因此，动员大量肌肉群的耐力训练，如步行、跑步和游泳，显然是增加能量消耗的最佳选择，因为在持续运动中，人体需要维持较高的能量代谢。不过，消耗同等热量的力量训练也可以减少等量的脂肪。在一项关于同期训练研究的 Meta 分析中，威尔逊等人[12]估算，与单独骑自行车相比，同时进行跑步和力量训练对减少身体脂肪可能有微弱的优势。虽然跑步会动员大量的肌肉，但它也许会削弱定期同期训练对肌肉肥大的效果[12]。因此，必须在跑步能量消耗急剧增加和骑行改善瘦体重、提高静息代谢率之间找到平衡点。此外，他们还发现，耐力训练强度与体脂减少直接相关，这也许反映出在相同运动持续时间的条件下，高强度运动的能量消耗可能会更大。

然而，值得注意的是，一个人能够完成的运动总量是有上限的，普通个体参与长时间的单一模式训练（如＞1.5 小时/次）而不丧失运动动机，这种可能性不大（尽管有可能），况且在长时间周期性运动中，重复性运动模式会使骨骼因压力受损伤的风险增加。因此，同期训练可能是一个替代方案，通过在单次训练课中（当同期训练在同一天进行时）增加额外的训练量和更多样化的练习或通过增加每周训练次数（当耐力和力量训练在隔天进行时），从而增加每周的能量消耗。

同期训练可以通过直接减少脂肪含量和增加瘦体重，或者两者结合，降低体脂百分比。体脂百分比反映了脂肪含量占整个身体重量的比例，在某种程度上，骨骼肌含量的增加会导致脂肪百分比下降，但与脂肪储存总量变化无关。由于长期同期训练可能导致肌肉质量增加的同时脂肪含量减少（图 19.1），这种训练模式可能被认为是降低体脂百分比的理想选择[11]。

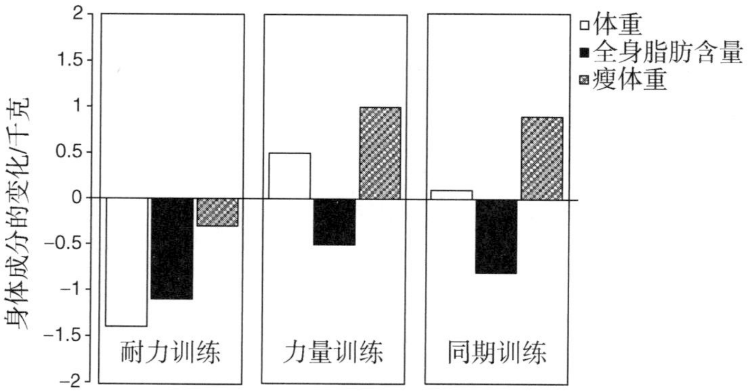

图 19.1　运动训练方式对选定身体成分参数影响的典型变化（假想模型图示）

耐力训练与大肌肉群有关，可能会消耗大量热量，导致能量负平衡，从而减轻体重并减少全身脂肪含量。力量训练通常会使瘦体重增加，从而使总体重增加，而同期训练有可能减少脂肪含量和增加瘦体重。总之，身体成分的改变取决于运动模式和净能量平衡之间复杂的相互作用。

19.2.2　腹部脂肪

身体脂肪的分布对身体健康起着重要作用，腹部的脂肪过多（腹型肥胖）是心血管疾病和代谢紊乱的主要危险因素[19,20]。向心性肥胖，由于内脏脂肪比腹部皮下组织脂肪积累更多，成为心血管代谢疾病的危险因素之一[20]。因此，尽管降低全身脂肪含量是超重和肥胖人群的主要目标，但注意减少或防止腹腔脂肪的过度沉积是很重要的一个方面，即使对较瘦个体也是如此。内脏肥胖与腰围相关[21,22]，通过计算机断层扫描（CT）或磁共振成像（MRI）可以很直观地定量测定，并可以区分皮下和腹腔内脂肪，利用 DXA 可以更加精确地测量腹部脂肪含量[21]。

目前，大量证据表明，运动训练可以有效减少内脏脂肪的堆积。系统综述和 Meta 分析的结果显示，耐力训练似乎可以有效减少腹部脂肪，但是力量训练对减脂的效果不太明显[23]。同期训练可以减少内脏脂肪，但减脂效果并不像单独耐力训练那么明显，一些研究发现这很可能是同期训练期间的耐力训练比例下降导致的。尽管如此，随机试验已经证实同期训练只要保证足够的训练量，也具有减少腹部脂肪堆积的效果[6,24]。此外，对 15 项试验进行的 Meta 分析，比较了耐力训练、力量训练和同期训练对代谢和人体测量学参数的影响，发现同期训练可以减小腰围，提示同期训练是更有效预防和治疗肥胖的方法[25]。

近年来，同期训练中力量和耐力训练的顺序安排受到科学界的广泛关注（图 19.2）。对于同期训练中力量和耐力训练的顺序安排对肌肉体积和力量的影响有不同报告，有些研究小组认为力量训练安排在前面，会产生更大的适应[26,27]，而另一些研究则发现运动顺序对神经肌肉参数的影响很小，甚至没有影响[7,9,28–31]。

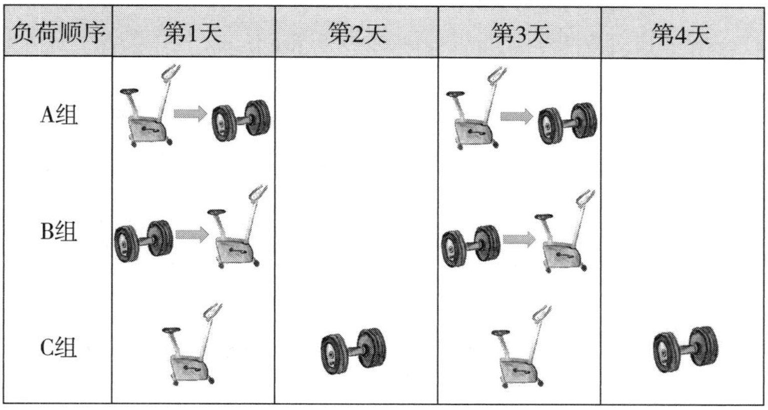

图 19.2　同期训练中耐力训练和力量训练的不同顺序安排示例

同一次训练课，耐力训练安排在前（A 组）；或相反训练顺序（B 组）；或每种训练隔天进行（C 组）。据报告，C 组可以最大限度减少腹部脂肪含量[9]。

与神经肌肉系统不同，同期训练的不同顺序安排对身体成分影响的结果似乎比较一致（尽管有限）。关于这个主题芬兰研究者进行了一系列研究，并首次发现在一节同期训练课内，训练顺序安排与身体脂肪变化没有关系，至少在训练量相对较低的常规运动中如此（即每节课 60～100 分钟，每周 2～2.5 次）[7]。接下来的研究证实了这些发现并拓展了相关知识，研究者将同期训练中的力量和耐力训练安排在隔天进行，发现与力量和耐力训练安排在同一天进行（运动量相似）相比，前者对于减少身体脂肪含量有更好的效果[9]。关于不同部位的体重变化，隔天进行耐力和力量训练的男性和女性的腹部脂肪均出现更大程度的减少。这些结果非常有趣，因为每一种训练顺序安排都被认为消耗相似的运动能量。可以推测，在同一节课中进行同期训练的受试者应该会采用相对较低强度的运动，因为先前耐力/高强度运动会降低后续力量训练的运动表现，但最大力量并没有受到太大影响[32,33]。虽然运动后过量氧耗（和安静时的能量消耗）会受到力量训练强度的影响，但桑顿等人估计在高强度（如 85%15RM）和低强度（如 45% 15RM）力量训练后能量消耗的差异并不大[34]。因此，分开安排力量训练和耐力训练会导致更大的脂肪量下降，并不能用运动强度相关的运动后过量氧耗来解释。另一种可能的解释是，在同期训练中，将耐力训练和力量训练分开安排，较短而更高频率的运动会造成多次运动后积累过量氧耗，从而导致总能量消耗更多，但这一假设仍然有待证实。尽管有些潜在机制有待发现，但对于那些希望通过运动来改变身体成分的人来说，这些结果具有实际意义。然而，这些结果对于那些希望从降低脂肪总量和局部脂肪获益的人来说更有意义（如肥胖和 2 型糖尿病患者）。

19.3 心血管代谢健康

同期训练除了增加瘦体重和减少腹部脂肪含量外，还可以减少心血管代谢危险因素。主要的心血管代谢危险因素血脂和糖代谢调节障碍及高血压是可以通过运动来改善的。接下来的部分将重点介绍同期训练与这些健康参数之间的相互作用。

19.3.1 血脂和脂蛋白

长期运动可以改善血脂和脂蛋白浓度。横向研究结果首次证明，身体活动水平的提高与空腹血脂水平的改善有关，运动员血清高密度脂蛋白胆固醇（HDL–c）值比不运动对照组高 50%。甘油三酯（TG）浓度与之相反，健康水平较高的受试者血液中 TG 浓度较低。支持总胆固醇（TC）和低密度脂蛋白胆固醇（LDL–c）呈一致变化的证据比较少，而且当对不同干扰因素进行调整来分析研究结果时，进行身体活动的益处通常会减少甚至消失[35]。探讨运动干预的纵向实验通常与流行病学数据一致，但脂质和脂蛋白的变化幅度通常较小。基于对 25 项研究的 Meta 分析（包括 1404 名健康受试者）显示，在长期耐力训练后，HDL–c 浓度预计有中等程度的增加（增加约 2.5 毫克/分升）[36]。对于力量训练改变安静状态下血脂的能力，相关的随机对照试验出现的结果相互矛盾，但是一项对累积证据的分析表明力量训练可以改善成年人的基础 TC、TC / HDL–c、TG、LDL–c 和非高密度脂蛋白胆固醇[37]。关于同期训练对受试者空腹血脂和脂蛋白影响的研究不多，但研究者普遍认为同期训练可以改善不同人群的血脂异常[10,38,39]，考虑到已知的单独耐力和力量训练对 HDL–c 和 TC 的效果，这并不奇怪。

HDL–c 对心血管系统的保护来自其逆转胆固醇转运的作用，以及它的抗氧化、抗炎和扩张血管功能。简单地说，胆固醇转运逆转涉及胆固醇酯储存机制，胆固醇酯在血管壁巨噬细胞可以与细胞外载脂蛋白 A1 相互作用，形成新的 HDL–c，然后继续储存胆固醇，形成成熟的 HDL–c[40]。成熟 HDL–c 可以通过以下途径选择性地将其储存的胆固醇传递到肝脏并予以清除：①直接将胆固醇酯从 HDL–c 排出到肝细胞进行清除；②通过间接途径，包括胆固醇–甘油三酯与其他脂蛋白交换，形成富含胆固醇的 LDL–c 形式，进而将胆固醇转运至肝细胞[40]。

我们有理由认为耐力和力量结合的训练可以在改善空腹血脂方面发挥附加作用。为了比较年轻超重但其他方面健康的受试者在进行三种不同方式的运动后血脂和脂蛋白的适应性变化，曾（Tseng）等人[39]进行了一项为期 3 个月的训练研究，受试者被分为耐力训练组（5 天/周，约 60 分钟/天，以 50%～70%最大心率）、力量训练组（5 次/周，约 60 分钟/次，以 60%～80%1RM 多组重复运动）、同期训练组（类似的耐力和力量训练隔天进行，5 天/周）和对照组。虽然所有运动组心脏代谢参数均有改善，但耐力训练组和同期训练组的 HDL–c 较力量组有较大增加。有趣的是，与其他两组相比，同期训练组空腹血糖和 TG 下降幅度更大，尽管总训练量（在本研究中以运动时间估计）并不比其他两种运动方式大。利巴迪等人[41]也发现单独力量训练和同期训练可以降低中年男性空腹 TC，但只有同期训练可以降低血 TG 浓度。这些重要的发现表明同期训练在改善血脂方面的效果可能优于单独耐力或力量训练。但重要的是，这一结论并不总是成立，因为也有其他研究比较了这三种模式的运动，发现在一段时间的训练后这些指标对训练的反应相似。事实上，施温沙克（Schwingshackl）等人的 Meta 分析发现，同期训练在改善超重和肥胖个体的血脂和脂蛋白方面的作用是相似的[25]，但同期训练在降低 2 型糖尿病患者的 TG 方面优于力量训练[42]。

因此，目前运动训练被认为可以改善血脂和脂蛋白。在耐力训练计划中加入力量训练并不妨碍这些良好的适应，甚至有证据表明同期训练可能优于其他单独训练，尽管还不确定这种效应是否是因为不同训练模式之间的适应产生了附加的相互作用，还是因为同期训练的运动量更大。

19.3.2　血糖控制

健康个体可以将空腹血糖浓度保持在低于 100 毫克/分升，其糖化血红蛋白（HbA1c）低于 5.7%。葡萄糖调节的长期异常，如糖尿病，使个体死亡和出现长期并发症的风险增加，如神经病变、肾病、心血管疾病和截肢。生活方式的改变，包括坚持健康饮食和增加身体活动被认为是预防和治疗 2 型糖尿病和代谢综合征的主要非药物策略[43–45]。2 型糖尿病患者通过监控运动训练可以改善血糖调节，降低空腹血糖和糖化血红蛋白绝对百分比[46]。近几十年来，大量文献表明耐力训练可以改善这些患者的葡萄糖代谢[47]。后来也有证据表明，力量训练及同期训练是改善糖尿病患者血糖控制的有效替代方案[46]。

由于同期训练结合了耐力和力量训练的优点，因此它有可能优化 2 型糖尿病患者的代谢反应。一项大型实验比较了三种运动方式对 HbA1c 长期变化的影响，发现同期训练在血糖控制方面优于单独耐力或力量训练[48]。此外，那些初始糖化血红蛋白比例较低的患者仅在同期训练中发生明显变化。尽管以往的研究表明了同期训练的优越性，但值得关注的是同期训练组的受试者每周运动量较单一模式训练组要大。因此，很难确定这些效果是源于同期训练模式本身的优越性，还是源于运动量较大。

为了回答上述问题，丘奇（Church）等人[49]进行了一个为期 9 个月的运动试验，试图使不同运动方案之间的总训练量相匹配，因此同期训练组在耐力和力量训练上花费的时间比单独耐力训练和力量训练组要少。与无运动对照组相比，只有进行同期训练的受试者 HbA1c 水平有所下降。后来的一项研究[39]也证实了该结果，与耐力或力量训练组相比，健康男性进行同期训练后，空腹血糖浓度有较大改善，即使其耐力和力量训练量减少了一半。这些结果表明，同期训练在糖代谢方面具有潜在的优势，这与运动量无关。然而，一项随机对照试验的 Meta 分析发现，同期训练量，尤其是其中力量训练的量，与 2 型糖尿病患者糖化血红蛋白水平的改善有关，强调了在葡萄糖调节长期适应中应考虑运动量和运动模式之间相互作用的重要性[50]。

在耐力运动试验中[47]，研究者最初认为运动强度是 HbA1c 改善的影响因子，但近年来包括同期训练试验[50]在内的 Meta 分析却没有发现这一现象。所假设的高强度同期训练计划对葡萄糖相关调节结果和文献并不一致，可能是因为训练强度和训练量之间的相互作用。同等运动持续时间越长，强度越大，总工作量也越大。意大利糖尿病运动研究的一项亚组分析有助于阐明这一主题，研究者比较了 2 型糖尿病患者在低强度与中高强度下进行相同能量消耗的同期训练，12 个月的干预后，高强度组 HbA1c 下降幅度（–0.5%）大于低强度组（–0.33%）。虽然可以确定运动强度量–效关系，但研究者认为更高强度的同期训练所带来的额外益处与临床相关性不大，但仍强调了在 HbA1c 方面约 0.15%的差异不应被忽视[38]。

关于同期训练对健康人群的血糖控制效果尚不清楚。有文献也比较了同期训练与单一模式训练的效果，但出现不同的结果：年轻男性在进行同期训练后，较耐力或力量训练组的空腹血糖浓度改善效果更好[39]；而其他实验发现耐力训练对于男性口服葡萄糖耐量实验后的糖调节效果更好[6]；也有研究认为与耐力训练组相比，老年女性在力量或同期训练后，其空腹血糖浓度降低更明显[8]。在某些情况下，任何一种模式的运动训练可能不会改善空腹血糖浓度，但随着时间推移，可以防止糖调节受损[41]。这反映了与已出现代谢紊乱的患者相比，中年健康个体的生理适应范围更窄。

综上所述，在改善健康个体糖调节（或防止其下降）方面，同期训练至少与耐力训练和力量训练一样有效。有证据表明，同期训练在改善 2 型糖尿病患者血糖相关预后方面可能优于单独力量训练或耐力训练。但目前尚难确定这种适应性是由于同期训练本身的优越性所致，还是仅仅因为同期训练的个体可能进行了更大的运动量。显然，为了获得更明确的结论，研究者还需要设计实验来直接比较不同同期训练量所产生的效果。

19.3.3 血压和血管适应

高血压是心血管疾病的主要危险因素，与血管结构和功能的改变有关。通常，高血压是指安静时持续收缩压/舒张肱动脉血压≥140/90 毫米汞柱（含）以上。2017 年美国心脏病学会和美国心脏协会发布了针对美国人血压阈值的新指南，收缩压 130 毫米汞柱（含）以上/舒张压 80 毫米汞柱（含）以上为高血压[51]。高血压人群更容易发生中风、心衰、外周动脉疾病和靶器官损伤等不利情况[52]。此外，增加的血流动力可以破坏血管壁，导致内皮功能障碍，并进一步损害血管健康[52]。即使在血压正常范围内，血压升高与心血管疾病发病风险之间也存在相关性，这说明非常有必要采用合适的方法来预防或延迟血压逐渐升高[52]。

耐力训练一直被认为是治疗高血压的重要方式，患者进行长期的耐力训练预计可将安静血压降低 5～7 毫米汞柱[53]。与早期的观点相反，动力性力量训练并不会促进血压慢性增加，因此可以被当作辅助降压手段，其效果可与耐力训练相似[53]。两种运动方式结合起来，可以预防和治疗高血压，这已经被广泛接受并推荐使用。对 68 项研究同期训练对血压影响的实验进行的 Meta 分析表明，与安静状态下的对照组相比，同期训练组总体收缩压可以降低 3.2 毫米汞柱，舒张压降低 2.5 毫米汞柱[54]。重要的是，同期训练的长期抗高血压作用随基础血压水平的增加而增强，直到高血压患者收缩压下降 5.3 毫米汞柱，舒张压下降 5.6 毫米汞柱，在一些高质量研究中甚至可以下降 9 毫米汞柱。这些结果表明，那些急需降低血压的人群，可以通过训练获得最大的收益。

运动导致血压缓慢下降的机制与心输出量和周围血管阻力的改变有一定关系[52]。由于安静状态下心输出量几乎不受训练的影响[55]，血管阻力的变化可能是运动调节血压的主要因素。运动可产生长效抗高血压效果是由于血管顺应性改善、神经内分泌调节和血管结构性适应之间存在复杂的相互作用[52,55]。尽管有几个机制仍在研究中，但训练对血管功能和结构的调节已经得到公认。血管内皮在保持血管健康和维持止血功能方面起着非常重要的调控作用。内皮细胞容易因慢性高血压和血脂异常而受到损伤，而内皮细胞功能障碍与心肌梗死、高血压或没有临床心血管疾病症状的衰老相关[56,57]。内皮功能障碍导致的后果至少有两方面：① 形成促动脉粥样硬化血管床；② 血管舒张功能受损，可能导致高血压发生。

单独耐力或力量训练都可以改善受损的血管功能[56,58]。急性动力性运动可以增加血管顺应剪切力，而对血管直接施加刺激，这种刺激可以激发内皮的适应。如果大肌肉群进行长时间动力性运动，在非运动血管床也会出现一过性抗动脉粥样硬化剪切力增加。此外，全身因素的变化，包括运动诱导的循环肌细胞因子（如白介素–6）增加，以及促炎性细胞因子（如 C–反应蛋白、肿瘤坏死因子 α）长期下降和内皮细胞中胰岛素信号改善，所有这些都对脉管系统会产生积极效应[59]。同期训练除了急性调整血液动力外，还有可能改善目标人群脂质和慢性炎症标志物水平[6,25]，因此可被考虑作为改善内皮功能有效性的策略。因此，具有血管功能障碍或心血管疾病风险因素的个体，通常在短期同期训练后出现管道和阻力血管床中内皮依赖性血管舒张的增加[60,61]。有趣的是，有证据表明同期训练的顺序安排可能会影响血管适应性。据报告，力量训练安排在前（力量+耐力训练的顺序安排）的同期训练会改善年轻女性和男性的内皮功能，而相反的顺序安排（耐力+力量训练的顺序安排）对血管功能没有改善[62]。虽然确切机制尚不清楚，但据推测，先进行耐力训练可能会削弱力量训练产生的生长激素的增加，从而阻碍血管内皮的适应[63]。因为有研究发现生长激素可以刺激一氧化氮的产生（按照硝酸盐平衡估计）和内皮依赖性血管舒张功能[64]。

虽然动脉硬化究竟是高血压的诱因还是结果仍有争议，但已有研究证实，主动脉硬化的加剧与心血管疾病风险有关[65]。胶原纤维在血管中的沉积和弹性蛋白的减少最终导致动脉硬化，从而降低血管承受脉搏张力的能力。在年轻健康成年人中，高强度的力量训练通常与动脉刚性的增加有关，这可能是由于对运动过程中血压的大幅升高的代偿适应现象[66]。年轻人经过力量训练后血管刚性增加，不太可能是一种病理现象，但这种血管重塑过程的替代方式不应包括对力量训练强度的调节，因为低强度到中等强度的力量训练似乎不会损害年轻受试者中央动脉的顺应性[67]，或选择性地将耐力训练添加到常规力量训练的过程也不会损害动脉顺应性[62,68]。川野（Kawano）等人[68]指出，同期训练可以预防动脉顺应性缓慢下降，这尤其与高强度的力量训练有关。与血管反应性相似，冈本（Okamoto）等人[62]还观察到，8 周同期训练后肱—踝脉搏波速（中央动脉硬化的替代指标）下降，但仅出现在力量+耐力训练顺序的组别，这表明同期训练的顺序安排可能会影响血管功能和重塑。然而，冈本等人所报告的力量+耐力训练顺序对血管有更好的适应性，其机制仍有待研究。

19.4 小结

与最大力量的发展不同，力量和耐力训练的结合并不损害与健康相关的适应。同期训练能有效改善身体成分、降低血压和血脂/脂蛋白水平。有证据表明，同期训练在优化血糖调节方面，效果优于单独耐力或力量训练。同期训练也可以维持甚至改善血管健康，其中的耐力训练可有效防止力量训练引起的动脉刚性增加。从实践角度来说，为了减少体脂，同期训练中耐力训练的强度可能是一个变量。持续时间较短（20～30 分钟）但强度较高的耐力训练，既可以减少体脂，又可以尽量减少对同期训练中肌肉肥大的负面影响[12]。那些寻求更大肌肉体积和力量发展的受试者，可选择力量训练结合自行车骑行训练，而跑步作为一种耐力训练形式可能会略微降低体脂[12]。尽管同期训练在改善特定人群血糖控制和其他心脏代谢危险因素方面的作用可因运动量和强度而异，但有证据表明，同期训练本身比单独力量或耐力训练具有更好的效果。因此，有规律的同期训练结合每一种单一模式训练的优点，可被考虑作为改善和维持身体健康的一种理想训练模式。

参考文献

[1] WHO. Obesity and overweight—fact sheet [internet]. World Health Organization. 2017. http://www.who.int/mediacentre/factsheets/fs311/en/.

[2] Haslam D, Sattar N, Lean M. Obesity—time to wake up. BMJ. 2006; 333 (7569): 640–642.

[3] Ross R, Dagnone D, Jones P J H, Smith H, Paddags A, Hudson R, et al. Reduction in obesity and related comorbid conditions after diet-induced weight loss or exercise-induced weight loss in men. A randomized, controlled trial. Ann Intern Med. 2000; 133 (2): 92–103.

[4] Hickson R C. Interference of strength development by simultaneously training for strength and endurance. Eur J Appl Physiol Occup Physiol. 1980; 45 (2–3): 255–263.

[5] Häkkinen K, Alen M, Kraemer W J, Gorostiaga E, Izquierdo M, Rusko H, et al. Neuromuscular adaptations during concurrent strength and endurance training versus strength training. Eur J Appl Physiol. 2003; 89 (1): 42–52.

[6] Donges C E, Duffield R, Guelfi K J, Smith G C, Adams D R, Edge J A. Comparative effects of single-mode vs. duration-matched concurrent exercise training on body composition, lowgrade inflammation, and glucose regulation in sedentary, overweight, middle-aged men. Appl Physiol Nutr Metab. 2013; 38 (7): 779–788.

[7] Schumann M, Küüsmaa M, Newton R U, Sirparanta A-I, Syväoja H, Häkkinen A, et al. Fitness and lean mass increases during combined training independent of loading order. Med Sci Sport Exerc. 2014; 46 (9): 1758–1768.

[8] Sillanpää E, Laaksonen D E, Häkkinen A, Karavirta L, Jensen B, Kraemer W J, et al. Body composition, fitness, and metabolic health during strength and endurance training and their combination in middle-aged

and older women. Eur J Appl Physiol. 2009; 106 (2): 285–296.

[9] Eklund D, Häkkinen A, Laukkanen J A, Balandzic M, Nyman K, Häkkinen K. Fitness, body composition and blood lipids following 3 concurrent strength and endurance training modes. Appl Physiol Nutr Metab. 2016; 41 (7): 767–774.

[10] Monteiro P A, Chen K Y, Lira F S, Saraiva B T C, Antunes B M M, Campos E Z, et al. Concurrent and aerobic exercise training promote similar benefits in body composition and metabolic profiles in obese adolescents. Lipids Health Dis. 2015; 14 (1): 153.

[11] Willis L H, Slentz C A, Bateman L A, Shields A T, Piner L W, Bales C W, et al. Effects of aerobic and/or resistance training on body mass and fat mass in overweight or obese adults. J Appl Physiol. 2012; 113 (12): 1831–1837.

[12] Wilson J M, Marin P J, Rhea M R, Wilson S M, Loenneke J P, Anderson J C. Concurrent training: a meta-analysis examining interference of aerobic and resistance exercises. J Strength Cond Res. 2012; 26 (8): 2293–2307.

[13] Bouchard C, Tremblay A, Nadeau A, Dussault J, Després J-P, Threiault G, et al. Long-term exercise training with constant energy intake. 1: effect on body composition and selected metabolic ariables. Int J Obes. 1990; 14:57–73.

[14] Howald H, Hoppeler H, Claassen H, Mathieu O, Straub R. Influences of endurance training on the ultrastructural composition of the different muscle fiber types in humans. Pflügers Arch Eur J Physiol. 1985; 403 (4): 369–376.

[15] Calles-Escandón J, Goran M I, O'Connell M, Nair K S, Danforth E. Exercise increases fat oxidation at rest unrelated to changes in energy balance or lipolysis. Am J Physiol Endocrinol Metab. 1996; 270:E1009–E1014.

[16] Friedlander A L, Casazza G A, Horning M A, Buddinger T F, Brooks G A. Effects of exercise intensity and training on lipid metabolism in young women. Am J Physiol Endocrinol Metab. 2011; 275 (5 Pt 1): 853–863.

[17] Sparti A, DeLany J P, de la Bretonne J A, Sander G E, Bray G A. Relationship between resting metabolic rate and the composition of the fat-free mass. Metabolism. 1997; 46 (10): 1225–1230.

[18] Byrne H K, Wilmore J H. The effects of a 20-week exercise training program on resting metabolic rate in previously sedentary, moderately obese women. Int J Sport Nutr Exerc Metab. 2001; 11:15–31.

[19] Huxley R, Mendis S, Zheleznyakov E, Reddy S, Chan J. Body mass index, waist circumference and waist:hip ratio as predictors of cardiovascular risk—a review of the literature. Eur J Clin Nutr. 2010; 64 (1): 16–22.

[20] Fox C S, Massaro J M, Hoffmann U, Pou K M, Maurovich-Horvat P, Liu C-Y, et al. Abdominal visceral and subcutaneous adipose tissue compartments: association with metabolic risk factors in the Framingham Heart Study. Circulation. 2007; 116 (1): 39–48.

[21] Kaul S, Rothney M P, Peters D M, Wacker W K, Davis C E, Shapiro M D, et al. Dual-energy x-ray absorptiometry for quantification of visceral fat. Obesity. 2012; 20 (6): 1313–1318.

[22] Pouliot M-C, Després J, Lemieux S, Moorjani S, Bouchard C, Tremblay A, et al. Waist circunference and abdominal sagittal diameter: best simple anthropometric indexes of abdominal visceral adipose tissue accumulation and related cardiovascular risk in men and women. Am J Cardiol. 1994; 73 (1): 460–468.

[23] Ismail I, Keating S E, Baker M K, Johnson N A. A systematic review and meta-analysis of the effect of aerobic vs. resistance exercise training on visceral fat. Obes Rev. 2012; 13 (1): 68–91.

[24] Dutheil F, Lac G, Lesourd B, Chapier R, Walther G, Vinet A, et al. Different modalities of exercise to reduce visceral fat mass and cardiovascular risk in metabolic syndrome: the RESOLVE* randomized trial. Int J Cardiol. 2013; 168 (4): 3634–3642.

[25] Schwingshackl L, Dias S, Strasser B, Hoffmann G. Impact of different training modalities on anthropometric and metabolic characteristics in overweight/obese subjects: a systematic review and network meta-analysis. PLoS One. 2013; 8 (12): e82853.

[26] Cadore E L, Izquierdo M, Pinto S S, Alberton C L, Pinto R S, Baroni B M, et al. Neuromuscular adaptations to concurrent training in the elderly: effects of intrasession exercise sequence. Age (Omaha). 2013; 35 (3): 891–903.

[27] Pinto S, Cadore E, Alberton C, Zaffari P, Bagatini N, Baroni B, et al. Effects of intra-session exercise sequence during water-based concurrent training. Int J Sports Med. 2013; 35 (1): 41–48.

[28] Wilhelm E N, Rech A, Minozzo F, Botton C E, Radaelli R, Teixeira B C, et al. Concurrent strength and endurance training exercise sequence does not affect neuromuscular adaptations in older men. Exp Gerontol. 2014; 60:207–214.

[29] Collins M A, Snow T K. Are adaptations to combined endurance and strength training affected by the sequence of training? J Sports Sci. 1993; 11 (6): 485–491.

[30] Chtara M, Chaouachi A, Levin G T, Chaouachi M, Chamari K, Amri M, et al. Effect of concurrent endurance and circuit resistance training sequence on muscular strength and power development. J Strength Cond Res. 2008; 22 (4): 1037–1045.

[31] Gravelle B L, Blessing D L. Physiological adaptation in women concurrently training for strength and endurance. J Strength Cond Res. 2000; 14 (1): 5–13.

[32] de Souza E O, Tricoli V, Franchini E, Paulo A C, Regazzini M, Ugrinowitsch C. Acute effect of two aerobic exercise modes on maximum strength and strength endurance. J Strength Cond Res. 2007; 21 (4): 1286–1290.

[33] Wilhelm E N, Radaelli R, Perin D, Cunha G S, Cadore E L, Laitano O, et al. The influence of running and cycling on subsequent maximal muscular performance. Isokinet Exerc Sci. 2014; 22 (2): 115–122.

[34] Thornton M K, Potteiger J A. Effects of resistance exercise bouts of different intensities but equal work on EPOC. Med Sci Sport Exerc. 2002; 34 (4): 715–722.

[35] Durstine J L, Grandjean P W, Davis P G, Ferguson M A, Alderson N L, DuBose K D. Blood lipid and lipoprotein adaptations to exercise: a quantitative analysis. Sport Med. 2001; 31 (15): 1033–1062.

[36] Kodama S, Tanaka S, Saito K, Shu M, Sone Y, Onitake F, et al. Effect of aerobic exercise training on serum levels of high-density lipoprotein cholesterol. Arch Intern Med. 2007; 167 (10): 999–1008.

[37] Kelley G A, Kelley K S. Impact of progressive resistance training on lipids and lipoproteins in adults: a meta-analysis of randomized controlled trials. Prev Med (Baltim). 2009; 48 (1): 9–19.

[38] Balducci S, Zanuso S, Cardelli P, Salvi L, Bazuro A, Pugliese L, et al. Effect of high- versus low-intensity supervised aerobic and resistance training on modifiable cardiovascular risk factors in type 2 diabetes; the Italian Diabetes and Exercise Study (IDES). PLoS One. 2012; 7 (11): e49297.

[39] Tseng M-L, Ho C-C, Chen S-C, Huang Y-C, Lai C-H, Liaw Y-P. A simple method for increasing levels of high-density lipoprotein cholesterol: a pilot study of combination aerobic- and resistance-exercise training. Int J Sport Nutr Exerc Metab. 2013; 23 (3): 271–281.

[40] Singh I M, Shishehbor M H, Ansell B J. High-density lipoprotein as a therapeutic target. J Am Med Assoc. 2007; 298 (7): 786–798.

[41] Libardi C A, de Souza G V, Cavaglieri C R, Madruga V A, Chacon-Mikahil M P T. Effect of resistance, endurance, and concurrent training on TNF-α, IL-6, and CRP. Med Sci Sport Exerc. 2012; 44 (1): 50–56.
[42] Schwingshackl L, Missbach B, Dias S, König J, Hoffmann G. Impact of different training modalities on glycaemic control and blood lipids in patients with type 2 diabetes: a systematic review and network meta-analysis. Diabetologia. 2014; 57 (9): 1789–1797.
[43] Colberg S R, Albright A L, Blissmer B J, Braun B, Chasan-Taber L, Fernhall B, et al. Exercise and type 2 diabetes: American College of Sports Medicine and the American Diabetes Association: joint position statement. Med Sci Sport Exerc. 2010; 42 (12): 2282–2303.
[44] Diabetes Prevention Program Research Group, Knowler W C, Barrett-Connor E, Fowler S E, Hamman R F, Lachin J M, et al. Reduction in the incidence of type 2 diabetes with lifestyle intervention or metformin. N Engl J Med. 2002; 346 (6): 393–403.
[45] Anderssen S A, Carroll S, Urdal P, Holme I. Combined diet and exercise intervention reverses the metabolic syndrome in middle-aged males: results from the Oslo Diet and Exercise Study. Scand J Med Sci Sports. 2007; 17 (6): 687–695.
[46] Umpierre D, Ribeiro P A B, Kramer C, Leitão C B, Zucatti A T N, Azevedo M J, et al. Physical activity advice only or structured exercise training and association with HbA 1c levels in type 2 diabetes. JAMA. 2011; 305 (17): 1790.
[47] Boulé N G, Kenny G P, Haddad E, Wells G A, Sigal R J. Meta-analysis of the effect of structured exercise training on cardiorespiratory fitness in type 2 diabetes mellitus. Diabetologia. 2003; 46 (8): 1071–1081.
[48] Sigal R J, Kenny G P, Boulé N G, Wells G A, Prud'homme D, Fortier M, et al. Effects of aerobic training, resistance training, or both on glycemic control in type 2 diabetes. Ann Intern Med. 2007; 147:357–369.
[49] Church T S, Blair S N, Cocreham S, Johnson W, Kramer K, Mikus C R, et al. Effects of aerobic and resistance training on hemoglobin A 1c levels in patients with type 2 diabetes. JAMA. 2010; 304 (20): 2253–2262.
[50] Umpierre D, Ribeiro P A B, Schaan B D, Ribeiro J P. Volume of supervised exercise training impacts glycaemic control in patients with type 2 diabetes: a systematic review with metaregression analysis. Diabetologia. 2013; 56 (2): 242–251.
[51] Whelton P K, Carey R M, Aronow W S, Casey D E, Collins K J, Dennison Himmelfarb C, et al. 2017 ACC/AHA/AAPA/ABC/ACPM/AGS/APhA/ASH/ASPC/NMA/PCNA guideline for the prevention, detection, evaluation, and management of high blood pressure in adults: a report of the American College of Cardiology/American Heart Association Task Force on Clinical Practice guidelines. Hypertension. 2017; 71 (6): e13–e115.
[52] Pescatello L S, Franklin B A, Fagard R, Farqhar W B, Kelley G A, Ray C A. American College of Sports Medicine position stand. Exercise and hypertension. Med Sci Sport Exerc. 2004; 36 (3): 533–553.
[53] Pescatello L S, MacDonald H V, Lamberti L, Johnson B T. Exercise for hypertension: a prescription update integrating existing recommendations with emerging research. Curr Hypertens Rep. 2015; 17 (11): 87.
[54] Corso L M L, MacDonald H V, Johnson B T, Farinatti P, Livingston J, Zaleski A L, et al. Is concurrent training efficacious antihypertensive therapy? A meta-analysis. Med Sci Sport Exerc. 2016; 48 (12): 2398–2406.
[55] Fagard R H, Cornelissen V A. Effect of exercise on blood pressure control in hypertensive patients. Eur J Cardiovasc Prev Rehabil. 2007; 14 (1): 12–17.
[56] DeSouza C A, Shapiro L F, Clevenger C M, Dinenno F A, Monahan K D, Tanaka H, et al. Regular aerobic

exercise prevents and restores age-related declines in endothelium-dependent vasodilation in healthy men. Circulation. 2000; 102 (12): 1351–1357.
[57] Rush J W E, Denniss S G, D a G. Vascular nitric oxide and oxidative stress: determinants of endothelial adaptations to cardiovascular disease and to physical activity. Can J Appl Physiol. 2005; 30 (4): 442–474.
[58] Olson T P, Dengel D R, Leon A S, Schmitz K H. Moderate resistance training and vascular health in overweight women. Med Sci Sport Exerc. 2006; 38 (9): 1558–1564.
[59] Padilla J, Simmons G H, Bender S B, Arce-Esquivel A A, Whyte J J, Laughlin M H. Vascular effects of exercise: endothelial adaptations beyond active muscle beds. Physiology. 2011; 26 (3): 132–145.
[60] Maiorana A, O'Driscoll G, Cheetham C, Dembo L, Stanton K, Goodman C, et al. The effect of combined aerobic and resistance exercise training on vascular function in type 2 diabetes. J Am Coll Cardiol. 2001; 38 (3): 860–866.
[61] Vona M, Codeluppi G M, Iannino T, Ferrari E, Bogousslavsky J, von Segesser L K. Effects of different types of exercise training followed by detraining on endothelium-dependent dilation in patients with recent myocardial infarction. Circulation. 2009; 119 (12): 1601–1608.
[62] Okamoto T, Masuhara M, Ikuta K. Combined aerobic and resistance training and vascular function: effect of aerobic exercise before and after resistance training. J Appl Physiol. 2007; 103 (5): 1655–1661.
[63] Goto K, Higashiyama M, Ishii N, Takamatsu K. Prior endurance exercise attenuates growth hormone response to subsequent resistance exercise. Eur J Appl Physiol. 2005; 94 (3): 333–338.
[64] Napoli R, Guardasole V, Angelini V, D'Amico F, Zarra E, Metarazzo M, et al. Acute effects of growth hormone on vascular function in human subjects. J Clin Endocrinol Metab. 2003; 88 (6): 2817–2820.
[65] Mitchell G F, Hwang S-J, Vasan R S, Larson M G, Pencina M J, Hamburg N M, et al. Arterial stiffness and cardiovascular events: the Framingham Heart Study. Circulation. 2010; 121 (4): 505–511.
[66] Miyachi M. Effects of resistance training on arterial stiffness: a meta-analysis. Br J Sports Med. 2013; 47 (6): 393–396.
[67] Rakobowchuk M, McGowan C L, de Groot P C, Bruinsma D, Hartman J W, Phillips S M, et al. Effect of whole body resistance training on arterial compliance in young men. Exp Physiol. 2005; 90 (4): 645–651.
[68] Kawano H, Tanaka H, Miyachi M. Resistance training and arterial compliance: keeping the benefits while minimizing the stiffening. J Hypertens. 2006; 24 (9): 1753–1759.

20 同期训练的性别差异

奥拉夫·维克莫恩（Olav Vikmoen）

20.1 引言

正如本书各章节所介绍的那样，同期训练在许多方面都不同。然而，最基本的问题是：与只进行单一模式训练相比，同期训练是否会产生不同的生理适应？文献中最关注的问题是同期进行耐力训练对力量训练的传统适应性可能产生的负面影响，通常称为干扰效应。此外，还应注意到耐力运动员在正常训练中增加力量训练可能产生的积极效应。关于后者我们将在第五部分深入讨论。

许多研究表明，与单独力量训练相比，同期训练会导致神经肌肉适应受损[1–11]。此外，也有报告称，在耐力运动员的正常训练中增加力量训练可以提高耐力运动表现[12–26]。然而，这些研究结果并不完全一致，许多研究表明，当运动员进行同期训练后，与力量训练相关的适应并没有出现负面效应[27–34]，或者当耐力运动员额外进行力量训练后，其耐力运动表现并没有提高[35–45]。本书其他部分已对同期训练产生不同结果的原因进行了广泛讨论。本章将重点讨论在同期训练适应方面可能存在的性别差异。具体来说，本章将叙述在同期训练适应方面是否具有性别特异性。此外，我们将特别讨论在耐力运动员正常耐力训练中增加力量训练所产生的效果是否存在明显的性别差异。

20.2 运动表现和相关生理方面的性别差异

男性平均身高比女性高 5%～10%，体重多 20%～25%[46,47]。男性上半身和下半身肌肉量分别比女性多 40%～50%和 30%，而女性身体脂肪为 20%～25%，男性为 13%～16%[47,48]。此外，据报告，男性上肢（肱二头肌）和下肢（股外侧肌）肌肉的平均肌纤维面积都比女性大[49]。

因此，研究报告指出，男性比女性强壮 40%～55%，这种差异在上肢表现得尤为明显。与女性相比，男性能产生更大的肌肉爆发力和更高的无氧功率[48]。绝对力量和无氧运动表现的性别差异经过体重和瘦体重校准后有所缩小，但并没有消失[47]。

女性的心脏心肌组织较少，心室壁较薄，心腔体积较小，每搏输出量较男性少[48]。此外，与男性相比，女性的血红蛋白浓度平均低 10%～16%[48]，血红蛋白总量绝对值和相对值均低于男性[50,51]。因此，女性最大摄氧量平均比男性低 15%～30%[48]。

当以相同的相对运动强度收缩肌肉时，女性抗疲劳能力较男性强[48,52]。由于产生干扰效应的机制之一是耐力训练导致的疲劳累积会削弱随后的力量训练[53,54]，可以推测在抗疲劳方面的性别差异会导致对同期训练反应的性别差异。虽然女性抗疲劳能力较强的原因尚不完全清楚，但其可能与女性在相对负荷中发挥的绝对力量较少有关。这导致对微循环的压力较小，肌肉对氧气的需求较低[47,52]。当举起相同的绝对负荷时，男性的肌肉耐力会更强[47,48]。

此外，男性和女性在运动时的能量底物利用也不同[55,56]。在次最大强度的耐力训练中，女性氧化脂肪的比例高于男性，而碳水化合物和蛋白质比例低于男性[55]。有人认为耐力训练后的低糖原储备会导致力量训练的效果变差，并且会影响力量训练后的合成代谢[53,54,57]。在进行同期训练时，耐力训练后能量底物利用的性别差异理论上可导致力量训练在适应上出现性别差异。

男女之间也有一些激素上的差异，最明显的是性激素的分泌不同。上述肌肉质量和力量的差异通常是由于男性的血清睾酮水平比女性高 [48,58]，而女性的脂肪氧化较高则归因于卵巢分泌的雌二醇[55]。男性和女性在运动后，血液中睾酮水平都会升高，不过女性的升高幅度通常较小[59]。运动还可以提高女性体内的雌二醇水平[59]。

月经周期对女性卵巢的激素分泌有较大影响[60]。在卵泡期，雌激素浓度逐渐升高，而黄体期孕酮水平较高。然而，月经周期的不同阶段似乎对最大力量、肌肉抗疲劳能力和最大有氧功率影响并不大，但也存在相互矛盾的结果[60,61]。尽管有研究表明，在黄体中期高强度运动的氧耗量有所增加，但在次最大强度运动中大多数生理反应差别不大[60]。

由于男性和女性在运动表现和激素水平上存在差异，因此可以推测，当男性和女性分别进行力量和耐力训练时，在适应方面是存在性别差异的。然而，关于力量训练对肌肉产生的适应方面似乎在两性之间并没有差异。研究表明，在力量训练后最大肌肉力量的相对增加值[62,63]、肌肉质量增加值[63]，肌纤维类型从Ⅱx 型转向Ⅱa 型等都没有性别差异[62]。耐力训练后最大摄氧量的相对增加值也没有性别差异[64]。

20.3 同期训练的性别差异

遗憾的是，大多数关于同期训练的研究都是由男性受试者完成的。此外，目前还缺乏直接对比男女同期训练效果的研究。因此，下面主要讨论对男性和女性受试者分别进行研究的结果，或少数同时包含女性和男性受试者的研究结果。第一种方法的争议是，对男性或者女性受试者分别进行的研究通常在相关研究方法上也存在差异。同样，第二种方法也存在争议，大多数同时包括男性和女性受试者的研究是为了增加受试者总人数，但每种性别的受试者人数往往还是太少，无法进行有意义的比较。因此，这些研究报告通常是男性和女性亚组所汇总的数据。

20.4 同期训练对力量训练适应的影响是否存在性别差异?

尽管不同研究的结果有矛盾之处，但同期训练仍对肌肉力量和肌肉生长的适应产生影响，在这些研究设计中，由于控制变量大多不一致，研究结果出现冲突可能与这些不一致的研究方法有关。例如，相较于最大力量和肌肉肥大效果来说，同期训练后最大功率和爆发力的改善似乎会受到更大影响[11,65,66]。也可以推测，研究者在进行研究时同时招募男性和女性受试者也许可以解释这些不同的结果。但在这一领域，并没有太多的研究包括女性受试者[29,67–69]，其中一些研究也没有直接探究是否存在干扰效应[68,69]。然而，使用女性受试者探究干扰效应的研究并没有发现神经肌肉适应受到了影响[29,67]。因此，基于这些研究得出的结论是：相对于男性来说，女性受试者的同期训练不存在干扰效应，或者至少干扰效应非常小。然而应该指出的是，在这些研究中，总训练量都相当低。其实在男性受试者中，如果每周训练量较低或训练课次数较少，训练适应也不会受到影响[27,28,30–34]。因此，缺乏干扰效应的原因就很难解释，到底是因为性别差异还是仅仅因为训练量低或其他与研究设计相关的差异。

我们研究组观察了有良好耐力训练经历而无力量训练经历的女性运动员，在正常训练中加入 11 周力量训练，与一组无训练经历的女性进行同样负荷的力量训练相比，是否会有不同。结果发现，两组在肌肉横截面积、最大肌肉力量和爆发力方面都有相似的提高[70]。两组受试者在腿部瘦体重、单腿 1RM 推举和膝关节最大等长收缩力量方面都有相似的增加。然而，相对于无训练经历的受试者来说，女性耐力运动员在收缩速度为 240 度/秒时的等速力矩和蹲跳高度的改善程度要小。本研究的结果可以与另一项具有相似实验设计和力量训练方案的男性受试者实验进行比较[71]。在后者的实验中，有良好训练经历的男性自行车运动员，在经过 12 周同期训练后，与只进行力量训练的业余运动爱好者相比，大腿肌肉 1RM 和肌纤维横截面积、下蹲跳高度和最大力量输出速度的增加幅度要小。这两项研究再次表明，干扰效应的程度对女性来说可能小于男性，至少在慢速收缩时的肌肉最大力量和肌肉生长方面是这样。然而，这两个研究的不同结果可能再次通过耐力训练量来解释。女性运动员每周进行约 5 小时耐力训练，而男性自行车运动员每周进行约 10 小时耐力训练。因此，目前还不清楚这些不同的结果是耐力训练量所致，还是仅仅因为性别不同。有报告称，男性业余运动爱好者和女性跑者，每周进行 1～3 小时的耐力训练并不会影响力量适应，这表明耐力训练的量可能是最重要的[5]。此外，与未经训练的个体相比，女性运动员在力量相关参数方面的改善幅度较小，说明女性运动员也存在干扰效应[70]。相对于最大力量来说，同期训练后出现一些负面效应，主要表现在功率和爆发力发展方面，但这些是在以男性受试者为主的研究中发现的[65,66]。

尽管有一些同期训练研究包括少数男性和女性受试者参与的亚组[1,2,4,5,8,27,65,72]，但遗憾的是大多数研究将两个性别的数据汇总起来进行报告。其原因通常是研究者在初步分析数据后，发现男性和女性的研究结果相似[1,5,8,65,72]。此外，这些研究的其他报告也没有指出干扰效应存在性别差异[2]。虽然这是对小样本进行的分析，但这些研究进一步表明，干扰效应在两性之间是相似的。

基于以上考虑，同期训练可能产生的干扰效应，大多数情况下在男女之间是相似的。然而，同期训练的其他方面可能会有所不同。例如，如何优化组织同期训练，以使干扰效应最小化。近年来的两项研究中受试者包括男性和女性，旨在发现在不同天或同一天进行力量和耐力训练，哪种效果更好，以及在一次训练课中进行力量和耐力训练时，训练顺序是否重要[73,74]。研究发现，在不同训练模式下，男性和女性的变化相似，不同模式的训练效果没有性别差异。对男性和女性受试者单独进行研究，且使用几乎同样的训练方案，研究结果进一步支持了这一观点[68,75–77]。因此，男性和女性最佳同期训练方案似乎是相似的。

20.5　力量训练对耐力运动表现的影响是否存在性别差异?

如前所述，部分研究表明在常规耐力训练中增加力量训练可以提高跑步运动表现，而部分研究则没有发现这种效果。然而，基于这些研究，力量训练对于跑步运动表现的影响似乎没有性别差异。对男女运动员[13,15,18,19,37,78,79]进行的研究发现其跑步运动表现跑步经济性有所提高，对于男女运动员[12,16,80,81]的数据汇总也显示同样的结果。但是也有研究认为力量训练对跑步运动表现没有提高效果，如关于男性运动员[36,39]和女性运动员[82]及男女运动员混合组[35,83]的研究。虽然上述关于力量训练对跑步运动表现效果的研究并没有发现任何性别差异，但这些研究都不是为回答这一问题而专门设计的。巴恩斯（Barnes）[12]等人的研究是为数不多的几项研究之一，受试者包括足够数量的男女大学生跑步运动员，以便进行有意义的比较。这项研究评估了男女大学生跑步运动员在 7～10 周的传统大负荷力量训练或大负荷力量训练结合超等长训练后，其实验室和赛季期间的运动表现。结果显示，受试者在跑步机上的峰值跑速和跑步经济性都有提高，而且在传统大负荷力量训练后，受试者在这些方面都有更大幅度的改善。然而，只有女性受试者提高了其实际比赛成绩，两种模式的力量训练都有效果。但两种模式的力量训练似乎都会对男性受试者的比赛成绩有不良影响。这项研究中明显的性别差异有些难以解释，但研究者推测，这可能是因为女性受试者训练强度超过 80%最大摄氧量的占比较大，以及比赛距离较短。然而，研究也表明，力量训练可能对女性真正比赛成绩的影响比男性要大。

对于骑行运动项目，也有研究表明，在正常耐力训练计划中增加力量训练能提高运动表现，但如前所述，结果并不明确。遗憾的是，目前似乎还没有研究比较在正常训练中增加力量训练对自行车运动员运动表现的影响是否有性别差异。此外，到目前为止，几乎所有的研究都是选用男性自行车运动员为受试者进行的，为数不多的选用女性自行车运动员为受试对象的研究却表明，在骑行运动表现和骑行经济性方面没有改善[41]。然而，在这项研究中，受试者每周只进行两次力量训练，训练量非常小。这也许可以解释为什么其运动表现没有提高，因为即使是男性运动员，如果力量训练量较小，在骑行运动表现上也不会有任何提高[44,84]。

几年前，我们研究组以女性自行车运动员为研究对象，对她们在力量训练后骑行运动表现的各方面及决定运动表现的各因素进行了更加深入的研究[25,26]。此外，我们采用了与之前能提高男性自行车运动员运动表现相同的力量训练方案[21,23]，即力量训练持续 12 周，每周 2 次，训练负荷为 10～4RM。研究发现，男性自行车运动员[21,23]和女性自行车运动员[25,26]在 12 周的大负荷力量训练后，肌肉力量、肌肉肥大和骑行能力各方面的影响都非常相似，这些研究结果的汇总见表 20.1。与只进行正常耐力训练的自行车运动员对照组相比，无论男性还是女性，力量训练都未能提高其最大摄氧量。此外，经过力量训练后，男性自行车运动员和女性自行车运动员在 40 分钟全力骑行测试中的表现、乳酸阈值和温盖特（Wingate）测试中的表现都有相似的提高。另外，力量训练只提高了女性自行车运动员的骑行经济性。然而，这有可能是因为男性自行车运动员的运动表现较女性好一些，而且有良好骑行训练经历的受试者改善骑行经济性会更加困难[20]。有研究发现，较低水平的男性自行车运动员进行力量训练后，骑行经济性得到了改善[17]。为了模拟典型的自行车集体出发赛，我们做了一个测试，包括 3 小时的次最大强度自行车骑行试验，然后是一个 5 分钟的全力骑行测试，发现力量训练对测试结果的影响在男性和女性受试者之间惊人地相似。与力量训练干预前相比，在次最大强度测试的最后 1 小时，两者都显示出较低的摄氧量，表明运动经济性有所提高。因此，在 3 小时次最大强度测试中疲劳程度较低；在 5 分钟全力骑行测试中，男性和女性受试者都有类似提高（表 20.1）。但在对照组，无论是男性还是女性，都没有出现这些变化。在些关于男性自行车运动员和女性自行车运动员的研究结果表明，在正常训练的基础上增加力量训练，对运动表现的提高并没有性别差异。然而值得注意的是，这些实验并没有直接研究是否存在性别差异。今后的研究应该招募足够数量的男性自行车运动员和女性自行车运动员，平行设计相同的力量训练方案，以直接比较不同性别之间的效果。

表 20.1　12 周大负荷力量训练对男性自行车运动员和女性自行车运动员力量和骑行运动表现的影响（百分比变化）

项目	男性自行车运动员	女性自行车运动员
1RM	（26.0±6.6）%	（38.6±19.0）%
肌肉横截面积	（4.6±1.7）%	（7.4±5.3）%
最大摄氧量	（3.3±4.6）%	（–1.1±2.6）%（ns）

续表

项目	男性自行车运动员	女性自行车运动员
骑行经济性	无变化	（3.5±3.1）%
乳酸阈	（4.1±5.1）%	（7.3±12）%
40 分钟全力骑行测试	（6.0±5.6）%	（6.4±7.9）%
3 小时次最大摄氧量中最后 1 小时的摄氧量	（−2.2±2.0）%	（−3.3±4.4）%
5 分钟的全力骑行测试	（7.2±6.6）%	（7.0±4.5）%
温盖特测试峰值功率	（9.4±9.6）%	（12.7±12.6）%
温盖特测试平均功率	（1.2±3.6）%	（3.4±4.3）%

注：男性运动员的结果源于朗内斯塔德等人[21,23]的研究，女性结果源于维克莫恩等人[25,26]的研究。以平均值±SD 表示。RM 表示最大重复次数，ns 表示变化无统计学意义。

力量训练后的几种适应现象被认为是力量训练提高骑行运动表现的重要机制，包括肌肉横截面积增加、肌肉力量增大、肌纤维从Ⅱx 型转为Ⅱa 型、肌肉力量输出速度增加等，因此运动员能够在踏板冲程中更早地达到其力矩峰值，在相同绝对功率输出下减少运动单位募集[25,26,84,85]。男性和女性对力量训练的适应似乎是相似的，这进一步支持这些力量适应性变化对耐力运动表现的提高应该是相似的。例如，有研究发现男性和女性自行车运动员在进行大负荷力量训练后，肌纤维类型从Ⅱx 型转变为Ⅱa 型[20,25]，而且他们的肌肉体积增加也相似[63]。

20.6 小结

本章讨论了男性和女性是否会因为身体和生理方面的差异在同期训练后表现出明显的差异。与同龄女性相比，男性拥有更多的肌肉，也更瘦。此外，男性更强壮，肌肉爆发力更大，无氧功率更高，最大摄氧量也更高。然而，在相对运动强度相同的情况下，女性比男性抗疲劳能力更强，并且在次最大强度运动下消耗脂肪能力更强。此外，男性和女性的激素水平也存在差异。

遗憾的是，现有文献还不足以为同期训练是否存在性别差异提供明确的答案。然而，在单一性别受试者和每种性别只有少量受试者的研究中，相关人员发现男性和女性的干扰效应是相似的，不过一些研究表明女性的干扰效应较小。更有可能的是，在确定是否存在干扰效应方面，与训练计划相关的其他因素可能比性别因素更为重要，本书的其他章节对此进行了深入讨论。根据现有文献，在耐力训练之外增加力量训练似乎会使男性和女性耐力运动员同样受益。甚至有研究表明，女性跑步运动员可能会更好地将实验室测试中所获得的增益转化为真正的竞赛跑步运动表现。然而，在这些领域关于性别差异的研究是有限的，研究者应该进行更多研究以直接观察同期训练中可能存在的性别差异。这些研究应该包括足够多的受试者，并且无论男女，都要按照完全相同的同期训练方案参与训练，这样才能对男性和女性进行有意义的比较。

参考文献

[1] Hickson R C. Interference of strength development by simultaneously training for strength and endurance. Eur J Appl Physiol Occup Physiol. 1980; 45 (2–3): 255–263.

[2] Bell G J, Syrotuik D, Martin T P, Burnham R, Quinney H A. Effect of concurrent strength and endurance training on skeletal muscle properties and hormone concentrations in humans. Eur J Appl Physiol. 2000; 81 (5): 418–427.

[3] Cadore E L, Pinto R S, Lhullier F L, Correa C S, Alberton C L, Pinto S S, et al. Physiological effects of concurrent training in elderly men. Int J Sports Med. 2010; 31 (10): 689–697. https://doi.org/10.1055/s-0030-1261895.

[4] Gergley J C. Comparison of two lower-body modes of endurance training on lower-body strength development while concurrently training. J Strength Cond Res. 2009; 23 (3): 979–987. https://doi.org/10.1519/ JSC.0b013e3181a0629d.

[5] Hunter G, Demment R, Miller D. Development of strength and maximum oxygen uptake during simultaneous training for strength and endurance. J Sports Med Phys Fitness.1987; 27 (3): 269–275.

[6] Izquierdo-Gabarren M, Gonzalez De Txabarri Exposito R, Garcia-pallares J, Sanchez medina L, De Villarreal E S, Izquierdo M. Concurrent endurance and strength training not to failure optimizes performance gains. Med Sci Sports Exerc. 2010; 42 (6): 1191–1199. https://doiorg/10.1249/MSS.0b013e3181c67eec.

[7] Jones T W, Howatson G, Russell M, French D N. Performance and neuromuscular adaptations following differing ratios of concurrent strength and endurance training. J Strength Cond Res. 2013; 27 (12): 3342–3351. https://doi.org/10.1519/JSC.0b013e3181b2cf39.

[8] Putman C T, Xu X, Gillies E, MacLean I M, Bell G J. Effects of strength, endurance and combined training on myosin heavy chain content and fibre-type distribution in humans. Eur J Appl Physiol. 2004; 92 (4–5): 376–384. https://doi.org/10.1007/s00421-004-1104-7.

[9] Karavirta L, Häkkinen A, Sillanpaa E, Garcia-Lopez D, Kauhanen A, Haapasaari A, et al. Effects of combined endurance and strength training on muscle strength, power and hypertrophy in 40-67-year-old men. Scand J Med Sci Sports. 2011; 21 (3): 402–411. https://doi.org/10.1111/j.1600-0838.2009.01059.x.

[10] Kraemer W J, Patton J F, Gordon S E, Harman E A, Deschenes M R, Reynolds K, et al. Compatibility of high-intensity strength and endurance training on hormonal and skeletal muscle adaptations. J Appl Physiol. 1995; 78 (3): 976–989.

[11] Häkkinen K, Alen M, Kraemer W J, Gorostiaga E, Izquierdo M, Rusko H, et al. Neuromuscular adaptations during concurrent strength and endurance training versus strength training. Eur J Appl Physiol. 2003; 89 (1): 42–52. https://doi.org/10.1007/s00421-002-0751-9.

[12] Barnes K R, Hopkins W G, McGuigan M R, Northuis M E, Kilding A E. Effects of resistance training on running economy and cross-country performance. Med Sci Sports Exerc. 2013; 45 (12): 2322–2331. https://doi.org/10.1249/MSS.0b013e31829af603.

[13] Damasceno M V, Lima-Silva A E, Pasqua L A, Tricoli V, Duarte M, Bishop D J, et al. Effects of resistance training on neuromuscular characteristics and pacing during 10-km running time trial. Eur J Appl Physiol.

2015; https://doi.org/10.1007/s00421-015-3130-z.

[14] Hickson R C, Dvorak B A, Gorostiaga E M, Kurowski T T, Foster C. Potential for strength and endurance training to amplify endurance performance. J Appl Physiol. 1988; 65 (5): 2285–2290.

[15] Sedano S, Marin P J, Cuadrado G, Redondo J C. Concurrent training in elite male runners: the influence of strength versus muscular endurance training on performance outcomes. J Strength Cond Res. 2013; 27 (9): 2433–2443. https://doi.org/10.1519/JSC.0b013e318280cc26.

[16] Storen O, Helgerud J, Stoa E M, Hoff J. Maximal strength training improves running economy in distance runners. Med Sci Sports Exerc. 2008; 40 (6): 1087–1092.

[17] Sunde A, Storen O, Bjerkaas M, Larsen M H, Hoff J, Helgerud J. Maximal strength training improves cycling economy in competitive cyclists. J Strength Cond Res. 2010; 24 (8): 2157–2165. https://doi.org/10.1519/JSC.0b013e3181aeb16a.

[18] Paavolainen L, Häkkinen K, Hamalainen I, Nummela A, Rusko H. Explosive-strength training improves 5-km running time by improving running economy and muscle power. J Appl Physiol. 1999; 86 (5): 1527–1533.

[19] Spurrs R W, Murphy A J, Watsford M L. The effect of plyometric training on distance running performance. Eur J Appl Physiol. 2003; 89 (1): 1–7. https://doi.org/10.1007/s00421-002-0741-y.

[20] Aagaard P, Andersen J L, Bennekou M, Larsson B, Olesen J L, Crameri R, et al. Effects of resistance training on endurance capacity and muscle fiber composition in young top-level cyclists. Scand J Med Sci Sports. 2011; 21 (6): e298–e307. https://doi.org/10.1111/j.1600-0838.2010.01283.x.

[21] Rønnestad B R, Hansen E A, Raastad T. Effect of heavy strength training on thigh muscle cross-sectional area, performance determinants, and performance in well-trained cyclists. Eur J Appl Physiol. 2010; 108 (5): 965–975.

[22] Rønnestad B R, Hansen E A, Raastad T. In-season strength maintenance training increases well-trained cyclists' performance. Eur J Appl Physiol. 2010; 110 (6): 1269–1282. https://doi.org/10.1007/s00421-010-1622-4.

[23] Rønnestad B R, Hansen E A, Raastad T. Strength training improves 5-min all-out performance following 185 min of cycling. Scand J Med Sci Sports. 2011; 21 (2): 250–259. https://doi.org/10.1111/j.1600-0838.2009.01035.x.

[24] Koninckx E, Van Leemputte M, Hespel P. Effect of isokinetic cycling versus weight training on maximal power output and endurance performance in cycling. Eur J Appl Physiol.2010; 109 (4): 699–708. https://doi.org/10.1007/s00421-010-1407-9.

[25] Vikmoen O, Ellefsen S, Troen O, Hollan I, Hanestadhaugen M, Raastad T, et al. Strength training improves cycling performance, fractional utilization of $\dot{V}O_2max$ and cycling economy in female cyclists. Scand J Med Sci Sports. 2016; 26 (4): 384–396. https://doi.org/10.1111/sms.12468.

[26] Vikmoen O, Rønnestad B R, Ellefsen S, Raastad T. Heavy strength training improves running and cycling performance following prolonged submaximal work in well-trained female athletes. Physiol Rep. 2017; 5 (5). https://doi.org/10.14814/phy2.13149.

[27] Abernethy P J, Quigley B M. Concurrent strength and endurance training of the elbow extensors. J Strength Cond Res. 1993; 7 (4): 234–240.

[28] Cantrell G S, Schilling B K, Paquette M R, Murlasits Z. Maximal strength, power, and aerobic endurance adaptations to concurrent strength and sprint interval training. Eur J Appl Physiol. 2014; 114 (4): 763–771. https://doi.org/10.1007/s00421-013-2811-8.

[29] Gravelle B J, Blessing D I. Physiological adaptations in women concurrently training for strength and endurance. J Strength Cond Res. 2000; 14 (1): 5–13.
[30] Holviala J, Kraemer W J, Sillanpaa E, Karppinen H, Avela J, Kauhanen A, et al. Effects of strength, endurance and combined training on muscle strength, walking speed and dynamic balance in aging men. Eur J Appl Physiol. 2012; 112 (4): 1335–1347. https://doi.org/10.1007/s00421-011-2089-7.
[31] McCarthy J P, Agre J C, Graf B K, Pozniak M A, Vailas A C. Compatibility of adaptive responses with combining strength and endurance training. Med Sci Sports Exerc. 1995; 27 (3): 429–436.
[32] McCarthy J P, Pozniak M A, Agre J C. Neuromuscular adaptations to concurrent strength and endurance training. Med Sci Sports Exerc. 2002; 34 (3): 511–519.
[33] Nelson A G, Arnall D A, Loy S F, Silvester L J, Conlee R K. Consequences of combining strength and endurance training regimens. Phys Ther. 1990; 70 (5): 287–294.
[34] Shaw B S, Shaw I, Brown G A. Comparison of resistance and concurrent resistance and endurance training regimes in the development of strength. J Strength Cond Res. 2009; 23 (9): 2507–2514. https://doi.org/10.1519/JSC.0b013e3181bc191e.
[35] Bertuzzi R, Pasqua L A, Bueno S, Damasceno M V, Lima-Silva A E, Bishop D, et al. Strength training with whole-body vibration in long-distance runners: a randomized trial. Int J Sports Med. 2013; 34 (10): 917–923. https://doi.org/10.1055/s-0033-1333748.
[36] Ferrauti A, Bergermann M, Fernandez-Fernandez J. Effects of a concurrent strength and endurance training on running performance and running economy in recreational marathon runners. J Strength Cond Res. 2010; 24 (10): 2770–2778. https://doi.org/10.1519/JSC.0b013e3181d64e9c.00124278-201010000-00026 [pii].
[37] Kelly C M, Burnett A F, Newton M J. The effect of strength training on three-kilometer performance in recreational women endurance runners. J Strength Cond Res. 2008; 22 (2): 396–403.
[38] Mikkola J, Vesterinen V, Taipale R, Capostagno B, Häkkinen K, Nummela A. Effect of resistance training regimens on treadmill running and neuromuscular performance in recreational endurance runners. J Sports Sci. 2011; 29 (13): 1359–1371. https://doi.org/10.1080/02640414.2011.589467.
[39] Schumann M, Mykkanen O P, Doma K, Mazzolari R, Nyman K, Häkkinen K. Effects of endurance training only versus same-session combined endurance and strength training on physical performance and serum hormone concentrations in recreational endurance runners. Appl Physiol Nutr Metab. 2015; 40 (1): 28–36. https://doi.org/10.1139/apnm-2014-0262.
[40] Bastiaans J J, van Diemen A B, Veneberg T, Jeukendrup A E. The effects of replacing a portion of endurance training by explosive strength training on performance in trained cyclists. Eur J Appl Physiol. 2001; 86 (1): 79–84.
[41] Bishop D, Jenkins D G, Mackinnon L T, McEniery M, Carey M F. The effects of strength training on endurance performance and muscle characteristics. Med Sci Sports Exerc.1999; 31 (6): 886–891.
[42] Bishop D, Jenkins D G. The influence of resistance training on the critical power function & time to fatigue at critical power. Aust J Sci Med Sport. 1996; 28 (4): 101–105.
[43] Jackson N P, Hickey M S, Reiser R F 2nd. High resistance/low repetition vs. low resistance/high repetition training: effects on performance of trained cyclists. J Strength Cond Res. 2007; 21 (1): 289–295. https://doi.org/10.1519/R-18465.1.
[44] Levin G T, McGuigan M R, Laursen P B. Effect of concurrent resistance and endurance training on physiologic and performance parameters of well-trained endurance cyclists. J Strength Cond Res. 2009; 23 (8): 2280–2286. https://doi.org/10.1519/JSC.0b013e3181b990c2.

[45] Psilander N, Frank P, Flockhart M, Sahlin K. Adding strength to endurance training does not enhance aerobic capacity in cyclists. Scand J Med Sci Sports. 2014; https://doi.org/10.1111/sms.12338.

[46] Janssen I, Heymsfield S B, Wang Z M, Ross R. Skeletal muscle mass and distribution in 468 men and women aged 18-88 yr. J Appl Physiol (1985). 2000; 89 (1): 81–88. https://doi.org/10.1152/jappl.2000.89.1.81.

[47] Nindl B C, Jones B H, Van Arsdale S J, Kelly K, Kraemer W J. Operational physical performance and fitness in military women: physiological, musculoskeletal injury, and optimized physical training considerations for successfully integrating women into combat-centric military occupations. Mil Med. 2016; 181 (1 Suppl): 50–62. https://doi.org/10.7205/MILMED-D-15-00382.

[48] Epstein Y, Yanovich R, Moran D S, Heled Y. Physiological employment standards IV: integration of women in combat units physiological and medical considerations. Eur J Appl Physiol.2013; 113 (11): 2673–2690. https://doi.org/10.1007/s00421-012-2558-7.

[49] Miller A E, MacDougall J D, Tarnopolsky M A, Sale D G. Gender differences in strength and muscle fiber characteristics. Eur J Appl Physiol Occup Physiol. 1993; 66 (3): 254–262.

[50] Boning D, Cristancho E, Serrato M, Reyes O, Mora M, Coy L, et al. Hemoglobin mass and peak oxygen uptake in untrained and trained female altitude residents. Int J Sports Med. 2004; 25 (8): 561–568. https://doi.org/10.1055/s-2004-820963.

[51] Boning D, Rojas J, Serrato M, Ulloa C, Coy L, Mora M, et al. Hemoglobin mass and peak oxygen uptake in untrained and trained residents of moderate altitude. Int J Sports Med. 2001; 22 (8): 572–578. https://doi.org/10.1055/s-2001-18530.

[52] Hunter S K. Sex differences in human fatigability: mechanisms and insight to physiological responses. Acta Physiol (Oxf). 2014; 210 (4): 768–789. https://doi.org/10.1111/apha.12234.

[53] Leveritt M, Abernethy P J, Barry B K, Logan P A. Concurrent strength and endurance training. A review. Sports Med. 1999; 28 (6): 413–427.

[54] Fyfe J J, Bishop D J, Stepto N K. Interference between concurrent resistance and endurance exercise: molecular bases and the role of individual training variables. Sports Med. 2014; 44 (6): 743–762. https://doi.org/10.1007/s40279-014-0162-1.

[55] Tarnopolsky M A. Gender differences in substrate metabolism during endurance exercise. Can J Appl Physiol. 2000; 25 (4): 312–327.

[56] Hausswirth C, Le Meur Y. Physiological and nutritional aspects of post-exercise recovery: specific recommendations for female athletes. Sports Med. 2011; 41 (10): 861–882. https://doi.org/10.2165/11593180-000000000-00000.

[57] Wilson J M, Marin P J, Rhea M R, Wilson S M, Loenneke J P, Anderson J C. Concurrent training: a meta-analysis examining interference of aerobic and resistance exercises. J Strength CondRes. 2012; 26 (8): 2293–2307. https://doi.org/10.1519/JSC.0b013e31823a3e2d.

[58] Shephard R J. Exercise and training in women, Part I: influence of gender on exercise and training responses. Can J Appl Physiol. 2000; 25 (1): 19–34.

[59] Kraemer W J, Ratamess N A. Hormonal responses and adaptations to resistance exercise and training. Sports Med. 2005; 35 (4): 339–361.

[60] Janse de Jonge X A. Effects of the menstrual cycle on exercise performance. Sports Med. 2003; 33 (11): 833–851.

[61] Shephard R J. Exercise and training in women, Part II: influence of menstrual cycle and pregnancy. Can J

Appl Physiol. 2000; 25 (1): 35–54.

[62] Staron R S, Karapondo D L, Kraemer W J, Fry A C, Gordon S E, Falkel J E, et al. Skeletal muscle adaptations during early phase of heavy-resistance training in men and women. J Appl Physiol. 1994; 76 (3): 1247–1255.

[63] Abe T, DeHoyos D V, Pollock M L, Garzarella L. Time course for strength and muscle thickness changes following upper and lower body resistance training in men and women. Eur J Appl Physiol. 2000; 81 (3): 174–180. https://doi.org/10.1007/s004210050027.

[64] Skinner J S , Jaskolski A, Jaskolska A, Krasnoff J, Gagnon J, Leon A S, et al. Age, sex, race, initial fitness, and response to training: the HERITAGE Family Study. J Appl Physiol (1985). 2001;90(5):1770-1776.

[65] Dudley G A, Djamil R. Incompatibility of endurance- and strength-training modes of exercise. J Appl Physiol. 1985; 59 (5): 1446–1451.

[66] Glowacki S P, Martin S E, Maurer A, Baek W, Green J S, Crouse S F. Effects of resistance, endurance, and concurrent exercise on training outcomes in men. Med Sci Sports Exerc. 2004; 36 (12): 2119–2127.

[67] Silva R F, Cadore E L, Kothe G, Guedes M, Alberton C L, Pinto S S, et al. Concurrent training with different aerobic exercises. Int J Sports Med. 2012; 33 (8): 627–634. https://doi.org/10.1055/s-0031-1299698.

[68] Eklund D, Schumann M, Kraemer W J, Izquierdo M, Taipale R S, Häkkinen K. Acute endocrine and force responses and long-term adaptations to same-session combined strength and endurance training in women. J Strength Cond Res. 2016; 30 (1): 164–175. https://doi.org/10.1519/JSC.0000000000001022.

[69] Davitt P M, Pellegrino J K, Schanzer J R, Tjionas H, Arent S M. The effects of a combined resistance training and endurance exercise program in inactive college female subjects: does order matter? J Strength Cond Res.2014; 28 (7): 1937–1945. https://doi.org/10.1519/JSC.0000000000000355.

[70] Vikmoen O. Effects of heavy strength training on performance determinants and performance in cycling and running [Doctoral dissertation]. Oslo: Norwegian School of Sports Sciences; 2015.

[71] Rønnestad B R, Hansen E A, Raastad T. High volume of endurance training impairs adaptations to 12 weeks of strength training in well-trained endurance athletes. Eur J Appl Physiol. 2012; 112 (4): 1457–1466. https://doi.org/10.1007/s00421-011-2112-z.

[72] Sale D G, MacDougall J D, Jacobs I, Garner S. Interaction between concurrent strength and endurance training. J Appl Physiol. 1990; 68 (1): 260–270.

[73] Eklund D, Häkkinen A, Laukkanen J A, Balandzic M, Nyman K, Häkkinen K. Fitness, body composition and blood lipids following 3 concurrent strength and endurance training modes. Appl Physiol Nutr Metab. 2016; 41 (7): 767–774. https://doi.org/10.1139/apnm-2015-0621.

[74] Schumann M, Yli-Peltola K, Abbiss C R, Häkkinen K. Cardiorespiratory adaptations during concurrent aerobic and strength training in men and women. PLoS One. 2015; 10 (9): e0139279. https://doi.org/10.1371/journal.pone.0139279.

[75] Eklund D, Pulverenti T, Bankers S, Avela J, Newton R, Schumann M, et al. Neuromuscular adaptations to different modes of combined strength and endurance training. Int J Sports Med. 2015; 36 (2): 120–129. https://doi.org/10.1055/s-0034-1385883.

[76] Schumann M, Kuusmaa M, Newton R U, Sirparanta A I, Syvaoja H, Häkkinen A, et al. Fitness and lean mass increases during combined training independent of loading order. Med Sci Sports Exerc. 2014; 46 (9): 1758–1768. https://doi.org/10.1249/MSS.0000000000000303.

[77] Schumann M, Walker S, Izquierdo M, Newton R U, Kraemer W J, Häkkinen K. The order effect of

combined endurance and strength loadings on force and hormone responses: effects of prolonged training. Eur J Appl Physiol. 2014; 114 (4): 867–880. https://doi.org/10.1007/s00421-013-2813-6.

[78] Saunders P U, Telford R D, Pyne D B, Peltola E M, Cunningham R B, Gore C J, et al. Short-term plyometric training improves running economy in highly trained middle and long distance run ners. J Strength Cond Res. 2006; 20 (4): 947–954. https://doi.org/10.1519/R-18235.1. R-18235 [pii].

[79] Johnston R E, Quinn T J, Kertzer R, Vroman N B. Strength training in female distance runners: impact on running economy. J Strength Cond Res. 1997; 11 (4): 224–229.

[80] Turner A M, Owings M, Schwane J A. Improvement in running economy after 6 weeks of plyometric training. J Strength Cond Res. 2003; 17 (1): 60–67.

[81] Guglielmo L G, Greco C C, Denadai B S. Effects of strength training on running economy. Int J Sports Med. 2009; 30 (1): 27–32. https://doi.org/10.1055/s-2008-1038792.

[82] Vikmoen O, Raastad T, Seynnes O, Bergstrom K, Ellefsen S, Rønnestad B R. Effects of heavy strength training on running performance and determinants of running performance in female endurance athletes. PLoS One.2 016; 11 (3): e0150799. https://doi.org/10.1371/journal.pone.0150799.

[83] Roschel H, Barroso R, Tricoli V, Batista M A, Acquesta F M, Serrao J C, et al. Effects of strength training associated with whole-body vibration training on running economy and vertical stiffness. J Strength Cond Res. 2015;29(8):2215–2220. https://doi.org/10.1519/JSC.0000000000000857.

[84] Rønnestad B R, Mujika I. Optimizing strength training for running and cycling endurance performance: a review. Scand J Med Sci Sports. 2014;24(4):603–612. https://doi.org/10.1111/sms.12104.

[85] Rønnestad B R, Hansen J, Hollan I, Ellefsen S. Strength training improves performance and pedaling characteristics in elite cyclists. Scand J Med Sci Sports. 2015;25(1):e89–e98. https://doi.org/10.1111/sms.12257.

第五部分

同期有氧和力量训练与运动表现

21　力量训练对有氧能力和耐力运动表现的长期影响

奥文德·桑德巴克（Øyvind Sandbakk）

21.1　引言

目前，力量训练被认为是耐力运动员长期训练计划的重要组成部分。然而，关于同期训练的长期效果的科学证据很少，只有少数耐力运动员的力量训练干预持续时间超过 15 周。本章旨在：① 总结目前关于长期力量训练（持续 12 周以上）对有氧能力和耐力运动表现影响的科学证据；② 讨论与这些影响相关的潜在神经和细胞机制，以便为这一领域产生新的假设提供框架。

21.2　科学证据

运动中耐力运动表现对力量的要求取决于比赛的时长和形式，以及所采用的运动方式。耐力训练是耐力运动员必不可少的促进因素，他们通常不会优先考虑大量的力量训练（即旨在提高肌肉产生最大力量的能力的训练）。然而，正如本书其他章节所强调的，研究表明，在耐力训练的同时增加力量训练对有氧能力和运动表现具有积极的短期效应。这些研究表明，增加力量训练导致有氧能力提高的主要原因是运动经济性/效率提高了，疲劳得到了延缓。因为越来越多的证据表明了力量训练的积极效应，在过去的几年里，力量训练已经成为许多成功耐力运动员训练计划的一部分。然而，由于大部分训练干预措施仅持续了 8～12 周，因此在考虑其长期效应时仍应谨慎使用。目前我们还不知道长期力量训练对耐力运动表现的确切影响。但是，基于对爆发力项目的认知，我们可以合理地推断，渐进和周期性地安排运动负荷，速度和运动方式的改变会刺激耐力运动员的力量进一步产生适应，从而优化他们的有氧能力。

迄今为止，对耐力运动员最长时间的力量训练干预的研究是由朗内斯塔德等人[1]完成的，他们对优秀耐力自行车运动员进行了为期 25 周的干预。该研究显示，在最大力量和功率等变量以及 4 毫摩尔/升血乳酸浓度的状态下，功率输出和最大有氧功率等都有明显的正面效应。然而，效应值与持续时间较短的研究一致，并且没有中期测试来分析干预对随后反应的影响。与朗内斯塔德等人[1]25 周的力量干预不同，贝蒂等人[2]的一项 Meta 分析文献中的干预周期为 16 周或更短，平均持续时间约为 10 周。因此，我们所知道的关于力量训练的神经学和结构适应性的大部分知识都来自短期干预实验，或干预实验对象是无训练经历受试者。事实上，只有少量研究是观察训练有素的运动员对长期力量训练的适应，而且这些研究都是关于力量和爆发力项目，如橄榄球运动 [3]。今后以有良好训练背景的耐力运动员为受试对象的研究应该侧重于长期力量训练干预和随后耐力运动表现的变化。

有趣的是，贝里曼（Berryman）等人[4]研究了有良好训练背景的耐力运动员的力量训练并进行了 Meta 分析，结果显示力量训练的持续时间具有显著的影响。与少于 24 次的训练干预相比，24 次以上的训练干预方案可以使运动员在运动经济性方面有更大的提高。此外，有个案研究使用了科学的方法将力量和耐力训练结合起来，并且在年度周期中系统测试了力量和耐力参数[5]。在这项研究中，研究者们发现，6RM 腿部推举力量在前 10 周训练中有所增加，但在当年随后的时间里力量增长出现了平台期。虽然最大有氧功率在全年有了进一步提升，但尚不清楚是力量训练还是其他类型的训练产生了这种效果。

另一个重要的问题是，在大量力量训练期间产生的效应是否在随后不做或者少做力量训练时还能够继续保持。研究表明，在力量训练结束后的 8～12 周，力量训练干预过程中获得的增益只有一小部分得到了保持，伴随而来的是肌肉横截面积和峰值功率输出的相对快速下降。即使在朗内斯塔德等人[1]进行的为期 25 周的训练干预之后，在随后的 8 周内，适应效果迅速下降。因此，正如前面朗内斯塔德等人的研究结果[6]，对耐力运动员来说，在长期的周期力量训练中，“维持性训练”似乎是必需的。然而，对于高水平训练的运动员，他们的训练日程安排很满，为了避免过度训练，如果采用长期力量训练，则不得不取消一些其他形式的训练。也许有人会争论，用力量训练代替耐力训练可能会对耐力能力产生负面影响。然而，在帕沃莱宁等人[7]的研究中，结果并非如此。他们用混合式超等长和爆发力训练取代了耐力训练，在相对较短的干预期（约 10 周）内发现了有益效果。然而，目前还没有研究探讨这种替代是否会在更长的时间跨度对整体表现产生积极或消极的影响。因此，问题不仅在于力量训练可能产生的积极影响是什么，而且还要考虑如果做较少的替代（力量）训练是否会产生消极影响。

目前，还没有研究发现大负荷力量训练对耐力运动项目的运动经济性、最大摄氧量或乳酸阈值产生消极影响。此外，最高水平耐力运动员进行 16 周大负荷力量和耐力的同期训练，没有对肌肉毛细血管增生产生负面影响[8]。有耐力训练背景的运动员，经过一段时间的力量和耐力同期训练后，其氧化酶活性并没有受到影响[9,10]。因此，在肌肉血管增生和氧化潜能方面，力量训练并没有什么负面影响，至少在加入短期力量训练时不会有负面影响。事实上，在不减少毛细血管增生的前提下，增加肌肉体积在理论上会提高肌肉的整体氧化潜能，从而提高耐力运动表现。在这种情况下，肌肉肥大可能是改善有氧能力的“长效”机制。维克莫恩等人[11]报道了女性自行车运动员肌肉体积增加与最大摄氧量百分比利用率（及运动表现）之间的相关性。

虽然在耐力训练计划中加入力量训练可以不使总体重增加，但看来在 10～12 周训练后，主要训练肌群会出现少量的（3%～6%）肌肉肥大[6,8,12,13]。如果这种增加趋势在较长时间的力量训练中一直持续下去，可能会产生一些消极的作用，尤其是力量训练增加的是非功能性肌肉的体积。因此可以推出，长期力量训练应该动用专项运动会用到的肌群，这一点特别重要。

基于总体的科学证据，目前研究者建议耐力运动员在准备阶段使用“日波动周期训练方案”，通过每周两次的力量训练来增加重要肌群的最大力量[14]。训练负荷通常为 4～10RM，每次训练 2～3 组，组间休息 2～3 分钟。然而，在接下来的训练期或者赛季，肌肉力量发展不能周期化，但每周至少需要做一次（小负荷）大强度的力量训练，以维持之前获得的力量训练适应[6]。然而，所有这些方面，如运动员训练史、有氧训练方式和干预时间等，都可能是解释个体效应的重要潜在因素。因为这些建议主要基于短期研究并结合了优秀耐力运动员的实际训练状况，今后的研究应该侧重于不同的长周期训练策略的实际效果。这将有助于为从业者提供更精确的指导，例如，在制订年度训练计划时为不同个体选择合适的力量训练时间。

虽然在耐力训练中，不同的训练项目对力量和耐力的需求都相对明了，但我们对优秀耐力运动员日常训练计划中力量和耐力训练的最佳组合了解甚少。随着力量和耐力训练量的相对变化，应该如何在小周期和大周期中对其进行优化？如何在力量和耐力训练中使用不同的肌群？在力量训练和耐力训练之前、期间和之后，不同类型的营养素和整体能量供应是否也应周期化？这些都是相对未被探索的领域，但现实是，科学研究可能跟不上优秀运动员所使用的现代训练方法和恢复技术。例如，世界级划船运动员和越野滑雪运动员可以增加并维持较多且强壮的肌肉，同时发展较高水平的有氧耐力。

21.3 潜在的神经和细胞机制

虽然目前只有少量的科学证据证明长期力量训练对耐力运动表现具有积极影响，但当今许多顶尖耐力运动员需要进行更长时间各种类型的力量训练来提高运动表现。因此，结合短期研究结果，我们认为在较长时间跨度内增加力量训练也会产生类似的效果，但要获得长期进展，可能需要周期化、渐进性的力量和耐力训练。和其他类型的训练类似，随着时间的推移，当身体适应“新”的负荷后，效果的增速很可能会下降。接下来的内容是关于耐力运动员通过增加大负荷力量训练来补充耐力训练可能存在的一些主要长效机制。尽管如此，读者应该意识到这方面的证据是有限的，研究者应该利用这一点来进行新的假设并在今后的研究中进行验证。

肌纤维募集模式可能会随着长期的力量训练而改变。Ⅰ型肌纤维增加可能导致肌肉的相对活动降低，并在长时间工作中延缓肌肉疲劳，因此也推迟动员了Ⅱ型肌纤维这种不太经济的肌纤维类型。因此，Ⅱ型肌纤维在长时间运动的后期才得以动员，这也是为什么一些研究显示只有在 2 小时的次最大骑行或滑雪后，力量训练的积极效果才得以显现[15]。减少对Ⅱ型肌纤维的依赖也可以提高经济性，这是通过延长维持糖原储备的持续时间来实现的，因此可以提高长时间运动的运动表现。然而，正如埃德格等人[8]的研究所示，长期的力量训练可以增加Ⅱa 型肌纤维比例，减少Ⅱx 型肌纤维。Ⅱa 型肌纤维具有较强的抗疲劳能力，还可以产生相对较高的功率。这一领域的研究结果相互矛盾[9]，今后的研究需要确认其潜在影响。

力量训练后，最大力量和力量输出速率增加，可以更好地促进血液流向运动肌肉[8,14]。力量输出速率增加可能是神经活性增加导致，与动作/运动的改善有关，更快的力量输出有利于运动表现的提高。例如，在一个运动周期中，发力效率提高，肌肉相对负荷减少，恢复时间延长，血流受限制的时间缩短。尽管尚没有直接证明，但我们认为血流的改善可以增加运动中氧气和能量底物的运输。

另一个存在冲突的理论是，力量训练如何影响耐力运动中肌纤维的活性？一种理论认为，当肌肉变得更强壮时，更少的肌肉量也能完成同样的工作量，从而降低运动中的摄氧量。其他理论认为，当肌肉变得更强壮时，同样的肌肉量可以在相对较低的激活水平发挥同样的作用，从而提高运动员在耐力比赛后程功率增加的能力。然而，长期的适应现象也可能发生在肌腱。在一些运动项目中（比如跑步），由力量训练增加的肌肉–肌腱刚度可能会提高个体的运动表现[14]。然而，其效果受到跑步技术要求和个人肌腱刚度基线的影响。在其他运动项目中（如骑行运动），这种机制就不太可能对运动表现产生积极影响。

从长远来看，力量训练也会对细胞产生影响，例如，激活 PI3k–mTOR 信号通路。该通路可以调节蛋白质合成速度，通过长期的训练诱发肌肉肥大。然而，高水平耐力训练激活的 AMPK 可以抑制 mTOR 信号，并阻止肌纤维蛋白合成。因此，大量耐力训练可能会对细胞内肌纤维蛋白合成的重要通路产生负面影响[16]。在耐力运动员想要增加肌肉量的阶段，合理安排力量训练显得很重要。这也强调了在大负荷耐力训练或比赛期间，足够的力量训练在保持肌肉质量和力量方面的重要性。然而，还需要注意的是，该细分领域的研究尚处于起步阶段，目前还不能直接应用于耐力运动员的体能准备。

足够的机械负荷对获得最佳力量训练效果非常重要，训练过程中的运动模式也很重要。动作模式应该与相应的专项动作类似，以触发相关肌肉特异性的最佳激活模式并诱导细胞适应。此外，训练模式应旨在避免同期训练期间力量训练和耐力训练的相互干扰，在了解可能的分子干扰基础上安排训练计划和最佳营养方案。总之，这些不同的机制是否在不同的个体和不同的运动项目中得以激发，取决于运动的需求与个人能力之间的关系。对于个体运动员来说，这些机制会影响其随后对运动负荷、组数、重复次数和运动类型的选择，这表明一个特定运动项目并没有“理想的”力量训练模式，而只有一个“工具箱”，教练员和运动员应该根据不同情况进行选择。

21.4 小结

总的来说，科学和实践证据都表明，力量训练可以被成功纳入优秀耐力运动员的训练计划中。在准备阶段每周安排 2 次力量训练以增强力量，在比赛阶段每周安排一次力量训练以维持力量。通过特定的专项力量训练计划，运动员的有氧能力似乎主要通过提高运动经济性/效率来改善，有时也通过延缓疲劳来提高。目前还没有发现力量训练对有氧能力的负面影响。可能的神经和细胞机制包括：① 肌纤维募集模式的改变可以在长时间运动中延缓肌肉疲劳，并使糖原储备维持更长时间；② Ⅱa 型肌纤维比例的增加能够同时提高力量和耐力能力；③ 力量输出速率增加有利于促进血液更好地流向运动肌肉，从而改善肌肉运动中的氧气和能量底物运输；④ 在有益的运动中增加肌肉–肌腱刚度；⑤ 大运动量但有较小负面干扰的耐力训练模式可以维持细胞内肌纤维蛋白合成的重要信号通路的传导。然而，长期力量训练对这些因素的影响，以及如何通过渐进性和周期性策略来延长力量训练对耐力运动表现的积极影响，这些还没有得到科学证明，需要进一步的研究。

参考文献

[1] Rønnestad B R, Hansen J, Hollan I, Spencer M, Ellefsen S. Impairment of performance variables after in-season strength-training cessation in elite cyclists. Int J Sports Physiol Perform. 2016; 11 (6): 727–735.

[2] Beattie K, Kenny I C, Lyons M, Carson B P. The effect of strength training on performance in endurance athletes. Sports Med. 2014; 44 (6): 845–865.

[3] Appleby B, Newton R U, Cormie P. Changes in strength over a 2-year period in professional rugby union players. J Strength Cond Res. 2012; 26 (9): 2538–2546. National Strength & Conditioning Association.

[4] Berryman N, Mujika I, Arvisais D, Roubeix M, Binet C, Bosquet L. Strength training for middle- and long-distance performance: a meta-analysis. Int J Sports Physiol Perform. 2018; 13 (1): 57–63.

[5] Rønnestad B R, Hansen J. A scientific approach to improve physiological capacity of an elite cyclist. Int J Sports Physiol Perform. 2018; 13 (3): 390–393.

[6] Rønnestad B R, Hansen E A, Raastad T. In-season strength maintenance training increases well-trained cyclists' performance. Eur J Appl Physiol. 2010; 110 (6): 1269–1282.

[7] Paavolainen L, Häkkinen K, Hamalainen I, Nummela A, Rusko H. Explosive-strength training improves 5-km running time by improving running economy and muscle power. J Appl Physiol (1985). 1999; 86 (5): 1527–1533.

[8] Aagaard P, Andersen J L, Bennekou M, Larsson B, Olesen J L, Crameri R, et al. Effects of resistance training on endurance capacity and muscle fiber composition in young top-level cyclists. Scand J Med Sci Sports. 2011; 21 (6): e298–e307.

[9] Bishop D, Jenkins D G, Mackinnon L T, McEniery M, Carey M F. The effects of strength training on endurance performance and muscle characteristics. Med Sci Sports Exerc. 1999; 31 (6): 886–891.

[10] Hickson R C, Dvorak B A, Gorostiaga E M, Kurowski T T, Foster C. Potential for strength and endurance

training to amplify endurance performance. J Appl Physiol (1985). 1988; 65 (5): 2285–2290.

[11] Vikmoen O, Ellefsen S, Troen O, Hollan I, Hanestadhaugen M, Raastad T, et al. Strength training improves cycling performance, fractional utilization of $\dot{V}O_2max$ and cycling economy in female cyclists. Scand J Med Sci Sports. 2016; 26 (4): 384–396.

[12] Losnegard T, Mikkelsen K, Rønnestad B R, Hallen J, Rud B, Raastad T. The effect of heavy strength training on muscle mass and physical performance in elite cross country skiers. Scand J Med Sci Sports. 2011; 21 (3): 389–401.

[13] Taipale R S, Mikkola J, Nummela A, Vesterinen V, Capostagno B, Walker S, et al. Strength training in endurance runners. Int J Sports Med. 2010; 31 (7): 468–476.

[14] Rønnestad B R, Mujika I. Optimizing strength training for running and cycling endurance performance: a review. Scand J Med Sci Sports. 2014; 24 (4): 603–612.

[15] Mujika I, Rønnestad B R, Martin D T. Effects of increased muscle strength and muscle mass on endurance-cycling performance. Int J Sports Physiol Perform. 2016; 11 (3): 283–289.

[16] Hawley J A. Molecular responses to strength and endurance training: are they incompatible? Appl Physiol Nutr Metab. 2009; 34 (3): 355–361.

22 耐力自行车运动员的力量训练

本特 · R.朗内斯塔德（Bent R. Rønnestad）

22.1 力量训练对耐力运动表现关键因素的影响

希克森等人[1]最早认为大负荷力量训练可以对骑行运动表现产生积极影响。当时的研究对象是无训练经历的受试者，但近年来研究者对于业余体育爱好者、有良好训练背景的受试者和精英自行车运动员在耐力训练中加入力量训练效果的认知已有改善。本章将重点关注有良好训练背景的自行车运动员在耐力训练中增加力量训练的效果。为此，我们将评估力量训练如何影响决定运动表现的重要生理因素。最大摄氧量百分比利用率和无氧能力之间的相互关系可以解释在一定有氧和无氧代谢供能比率的情况下持续运动的时长，这些因素共同决定了比赛中的摄氧量[2]。此外，骑行经济性或效率决定了在一定能量消耗下的功率输出，从而在很大程度上决定了功率输出的表现[2]。现在，我们将更深入地讨论力量训练如何影响这些运动表现的决定因素及运动中的功率输出。

将大负荷力量训练与日常耐力训练相结合，似乎对最大摄氧量的提高既没有正面影响，也没有负面影响[3–15]。当涉及总效率或骑行经济性时，这些发现更加模棱两可。研究者用传统方法对有良好训练背景和高水平自行车运动员进行骑行经济性测试时（3～5 分钟次最大强度骑行），没有观察到附加力量训练的额外效果[3,10–12]。然而，研究者对中等水平自行车运动员使用同样方法测试骑行经济性时，发现加入大负荷力量训练后，骑行经济性明显提高[4,9,14]。有趣的是，有良好训练经历的男性自行车运动员和女性自行车运动员在进行 3 小时次最大强度骑行时，在骑行的第一个小时没有出现大负荷力量训练对骑行经济性的好处；但在骑行的最后一个小时，力量训练组的骑行经济性有所改善[16,17]。这表明，有良好训练经历的自行车运动员在长时间骑行中可能会改善骑行经济性，而且也许更具有生态效应。

为了计算最大摄氧量百分比利用率，通常的做法是取乳酸阈值时的最大摄氧量百分比。但实际上乳酸阈值并不唯一，可以用多种方式来计算[18]。然而，为了测试训练引起的变化，在训练前后使用相同的计算方法非常重要[19]。理论上，乳酸阈值作为运动强度的函数，描述了血乳酸浓度曲线出现拐点的预估值[19]。以最大摄氧量百分比表示的乳酸阈值在很大程度上不受运动经济性和最大摄氧量的影响，这可能解释了为什么以最大摄氧量百分比表示的乳酸阈值与自行车运动员计时赛成绩的相关性较小[20]。关于同期训练对自行车运动员乳酸阈值（以最大摄氧量百分比表示）产生的影响的研究很少，且这些研究既没有观察到积极影响也没有发现消极影响[12,14]。然而，我们研究组发现，在 40 分钟全力骑行测试中，有良好训练背景的女性自行车运动员在同期训练后最大摄氧量百分比利用率提高了，而只进行耐力训练的组别没有发生任何变化[15]。有趣的是，在同一个研究中，以最大摄氧量百分比表示的乳酸阈值没有明显变化，这表明这种参考最大摄氧量百分比利用率的方法可能不够敏感，无法检测到微小变化[15]。

有许多方法可以确定在乳酸阈值时的功率输出，在乳酸浓度与功率曲线上导出乳酸阈值，这些阈值似乎都与长期耐力运动表现有很好的相关性[18,19]。其中，在乳酸阈值时的功率输出，以及其他一些指标，受到骑行经济性的影响。因此，在几项研究中，研究者发现结合大负荷力量和耐力训练后，乳酸阈值功率输出有望得到改善[10–13,15,21]。然而，也有研究发现，以乳酸浓度定义的乳酸阈值功率输出没有得到改善[3,14,22]。

衡量骑行运动表现的传统方法是进行持续 30～60 分钟的全力骑行测试，其中平均功率输出是典型的运动表现指标。在同期训练出现积极效果的研究中，大负荷力量训练结合下肢重复训练最少持续了 8 周时间[3,7,11–13,15,17,21]。相比之下，没有出现明显效果的研究通常训练时间较短、力量训练负荷量较小，或者采用的是爆发力训练[5,6,8,22]。另一个运动表现测试指标是在最大摄氧量时的功率输出，它受最大摄氧量、骑行经济性、无氧能力和神经肌肉特性的影响[23]。因此，在最大摄氧量时的功率输出已经被证明可以预测自行车运动员的耐力表现[24,25]，并可以辨别有良好训练背景的自行车运动员的耐力表现[25]。据报道，在有良好训练背景的自行车运动员中，同期进行耐力和大负荷力量训练可以增加在最大摄氧量时的功率输出或延长在最大摄氧量强度下运动到力竭的时间[7,10–12,14,26]。在实验室中，一种比较新的评估骑行运动表现的方法是尝试模拟公路自行车赛，在进行长时间次最大强度骑行几个小时后，接着进行一个短时间、5 分钟的全力骑行测试，作为最后的运动表现结果。有良好训练背景的男女自行车运动员将大负荷力量训练与日常耐力训练相结合，在完成 3 小时次最大强度骑行后，可以提高之后的 5 分钟全力骑行功率输出[16,17]。

另一个影响自行车比赛结果的重要因素是缩小差距的能力，即甩开大部队或在最后冲刺中的表现。比赛中这些关键时刻的结果在很大程度上取决于所涉肌肉的大小和腿部的最大力量[27]。在短时间内产生高功率输出的能力通常在实验室以 30 秒全力骑行测试的平均功率和峰值功率来表示。基于大负荷力量训练对肌肉力量和肌肉质量的有益影响，同期训练有望提高在短时间内产生高功率输出的能力[10–13]。一个相关的变量是功率–持续时间关系曲线常数（W'），研究者发现 W' 与精英自行车运动员的大腿肌肉大小和最大伸膝肌力都呈显著正相关[28]。这一点具有实用意义，因为全程骑行运动表现的一个重要方面就是短时间内产生高功率输出的能力[29]。

22.2 力量训练对骑行运动表现影响的潜在机制

在耐力训练中增加大负荷力量训练对骑行运动表现的积极影响存在多种潜在机制。同期力量和耐力训练可以提高运动表现，一个可能的机制是Ⅰ型肌纤维的力量增加，从而推迟了Ⅱ型肌纤维的激活，进而提高了骑行经济性及运动表现[30]。在骑行经济性测试中，传统的方法是进行次最大强度骑行，主要是激活Ⅰ型肌纤维。这可以解释为什么文献并未明确良好训练背景的自行车运动员骑行经济性是否可以改善。有良好训练背景的自行车运动员，经过一段时间同期训练后，在进行 2 小时的次最大强度骑行后，骑行经济性得到提高，一个可能的解释是在骑行过程中推迟了Ⅱ型肌纤维的激活[16,17]。有可能长时间骑行中部分Ⅰ型肌纤维被动用到极限，因此可以推迟低效Ⅱ型肌纤维的激活，这可以解释骑行经济性的改善。力量训练导致在 2 小时骑行测试的第 2 个小时原本会增加的肌肉激活有所减少，即Ⅱ型肌纤维的激活被推迟[31]。这具有糖原节省化效应，有助于解释在 12 周同期训练后进行 3 小时次最大强度骑行，随后 5 分钟的全力骑行表现得到改善[16,17]。另一个可能的机制与肌纤维募集有关，如Ⅱx 型肌纤维比例减少，而Ⅱa 型肌纤维比例增加。经过 12～16 周的大负荷力量训练后，无论是有良好训练背景的女性自行车运动员还是顶级男性自行车运动员，Ⅱx 型肌纤维比例减少，而Ⅱa 型肌纤维比例增加[3,15]。Ⅱa 型肌纤维具有更好的抗疲劳作用，同时输出功率较高，可能有助于耐力运动表现。事实上，我们实验室的研究结果显示，在 40 分钟全力骑行测试中，平均功率输出变化与Ⅱx 型肌纤维变化之间存在很大相关性（$r = -0.63$，$p < 0.05$）。这意味着，有良好训练背景的女性自行车运动员经过 12 周大负荷力量训练（和耐力训练）后，Ⅱx 型肌纤维比例减少与 40 分钟全力骑行测试中输出功率提高有关[15]。

同期训练后与耐力相关的参数得到改善，另一个可能的机制是最大力量或力量输出速率增加，促进血液更好地流向运动肌肉[3,14,32]。最大力量或力量输出速率的增加可能会降低相对运动强度，并减少血流限制，也就是说，最大力量或力量输出速率增加，每一个运动周期中肌肉达到理想力量的时间会缩短，从而使肌肉放松时间延长，血流量增加。有趣的是，精英自行车运动员在 25 周的同期训练后，在踏板过程中更早出现峰值力矩，而单独耐力训练不会出现这种结果[12]。在一段时间的同期训练后，血流量是否得到改善尚不清楚，但在理论上这会增加血流量并有助于氧气和能量底物运输到运动肌，从而增加特定乳酸浓度下的功率输出，但并不一定改善骑行经济性。与此一致，有研究发现在 4 毫摩尔/升乳酸浓度时的功率输出和 40 分钟全力骑行测试中平均功率的提高与踏板过程中峰值力矩提前出现有较高相关性（$r = -0.50$ 和 $r = -0.63$，$p < 0.05$）[12]。此外，巴雷特–奥基夫（Barrett-O′ Keefe）等人[4]以中等训练程度的自行车运动员为受试对象进行了研究，发现 8

周大负荷力量训练可以提高在 60 转/分转速下的骑行经济性，在维持肌肉动脉–静脉氧差的条件下，肌肉血流量减少。这表明肌肉效率的提高是提高骑行经济性及耐力运动表现的重要机制。

科伊尔（Coyle）等人[33]发现，在有良好训练背景和精英自行车运动员中，瘦体重和 1 小时全力骑行测试功率输出之间存在正相关，表明在每次踏板动作中募集相对大量肌肉能力的提高与良好运动表现有关。此外，自行车运动员动用大量肌肉参与运动时，最大摄氧量百分比利用率较高[33]。这与分担能量供应的线粒体数量增加有关，导致在一定功率输出下有更小的能力代谢压力。在另一项研究中，精英自行车运动员在 16 周大负荷力量训练后，45 分钟全力骑行测试运动表现有所提高，其最大摄氧量百分比利用率提高。研究者估计在最大摄氧量强度下的功率输出从 76%提升到了 83%[3]。因此可以推测，在日常耐力训练中增加大负荷力量训练后，瘦体重和有氧酶绝对数量增加，而有氧酶浓度没有变化，这可能有助于提高运动表现。这与我们实验室的研究结果一致，40 分钟全力骑行测试平均功率输出的变化与股四头肌横截面积的变化极大相关（$r = 0.73$，$p < 0.05$），而有氧酶浓度没有变化。在 40 分钟全力骑行测试中，同期训练组最大摄氧量百分比利用率较对照组有更大提高[15]。

22.3 力量训练的实用性建议

在本章中，我们已经证明，在日常耐力训练的基础上增加大负荷力量训练至少 8 周，对骑行过程中提供动力的肌肉进行多种锻炼，对骑行运动表现有积极影响。然而，耐力骑行训练对自行车运动员来说非常重要。如果一周参加 3 次训练课，则骑行训练时可以获得最大的能力提升。但文献表明，如果有更多训练时间，增加一些大负荷力量训练可以提高骑行运动表现。

在选择力量训练动作时，要注意专项化原则。这是指肌肉动作、所动用的肌肉及运动模式应该与骑行运动相似。遵循专项化原则，部分原因是神经系统适应性（如相关肌肉的最佳激活），部分原因是结构适应性（如特定动作范围内横桥激活的最大数量）。后者可从等长力量训练的研究中得到证明[34]。在骑车过程中，功率输出主要来自踏板下蹬过程时的肌肉向心收缩。骑行时，当曲柄臂达到约 90 度时，踏板力达到峰值，此时膝关节角度约为 100 度。因此，力量训练一般要注重膝关节角度在 90 度到几乎完全伸直之间的练习。话虽如此，但要完成动作的难度不应太大，且机械负荷不应太小，涉及的肌肉量不应过少。机械负荷是力量训练适应的重要刺激因素，例如，有研究显示，在自行车上进行所谓的“力量训练”，即使用较大的力量进行低频率（约 40 转/分）骑行，对腿部最大力量和骑行经济性都没有效果[35]。

决定专项速度训练效果的似乎是意向速度而不是实际速度[36]。这是指即使实际动作速度很慢，如果你专注于尽可能快地提起负重，则肌肉输出速度就会加快。因此，建议在向心收缩时，即有骑行特异性的时相中，尽可能快地完成向心收缩过程；而在离心收缩、非骑行特异性的时相中则应完成得慢一些（持续 2～3 秒）。

在训练周期方面，建议在赛季前准备期的第一阶段发展最大力量。每周 2 次共 8～12 周的力量训练，通常可以获得足够的力量增长[10,13–15]。我们曾观察到，经过 10～12 周的力量训练，运动员最大力量增加了 23%～26%。训练计划设计为每日波动周期，强度逐渐增加，最大重复次数从 10 次到 4 次。该训练方案中每次训练课的负荷量有所调整，强度逐渐增加而重复次数逐渐减少。建议训练强度为 4～10RM，完成 2～3 组，组间休息 2～3 分钟。开始重负荷之前，必须确保已经在小负荷下掌握了合适的（提起负重）动作技术。

在力量训练开始阶段，每次力量训练课之后，腿部沉重和酸痛是很常见的。因此，在力量训练的前 2～3 周内，减少耐力训练的量是很重要的。在赛季结束后，建议马上开始力量训练，这时耐力训练的重要性较小。在制订力量训练计划时，可从以下运动中进行选择：半蹲起、单腿半蹲起、跨步、单腿轮流推举、单腿髋弯曲（模仿踏板上行时相）和提踵（确保大腿肌肉力量传输到踏板）。先做 5～10 分钟一般热身，然后做专项热身运动，逐渐增加力量训练负荷。建议从大肌肉群开始训练，动作需要较高协调性，然后再完成 2～3 个侧重于蹬踏动作的重要肌群训练。为了提高骑行运动表现而进行的力量训练并不需要花费太多时间，每节课包括热身在内 45 分钟就可以完成训练。

在准备阶段，有时还需要增加对耐力训练的关注。这期间尽量保持已获得的对力量训练的适应。似乎每隔 7～10 天进行一次大负荷力量训练就能实现此目的[11,12]。为了避免停训的影响，建议进行高强度肌肉运动并在向心阶段最大限度动员肌肉，不必遵循最大重复次数原则。例如，可用 8～10RM 的负荷，完成 2～3 组、每组 5 次的运动。也建议在赛季中进行力量维持训练。我们发现，如果从 4 月中旬到 6 月中旬停止所有的力量训练，将失去几乎所有的力量训练适应[37]。

22.4 小结

本章对在有良好训练背景的自行车运动员的耐力训练计划中增加大负荷力量训练后，耐力运动表现的主要生理决定因素的影响进行了最新综述。虽然不具有普遍性，但科学研究表明，训练有素的自行车运动员在经过大负荷力量训练后，骑行经济性、最大摄氧量百分比利用率和无氧功率的指标都有所提高。更重要的发现是，在训练中加入多种运动的大负荷力量训练，并且持续较长时间（8 周以上），以提高骑行中重要肌群的功率输出，可以改善骑行运动表现，提高在最大摄氧量时的功率输出，并延长在最大摄氧量强度下运动到力竭的时间。

参考文献

[1] Hickson R C, Rosenkoetter M A, Brown M M. Strength training effects on aerobic power and short-term endurance. Med Sci Sports Exerc. 1980; 12:36–39.

[2] Joyner M J, Coyle E F. Endurance exercise performance: the physiology of champions. J Physiol. 2008; 586:35–44.

[3] Aagaard P, Andersen J L, Bennekou M, Larsson B, Olesen J L, Crameri R, Magnusson S P, Kjaer M. Effects of resistance training on endurance capacity and muscle fiber composition in young top-level cyclists. Scand J Med Sci Sports. 2011; 21:e298–e307.

[4] Barrett-O'Keefe Z, Helgerud J, Wagner P D, Richardson R S. Maximal strength training and increased work efficiency: contribution from the trained muscle bed. J Appl Physiol. 2012; 113:1846–1851.

[5] Bastiaans J J, van Diemen A B, Veneberg T, Jeukendrup A E. The effects of replacing a portion of endurance training by explosive strength training on performance in trained cyclists. Eur J Appl Physiol. 2001; 86:79–84.

[6] Bishop D, Jenkins D G, Mackinnon L T, McEniery M, Carey M F. The effects of strength training on endurance performance and muscle characteristics. Med Sci Sports Exerc. 1999; 31:886–891.

[7] Hickson R C, Dvorak B A, Gorostiaga E M, Kurowski T T, Foster C. Potential for strength and endurance training to amplify endurance performance. J Appl Physiol. 1988; 65:2285–2290.

[8] Levin G T, Mcguigan M R, Laursen P B. Effect of concurrent resistance and endurance training on physiologic and performance parameters of well-trained endurance cyclists. J Strength Cond Res. 2009; 23:2280–2286.

[9] Louis J, Hausswirth C, Easthope C, Brisswalter J. Strength training improves cycling efficiency in master endurance athletes. Eur J Appl Physiol. 2012; 112 (2): 631–640.

[10] Rønnestad B R, Hansen E A, Raastad T. Effect of heavy strength training on thigh muscle cross-sectional area, performance determinants, and performance in well-trained cyclists. Eur J Appl Physiol. 2010a; 108:965–975.

[11] Rønnestad B R, Hansen E A, Raastad T. In-season strength maintenance training increases well-trained cyclists' performance. Eur J Appl Physiol. 2010b; 110:1269–1282.

[12] Rønnestad B R, Hansen J, Hollan I, Ellefsen S. Strength training improves performance and pedaling characteristics in elite cyclists. Scand J Med Sci Sports. 2015; 25 (1): e89–e98.

[13] Rønnestad B R, Hansen J, Nygaard H. 10 weeks of heavy strength training improves performance-related measurements in elite cyclists. J Sports Sci. 2017; 35 (14): 1435–1441.

[14] Sunde A, Støren O, Bjerkaas M, Larsen M H, Hoff J, Helgerud J. Maximal strength training improves cycling economy in competitive cyclists. J Strength Cond Res. 2010; 24:2157–2165.

[15] Vikmoen O, Ellefsen S, Trøen Ø, Hollan I, Hanestadhaugen M, Raastad T, Rønnestad B R. Strength training improves cycling performance, fractional utilization of $\dot{V}O_2max$ and cycling economy in female cyclists. Scand J Med Sci Sports. 2016; 26:384–396.

[16] Rønnestad B R, Hansen E A, Raastad T. Strength training improves 5-min all-out performance following 185 min of cycling. Scand J Med Sci Sports. 2011; 21:250–259.

[17] Vikmoen O, Rønnestad B R, Ellefsen S, Raastad T. Heavy strength training improves running and cycling performance following prolonged submaximal work in well-trained female athletes. Physiol Rep. 2017; 5 (5). pii: e13149.

[18] Faude O, Kindermann W, Meyer T. Lactate threshold concepts: how valid are they? Sports Med. 2009; 39 (6): 469–490.

[19] Tokmakidis S P, Leger L A, Pilianidis T C. Failure to obtain a unique threshold on the blood lactate concentration curve during exercise. Eur J Appl Physiol Occup Physiol. 1998; 77:333–342.

[20] Støren Ø, Ulevåg K, Larsen M H, Støa E M, Helgerud J. Physiological determinants of the cycling time trial. J Strength Cond Res. 2013; 27 (9): 2366–2373.

[21] Koninckx E, Van Leemputte M, Hespel P. Effect of isokinetic cycling versus weight training on maximal power output and endurance performance in cycling. Eur J Appl Physiol. 2010; 109:699–708.

[22] Psilander N, Frank P, Flockhart M, Sahlin K. Adding strength to endurance training does not enhance aerobic capacity in cyclists. Scand J Med Sci Sports. 2015; 25 (4): e353–e359.

[23] Jones A M, Carter H. The effect of endurance training on parameters of aerobic fitness. Sports Med. 2000; 29:373–386.

[24] Hawley J A, Noakes T D. Peak power output predicts maximal oxygen uptake and performance time in trained cyclists. Eur J Appl Physiol Occup Physiol. 1992; 65:79–83.

[25] Lucía A, Pardo J, Durántez A, Hoyos J, Chicharro J L. Physiological differences between professional and elite road cyclists. Int J Sports Med. 1998; 19 (5): 342–348.

[26] Beattie K, Carson B P, Lyons M, Kenny I C. The effect of maximal- and explosive-strength training on performance indicators in cyclists. Int J Sports Physiol Perform. 2017; 12 (4): 470–480.

[27] Izquierdo M, Ibanez J, Häkkinen K, Kraemer W J, Ruesta M, Gorostiaga E M. Maximal strength and power, muscle mass, endurance and serum hormones in weightlifters and road cyclists. J Sports Sci. 2004; 22:465–478.

[28] Kordi M, Menzies C, Parker Simpson L. Relationship between power-duration parameters and mechanical and anthropometric properties of the thigh in elite cyclists. Eur J Appl Physiol. 2018; 118 (3): 637–645.

[29] Atkinson G, Davison R, Jeukendrup A, Passfield L. Science and cycling: current knowledge and future directions for research. J Sports Sci. 2003; 21:767–787.

[30] Mujika I, Rønnestad B R, Martin D T. Effects of increased muscle strength and muscle mass on endurance-cycling performance. Int J Sports Physiol Perform. 2016; 11 (3): 283–289.

[31] Hausswirth C, Argentin S, Bieuzen F, Le Meur Y, Couturier A, Brisswalter J. Endurance and strength training effects on physiological and muscular parameters during prolonged cycling. J Electromyogr Kinesiol. 2010; 20 (2): 330–339.

[32] Heggelund J, Fimland M S, Helgerud J, Hoff J. Maximal strength training improves work economy, rate of force development and maximal strength more than conventional strength training. Eur J Appl Physiol. 2013; 113:1565–1573.

[33] Coyle E F, Feltner M E, Kautz S A, Hamilton M T, Montain S J, Baylor A M, Abraham L D, Petrek G W. Physiological and biomechanical factors associated with elite endurance cycling performance. Med Sci Sport Exer. 1991; 23:93–107.

[34] Mansell S, Phillips S K, Rutherford O M. Muscle length changes following strength training of the adductor pollicis muscle. J Physiol. 1997; 499P:83P.

[35] Kristoffersen M, Gundersen H, Leirdal S, Iversen V V. Low cadence interval training at moderate intensity does not improve cycling performance in highly trained veteran cyclists. Front Physiol. 2014; 5:34.

[36] Behm D G, Sale D G. Intended rather than actual movement velocity determines velocity-specific training response. J Appl Physiol (1985). 1993; 74 (1): 359–368.

[37] Rønnestad B R, Hansen J, Hollan I, Spencer M, Ellefsen S. Impairment of performance variables after in-season strength-training cessation in elite cyclists. Int J Sports Physiol Perform. 2016; 11(6)：727–735.

23 耐力跑步运动员的力量训练

克里斯·贝蒂（Kris Beattie）

23.1 引言

自 20 世纪 60 年代以来，最大摄氧量一直是评价长跑运动员运动表现的最常用指标。在冠军运动员中，早期对最大摄氧量评估的记录值大于 80 毫升/（千克体重·分$^{-1}$）[1]。研究表明，不同组别中，最大摄氧量与中距离跑（800 米，$r = 0.75$）和长距离跑（马拉松，$r = 0.78$）的运动表现有很强相关性[2,3]。然而，这种相关性在精英运动员中非常小（马拉松完赛时间小于 2 小时 30 分，$r = 0.01$）[3]。虽然较高最大摄氧量[>70 毫升/（千克体重·分$^{-1}$）]可能是成为一名优秀长跑运动员的先决条件，但要在这个水平上取得成功还需要其他身体素质。因此，其他生理指标，如跑步经济性、最大摄氧量百分比利用率、最大摄氧量速度和冲刺能力在比赛中发挥重要作用[4]。这通常在中长跑锦标赛最后决赛中得到体现，在一段高强度跑后，最后一圈冲刺最好的选手通常会胜出。例如，2016 年里约奥运会 10 000 米决赛中，金牌得主在比赛最后冲刺阶段的速度超过了 7.5 米/秒（图 23.1）。

23.2 力量训练

除了心血管系统良好，长跑运动员的运动表现可能还由神经肌肉系统的力量输出速率（RFD）决定。力量训练是提高长跑运动员力量输出速率的一种手段（图 23.2）。

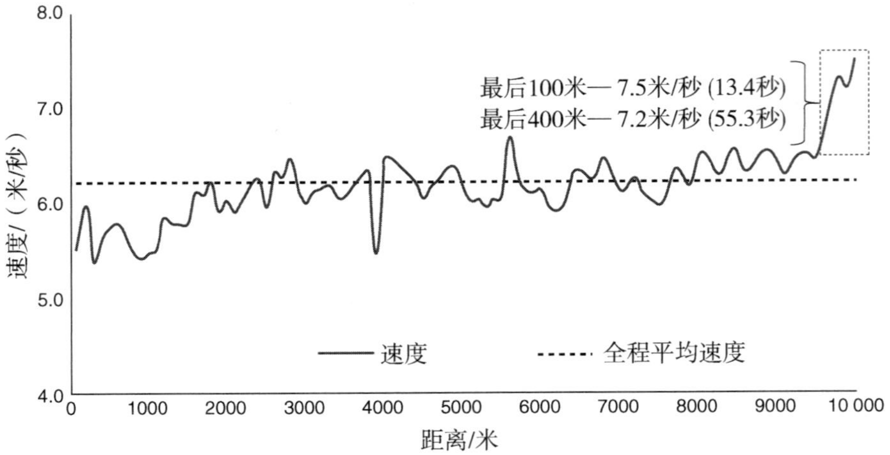

图 23.1　2016 年里约奥运会 10 000 米决赛金牌得主的速度曲线

最后冲刺阶段的速度突然增加（全程平均速度：6.2 米/秒）。

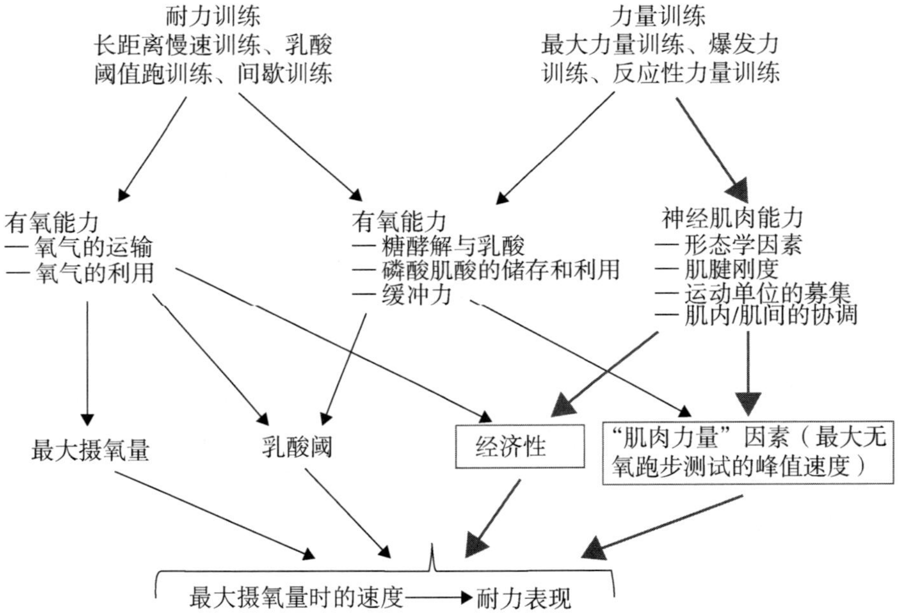

图 23.2　耐力表现的决定因素以及力量和速度训练对长跑表现潜在好处的假设模型

注：粗线灰色箭头代表力量和速度训练对长跑表现的潜在好处[5]。间歇训练为持续 1～8 分钟的反复运动，需要 90%～100%的最大摄氧量。

力量训练的分类包括：① 最大力量训练（通过大负荷、低速运动，如深蹲、六角杠硬拉、保加利亚分腿蹲获得最大力量发展）；② 爆发力训练（通过中、大负荷及中、高速度运动，如奥林匹克举重、垂直跳深蹲、深蹲跳等增加力量输出速率）；③ 反应力量训练［通过小负荷、高速度训练，如单脚跳、下落跳、弹跳、冲刺提高肌腱刚度和快速拉伸–

缩短循环（SSC）功能]。适当使用这三种力量训练，理论上会使“有力量训练的”长跑运动员：① 每个步幅的经济性提高，即次最大力量运动时可用较低最大力量百分比的力量来完成；② 在与地面接触时，能够更迅速地吸收和产生力，从而产生更高的最大速度。

研究表明，所有这些类型的力量训练（最大力量、爆发力或反应力量训练等）均可提高竞技长跑运动员 3 千米[6]和 5 千米计时赛成绩[4]、跑步经济性[4,6–12]、最大摄氧量速度[7,8,10]和最大无氧跑步速度[4,10]。然而，值得注意的是，在以往的研究中，大多数力量干预持续时间相对较短（约 8 周）。此外，关于冲刺训练对长跑运动员影响的研究还很缺乏。对于长跑运动员的长期力量和速度的发展，重要的是制订一个整体的混合训练计划，以便利用所有的力量素质（最大力量、爆发力和反应力量）和冲刺训练方法（技术训练、最大速度冲刺）[13,14]。然而，各力量素质所占的比例，以及规定的冲刺训练强度，根据运动员年龄和大周期的训练阶段［一般准备阶段（GPP）、专项准备阶段（SPP）、竞赛阶段］而有所不同（表 23.1）。

表 23.1　一般准备阶段、专项准备阶段及竞赛阶段的力量和速度训练安排

项目	一般准备阶段	专项准备阶段	竞赛阶段
热身（短跑冲刺）训练	短跑冲刺（快速小步跑和直腿剪刀式跳跃训练）		
速度训练	次最大速度冲刺（80%最大速度） →	10米飞奔冲刺（90%最大速度） →	10米飞奔冲刺（100%最大速度）
反应力量训练	基础超等长训练（次最大强度的pogo跳） →	基础/强化超等长训练（最大强度的pogo跳） →	强化超等长训练（抱膝跳）
爆发力训练	反跳（3组 × 3次，可以在下蹲组间实施）		
最大力量训练	下蹲（全关节活动度练习）（3组 × 8次） →	1/2下蹲（3组 × 5次） →	1/4下蹲（双腿/单腿）（3组 × 3次）
辅助训练	单腿下蹲、腘绳肌腱、臀肌、腓肠肌（1～5组“循环”进行，重复8～15次）		

23.2.1　最大力量训练

最大力量是在不受时间限制的情况下产生随意最大力量的能力[15]。最大力量训练的目标是通过大负荷（＞80%1RM）、低速度的练习，如深蹲和六角杠硬拉，达到最大力量的发展。长期以来，最大力量训练方法一直是田径界争论的热点话题，一些教练员认为最大力量训练对于长跑项目来说缺乏专项性[7]。然而，越来越多的研究表明了最大力量训练在跑步经济性、最大摄氧量速度和总体长跑运动表现上的有效性[7,9,12,16]。此外，最大力量训练也可以提高较弱运动员的其他力量素质[17–19]和冲刺能力[20]。

重要的是，为了长期的最大力量发展，运动员最终需要承受相对较大的负荷（＞80%1RM）[21]。大负荷、低速度的练习可以产生更大的力量（即力量–速度关系）。考虑到这一点，运动方式的选择很重要。一些田径教练员认为，为了获得最佳的迁移效果，力量训练应该对跑步动作具有针对性（即小负荷单腿运动）。然而，最大力量训练的目的是促进某些特定的神经肌肉适应（如运动单位募集、肌肉内协调），以提高产生最大力量的能力[22]。因此，运动员必须在稳定状态下才能产生较大力量。传统的多关节练习，如后蹲和六角杠硬拉，可以提供足够的稳定性来使运动员承受相对较大的负荷。如果运动员不能完成深蹲或硬拉、单腿练习，如保加利亚分腿深蹲，可以做单边稳定性训练。或者，这些单腿练习可以作为深蹲或硬拉后的辅助训练，以进一步增加力量（见“辅助训练”部分）[23]。

长跑运动员最大力量发展可以用一个简单的线性负荷递增方式完成。在赛前一般准备阶段，初始负荷小于 80%1RM（每组 5～8 次）。这些相对负荷较大的训练组可使受训者完善训练技术，并使肌肉为随后的更大负荷的训练阶段做好准备。在一般准备阶段中靠后的周期，或在专项准备阶段，训练负荷可以增加到 80%1RM（每组 3～5 次）以上。力量训练年限较长的长跑运动员，可以逐步采用 1/2 和 1/4 深蹲等部分举重，以加快向爆发力和冲刺能力适应转变[24]。在竞赛阶段，需优先考虑比赛，向心或等长训练可以被纳入整体训练以维持最大力量，但要降低肌肉酸痛或疲劳发生的可能性（表 23.1）。

在整个大周期内，最大力量可以通过 RM 测试（即 2～5RM）、次最大负重–速度方程或大腿中部等长拉/蹲来监控[25]。当训练迁移减弱时（即跑步经济性、最大摄氧量速度或最大速度冲刺能力再无提升），运动员已经达到长跑项目所需的最大力量水平。此时应该维持最大力量，而训练应该强调更多的专项刺激，如反应力量和冲刺训练。然而，训练迁移减弱的阈值在不同运动员之间会有个体差异（如颈后深蹲 1RM 的重量大于每公斤体重 1.6 千克的负荷时），这提示了监控运动经济性和最大摄氧量速度的重要性。

23.2.2 爆发力训练

爆发力是指在很短时间内产生很大力量的能力[15]。爆发力训练通过中等负荷到大负荷、中速到高速的训练（如奥林匹克举重、跳跃深蹲、深蹲跳）来提高力量输出速率和爆发力[15]。然而，最大力量训练是爆发力发展的基础组成部分[21]。研究表明，相对较弱的运动员可通过最大力量训练诱导的神经肌肉适应来提高爆发力和最大力量[17–19]。简单的爆发力训练，如反跳，作为省时有效的训练可以在最大力量训练之前（或之间）进行（表 23.1）。此外，与其他爆发力训练相比，反跳产生的最大功率值最高[26]。使用测力台、接触测力垫或手机应用程序定期监测反跳指标（即跳跃高度、相对峰值功率），可能有助于快速获得关于爆发力适应的有关信息[25]。

23.2.3 反应力量训练

反应力量是指肌腱单位在快速离心收缩后立即产生较强的向心收缩的能力（拉伸–缩

短循环）[27]。对竞技长跑运动员的研究表明，注重反应力量的干预训练可以提高 3 千米[6]和 5 千米[4]计时赛成绩、跑步经济性[4-6]和最大无氧跑步速度[4]。反应力量训练通常被称为超等长训练。超等长训练最初是尤里・韦尔霍申斯基（Yuri Verkhoshanky）发明的冲击训练，是一种跳跃训练方法，包括对肌腱单位进行快速离心冲击刺激[28]。快速 SSC 超等长练习（即弹跳、跨栏）的运动学和动力学特性与跑步相似（产生弹性力；瞬时膝、髋关节角度变化）[29]。

23.2.3.1 基础超等长训练

传统冲击式超等长训练对踝关节和膝关节的肌腱结构要求很高。因此，运动员要为高强度跳跃做好准备，在一般准备阶段，通过基本的和次最大强度的超等长训练（如踝关节快速弹簧跳，即踝、膝和髋关节只有很小的瞬时角度变化，直腿跳跃）来使肌腱结构做好准备是很重要的。这些基础跳跃是很好的教学工具，可以提高关节发力能力（踝关节、膝关节和髋关节在接触地面前的预激活时间），改善肢体位置调节、协调性和节奏感等，这些都是强化超等长训练和比赛冲刺所需要的。大量的弹簧跳应以次最大强度和有节奏的方式进行，重点是踝背屈和全脚掌着地[30]。弹簧跳高度很少超过 10 厘米，弹跳距离在 20～50 厘米（表 23.2）。

表 23.2 在一般准备阶段和专项准备阶段关于初学者、中级/高级训练阶段的长跑运动员基础超等长训练的建议

项目	要求
强度	次最大强度（低/中）
每周频率	2 次
距离	2 次×10 米
跑道表面	草地或柔软的跑道
次数	每次练习 20～40 次接触（即每 10 米 10～20 次接触）
初学者	Pogo 跳（双腿） 2 次×10 米向前 2 次×10 米向侧面 2 次×10 米向后
中级/高级训练阶段的长跑运动员	Pogo 跳（双腿） 2 次×10 米向前 2 次×10 米向侧面 2 次×10 米向后 Pogo 跳（单腿） 2 次×10 米向前 2 次×10 米向内侧 2 次×10 米向后
信号	“弹跳”“放松”“有节律”“全脚掌着地”

23.2.3.2 强化超等长训练

一旦运动员拥有了适当的生理和技术基础，就可以在专项准备阶段加强跳跃训练。基础阶段进行的（双腿）弹簧跳此时可以通过着重快速触地（缩短触地时间）和最大的跳跃高度来强化。由于跳跃高度增加，着地时的离心负荷也会增加，进一步促进拉伸–缩短循环适应。对于具有几年超等长训练经验的长跑运动员，可以将最大弹簧跳渐进到提膝跳（再次强调快速触地和最大跳跃高度）。提膝跳包括在跳跃滞空过程中收回或屈曲髋关节和膝关节（就像运动员跨栏一样），而在落地前快速伸展[29]。一旦运动员完全掌握了提膝跳，他们就可以进阶到跨栏跳。栏间距合适的跨栏给运动员很好的外部提示，在保持触地时间较短的情况下，提高跳跃高度。超等长训练可以进阶到最为剧烈的跳深练习[28]。跳深练习包括运动员从箱子上跳下来，在最短的触地时间内，起跳到最高的高度。跳深练习是一种真正的冲击式超等长收缩，因为它具有极大的离心负荷（尤其是当跳箱高度超过运动员正常垂直跳高度时），只适用于具有长年限超等长训练经验的长跑运动员（表 23.3）。

表 23.3 在专项准备阶段和竞赛阶段关于初学者、中级或高级训练阶段的长跑运动员强化超等长训练的建议

项目	要求
强度	最大（高）
每周频率	1～2 次
次数	3～8 次
组数	3～5 组
恢复	每组>3 分钟
初学者	Pogo 跳
中级训练阶段的长跑运动员	抱膝跳或跨栏跳
高级训练阶段的长跑运动员	跳深（跳箱高度超过运动员正常垂直跳高度）
信号	“越快离开地面越好，跳得越高越好” “弹跳” “全脚掌着地”

值得注意的是，在整个大周期中（一般准备阶段到比赛），应该有一个流畅且符合逻辑的从基础到强化跳跃训练的渐进过程（表 23.1）。由于运动员跳跃能力和超等长训练年限不同，一些跳跃训练在整个专项准备和竞赛阶段都可保留。反应力量通常通过跳深的反应力量指数（RSI）进行监测。这个指数最初在 20 世纪 90 年代由澳大利亚体育学院发明，跳深 RSI（RSI=跳跃高度/触地时间）通常以一个固定高度的跳箱（即 0.3 米）来控制离心伸展负荷进行评估[31]。使用测力台、接触测力垫或手机应用程序都可用来常规检测 RSI，为反应力量的适应提供快速丰富的信息[25]。

23.2.4 辅助训练

辅助训练可以通过使用次最大用力（8～15 次重复，50%～80%1RM）的方法进行循环[15]。根据大周期中的阶段和运动员身体准备情况，在力量训练结束时进行 1～5 个辅助训练。辅助训练的目标肌群主要是在比赛中使用的肌肉，如股四头肌（分腿深蹲、踮脚深蹲），腘绳肌（长、短腘绳肌桥，Nordics 练习，单腿罗马尼亚硬举），臀大肌（臀桥、交叉弹力带侧向行走），核心肌群（平板支撑、仰卧起坐、背起）和小腿肌群（直腿和弯腿提踵）。辅助训练的目的是：① 促使特定肌肉组织肥大（股四头肌、腘绳肌、小腿肌群、臀大肌、腹肌和下背肌），促进力量的进一步发展[15]；② 提高局部肌肉耐力[28]；③ 通过促进肌腱的适应和增加对骨盆、股骨和整体姿势的控制，降低损伤发生率[32]。

23.3 冲刺训练

速度是长跑运动表现的重要组成部分。如前所述，世界优秀长跑运动员可以在长距离比赛中以超过 7.5 米/秒的速度冲刺，在中等距离比赛中以超过 8.5 米/秒的速度冲刺[33]。运动员可以通过最大力量训练和超等长训练等方法来提高速度[20]。达到最佳的速度需要循序渐进、持之以恒的冲刺训练[14]。然而，冲刺是一项复杂的技能。像大多数技能一样，冲刺可以通过完善的技术指导和适当的训练计划来提高。在田径短跑界，冲刺训练和技术理论知识非常普及，但是在长跑领域，冲刺训练及理论知识就比较少了。

冲刺训练导致的神经肌肉适应性，如肌肉间的协调、速率编码和肌腱刚性可以改善跑步经济性、最大摄氧量速率和无氧速度储备（ASR）等重要生理指标[7]。无氧速度储备是指长跑运动员在最大摄氧量时的速度和最大冲刺速度的差值[34]。图 23.3 显示了无氧速度储备对于两名具有相似最大摄氧量速度，但有不同最大冲刺速度的运动员的重要性[34]。在比赛中（尤其是平均速度超过最大摄氧量速度的中长跑项目），无氧速度储备较大的运动员（运动员 B）在理论上以较低的最大速度百分比运动，因此与其他运动员（运动员 A）相比，代谢负荷较低。此外，更高的最大速度将会增加运动员比赛的最后冲刺速度及成功的可能性。

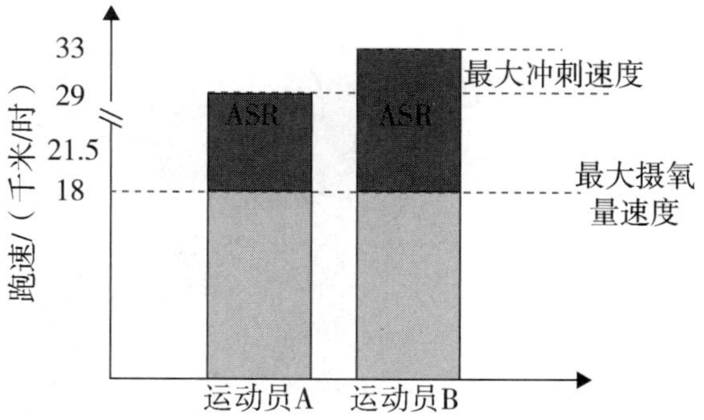

图 23.3 ASR 对于两名具有相似的最大摄氧量速度，但不同的最大冲刺速度的运动员的重要性

23.3.1 热身（短跑冲刺）训练

短跑冲刺可以在热身时进行（表 23.1）。在热身时，将快速小步跑或直腿剪刀式跳跃训练融入整个冲刺周期。例如，以膝关节小步跑开始，一旦运动员达到较快速度后（20～30 米），膝关节小步跑可渐进过渡到一个完整冲刺步循环。在膝关节小步跑过程中，当运动员感觉到能有节奏地提脚高过膝关节并从地面反弹时就是进入了一个完整的冲刺步循环。

23.3.1.1 快速小步跑

快速小步跑的机制类似于最大速度冲刺。然而，冲刺过程中的运动幅度和速度减小了。快速小步跑训练加强了冲刺过程的协调性、时序性和前腿定位[35]。此外，作为常规练习快速小步跑没有最大速度冲刺那么剧烈，是运动员掌握高质量的短跑技术的有效手段。

在训练进阶中有三种类型的快速小步跑：脚踝小步跑、小腿小步跑和膝关节小步跑。教学过程可以从脚踝小步跑开始，在摆动阶段具有最短的动作幅度［图 23.4（a)］。当运动员能完成此环节后，就可以进入小腿小步跑环节［图 23.4（b)］和膝关节小步跑环节［图 23.4（c)］以及最后的完整快速小步跑（在一个完整冲刺过程中合并三个环节）。快速小步跑的训练要点应该集中在：① 抬脚高过脚踝/小腿/膝关节（想象你正跑过膝关节高的浪花或草丛）；② 全脚掌在重心正下方触地；③ 垂直反弹跳起；④ 腿部需要循环和对称交替（图 23.5）。

（a）　（b）　（c）

图 23.4 快速小跑的类型

（a）脚踝小步跑；（b）小腿小步跑；（c）膝关节小步跑期间摆动腿脚高度的差异。

（a）

（b）

（c）

图 23.5　快速小步跑的训练要点

（a）脚踝小步跑；（b）小腿小步跑；（c）膝关节小步跑期间循环腿和对称腿的交替。

23.3.1.2　直腿剪刀式跳跃

此练习的重点是冲刺过程中后半部分的后摆阶段，强调大腿趴地，在触地前预激活大腿后部肌肉组织，在站立阶段臀部突出。此外，这种训练为腘绳肌处于较长的伸展幅度时，提供特异性超等长刺激。直腿剪刀式跳跃训练要点应集中在：① 直腿；② 向下向后猛压腿/脚；③ 垂直和水平反弹跳起（髋大腿在垂直和水平方向伸出）（图 23.6）。

图 23.6　直腿剪刀式跳跃的腿循环

23.3.2　冲刺训练

当长跑运动员为最大速度跑做准备时，冲刺练习应以渐进的方式加入训练。速度训练的一种方法是，在一般准备阶段开始时注重短距离（即 10~20 米）最大加速（直立起跑），然后在每个小/中周期内逐渐增加冲刺距离（即 30~40 米），直到达到最大速度。另一种方法是在跑动中做“跑中冲刺”，采用较长的次最大强度下的加速。这种逐渐提速的方法也可达到最大速度，但不伴随过度的无氧能量供应和疲劳。达到最大速度后，持续跑一定距离（即 10 米左右）。这种练习可在一般准备期中逐步加入，运动员开始时注重于加速到 80% 最大速度，然后在每个中周期内逐步加速（表 23.1）。当运动员适应了在最大速度下跑 10 米后，跑步距离可以加长（即 20~30 米）。为确保速度发展，重要的是每组练习中要达到最大努力，并且在组间应达到完全恢复（5~10 组，组间休息 3~5 分钟）。速度训练需要的是质量，而非数量（表 23.4）。

表 23.4　对长跑运动员在一般准备阶段、专项准备阶段及竞赛阶段冲刺训练和热身的建议

项目	要求
强度	最大（高）
每周频率	1~2 次
组数	5~10 组
恢复时间	3~5 分钟

续表

项目	要求
强度	最大（高）
一般准备阶段	5～10 组×10～20 米加速或次最大强度的飞跑
专项准备阶段/竞赛阶段	5 组×30～40 米的冲刺或飞跑
热身	2 组×20 米： 脚踝小步跑 小腿小步跑 膝关节小步跑 直腿剪刀式跳跃 快速小步跑流畅训练 剪刀式跳跃流畅训练

23.4 训练设计

有关有氧和力量训练（即同期训练）的相容性及蛋白质合成机制的研究文献越来越多[36,37]。因此，教练员必须了解将力量和耐力训练相结合的潜在干扰效应。虽然已有研究表明，大量耐力训练可能会阻碍最大力量的提高[38]，但耐力运动员通过规律力量训练获得的神经肌肉适应功能增强已表明力量训练能够提高耐力运动表现。然而，为使长跑运动员获得最佳适应和发展，速度和力量训练课（两者合并在一起，见表 23.1）的安排应围绕大强度有氧耐力训练（即区域 4 和区域 5，超过第二乳酸阈拐点，大于 80% 最大摄氧量），可与恢复课或低强度有氧训练课安排在同一天。研究发现，成功的优秀长跑运动员大约 80%的训练课安排在低强度、有氧运动训练区域[39]。因此，在不妨碍更多专项和高强度有氧训练的准备或恢复的情况下，运动员应获得进行力量和速度训练的机会。

对于长跑运动员的长期神经肌肉发展，建议采用混合方法进行训练。在同一训练课使用所有力量素质（最大力量、爆发力和反应力量）和冲刺训练方法（技术训练、最大速度冲刺）[13,14]。然而，每种力量素质训练（包括速度训练）的比例和训练量会因运动员训练年龄和大周期训练阶段（即一般准备阶段、专项准备阶段、竞赛阶段）的不同而有所不同（表 23.1）。当有适当的训练计划和指导时，速度和力量结合训练（包括短跑训练热身）持续时间应为 45～60 分钟。对于职业长跑运动员，建议在一般准备和专项准备阶段中，速度和力量结合训练应该每周进行 1～2 次；在竞赛阶段，应每隔 7～10 天安排一次[7]。然而，有经验的长跑运动员由于已经具备很强的能力，可能需要更多的超等长训练和最大速度冲刺训练，以进一步提高速度、运动经济性和最大摄氧量速度。

23.5 小结

运动经济性、最大摄氧量和冲刺能力对优秀长跑运动员的运动表现的提高起着至关重要的作用。研究表明，通过力量训练产生的神经肌肉适应可以改善这些关键的素质指标。因此，力量和冲刺训练对于提高优秀长跑运动员的运动表现是非常有用的。为了长期力量和速度的发展，制订混合训练方案以提高力量素质（最大力量、爆发力和反应力量）和速度（技术训练和最大速度训练）非常重要。然而，每个力量素质的重点，以及设定的速度训练强度，将取决于大周期的不同阶段（一般准备阶段、专项准备阶段、竞赛阶段）和运动员的训练年龄。此外，为了达到最佳适应，力量和速度训练课应该围绕高强度有氧训练和比赛精心安排。

参考文献

[1] Saltin B, Åstrand P O. Maximal oxygen uptake in athletes. J Appl Physiol. 1967; 23 (3): 353–358.

[2] Ingham S A, Whyte G P, Pedlar C, et al. Determinants of 800m and 1500m running performance using allometric models. Med Sci Sports Exerc. 2008; 40 (2): 345–350.

[3] Sjödin B, Svedenhag J. Applied physiology of marathon running. Sports Med. 1985; 2:83–89.

[4] Paavolainen L M, Nummela A T, Rusko H K. Neuromuscular characteristics and muscle power as determinants of 5 km running performance. Med Sci Sports Exerc. 1999; 31:124–130.

[5] Beattie K, Kenny I C, Lyons M, Carson B P. The effect of strength training on performance in endurance athletes. Sports Med. 2014; 44 (6): 845–865.

[6] Spurrs R W, Murphy A J, Watsford M L. The effect of plyometric training on distance running performance. Eur J Appl Physiol. 2003; 89:1–7.

[7] Beattie K, Carson B P, Lyons M, Rossiter A, Kenny I C. The effect of strength training on performance indicators in distance runners. J Strength Cond Res. 2017; 31 (1): 9–23.

[8] Berryman N, Maurel D, Bosquet L. Effect of plyometric vs. dynamic weight training on the energy cost of running. J Strength Cond Res. 2010; 24 (7): 1818–1825.

[9] Johnston R E, Quinn T J, Kertzer R. Strength training in female distance runners: impact on running economy. J Strength Cond Res. 1997; 11 (4): 224–229.

[10] Mikkola J, Rusko H, Nummela A, et al. Concurrent endurance and explosive type strength training improves neuromuscular and anaerobic characteristics in young distance runners. Int J Sports Med. 2007; 28 (7): 602–611.

[11] Saunders P U, Telford R D, Pyne D B, et al. Short-term plyometric training improves running economy in highly trained middle and long distance runners. J Strength Cond Res. 2006; 20 (4): 947–954.

[12] Støren O, Helgerud J, Støa E M, et al. Maximal strength training improves running economy in distance runners. Med Sci Sports Exerc. 2008; 40:1089–1094.

[13] Haff G G, Nimphius S. Training principles for power. Strength Cond J. 2012; 34 (6): 2–12.

[14] Hansen D. Successfully translating strength into speed. In: Joyce D, Lewindon D, editors. High-performance

training for sports Leeds. Leeds: Human Kinetics; 2014. p. 145–166.

[15] Zatsiorsky V M, Kraemer W J. Science and practice of strength training. Champaign: Human Kinetics; 2004.

[16] Fletcher J R, Esau S P, MacIntosh B R. Changes in tendon stiffness and running economy in highly trained distance runners. Eur J Appl Physiol. 2010; 110:1037–1046.

[17] Cormie P, McGuigan M R, Newton R U. Adaptations in athletic performance after ballistic power versus strength training. Med Sci Sports Exerc. 2010; 42 (8): 1582–1598.

[18] Cormie P, McGuigan M R, Newton R U. Changes in eccentric phase contribute to improved stretch-shorten cycle performance after training. Med Sci Sports Exerc. 2010; 42 (9): 1731–1744.

[19] Cormie P, McGuigan M R, Newton R U. Influence of strength on magnitude and mechanisms of adaptation to power training. Med Sci Sports Exerc. 2010; 42 (8): 1566–1581.

[20] Seitz L B, Reyes A, Tran T T, de Villarreal E Z, Haff G G. Increases in lower-body strength transfer positively to sprint performance: a systematic review with meta-analysis. Sports Med. 2014; 44 (12): 1693–1702.

[21] Stone M H, Cormie P, Lamont H, Stone M. Developing strength and power. In: Jeffreys I, Moody J, editors. Strength and conditioning for sports performance. New York: Routledge; 2016. p. 230–249.

[22] Cormie P, McGuigan M R, Newton R U. Developing maximal neuromuscular power. Part 1—biological basis of maximal power production. Sports Med. 2011; 41 (1): 17–38.

[23] Wendler J. 5/3/1 forever—simple and effective programming for size, speed and strength. London: Jim Wendler LLC; 2017. p. 24–34.

[24] Rhea M R, Kenn J G, Peterson M D, Massey D, Simão R, Marin P J, Favero M, Cardozo D, Krein D. Joint-angle specific strength adaptations influence improvements in power in highly trained athletes. Hum Mov. 2016; 17 (1): 43–49.

[25] McMaster D T, Gill N, Cronin J, McGuigan M. A brief review of strength and ballistic assessment methodologies in sport. Sports Med. 2014; 44 (5): 603–623.

[26] Cormie P, McCauley G O, Triplett N T, McBride J M. Optimal loading for maximal power output during lower-body resistance exercises. Med Sci Sports Exerc. 2007; 39 (2): 340–349.

[27] Newton R U, Laursen P B, Young W. Clinical exercise testing and assessment of athletes. In: Schwellnus MP, editor. Olympic textbook of medicine in sport. Oxford: Wiley-Blackwell; 2008.

[28] Verkhoshanky Y, Verkhoshanky N. Special strength training manual for coaches. Rome: Verkhoshansky SSTM; 2011. p. 274.

[29] Wild J, Bezodis N, Blagrove R, Bezodis I A. Biomechanical comparison of accelerative and maximum velocity sprinting: specific strength training considerations. Strength Cond J. 2011; 21:23–36.

[30] Pfaff D. Alternate methods for developing strength, power and mobility. 2008. http://speedendurance.com/2008/09/19/dan-pfaff-alternate-methods-for-developing-strength-power-andmobility/. Accessed June 2017.

[31] Young W B. Laboratory assessment of athletes. IAAF. 1995; 10 (1): 89–96.

[32] Wiley R W, Davis I S. The effect of a hip-strengthening program on mechanics during running and during a single-leg squat. J Orthop Sports Phys Ther. 2011; 41 (9): 625–632.

[33] Sandford G N, Pearson S, Allen S V, Malcata R M, Kilding A E, Ross A, Laursen P B. Tactical behaviours in men's 800m olympic and world championship medallists: a changing of the guard. Int J Sports Physiol Perform. 2018; 13 (2): 246–249.

[34] Buchheit M, Laursen P B. High-intensity interval training, solutions to the programming puzzle: part I: cardiopulmonary emphasis. Sports Med. 2013; 43 (5): 313–338.

[35] McMillan S. Why we dribble. 2016. http://spyre.co.za/dribbles/. Accessed June 2017.

[36] Baar K. Using molecular biology to maximise concurrent training. Sports Med. 2014; 44:S117–125.

[37] Schuman M, Pelttari P, Doma K, Karavirta L, Häkkinen K. Neuromuscular adaptations to same-session combined endurance and strength training in recreational endurance runners. Int J Sports Med. 2016; 37 (14): 1136–1143.

[38] Wilson J M, Marin P J, Rhea M R, Wilson S M, Loenneke J P, Anderson J C. Concurrent training: a meta-analysis examining interference of aerobic and resistance exercises. J Strength Cond Res. 2012; 26 (8): 2293–2307.

[39] Seiler S, Tønnessen E. Intervals, thresholds, and long slow distance: the role of intensity and duration in endurance training. Sportscience. 2009; 13:32–53. http://www.w.sportsci.org/2009/ ss.htm. Accessed June

24 越野滑雪运动员的力量训练

托马斯·洛斯内加尔（Thomas Losnegard）

24.1 引言

近几十年来，随着短距离和定向赛集体出发等比赛模式的引入、赛道准备更好、滑雪设备更先进等，越野滑雪这项运动发生了非常显著的变化[1]。例如，长距离越野滑雪（男/女分别为＞15/10 千米）速度，在过去十年的世界杯比赛中提高了 5%～8%；短距离滑雪比赛（＜1.8 千米，约 3 分钟）平均速度提高了约 20%，比长距离滑雪速度提高更明显[2]。此外，在世界锦标赛和奥运会上，男子和女子六个比赛项目中有五项是短距离和定向赛集体出发，名次往往由最后的冲刺速度决定。因此，为最后冲刺速度节省能量与完成超大负荷比赛的能力是当今越野滑雪运动表现的重要决定因素。虽然有氧耐力训练一直是滑雪运动员的必备训练，但高速技术，如双杖推撑技术（DP）和 V2（一步一撑）滑雪技术，也需要发达的上半身力量。因此，在过去的十多年中，上半身专项训练，如速度、力量和肌肉耐力训练，受到了越来越多的关注[3–7]。本章为当今越野滑雪运动对肌肉力量的需求提供最新的概述，特别是关于上半身的力量训练。本章还综述了各种训练模式在增强上半身力量方面的效果，特别强调了大负荷力量训练对有高训练水平越野滑雪运动员耐力运动表现的影响。此外，本章还介绍了专项速度训练和肌肉耐力训练等可供选择的训练模式。根据越野滑雪运动员运动模式的特殊性，本章提出了有效力量训练的实际方案，从而为越野滑雪运动员专项训练提供参考。

24.2 越野滑雪项目的运动表现

越野滑雪是一种典型的耐力运动项目，一定距离比赛中其平均速度（$m \cdot s^{-1}$）主要由能量转换率（$J \cdot s^{-1}$）和运动经济性（$J \cdot m^{-1}$）决定[8]。

$$\text{平均速度}\,(m \cdot s^{-1}) = \frac{\text{能量转换率}\,(J \cdot s^{-1})}{\text{运动经济性}(J \cdot m^{-1})}$$

因此，更大的能量转换率（有氧或无氧）和改善运动经济性可以提高速度，从而提高运动表现。虽然人们普遍认为有氧能量转换率与越野滑雪运动表现密切相关[9-11]，但近年来更高的无氧能量转换率的重要性越来越受到重视[12,13]，特别是短距离和集体出发项目需要运动员具备在比赛的部分时间内发挥超大运动强度的能力。因此，较高的有氧功率/无氧功率/运动能力与高效技术的结合是当今滑雪运动员的显著特点[12,13]。在比赛中能源物质使用的复杂性要求不同的训练模式达到专项适应性。虽然有氧耐力训练一直是必需的，但多年来，滑雪运动员发展了不同的力量训练体系，以获得最佳运动成绩。有文献记载，尽管滑雪运动员已经在进行大量耐力训练，但在开始进行系统的大负荷力量训练初期，每次训练课后力量仍可增加 0.5%～1.2%[4,6]。此外，上半身肌肉横截面积也有望得到增加，这是进一步促进力量增长的一个重要因素[4]。然而，要想通过增加力量来提高滑雪运动表现，必须提高能量转换率或运动经济性。下面介绍力量训练对运动表现的潜在影响，并展示力量训练如何影响滑雪运动员的能量转换和运动经济性。

24.2.1 力量训练对滑雪运动员成绩的影响

图 24.1 概括了大负荷力量训练对越野滑雪运动表现的影响。早期霍夫等人[3,14]所做的研究和厄斯特拉斯（Østerås）[15]的研究，发现大负荷力量训练对越野滑雪运动表现有较大影响，而近年来大多数研究发现这些影响非常小[4,6,16,17]。造成这种差异的原因尚不清楚，但对训练成果用不同方法进行评定（如力竭运动测试与固定时间的运动测试相比）或许可以解释这些差异。此外，将提高的运动能力明确地转化为实际运动表现，测试设备是一个重要的因素。在大多数发现大负荷力量训练对运动表现有显著影响的研究中（图 24.1），实验使用的设备是双杖推撑测功仪[3,4,14,15]。然而，许多来自专项动作的测试结果（如户外滑轮）表明力量训练效果甚微[4,16,17]，这可能是因为户外滑轮比双杖推撑测功仪需要更高的技术能力，而双杖推撑测功仪反过来比力量测试需要更高的技术能力（例如，在不同时间点调节用力）。因此，当运动模式对滑雪动作的协调性要求更高时，肌肉力量增加对运动表现的影响明显降低，有时甚至会消失。

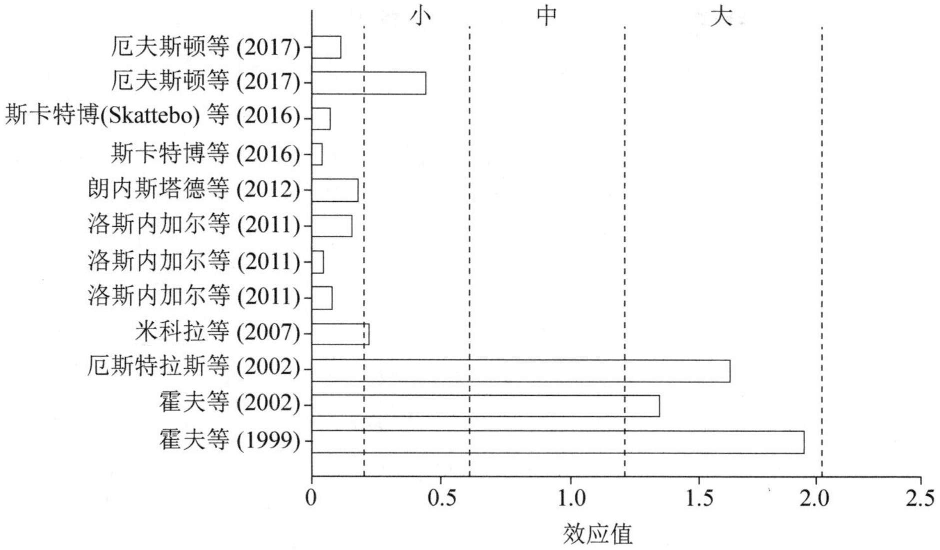

图 24.1　与对照组相比，在耐力训练中增加力量训练对运动表现的效应值

注：计算方法为用两组之间（原始数据）的差值除以与基线值差值的总体标准差。

图 24.1 所示的较小影响也可能与运动表现测试的持续时间有关。当今的比赛模式，如定向赛集体出发，强调了为最后冲刺保存能量的重要性，这也是近年来一些研究的兴趣所在[6,18,19]。近年来，厄夫斯顿等人[19]研究了大负荷力量训练对受试者静息状态下或经过 90 分钟次最大强度滑行后进行双杖推撑滑行运动表现的影响，发现力量训练虽然对从静息状态下进行的双杖推撑滑行运动表现没有明显影响，但对在次最大强度滑行后的运动表现有较好影响（图 24.1）。伯尔夫（Børve）等人[18]进行了类似的研究（50 分钟次最大强度运动后进行双杖推撑滑行运动表现测试），但该研究侧重于肌肉耐力训练（4 组，每组 30 次，每周 2 次），最后我们发现了与厄夫斯顿等人[19]的研究类似的影响。综上所述，这些研究表明，上半身训练（最大力量或肌肉耐力）可以提高越野滑雪运动员在长时间运动后的“冲刺能力”。然而，这些成绩提高背后的机制到目前为止还不清楚，并且这些在跑步机上进行的测试是否与在雪地上测试的效度一致还需要进一步研究。

一项旨在观察大负荷力量训练对越野滑雪运动表现影响的综合研究发现，女性的最大力量和运动表现之间有很强的相关性，而在男性中这种关系并不明显[4]。我们认为，女性滑雪运动员（可能还包括较弱的男性滑雪运动员）在正常训练中加入力量训练可以从中获益。对上半身力量发展贡献较大的运动项目，不同性别运动员的运动表现差异非常明显，相较于男性运动员，增加上半身力量可以更为明显地提高女性滑雪运动员的运动表现[20]。因此，我们对优秀年轻女性滑雪运动员（约 16 岁）进行了一项新的对照研究，让她们在完全休息后进行 3 分钟全力滑行测试，或在测功仪上进行 27 分钟双杖推撑滑行后再进行 3 分钟全力滑行测试，以观察她们的冲刺能力[6]。令人惊讶的是，尽管力量出现显著增加（8 周内约增加 24%），但在 3 分钟运动表现测试、运动经济性、最大摄氧量或 20 秒双杖推撑全力滑行测试中，没有发现力量训练的效果，也没有发现任何不良影响。我们的结论是：应该慎重考虑年轻滑雪运动员（18 岁以下）是否应该优先进行力量训练。此外，研究还发现，滑雪运动员感觉力量训练非常吃力，表明疲劳的积累影响了后续的测试成绩。教练员应仔细计划和评估力量训练，以尽量减少计划之外的超负荷风险，尤其是在后期准备阶段耐力训练的强度增加的时候。因此，这项研究强调了年轻滑雪运动员应该进行什么样的训练来提高运动表现。与成年运动员相比，这些运动员除了青春期发育因素外，还有学校和其他活动的因素，其训练时间有限。已有文献充分说明有氧能量转换率和运动经济性（包括技能发展）是成为世界级水平运动员最重要的因素[9,11,13,21,22]。显然，这些方面必须被优先考虑，且力量训练必须因人而异，而且也许应与成年运动员不同（包括耐力训练）。

对于成年滑雪运动员，必须合理地将力量训练与耐力训练相结合，以最大限度地增加力量。值得注意的是，越野滑雪运动员的力量训练最好在赛季前进行；在比赛期间，运动员需要降低体重以取得最佳运动成绩[22]。这显然非常困难，因为肌肉力量和肌肉横截面积高度相关[4]。与世界优秀运动员的私人交流以及我们实验室未发表的数据表明，力量水平会随着人体形态变化而降低。

24.2.2 有氧能量转换

有氧能量转换率是最大有氧功率和最大摄氧量百分比利用率的乘积（也称为“运动表现摄氧量”）。针对包括越野滑雪在内的多项运动的研究表明，最大有氧功率不受大负荷力量训练的影响[6,17,23]。而最大摄氧量百分比利用率与许多耐力运动项目运动表现密切相关，如跑步、山地自行车、越野滑雪（也许包括）等[24,25]。近年来，关于自行车项目的研究表明，增加大负荷力量训练后，在 40 分钟计时赛测试中的最大摄氧量百分比利用率得到了提高[26]。研究者提出，由于线粒体密度没有变化，可能是肌肉横截面积的增加导致活性线粒体数量增加，从而提高了最大摄氧量百分比利用率。在越野滑雪中，尚没有关于力量训练对最大摄氧量百分比利用率影响的数据。

越野滑雪的一个独特之处在于比赛中要使用多种技术，且上半身和下半身的使用有所不同。这些专项技术会影响到最大有氧功率：与跑步相比，在滑轮和双杖推撑滑雪中，滑雪运动员的有氧峰值功率通常会低 3%～10% [27]。因此，对于训练有素的越野滑雪运动员来说，在全身运动中，最大有氧功率并不会随着时间变化而变化[22]，而增加上半身训练可能的好处之一是减少运动员在其他技术之间的差距[28]。这些方面在近几十年受到了关注，尤其是在特定地形 V2 滑雪技术和双杖推撑技术的使用越来越多。与腿部肌肉相比，在双杖推撑滑行中较低的有氧功率峰值与手臂肌肉的内在因素有关（如摄氧量），即使在高水平越野滑雪运动员中也是如此[29]。也有人提出，在对高强度耐力训练的反应中，上半身有很大潜力提高有氧能量转换率，因此上半身有氧功率峰值随之增强[29]。然而，到目前为止还没有研究能够证明这种影响[5,18,30]。在许多运动项目中，除了内在因素外，限制有氧功率峰值的因素还有肌肉体积 [31]，尤其是在双杖推撑滑行中[32]。赫格（Hegge）等人[32]研究了在双杖推撑滑行中，募集不同的肌肉量对有氧功率峰值的影响，发现有氧功率峰值随着参与运动体重的增加而增加。因此，从理论上讲，肌肉量的增加可以增加有氧功率峰值，并缩小双杖推撑滑行、滑轮、跑步不同专项技术之间的差异。洛斯内加尔等人[4]发现，12周大负荷力量训练可以增加越野滑雪运动员的躯干瘦体重。有趣的是，滑轮时的有氧功率峰值也增加了，而跑步时的有氧功率峰值没有变化。然而，后来的研究并没有证实这一假设[6,17]，所以应谨慎对待。综上所述，尚没有多少数据支持上半身专项训练（负重、爆发力或肌肉耐力）可以增加不同滑雪技术的有氧功率峰值。

24.2.3 无氧能量转换

无氧能量转换包括无氧功率和无氧能力两个方面。无氧功率对在短时间冲刺和加速过程中的运动表现起重要决定作用；而在中距离比赛中，无氧能力与运动表现的关系更大[33]。由于越野滑雪比赛需要重复高强度运动，在比赛的部分时间内，对氧气的需求远远超过有氧功率峰值[12,13,34–37]。这影响了比赛中能量系统的贡献，并表明无氧功率和无氧能力是运动表现的重要决定因素。洛斯内加尔等人[12]发现，在滑轮跑台上模拟冲刺比赛的运动表现和氧亏积累（ΣO_2–defcit）有很强的相关性，受试者包括长距离（＞50 千米）、中等距离（15～50 千米）和短距离（＜1.8 千米）的滑雪运动员。此外，根据比赛模式及对应的比赛要求，短距离运动员的体重和体重指数（BMI）要高于长距离运动员[2,13]。因为氧亏积累与涉及运动的肌肉量相关，长期大负荷力量训练和肌肉横截面积增加可以增加氧亏积累[38,39]。此外，在准备阶段（赛季前 6 个月），世界级短距离滑雪运动员的力量要大于、速度训练总量要多于同级别长距离滑雪运动员（训练时长分别占总训练时间的 12%、7%）。但在全年的训练中，其力量和速度训练的总时间相似[2]。因此，可以认为不同滑雪项目的运动员，氧亏积累也不同，主要是因为他们对最大力量、速度、耐力训练的侧重点不一样。

关于越野滑雪运动的几项研究探究了力量与短距离项目运动表现的关系，在这些项目中无氧功率转化是主要能量来源[6,4,13,40–42]。桑德巴克等人[13]研究了世界级和国家级短距离滑雪运动员在生理和训练方面的差异，发现两组之间的加速（30 米测试）和最大力量没有差异。这得到了洛斯内加尔等人[4]的支持，他们也发现在滑轮过程中，大负荷力量训练对加速阶段没有影响。然而，在 100 米测试中，他们发现力量训练组有缩短测试时间的趋势，这表明力量训练有提高最大速度的潜力[4]。斯托格（Stöggl）等人[41]利用相关动力学和运动学参数分析了一般力量与最大速度（短于 60 秒的测试）之间的关系。他们的结论是，最大力量与最大速度只有较低到中等的相关性，而发力时机是滑雪运动员水平的主要判别因素。然而，他们提出力量水平是需要技术支撑的，这表明在力量训练中运动模式是一个重要的考虑因素。

24.2.4 运动经济性

在多组不同水平越野滑雪运动员中，研究者发现运动表现与运动经济性有密切关系，这说明运动经济性的重要性[43]。研究进一步表明，基于设备和技术的变化，运动经济性在受试者中被发现有组内变化，设备和技术的改善可以提高达到最大有氧功率时的运动速度，从而提高运动表现[44,45]。涉及多个运动项目的研究表明，内在因素（肌纤维类型、神经肌肉特征）和生物力学因素（技术）使训练有素的运动员之间的运动经济性产生极大差异[23]。此外，力量训练也会影响耐力运动项目，如自行车[46,47]和跑步[23]等，的运动经济性。在越野滑雪项目中，米科拉[16]、厄斯特拉斯[15]和朗内斯塔德[17]的研究显示力量训练可以显著降低力量训练后的氧耗，但结果与对照组相比差异并不显著。斯卡特博[6]、卡尔森（Carlsson）[48]、厄夫斯顿[19]和洛斯内加尔[4]没有发现力量训练对于在双杖推撑测功仪上进行的滑行的经济性和滑轮跑步机上进行的滑轮运动的经济性有影响。此外，霍夫等人[3,14]使用非常规方法测量了运动经济性，但有人提出，他们实际上并没有真正测量氧耗[6]。总的来说，还没有研究发现在越野滑雪中，大负荷力量训练可以提高运动经济性。这与其他耐力运动项目的结果不同，可能与越野滑雪是一项对技术要求极高的运动项目有关系，它在不同程度上涉及胳膊和腿。此外，对于传统挪威训练框架下的优秀滑雪运动员，在准备阶段其氧耗通常降低约 3%。在此期间，滑雪运动员的力量训练占总训练量的 7% 左右。但值得注意的是，没有明确证据表明力量训练与氧气消耗减少存在因果关系[22]。然而，氧气消耗相当于每月减少 0.5%，在整个传统力量训练干预期间（8～12 周）减少 1%～1.5%，这表明力量训练的最终效果很难测定，今后的研究应该使用合适的方法来评估其是否有效。

24.3 实用性建议

为了获得理想的身体适应能力，在进行力量训练之前，评估如何正确使用肌肉和应用运动模式是很重要的。在越野滑雪比赛中，双杖推撑技术和 V2 滑雪技术最常使用，而且要求都非常高。这些技术需要关节在推撑前或推撑中连续参与，以优化向前推进力，并将势能和转动能转为向前运动的能量[44,49]。因此，上半身肌肉以先进先出模式参与，包括：① 腹部肌肉和髋关节伸肌；② 肩关节伸肌，如背阔肌、大圆肌、三角肌和胸大肌；③ 肩关节和肘部伸肌，如肱三头肌[49–51]。因此，这种发力顺序被认为是技术有效和运动表现佳的最重要特征之一[41,45]。为了优化力量训练，需要引出一种正确使用肌肉和模仿不同技术的专项运动模式。在室内最大力量训练中，洛斯内加尔等人[4]使用了两种相对简单的练习：坐姿下拉和站立式双支撑。这两项练习作为主要练习和核心稳定性的补充训练（包括使用瑞士球、悬吊训练和各种垫子训练），是主要训练项目之前或之后的额外训练方法。

如前所述，人们普遍认为，在越野滑雪项目中并不是运动员越强壮，其运动表现就越好[4,6,13,41]。因此，对于高力量水平的滑雪运动员来说，他们的总体目标可能是维持最大力量，并改善其他生理学或技术性机制。其中一个有关的因素是手臂和腿部在双杖推撑滑行期间的代谢反应是不一样的[29,52,53]，这表明强化上半身耐力训练可以提高手臂摄氧能力，从而提高双杖推撑滑行运动表现。为了增强肌肉耐力，训练重复次数要多，而负荷要相对较低（20～100 次/组）[54]。这种耐力训练在各种运动项目中都受到关注，如跑步[55,56]和划船[57,58]。与最大力量训练相比，耐力训练有不同的肌肉和神经适应目标[54]。对于越野滑雪，尼尔森（Nilsson）等人[5]的研究表明，对于高水平越野滑雪运动员，在双杖推撑测功仪上进行 20 秒或 180 秒间歇训练可以增加 30 秒和 6 分钟运动的功率输出。而万德巴克（Vandbakk）等人[30]的研究表明，经过 8 周 30 秒的双杖推撑间歇训练后，运动到力竭的时间延长。短时间速度训练（爆发力，小于 30 秒）在竞技越野滑雪运动员中是经常用到的一种训练模式，可以维持或提高运动表现。然而，这种训练方法在越野滑雪中是相对较新的，因此我们鼓励进一步的研究来探索可直接用于越野滑雪项目的训练模式（结合技术训练）。

卡尔森等人[48]对初级滑雪者实施了两种训练方案（在日常训练计划中增加了大负荷力量训练或滑雪测功仪间歇训练），发现两组在滑雪跑台上进行双杖推撑滑行的最大速度都有所提高，且两组在双杖推撑滑行时的最大有氧功率和运动经济性方面没有区别。此外，伯尔夫等人[18]发现，有良好训练背景的越野滑雪运动员用站姿进行双杆滑行训练（重复 30 次，4 组，每周 2 次）替代部分高强度间歇跑步训练，可以改善其在越野滑雪跑台上模拟比赛时的最后冲刺能力。此外，越野滑雪运动员即使以增加肌肉耐力为目的进行训练，但每次训练的力量增加（1RM）与相同训练模式下使用大负荷力量训练获得的力量增加相近（0.6% vs. 0.5%～1.2%）[4,6,17]。这意味着高水平运动员的低阻力力量训练可以替代大负荷力量训练，至少对比赛前或短周期内的适应如此。总之，这些研究表明，短期上半身耐力训练可能是一种有前景的训练模式，可以直接应用于高水平越野滑雪运动员，旨在提高双杖推撑滑行运动表现。从实践角度看，户外滑轮增加额外重量（如负重马甲）、上坡滑雪以及慢性阻力滑行（调控滑轮）可作为增强越野滑雪专项“肌肉耐力训练”的适宜运动模式。

表 24.1 和表 24.2 分别列出了世界级滑雪运动员力量和肌肉耐力训练的详细计划。这两个训练计划都是以 6 周线性周期的方式制订的。

表 24.1　6 周大强度力量训练计划示例

周	1～2	3～4	5～6
第 1 天（组数/重复次数）	4/10RM	4/8RM	4/6RM
第 2 天（组数/重复次数）	4/6RM	4/5RM	4/4RM

注：当运动员可以完成比计划多的重复次数时，增加负荷。1RM 测试在训练阶段之前或之后进行。

表 24.2　6 周肌肉耐力训练计划示例

周	1～2	3～4	5～6
第 1 天（组数/重复次数）	4/40	4/35	4/30
第 2 天（组数/重复次数）	4/30	4/25	4/20

注：根据运动员的等级，按 60%～70%1RM 的负荷进行训练。1RM 测试/60%1RM 测试在训练阶段之前或之后进行。

24.4 小结

本章在科学证据的基础上，综述了高水平越野滑雪运动的专项需求和力量训练对运动表现的影响。在现有文献的基础上，根据滑雪运动员选择的比赛项目和技术，一定程度的力量是优化越野滑雪表现所必需的。在短距离滑雪中，由于平均速度比长距离滑雪高出约20%，间歇运动负荷也非常大，因此需要更高水平的力量。此外，考虑到上半身和下半身的贡献不同，这个一定程度的力量水平似乎取决于技术，特别是 V2 滑雪技术和双杖推撑技术在当今比赛中最常用，这些技术需要发达的上半身力量。因此，开展上半身专项训练显得尤为重要。然而，大多数研究表明，大负荷力量训练对越野滑雪运动表现的影响很小，这意味着存在很大的个体差异。这些结果强调，在提高越野滑雪运动表现方面，一般来说，强壮些并不一定更好。因此，教练员和运动员在制订训练方案时应该考虑如下方面：① 如何将力量训练与耐力训练结合起来，以尽量减少计划之外的超负荷的风险，从而提高运动表现；② 训练（大负荷、爆发力或肌肉耐力）要根据个体滑雪运动员的需要而定；③ 专项力量训练应确保在合适的技术基础上让运动员正确使用肌肉，但应很容易达到必要的超负荷；④ 如何将专项技术所需的运动模式和发力顺序转化为力量训练，以优化滑雪技术。

参考文献

[1] Sandbakk Ø. The evolution of champion cross-country-skier training: from Lumberjacks to Professional Athletes. Int J Sports Physiol Perform. 2017; 12 (2): 254–259. https://doi.org/10.1123/ ijspp.2016-0816. Epub 2017 Jan 17.

[2] Losnegard T, Hallén J. Physiological differences between sprint- and distance-specialized cross-country skiers. Int J Sports Physiol Perform. 2014; 9 (1): 25–31. https://doi.org/10.1123/ ijspp.2013-0066.

[3] Hoff J, Helgerud J, Wisløff U. Maximal strength training improves work economy in trained female cross country skiers. Med Sci Sports Exerc. 1999; 31 (6): 870–877.

[4] Losnegard T, Mikkelsen K, Rønnestad B R, Hallén J, Rud B, Raastad T. The effect of heavy strength training on muscle mass and physical performance in elite cross country skiers. Scand J Med Sci Sports. 2011; 21 (3): 389–401.

[5] Nilsson J, Holmberg H C, Tveit P, Hallén J. Effects of 20-s and 180-s double poling interval training in cross-country skiers. Eur J Appl Physiol. 2004; 92:121–127. https://doi.org/10.1007/ s00421-004-1042-4.

[6] Skattebo Ø, Hallen J, Rønnestad B R, Losnegard T. Upper body heavy strength training does not affect performance in junior female crosscountry skiers. Scand J Med Sci Sports. 2015; 29:1007–1016. https://doi.org/ 10.1111/sms.12517.

[7] Terzis G, Stattin B, Holmberg H C. Upper body training and the triceps brachii muscle of elite cross country skiers. Scand J Med Sci Sports. 2006; 16:121–126. https://doi. org/10.1111/j.1600-0838.2005.00463.x.

[8] di Prampero P E, Atchou G, Brückner J C, Moia C. The energetics of endurance running. Eur J Appl Physiol Occup Physiol. 1986; 55 (3): 259–266.

[9] Ingjer F. Maximal oxygen uptake as a predictor of performance ability in women and men elite cross-country skiers. Scand J Med Sci Sports. 1991; 1 (1): 25–30.
[10] Saltin B, Astrand P O. Maximal oxygen uptake in athletes. J Appl Physiol. 1967; 23 (3): 353–358.
[11] Sandbakk Ø, Hegge A M, Losnegard T, Skattebo Ø, Tønnessen E, Holmberg H C. The physiological capacity of the world's highest ranked female cross-country skiers. Med Sci Sports Exerc. 2016; 48 (6): 1091–1100.
[12] Losnegard T, Myklebust H, Hallén J. Anaerobic capacity as a determinant of performance in sprint skiing. Med Sci Sports Exerc. 2012; 44 (4): 673–681.
[13] Sandbakk O, Holmberg H C, Leirdal S, Ettema G. The physiology of world-class sprint skiers. Scand J Med Sci Sports. 2011; 21 (6): e9–e16.
[14] Hoff J, Gran A, Helgerud J. Maximal strength training improves aerobic endurance performance. Scand J Med Sci Sports. 2002; 12 (5): 288–295.
[15] Østerås H, Helgerud J, Hoff J. Maximal strength-training effects on force velocity and force-power relationships explain increases in aerobic performance in humans. Eur J Appl Physiol. 2002; 88 (3): 255–263.
[16] Mikkola J S, Rusko H K, Nummela A T, Paavolainen L M, Häkkinen K. Concurrent endurance and explosive type strength training increases activation and fast force production of leg extensor muscles in endurance athletes. J Strength Cond Res. 2007; 21 (2): 613–620.
[17] Rønnestad B R, Kojedal O, Losnegard T, Kvamme B, Raastad T. Effect of heavy strength training on muscle thickness, strength, jump performance, and endurance performance in well-trained Nordic Combined athletes. Eur J Appl Physiol. 2012; 112 (6): 2341–2352.
[18] Børve J, Jevne S N, Rud B, Losnegard T. Upper-body muscular endurance training improves performance following 50 min of double poling in well-trained cross-country skiers. Front Physiol. 2017; 22 (8): 690.
[19] Øfsteng S, Sandbakk Ø, van Beekvelt M, Hammarström D, Kristoffersen R, Hansen J, Paulsen G, Rønnestad B R. Strength training improves double-poling performance after prolonged submaximal exercise in cross-country skiers. Scand J Med Sci Sports. 2017; 28 (3): 893–904. https://doi.org/10.1111/sms.12990.
[20] Sandbakk Ø, Ettema G, Holmberg H C. Gender differences in endurance performance by elite cross-country skiers are influenced by the contribution from poling. Scand J Med Sci Sports. 2014; 24 (1): 28–33.
[21] Sandbakk Ø, Losnegard T, Skattebo Ø, Hegge A, Tønnesen E, Kocbach J. Analysis of classical time-trial performance and technique-specific physiological determinants in elite female cross-country skiers. Front Physiol. 2016b; 7:326. https://doi.org/10.3389/fphys.2016.00326.
[22] Losnegard T, Myklebust H, Spencer M, Hallén J. Seasonal variations in $\dot{V}O_2max$, O_2-cost, O_2-deficit and performance in elite cross-country skiers. J Strength Cond Res. 2013; 27 (7): 1780–1790.
[23] Saunders P U, Pyne D B, Telford R D, Hawley J A. Factors affecting running economy in trained distance runners. SportsMed. 2004; 34:465–485. https://doi.org/10.2165/00007256- 200434070-00005.
[24] Costill D L, Thomason H, Roberts E. Fractional utilization of the aerobic capacity during distance running. Med Sci Sports Exerc. 1973; 5 (4): 248–52.
[25] Impellizzeri F M, Marcora S M, Rampinini E, Mognoni P, Sassi A. Correlations between physiological variables and performance in high level cross country off road cyclists. Br J Sports Med. 2005; 39 (10): 747–751.
[26] Vikmoen O, Ellefsen S, Trøen Ø, Hollan I, Hanestadhaugen M, Raastad T, Rønnestad B R. Strength training

improves cycling performance, fractional utilization of $\dot{V}O_2max$ and cycling economy in female cyclists. Scand J Med Sci Sports. 2016; 26 (4): 384–396.

[27] Losnegard T, Hallén J. Elite cross-country skiers do not reach their running $\dot{V}O_2max$ during roller ski skating. J Sports Med Phys Fitness. 2014; 54 (4): 389–393.

[28] Sandbakk Ø, Holmberg H C. Physiological capacity and training routines of elite cross-country skiers: approaching the upper limits of human endurance. Int J Sports Physiol Perform. 2017; 12 (8): 1003–1011. https://doi.org/10.1123/ijspp.2016-0749.

[29] Rud B, Secher N H, Nilsson J, Smith G, Hallen J. Metabolic and mechanical involvement of arms and legs in simulated double pole skiing. Scand J Med Sci Sports. 2014; 24:913–919.

[30] Vandbakk K, Welde B, Kruken A H, Baumgart J, Ettema G, Karlsen T, et al. Effects of upper-body sprint-interval training on strength and endurance capacities in female cross-country skiers. PLoS One. 2017; 12:e0172706. https://doi.org/10.1371/journal.pone.0172706.

[31] Bergh U, Kanstrup I L, Ekblom B. Maximal oxygen uptake during exercise with various combinations of arm and leg work. J Appl Physiol. 1976; 41 (2): 191–196.

[32] Hegge A M, Bucher E, Ettema G, Faude O, Holmberg H C, Sandbakk Ø. Gender differences in power production, energetic capacity and efficiency of elite cross-country skiers during whole-body, upper-body, and arm poling. Eur J Appl Physiol. 2016; 116 (2): 291–300.

[33] Spencer M, Gastin P B. Energy system contribution during 200- to 1500-m running in highly trained athletes. Med Sci Sports Exerc. 2001; 33 (1): 157–162.

[34] Karlsson Ø, Gilgien M, Gløersen Ø N, Rud B, Losnegard T. Exercise Intensity During Cross-Country Skiing Described by Oxygen Demands in Flat and Uphill Terrain. Front. Physiol. 2018; 9:846. https://doi.org/10.3389/fphys.2018.00846.

[35] Andersson E, Holmberg H C, Ørtenblad N, Björklund G. Metabolic responses and pacing strategies during successive sprint skiing time trials. Med Sci Sports Exerc. 2016; 48 (12): 2544–2554.

[36] McGawley K, Holmberg H C. Aerobic and anaerobic contributions to energy production among junior male and female cross-country skiers during diagonal skiing. Int J Sports Physiol Perform. 2014; 9 (1): 32–40. https://doi.org/10.1123/ijspp.2013-0239.

[37] Norman R W, Ounpuu S, Fraser M, Mitchell R. Mechanical power output and estimated metabolic rates of Nordic skiers during Olympic competition. Int J Sports Biomech.1989; 5:169–184.

[38] Bangsbo J, Gollnick P D, Graham T E, Juel C, Kiens B, Mizuno M, Saltin B. Anaerobic energy production and O_2 deficit-debt relationship during exhaustive exercise in humans. J Physiol. 1990; 422:539–559.

[39] Bangsbo J, Michalsik L, Petersen A. Accumulated O_2 deficit during intense exercise and muscle characteristics of elite athletes. Int J Sports Med. 1993; 14 (4): 207–213.

[40] Stöggl T, Lindinger S, Müller E. Biomechanical validation of a specific upper body training and testing drill in cross-country skiing. Sports Biomech. 2006; 5 (1): 23–46.

[41] Stöggl T, Müller E, Ainegren M, Holmberg H C. General strength and kinetics: fundamental to sprinting faster in cross country skiing? Scand J Med Sci Sports. 2011; 21 (6): 791–803.

[42] Østerås S, Welde B, Danielsen J, van den Tillaar R, Ettema G, Sandbakk Ø. Contribution of upper-body strength, body composition, and maximal oxygen uptake to predict double poling power and overall performance in female cross-country skiers. J Strength Cond Res. 2016; 30 (9): 2557–2564. https://doi.org/10.1519/JSC.0000000000001345.

[43] Ainegren M, Laaksonen M S, Carlsson P, Tinnsten M. Skiing economy and efficiency in recreational and

elite cross-country skiers. J Strength Cond Res. 2012; 27 (5): 1239–1252.

[44] Losnegard T, Myklebust H, Skattebo Ø, Stadheim H K, Sandbakk Ø, Hallén J. The influence of pole length on performance, O_2-cost and kinematics in double poling. Int J Sports Physiol Perform. 2017a; 12 (2): 211–217.

[45] Losnegard T, Myklebust H, Ehrhardt A, Hallén J. Kinematical analysis of the V2 ski skating technique: a longitudinal study. J Sports Sci. 2017b; 35 (12): 1219–1227.

[46] Montero D, Lundby C. The effect of exercise training on the energetic cost of cycling. Sports Med. 2015; 45 (11): 1603–1618.

[47] Rønnestad B R, Mujika I. Optimizing strength training for running and cycling endurance performance: a review. Scand J Med Sci Sports. 2014; 24 (4): 603–612.

[48] Carlsson T, Wedholm L, Nilsson J, Carlsson M. The effects of strength training versus skiergometer training on double-poling capacity of elite junior cross-country skiers. Eur J Appl Physiol. 2017; 117 (8): 1523–1532.

[49] Holmberg H C, Lindinger S, Stöggl T, Eitzlmair E, Müller E. Biomechanical analysis of double poling in elite cross-country skiers. Med Sci Sports Exerc. 2005; 37 (5): 807–818.

[50] Bojsen-Møller J, Losnegard T, Kemppainen J, Viljanen T, Kalliokoski K K, Hallén J. Muscle use during double poling evaluated by positron emission tomography. J Appl Physiol. 2010; 109 (6): 1895–1903.

[51] Lindinger S J, Holmberg H C, Müller E, Rapp W. Changes in upper body muscle activity with increasing double poling velocities in elite cross-country skiing. Eur J Appl Physiol. 2009; 106 (3): 353–363.

[52] Calbet J A, Holmberg H C, Rosdahl H, van Hall G, Jensen-Urstad M, Saltin B. Why do arms extract less oxygen than legs during exercise? Am J Physiol Regul Integr Comp Physiol. 2005; 289 (5): R1448–R1458.

[53] Calbet J A, Jensen-Urstad M, van Hall G, Holmberg H C, Rosdahl H, Saltin B. Maximal muscular vascular conductances during whole body upright exercise in humans. J Physiol. 2004; 558 (Pt 1): 319–331.

[54] Campos G E, Luecke T J, Wendeln H K, Toma K, Hagerman F C, Murray T F, et al. Muscular adaptations in response to three different resistance-training regimens: specificity of repetition maximum training zones. Eur J Appl Physiol. 2002; 88:50–60.

[55] Mikkola J, Vesterinen V, Taipale R, Capostagno B, Häkkinen K, Nummela A. Effect of resistance training regimens on treadmill running and neuromuscular performance in recreational endurance runners. J Sports Sci. 2011; 29:1359–1371. https://doi.org/10.1080/02640414.2011.58 9467.

[56] Sedano S, Marin P J, Cuadrado G, Redondo J C. Concurrent training in elite male runners: the influence of strength versus muscular endurance training on performance outcomes. J Strength Cond Res. 2013; 27:2433–2443. https://doi.org/10.1519/JSC.0b013e318280cc26.

[57] Ebben W P, Kindler A G, Chirdon K A, Jenkins N C, Polichnowski A J, Ng A V. The effect of high-load vs. high-repetition training on endurance performance. J Strength Cond Res. 2004; 18:513–517. https://doi.org/10.1519/R-12722.1.

[58] Gallagher D, DiPietro L, Visek A J, Bancheri J M, Miller T A. The effects of concurrent endurance and resistance training on 2, 000-mrowing ergometer times in collegiate male rowers. J Strength Cond Res. 2010; 24:1208–1214.

25　游泳运动员的力量训练

伊尼戈·穆吉卡（Iñigo Mujika），埃米特·克劳利（Emmet Crowley）

目前，同期训练是大多数竞技游泳运动员训练过程中不可或缺的一部分，无论是在陆上还是在水中，他们经常把长时间有氧训练与某种形式的力量训练相结合。世界游泳锦标赛项目很多，包括时长约 21 秒的男子 50 米自由泳比赛以及时长约 5 小时 15 分钟的女子 25 千米公开水域比赛等。这种距离和持续时间的巨大差距，以及出发和转弯等爆发性动作对游泳运动表现的影响，使有氧和无氧供能比例对功率的相对贡献变化很大。因此，增强肌肉力量和有氧耐力似乎对提高游泳比赛的运动表现至关重要。

25.1　力量训练对游泳运动员的益处

为了在国家或国际层面的比赛中取得成功，游泳运动员必须进行全年力量训练，以保持或增加力量和功率，改善运动模式，并减少受伤风险[1,2]。在游泳时肌肉力量使运动员产生水平位移，而位移的速度与产生力量的大小、方向和持续时间成正比。游泳运动员做机械功的主要目的是克服流体动力学阻力。而流体动力学阻力与速度的平方成正比，所需的代谢功率与速度的立方成正比。因此，任何游泳速度的提高都需要增加一定比例的肌力来克服流体阻力，并增加推进力，可以认为肌肉力量是游泳运动表现的决定因素[3]。

理论上，肌肉力量的增加可以转化为水中推进力的增加，但游泳划水力学的技术也将决定增加的力量在多大程度上可以转化为更快的游泳速度[4–10]（图 25.1）。在这方面，重要的是要认识到，游泳运动员的力量训练应能辅助而不是取代水下的专项训练，并且应能通过提高训练质量，促进恢复和减少过度使用导致损伤的风险来促进而不是妨碍游泳运动员在水中的训练[2]。

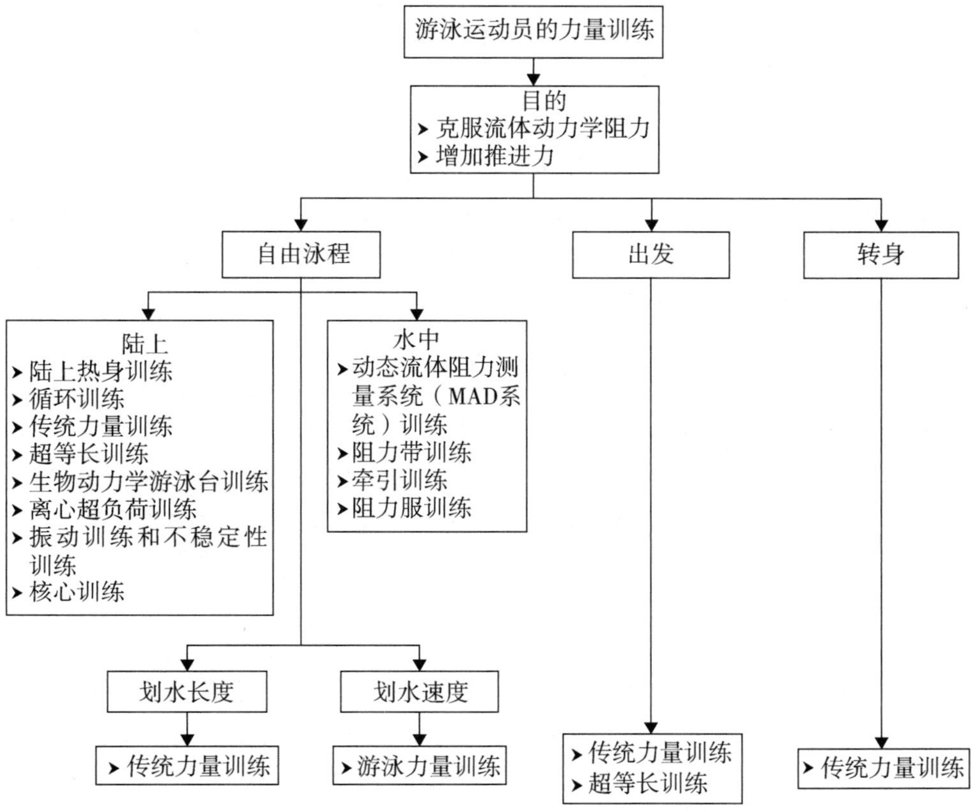

图 25.1 提高游泳成绩的力量训练方法

25.2 力量和爆发力训练对游泳运动表现的影响

采用力量训练是为了改变力–速度曲线和在专项运动情况下运用肌肉力量的能力。力量训练应该能通过改善生理学和生物力学参数来实现对游泳运动表现的积极影响。特别是上身力量在游泳运动中必不可少，因为大多数情况下推进力[11–13]和游泳速度[11,14–16]是由上身肌肉组织产生的。的确，卡尔（Carl）等人[17]发现卧推一次重复最大力量（1RM）、水中牵引测力和 22.9 米计时赛成绩之间有很强的相关性。这种相关性在男性游泳运动员中尤其明显。此外，腿部推举 1RM 与游泳运动表现的相关性较小，与水中牵引测力无关。莫鲁索（Morouço）等人[18] 评估了三种陆上测试（下蹲、卧推和背阔肌后下拉）中发力时的平均功率，并分析了它们与在水中产生的力（用全身、只用手臂或只用腿部进行 30 秒全力牵引自由泳的平均力量）和 50 米全力自由泳速度之间的关系。卧推和背阔肌后下拉的平均爆发力与水中全身和单纯手臂产生的平均力存在中等至较大程度的相关性，而游泳运动表现与背阔肌后下拉的平均功率有关。研究者得出结论，背阔肌后下拉是与游泳运动表现最相关的陆上试验，卧推与在水中动用手臂产生的力量最相关，而下蹲产生的功率与水中牵引单纯腿部测力相关。这些结果强调需要单独评估手臂和腿的力量–速度特征，并在训练设计中考虑这些测试结果[19]。

然而，必须以游泳专项的方式来提高产生力的能力。例如，神经肌肉适应可以改善运动单位募集、同步化收缩，增加编码频率，改善神经肌肉内部和之间的协调及神经抑制等，这些被认为是游泳运动表现提高的原因。关于在陆上负重训练后马上进行最大速度游泳的组合训练是否能作为一种有用的转化训练方法来有效提高游泳功率，还有待证实[20]。

游泳池游泳包括三个不同阶段：自由泳程、出发和转身（图 25.1）。力量训练对自由泳程运动表现的影响已得到广泛研究。克劳利等人[21]的一篇综述报告称，小负荷、高速度和大力量，以及专项化游泳力量训练计划对游泳运动表现有积极迁移的作用，但缺乏针对优秀游泳运动员的高质量方法学研究，这使这些文献结果很难解释。此外，尽管在陆上模拟游泳和短距离游泳中的手臂动作存在相似性，但仅在水中进行的功率测试对自由泳的推进力具有专项特异性。在自由泳不同的推进阶段，各肢体的功率贡献及在每一个动作周期中的力量产生和功率输出也有所不同[22–25]。

25.2.1 出发

游泳出发包括反应时间、垂直力量和水平力量之间的协调。出发表现的关键是下半身力量[26]。与体重有关的外部负荷在起跳期间达到的峰值速度是游泳出发运动表现的良好指标[27]，具备产生高水平力量能力的游泳运动员能更快地游到 10 米[28]。实际上，精英游泳运动员比一般游泳运动员能产生更高的水平和垂直冲量[29]。下半身超等长训练干预对游泳出发运动表现产生积极影响[30–32]，这强调了下半身力量和爆发力对出发表现的关键作用。

25.2.2 转身

研究游泳转身的文献很少，且相关文献并不能清楚地解释力量训练对转身运动表现的好处。减少阻力，采用高峰值的推进力并增加推壁时间，则转身最快[33]。莱特儿（Lyttle）等人[34]研究了游泳运动员在水下滑行和打水时受到牵引产生的净力量，以确定开始水下踢腿时的适当速度，并且在转身后应用最有效的滑行姿势和踢腿技术（俯卧流线型滑行、侧卧流线型滑行、俯卧自由泳打水、俯卧海豚打水、侧卧海豚打水）。为了防止过多的流体阻力造成能量损失，水下开始踢腿时的最佳速度范围为 1.9～2.2 米/秒，但俯卧和侧滑流线姿势及三种水下踢腿技术之间没有出现差异。然而，游泳运动员游得越快其深蹲跳爆发力越大，下蹲跳高度、纵跳高度越高，推壁返回时的速度越快[35]。优秀的男性和女性游泳运动员在陆上跳跃（特别是无负荷深蹲跳的峰值速度和爆发力）和水中转身任务中，比一般运动员拥有 30%～50%的腿部伸展力量/爆发力优势[36]。短期弹震式训练和最大力量训练可以增强腿部伸肌力量，改善优秀游泳运动员游泳转弯蹬出时的一些指标[37]。因此，正在发展中的和优秀的游泳运动员需要一个精心设计并执行的力量训练方案来发展这些素质[36,37]。

25.3 力量训练对游泳生物力学参数的影响

游泳速度是划幅和划频的乘积，对提高游泳运动表现具有重要作用。一些因素，如训练强度、生理能力、比赛距离、性别和游泳技术等，会影响划幅和划频之间的关系[38–40]，教练员们经常设计训练来提高某一个技术参数[41–43]。但是，到目前为止还没有关于专门通过力量训练来提高划幅或划频的研究。

划幅在水平方向上保持游泳推进力，提高游泳效率，决定游泳速度[13,44–50]。虽然有研究表明，低重复和大力量训练可以增加划幅[51,52]，但也有研究没有发现明显增加[10,53]，相关研究者有必要进行进一步的研究予以证实。然而，现实中的例子表明，世界上游得最快的运动员的划幅最大，这需要高水平的力量。在较短距离的比赛项目中，如 50 米比赛，划频对游泳速度有很大的影响[10,46,49,54]。进行抗阻游泳训练可以提高 100 米游泳运动表现，因为运动员必须产生足够的推进力来提高划频，而不是被阻力带拉回来。此外，这些运动员在 100 米游泳的后半程速度更快，这表明抗阻游泳训练可以提高肌肉力量耐力[48]。

25.4 游泳的同期训练

贝里曼等人[55]对现有文献进行了 Meta 分析，评估了力量训练对中长距离游泳项目运动表现的净效应。结果表明，力量训练与游泳运动员的运动表现提高相关。这种运动表现的提高主要体现在能量消耗、最大力量和最大功率方面。最大力量训练（80%1RM 或更大负荷，每组重复 1～5 次的等动收缩）和各种方法的组合训练比次最大力量训练（60%～80%1RM，每组重复 6～25 次的等动收缩）以及最大爆发力训练（超等长训练、冲刺训练，以及在专项等动收缩时产生最大爆发力的负荷下重复 4～6 次训练）有更大程度的改善。无论运动员水平如何，其对运动表现的有益影响都是一致的。力量训练负荷量大小与运动能量的消耗有关。同期训练中，进行不少于 24 次的力量训练，相较于短期力量训练来说，可以产生更大的降低能量消耗的效果。该分析所涉及的所有运动项目，似乎都可以从这样的训练方案中得到相似的效果[55]。

25.4.1 陆上力量训练

增强游泳运动员的力量和爆发力，主要通过陆上训练（健身房）实现。但是恰当的训练计划，可以提高水中游泳运动表现[1]（图 25.1）。游泳运动员在 11 周的常规游泳训练之外，每周进行 2 次最大力量和高强度间歇耐力的组合训练，在改善陆上力量、水中牵引游泳测力和 400 米自由泳表现方面优于常规训练对照组。400 米自由泳成绩的提高与水中牵引测力增加的关联性仅发现在女子游泳运动员中，而划幅和划频、50 米或 100 米自由泳成绩、游泳经济性和最大摄氧量峰值方面没有变化。这些结果表明，这种类型的力量训练可能对提高中距离游泳运动表现有效[53]。

鉴于力量训练对无氧运动表现的有益影响，更好地理解力量训练、无氧能力因素与一般中长距离耐力项目（特别是游泳项目）运动表现之间的关系显得尤为重要。对力量训练持续时间的影响也需要特别关注。贝里曼等人[55]发现，在较长时间的训练（＞24 次训练）后，运动能量消耗有了较大改善，但这种训练方案造成的长期影响尚不清楚。因此，研究者还需要进行更多的研究来探讨不同时长周期训练策略对游泳运动表现的影响，以便为运动员和教练员提供详细的指导方针，例如在年度训练计划中确定力量训练的最佳时机[55]。

25.4.2 水中力量训练

穆吉卡等人[56]研究了 18 名 100 米和 200 米优秀游泳运动员为期 44 周的训练内容。这些游泳运动员的训练量在 749～1475 千米，其中 95%的训练强度低于或略高于血乳酸开始累积时的强度。陆上力量训练有很大的差异，一些游泳运动员在整个周期中的力量训练时间高达 40 小时，而另一些人根本没有进行任何陆上训练。有趣的是，陆上训练的时长与整个赛季的运动表现没有关系。然而，所有游泳运动员都进行了大量的水中次最大力量训练，如拉臂、打水和游泳专项力量训练，在游泳中对抗渐增的阻力。结果表明游泳专项力量训练在短期内似乎对运动表现有负面影响，但其对中长期运动表现的影响无法确定[41]。

25.5 游泳运动员力量训练的方法

如今游泳运动员在准备比赛阶段采用多种力量训练方法。这些训练方法包括但不限于陆上热身训练、循环训练、传统力量训练、超等长训练、生物动力学游泳台训练、动态流体阻力测量系统（MAD 系统）训练、核心训练、阻力带训练、牵引训练和阻力服训练、离心超负荷训练、振动训练和不稳定性训练。一项对现有的有对照组的训练干预研究发现陆上进行大负荷力量训练（1～5RM，共 3 组，下拉运动向心收缩阶段做最大用力），或者对抗阻力的冲刺游泳（用手臂对固定点的最大推力）可以有效地提高运动表现。这种训练策略也可能对划水力学产生积极影响，对相关肌群进行 3 组 6RM 的陆上力量训练，以及使用弹力带进行抗阻和辅助冲刺训练之后，50 米自由泳的效应值最大[57]。下面我们将讨论这些训练实践背后的科学证据，以及它们的实际应用。

25.5.1 陆上热身训练

陆上热身训练是每个精英游泳训练计划的一个组成部分，可以激活肌肉并预防损伤。在比赛前进行陆上激活训练可以使自由泳冲刺表现提高 0.7%～0.8%[58,59]。这些研究中所使用的陆上热身训练一般包括做 3 组实心球（2 千克）投掷，在运动员头部上方加波动装置来模拟水下蝶泳打水，10 秒 1 组，做 3 组，以及 3×0.4 米的箱跳。这一热身程序的动态组成部分将改善机体温度、代谢、神经和心理机制[60]。这表明陆上热身训练是游泳运动员为参加最高水平比赛训练计划的重要组成部分，也可用于作为康复前热身和康复训练。

25.5.2 循环训练

循环训练作为一种额外的有氧和力量刺激在许多运动项目中都可进行，它包括一系列的练习，可以用不同的方式完成。小负荷（40%～60% 1RM）、短间歇和 3～5 组重复多次的训练是典型的循环训练 [61,62]。循环训练可以改善业余参与者的身体成分、肌肉力量、肌肉耐力和心血管功能[63,64]。未经训练的个体在循环训练后，其最大有氧功率有很大的改善；但是有训练经历的受试者最大有氧功率没有改善[65]，类似的结果也出现在爆发力和力量等指标上。尽管循环训练似乎并没有提高优秀运动员的运动表现，但也有些实际好处，如赛季初的体能训练（有氧能力、体成分、缓冲能力等），有助于游泳运动员初次做力量训练的安排，以及高效利用时间等。因此，循环训练不应该被忽视，它可以成为赛季初游泳训练及需要额外有氧体能训练的运动员的一种有效训练手段。

25.5.3 传统力量训练

传统力量训练在高水平游泳训练计划中最常见，包括经典的健身房力量训练，如卧推、背阔肌下拉、伸肘、肘屈臂撑、弯臂飞鸟、引体向上和深蹲等。小负荷、高速度和大力量的抗阻训练方案可以显著提高游泳运动表现[21]。事实上，吉罗德（Girold）等人[52]发现，经过 4 周的力量训练，运动员 50 米游泳成绩提高了 2%。斯特拉斯（Strass）等人[51]发现经过 12 周力量训练后，运动员成绩提高了 2.1%，而吉罗德等人[10]对同等训练周期的研究结果是提高了 2.8%。斯特拉斯[51]使用的是一种爆发力训练方案，而吉罗德等人[10,52]和阿斯彭斯（Aspenes）等人[53]使用的是传统的力量训练模式。阿斯彭斯等人[53]的研究结果表明运动员在力量方面有很大的提高（20.7%），这个结果在游泳和其他运动项目的所有力量训练中并不罕见。应该强调在向心收缩阶段速度要快，因为这样可以引起更大的神经肌肉适应和更高的Ⅱ型肌纤维募集[66–68]。

传统力量训练的实际应用应该注意专项化（例如，关节角度活动范围，肌肉的募集、收缩模式，专项需要的力量类型），但肌肉耐力专项化训练，尽管是游泳运动训练的重要组成部分，并不需要成为游泳运动员力量训练计划的一部分。重点应该是让运动员更强壮、更具爆发力，同时把肌肉耐力的发展放在水中游泳训练部分[1]。

25.5.4 超等长训练

超等长训练是一种专项化训练方式，广泛应用于各种运动项目，尤其是需要冲刺和跳跃运动的项目，它利用拉伸–缩短循环产生高水平的力量和爆发力[69]。超等长训练可以提高游泳出发运动表现，也可以提高转身运动表现。超等长训练的基本原理是要求先进行离心收缩，然后迅速进行向心收缩，从而改善肌肉功能、协调性和肌肉合力方向[32]。雷布蒂尼（Rebutini）等人[32]的研究发现，超等长跳远训练可以提高下肢关节扭矩，改善游泳出发运动表现。毕晓普等人[31]发现通过爆发力训练，8 周超等长训练干预可以明显提高游泳出发运动表现。波特德文（Potdevin）等人[30]发现经过超等长训练，运动员 50 米和 400 米游泳运动表现有所提高，但其对游泳出发运动表现的影响尚不清楚。另外，青少年游泳运动员的转身能力在经过超等长训练后似乎并没有提高[70]。

综上所述，超等长训练在提高总体游泳运动表现，特别是在游泳出发运动表现方面发挥着重要作用。由于超等长训练产生较大的离心收缩，也可能有助于提高踢腿运动表现。更大的离心力量允许游泳运动员保持更大的膝和髋部伸展，从而使身体能包住更多的水流。然而，在进行超等长训练时要注意逐渐递增负荷，在强度和负荷量方面应该具有专项性和渐进性[32]。

25.5.5 生物动力学游泳台训练

生物动力学游泳台是用来模拟游泳技术的陆上训练工具[5]。游泳运动员俯卧在一个稍微倾斜的滑动长凳上，双臂伸过头部，双手握住手柄，沿着滑台下拉，模拟自由泳的运动学特征。生物动力学游泳台产生的最大功率输出与在半系绳条件下的游泳速度有很强的相关性（$r = 0.92$）[71]。然而，生物动力学游泳台也有其局限性，主要是缺乏专项化。由于牵拉路径较长，在整个关节角度范围内的牵引力分布与自由泳不同[72]。罗伯茨（Roberts）等人[73]设计了一项为期 3 周的实验，受试者每周使用生物动力学游泳台训练 3 次，结果显示其游泳运动表现并没有提高。田中（Tanaka）等人[8]使用生物动力学游泳台来监测传统力量训练后力量的改善，发现即使游泳运动表现有了明显提高，但生物动力学游泳台的输出功率并没有提高。这些结果表明，生物动力学游泳台训练没有有益效果，但类似于其他陆上训练工具，可能有利于改善游泳运动技术和力量方面不足。

25.5.6 MAD 系统训练

MAD 系统直接测量手推测力片时的力量，这些测力片每隔 1.35 米安放一个，而且与安装在水面下 0.8 米的一根 22 米长的刚性铝杆相连接。铝杆连接到力传感器，可以直接测量推力。游泳运动员仅用手臂进行推进，他们腿上系着一个小浮标[74]。MAD 系统曾被用于预测运动员以 50 米自由泳世界纪录速度游泳所需要的爆发力[75]。该系统也可以作为一种水下力量训练设备。一项研究发现，每周使用 MAD 系统冲刺训练 3 次的游泳运动员在提高爆发力的同时，其 50 米、100 米和 200 米自由泳计时成绩明显高于对照组[76]。然而，MAD 系统应该谨慎使用，因为游泳运动员会根据测力片的安放位置而仔细调整头部位置从而适应高速度划水[77]。

25.5.7 核心训练

核心训练是各种运动项目中广泛使用的训练方法，是所有力量训练计划的一部分。游泳运动要求独特的平衡性和稳定性，以适应水的特点。在每个划水周期内，运动员通过手产生推进力，这使脊椎的旋转产生动态反应，导致横向运动增加和踢腿动作过度，从而降低推进效率。克服这种不稳定性需要高水平的核心力量和稳定性。要注意的是，优秀的游泳运动员会在水平方向上加速并尽量减少垂直和横向位移。垂直或横向的任何过度动作都会对游泳运动员的整体表现产生负面影响。韦斯顿（Weston）等人[78]进行了为期 12 周的核心训练研究，发现运动员游泳运动表现有明显提高，肌电数据也有所增加。丁利（Dingley）等人[79]对半身瘫痪的游泳运动员采用了类似的训练方案，也发现其游泳运动表现明显提高。我们可以认定这种运动表现的提高在很大程度上与整体核心力量和稳定性的改善有关。这看来是合理的，韦斯顿等人[78]提到这一点，通过多种训练增加核心力量可增强腰部和胸部区域的稳定性，而这些反过来又可通过旋转轴实现更好的控制。

25.5.8 阻力带训练

游泳运动员在训练期间经常使用阻力带作为辅助工具，有时直接将其当作阻力工具。利用腰带将阻力带一端固定在游泳运动员的腰部，另一端系在一个潜水负重块上。运动员在对抗阻力带的情况下往前游，但身体在泳池中的位置保持不变。吉罗德等人发现[48]在 3 周阻力带训练后，运动员在 100 米游泳中的速度提高了 1.9%。在另一项研究中，运动员 50 米游泳运动表现也有明显提高[10]。华雷斯 • 桑托斯–加西亚（Juárez Santos-García）等人[80]也发现，在 4 组阻力带训练后进行最大冲刺练习，可以提高游泳运动表现。阻力带训练在游泳运动专项抗阻训练中非常有必要，可以提高游泳运动表现[81,82]。专项抗阻训练也见于水球项目中，而且可以推测运动员水球运动表现提高的原因是专项技能的提高，这再次强调了专项训练的必要性。然而，要注意的是这种类型的训练可能会导致过劳损伤，在使用时需要仔细监控。

25.5.9 牵引训练

游泳训练期间专门训练手臂是一种常用的训练技术，因为游泳时的大部分划水力量来自上半身。研究者普遍认为，专门训练手臂，上半身力量会增加，并因此提高游泳运动表现。但是与全身游泳相比，这似乎并不真实，只用手臂游泳会减少最大摄氧量，可能是拉力浮标使浮力增加而导致的[83,84]。康斯坦塔基（Konstantaki）等人[85]证实了这一点，他们用每周 3 次仅使用手臂的训练取代常规游泳训练，包括呼吸训练、单臂训练、手划桨训练、拉浮标训练等。研究结果显示，专门训练手臂会使运动强度峰值、通气阈值和运动经济性均得到提高，但游泳运动表现并没有改善。缺乏运动表现的积极迁移可能有多种原因，包括手臂和腿之间失去协调、额外的浮力导致核心力量和稳定性降低，以及由于身体滚动和水中稳定性的变化而产生扭矩变化。然而，专门训练手臂有利于初学者上半身力量增加，可能使游泳运动员在不消耗过多能量的情况下游得更远。为了从仅使用手臂的游泳中获得更大的效果，消除拉力浮标的影响，在踝关节使用弹力带可以激活更大的核心力量，以保持最佳的身体位置[86]。值得注意的是，许多教练员在他们的游泳训练计划中安排手划桨，但还没有关于手划桨干预对游泳运动表现影响的研究。从表面上看，手划桨确实为游泳运动员提供了专项游泳力量刺激，但过度使用会导致推进力变差和肩关节使用过度。建议可以适当使用手划桨，并严格监控。

25.5.10 阻力服训练

专项训练是提高游泳运动表现的一个关键因素，而阻力服为游泳运动员提供了一个额外的训练工具。阻力服的原理是网状服可以储存水而增加流体阻力，这导致运动员在相同时间游过相同距离时，需施加更大的推进力。德拉古纳斯（Dragunas）等人[87]的研究发现去除阻力服刺激后，游泳运动表现没有明显提高。这种情况下的训练可能导致游泳运动员失去“水感”，从而导致身体位置变化，运动表现下降[88]。必须提出的是，出于对上述情况的担忧，如今大多数优秀游泳运动员已经不再使用阻力服了。另一种训练工具是降落伞，研究已证明降落伞不会改变自由泳的运动学特性[89]，但是降落伞可能是增加阻力的最佳训练工具，这使游泳运动员在相同时间游过相同距离时，需施加更大的推进力。

25.5.11 离心超负荷训练

向心–离心动作是陆上力量训练中最常见的训练方式，但离心超负荷训练也可作为竞技游泳运动员训练刺激的一种替代方法。当施加在肌肉上的负荷超过所产生的力时，就会发生肌肉离心收缩，从而导致牵拉而产生更大的肌肉力量。在传统的向心–离心抗阻训练中，负荷是根据向心力来确定的，这会导致离心收缩阶段的负荷不足。离心训练是一个强有力的刺激，可以增强肌肉力学性能，使肌肉肌腱的单位形态和结构产生适应。研究表明，离心超负荷训练在改善运动员力量、爆发力和速度运动表现相关参数方面优于传统抗阻训练[90]，它可能是游泳运动员力量训练计划中一个有益的补充。

利用飞轮惯性阻力是引起离心超负荷的有效方法。飞轮惯性装置产生阻力源于飞轮的质量、质量分布和角加速度的函数，可以提供一种最适合于上下肢肌肉运动练习的力学需求[91]。

25.5.12 振动训练和不稳定性训练

全身或者上身振动训练由于对神经肌肉、内分泌、心血管、感觉、循环系统和骨骼系统存在潜在的效应，近来已成为抗阻训练流行的替代或补充方法[92,93]。与之相似，通过站立、坐、跪或躺在球上、圆盘上、摇晃板上、泡沫圆柱上、低密度垫上以及引起不稳定性的类似装置上（装置底部或平台具备不稳定性）进行抗阻训练，近年来也成为一种流行的训练方法。因为游泳运动员在不稳定的流体环境中进行运动，这种训练方式可能特别适合他们，迫使运动员注重和协调协同肌群、稳定肌群和拮抗肌群[94,95]。然而，此类训练方法对游泳期间爆发力产生的影响还未有评估。

25.6 周期性力量训练对游泳运动表现的影响

一个精心设计和周期性的力量训练方案应能使运动员得到长期发展，降低受伤风险并获得最佳比赛成绩[4]。陆上和水中力量训练都可能对游泳运动员在水中运用力量和移动的能力产生直接的影响，因此力量训练计划应该在整个赛季中都能对游泳训练有适当的补充。

海拉德（Hellard）等人[96]对一大批优秀游泳运动员在重大比赛前的最后 11 周进行周期性训练，系统研究了周期训练负荷与运动表现之间的关系。虽然曾有研究表明在减量训练阶段的陆上力量训练负荷对运动表现的提高是不利的，但在中周期（比赛前 6～8 周）和长周期（比赛前 9～11 周），相对较高的训练负荷通常与更佳的比赛成绩有关。这在不同距离的专项运动员之间也存在差异性。短距离运动员的首要任务是在长周期（比赛前 9～11 周）中获得最大力量和爆发力；其次是在中周期（比赛前 6～8 周）进行低、中强度训练；高强度负荷的峰值主要集中在中、短周期内（主要在比赛前 3～8 周）。对于中距离游泳运动员，力量训练主要集中在长周期内，而低、中强度训练在中、长周期内最为有效，高强度负荷在赛季决赛前 3～5 周能发挥最大的积极效应。从整体上看，这些数据表明，游泳运动员的力量和爆发力应在中长周期训练中逐步发展，在短周期中保持，在最后减少负荷，以避免其在减量训练阶段的不利影响[96]。

牛顿（Newton）等人[1]建议，在周期性训练进展过程中，训练计划应该在比赛前改变，以加强神经激活，并帮助游泳运动员在减量训练阶段发展协调能力，在需要发力的时候正确发力。众所周知，在重点比赛前的减量训练阶段，游泳力量和爆发力会增加，即使在没有陆上力量和爆发力训练刺激的情况下也会出现[97-99]。以上所述与国际顶级游泳运动员的做法一致，且表明周期训练计划应因不同距离游泳运动员的专项特点而调整。

25.7 小结

目前的证据表明，进行同期训练对大多数竞技游泳运动员来说都可能有益。上半身肌肉力量和爆发力的增加能转化为水中推进力的增加，导致划幅和划频，以及自由泳程的速度增加。下半身肌肉力量和爆发力可以转化为更快的出发和转身速度。游泳运动员运用高水平的技术、技巧来完成比赛会提高整体运动表现。陆上和水中力量训练都有助于提高游泳运动表现。现今游泳运动员在比赛准备阶段会进行多种多样的力量训练，包括陆上热身训练、循环训练、传统力量训练、超等长训练、生物动力学游泳台训练、MAD 系统训练、核心训练、阻力带训练、牵引训练、阻力服训练、离心超负荷训练、振动训练和不稳定性训练等。在整个赛季的游泳训练中应充分安排精心设计的周期力量训练计划，使运动员得到长期发展，降低受伤风险，并最终最大限度提高运动表现。

参考文献

[1] Newton R U, Jones J, Kraemer W J, Wardle H. Strength and power training in Asutralian Olympic swimmers. Strength Cond J. 2002; 24:7–15.

[2] Pelot T, Darmiento A. Strength and power training for the elite swimmer: can weights positively impact elite swim performance when “elite performance” requires 15 – 25 hours/week of practice? Olympic Coach. 2012; 23:22–31.

[3] Vorontsov A. Strength and power training in swimming. In: Seifert L, Chollet D, Mujika I, editors. World book of swimming: from science to performance. New York: Nova Science Publishers Inc.; 2011. p. 313–343.

[4] Riewald S. Strength and conditioning for performance enhancement. In: Riewald S, Rodeo S, editors. Science of swimming faster. Champaign: Human Kinetics; 2015. p. 401–448.

[5] Sharp R L, Troup J P, Costill D L. Relationship between power and sprint freestyle swimming. Med Sci Sports Exerc. 1981; 14:53–56.

[6] Costill D, Rayfield F, Kirwan J, Thomas R. A computer based system for the measurement of force and power during front crawl swimming. J Swim Res. 1986; 2:16–19.

[7] Hawley J A, Williams M M, Vickovic M M, Handcock P J. Muscle power predicts freestyle swimming performance. Br J Sports Med. 1992; 26:151–155.

[8] Tanaka H, Costill D L, Thomas R, Fink W J, Widrick J J. Dry-land resistance training for competitive swimming. Med Sci Sports Exerc. 1993; 25:952–959.

[9] Tanaka H, Swensen T. Impact of resistance training on endurance performance. Sports Med. 1998; 25:191–200.

[10] Girold S, Maurin D, Dugué B, Chatard J-C, Millet G. Effects of dry-land vs. resisted-and assisted-sprint exercises on swimming sprint performances. J Strength Cond Res. 2007; 21:599–605.

[11] Hollander A P, de Groot G, van Ingen Schenau G J, Kahman R, Toussaint H M. Contribution of the legs to propulsion in front crawl swimming. In: Ungerechts BE, Wilke K, Reischle K, editors. Swimming science V, vol. 5. Champaign: Human Kinetics; 1988. p. 39–44.

[12] Toussaint H M, Beek P J. Biomechanics of competitive front crawl swimming. Sports Med. 1992; 13:8–24.

[13] Smith D J, Norris S R, Hogg J M. Performance evaluation of swimmers. Sports Med. 2002; 32:539–554.

[14] Bucher W. The influence of the leg kick and the arm stroke on the total speed during the crawl stroke. In: Lewillie L, Clarys J P, editors. Swimming II. Brussels: University Park Press; 1975. p. 180–187.

[15] Deschodt V, Arsac L, Rouard A. Relative contribution of arms and legs in humans to propulsion in 25-m sprint front-crawl swimming. Eur J Appl Physiol Occup Physiol. 1999; 80:192–199.

[16] Zamparo P, Pendergast D, Mollendorf J, Termin A, Minetti A. An energy balance of front crawl. Eur J Appl Physiol. 2005; 94:134–144.

[17] Carl D L, Leslie N, Dickerson T, Griffin B, Marksteiner A. Bench press and leg press strength and its relationships with in-water force and swimming performance when measured in-season in male and fenale age-group swimmers. In: Kjendlie P L, Stallman R K, Cabri J, editors. Biomechanics and medicine in swimming XI. Oslo: Norwegian School of Sport Science; 2010. p. 247–248.

[18] Morouço P, Neiva H, González-Badillo J J, Garrido N, Marinho D A, Marques M C. Associations between

dry land strength and power measurements with swimming performance in elite athletes: a pilot study. J Hum Kinet. 2011; 29A:105–112. https://doi.org/10.2478/v10078-011-0065-2.
[19] Nikolaidis P T. Age- and sex-related differences in force-velocity characteristics of upper and lower limbs of competitive adolescent swimmers. J Hum Kinet. 2012; 32:87–95. https://doi.org/10.2478/v10078-012-0026-4.
[20] Gatta G, Leban B, Paderi M, Padulo J, Migliaccio G M, Pau M. The development of swimming power. Muscles Ligaments Tendons J. 2015; 4:438–445.
[21] Crowley E, Harrison A J, Lyons M. The impact of resistance training on swimming performance: a systematic review. Sports Med. 2017; 47 (11): 2285–2307. https://doi.org/10.1007/ s40279-017-0730-2.
[22] Swaine I L, Hunter A M, Carlton K J, Wiles J D, Coleman D. Reproducibility of limb power outputs and cardiopulmonary responses to exercise using a novel swimming training machine. Int J Sports Med. 2010; 31:854–859. https://doi.org/10.1055/s-0030-1265175.
[23] Toubekis A G, Gourgoulis V, Tokmakidis S P. Tethered swimming as an evaluation tool of single arm-stroke force. In: Kjendlie P L, Stallman R K, Cabri J, editors. Biomechanics and medicine in swimming XI. Oslo: Norwegian School of Sport Science; 2010. p. 296–299.
[24] Domínguez-Castells R, Izquierdo M, Arellano R. An updated protocol to assess arm swimming power in front crawl. Int J Sports Med. 2013; 34:324–329. https://doi.org/10.1055/s-0032-1323721.
[25] Formosa D P, Mason B, Burkett B. The force-time profile of elite front crawl swimmers. J S ports Sci. 2011; 29:811–819. https://doi.org/10.1080/02640414.2011.561867.
[26] West D J, Owen N J, Cunningham D J, Cook C J, Kilduff L P. Strength and power predictors of swimming starts in international sprint swimmers. J Strength Cond Res. 2011; 25:950–955.
[27] García-Ramos A, Tomazin K, Feriche B, Strojnik V, De la Fuente B, Argüelles-Cienfuegos J, et al. The relationship between the lower-body muscular profile and swimming start performance. J Hum Kinet. 2016; 50:157–165. https://doi.org/10.1515/hukin-2015-0152.
[28] Beretić I, Đurović M, Okičić T, Dopsaj M. Relations between lower body isometric muscle force characteristics and start performance in elite male sprint swimmers. J Sports Sci Med. 2013; 12:639.
[29] Vantorre J, Seifert L, Fernandes R J, Boas J P, Chollet D. Comparison of grab start between elite and trained swimmers. Int J Sports Med. 2010; 31:887–893. https://doi.org/10.1055/s-0030-1265150.
[30] Potdevin F J, Alberty M E, Chevutschi A, Pelayo P, Sidney M C. Effects of a 6-week plyometric training program on performances in pubescent swimmers. J Strength Cond Res. 2011; 25:80–86.
[31] Bishop D C, Smith R J, Smith M F, Rigby H E. Effect of plyometric training on swimming block start performance in adolescents. J Strength Cond Res. 2009; 23:2137–2143.
[32] Rebutini V Z, Pereira G, Bohrer R C, Ugrinowitsch C, Rodacki A L. Plyometric long jump training with progressive loading improves kinetic and kinematic swimming start parameters. J Strength Cond Res. 2016; 30:2392–2398.
[33] Lyttle A D, Blanksby B A, Elliott B C, Lloyd D G. Investigating kinetics in the freestyle flip turn push-off. J Appl Biomech. 1999; 15:242–252.
[34] Lyttle A D, Blanksby B A, Elliott B C, Lloyd D G. Net forces during tethered simulation of underwater streamlined gliding and kicking techniques of the freestyle turn. J Sports Sci. 2000; 18:801–807. https://doi.org/10.1080/026404100419856.
[35] Cronin J, Jones J, Frost D. The relationship between dry-land power measures and tumble turn velocity in elite swimmers. J Swim Res. 2007; 17:17–23.

[36] Jones J V, Pyne D B, Haff G G, Newton R U. Comparison between elite and sub-elite swimmers on dry-land and tumble turn leg extensor force-time characteristics. J Strength Cond Res. 2018; 32 (6): 1762–1769. https://doi.org/10.1519/JSC0000000000002041.

[37] Jones J V, Pyne D B, Haff G G, Newton R U. Comparison of ballistic and strength training on swimming turn and dry-land leg extensor characteristics in elite swimmers. Int J Sports Sci Coach. Volume 13, p. 262–269; https://doi.org/10.1177/1747954117726017.

[38] Craig A B, Pendergast D R. Relationships of stroke rate, distance per stroke, and velocity in competitive swimming. Med Sci Sports Exerc. 1979; 11:278–283.

[39] Schnitzler C, Seifert L, Chollet D. Arm coordination and performance level in the 400-m front crawl. Res Q Exerc Sport. 2011; 82:1–8.

[40] Laffite L P, Vilas-Boas J P, Demarle A, et al. Changes in physiological and stroke parameters during a maximal 400-m free swimming test in elite swimmers. Can J Appl Physiol. 2004; 29:17–31.

[41] Mujika I, Chatard J C, Busso T, Geyssant A, Barale F, Lacoste L. Use of swim-training profiles and performance data to enhance training effectiveness. J Swim Res. 1996; 11:23–29.

[42] Alberty M, Potdevin F, Dekerle J, et al. Changes in swimming technique during time to exhaustion at freely chosen and controlled stroke rates. J Sports Sci. 2008; 26:1191–1200.

[43] Huot-Marchand F, Nesi X, Sidney M, et al. Is improvement in performance linked to higher stroke length values in top-level 100-m front crawl swimmers? J Hum Mov Stud. 2005; 6:12–18.

[44] Costill D, Sharp R, Troup J. Muscle strength: contributions to sprint swimming. Swim World. 1980; 21:29–34.

[45] Hay J, Guimaraes A, Grimston S. A quantitative look at swimming biomechanics. Swim Tech. 1983; 20 (2): 11–17.

[46] Craig A B, Skehan P L, Pawelczyk J A, Boomer W L. Velocity, stroke rate, and distance per stroke during elite swimming competition. Med Sci Sports Exerc. 1985; 17:625–634.

[47] Chatard J-C, Mujika I. Training load and performance in swimming. In: Keskinen K L, Komi P V, Hollander A P, editors. Biomechanics and medicine in swimming VIII. Jyväskylä: University of Jyväskylä; 1999. p. 429–434.

[48] Girold S, Calmels P, Maurin D, Milhau N, Chatard J-C. Assisted and resisted sprint training in swimming. J Strength Cond Res. 2006; 20:547–554.

[49] Figueiredo P, Zamparo P, Sousa A, Vilas-Boas J P, Fernandes R J. An energy balance of the 200 m front crawl race. Eur J Appl Physiol. 2011; 111:767–777.

[50] Fernandes R J, Marinho D A, Barbosa T M, Vilas-Boas J P. Is time limit at the minimum swimming velocity of $\dot{V}O_2max$ influenced by stroking parameters? Percept Mot Skills. 2006; 103:67–75.

[51] Strass D. Effects of maximal strength training on sprint performance of competitive swimmers. In: Swimming science V: international series on sport sciences, vol 18; 1988. p. 149–156.

[52] Girold S, Jalab C, Bernard O, Carette P, Kemoun G, Dugué B. Dry-land strength training vs. electrical stimulation in sprint swimming performance. J Strength Cond Res. 2012; 26:497–505.

[53] Aspenes S, Kjendlie P L, Hoff J, Helgerud J. Combined strength and endurance training in competitive swimmers. J Sports Sci Med. 2009; 8:357–365.

[54] Wakayoshi K, D'Acquisto L, Cappaert J, Troup J. Relationship between oxygen uptake, stroke rate and swimming velocity in competitive swimming. Int J Sports Med. 1995; 16:19–23.

[55] Berryman N, Mujika I, Arvisais D, Roubeix M, Binet C, Bosquet L. Strength training for middle- and

long-distance performance: a meta-analysis. Int J Sports Physiol Perform. 2018; 13 (1): 57–63. https://doi.org/10.1123/ijspp.2017-0032.

[56] Mujika I, Chatard J C, Busso T, Geyssant A, Barale F, Lacoste L. Effects of training on performance in competitive swimming. Can J Appl Physiol. 1995; 20:395–406.

[57] Aspenes S T, Karlsen T. Exercise-training intervention studies in competitive swimming.SportsMed.2012; 42:527–543. https://doi.org/10.2165/11630760-000000000-00000.

[58] McGowan C J, Pyne D B, Thompson K G, Raglin J S, Osborne M, Rattray B. Elite sprint swimming performance is enhanced by completion of additional warm-up activities.JSportsSci.2017; 35:1493–1499. https://doi.org/10.1080/02640414.2016.1223329.

[59] McGowan C J, Thompson K G, Pyne D B, Raglin J S, Rattray B. Heated jackets and drylandbased activation exercises used as additional warm-ups during transition enhance sprint swimming performance. J Sci Med Sport. 2016; 19:354–358.

[60] McGowan C J, Pyne D B, Thompson K G, Rattray B. Warm-up strategies for sport and exercise: mechanisms and applications. Sports Med. 2015; 45:1523–1546.

[61] Gettman L R, Ayres J J, Pollock M L, Jackson A. The effect of circuit weight training on strength, cardiorespiratory function, and body composition of adult men. Med Sci Sports. 1977; 10:171–176.

[62] Tabata I, Nishimura K, Kouzaki M, Hirai Y, Ogita F, Miyachi M, et al. Effects of moderate-intensity endurance and high-intensity intermittent training on anaerobic capacity and $\dot{V}O_2max$. Med Sci Sports Exerc. 1996; 28:1327–1330.

[63] Katch F I, Freedson P S, Jones C A. Evaluation of acute cardiorespiratory responses to hydraulic resistance exercise. Med Sci Sports Exerc. 1985; 17:168–173.

[64] Ballor D L, Becque M D, Katch V L. Metabolic responses during hydraulic resistance exercise. Med Sci Sports Exerc. 1987; 19:363–367.

[65] La Torre A, Vernillo G, Fiorella P, Mauri C, Agnello L. Combined endurance and resistance circuit training in highly trained/top-level female race walkers: a case report. Sport Sci Health. 2008; 4:51–58.

[66] Coyle E F, Feiring D, Rotkis T, Cote R, Roby F, Lee W, et al. Specificity of power improvements through slow and fast isokinetic training. J Appl Physiol. 1981; 51:1437–1442.

[67] Kanehisa H, Miyashita M. Specificity of velocity in strength training. Eur J Appl Physiol Occup Physiol. 1983; 52:104–106.

[68] Sadowski J, Mastalerz A, Gromisz W, Niźnikowski T. Effectiveness of the power dry-land training programmes in youth swimmers. J Hum Kinet. 2012; 32:77–86.

[69] Markovic G. Does plyometric training improve vertical jump height? A meta-analytical review. Br J Sports Med. 2007; 41:349–355.

[70] Cossor J M, Blanksby B A, Elliott B C. The influence of plyometric training on the freestyle tumble turn. J Sci Med Sport. 1999; 2:106–116.

[71] Shimonagata S, Taguchi M, Miura M. Effect of swimming power, swimming power endurance and dry-land power on 100 m freestyle performance. In: Chatard J C, editor. Biomechanics and medicine in swimming IX. Saint Etienne: University of Saint-Etienne; 2003. p. 391–396.

[72] Clarys J. Hydrodynamics and electromyography: ergonomics aspects in aquatics. Appl Ergon. 1985; 16:11–24.

[73] Roberts A J, Termin B, Reilly M, Pendergast D. Effectiveness of biokinetic training on swimming performance in collegiate swimmers. J Swim Res. 1991; 7:5–11.

[74] Hollander A P, de Groot G, van Ingen Schenau G J, Toussaint H M, de Best H, Peeters W. Measurement of active drag forces during swimming. J Sports Sci. 1986; 4:21–30.

[75] Toussaint H M, Truijens M. Power requirements for swimming a world-record 50-m front crawl. Int J Sports Physiol Perform. 2006; 1:61–64.

[76] Toussaint H M, Vervoorn K. Effects of specific high resistance training in the water on competitive swimmers. Int J Sports Med. 1990; 11:228–233.

[77] David A, Poizat G, Gal-Petitfaux N, Toussaint H, Seifert M L. Analysis of elite swimmers' activity during an instrumented protocol. J Sports Sci. 2009; 27:1043–1050. https://doi.org/10.1080/02640410902988669.

[78] Weston M, Hibbs A E, Thompson K G. Isolated core training improves sprint performance in national-level junior swimmers. Int J Sports Physiol Perform. 2015; 10:204–210.

[79] Dingley A A, Pyne D B, Youngson J, Burkett B. Effectiveness of a dry-land resistance training program on strength, power, and swimming performance in paralympic swimmers. J Strength Cond Res. 2015; 29:619–626.

[80] Juárez Santos-García D, González-Ravé J M, Legaz Arrese A, Portillo Yabar L J, Clemente Suárez V J, Newton R U. Acute effects of two resisted exercises on 25~ m swimming performance. Isokinet Exerc Sci. 2013; 21:29–35.

[81] Costill D. Training adaptations for optimal performance. In: Keskinen K L, Komi P V, Hollander A P, editors. Biomechanics and medicine in swimming VIII. Jyväskylä: University of Jyväskylä; 1999. p. 381–390.

[82] Stewart A M, Hopkins W G. Seasonal training and performance of competitive swimmers. J Sports Sci. 2000; 18:873–884.

[83] Ribeiro J, Figueiredo P, Sousa A, Monteiro J, Pelarigo J, Vilas-Boas J, et al. VO_2 kinetics and metabolic contributions during full and upper body extreme swimming intensity. Eur J Appl Physiol. 2015; 115:1117–1124.

[84] Rodríguez F, Lätt E, Jürimäe J, Maestu J, Purge P, Rämson R, et al. VO_2 kinetics in allout arm stroke, leg kick and whole stroke front crawl 100-m swimming. Int J Sports Med. 2016; 37:191–196.

[85] Konstantaki M, Winter E, Swaine I. Effects of arms-only swimming training on performance, movement economy, and aerobic power. Int J Sports Physiol Perform. 2008; 3 (3): 294–304.

[86] Morris K S, Osborne M A, Shephard M E, Skinner T L, Jenkins D G. Velocity, aerobic power and metabolic cost of whole body and arms only front crawl swimming at various stroke rates. Eur J Appl Physiol. 2016; 116:1075–1085.

[87] Dragunas A J, Dickey J P, Nolte V W. The effect of drag suit training on 50-m freestyle performance. J Strength Cond Res. 2012; 26:989–994.

[88] McGowan C J, Pyne D B, Raglin J S, Thompson K G, Rattray B. Current warm-up practices and contemporary issues faced by elite swimming coaches. J Strength Cond Res. 2016; 30:3471–3480.

[89] Telles T, Barbosa A C, Campos M H, Junior O A. Effect of hand paddles and parachute on the index of coordination of competitive crawl-strokers. J Sports Sci. 2011; 29:431–438.

[90] Douglas J, Pearson S, Ross A, McGuigan M. Chronic adaptations to eccentric training: a systematic review. Sports Med. 2017; 47:917–941. https://doi.org/10.1007/s40279-016-0628-4.

[91] Chiu L Z F, Salem G J. Comparison of joint kinetics during free weight and flywheel resistance exercise. J Strength Cond Res. 2006; 20:555–562.

[92] Moras G, Rodríguez-Jiménez S, Tous-Fajardo J, Ranz D, Mujika I. A vibratory bar for upper body:

feasibility and acute effects on EMGrms activity. J Strength Cond Res. 2010; 24: 2132–2142. https://doi.org/ 10.1519/JSC.0b013e3181aa3684.

[93] Wilcock I M, Whatman C, Harris N, Keogh J W. Vibration training: could it enhance the strength, power, or speed of athletes? J Strength Cond Res. 2009; 23:593–603. https://doi. org/10.1519/JSC.0b013e318196b81f.

[94] Behm D G, Anderson K G. The role of instability with resistance training. J Strength Cond Res. 2006; 20:716–722.

[95] Serra N, Carvalho D D, Fernandes R J. The importance of agonistic, antagonist, and synergistic muscles coordination on swimming dry land training. Trends Sport Sci. 2017; 3 (24): 101–104.

[96] Hellard P, Scordia C, Avalos M, Mujika I, Pyne D B. Modelling of optimal training load patterns during the 11 weeks preceding major competition in elite swimmers. Appl Physiol Nutr Metab. 2017; 42 (10): 1106–1117.https://doi.org/10.1139/apnm-2017-0180.

[97] Trappe S, Costill D, Thomas R. Effect of swim taper on whole muscle and single muscle fiber contractile properties. Med Sci Sports Exerc. 2000; 32:48–56.

[98] Trinity J D, Pahnke M D, Reese E C, Coyle E F. Maximal mechanical power during a taper in elite swimmers. Med Sci Sports Exerc. 2006; 38:1643–1649.

[99] Papoti M, Martins L E B, Cunha S A, Zagatto A M, Gobatto C A. Effects of taper on swimming force and swimmer performance after an experimental ten-week training program. J Strength Cond Res. 2007; 21:538–542.

26　同期有氧和力量训练与团体项目运动员的运动表现

朱利恩·罗比诺（Julien Robineau）

26.1　引言

许多团体运动项目要求运动员在比赛中反复和间歇地进行高强度运动。因此有人提出，专项化训练策略，如同期有氧和力量训练可以提高运动员反复高强度运动的能力[1]。氧化能力的提高有助于高强度运动间歇期的恢复，如磷酸肌酸再合成增加和肌肉缓冲能力的提高，这些因素对团体项目运动员的运动表现至关重要[2,3]。较高的有氧能力有利于赛后恢复。如果一周内有多场比赛（如篮球、手球、排球、橄榄球、五人制足球、水球项目），或者一天内、连续几天内的两场比赛之间只有几小时恢复时间（如七人制橄榄球项目），这种身体素质的提高会对团队比赛日程有很大影响[1]。虽然有充分证据表明抗阻训练有助于提高单次最大力量（冲刺、跳跃、抢断等），但这种训练模式对运动员连续重复运动能力的影响尚不清楚[3]。然而，有研究表明，在反复冲刺能力测试中，抗阻训练（约 12%）[4]和高强度间歇训练（约 13%）[5]都能同等程度地增加平均做功能力。在这个测试中，抗阻训练还能提高冲刺初始阶段的运动表现（8%～9%）及改善功率下降情况（约 20%）[5]。之前的研究表明，反复冲刺能力（RSA）的提高可能与力量增加有关[3]。

同期有氧和力量训练相关问题似乎是当代团体项目运动员关注的焦点。琼斯等人[6]调查研究了英式橄榄球运动员的力量训练和体能教练员的训练和监控策略。结果表明，77%的教练员在为橄榄球运动员安排训练计划时考虑了上述干扰效应。此外，47%的教练员认为在制订训练计划时考虑有氧和力量训练之间可能存在的不相容性是非常重要的。该调查研究结果强调，周期化安排将是避免有氧训练刺激对力量和爆发力发展潜在影响的最有效手段[6]。

26.2 同期训练变量对干扰效应的影响：以法国橄榄球队为例

之前的研究表明，与单独力量训练相比，在一次力量训练课中结合有氧训练，如果有氧训练频率较高，那么会削弱力量和爆发力的提高效果[7-9]，这在本书的前几章及威尔逊等人的 Meta 分析中都有讨论[10]。耐力训练的方式、持续时间和训练频率被认为是影响同期训练中力量和爆发力改善的主要影响因素。此外，其他训练因素，如同期训练的训练强度、训练量、训练顺序等在之前已经被讨论过，以尽量减少对神经肌肉的干扰[11-13]。力量训练和耐力训练之间的恢复时间也可能是影响团体项目运动员干扰效应的一个重要因素。

26.2.1 不同训练顺序之间的恢复延迟

在之前对职业橄榄球运动员的一项研究中，我们评估了有氧和力量高强度间歇训练之间的恢复是否会决定可能的干扰效应程度[14]。我们选择了在有氧训练前安排力量训练，以避免在代谢方面的疲劳积累，从而保持力量训练的强度。因为优秀团体项目运动员训练负荷近年来有所增加，因此很有必要提出合适的恢复时间这个问题。运动员通常每天会参与两次训练课，之间几乎没有或者只有几小时的恢复时间。在前面提到的我们所做的研究中，每日的两次训练课之间没有恢复时间，或有时每天训练两次，有氧和力量训练之间有 6 小时的恢复时间，这样的安排对力量和爆发力的增加似乎并不理想，最大摄氧量峰值也没有出现良好适应；而在训练课之间安排 24 小时的恢复似乎更加有利。这些结果表明，教练员应该避免使两种训练（有氧训练和力量训练）在时间上太接近，最好是安排 24 小时的恢复期，以确保神经肌肉和心血管的最佳适应。

在橄榄球这样的团体项目中，教练员还必须安排专项技术和战术训练课程。这些训练对有氧能力的需求非常高，与传统耐力训练相似。因此，教练员在安排专项训练课时，如果与力量训练课太过接近，则需要多加注意。建议利用全球定位系统技术（GPS）和便携式心率监测仪对运动员专项技战术训练负荷和生理反应进行监测。这些设备可以用来调整专项训练强度，可能有助于尽可能地减少力量发展受到干扰的风险。

26.2.2 有氧训练的类型

目前研究者普遍认为，不同模式的高强度间歇训练（HIT）（不同持续时间的运动和恢复）是改善心肺和代谢功能，进而改善运动员体能的最有效手段之一。高强度间歇训练包括重复进行短时间或者长时间的高强度运动，其间穿插恢复期（短间歇或长间歇）。对于团体项目运动员来说，将冲刺和全力运动纳入高强度间歇训练计划也是一种有效的方法。不同类型的高强度间歇训练［短间歇（INT）和长间歇、反复冲刺和冲刺间歇（SIT）训练］会导致不同的急性生理代谢和神经肌肉应激反应[15]。鉴于此，似乎有必要确定耐力训练的类型是否会对神经肌肉适应产生不同程度的干扰效应。法国橄榄球联盟研究了两种不同高强度间歇训练方案（同期力量与冲刺间歇和同期力量与短间歇）对业余七人制橄榄球运动员的影响（图 26.1），这些运动员在 8 周内进行了最大力量和爆发力、反复冲刺能力训练[16]。该研究的主要发现是，在结合短间歇的同期训练后，力量发展没有受到影响；而在结合冲刺间歇的同期训练后，慢速向心力矩的增长受到轻微影响。然而，虽然同期力量与冲刺间歇训练组的力量增加受到一定影响，但这种训练实际上最大限度增加了摄氧量峰值。根据这些研究结果，教练员可能需要仔细考虑具体运动员的特殊需求，在业余七人制橄榄球运动员中，摄氧量峰值和力量同时达到最佳增长是非常困难的。表 26.1 和表 26.2 分别给出了七人制橄榄球运动员如何安排每周短/长间歇及冲刺间歇训练的每周训练计划示例，其中干扰效应可以用疲劳积累加剧来解释。在本研究中，我们给随后的训练课留出了 48 小时的休息时间，但豪特森和米拉克（Milak）[17]认为这可能是不够的。在他们的研究中，反复冲刺训练可能会导致股四头肌随意收缩力量显著下降，并显著加剧肌肉酸痛，其可持续 48 小时。这些结果进一步证实，即便力量训练在几天之后进行，冲刺间歇训练导致的肌肉疲劳也会影响随后的力量训练质量。

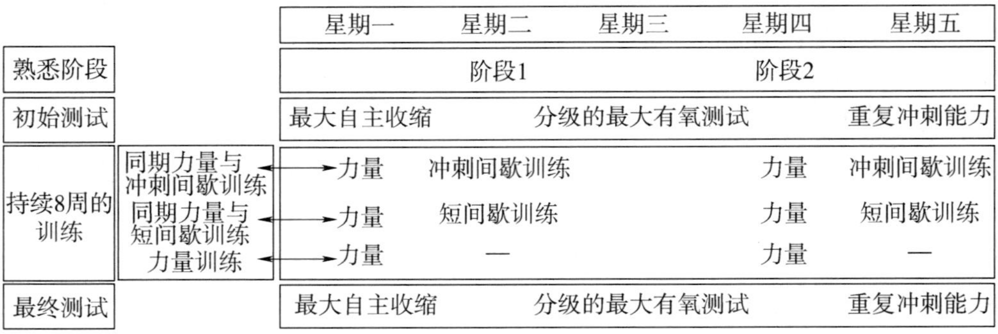

图 26.1　研究的实验设计

冲刺间歇训练负荷：4～8 分钟全力跑，中间间隔 4 分钟被动恢复。短间歇训练负荷：2 组以最大有氧速度跑 8～12 分钟，跑 30 秒，间隔 30 秒，以 50% 最大自主收缩进行主动恢复，组间 3 分钟进行被动恢复。

表 26.1　七人制橄榄球短/长间歇训练的每周训练计划示例

	星期一	星期二	星期三	星期四	星期五	星期六	星期日
上午	健康/医疗 抗阻	热身 橄榄球—技术/战术 有氧 （短/长间歇）	热身 灵敏/冲刺跑 橄榄球—战术 恢复	热身 橄榄球—技术/战术 有氧 （短/长间歇）	热身 核心训练 跑步技术	热身 橄榄球—技术 主动恢复 （泳池）	
下午	小睡 橄榄球—战术 恢复	小睡 抗阻 恢复		小睡 抗阻 恢复	小睡 橄榄球—战术 有氧补充 恢复		

表 26.2　七人制橄榄球冲刺间歇训练（同期力量与冲刺间歇训练）的每周训练计划示例

	星期一	星期二	星期三	星期四	星期五	星期六	星期日
上午	健康/医疗 抗阻 （L&UB）	热身 橄榄球—战术	热身 跑步技术 橄榄球—技术 恢复	热身 抗阻	热身 橄榄球—技术/战术	热身 橄榄球—技术 主动恢复 （泳池）	
下午	小睡 跑步技术 橄榄球—战术 恢复	小睡 核心训练 有氧（同期力量与冲刺间歇训练） 恢复		小睡 橄榄球—战术 恢复	小睡 核心训练 有氧（同期力量与冲刺间歇训练） 恢复		

因此，建议持续监测反复冲刺或冲刺间歇训练产生的疲劳，以降低其对神经肌肉干扰的可能性。许多变量，如在不同训练方式之间增加恢复时间或不同的恢复策略（冰浴、冷疗和营养手段），都可以得到调整，以促进恢复。在同一天内力量和耐力训练顺序保持不变的情况下，耐力和力量训练之间的恢复时间需要延长，特别是在高强度间歇训练是由反复的短时间或长时间冲刺完成的时候。另一种解决方案是减少肌肉酸痛和损伤，因此，应减少在功率车上进行冲刺间歇训练而加剧的疲劳积累。事实上，研究表明，与单独力量训练相比，同期力量与冲刺间歇训练似乎并不能改变力量反应[18]。

26.3　在赛前和赛季中进行同期训练对其他团体项目的影响

已有研究者观察了其他团体项目在赛前和赛中的同期训练对运动员最大力量和爆发力的影响，并将技术和战术的训练量也考虑其中。研究比较了赛前两种不同高强度间歇训练（长间歇：4×4 分钟；短间歇：16×100 米）结合最大力量和专项水球技术同期训练的效果[19]。结果表明，精英水球运动员进行这两项训练后，游泳耐力参数和最大力量都得到了改善。然而，应该指出的是，每周两次同期训练的频率较低，但足以有效提高精英水球运动员的力量和耐力[19]。类似结果也出现在进行同期力量和反复冲刺能力训练的五人制足球运动员中。这项研究的主要结果是同期训练后的平均反复冲刺时间比仅经过五人制专项训练后更快[20]。因此，额外的力量和反复冲刺训练可以作为提高五人制足球专项运动表现的有效手段。

如同在前两项研究中观察到的[21,22]，在赛前训练期间力量和爆发力相对来说容易得到提高，但是这些能力是否可以在长期的比赛期间一直维持还存在一些分歧，尤其是当进行大量的能量系统（有氧和无氧）素质训练或长时间的团队训练时[23–25]。谢德纳（Scheidner）[23]和多斯•雷梅迪奥斯（Dos Remedios）[24]指出，大学生足球运动员在赛季期间的 13～14 周，最大力量出现显著下降。莱格（Legg）和伯纳姆（Burnham）[25]称，大学生足球运动员在 10 周赛季期间，肩部力量损失高达 25%。团队项目运动员进行同期训练的主要目的是，除了在赛季中发展神经肌肉素质之外，还要保持力量、爆发力和速度。贝克（Baker）[26]研究了职业橄榄球联盟运动员在赛季进行同期训练的效果，并指出接受同期训练的运动员可以维持赛季前的最大力量和爆发力水平长达 29 周。在赛季期间保持力量和爆发力的关键可能在于以下几个方面。

（1）使运动员在同期训练前具有更佳的身体素质。

（2）已有人假设，通常在赛季前不进行有氧代谢训练或者有氧能力较低的运动员，与长期进行同期训练的运动员相比，在赛季期间的最大力量下降会更明显[26]。如果运动员能对同期训练有更好的身体素质准备，那么训练、比赛和实战对力量发展或维持的干扰效应可能会在一定程度上降低。

（3）训练量足够。

（4）根据朗内斯塔德等人对职业足球运动员的实用建议[27]，在 12 周时间内，每周 1 次力量维持训练，也许足以保持在前期准备阶段所获得的力量和冲刺运动表现的提高。相比之下，每 2 周只进行 1 次力量训练，似乎因训练量太低而无法保持腿部力量和 40 米冲刺运动表现。

（5）对训练目标、训练顺序和训练时间点的优先选择。

（6）莱维特和阿伯内西 [28]建议，需要优先考虑训练目标，以便在不疲劳的状态下对首选目标进行训练。训练目标的优先次序将决定其他训练课程的顺序和时间安排。

（7）利用适当的周期模型，包括高、中、低训练量和强度的周期模型。这种训练负荷的变化将避免过负荷并促进生理学适应[22]。

在团体项目中，一种常见的被称为小型游戏（SSGs）的训练方法，由于其具有发展身体能力和专项运动战术和技术的能力，近年来已成为科学研究的焦点[29]。SSGs 训练的主要好处是，游戏可以模拟竞技比赛的动作模式、生理需求和技术要求[29]，同时要求运动员在压力和疲劳下做出决定。此外，与传统健身训练课相比，SSGs 训练可以提高运动员的依从性和动机感，因为这可以被认为是一种专项训练，并可以最大限度地增加球类训练的时间[29]。亚科诺（Iacono）等[30]表明，在精英手球运动员中，高强度间歇训练和 SSGs 训练在提高运动员有氧能力和超极限强度间歇运动表现方面同样有效（根据 Yo–Yo 间歇耐力测试 1 级）。此外，10 米和 20 米冲刺、垂直纵跳和敏捷性测试表明，与高强度间歇训练相比，8 周 SSGs 训练促使运动员无氧能力得到更大改善。因此，在赛季期间，手球教练员可能更喜欢 SSGs 训练而不是高强度间歇训练来优化无氧和有氧训练。此外，教练员和运动员可以同时激发比正式比赛更高的体能需求（最大有氧能力、方向变化和高强度动作），不断提高手球运动员的体能，同时还包括手球专项技战术要素。其他研究，特别是青年精英篮球运动员[31]和排球运动员[32]取得的成绩证实了这些结果，强调了 SSGs 训练后体能和技术的明显提高。因此，SSGs 可以被认为是赛季期间的最佳训练方法，不仅可以维持，还可以提高有氧和无氧身体素质。

26.4 小结

总之，同期训练变量，如训练顺序、恢复时间及高强度间歇训练类型和方式（跑步或骑车）可能会影响干扰效应。训练计划应根据优先目标来制订。此外，当恢复时间受到限制时如何辅助恢复也是重要的考虑因素。

应根据赛季的不同阶段来制定策略和目标以控制同期训练造成的干扰效应。运动员在赛季前，主要目标是最大限度地提高身体素质；而在赛季中则应保持身体素质。应该强调，SSGs 训练即使在比赛阶段也可以提高有氧和无氧能力（通过敏捷性测试和垂直纵跳）。但是，它对肌肉力量的影响仍有待证明。

本章提到的所有研究都表明，在实施同期训练时存在非常大的复杂性。有时这主要取决于教练员的偏好、体育科研人员的理念、比赛的要求，以及可用的设施[33]。 今后的研究应该着眼于如何激发有关人员对客观地开发同期训练的周期模型的兴趣，特别是针对团体项目运动员。

参考文献

[1] Ross A, Gill N, Cronin J. Match analysis and player characteristics in rugby sevens. Sports Med. 2014; 44:357–367.

[2] Tomlin D L, Wenger H A. The relationship between aerobic fitness and recovery from high intensity intermittent exercise. Sports Med. 2001; 31:1–11.

[3] Bishop D, Girard O, Mendez-Villanueva A. Repeated-sprint ability part Ⅱ: recommendations for training. Sports Med. 2011; 41:741–756.

[4] Edge J, Bishop D, Goodman C. Effects of high- and moderate-intensity training on metabolism and repeated sprints. Med Sci Sports Exerc. 2005; 37:1975–1982.

[5] Edge J, Hill-Haas S, Goodman C, et al. Effects of resistance training on H+ regulation, buffer capacity, and repeated sprints. Med Sci Sports Exerc. 2006; 38:2004–2011.

[6] Jones T W, Smith A, Macnaughton L S, French D N. Strength and conditioning and concurrent training practices in elite rugby union. J Strength Cond Res. 2016; 30:3354–3366.

[7] Hickson R C. Interference of strength development by simultaneously training for strength and endurance. Eur J Appl Physiol. 1980; 45:255–263.

[8] Dudley G A, Djamil R. Incompatibility of endurance- and strength-training modes of exercise. J Appl Physiol. 1985; 59:1446–1451.

[9] Hennessy L C, Watson A W S. The interference effects of training for strength and endurance simultaneously. J Strength Cond Res. 1994; 8:12–19.

[10] Wilson J M, Marin P J, Rhea M R, Wilson S M C, Loenneke J P, Anderson J C. Concurrent training: a meta-analysis examining interference of aerobic and resistance exercises. J Strength Cond Res. 2012; 26:2293–2307.

[11] Collins M A, Snow T K. Are adaptations to combined endurance and strength training affected by the

sequence of training? J Sports Sci. 1993; 11:485–491.

[12] Chtara M, Chamari K, Chaouachi M, Chaouachi A, Koubaa D, Feki Y, Millet G P, Amri M. Effects of intra-session concurrent endurance and strength training sequence on aerobic performance and capacity. Br J Sports Med. 2005; 39:555–560.

[13] Chtara M, Chaouachi A, Levin G T, Chaouachi M, Chamari K, Amri M, Laursen P B. Effect of concurrent endurance and circuit resistance training sequence on muscular strength and power development. J Strength Cond Res. 2008; 22:1037–1045.

[14] Robineau J, Babault N, Piscione J, Lacome M, Bigard A X. The specific training effects of concurrent aerobic and strength exercises depend on recovery duration. J Strength Cond Res. 2016; 30:672–683.

[15] Buchheit M, Laursen P B. High-intensity interval training, solutions to the programming puzzle: part 1: cardiopulmonary emphasis. Sports Med. 2013; 43:313–338.

[16] Robineau J, Lacome M, Piscione J, Bigard X, Babault N. Concurrent training in Rugby Sevens: effects of high-intensity interval exercises. Int J Sports Physiol Perform. 2017; 12: 336–344.

[17] Howatson G, Milak A. Exercise-induced muscle damage following a bout of sport specific repeated sprint. J Strength Cond Res. 2009; 23:2419–2424.

[18] Cantrell G S, Schilling B K, Paquette M R, Murlasits Z. Maximal strength, power, and aerobic endurance adaptations to concurrent strength and sprint interval training. Eur J Appl Physiol. 2014; 114:763–771.

[19] Botonis P G, Toubekis A G, Platanou T I. Concurrent strength and interval endurance training in Elite Water Polo Players. J Strength Cond Res. 2016; 30:126–133.

[20] Phongsri K, Tongnillpant N, Ajjimaporn A, Silalertdetkul. Effect of additional concurrent specific strength and repeated sprint training during preseason on performance in futsal players. In: ECSS MetropolisRuhr; 2017.

[21] Baker D. Applying the in-season periodisation of strength and power training to football. Strength Cond J. 1998; 20:18–24.

[22] Fleck S J, Kraemer W J. Designing resistance training programs. Champaign: Human Kinetics; 1997.

[23] Scheidner V, Arnold B, Martin K, Bell D, Crocker P. Detraining effects in college football players during the competitive season. J Strength Cond Res. 1998; 12:42–45.

[24] Dos Remedios K A, Dos Remedios R L, Loy S F, Holland G F, Vincent W J, Conley L M, Hing M. Physiological and field test performance changes of community college football players over a season. J Strength Cond Res. 1995; 9:211–215.

[25] Legg D, Burnham D. In-season shoulder abduction strength changes in football players. J Strength Cond Res. 1999; 13:4381–4383.

[26] Baker D. The effects of an in-season of concurrent training on the maintenance of maximal strength and power in professional and college-aged rugby league football players. J Strength Cond Res. 2001; 15:172–177.

[27] Rønnestad B R, Nymark B S, Raastad T. Effects of in-season strength maintenance training frequency in professional soccer players. J Strength Cond Res. 2011; 25:2653–2660.

[28] Leveritt M, Abernethy P J. Acute effects of high-intensity endurance exercise on subsequent resistance activity. J Strength Cond Res. 1999; 13:47–51.

[29] Buchheit M, Laursen P B, Kuhnle J, Ruch D, Renaud C, Ahmaidi S. Game-based training in young elite handball players. Int J Sports Med. 2009; 30:251–258.

[30] Iacono A D, Eliakim A, Meckel Y. Improving fitness of elite handball players: small-sided games vs.

high-intensity intermittent training. J Strength Cond Res. 2015; 29 (3): 835–843.
[31] Delextrat A, Martinez A. Small-sided game training improves aerobic capacity and technical skills in basketball players. Int J Sports Med. 2014; 35 (5): 385–391.
[32] Gabbett T J. Do skill-based conditioning games offer a specific training stimulus for junior elite volleyball players? J Strength Cond Res. 2008; 22 (2): 509–517.
[33] Enright K, Morton J, Iga J, Drust B. The effect of concurrent training organisation in youth elite soccer players. Eur J Appl Physiol. 2015; 115:2367–2381.

27 同期有氧和力量训练与足球运动员的运动表现

若昂·雷纳多·席尔瓦（Joao Renato Silva）

27.1 足球运动是一种多元运动

精英足球运动员在一场比赛中需要跑 8～13 千米，平均强度接近无氧阈值（70%～75% $\dot{V}O_2$ max）[1-3]，这表明运动表现在一定程度上可能由有氧体适能来决定[2]。然而，尽管中低强度跑是足球运动员的主要运动模式，但冲刺、跳跃、争抢和踢球等爆发性动作需要最大限度地动员神经肌肉[4]。这些动作的目标是最大限度地发挥爆发力[5]，因为在职业足球运动中运动员需要当机立断做出决定（如速度）[6]。此外，足球项目的加速和减速运动特点导致神经肌肉应激性较高，即使在低速运动情况下也是如此[7]。如今，足球比赛对运动员身体要求越来越高，部分原因是比赛间歇恢复期越来越短，对神经肌肉的要求也越来越高（更多的高强度跑步运动和加速要求）[2,8,9]。竞技足球比赛对生理学和生物力学的适应通路有很强的负荷应激（如关节和肌肉中的压力）。比赛似乎是力量/爆发力训练刺激的重要组成部分。事实上，高水平的足球比赛伴随着神经肌肉素质的改善，如跳跃高度和爆发力的提高[10-12]。

对于足球项目，神经肌肉和耐力相关素质改善，会使运动员在比赛中占有优势，因为这些与比赛期间的抗疲劳性[13,14]、赛后更快的恢复[15]和预防损伤[16-18]有关。 因此，运动员进行高强度训练（如力量/爆发力、耐力、速度耐力训练）旨在提高神经肌肉和专项耐力运动表现。

近年来，有研究者强调，应该特别关注力量/爆发力训练和耐力训练模式的选择[19]。他们认为，当人们处于生物力学和神经协调范围的两个相对极端时，解剖结构和运动表现的适应可能会降低，且动作的精确性、流畅性和协调性可能会受到影响[19]。因此，从训练方法方面考虑，教练员在设计训练计划时，应采用一种综合性的方法。例如，两次“体能训练”课程（速度为 15 千米/时的 4 组×4 分钟跑步训练与 4 组×4 分钟模拟比赛训练）对身体会产生相似的内部负荷（如 90%的最大心率），但是在较高的爆发性动作要求方面有所不同（例如，在模拟比赛训练期间有更多的加速或减速）。因此，对运动训练结构的安排是将增强的力量转化为足球运动所需的高爆发性动作的关键[19]。事实上，教练员采用 SSGs 来发展球员的耐力素质[20]，但通常更多的是为下一场比赛做准备，并巩固球员和球队的技战术动作。技战术训练在战术较强的项目中，训练时间占比更大。事实上，不同的比赛模式（球场大小和球员人数）可能会影响高爆发性动作的频率和疲劳发展[21,22]。因此，“整体”训练期间神经肌肉的参与是足球运动中的重要考量因素。值得注意的是，典型的足球训练经常针对的是与提高或维持耐力适应能力相关的生理学过程和分子过程（PGC-1amRNA 的表达）[23]。这些训练包括战术训练和技术循环训练，如在 90 分钟足球比赛/训练过程中，常常包括频繁换位或 SSGs 训练[19]。

27.2 足球项目同期训练研究

表 27.1 和表 27.2 列举了青少年（13～15 岁）[24]、青年（17～19 岁）[25,26]和成年足球运动员[27–30]对不同同期训练方案的生理学适应和运动表现变化的研究。一般来说，这些研究都是观察每周 2 次训练后的效果[24–27,30]。然而，也有部分研究观察了更高频率的同期训练（每周 3 次）[29]以及同期训练中耐力训练和力量训练的不同频率组合（如耐力模块由一周 2 阶段耐力训练和 1 阶段力量训练组成）[28]的效果。

表 27.2 和图 27.2 是关于同期训练诱导的训练适应的研究，包括不同训练方式交替进行（例如，周二力量训练、周三耐力训练，或早晨耐力训练、下午力量训练）[24,26–28]，也包括在一次同期训练课中的不同安排（以耐力为基础的训练加上力量训练，或以力量为基础的训练加上耐力训练）[24–26,29]。

同期训练的力量/爆发力训练各环节可以是分开的［如闭链多关节传统抗阻训练（TRE）］或不同运动模式的组合（如闭链多关节传统抗阻训练、超等长训练和专项力量训练），可以用不同训练负荷（如 4RM、6RM 和 75%1RM）和不同的运动速度，以提高运动员的相关运动表现。耐力训练包括单独训练（如高强度有氧训练、HIA）或高强度训练方法的组合（如 HIA +速度耐力+反复冲刺能力训练）。这些方案涉及不同的运动强度范围（如最大心率百分比和最大冲刺速度百分比）和训练模式/结构（如跑步、运球和小型游戏）。此外，可以以不同方式组合力量训练和耐力训练（如训练强度、训练频率、训练量、运动/休息时间比），以诱导不同的训练适应。在这样的安排下，运动员采用的同期训练组合方式是多种多样的。对不同力量/爆发力力学–生物学因素做些小的调整（如负荷大小、总量）就可使足球运动员获得特定的运动表现适应[19]，并决定细胞和分子信号通路的反应[31]（见本书第二部分）。因此，调整不同个体的同期训练变量以得出精确的结论需要一个复杂的公式。这与以下因素有关：① 有许多不同的训练方法可以采用；② 干预的时间较短；③ 赛季前和赛季期间有明确的时间表[25,27–30]；④ 每周的负荷方案（耐力与力量）有所不同[24–26,28]；⑤ 球员的标准不同。

事实上，只有一项研究详细描述了运动干预期间的总量数据（如总跑动距离、总训练量）。然而，正如下面将讨论的那样，单独调整同期训练的不同变量，同期训练方案都可以在短期内显著提高运动员生理学适应和运动表现（表 27.1、表 27.2）。此外，足球运动员生理学适应和运动表现的提高也与力量/爆发力训练研究报告的结果相似[19]。

表 27.1 不同同期训练方案下运动员生理学适应和运动表现变化的研究

研究人员	等级/国家（地区/俱乐部）/样本量（年龄）	训练方案	训练计划的频率和/或持续时间	足球赛季阶段	生理学适应	运动表现变化
努涅兹（Nunez）等[28]	半职业运动员/西班牙/16（28±3.7 岁）	同期训练，两种训练间隔 24 小时； 耐力训练：2 阶段耐力训练+1 阶段力量训练； 力量训练：1 阶段耐力训练+2 阶段力量训练	12 周，4 种模式	休赛期		↑ 11.1%～16.2%SJ， ↑ 8%～8.7%CMJ， ↑ 6%～7%CMJWAS
王等[27]	职业运动员/中国香港/9（24.6±1.5 岁）	上午进行力量训练，下午进行耐力训练（中间间隔 5 小时） 力量训练：5 种练习，上拉、深蹲跳、仰卧推举、后半蹲、引体向上；以 6RM 做 4 组，组间休息 3 分钟； 耐力训练：以 120%最大有氧速度做 16 组×15 秒，组间休息 15 秒	2 次/周，8 周	赛季前		↑ 4%VJ， ↑ 5.9%T_{10m}， ↑ 2.8%T_{30m}， ↑ 19.7%YYIR1， ↑ 3.1%MAS， ↑ 9.2%$MAS_{distance}$
马赫卢夫等[24]	年轻精英运动员/突尼斯/14（13.7±0.5 岁）	同期训练：两种训练间隔 24 小时； 力量训练：传统抗阻训练、奥林匹克推举、超等长训练，3 组×5～10 次； 耐力训练：以 110%～120%最大有氧速度跑 2 组×12～16 分钟	2 次/周，12 周	赛季	↑ 40.1% $1RM_{Squat}$	↑ 6.9%T_{10m}， ↑ 5.7%T_{30m}， ↑ 5.7%灵敏性 $_{15m}$， ↑ 13.6%SJ， ↑ 8%CMJ， ↑ 54.5%YYIR1， ↔ 5JT
恩赖特（Enright）等[26]	专业运动员/英超联赛俱乐部/7（17±2 岁）	同期训练：两种训练间隔 120 分钟。 力量训练：5 种传统抗阻训练，以 85%1RM 做 4 组×6 次； 耐力训练：小型比赛，4V4，以 85%～95%最大心率做 4 组×3～4 分钟	2 次/周，5 周	赛季	19.1%$1RM_{Squat}$*， ↑ 27.3%$IMVC_{LR}$， ↑ 13.3%$ConcQuads_{180°}$， ↑ 11%～19.2%$ConcHams_{S60°\sim180°}$， ↑ 23.1%$EccHams_{120°}$， ↑ 14.3%AoP*， ↔ $MVIC_{peakforce}$、$EccQuads_{120°}$、$ConcQuads_{60°}$、FL、MT（远端的，中间的，近端的）	↑ 8.2%SJ， ↑ 5.6%10m*， ↔ T_{30m}、CMJ

注：↑表示显著增加；↓表示显著减少；↔ 表示无显著变化；SJ 表示蹲跳；CMJ 表示下蹲跳；CMJWAS 表示摆臂下蹲跳；MAS 表示最大有氧速度；VJ 表示纵跳，$T_{5\sim30m}$表示冲刺能力；YYIR1 表示 Yo-Yo 间歇耐力测试 1 级；$MAS_{distance}$表示最大有氧距离；FL 表示肌纤维长度；MT 表示肌肉厚度；AoP 表示肌纤维夹角；传统抗阻训练包括多关节的、闭锁链式运动，如下蹲、硬拉、弓箭步蹲；$1RM_{Squat}$表示最大深蹲力量；$IMVC_{LR}$表示肌肉的最大随意收缩力量；$MVIC_{peak\ distance}$表示峰值力量的最大随意等长收缩；5JT 表示 5 次跳跃测试；$ConcQuads_{180°}$表示股四头肌在 180 度时的向心收缩力量；$ConcHams_{60°\sim180°}$表示腘绳肌在 60～180 度时的向心收缩力量；$EccHams_{120°}$表示腘绳肌在 120 度时的离心收缩力量；$EccQuads_{120°}$表示股四头肌在 120 度时的离心收缩力量；$ConcQuads_{60°}$表示股四头肌在 60 度时的向心收缩力量；*表示组间具有显著差异。

表 27.2　不同顺序同期训练中运动员生理学适应和运动表现的变化（力量训练+耐力训练和耐力训练+力量训练）

研究人员	等级/国家（俱乐部）/样本量（年龄）	训练方案	训练计划的频率和/或持续时间	足球赛季阶段	生理学适应	运动表现变化
力量训练+耐力训练						
麦高利，安德森[29]	半职业和职业运动员/瑞典/9（23±4 岁）	各训练部分之间有 5 分钟的休息时间。 力量训练：奥林匹克推举和传统抗阻训练，以 75%～85%1RM 进行 2～3 组×5～10 次；超等长训练：进行 3～4 组×4～15 次，核心力量； 耐力训练：重复冲刺能力、速度耐力、高强度间歇小步跑和速度灵敏性及快速循环练习	3 次/周，5 周	赛季前	↑6%～7.6%脂肪（百分比，千克）， ↑1.5%～3%瘦体重（百分比，千克）， ↑18.7%1RM 半蹲， ↑28.5%1RM 猛冲， ↑97.3%髂腰肌（度）， ↑5.3%腘绳肌腱（度）	↑1.4%T_{10}， ↑7%CMJ， ↑1.1%灵敏性， ↑1.9%RSA， ↑19.6%perf dec RSA， ↑15.4%YYIR2
赫尔格鲁（Helgerud）等[30]	精英运动员/西班牙/23（21～30 岁）	各训练部分之间有 15 分钟的休息时间。 力量训练：以 4RM 半蹲 90 度，进行 4 组，组间休息 3 分钟； 耐力训练：以 90%～95%最大心率在跑步机上跑 4 组×4 分钟（5.5%的倾斜度），在以 50%～60%最大心率慢跑 3 分钟时将各组分开	2 次/周，8 周	赛季前	↑8.6%最大摄氧量， ↑3.7%跑步经济性（11 千米/小时）， ↑52%$1RM_{Squat}$， ↑49%1RM/BW	↑3.2%T_{10}， ↑1.6%T_{20}， ↑5.2%CMJ
马赫卢夫等[24]	14（13.7±0.5 岁）	各训练部分之间有 15 分钟的休息时间。 力量训练：传统抗阻训练、奥林匹克推举、超等长训练，3 组×5～10 次； 耐力训练：以 110%～120%最大有氧速度跑 2 组×12～16 分钟	2 次/周，12 周	赛季	↑47.2%$1RM_{Squat}$	↑5.8%T_{10}， ↑2.6%T_{30}， ↑4.3%灵敏性$_{15m}$， ↑78.6%YYIR1， ↑5.3%MAS， ↔SJ，CMJ，5JT

续表

研究人员	等级/国家（俱乐部）/样本量（年龄）	训练方案	训练计划的频率和/或持续时间	足球赛季阶段	生理学适应	运动表现变化
耐力训练+力量训练						
马赫卢夫等[24]	年轻精英运动员/突尼斯/15（13，7±0.5 岁）	各训练部分之间有 15 分钟的休息时间。 耐力训练：以 110%～120%最大有氧速度跑 2 组×12～16 分钟； 力量训练：传统抗阻训练、奥林匹克推举、超等长训练，3 组×5～10 次	2 次/周，12 周	赛季	↑ 40.5%$1RM_{Squat}$	↑ 3.2～4.3%T_{10} 和 T_{30}， ↑ 1.6%灵敏性 $_{15m}$， ↑ 7%～11%SJ 和 CMJ， ↑ 4.7%MAS， ↑ 58.8%YYIR1， ↔ 5JT
麦高利，安德森[29]	半职业和职业运动员/瑞典/9（23±4 岁）	各训练部分之间有 5 分钟的休息时间。 耐力训练：重复冲刺能力、速度耐力、高强度间歇小步跑和速度灵敏性及快速循环练习； 力量训练：奥林匹克推举和传统抗阻训练，以 75%～85%1RM 进行 2～3 组×5～10 次； 超等长训练：进行 3～4 组×4～15 次，核心力量	3 次/周，5 周	赛季	↑ 6%～7.6%脂肪（百分比，千克）， ↑ 1.5%～3%瘦体重（百分比，千克）， ↑ 18.7%1RM 半蹲， ↑ 28.5%1RM 猛冲， ↑ 97.3%髂腰肌（度）， ↑ 5.3%腘绳肌腱（度）	↑ 1.4% T_{10}， ↑ 7%CMJ， ↑ 1.1%灵敏性， ↑ 1.9%RSA， ↑ 19.6%perf dec RSA， ↑ 15.4%YYIR2
努涅兹等[28]	精英运动员/西班牙/19（18.4±0.6 岁）	耐力训练：在 4～6 分钟内以最大强度跑步、进行物理技术循环赛和小型比赛； 力量训练：有额外负荷跳和无额外负荷跳、传统抗阻训练、有额外负荷的速度灵敏性练习和无额外负荷的速度灵敏性练习	2 次/周，16 周	赛季前—赛季	↑ 5.8%$Fsquats_{20kg}$， ↑ 7.1%$Fsquats_{30kg}$， ↑ 5.2%$Fsquats_{40kg}$	↑ 6.8%CMJ_{20kg}， ↓ 2.3%T_{20} 和 T_{30}， ↓ 3.2%$T_{st/10\sim20}$， ↓ 1.6%$T_{st/10\sim30}$， ↓ 2.6%$T_{st/20\sim30}$

续表

研究人员	等级/国家（俱乐部）/样本量（年龄）	训练方案	训练计划的频率和/或持续时间	足球赛季阶段	生理学适应	运动表现变化
恩赖特等[26]	职业运动员/英超联赛俱乐部/8（17±2 岁）	各训练部分之间有 30～45 分钟的休息时间。耐力训练：小型比赛，以 85%～95%最大心率进行 4 组×3～4 分钟；力量训练：5 种传统抗阻训练，以 85%1RM 进行 4 组×6 次	2 次/周，5 周	赛季	↑ 10.3%$1RM_{Squat}$*， ↑ 20.3%$IMVC_{LR}$， ↑ 2.6%$ConcQuads_{180°}$， ↑ 9%～12%$ConcHams_{S60°\sim180°}$， ↑ 16.5%$EccHams_{120°}$， ↑ 7.5%AoP*， ↔ $MVIC_{peak\ force}$、$EccQuads_{120°}$、$ConcQuads_{60°}$、FL、MT（远端的、中间的，近端的）	↑ 7.5%SJ， ↔ T_{10m}*、T_{30m}、CMJ

注：↑表示显著增加；↓表示显著减少；↔ 表示无显著变化；SJ 表示蹲跳；CMJ 表示下蹲跳；MAS 表示最大有氧速度；$Fsquats_{20\sim40kg}$表示在下蹲时的动作速度（额外负荷的范围）；$T_{5\sim30m}$表示冲刺能力；$T_{st/10\sim30}$表示在预先分割的距离的冲刺能力；1RM/BW 表示每千克体重的力量；YYIR1 表示 Yo-Yo 间歇耐力测试 1 级；$MAS_{distance}$表示最大有氧距离；CMJ_{20kg}表示下蹲跳（额外负荷）；RSA 表示重复冲刺能力；perf dec 表示在冲刺能力测试中 RSA 表现降低；YYIR2 表示 Yo-Yo 间歇耐力测试 2 级；FL 表示肌纤维长度；MT 表示肌肉厚度；AoP 表示肌纤维夹角；传统抗阻训练包括多关节的、闭锁链式运动，如下蹲、硬拉、弓箭步蹲；$IMVC_{LR}$表示肌肉的最大随意收缩力量；$1RM_{Squat}$表示最大深蹲力量；5JT 表示 5 次跳跃测试；$ConcQuads_{180°}$表示股四头肌在 180 度时的向心收缩力量；$ConcHams_{60°\sim180°}$表示腘绳肌在 60～180 度时的向心收缩力量；$EccHams_{120°}$表示腘绳肌在 120 度时的离心收缩力量；$EccQuads_{120°}$表示股四头肌在 120 度时的离心收缩力量；$ConcQuads_{60°}$表示股四头肌在 60 度的向心收缩力量；*表示组间具有显著差异。

27.3 足球项目同期训练的生理学适应和运动表现适应

选取运动员相关生理参数（如% 1RM）和运动表现参数（如足球专项耐力测试、跳跃测试），并用变化百分比、训练效率、校正后的效应值来表示适应效果（公式见附录）。

27.3.1 生理学适应

训练计划的有效性可以用运动专项能力的改善程度来评估（如跳跃、冲刺和间歇跑步能力）。我们的分析表明，同期训练可能会改善高水平和低水平运动员在不同运动任务和运动条件下的表现（表 27.1、表 27.2 及图 27.1）。例如，同期训练可以改善身体成分（增加瘦体重、减少体脂）[29]、耐力相关参数（$\dot{V}O_2$ max、跑步经济性）[30]和神经肌肉功能（1RM和力量发展速度）[24–26,29,30]。事实上，不管运动员能力如何，在不同的同期训练方法下（如每天交替训练和训练课顺序不同），都可以获得较强的最大肌肉动力性力量增加[24,26,29,30]。具体而言，运动员在进行双侧（深蹲，图 27.1）[24,26,29,30]和单侧（弓步）多关节运动时[29]，1RM 均有增加；无论是在向心还是离心的等速肌肉收缩运动中，同期训练都可以增加膝关节伸展和屈曲期间相对最大力量和峰值扭矩[26]。尤其在考虑到足球运动中容易且重复受伤的肌肉时，大腿后群肌离心力量的增加尤其重要[32–34]。

27.3.2 运动表现适应

根据不同研究数据的汇总（图 27.1）[24–30]，运动员在多种不同多关节任务测试中的运动表现表明其神经肌肉功能增强（中等程度），如跳跃（深蹲跳、下蹲起跳、下蹲起跳加摆臂）、冲刺（10～30 米）和变向（COD）（t 测验，15 秒灵敏性测验）[24,29]，这几个参数的训练效率只有中等程度的提高，但冲刺的训练效率提高幅度较跳跃和变向大（图 27.1）。系统分析[19]和 Meta 分析[35]表明，传统抗阻训练（深蹲和弓步）后，力量的增加会对冲刺和跳跃相关动作产生积极影响[19,35]。实际上，有研究表明，最大力量（1RM）[36]和相对力量（1RM /体重）[37]，以及特定肌群（如股四头肌）的力学特性，如峰值扭矩[19,38]和峰值功率[39]，与足球运动员进行复杂的多关节动力性运动（如跳跃和冲刺动作）的能力[11,36–39]有相关性。此外，同期训练还会导致非专项化（图 27.1，最大有氧速度提高的百分比在 10%以下）[24,27]和专项化耐力显著增加（图 27.1，Yo–Yo 间歇耐力测试 2 级提高的百分比超过 50%）[24,27,29]。值得注意的是，这些运动表现的提高与足球运动员的比赛表现提高有关。神经肌肉能力（如力量和爆发力）和足球专项耐力（Yo–Yo 间歇耐力测试评估）的改善与较强的抗疲劳能力（如在最艰难的比赛中）[13,14]、赛后快速恢复（如与比赛有关的肌肉损伤指标降低）[15,40]和损伤预防（如在运动负荷快速改变的情况下提高运动员预防损伤的能力）相关[16–18]。

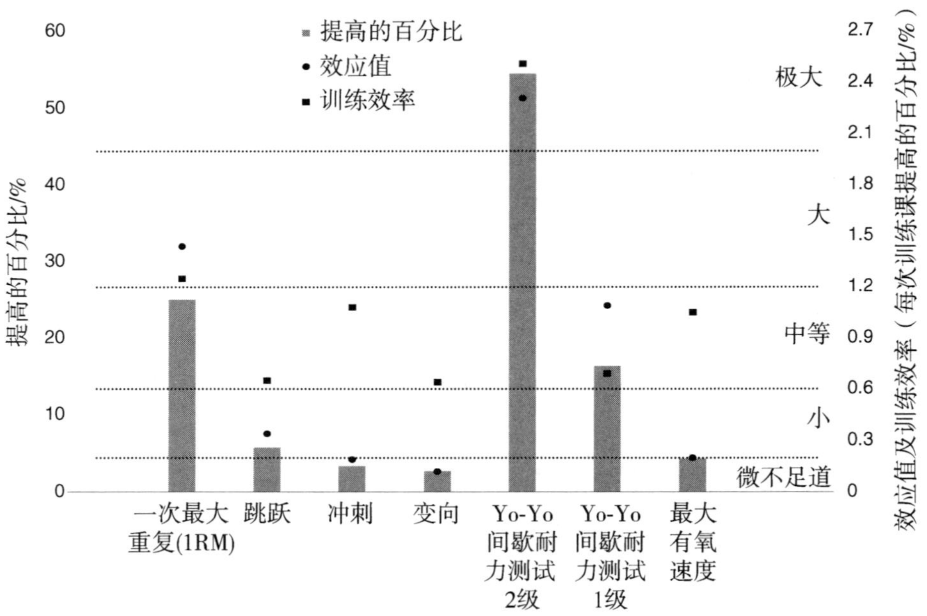

图 27.1　同期训练干预后各运动表现参数的变化

短期同期训练（5～12 周）干预后，1RM、跳跃、冲刺、变向、Yo-Yo 间歇耐力测试 1 级、Yo-Yo 间歇耐力测试 2 级和最大有氧速度运动表现参数变化。

注：训练效率=运动表现提高的百分比/训练的组数；虚线水平线表示校正效果大小的阈值（见附录）。

27.4　设计同期训练的考量因素

同期训练的许多变量（如课内训练顺序、恢复时间、耐力训练强度和训练量）可能在一次性干预和长期干预中发挥作用，从而影响慢性适应[41]（见本书第二部分）。

27.4.1　课内训练顺序

球队在赛季内必须频繁旅行和比赛，导致这一重要时期内原计划的训练和恢复受到限制[42]。有限的训练时间致使运动员在同一天内（如上午和下午在宿营地进行训练）或同一次训练课内进行不同的体能训练（力量训练和足球专项耐力训练）。然而，人们认为，这些不同的训练顺序会产生不同的训练刺激，因而可能影响到干扰效应[41]。虽然这类研究很少，但相关研究者观察了在同一次训练课内力量+耐力训练（SE + END）[24–26,29]和耐力+力量训练（END + SE）[24,29,30]的短期影响。一般来说，两种训练顺序安排都能在不同程度上提高根据 1RM、跳跃、冲刺和变向成绩评估的神经肌肉运动表现（表 27.2、图 27.2），特别是 END+SE 模式可以更好地提高 1RM 表现。两种训练顺序在反跳成绩的提高方面效果相似。对不同冲刺距离的汇总进一步证实了 END+SE 模式在冲刺能力方面具有更好的训练效果。另外，冲刺“训练效率”（代表每次训练课成绩提高的百分比）在 END+SE 模式中提高更显著，10 米冲刺数据、汇总的冲刺数据都对此进行了说明。

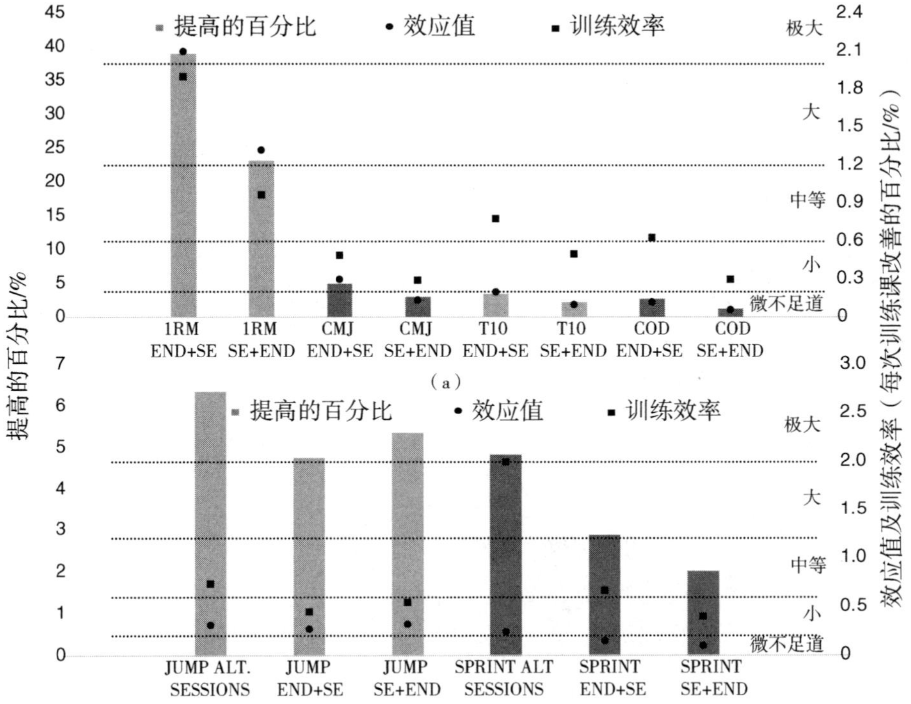

（b）

图 27.2　不同训练顺序安排下，各运动表现参数的变化

（a）同一时段内，以 END + SE [24,29,30]和 SE + END [24–26,29]为训练顺序的同期训练（5～12 周）；（b）在不同的课次进行同期训练和在同一课次进行不同顺序的同期训练。

注：训练效率=运动表现提高的百分比/训练的组数；1RM 表示一次最大重复，CMJ 表示反跳；T10 表示 10 米冲刺时间；COD 表示变向；JUMP ALT 表示跳跃（非同一次）；JUMP 表示跳跃；SPRINT ALT 表示冲刺（非同一次）；SPRINT 表示冲刺；SESSIONS 表示一次训练；虚线水平线表示校正效果大小的阈值（见附录）。

提取的数据来自第二赛季（力量训练：6 组/8RM/快速负荷；耐力训练：8 分钟 6 个中等强度的大间隔）。

职业足球运动员受到的近 90%的肌肉损伤都发生在下肢，其中腘绳肌拉伤占 12%～16%[34,43,44]，特别是在足球比赛的最后阶段，受伤率更高[45]。腘绳肌离心力量是导致损伤的一个重要因素。因此，针对这块足球专项易损伤肌肉，研究者研究了以离心力量为基础的力量训练（北欧腘绳肌训练，NHE）的短期[46,47]和急性[48]效应。洛维尔（Lovell）等人[47]测试了课中不同顺序 NHE 训练（每周 2 次，共 12 周）的短期诱导效应。他们发现，训练适应与训练顺序无关；运动员在力量、柔韧性、肌肉结构（羽状角）和形态学变化（肌肉厚度）方面都有类似的提高。然而，斯莫尔（Small）等人[46]在更短的训练周期采用相同的研究设计（每周 2 次，共 8 周，每次 3 组，12—10—8 次重复），发现 NHE 训练后足球专项运动中疲劳的负面影响显著降低，而且球员的腘绳肌离心峰值扭矩和功能比（腘绳肌离心力、股四头肌向心力）在足球专项模拟赛中（半场 45 分钟或 90 分钟）显著增加。洛维尔等人[48]研究了 NHE 训练前后的急性神经肌肉反应和运动表现，发现在 60 分钟足球专项运动中，NHE 训练后运动员冲刺运动表现（每 15 分钟测试力矩峰值）提高，但疲劳对腘绳肌力量影响更大（离心力矩峰值下降）[48]。

因此，这种更大的疲劳效应可能会使球员在剩余的训练课中更容易出现腘绳肌急性拉伤[48]，特别是运动负荷较高的球员更可能出现受伤倾向。球员的外部负荷在足球专项训练中和训练之间变化很大，例如 SSGs 与团队战术组合训练之间。球员之间的不同战术和技术位置使他们在其专项运动活动中有很大的个体差异性[49,50]。前面提到的这些因素（课内疲劳反应和运动员的个体差异），以及在训练后测试中相似或更大的增益，都是教练员在确定力量训练时间时需要考虑的。另外，重要的是要强调这些之前的研究[46–48]都是以业余足球运动员为受试者进行的，他们的训练（每周 2～3 次课）可能少于职业运动员[46–48]。我们认为，足球相关技术人员在确定以力量为基础的训练课的训练时间时应进行综合考量，应考虑以下因素。

（1）球员是否是伤愈复出？

（2）增加的是球员的最大力量还是力量耐力？

（3）团队是否处于赛程很繁忙的时间段？

（4）整个训练课程期望的代谢/力学应激是什么？

（5）球员是否有足够的技术能力在疲劳状态下进行复杂的力量训练？

27.4.2 不同训练模式之间的恢复时间

同期训练课程之间的恢复时间是另一个重要的考虑因素[41]。增加训练时间，如在赛季的特定时期（例如，每周一场比赛的赛季期、赛季前和过渡期），可以让教练员在非同一天[24,28]或同一天（早上和下午的训练课程）[26,27]实施单独的基于力学和代谢的训练[42]。进行同期训练被认为会对抗阻训练的刺激（通过残余疲劳和底物耗竭）和合成代谢反应（提高分子间干扰，见本书第二部分）造成不利影响，而增加恢复时间会避免这种影响[41]。恩赖特（Enright）等人[26]发现，与 SE + END 的同期训练模式相比，END + SE 模式下运动员身体运动表现参数出现了虽小但实质性的改善（有较大的矫正效应值）。重要的是，这两种训练模式之间的恢复时间是不同的。END + SE 模式之间的恢复时间为 120 分钟，SE + END 模式之间的恢复时间为 45 分钟。因此，研究者将 END + SE 训练模式的优异结果归因于训练之间恢复时间较长及较长间歇期的营养补充[26]。王（Wong）等人[27]的研究进一步证实了不同模式训练间恢复时间的相关性（力量和耐力训练期间恢复时间为 5 小时）。该研究发现在所选的测试中运动员跳跃能力（大效应值）和冲刺能力（极大效应值）有较大提高[27]。职业足球比赛中团队的训练时间安排常会有意外改变，使同期训练和每次训练课前后摄取的食物也要随之调整[51]，因为营养在调节同期训练的生理学适应中起着非常关键的作用（见本书第三部分）[51]。

将同期训练安排在不同课程[24,27,28,52]可能比在同一节训练课程[24,29,30,51]或同一天内[26]

进行同期训练会使冲刺和跳跃运动表现有更大幅度的提高（图 27.2b）。这种较大幅度的提高不仅可以用干扰效应的减少来解释（避免训练课相距太近），还可能与整个训练期间更好的组织安排有关。教练员可以根据力量或耐力素质来安排个人的技战术训练课程。这种类型的安排（力量/爆发力相对于耐力为基础的训练）可能在神经肌肉或耐力相关适应方面造成更大的生理学和生物力学负荷，同时导致在与足球运动表现相关的其他因素（技术/战术）中投入更大[42]。

27.4.3 训练强度和训练量

另一个考虑因素是同期训练中耐力训练部分的训练强度和训练量[53]。有人提出，考虑到足球项目实际的有氧和力量（同期）特点，同时进行高强度力量（大负荷少重复）和高强度耐力训练（速度耐力）可以提高运动员的整体运动表现[19]。在这方面同期训练的相关研究主要分析了不同训练方法的组合（表 27.1、表 27.2）。

建议将抗阻训练、超等长训练和专项力量训练（如加速和减速训练）结合起来，以覆盖力量–速度关系中更广的范围[19,42]。这种方法不仅非常高效，而且具有生态价值[19]。教练员应该意识到，当安排的训练不符合生物力学特异性时，增加的力量会转化为爆发性动作的减少[54,]。关于这个问题，采用开链式、独立的和运用器械的（即伸膝、腿举练习）练习会影响运动表现中的肌肉内和肌肉间的不同方面，但这些练习可能不会对在闭链式运动中（如冲刺和变向运动）获得最佳提高提供适当的动作模式[55]。尽管在足球项目中同期训练的研究较少，但通过对足球运动中力量训练研究的分析，可以从不同的力量和耐力训练方法的效率中得出更好的结论。事实上，大多数足球力量训练的研究都是在赛季前进行的[19]。过渡期停训会导致耐力指标（如最大摄氧量和运动至力竭时间）和足球专项耐力运动表现（Yo–Yo 间歇耐力测试 2 级）大幅下降[42]。因此，运动员在赛季前要进行大量的耐力训练。博格达尼斯（Bogdanis）等人[56,57]分析了高重复/中等负荷（肌肉肥大为主）和低重复/大负荷（神经适应）训练方案对人的身体形态、神经肌肉和耐力运动表现的影响，其中进行了大量的间歇训练和小场地比赛[56,57]。肌肉肥大模式训练伴随有下肢肌肉量增加，而神经训练模式在改善相对力量、冲刺能力、变向能力、跑步经济性和功率车反复冲刺能力测试的抗疲劳等方面更为有效[56,57]。其他研究者[58]发现，与耐力训练同时进行的爆发力训练可以改善个体无氧阈和神经肌肉参数（例如，在负荷–速度曲线中力量较低的部分）。这些结果表明，至少在一定程度上基于神经的运动训练对高水平运动员的效果更好[56,57,59]。

考虑到足球项目训练周期这一难题，高强度耐力训练模式（单一和混合形式的高强度间歇训练，HIT）比大负荷量/低强度耐力模式对于足球运动员来说更合适[19]。这一推论基于以下观察：① 急性合成代谢（如生长激素和 IGF–1）[60–64]和氧化还原环境；② HIT 可以保持力量和爆发力相关的肌纤维类型表型[65]；③ 肌肉动作的共性（短暂而剧烈的肌肉收缩）[19]；④ 与大负荷量耐力训练相比，骨骼肌的适应性及实验室和场地耐力相关参数的改善相似[66–71]；⑤ 耐力和神经肌肉相关结果改善[72]；⑥ 基于肌肉爆发力的动作改善[71–73]。

然而，不管 HIT 训练模式如何，训练设计应该再现足球运动的高爆发性特点（例如，加速和减速、多向跑步模式等）。

27.5 小结

关于足球运动同期训练的研究发现，与传统力量/爆发力训练相比，足球运动同期训练有相似的生理学和运动表现适应。同期进行高强度力量和高强度耐力训练可能是足球运动周期性训练方案中最有效的组合。在同期训练中，发现的改善程度和训练效率如下：力量和耐力训练不在同一天安排＞在耐力训练课中加入力量训练＞在力量训练课中加入耐力训练。正如本章所述，考虑到训练课中力量训练的条件（如球员个体差异、训练结构、训练方法、运动表现组成、在赛季中的时间点），教练员应采用综合方法进行训练。事实上，足球运动本质上是一项基于（力量和耐力）同期特征的运动项目，由于对耐力相关能力的需求，需要对其他与足球运动表现（技术和战术）和比赛模式（量和强度）相关的因素进行训练。

附录：结果的分析和解释

为了评估效应的大小，使用以下公式计算每项研究中每个因变量的百分比变化：

$$[M_{\text{post}} - M_{\text{pre}}] / M_{\text{pre}} \times 100\% \qquad \text{（公式 27.1）}$$

其中，M_{post} 是训练后的平均值，M_{pre} 是基础值。计算 ES（效应值）以呈现训练对结果变量影响的标准化效应[74]。根据博恩斯坦（Borenstein）等人[75]的提议，将原始 ES（平均值之差）除以合并的标准差（SD），用科恩 d 值（Cohen's d）计算每项研究中的平均值之差（公式 27.2）：

$$\text{ES} = g = \frac{(M_{\text{post}} - M_{\text{pre}})}{\text{SD}_{\text{pooled}}} \qquad \text{（公式 27.2）}$$

其中，$\text{SD}_{\text{pooled}}$ 是合并的 SD，计算公式如下（公式 27.3）。

$$\text{SD}_{\text{pooled}} = \sqrt{\frac{[(n-1)\times \text{SD}_{\text{pre}}^2 + (n-1)\times \text{SD}_{\text{post}}^2]}{(2n-1)}} \qquad \text{（公式 27.3）}$$

其中，SD_{pre}^2 是在训练干预之前完成的运动表现测试的标准差，$\text{SD}_{\text{post}}^2$ 是在训练干预之后完成的运动表现测试的标准差。由于受试者的数量可能会被多估，ES 需根据每项研究的样本量加以校正[76]，可按照何杰斯（Hedges）和欧金（Olkin）[76]提出的方法计算校正因子（CF）。

$$CF = 1 - \frac{3}{4df - 1}$$ （公式 27.4）

其中，df = n−1。校正的 ES（Corrected ES）计算如下。

$$\text{Corrected } ES_c = g - CF$$ （公式 27.5）

效应值（Es_c）评估的阈值定义为微小（<0.2）、小（0.2～0.5）、中等（0.6～1.2）、大（1.3～2.0）和极大（>2.0）[77]。

每个因变量的训练效率计算公式如下。

$$效率 = \frac{\dfrac{提高\times(训练后平均值-基础值)}{基础值}\times 100\%}{训练次数（即训练周数\times 每周训练次数）}$$ （公式 27.6）

参考文献

[1] Bangsbo J, Mohr M, Krustrup P. Physical and metabolic demands of training and match-play in the elite football player. J Sports Sci. 2006; 24 (7): 665–674.

[2] Reilly T, Ekblom B. The use of recovery methods post-exercise. J Sports Sci. 2005; 23 (6): 619–627.

[3] Stolen T, Chamari K, Castagna C, Wisloff U. Physiology of soccer: an update. Sports Med. 2005; 35 (6): 501–536.

[4] Cometti G, Maffiuletti N A, Pousson M, Chatard J C, Maffulli N. Isokinetic strength and anaerobic power of elite, subelite and amateur soccer players. Int J Sports Med. 2001; 22:45–51.

[5] Winter E M, Abt G, Brookes F B, Challis J H, Fowler N E, Knudson D V, etal. Misuse of "Power" and other mechanical terms in sport and exercise science research. J Strength Cond Res. 2016; 30 (1): 292–300.

[6] Faude O, Koch T, Meyer T. Straight sprinting is the most frequent action in goal situations in professional football. J Sports Sci. 2012; 30 (7): 625–631.

[7] Akenhead R, Hayes P R, Thompson K G, French D. Diminutions of acceleration and deceleration output during professional football match play. J Sci Med Sport. 2013; 16 (6): 556–561.

[8] Barnes C, Archer D T, Hogg B, Bush M, Bradley P S. The evolution of physical and technical performance parameters in the english premier league. Int J Sports Med. 2014; 35 (13): 1095–1100.

[9] Bush M, Barnes C, Archer D T, Hogg B, Bradley P S. Evolution of match performance parameters for various playing positions in the English Premier League. Hum Mov Sci. 2014; 39C:1–11.

[10] Sporis G, Jovanovic M, Omrcen D, Matkovic B. Can the official soccer game be considered the most important contribution to player's physical fitness level? J Sports Med Phys Fitness. 2011; 51 (3): 374–380.

[11] Silva J R, Magalhaes J F, Ascensao A A, Oliveira E M, Seabra A F, Rebelo A N. Individual match playing time during the season affects fitness-related parameters of male professional soccer players. J Strength Cond Res. 2011; 25 (10): 2729–2739.

[12] Morgans R, Di Michele R, Drust B. Soccer match-play represents an important component of the power training stimulus in premier league players. Int J Sports Physiol Perform. 2018; 13 (5): 665–667.

[13] Bangsbo J, Iaia F M, Krustrup P. The Yo-Yo intermittent recovery test: a useful tool for evaluation of physical performance in intermittent sports. Sports Med. 2008; 38 (1): 37–51.

[14] Silva J R, Magalhaes J, Ascensao A, Seabra A F, Rebelo A N. Training status and match activity of

professional soccer players throughout a season. J Strength Cond Res. 2013; 27 (1): 20–30.

[15] Tofari P, Kemp J, Cormack S. A self-paced team sport match simulation results in reductions in voluntary activation and modifications to biological, perceptual and performance measures at half-time, and for up to 96 hours post-match. J Strength Cond Res. 2017; https://doi. org/10.1519/JSC.0000000000001875.

[16] Malone S, Owen A, Newton M, Mendes B, Collins K D, Gabbett T J. The acute: chonic workload ratio in relation to injury risk in professional soccer. J Sci Med Sport. 2017; 20 (6): 561–565.

[17] Al Attar W S A, Soomro N, Sinclair P J, Pappas E, Sanders R H. Effect of injury prevention programs that include the nordic hamstring exercise on hamstring injury rates in soccer players: a systematic review and meta-analysis. Sports Med. 2017; 47 (5): 907–916.

[18] Zouita S, Zouita A B, Kebsi W, Dupont G, Ben Abderrahman A, Ben Salah F Z, et al. Strength training reduces injury rate in elite young soccer players during one season. J Strength Cond Res. 2016; 30 (5): 1295–1307.

[19] Silva J R, Nassis G P, Rebelo A. Strength training in soccer with a specific focus on highly trained players. Sports Med Open. 2015; 2 (1): 1–27.

[20] Hill-Haas S V, Dawson B, Impellizzeri F M, Coutts A J. Physiology of small-sided games training in football: a systematic review. Sports Med. 2011; 41 (3): 199–220.

[21] Rebelo A N, Silva P, Rago V, Barreira D, Krustrup P. Differences in strength and speed demands between 4v4 and 8v8 small-sided football games. J Sports Sci. 2016; 34 (24): 2246–2254.

[22] Hodgson C, Akenhead R, Thomas K. Time-motion analysis of acceleration demands of 4v4 small-sided soccer games played on different pitch sizes. Hum Mov Sci. 2014; 33:25–32.

[23] Jeong T S, Bartlett J D, Joo C H, Louhelainen J, Close G L, Morton J P, et al. Acute simulated soccer-specific training increases PGC-1alpha mRNA expression in human skeletal muscle. J Sports Sci. 2015; 33 (14): 1493–1503.

[24] Makhlouf I, Castagna C, Manzi V, Laurencelle L, Behm D G, Chaouachi A. Effect of sequencing strength and endurance training in young male soccer players. J Strength Cond Res. 2016; 30 (3): 841–850.

[25] Lopez-Segovia M, Palao Andres J M, Gonzalez-Badillo J J. Effect of 4 months of training on aerobic power, strength, and acceleration in two under-19 soccer teams. J Strength Cond Res. 2010; 24 (10): 2705–2714.

[26] Enright K, Morton J, Iga J, Drust B. The effect of concurrent training organisation in youth elite soccer players. Eur J Appl Physiol. 2015; 115 (11): 2367–2381.

[27] Wong P L, Chaouachi A, Chamari K, Dellal A, Wisloff U. Effect of preseason concurrent muscular strength and high-intensity interval training in professional soccer players. J Strength Cond Res. 2010; 24 (3): 653–660.

[28] Nunez V M, Da Silva-Grigoletto M E, Castillo E F, Poblador M S, Lancho J L. Effects of training exercises for the development of strength and endurance in soccer. J Strength Cond Res.2008；22（2）：518-24.

[29] McGawley K, Andersson P I. The order of concurrent training does not affect soccer-related performance adaptations. Int J Sports Med. 2013; 34 (11): 983–990.

[30] Helgerud J, Rodas G, Kemi O J, Hoff J. Strength and endurance in elite football players. Int J Sports Med. 2011; 32 (9): 677–682.

[31] Spiering B A, Kraemer W J, Anderson J M, Armstrong L E, Nindl B C, Volek J S, et al. Resistance exercise biology: manipulation of resistance exercise programme variables determines the responses of cellular and molecular signalling pathways. Sports Med. 2008; 38 (7): 527–540.

[32] Ekstrand J, Walden M, Hagglund M. Hamstring injuries have increased by 4% annually in men's

professional football, since 2001: a 13-year longitudinal analysis of the UEFA Elite Club injury study. Br J Sports Med. 2016; 50 (12): 731–737.

[33] Hagglund M, Walden M, Ekstrand J. Previous injury as a risk factor for injury in elite football: a prospective study over two consecutive seasons. Br J Sports Med. 2006; 40 (9): 767–772.

[34] Hawkins R D, Hulse M A, Wilkinson C, Hodson A, Gibson M. The association football medical research programme: an audit of injuries in professional football. Br J Sports Med. 2001; 35 (1): 43–47.

[35] Seitz L B, Reyes A, Tran T T, Saez de Villarreal E, Haff G G. Increases in lower-body strength transfer positively to sprint performance: a systematic review with meta-analysis. Sports Med. 2014; 44 (12): 1693–1702.

[36] Wisloff U. Strong correlation of maximal squat strength with sprint performance and vertical jump height in elite soccer players. Br J Sports Med. 2004; 38 (3): 285–288.

[37] Keiner M, Sander A, Wirth K, Schmidtbleicher D. Long-term strength training effects on change-of-direction sprint performance. J Strength Cond Res. 2014; 28 (1): 223–231.

[38] Dauty M, Potiron Josse M. Corrélations et différences de performance entre des footballeurs, professionnels, en formation et amateurs à partir du test de sprint (10 mètres départ arrêté) et de tests isocinétiques du genou. Sci Sports. 2004; 19 (2): 75–79.

[39] Requena B, Gonzalez-Badillo J J, de Villareal E S, Ereline J, Garcia I, Gapeyeva H, et al. Functional performance, maximal strength, and power characteristics in isometric and dynamic actions of lower extremities in soccer players. J Strength Cond Res. 2009; 23 (5): 1391–1401.

[40] Owen A, Dunlop G, Rouissi M, Chtara M, Paul D, Zouhal H, et al. The relationship between lower-limb strength and match-related muscle damage in elite level professional European soccer players. J Sports Sci. 2015; 33 (20): 2100–2105.

[41] Fyfe J J, Bishop D J, Stepto N K. Interference between concurrent resistance and endurance exercise: molecular bases and the role of individual training variables. Sports Med. 2014; 44 (6): 743–762.

[42] Silva J R, Brito J, Akenhead R, Nassis G P. The transition period in soccer: a window of opportunity. Sports Med. 2016; 46 (3): 305–313.

[43] Arnason A, Andersen T E, Holme I, Engebretsen L, Bahr R. Prevention of hamstring strains in elite soccer: an intervention study. Scand J Med Sci Sports. 2008; 18 (1): 40–48.

[44] Woods C, Hawkins R D, Maltby S, Hulse M, Thomas A, Hodson A. The Football Association Medical Research Programme: an audit of injuries in professional football--analysis of hamstring injuries. Br J Sports Med. 2004; 38 (1): 36–41.

[45] Rahnama N, Reilly T, Lees A. Injury risk associated with playing actions during competitive soccer. Br J Sports Med. 2002; 36 (5): 354–359.

[46] Small K, McNaughton L, Greig M, Lovell R. Effect of timing of eccentric hamstring strengthening exercises during soccer training: implications for muscle fatigability. J Strength Cond Res. 2009; 23 (4): 1077–1083.

[47] Lovell R, Knox M, Weston M, Siegler J C, Brennan S, Marshall P W M. Hamstring injury prevention in soccer: before or after training? Scand J Med Sci Sports. 2018; 28 (2): 658–666.

[48] Lovell R, Siegler J C, Knox M, Brennan S, Marshall P W. Acute neuromuscular and performance responses to Nordic hamstring exercises completed before or after football training. J Sports Sci. 2016; 34 (24): 2286–2294.

[49] Gregson W, Drust B, Atkinson G, Salvo V D. Match-to-match variability of high-speed activities in premier

league soccer. Int J Sports Med. 2010; 31 (4): 237–242.

[50] Bradley P S, Carling C, Archer D, Roberts J, Dodds A, Di Mascio M, et al. The effect of playing formation on high-intensity running and technical profiles in English FA Premier League soccer matches. J Sports Sci. 2011; 29 (8): 821–830.

[51] Enright K, Morton J, Iga J, Drust B. Implementing concurrent-training and nutritional strategies in professional football: a complex challenge for coaches and practitioners. Sci Med Football. 2017; 1 (1): 65–73.

[52] Enright K, Morton J, Iga J, Drust B. Hormonal responses during two different concurrent-training trials in youth elite soccer players: does changing the organisation of training impact the hormonal response to concurrent exercise? J Sports Med Phys Fitness. 2018; 58 (5): 699–706.

[53] Wilson J M, Marin P J, Rhea M R, Wilson S M, Loenneke J P, Anderson J C. Concurrent training: a meta-analysis examining interference of aerobic and resistance exercises. J Strength Cond Res. 2012; 26 (8): 2293–2307.

[54] Beattie K, Kenny I C, Lyons M, Carson B P. The effect of strength training on performance in endurance athletes. Sports Med. 2014; 44 (6): 845–865.

[55] Stone M, Stone M. Resistance training modes: a practical perspective. In: Cardinale M, Newton R, Nosaka K, editors. Strength and conditioning: biological principles and practical application. Oxford: Wiley-Blackwell; 2011. p. 353.

[56] Bogdanis G C, Papaspyrou A, Souglis A G, Theos A, Sotiropoulos A, Maridaki M. Effects of two different half-squat training programs on fatigue during repeated cycling sprints in soccer players. J Strength Cond Res. 2011; 25 (7): 1849–1856.

[57] Bogdanis G C, Papaspyrou A, Souglis A, Theos A, Sotiropoulos A, Maridaki M. Effects of hypertrophy and a maximal strength training programme on speed, force and power of soccer players. In: Reilly T, Korkusuz F, editors. Science and Football VI. The proceedings of the sixth world congress on science and football. New York: Routledge; 2009. p. 290–295.

[58] Los Arcos A, Yanci J, Mendiguchia J, Salinero J J, Brughelli M, Castagna C. Short-term training effects of vertically and horizontally oriented exercises on neuromuscular performance in professional soccer players. Int J Sports Physiol Perform. 2013; 9 (3): 480–488.

[59] Gorostiaga E M, Izquierdo M, Ruesta M, Iribarren J, Gonzalez-Badillo J J, Ibanez J. Strength training effects on physical performance and serum hormones in young soccer players. Eur J Appl Physiol. 2004; 91 (5–6): 698–707.

[60] Meckel Y, Nemet D, Bar-Sela S, Radom-Aizik S, Cooper D M, Sagiv M, et al. Hormonal and inflammatory responses to different types of sprint interval training. J Strength Cond Res. 2011; 25 (8): 2161–2169.

[61] Wahl P. Hormonal and metabolic responses to high intensity interval training. J Sports Med Doping Stud. 2013; 3 (1): e132.

[62] Wahl P, Mathes S, Achtzehn S, Bloch W, Mester J. Active vs. passive recovery during highintensity training influences hormonal response. Int J Sports Med. 2014; 35 (7): 583–589.

[63] Wahl P, Mathes S, Kohler K, Achtzehn S, Bloch W, Mester J. Acute metabolic, hormonal, and psychological responses to different endurance training protocols. Horm Metab Res. 2013; 45 (11): 827–833.

[64] Zinner C, Wahl P, Achtzehn S, Reed J L, Mester J. Acute hormonal responses before and after 2 weeks of HIT in well trained junior triathletes. Int J Sports Med. 2014; 35 (4): 316–322.

[65] Gunnarsson T P, Christensen P M, Holse K, Christiansen D, Bangsbo J. Effect of additional speed

endurance training on performance and muscle adaptations. Med Sci Sports Exerc. 2012; 44 (10): 1942–1948.

[66] Gibala M J, Little J P, van Essen M, Wilkin G P, Burgomaster K A, Safdar A, et al. Short-term sprint interval versus traditional endurance training: similar initial adaptations in human skeletal muscle and exercise performance. J Physiol. 2006; 575. (Pt 3:901–311）.

[67] Burgomaster K A, Hughes S C, Heigenhauser G J, Bradwell S N, Gibala M J. Six sessions of sprint interval training increases muscle oxidative potential and cycle endurance capacity in humans. J Appl Physiol. 2005; 98 (6): 1985–1990.

[68] Gibala M. Molecular responses to high-intensity interval exercise. Appl Physiol Nutr Metab.

[69] Jensen L, Bangsbo J, Hellsten Y. Effect of high intensity training on capillarization and presence of angiogenic factors in human skeletal muscle. J Physiol. 2004; 557 (Pt 2): 571–582.

[70] Christensen P M, Krustrup P, Gunnarsson T P, Kiilerich K, Nybo L, Bangsbo J. VO_2 kinetics and performance in soccer players after intense training and inactivity. Med Sci Sports Exerc. 2011; 43 (9): 1716–1724.

[71] Ingebrigtsen J, Shalfawi S A, Tonnessen E, Krustrup P, Holtermann A. Performance effects of 6 weeks of aerobic production training in junior elite soccer players. J Strength Cond Res. 2013; 27 (7): 1861–1867.

[72] Iaia F M, Rampinini E, Bangsbo J. High-intensity training in football. Int J Sports Physiol Perform. 2009; 4 (3): 291–306.

[73] Dupont G, Akakpo K, Berthoin S. The effect of in-season, high-intensity interval training in soccer players. J Strength Cond Res. 2004; 18 (3): 584–589.

[74] Rhea M R. Determining the magnitude of treatment effects in strength training research through the use of the effect size. J Strength Cond Res. 2004; 18 (4): 918–920.

[75] Borenstein M, Higgins J, Rothstein H. Introduction to meta-analysis (statistics and practice). London: Wiley; 2009.

[76] Hedges L, Olkin I. Statistical methods for meta-analysis. New York: Academic Press; 1985.

[77] Hopkins W G, Marshall S W, Batterham A M, Hanin J. Progressive statistics for studies in sports medicine and exercise science. Med Sci Sports Exerc. 2009; 41 (1): 3–13.